中华国学文库

东京梦华录笺注

〔宋〕孟元老 撰

伊永文 笺注

中华书局

图书在版编目(CIP)数据

东京梦华录笺注/(宋)孟元老撰;伊永文笺注. —北京:中华书局,2021.8
(中华国学文库)
ISBN 978-7-101-15186-2

Ⅰ.东… Ⅱ.①孟…②伊… Ⅲ.①开封-地方志-史料-北宋②《东京梦华录》-注释 Ⅳ.K296.13

中国版本图书馆 CIP 数据核字(2021)第 085664 号

书　　　名	东京梦华录笺注	
撰　　　者	〔宋〕孟元老	
笺 注 者	伊永文	
丛 书 名	中华国学文库	
责任编辑	许　桁	
出版发行	中华书局	
	（北京市丰台区太平桥西里 38 号　100073）	
	http://www.zhbc.com.cn	
	E-mail:zhbc@zhbc.com.cn	
印　　　刷	北京瑞古冠中印刷厂	
版　　　次	2021 年 8 月北京第 1 版	
	2021 年 8 月北京第 1 次印刷	
规　　　格	开本/880×1230 毫米　1/32	
	印张 25　插页 2　字数 646 千字	
印　　　数	1-6000 册	
国际书号	ISBN 978-7-101-15186-2	
定　　　价	78.00 元	

中华国学文库出版缘起

《中华国学文库》的出版缘起，要从九十年前说起。

1920年，中华书局在创办人陆费伯鸿先生的主持下，开始编纂《四部备要》。这套汇集三百三十六种典籍的大型丛书，精选经史子集的"最要之书"，校订成"通行善本"，以精雅的仿宋体铅字排印。一经推出，即以其选目实用、文字准确、品相精美、价格低廉的鲜明特点，最大限度地满足了国人研治学问、阅读典籍的需要，广受欢迎。丛书中的许多品种，至今仍为常用之书。

新中国成立之后，党和国家倡导系统整理中国传统文献典籍。六十馀年来，在新的学术理念和新的整理方法的指导下，数千种古籍得到了系统整理，并涌现出许多精校精注整理本，已成为超越前代的新善本，为学界所必备。

同时，随着中华民族以前所未有的自信快速发展，全社会对中国固有的学术文化——国学，也表现出前所未有的关注和重视。让中华文化的优秀成果得到继承和创新，并在世界范围内进行传播和弘扬，普惠全人类，已经成为中华民族的历史使命。当此之时，符合当代国民阅读需要的权威的国学经典读本的出现，实为当务之急。于是，《中华国学文库》应运而生。

《中华国学文库》是我们追慕前贤、服务当代的产物，因此，它自当具备以下三个基本特点：

一、《文库》所选均为中国学术文化的"最要之书"。举凡哲学、历史、文学、宗教、科学、艺术等各类基本典籍，只要是公认的国学经典，皆在此列。

二、《文库》所选均为代表当代最新学术水平的"最善之本"，即经过精校精注的最有品质的整理本。其中既有传统旧注本的点校整理本，如朱熹《四书章句集注》，也有获得学界定评的新校新注本，如余嘉锡《世说新语笺疏》。总之，不以新旧为别，惟以善本是求。

三、《文库》所选均以新式标点、简体横排刊印。中国古籍向以繁体竖排为标准样式。时至当代，繁体竖排的标准古籍整理方式仍通行于学术界，但绝大多数国人早已习惯于现代通行的简体横排的图书样式。《文库》作为服务当代公众的国学读本，标准简体字横排本自当是恰当的选择。

《中华国学文库》将逐年分辑出版，每辑十种，一次推出；期以十年，以毕其功。在此，我们诚挚希望得到学术界、出版界同仁的襄助和广大读者的支持。

中华书局自 1912 年成立，至今已近百岁。我们将《中华国学文库》当作向中华书局百年诞辰敬献的一份贺礼，更是向致力于中华民族和平崛起、实现复兴大业的全国人民敬献的一份厚礼。我们自当努力，让《中华国学文库》当得起这份重任，这份荣誉。

中华书局编辑部
2010 年 12 月

目　录

目
录

序

这部近一千页,约六十余万字的东京梦华录笺注,经伊永文先生历时二十多年的专心研究,艰苦努力,现在终于由中华书局正式出版,我内心深有欣慰之感。我与伊永文先生于上世纪九十年代初即已相识,那时他从天津南开大学来北京,转致前辈学者王达津教授一信,信中介绍了永文先生对东京梦华录的笺注工作。我时正任中华书局总编辑,就抽时间阅看永文先生带来的部分样稿,对他的研究思路与笺注方向甚为赞赏,后经交谈,双方达成一致意见,表示中华书局可以接受这一项目。从此以后,他的这一东京梦华录笺注工作就全面展开。

我对东京梦华录一书是深有感情的。1955 年我于北京大学中文系毕业后,留校任浦江清先生助教,重点在宋代文学教学,那时我就读了东京梦华录。此书著者孟元老于北宋晚期即徽宗崇宁二年癸未(1103 年)即居住于汴京,至靖康二年(1127 年)因金人入侵,才避乱南下。他在汴京住有二十四年,有感于当时"太平日久,人物繁阜"。后于高宗绍兴十七年丁卯(1147 年)作此书序时,就特描述汴京城内,"举目则青楼画阁,绣户珠帘;雕车竞驻于天街,宝马争驰于御路;金翠耀目,罗绮飘香";正因此,那时不论"垂髫之童"、"班白之老",皆"时节相次,各有观赏"。这确如南宋时洪迈容斋诗话所说:"国家承平之时,四方之人,以趋京邑为喜。"也正因此,孟元老在南方居住时,缅想当年风情,"节物风流,人情和美,但成怅怅",于时立志就省记所及,"编次成集","庶几开卷得睹当时之盛"。孟元老一方面富有情致地缅怀北宋都城的美丽景观,另一方面则以极为精细的笔调描画市民日常生活,应当说这是有关我国城市社会文学作品的开创之作,极有历史文化价值。

也正因此,1980 年间,那时我刚由中华书局古代史编辑室主任调任副总编,就建议与商务印书馆协商,将商务于 1959 年出版的邓之诚先生的东京梦华录注列于中华书局的中国古代都城资料选刊,重新出版。但此后听说友邻国家日本有译注本出版(即永文先生本书序中提及的日本京都大学入矢义高、梅原郁东京梦华录译注),对邓注本多有批评。那时我对京都译注本原书虽未看到,但甚有所感。东京梦华录是中国古代的一部名著,作为本国的文化遗产,中国的学者有责任、有义务对此作出更大的努力。八十年代以来,我们中国学者关于东京梦华录的释义,也有一些文章刊发,但还处于零散状态。正因如此,九十年代初,我一晤及伊永文先生,即以学术同行与出版者身份,表示极为赞同他的工作意向。

永文先生一开始作此专题,就已有创新意识。上世纪七十年代中,他就读于南开大学中文系,与研究中国文学批评史的著名专家王达津先生接触甚密,在王先生指导下,开始对水浒传进行研究。后又受到南开几位学者如明清史专家郑天挺先生、小说戏曲史专家宁宗一、朱一玄先生等指导,写有水浒传是反映市民阶层利益的作品一文,刊于 1975 年天津师院学报第四期,颇受学界的关注、重视,古代小说研究界就有一种"水浒市民说"。由此,他就由水浒研究而进入对市民、城市的探索,这就必然触及东京梦华录,于是有关东京梦华录及市民生活的资料就逐渐有所积累。八十年代起，一方面他获睹中华书局出版的邓之诚注本，一方面在作宋代城市风情一书，就将二者结合起来。那时他又较为全面地查阅了宋代笔记小说，一边写书，一边就作东京梦华录注，于1987年完成十五万字的初稿。据说他曾以这一初稿与一家出版社商议，但未被接受。他当时已调至黑龙江商学院工作，就又从事于资助项目明清饮食史之研究。不过这一饮食史项目，仍有益于对东京梦华录作注，特别是因此而熟悉和掌握了许多烹饪资料。邓之诚注本自序中曾特提出："断句以伎艺饮食为最难。"永文先生因搜集了不少这方面的资料，由此对邓注作了不少补正，并曾写有好几篇有关宋代饮食、科技等专文，在一些学术刊物上发表，据我所知，有宋代船坞略考（即东京梦华录"奥屋"之释文）、中国最早的暖水瓶（即东京梦华录"提瓶卖茶"之释文）、唐宋文身及其文化意蕴（亦即东京梦华录有关"文身"的释文）等。这都为东京梦华录笺注作了充分的准备，提供了扎实的史料基础。

这里值得一提的是，永文先生后虽又调至黑龙江省社会科学院文学所，在此期间从事笺注工作，从未得到过科研经费资助。这样，他有时出外查阅资料，参加学术会议，长途跋涉，都是自己出钱的。但他不为所动，不受阻挠。庄子德充符有云："知不可奈何而安之若命，唯有德者能之。"我想，就我们学者来说，此所谓"有德"，当应是一种理性的认识和奉献的气质。

就上所述，我觉得，从这部笺注成书过程与书本身来说，此书确有两大特色，即一为专，二为通。所谓专，即前所说的，超脱名利，一心为学；专心一致，力求创新。当然这也体现在书的本身，而就书本身而言，则主要是博通，即不局限于传统的校注体例，而以较开阔的学术视野，多角度、多层面地运用各种样式的文史资料，在充分吸收已有成果的基础上，进行跨学科的综合性学术探索。

本书以邓之诚注本与日本京都大学译注本作为主要参考,虽然按照著者所定的体例,凡二者已注的,此书就不注,但仍细心关照此二书的成果,同时又充分注意我们国内学者的有关论著,做到对成果充分吸纳,对疑误又细心纠察。如卷一大内条"泛索"一词,邓注本引宋会要、事物纪原所载"取索司"以证"泛索",永文先生在另引用武林旧事后,加案语,谓邓注此处与原意差远,于是提出日本京都译注本释"泛索"为"临时需求",较邓注所释,文意更明。又同卷内诸司条"内弓剑枪甲军器等库"句,京都译注本释为弓剑、衣甲、枪、剑、弩五库,现案语中则引据龚延明关于东京梦华录部分注文商榷,指出应为内弓、剑、枪、甲四库,"军器"为总括词。龚延明为浙江大学古籍所教授,宋史专家,于宋代官制深有研究,这里就据以纠正京都译注本之误。

应当说,东京梦华录一书,如敦煌遗书那样,已广泛引起海外学者的注意与兴趣。除日本学者外,永文先生在序中还提及美国学者奚如谷的释梦——东京梦华录的来源、评价与影响一篇专文,充分肯定其精湛功力与新的思维研究方向。当前,学术界已有提出,宋代城市文化研究,现在已可成为一门世界性的前沿学科。我想,这一学科建设,有关中国古代城市文化著作,是应着重研究的。现在这一新的笺注本出版,必将促进中外学者对中华传统文化的交流。我们可以乘此机缘,与海外学者友好合作,团结相处,互相交流,取长补短,这将会是世界汉学研究领域一项有意义的举措。

这一笺注本资料之繁富,可以说是同类著作所未有的。邓注本引有宋元典籍一百四十八种,而永文先生此书,则几乎包容了目下所能找到的所有宋代笔记小说,再加上元代及明清人的书,已达一千二百多种。所引用的,又不局限于传统的经学、史学等典章制度之书,而是广泛引用诗文集、笔记、诗话、话本小说,甚至笑话、相声之类俗文学图书，可以说囊括多门类的知识，真是立足于"打通"，还原东京梦华录市俗生活的特色。不仅引书多，且注释面广。如邓之诚先生在其书序中曾谓原书"难施句读"，"断句以伎艺饮食为最难"，故其注在伎艺、饮食方面甚为薄弱，而永文先生在这两方面则集中力量。如卷二酒楼条，邓注本只注有二条，本书则有十三条；同卷饮食果子条，邓注本有二十一条，本书竟注有一百十九条，其中如"淹藏菜蔬"、"兜子"、"烧臆子"、"洗手蟹"等，都是别人未曾注意、也无由释义的。其他如"奇术异能"、"泥丸子"，以及"猴呈百戏，鱼跳刀门，使唤蜂蝶，追呼蝼蚁"，及有关元宵中伎艺的注释，如把正文和注文串联起来，真可视为一部北宋伎艺短史。

本书注文范围极为广泛，其中注意以图配文，并多量采用上世纪六七十年代以来新出土的宋代文物，如卷四会仙酒楼条，有谓"凡酒店中，不问何人，止两人对坐饮酒，亦用注碗一副"，笺注中除引用唐李济翁资暇集、张端义贵耳集外，于案语中指出 1963 年安徽宿松县有宋墓出土由温碗、注子配套组成的注碗，并配有江西南城墓出土之注碗、酒台子等图，河南禹县白沙宋墓壁画。又如卷六元宵条，有三十六条注，记北宋各种伎艺，并选有陈元靓事林广记所载之蹴鞠图（共有六人踢球），在案语中又提及湖南博物馆所藏宋代蹴鞠铜镜，又有宋代敦煌壁画顶竿图、元至治三国志平话刻本关公单刀会之鼓笛图。

我想还有一处更使人感兴趣的，是卷三相国寺内万姓交易条，中称相国寺"殿后资圣门前，皆书籍、玩好、图画"，本书笺注就特将"书籍"一词列出，引有好几种宋人著作予以参证，如苏颂苏魏公文集、邵博邵氏闻见后录、百岁寓翁枫窗小牍、张邦基墨庄漫录、王明清玉照新志、王得臣麈史、岳珂桯史、魏泰东轩笔录，具体记述相国寺内所售之书极为繁富，且多珍奇之作，后并加案语，提及辽宁省图书馆现藏有宋版抱朴子即为大相国寺东荣六郎书籍铺所刻（并配有图）。这对于我们现在研究书籍文化史，提供了极有学术价值的史料。

其他如卷三般载杂卖条有"又有独轮车"句，即配清明上河图中之独轮车图，使文中所记"前后二人把驾"、"前有驴拽"，更为形象；同卷防火条记有"火叉"，即配有武经总要之"火叉图"，都使人读后有清晰印象。其他所配图还不少，据统计，全书共配有宋代一百余幅摹图，这应是笺注方式的创新之作，多有开拓余地，很值得考虑。

书中引用大量经得起推敲的宋元话本小说及百回本水浒传，也富有特色。如宋话本闹樊楼多情周胜仙，其中樊楼、曹门、金明池、桑家瓦，都是东京实地；万秀娘仇报山亭儿中的山亭儿、茶坊、行院规矩，皆得东京习俗之真；简帖和尚中的鹌鹑馉饳儿吃法，可使人如睹东京饮食风貌，现于眼前。这些，都可以说是扩大了宋代文明史研究的领域。有些词句，引用话本小说加以参证，就可以使今天读者真切明白原意。如卷三饮食果子条有云"凡店内卖下酒厨子，谓之茶饭量酒博士"。此"茶饭量酒博士"如何理解？现注中引有宋话本杨温拦路虎传及阴骘积善，就可以明白此茶博士为茶坊中服务人员的一种美称。又卷五育子条有"五男二女花样"，注中引宋话本三现身包龙图断案，后加案语，说明"五男二女"为宋时"家庭美满之喻"，如无此注，确不易明了原意。又，这里顺便提一下，即本书注文中一些重要条目，在引用若干材料后往往加有案语，标为"文案"。这些案语有长有短，涉及面广，在吸收诸家之基础上作出自己的判断，引领读者把握问题的核心所在。全书约有五百余条案语，言简意深，多为本书著者自己读书深研所得，这也是笺注作法上一种新的探索。

最后我还想提一个建议。著者于凡例中说："中华邓注本、京都译注本已注条目，本笺注不注，以免掠美之嫌，亦避免引起混乱。"即过去两本已注的，这部笺注本就不列，这在体例上是明确而谨严的。但对一般读者与多数研究、教学工作者来说，邓注本已出版多年，现在少见，京都译注本也不易见到，因此要想通读东京梦华录全书，会有一定难度。我过去曾细读过邓注本，邓注当然有所缺失，但它终究是中国关于东京梦华录的第一个注本，开创之功不可掩没，有些注引书也是很有史料价值的。因此，我想我们可以编撰一部较为完整的笺注本，既吸收邓注本、京都译注本值得引入的材料，又较广泛采纳国内外其他著作，在吸收时可以标明出处，同时还可作适当的补正，这就不会有掠美之嫌，反而有集大成之誉。我想伊永文先生或可予以斟酌，再过若干年，如对本书还有所正补时，不妨对此作一整体考虑。

傅璇琮

2004 年冬初稿

2005 年秋修订

前　言

　　东京梦华录问世于南宋绍兴十七年(1147)，从其书自序得知，作者为孟元老，但生平不详。清时，开封老儒常茂徕提出孟元老即为主持修筑艮岳的户部侍郎孟揆。此说曾被邓之诚先生认为读书不足而予批评。1980 年，孔宪易先生沿袭常茂徕之思路，考据孟元老为北宋末年供职于开封府的孟钺。孔氏证据揣测成分较多，成立较难。余以为不必坐实孟元老为孟钺，疑元老取宋人常见名字为托名，其人或为孟姓贵胄子弟，或为浪迹京城出入下书会先生，记录风土，以使人追忆故都之乐为要，遂锓木以广之。

　　东京梦华录问世不久，南宋的许多学者就模仿其体例，续作此类著作，如灌圃耐得翁都城纪胜、西湖老人繁胜录、吴自牧梦粱录、周密武林旧事。自此以后，元有陶宗仪元氏掖庭记、费著岁华纪丽谱、刘一清钱塘遗事。明有刘侗、于奕正帝京景物略、史玄旧京遗事、顾起元客座赘语。清有无名氏燕京杂记、李斗扬州画舫录、张焘津门杂记……此类著作甚多。而明代无名氏的如梦录，清代蕊珠旧史的梦华琐簿，都直接秉承东京梦华录的神韵而敷衍成文，从而形成了都市民俗历史文学的庞大的体系。

　　但与之相对应的是对东京梦华录的研究注释却较为少见，即使偶尔有之，人们也只是将研究兴趣局限在历史互证方面。如此书赵师侠跋较有代表性："若市井游观，岁时物货，民风俗尚，则见闻习熟，皆得其真。余顷侍先大父，与诸耆旧亲承謦欬，校之此录，多有合处。"实际上，东京梦华录内涵是多方面的，日本静嘉堂文库影印元刊本东京梦华录的解题颇有见地，评论此书"是学术研究上很有用处的一部书"，"还应当把它作为一般文化史的很好的素材。例如卷五京瓦伎艺条，就已经是戏曲、小说研究者所乐于引用的"。

然而，自南宋以来至二十世纪初的学者们虽然的确较多地引用了东京梦华录，但此书无注本的局面，直到二十世纪五十年代末才由商务印书馆正式出版邓之诚的注本打破。邓之诚为东京梦华录作注的起因是"此录难施句读"、"多不能晓"，于是自 1939 年始便"发书以求之，录于书眉及别纸，凡二三百条"。从求证到最终成书，其间经历了二十年的时间。自邓先生注本的出版至今也已四十余年了，经四十余年的检验，以今日眼光观察，东京梦华录注本确实是有错误缺失，但是，客观地说，少许错误缺失绝掩不住邓之诚先生为东京梦华录研究注释开辟出一条可以通行之路的功绩！

就在邓之诚已着手进行东京梦华录注的十年之后，即 1949 年，在日本京都大学，以著名汉学家入矢义高为班长的东京梦华录共同研究班，以中国人的思维方式，从读"原典"入手，也开始了类似邓之诚注东京梦华录的工作。经过了三十五年坚持不懈的探讨，京都学者于 1983 年由日本岩波书店推出了署名者为入矢义高、梅原郁的东京梦华录译注一书。此书 1996 年 3 月转至平凡社东洋文库出版修订第二版。1999 年 1 月 20 日又在该社该文库出修订第三版本。这是自邓之诚东京梦华录注之后由外国汉学家完成的一本新的东京梦华录注释之书。日本京都大学入矢义高、梅原郁的东京梦华录译注，较之邓之诚注本，征引史料更为丰富，注释路数更为细致，无论典章制度还是风土名物，均注得较为周详完备。

反观中国,虽然在六十年代,天津南开大学的许政扬先生与北京的周汝昌先生对邓之诚注本非常不满意,认为"太不理想了",所以他们二人"曾发过一个宏愿,即为所关至要的东京梦华录作一部详密切实的笺注本,因为这可以将北宋的文学家们的很多活动贯串在里面,而不仅仅是一部历史地理城市社会的记录而已"。然而这一"宏愿"并未实现,许政扬先生仅有若干诗词释义涉及到梦华录,而在整体上则因种种原因,他和周汝昌先生只能望梦华录而兴叹。

尽管八十年代以来,国内开始有零星注释东京梦华录的文章登场,如孔宪易梦华札记、龚延明关于东京梦华录部分注文商榷、刘益安对新版东京梦华录注本质疑等,但对整本的东京梦华录加以注释的著作尚未出现,只是自 1993 年以来,国内才有两个十分简略的东京梦华录注本陆续问世。一是中国商业出版社 1993 年11 月出版的孙世增校注本,一是贵州人民出版社 1998 年 7 月出版的姜汉椿译注本。两注本多从释义解词处着眼,与他书证本书之东京梦华录笺注风格尚有相当大距离,正如姜汉椿自道其注本"与邓先生注本的角度不同",然而两注本毕竟在东京梦华录的研究注释方面又有进步。

就以上中外东京梦华录注释研究综合分析,中华书局邓之诚注本与日本京都大学入矢义高、梅原郁译注本,以其高超的学术质量应推东京梦华录注释之白眉。故笔者笺注东京梦华录,将中华书局邓注本与日本京都大学译注本作为主要的笺注参考工作本。

邓之诚东京梦华录注,入矢义高、梅原郁东京梦华录译注,所据本子均为元刊本。这是因为东京梦华录宋刊本已无处寻觅,今传世最早者为元代至正刊刻本,即清代著名藏书家黄丕烈藏本。

此本为<u>日本</u><u>静嘉堂文库</u>收藏，1924 年影印刊行。这个本子虽也有误字、错漏等问题，不过仍以眉目清晰、板大字细，成为<u>中</u>外学者公认存世最优良的本子。

学界是比较迷信<u>东京梦华录</u>元刊本的。八百多年以来，元刊本一直作为标准的<u>东京梦华录</u>祖本受到尊崇。1958 年<u>古典文学出版社</u>亦据此元刊本校点出书，1962 年<u>中华书局上海编辑所</u>又以此本重印，并用<u>秀水</u><u>金</u>氏影印<u>汲古阁</u>景元钞本、秘册汇函本、学津讨原本和说郛本加以校勘，并加以断句标点，是下过一番工夫的。故印行后，为多数学者遵从。正像<u>入矢义高</u>所说：这个本子尽管句读错误很多，误植时有所见，还是被研究者广泛利用。

然而，正如<u>邓之诚</u>先生所说的那样："<u>孟元老</u>梦华录自序谓以<u>崇宁</u>癸未入京师，<u>靖康</u>丙午南徙，寓<u>东京</u>二十三年，又六十二年至<u>淳熙</u>丁未，梦华录始有刊本，其人盖已百岁，必不及见其书之行世，其书亦未必手定，故多讹误。"这一见解极为明确，等于告诫我们，元刊本东京梦华录不是<u>孟元老</u>手订之本，也就是说："初刻本所据底本，不一定是原稿；按其年次，<u>孟氏</u>当已谢世，当然无从最后订正。由此可以推知初刻本较之原稿，也可能存在一定的出入。"

其实这一点<u>黄丕烈</u>就已十分明白地告诉了我们：他所收藏的元刊东京梦华录就是"少第十卷，倩工摹秘册汇函本补之"。而且在校勘过程中，<u>黄丕烈</u>对东京梦华录版本情况，提出了"一本有一本之佳处"、"不必定以刻本为胜也"、"取弘治甲子重新刊行本，手校其异于别纸，间有胜于校本者，拟仍录诸卷中，至讹谬处亦复不少"诸观点。

所有这些已经清楚表明了元刻东京梦华录是一本有缺失和错误的本子。这一点在元以后的<u>明代</u><u>弘治</u>本、秘册汇函本、<u>津逮</u>秘书本、说郛本、<u>清代</u>学津讨原本及<u>中华书局</u><u>邓之诚</u>注本、<u>日本</u><u>京都</u>大

4

学人矢义高、梅原郁译注本的校勘及许多中外学人考证东京梦华录的文字中得到了证实。

基于这样的认识，笺注者选取了与东京梦华录同时期的有关书籍进行校勘。如陈元靓的岁时广记、金盈之的新编醉翁谈录、百岁寓翁的枫窗小牍、徐梦莘的三朝北盟会编、谢维新的古今合璧事类备要、无名氏的锦绣万花谷等。其中以陈元靓岁时广记较具代表性，这是因为它征引的东京梦华录风俗岁时部分不仅全面，而且用语严谨准确，远胜于元刊本，岁时广记与前述其他宋代诸书，等于打开了一个观察已经亡佚的宋本东京梦华录的窗口，从而使我们得以窥到元东京梦华录刊本的阙遗与错乱。

故笔者所作笺注，虽以元刊本为工作底本，以中华书局邓之诚注本、日本京都大学译注本为主要参酌依据，还兼及与东京梦华录同一时期问世的对东京梦华录章节片断有所记录的诸书；明、清以来诸家有关东京梦华录内容的校勘文字，亦在搜取引用之列，以向世人呈献一部质量较高的东京梦华录笺注本为自己的追求。

为了达到这一目的，笔者竟花费了二十余年的时间！它最初起于二十世纪七十年代中期，笔者为研究水浒传与市民阶层的关系而引发了对东京梦华录研究的兴趣，偶有所得，随手札记，积少成多，兼见中华书局邓之诚注本之漏误，遂有排纂成书以补充东京梦华录注之梦想。1989 年以来，承担完成国内贸易部资助专项"明清饮食研究"，从此这一愿望就更为迫促。但由于东京梦华录并非紧急拼搏即可奏效者，本笺注所耗费时日累至于今！我亦从青年变为中年。如果说这项工作使东京梦华录的研究总算有了一个较为良好的基础，那就足以自慰了。

在此漫长过程中，笺注者在未获取社科基金一钱资助的情况下所以能够排难而完竣，幸亏多方帮助。我要向下列主要单位和个人致以衷心的感谢:哈尔滨市图书馆、南开大学车铭洲教授、中国科学院张驭寰研究员(寄来多年反复考察绘就的"东京城复原图")、四川大学中文系罗国威教授、日本就实女子大学梅原郁教授、龙谷大学木田知生教授。中华书局编辑部姚景安先生对笺注初稿提出许多宝贵意见,张忱石先生不惮烦难,助我查询资料,解决疑难。在笺注杀青之际,我多次与曾协助学术大家邓广铭先生笺注辛稼轩诗文的宋史专家辛更儒交换看法,文稿也请辛先生审阅,辛先生亦从编辑角度为笺注"把关",可以说,辛先生对东京梦华录笺注有助大焉。此书还一直得到傅璇琮先生的关心和指导。九十年代初,傅先生就看过笺注部分样稿,是他的肯定激起了我继续前进的信心。九十年代末,傅先生在百忙中审阅了笺注征求意见稿,还将有关东京梦华录的资料寄我以利笺注,此次又为本书赐序,其行可敬,其情至感。河北大学教授汪圣铎先生对此书提出的不少意见,避免了我的失误,使这本笺注有可能趋于完善。还有,已故去的我的母校南开大学教授王达津先生,生前对我的笺注方法予以点拨。黑龙江大学中文系刘敬圻先生对此书出版给予关心和帮助。我的家人用电脑助我完成了全部文稿的多次修改、整理,这些都是不应忘记的。

以上所述,表明笺注此书这样一项巨大的工程,需要借助众人之力才能完成。国内研究东京梦华录的学者,如孙楷第、任半塘、周贻白、董每戡、叶德均、许政扬、程毅中、孔宪易、龚延明等诸位先生,其成果学术价值很高,笺注者均有所吸纳。值得注意的是,近年来美国加州伯克利大学中国文学教授奚如谷(Stephen West),也对东京梦华录进行了研究,其释梦——东京梦华录的来源、评价与影响一文,完全是以详尽的史料构建起的充满实证精神的东京梦华录研究注释体系,它不仅反映出西方汉学家对东京梦华录研究所具有的精湛功力，同时也反映出西方学界对东京梦华录研究的水平和新的思维研究方向。本笺注亦从中获得了启示。

目下，笺注虽在多方获取中外东京梦华录研究注释成果的基础之上完成，但并非尽善尽美。众所周知，东京梦华录因"字必从俗写，物必从俗称"，素以难读难解而闻名。笺注者学力有限，更难面面俱到，只能就其公认难于解决的方面选择重点突破，如在饮食、伎艺、科技、风俗习惯等方面，是为本书的笺注重点，而在传统的历史地理、典章制度领域则未多所涉猎。在笺注过程中，力求将纠误、补遗、考证作为工作之三原则贯串始终。即便如此，东京梦华录的问题也决不是本书所能完全解决的，未解决之处仍有许多。注释东京梦华录，真如行进在山阴道上，繁花似锦，目不暇接，难免顾此失彼，挂一漏万。我只能说笺注大体上比较完整，但不可能做到完备。可以说东京梦华录中的任何一个条目，都可以作为一个专题来加以研究。拙笺注权当抛砖引玉，如入矢义高先生在注释东京梦华录时所说的那样：期待着更多的第二本第三本的东京梦华录注出现。笺注者亦持此心愿，诚望杰构于来哲也。

伊永文

2004 年 6 月修订完毕于黑龙江大学

文学院中国古代文学研究中心

凡　例

一、为便于笺注引用,中华书局邓之诚注本简称为中华邓注本,上海古籍出版社标校本简称为上古标校本,日本京都大学入矢义高、梅原郁译注本简称为京都译注本。中国商业出版社孙世增校注本简称孙注本。诸东京梦华录版本,学津讨原本简称学津本,津逮秘书本简称津逮本,秘册汇函本简称秘册本,涵芬楼百卷说郛本简称说郛本。

二、中华邓注本、京都译注本已注条目,本笺注不注,以免掠美之嫌,亦避免引起混乱。中华邓注本、京都译注本未注者为本书笺注重点,两本注之未详者或笺注者嫌不足者,或纠其所误,或别取两注本未用之材料加以笺注。中华邓注本、京都译注本时有卓见,则适当予以吸纳。

三、本书以元刊至正本为底本,凡底本不误者,一律不出校,底本误者,需据他本改正底本者,均出校语;底本与他本文字歧异,不须改正者则标注异文。

四、笺注条目,基本以第一次出现者出注,但又不限于此,视行文具体情况以妥帖为要注之。

五、俗体字、异体字等,直接改正,不出案语,亦不出校。

六、东京梦华录难点之一是"难施句读",尽管中华邓注本、上

1

古标校本、京都译注本均已作标点工作，但本书断句标点仍有与三本不同之处，敬希读者体察。

七、笺注主张详略分明，略则寥寥数语，详则巨细无遗。力图以笺注而编织出一幅以东京生活为中心的全景式画卷，故不遗余力，细大不捐，甚至笑话亦在征引之列，意在突破过往注释东京梦华录以历史地理为主之窠臼。

八、笺注者认为左图右史，一目了然。图应为笺注不可或缺之有机部分，不甚清楚的问题，有图即可冰释。故本笺注从宋、元、明及今人描摹宋图中选择一百余幅图画，作笺注之补充。

九、笺注征引不独宋之典籍，前于宋或后于宋凡有助于理解此书者，广泛采录，尤在宋小说话本诗文材料等，故书籍征引多达一千余种。为简洁起见，引用书目分门别类，只引主要书籍。引用宋之书籍一律不标宋代，非宋书籍则标明其时代，以便研究使用。

梦华录〔一〕序

　　仆从先人,宦游南北,崇宁癸未到京师,卜居于州西金梁桥〔二〕西夹道之南。渐次长立,正当辇毂之下,太平日久,人物繁阜。垂髫之童,但习鼓舞,班白之老,不识干戈,时节相次,各有观赏。灯宵月夕①,雪际②花时;乞巧登高,教池游苑。举目则青楼画阁,绣户珠帘,雕车竞驻于天街,宝马争驰于御路,金翠耀目,罗绮飘香。新声巧笑于柳陌花衢,按管调弦于茶坊酒肆。八荒争凑③,万国咸通。集四海之珍奇,皆归市易;会寰区之异味,悉在庖厨。花光满路,何限春游,箫鼓喧空,几家夜宴。伎巧则惊人耳目,侈奢则长人精神。瞻天表则元夕教池,拜郊孟享。频观公主下降,皇子纳妃。修造则创建明堂〔三〕,冶铸则立成鼎鼐。观妓籍则府曹衙罢〔四〕,内省宴回;看变化则举子唱名,武人换授。仆数十年烂赏叠游,莫知厌足。一旦兵火,靖康丙午之明年,出京南来,避地江左,情绪牢落,渐入桑榆。暗想当年,节物风流,人情和美,但成怅恨。近与亲戚会面,谈及曩昔,后生往往妄生不然。仆恐浸久,论其风俗

1

者,失于事实,诚为可惜,谨省记〔五〕编次成集,庶几开卷得睹当时之盛。古人有梦游华胥之国,其乐无涯者。仆今追念,回首怅然,岂非华胥之梦觉哉!目之曰梦华录。然以京师之浩穰,及有未尝经从处,得之于人,不无遗阙。倘遇乡党宿德,补缀周备,不胜幸甚。此录语言鄙俚〔六〕,不以文饰者,盖欲上下通晓尔,观者幸详焉。绍兴丁卯岁除日,幽兰居士孟元老序。

[校]

①"灯宵月夕",说郛作"元宵灯夕"。
②"雪际",说郛作"雪霁"。
③"争凑",说郛作"争辏"。

[注]

〔一〕**梦华录**

蒋捷齐天乐元夜阅梦华录:银蟾飞到瓴棱外。娟娟下窥龙尾。电紫鞘轻,云红篦曲,雕玉舆穿灯底。峰缯岫绮。沸一簇人声,道随竿媚。侍女迎銮,燕娇莺姹炫珠翠。 华胥仙梦未了,被天公潠洞,吹换尘世。淡柳湖山,浓花巷陌,惟说钱塘而已。回头汴水。望当日宸游,万□□□。但有寒芜,夜深青磷起。

[文案]蒋捷,南宋咸淳十年进士。通过其词可见梦华录祖本之貌,宋元间方志亦载有类似蒋捷读梦华录者。此后对本书的记载历代不绝,民国间仍称梦华录,如震钧天咫偶闻卷四谓:于京酒店饮酒,自谓置身唐、宋以上,以其伺应规例,仿佛梦华录所云也。可知必有一流传祖本名为梦华录,广寓观者耳目。可知本书经眼者颇众,其初书名为梦华录也。赵师侠跋亦可证之:幽兰居士记录旧所经历为梦华录。

2

然南宋谢维新古今合璧事类备要则记为东京梦华录，余以为此为与区别南宋之梦粱录而加"东京"二字也，其本名仍为梦华录，通常所见"东京"二字乃宋后所加。

〔二〕**金梁桥**

宋话本陈巡检梅岭失浑家：新娶得一个浑家，乃东京金梁桥下张待诏之女，小字如春，年方二八，生得如花似玉。

宋话本宋四公大闹禁魂张：赵正打扮做一个砖顶背系带头巾，皂罗文武带背儿，走到金梁桥下，见一抱架儿，上面一个大金丝罐，根底立着一个老儿。

施耐庵罗贯中水浒传第二回王教头私走延安府　九纹龙大闹史家村：这柳世权却和东京城里金梁桥下开生药铺的董将士是亲戚，写了一封书札，收拾些人事盘缠，赍发高俅回东京，投奔董将士家过活。

〔三〕**明堂**

孙升孙公谈圃卷上：司马温公之薨当明堂大享，朝臣以致斋不及奠。肆赦毕，苏子瞻率同辈以往，而程颐固争，引论语"子于是日哭则不歌"。子瞻曰："明堂乃吉礼，不可谓歌则不哭也。"

聂崇义三礼图集注卷四明堂：周人明堂度九尺之筵，东西九筵，南北七筵，堂崇一筵、五室，凡室二筵。贾释注云：明堂者，明政教之堂。又夏度以步，殷度以寻，周度以筵，是王者相改也。周堂高九尺，殷三尺，以相参之数，而禹卑宫室，则夏堂高一尺。又上注云：堂上为五室，象五行，以宗庙制如明堂，明堂中有五天帝、五人神之坐，皆法五行，以五行先起于东方，故东北之室为木，其实兼水矣；东南火室，兼木；西南金室，兼火；西北水室，兼金矣。以中央太室有四堂，四角之室亦皆有堂，乃知义然也。故贾释太史闰月下义云：明堂路寝及宗庙，皆有五室十二堂四门是也，既四角之堂皆于太室，外接四角为之。则五室南北止有二筵，东西角二筵有六尺，乃得其度。若听朔皆于时之堂，不于木火等室，若闰月则阖门左扉，立其中而听朔焉。

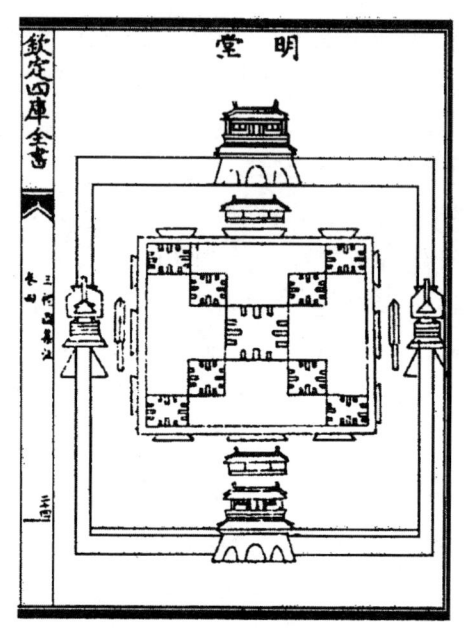

三礼图集注明堂图

　　魏了翁鹤山渠阳经外杂钞卷一:或问明堂建立之地,合在甚处?先生曰:"合在应门之内,祖社之间。如仁庙就大庆殿权夹五室为之,可谓吻合礼意。"曰:"在徽庙时,尝欲建明堂于内殿之前,议者谓辇路不得由中而罢。"先生曰:"古者辇路未尝由中,故有宾阶有阼阶,书云:太保率西方诸侯入应门左,毕公率东方诸侯入应门右。正缘明堂在中,诸侯不得直入,故分而为左右耳,尚何疑于此哉。"

　　李濂汴京遗迹志卷一宋明堂:徽宗政和五年乙未秋八月,始作明堂。初,元丰礼官以明堂寓大庆殿,别请建立以尽严奉,而未暇讲求。至是下诏,内出图式,宣示于崇政殿,且以明堂宜正临丙方近东,以据福德之地,乃徙秘书省于宣德门东,而以省地营之,命蔡京为明堂使,开局兴工,日役万人。

　　[文案]京都译注本两注"明堂",然所据不外乎皇朝编年纲目备要,

略有不足。余以为注"明堂"亦可求之于文学材料，若范仲淹明堂赋，溯源明白，解释清楚，不输正史。近人马宗芗释宫室释"明堂"亦较详，谓"明堂即大庙也"，"明堂之名取向明而治义也"。亦可为"明堂"较佳注文也。

〔四〕观妓籍则府曹衔罢

罗烨新编醉翁谈录卷之一丁集序平康巷陌诸曲：京中饮妓，籍属教坊，凡朝士有宴聚，须假诸曹署行牒，然后致于他处。唯新进士设酒馔，吏使可牒取。取其所辟之资，可则倍于常价。

宋话本单符郎全州佳偶：原来宋朝有这个规矩，凡在籍娼户，谓之官妓，官府有公私筵宴，听凭点名唤来祗应。

赵令畤侯鲭录卷七：濠守侯德裕侍郎藏东坡一帖云："杭州营籍周韶，多蓄奇茗，尝与君谟斗胜之。韶又知作诗，子容过杭，述古饮之，韶泣求落籍，子容曰：'可作一绝。'韶援笔立成，曰：'陇上巢空岁月惊，忍看回首自梳翎。开笼若放雪衣女，长念观音般若经。'韶时有服，衣白，一座嗟叹。遂落籍。"

〔五〕省记

［文案〕"省记"又作"记省"，京都译注本谓"省记"自唐末始用于文献，宋一般写作"记省"，本书卷四军头司"各有指挥，记省不尽"可证，即回忆、记忆之意也。若洪迈夷坚丙志卷十二僧法恩："初入市就刑，但知怖惧，不复记省。"王明清玉照新志卷四："偶省记得见吴地记。"又，赵宋南迁，典籍失散，以台省老吏追忆立文，为尚书省六部行法用例所依，称为"省记"或"省记条"。

〔六〕语言鄙俚

［文案〕语言鄙俚者随处可寻：陈师道后山诗话、吴聿观林诗话、任渊诗话、魏泰东轩笔录卷九、邢居实拊掌录、无名氏豹隐纪谈、苏籀栾城先生遗言、董弅闲燕常谈、明张存绅雅俗稽言卷十四、明陆深春风堂随笔、清平步青霞外攟屑卷十等书均记宋语言鄙俚者，可证东京梦华录诚非偶然，乃宋之俗语大盛风气使然。

幽兰居士东京梦华录　卷之一

东都外城

东都外城[一]，方圆四十余里。城濠曰护龙河[二]，阔十余丈。濠之内外，皆植杨柳，粉墙朱户，禁人往来。城门皆瓮城[三]三层，屈曲开门，唯南薰门、新郑门、新宋门[四]、封丘门[五]，皆直门两重，盖此系四正门，皆留御路故也。新城南壁，其门有三①：正南门曰南薰门；城南一边，东南则陈州门，傍有蔡河水门；西南则戴楼门，傍亦有蔡河水门。蔡河正名惠民河[六]，为通蔡州故也。东城一边，其门有四②：东南曰东水门，乃汴河下流水门也，其门跨河，有铁裹窗门，遇夜如闸垂下[七]水面，两岸各有门通人行路，出拐子城[八]，夹岸百余丈；次则曰新宋门；次曰新曹门[九]；又次曰东北水门，乃五丈河[一〇]之水门也。西城一边，其门有四③：从南曰新郑门；次曰西水门，汴河上水门也；次曰万胜门[一一]；又次曰固子门[一二]；又次曰西北水门，乃金水

7

河〔一三〕水门也。北城一边，其门有四④。从东曰陈桥门〔一四〕；乃大辽人使驿路。次曰封丘门；北郊御路。次曰新酸枣门；次曰卫州门〔一五〕。诸门名皆俗呼。其正名如西水门曰利泽，郑门本顺天门，固子门本金耀门。新城每百步〔一六〕设马面〔一七〕、战棚〔一八〕，密置女头〔一九〕，旦暮修整，望之耸然。城里牙道，各植榆柳成阴〔二○〕。每二百步置一防城库，贮守御之器〔二一〕，有广固〔二二〕兵士二十指挥，每日修造泥饰，专有京城所，提总其事。

[校]

①玉海卷一七四：计新城有三正门、二水门，共五门。

②据玉海卷一七四：二正门、三水门，应改"四"为"五"。

③据实计"四"为"五"，据玉海卷一七四"三正门三水门"，应改"四"为"六"。

④据玉海卷一七四，实则"五"门。

[注]

〔一〕外城

周密癸辛杂识别集上汴梁杂事：汴之外城，周世宗时所筑，神宗又展拓，其高际天，坚壮雄伟。

张舜民画墁录：周世祖展汴京外郭，登朱雀门，使太祖走马，以马力尽处为城也。

王应麟小学绀珠卷第九制度类东京外城十九门：南五门：南薰广济宣化广利安上。东五门：上善广津朝阳含辉善利。西五门：顺天顺济开远金耀咸丰。北四门：宁德景阳永泰安肃。东京记

[文案]据徐伯勇、丘刚北宋东京外城的勘察，东京北城呈一东、西

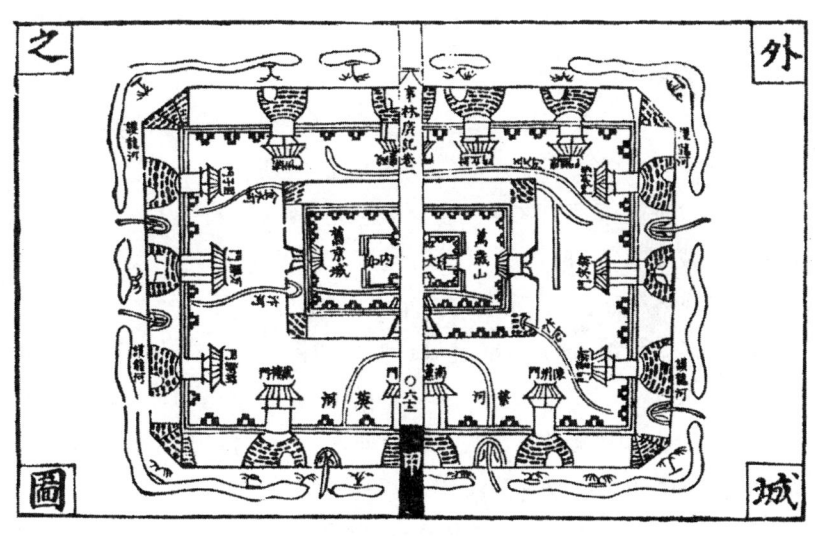

新编群书类要事林广记外城图

墙稍长，南、北墙略短之长方形，与岳珂程史所记外城"方之如矩"相合。外城里外为版筑夯土墙。城墙现存高度为八点七米，顶部残宽四米，底部宽三十四点二米，可推知昔日之雄伟。外城为土筑，城墙外侧为减缓水之下冲力，设泄水槽。城墙每层厚约零点一米，夯窝呈圆形，直径零点零七米，深零点零三米，排列整齐。夯窝在夯层分布多为梅花形，即用梅花筑法，足证外城之建筑于宋有长足进展。宋会要方域记宋神宗增修外城：周五十里一百六十五步，横度之基五丈九尺，高度之四丈，埤堄七尺，坚若挺填，直若引绳。北宋东京外城的勘察：外城东、西各长七千余米，南、北按直线距离计算，各长六千余米，四墙全长二十九公里有余。以宋太府尺计算为二万八千二百五十点二一米，外城周长与元丰年间扩修长度基本相符，亦与孟元老此记相去不远。

〔二〕护龙河

　　李焘续资治通鉴长编卷二百六十七神宗熙宁八年：（八月）丁巳，提辖修完京城宋用臣言："护龙等河逼城，不可修筑，乞度地高下，开展

9

河道。"从之。

〔三〕**瓮城**

　　曾公亮武经总要前集卷之十二守城：其城外瓮城，或圆或方，视地形为之，高厚与城等，惟偏开一门，左右各随其便。

　　确庵耐庵靖康稗史之四南征录汇：初七日，令骑兵万人自南薰门排屯至青城刘家寺，两帅驻南薰门瓮城下。及午，太上率妻妾、子妇、婿、女、奴婢络绎而出，我兵监押轿车之中，抵瓮城。

　　加藤繁宋代都市的发展：瓮城也叫"瓮门"。这是在城墙上装置的本门外面，更造出弧形的壁垒，开着一重重的门，壁垒的形状造得下圆上削，像瓮一样，因此叫做瓮城。它的外形，在事林广记甲集卷十一东京外城之图中约略可以看得清楚。瓮城时常有两重、三重。

　　[文案]一般而言，瓮城又名月城，因其为建之城门之外半圆形小城，故名。配图可见此形。然武经总要有"或圆或方"之说，可知瓮城亦可为方形。加藤繁考证所谓方城和瓮城，本有区别，北宋末年混同，方城亦曰瓮城。京都译注本因袭加藤繁考证瓮城之说，然未加细检，今补注之。

〔四〕**新宋门**

　　确庵耐庵靖康稗史之二瓮中人语：二十七日，虏取内侍五十人，晚间退回三十六人。新宋门至曹门火。

　　[文案]据旧五代史卷一百十八周世宗纪：东京东二门之一曰延春，太平兴国四年九月改名朝阳，东京市民通此门可达宋州（今河南商丘），故俗名新宋门。

〔五〕**封丘门**

　　阙名异闻总录卷四：宣和七年春，相州士人来京师，调官归，出封丘门，见妇人着红背子，戴紫幕首，行于马前，相去十余步，无仆从随后，甚异之。

　　宋人编撰五代史平话晋史平话卷下：次早，张彦泽从封丘门斫门关而入,城中皇皇。

天福十二年正月初一日,百官送晋主重贵于城北;百官乃易服纱帽,迎契丹主,伏路侧请罪。契丹主命起,复抚慰之。晋主重贵与太后迎于封丘门外。

[文案]封丘门有二:外城北边,从东至西第二门为封丘门,近正北。旧城北边,另有旧封丘门。据胡竹安水浒传所写北宋东京和东京梦华录考证,水浒传第七十二回写宋江等四人“杂在社火队里,取路哄入封丘门来”,当为新城封丘门。

〔六〕**惠民河**

脱脱宋史卷九十四河渠志蔡河:蔡河贯京师,为都人所仰,兼闵水、洧水、潩水以通舟。闵水自尉氏历祥符、开封合于蔡,是为惠民河。

〔七〕**如闸垂下**

曾公亮武经总要前集卷之十二守城:右闸版,与城门为重门,其制用榆槐木,广狭准城门,漫以生牛皮,裹以铁叶,两傍施铁环,贯铁索。凡大城门,去门阈五尺,立两颊木,木开池槽,亦用铁叶裹之。若寇至,即以绞车自城楼上抽所贯铁索,下闸版于槽中,外实以土防火攻,内枝以柱防倾折。

施耐庵罗贯中水浒传第九十四回宁海军宋江吊孝 涌金门张顺归神:张顺摸到水口边看时,一带都是铁窗棂隔着。摸里面时,都是水帘护定。帘子上有绳索,索上缚着一串铜铃。张顺见窗棂牢固,不能勾入城,舒只手入去扯那水帘时,牵得索子上铃响。城上人早发起喊来。

[文案]水浒传九十四回可与此条参照。京都译注本亦提及此回,云“水浒传一一四回”,版本引错。水浒全传有一一四回,水浒传仅为百回本。若与武经总要所述闸版合读,方更明了。

〔八〕**拐子城**

石茂良避戎夜话卷上:初九日早,宣化门告急,又带一行人往宣化门守御。南北拐子城皆捍御水门者也，水门不可遽犯，故急攻二拐子城，矢石如雨，楼橹皆毁。仲友于南拐子城上别造两圆门，去马面三十步许，用砖砌城，中开辕门，干戈板闸下如城门法，四面皆置女墙，迎敌皆自辕门，万一贼兵厚重，则入辕门，放下干戈板，又是拐子城也。砖城下阔五尺，高一丈二尺五寸，不日告成。通津门两拐子城，正是受敌处，守御有方，终不可破，皆仲友之力。凡守拐子法：务要令人少肃静，可以应敌，人少可以迎众。

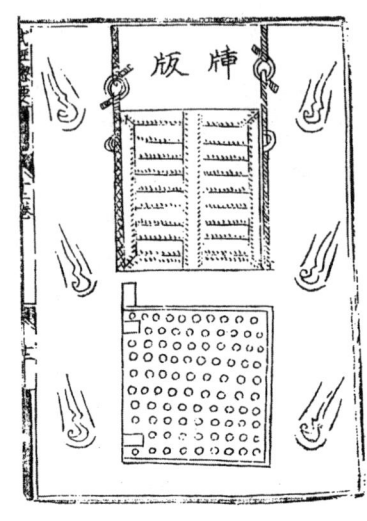

武经总要闸版图

徐梦莘三朝北盟会编卷第六十六靖康中帙四十一起靖康元年闰十一月一日壬辰，尽十四日乙巳：金人犯阙几旬日，见朝廷未尝用兵，攻城日急。而善利、通津、宣化门，尤为紧地，箭发如雨，中城壁如猬毛，以大磨石为炮，楼橹有摧毁者。姚友仲于三门两拐子城别置两圆门，走马面三十步许，砌以瓦石，中间小圆门如城，四围复置女墙迎敌，自圆门出入，不日而成，所赖以固。

宇文懋昭大金国志卷之十一熙宗孝成皇帝三：兀术自将牙兵三千往来为援，皆带重甲，三人为伍，贯韦索，号"铁浮屠"。每进一步，即用"拒马子"遮其后，示无反顾。复以铁骑马左右翼，号"拐子马"，悉以女真充之，前此攻所难下之城，并用此军，又名"长胜军"。

邓广铭岳飞传附录二有关"拐子马"的诸问题的考释：修筑在汴京城的各城门外，用以拱卫城门的两道各成直角的对立垣壁，北宋人称之为拐子城；设置在正面大阵两翼的骑兵部队，北宋人称之为拐子马阵。是拐子一词乃北宋人的习用语词，当无疑义。

〔九〕**新曹门**

施耐庵罗贯中水浒传第八十二回梁山泊分金大买市 宋公明全伙受招安:宋江闻知,领众头领前来参见宿太尉已毕,且把军马屯驻新曹门外,下了寨栅,听候圣旨。

[文案]后周显德五年五月,东京东二门之一曰寅宾,太平兴国四年九月改名含辉,通此门可抵曹州(今山东菏泽南),故俗名新曹门。

〔一〇〕**五丈河**

李上交近事会元卷四五丈河:周世宗显德六年二月,发滑、亳丁夫浚五丈河,东流于定陶,入于济,以通青、郓运路。

无名氏道山清话:元符二年十二月一日,水开五丈河数处,波浪涌起,亦有声如潮,水高丈余,数日而止。

杨亿杨文公谈苑五丈河:京水自荥阳来至于汴。有陈承昭者,本江南节度使,将兵淮上,为世宗所擒,以为上将军,习知水利。国初上言,可导京水入,逾汴东北注为河,通山东之漕,遂遣按行京东地。任下,遂调民穿渠,贯曹郓入于黄河,以大木架汴流上,道京水以过,将引流,车驾临观。两淮未合,联木施刍草毡絮,涂茭泥,水即随过,北流为河,其广五丈,号"五丈河"。岁运京东诸州刍粟五十万斛,商旅交凑,至今赖其利。

范镇东斋记事补遗:钱俶进宝带,太祖曰:"朕有三条带,与此不同。"俶请宣示,上曰:"汴河一条,惠民河一条,五丈河一条。"俶大愧服。

〔一一〕**万胜门**

[文案]东京城门,"官"、"俗"两称交并,"官"宣皇家思想,若通疆拓土之意,太平兴国四年赐名通远,天圣初改名开远;俗则用民之便,故名万胜。

〔一二〕**固子门**

周城宋东京考卷之一京城:愚见纪忘:汴之外城,门名各有意义,如云郑门，以其通往郑州也；酸枣门，以其通往延津，即旧酸枣县也。其固一作"堌"。子门未知其义。近阅宣和遗事，内载上清宝箓宫成，浚濠，水深三丈，东则景龙门桥，西则天波门桥，二桥之下叠石为固，引舟相通，而桥上人物往来不觉。又郡城沿革云："西面门，从南曰顺天门，俗名新郑门；次曰利泽水门，汴河自此入城；次北曰开远门，又名万胜门；次北曰金辉门，俗名固子门。"欧阳公归田录亦云："饮于固子桥。"然则以叠石为固而名其桥，因以名其门也。周礼：掌固之职，掌修城郭桥梁之固。以为固所依阻，故曰固。或曰："固作顾，视也。汴城卧牛之形，北视黄河为子，而子不敢来害其母。"此臆度之说，无所据。

王巩闻见近录：太祖即位，方镇多偃蹇，所谓十兄弟者是也。上一日召诸方镇，授以弓剑，人驰一骑，与上私出固子门，大林中下马，酌酒。

〔一三〕金水河

王应麟玉海卷二十二金水河：本京索水，导自荥阳黄堆山，其源曰祝龙泉，过中牟，名曰金水。建隆二年春，命陈承昭凿渠引水百余里，抵都城西，架其水，横绝于汴，设斗门入浚沟，东汇于五丈河，公私利焉。乾德三年，又引贯皇城，历后苑内庭池沼。开宝九年，上步自左掖，亲按地势，命水工引金水，凿渠，为大轮，注晋邸及潜龙园。祥符二年八月，决为渠，见后天禧二年八月，郑州畎索水入金水，役兵千，凡六旬毕。

〔一四〕陈桥门

陆游家世旧闻下晁叔用报先君书言捉得燕王头事：宣和末，有故契丹臣夔离不者，号四军大王，或谓之燕王，收余众犯景、蓟。朝廷命郭药师出兵败之，遂函夔离不之首来献，以大旗引首函，曰："伪燕王夔离不首级。"京师少年争往陈桥门观之。

〔一五〕卫州门

〔文案〕宋初曰卫州，盖于可通卫州（今河南汲县），太平兴国四年九月赐名安肃。

〔一六〕**百步**

二程遗书卷六:古者百步为亩,百亩当今之四十一亩也。

[文案]京都译注本注一步一般为一点五米,百步即为一百五十米。

〔一七〕**马面**

陈规守城录卷二守城机要:马面,旧制六十步立一座,跳出城外不减二丈,阔狭随地利不定,两边直觑城脚。其上皆有楼子,所用木植甚多,若要毕备,须用毡皮挂搭。然不能遮隔大炮,一为所击,无不倒者。楼子既倒,守御人便不得安。或谓须预备楼子,随即架立。是未尝经历攻守者之言也。楼子既倒,敌必以炮石弓弩并力临城,则损害人命至多,亦不可架立。今但只于马面上筑高厚墙,中留"品"字空眼,以备觑望,又可通过枪刀;靠城身两边开两小门,下看城外,可施御捍之具。墙里造瓦厦屋,与守御人避风雨,遇有攻击,便拆去瓦厦屋,靠墙立高大排叉木,用粗绳横编,若造笆相似。任其攻击,必不能为害。

[文案]中华邓注本未将马面、战棚断开,点为一句而注,不妥。马面者,城墙加筑若马头正面之状,可储粮可御敌之孔形,与战棚虽同为防御之所而异。今陕蒙交界陕西靖边县"统万城",即沈括梦溪笔谈卷十一所提"延州故丰林县城,赫连勃勃所筑"。赫连勃勃,晋书卷一百三十有载记,其所筑"赫连城",硬可砺斧,盖因检验城墙,"锥入一寸,即杀作者"。故今城墙轮廓仍清晰可辨。据中国国家地理杂志二〇〇〇年第三期苇文被遗忘的废都统万城记:城墙高二十米,四墙外加筑"马面"若干,每个长十八米左右,宽十六米左右,有存粮草防来敌之用。诚为"马面"最好之实物注脚。

〔一八〕**战棚**

彭乘墨客挥犀卷三:边城守具中有战棚,以长木抗于女墙之上,大体类敌楼,可以离合,设之顷刻可就,以备仓卒。城楼摧坏,或无楼处受攻,则急张战棚以临之。梁侯景攻台城,为高楼以临,城上亦为楼以拒,使壮士仗槊斗于楼上,亦近此类。预备敌人,非仓卒可致。近岁边城有议,以谓既有敌楼,则战棚悉可废者,恐讲之未熟也。

〔一九〕**女头**

吴曾能改斋漫录卷七事实:春秋左氏传:"襄公六年,晏弱围莱,堙之,环城傅于堞。"注云:"堞,女墙也。"又:"二十五年,吴子门于巢,巢牛臣隐于短墙以射之。"二十七年:"卢蒲嫳攻崔氏,崔氏堞其宫而守之。"注曰:"堞,短墙也。"陴、堞、俾倪、短墙、短垣、女墙,皆一物也。说文云:"堞,城上女垣也。"广雅云:"陴,陴倪,女墙也。"释名曰:"女墙,言其卑小,比之于城,如女子之于丈夫也。"故杜子美上白帝城诗:"城峻随天壁,楼高望女墙。"刘长卿登馀干县古城云:"官舍已空秋草绿,女墙犹在夜乌啼。"刘禹锡诗云:"夜深犹过女墙来。"韩亿故乡诗云:"塞雁已侵池篆宿,宫鸦犹恋女墙啼。"此学长卿也。

陈规守城录卷二守城机要:女头墙,旧制于城外边约地六尺一个,高者不过五尺,作"山"字样。两女头间留女口一个。女头上立狗脚木一条,挂搭皮、竹笆篱牌一片,遮隔矢石,若御大炮,全不济事。又女头低小,城外箭凿可中守御人头面。须是于城上先筑鹊台,高二丈,阔五尺。鹊台上再筑墙,高六尺,厚二尺。自鹊台向上一尺五寸,留方眼一个,眼阔一尺,高八寸;相离三尺,又置一个;两眼之间,向上一尺,又置一个,状如"品"字;向上作平头墙。敌上登城,只于方眼中施枪刀,自可刺下。方眼向下,自有女头墙,即是常用笆篱牌挂搭,不必临时施设也。更于鹊台上靠墙,每相去四寸,立排叉木一条,高出女墙五尺,横用细木夹勒两道或三道。攻城者或能过"品"字眼,亦不能到平头墙上,更兼墙上又有排叉木限隔,若要越过排叉木,必须用手攀援,则刀斧斫之,枪刃刺之,无不颠仆。守者用力甚少,攻者必不得志也。

〔二〇〕**榆柳成阴**

陆佃埤雅卷第十四释木柳:柳柔脆易生之木,与杨同类。虽纵横

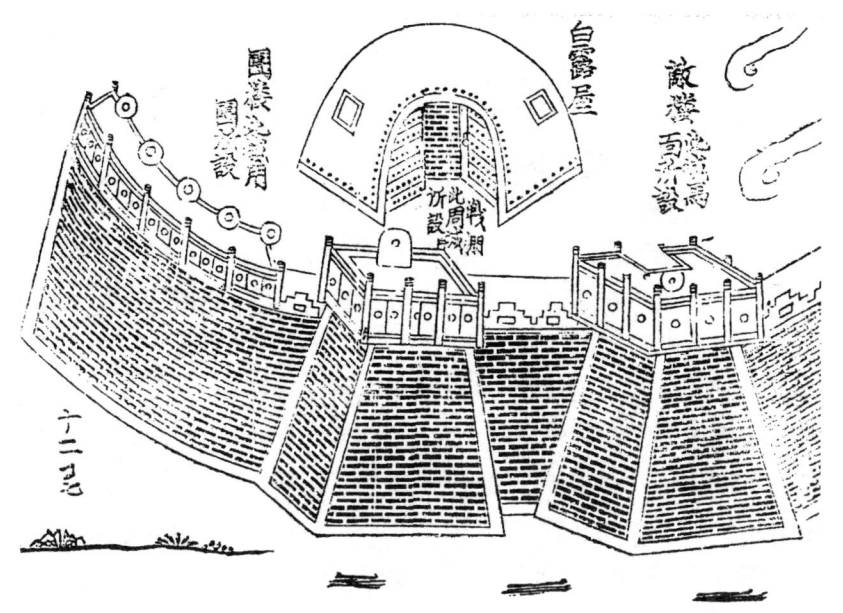

武经总要马面战棚图

颠倒,植之皆生。

　　洪迈夷坚乙志卷第十一米张家:京师修内司兵士阚喜,以年老解军籍为贩夫,卖果实自给。其妻汤氏,旧给事掖廷,晚乃嫁喜。宣和二年六月,喜卖瓜于东水门外汴堤丛柳间,所坐处去人居百许步,柳阴尤密。

　　成寻参天台五台山记第三(延久四年十月):从南京至东京三百二十里,从越州至楚州八州河不流河也,河左右殖生杨柳相连。从泗州至东京驶流河也,河左右殖生榆树成林。

　　韦骧汴上榆柳:栽培芟治责官曹,官牒书为第一劳。擢干不知多少树,施功唯系万千艘。斧斤畏法谁能近,雨露流恩气转豪。今岁河堤新决坏,森然安用拂云高。

　　[文案]汴河两岸榆柳成阴由来久矣,炀帝开河记曾云:翰林学士

虞世基献计于隋炀帝,于汴岸广栽垂柳,"一则树根四散,鞠护河堤;二乃牵船之人,获其阴凉;三则牵舟之羊食其叶"。炀帝大喜,诏民间:有柳一株,赏一缣。建隆三年,宋太祖又令:"夹岸植榆柳,以壮堤防。"以致榆柳茂密相交,成汴城一景也。

〔二一〕守御之器

许洞虎钤经卷第六守城具第六十五:杂物。守城之时,其什物:五谷、糗糒、鱼盐、布帛、医药、工巧、戎具、锻冶、秸稿、茆荻、芦苇、灰炭、柴薪、松桦、蒿艾、脂腊、麻皮、毡毯、荆棘、芘离、釜镬、盆瓮、磊木、槌凿、刀锯、长斧、长刀、长锥、长梯、短梯、大钩、连锁,但人所用之物,一一预备。仍令修缉,不得损坏。杂备。城上八队之间,安转关小炮二,机关大炮一,云梯撞炮等,间先从城身用木跳出为重女墙,高于土女墙五寸以上,以板覆之,随事缓急而开闭之。敌若以大石击墙楼,石下之处,出跳空中,悬生牛皮或毡毯等袋,以乘其石。城内人家咸令置水防火,先约失火者斩,火发之处,多恐奸人放火,但令近便主当八部官人,领老少妇女救之。火起所部,急白大将,大将亲领信人左右救火。城中有卒惊及杂人,城上不得辄离职掌,乱走街巷,违者斩之。敌若推轮排来攻,先以手炮打,手炮既众,所中伤必多,来者被伤,则力不齐矣。悬门,悬板为门也。铁鞔之如栈板,用之悬钟板,绕城于敌栅上,上皆悬板,受敌之时,则板起发矢。突门。于城中对敌营自凿,城内为暗门,多少临事,令五六寸勿穿,或于中夜,于敌初来,营列未定,精骑从突门跃出,击其不意。涂扇,以泥泥城门,可厚三尺,备火凿门,门为敌所逼,先自凿门扇十数孔,出强弩射之,长矛刺之,敌且不得近门。涂栈,以泥涂门上,大栈可厚五寸,备火。芘篱,战格于女墙上,跳出椽,去墙三尺,着横检椽安辖,以荆柳编为之,长二尺,阔五尺,悬安椽端,以遮矢石。布幔,以复布为幔,用弱竿悬倒于女墙外,去墙七八尺,御炮石之势,则矢石不复近墙矣。连梃,如打禾连枷状,打女墙外城上人。叉竿,如枪,刃为两歧,用叉飞梯及人。钩竿,如枪,两旁有曲刃,可以钩人。长柄钩,城上以木为棚,容兵一队,作长柄铁钩,随要便以为之备。若敌攀女墙踊身,待其身出,众钩齐拾,掣入城中,百刀锥斧助之。若敌以木驴攻城,我用铁蒺藜下而敦之,其法以熟铁为之,阔径一尺二寸,四条纵横如蒺藜形,以生铁汁灌其中央,重五十斤,上安鼻索,掷下敦讫,以辘轳拗上;若木驴有牛皮并泥敦着,即速以火炬灌油烧之。铁菱,状似小铁蒺藜,要路撒之。串镮,敌若推撞车攻城,我以粗铁镮并屈桑木为之,用索相连,遇撞头适到,速以镮串撞头,于其旁便处将士牵索,则撞车翻倒,弓弩齐射,自然败走。眯敌,石炭、糠粃,因风于城上以眯敌人目,因以铁汁洒之。转关桥梁,一桥梁端着横括,拔去括,桥转关,人马不得渡,皆倾水中。转关墙,凡攻城之兵,御捍矢石,头戴蠫帽,倾视不便,衣甲重厚,进退又难,前既不得上城,退则师逼迫,人众烦闹。我作转关女墙,腾出城外辘轳,坠铁索。索头安鸥脚,当聚闹处掷下,拨大木弩,以黄杨桑柘为之,弓长一丈二尺,中经七寸,两梢三寸,绞车张之,大矢一发,声如雷吼。积木。备磊石,径一尺,小头六七寸,长五尺,候敌人上城,则掷下磊之。积石。备炮石。大小随身下,捉敌人。地探。于城四隅穿井,各深二丈,令覆新瓮于井中,坐而听,城外贼到,内有孔穴地道,并闻瓮中,辨远近矣。地听。于城内八方穿井,各深二丈,以新瓮薄皮鞔口如鼓,令聪耳者于井中枕瓮而听,则去城五百步悉知。既审其处,我则随地凿穴迎之,以干艾一石烧令烟出,乃用板于穴口封之,勿令烟泄;更以鞴鼓之,则敌人焦灼矣。警火。每城四面,夜间设有警火,油囊盛水,于城上掷安火上,囊败火灭。救火用水筒,敌若纵火焚楼堞,以粗竹长一丈,锼去节,以生薄皮为盛,令贮水二三石,将筒纳于袋内,急缚如溅筒,令将士三五人,撮水口急注之救火,每门常贮两具,无竹,即以木合筒漆之,而用井水溅筒二十具助之。门内常以瓮贮水添用。燕尾炬。缚苇草为炬,分为两歧,如燕尾状,以油蜡灌之,加火纵城坠下,使人骑木驴而烧之。松明炬。以松木为之,烧令明,直锤下,随城照之,恐敌人乘暗上城。脂油烛炬。燃脂秉烛于城四衢要路门下，晨夜不得绝明，用备非常。行炉。镕铁汁炉，异行于城上以洒敌。游火铁箱。盛火加脂蜡，锁锤城下，烧穴孔中人。毒井。守城之时，城外有井，先沉之以毒药。陷马坑。孔长五尺，阔一丈，深三尺，坑中埋鹿角枪、竹签，十字相连，状如钩锁，覆以刍草茆禾，加土种草，令生苗，蒙覆其上，军城磊壁要路皆设之。拒马枪。以木径二尺，长短随时。十字凿。孔纵横安检，长一丈，锐其端，可塞城中门巷要路。木栅，为敌所逼，不及筑城垒，或因山河险隘，多石少土，不任板筑，则建立木为栅，方圆高下随时，深埋木根，重复弥缝，其阙内重柱为阁道，外重柱长出四尺为女墙，皆泥涂之，又于阁道内柱上布板木为栈，立栏干行于栅上。悬门、拥墙、濠堑、拒马，一如守城法。

〔二二〕广固

[文案]京都译注本释"广固"较详："广固"起于熙宁八年东京大修之际，时值王安石新法实施，废止牧马监厢军之时，为土木工专门部队。宋会要方域一之二八可证。

旧京城

旧京城〔一〕，方圆约二十里许。南壁〔二〕其门有三：正南曰朱雀门，左曰保康门〔三〕，右曰新门〔四〕。东壁其门有三：从南汴河南岸角门子〔五〕，河北岸曰旧宋门，次曰旧曹门。西壁其门有三：从南曰旧郑门，次汴河北岸角门子，次曰梁门〔六〕。北壁其门有三：从东曰旧封丘门，次曰景龙门〔七〕，乃大内城角实①篆宫前也。次曰金水门〔八〕。

[校]

①"实"，陈元靓岁时广记卷十一预赏灯作"宝"。

[注]

〔一〕**旧京城**

岳珂桯史卷第一汴京故城：开宝戊辰，艺祖初修汴京，大其城址，曲而宛，如蚓诎焉。耆老相传，谓赵中令鸠工奏图，初取方直，四面皆有门，坊市经纬其间，井井绳列。上览而怒，自取笔涂之，命以幅纸作大圈，纡曲纵斜，旁注云："依此修筑。"故城即当时遗迹也。时人咸罔测，多病其不宜于观美。熙宁乙卯，神宗在位，遂欲改作，鉴苑中牧豚及内作坊之事，卒不敢更，第增陴而已。及政和间，蔡京擅国，亟奏广其规，以便宫室苑囿之奉，命宦侍董其役。凡周旋数十里，一撒而方之如矩，堭堞楼橹，虽甚藻饰，而荡然无曩时之坚朴矣。一时迄功第赏，侈其事，至以表记、两命词科之题，概可想见其张皇也。靖康胡马南牧，黏罕、斡离不扬鞭城下，有得色，曰："是易攻下。"令植炮四隅，随方而击之。城既引直，一炮所望，一壁皆不可立，竟以此失守。沉几远睹，至是始验。宸笔所定图，承平时藏秘阁，今不复存。

〔文案〕中华邓注本、京都译注本均据宋会要方域之载注"旧京城"，然旧京城变革史缺失，岳珂所记可补。

〔二〕**南壁**

徐梦莘三朝北盟会编卷六十六靖康中帙四十一起靖康元年闰十一月一日壬辰，尽十四日乙巳。闰十一月一日壬辰朔，驾幸京城南壁。遗史曰：车驾幸京城南壁，抚劳士卒如前。

〔文案〕东京城以地界分东西南北四壁，宗泽集曾记其御敌时，四壁"立界"，南壁即为其一。

〔三〕**保康门**

王瓘北道刊误志：南面三门：保康。大中祥符五年，建会灵观，置保康门。

张师正括异志卷五刘观察宅：京师保康门，有刘观察之别第。

〔四〕**新门**

惠洪冷斋夜话卷之九刘野夫免德庄火灾：龚德庄罢官河朔，居京

21

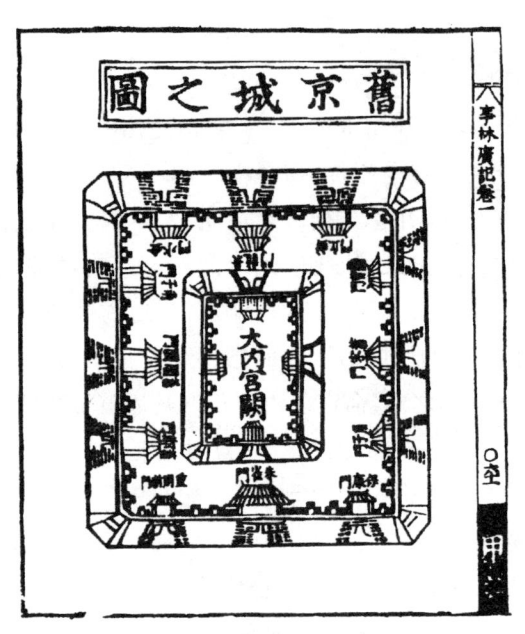

新编群书类要事林广记旧京城图

师新门。刘野夫上元夕以书约德庄曰："今夜欲与君语,令阁必尽室出观灯,当清净身心相候。"德庄雅敬其人,危坐,三鼓矣,家人辈未还,野夫亦竟不至。俄火自门而烧,德庄窘,持诰牒犯烈焰而出,顷刻,数百舍为瓦砾之场。

〔五〕角门子

蔡絛铁围山丛谈卷第一:而秘书省之西,切近大庆殿,故于殿廊辟角门子以相通,遇乘舆出,必由正寝而前。则秘书省官自角门子入而班于大庆殿下,迓车驾起居,及还内亦如之,可谓清切矣。以是诸学士多得由角门子至大庆殿,纳凉于殿东偏。

［文案］角门子为侧门、后门,亦作角子门。若杨温拦路虎传:"杨温随员外入来后地,推开了一个固角子门,入去看,一段空地。"

〔六〕**梁门**

[文案]<u>东京</u>城门，历经世变，其名多易：<u>梁</u>曰<u>乾象</u>，<u>晋</u>曰<u>乾明</u>，<u>宋</u>初曰<u>千秋</u>，<u>太平兴国</u>四年九月改名<u>阊阖</u>，又称<u>梁门</u>。

〔七〕**景龙门**

<u>万俟咏</u><u>凤凰枝令</u>，序曰：“<u>景龙门</u>，古<u>酸枣门</u>也。自<u>左掖门</u>之东，为夹城南北道，北抵<u>景龙门</u>。自腊月十五日放灯，纵都人夜游。”

<u>百岁寓翁</u><u>枫窗小牍</u>卷上：其东直<u>景龙门</u>，西抵<u>天波门</u>，宫东西二横门，皆视禁门。

〔八〕**金水门**

[文案]<u>金水门</u>因<u>金水河</u>得名，亦为俗称。<u>梁</u>则曰<u>大安</u>，<u>太平兴国</u>四年九月改名<u>天波门</u>。

河 道

穿城河道有①四。南壁曰<u>蔡河</u>，自<u>陈</u>、<u>蔡</u>由西南<u>戴楼门</u>入京城，迤绕自②东南<u>陈州门</u>出，河上有桥十一③，自<u>陈州门</u>里曰<u>观桥</u>，在<u>五岳观</u>后门。从北次曰<u>宣泰桥</u>，次曰<u>云骑桥</u>^{〔一〕}，次曰<u>横桥子</u>，在<u>彭婆婆</u>宅前。次曰<u>高桥</u>，次曰<u>西保康门桥</u>，次曰<u>龙津桥</u>，正对内前。次曰<u>新桥</u>，次曰<u>太平桥</u>，高殿前宅前。次曰<u>粜麦桥</u>，次曰<u>第一座桥</u>，次曰<u>宜男桥</u>，出<u>戴楼门</u>外曰<u>四里桥</u>。中曰<u>汴河</u>，自<u>西京</u>^{〔二〕}<u>洛口</u>分水入京城④，东去至<u>泗州</u>入淮，运东南之粮，凡东南方物^{〔三〕}，自此入京城，公私仰给焉。自<u>东水门</u>外七里，至<u>西水门</u>外，河上有桥十三⑤。从<u>东水门</u>外七里，曰<u>虹桥</u>^{〔四〕}，其桥无柱，皆以巨木虚架，饰以丹艧⑥，宛如飞虹，其上、下土桥亦如之；次曰<u>顺成仓桥</u>，入水门里曰<u>便桥</u>，次曰<u>下土桥</u>，次曰<u>上土桥</u>，投<u>西角子门</u>曰<u>相国</u>

23

寺桥。次曰州桥〔五〕，正名天汉桥。正对于大内御街，其桥与相国寺桥，皆低平不通舟船，唯西河平船可过，其柱皆青石为之，石梁石笋楯栏⑦〔六〕，近桥两岸，皆石壁，雕镌海马水兽〔七〕飞云之状，桥下密排石柱，盖车驾御路也。州桥之北岸御路，东西两阙，楼观对耸；桥之西有方浅船二只，头置巨干铁枪数条，岸上有铁索三条，遇夜绞上水面，盖防遗火舟船⑧矣。西去曰浚仪桥，次曰兴国寺桥，亦名马军衙桥。次曰太师府桥，蔡相宅前。次曰金梁桥，次曰西浮桥，旧以船为之桥，今皆用木石造矣。次曰西水门便桥，门外曰横桥。东北曰五丈河，来自济、郓，般挽京东路〔八〕粮斛入京城，自新曹门北入京⑨，河上有桥五：东去曰小横桥，次曰广备桥，次曰蔡市桥，次曰青晖桥、染院桥。西北曰金水河，自京城西南分京索河〔九〕水筑堤，从汴河上用木槽架过〔一〇〕，从西北水门入京城，夹墙遮拥，入大内灌后苑〔一一〕池浦矣。河上有桥三：曰白虎桥〔一二〕、横桥、五王宫桥之类。又曹门小河子桥曰念佛桥，盖内诸司辇官、亲事官之类，军营〔一三〕皆在曹门，侵晨上直，有瞽者在桥上念经求化，得其名矣。

[校]

24

①"穿城河道有"，百岁寓翁枫窗小牍卷上作"汴京河渠凡"。

②"自"，枫窗小牍卷上作"向"。

③"十一"，中华邓注本已纠"十一应作十三，桥数如此"。另有见解：按宋东京图，蔡河在外城流经十一条大街，疑"十一"或指在大街上桥数。

④"自西京洛口分水入京城"，枫窗小牍卷上作"自西京洛口分水

从东水门入京城"。

⑤"十三"误,文中实记十四桥。刘益安对新版东京梦华录注本质疑计为:虹桥、顺成仓桥、便桥、下土桥、上土桥、相国寺桥、州桥、浚仪桥、兴国寺桥、太师府桥、金梁桥、西浮桥、西水便门桥、横桥。

⑥"䑋",应作"膐"。膐为赤石脂,可作颜料,以饰建筑。

⑦"楯栏"应为"栏楯"。见注〔六〕。

⑧"遗火舟船"应为"遗失舟船"。

⑨"自新曹门北入京",枫窗小牍卷上作"自新曹门入通汴河"。

[注]

〔一〕云骑桥

[文案]据龚延明宋代官制辞典云:云骑系禁军编制,隶侍卫马军司。建隆二年改称云骑军。京都译注本则推测此桥靠近云骑兵营而得名。汤鼎有云骥桥诗,可证此桥居都市繁华中心,交通要冲:"桥头车马闹喧阗,桥下帆樯见画船。弦管隔花人似玉,楼台近水柳如烟。地连秦晋通三市,即入淮濠接九天。独倚阑干望宫阙,翠微高映五云边。"

〔二〕西京

王应麟小学绀珠卷第二地理类四京_{宋朝}:东京_{开封府汴},西京_{河南府洛},南京_{应天府宋},北京_{大名府魏}。

叶梦得石林燕语卷八:唐都雍,洛阳在关东,故以为东都;本朝都汴,洛阳在西,故以为西都,皆谓之"两京"。

汪应辰石林燕语辨卷第八(百六十五辨):东都 西都为两京,应天府为南京,大名府为北京,遂以西京。西京当作四京。

〔三〕东南方物

朱长文吴郡图经续记卷上物产:吴中地沃而物夥,其原隰之所育,

25

湖海之所出，不可得而殚名也。其稼，则刈麦种禾，一岁再熟，稻有早晚，其名品甚繁，农民随其力之所及，择其土之所宜，以次种焉，惟号"箭子"者为最，岁贡京师。其果，则黄柑香硕，郡以充贡。橘分丹绿，梨重丝蒂，函列罗生，何珍不有？其草，则药品之所录，离骚之所咏，布濩于皋泽之间，海苔可食，山蕨可掇，幽兰国香，近出山谷，人多玩焉。其竹，则大如篔筜，小如箭桂，含露而班，冒霜而紫，修篁丛笋，森萃萧瑟，高可拂云，清能来风。其木，则栝柏松梓，棕楠杉桂，冬岩常青，乔林相望，椒楘栀实，蕃衍足用。其花，则木兰辛夷，著名惟旧，牡丹多品，游人是观，繁丽贵重，盛亚京洛，朱华凌雪，白莲敷沼，文通、乐天，昔尝称咏。重台之菡萏，伤荷之珍藕，见于传记。其羽族，则水有宾鸿，陆有巢翠，鹍鸡鹄鹭、鸂鶒鸥鶂之类，巨细参差，无不咸备。华亭仙禽，其相如经，或鸣皋原，或扰樊笼。其鳞介，则鲦鲿鳜鲤、鮰鳝鲨鲨、乘鲨鼋鼍、蟹螯螺蛤之类，怪诡舛错，随时而有。秋风起则鲈鱼肥，楝木华而石首至，岂胜言哉！海濒之民，以网罟蒲嬴之利而自业者，比于农圃焉。又若太湖之怪石，包山之珍茗，千里之紫莼，织席最良，给用四方，皆其所产也。

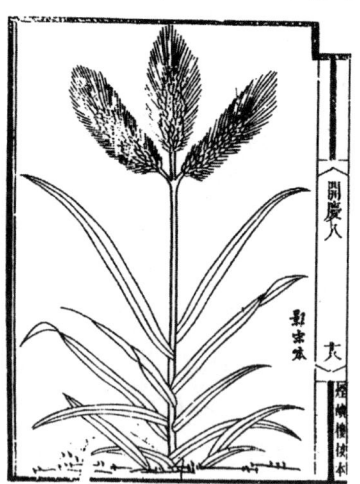

范成大吴郡志卷一土贡：本朝土贡，考之九域图，所贡：坐倚席、白墡、柑橘、咸酸果子、海味、鲞鱼肚、糟姜。元丰土贡录载，户部：薰橘一万五千颗，治平四年罢。生丝鞋、皇祐敕罢。花席二十合。熙宁三年罢。又云，进奏院状称，见今逐年进奉土产柑、橘、糟姜、咸酸果子。又云，今别贡葛二十匹、白石脂、蛇床子各十斤，席二十领。以上本朝故事。今惟遇圣节，贡银五百两，绢五百匹，葛布二十匹。

梅应发四明续志瑞麦图

谈钥嘉泰吴兴志卷二十土贡:宋朝太平兴国三年贡乳柑五百颗,白编布二十匹,紫笋茶一百斤,金沙泉水一瓶。其瓶浪银打成,并锁钥重五十六两,见统记。大中祥符间贡大编布二十匹,乳柑五百个。见李宗谔图经。熙宁中,贡白纻二十匹,漆器三十事。见王存九域志。

〔四〕虹桥

徐松宋会要辑稿方域一三之二〇、二一:八年六月,河西军节度使知河阳石普言:陕府澶州浮桥,每有纲船往来,逐便拆桥放过,甚有阻滞。今造到小样脚船八只,若逐处有岸,即将高脚船从岸铺使,渐次将低脚船排使;如无岸处,即两边用低桥脚,以次铺排,中间使高脚船八只作虹桥,其过往舟船于水深洪内透放,并具样进呈。帝令三司定夺闻奏。

天禧元年,正月,罢修汴河"无脚桥"。初,内殿承制魏化基言,汴水悍激,多因桥柱坏舟,遂献此桥木式。编木为之,钉贯其中。诏化基与八作司营造。至是,三司度所废工逾三倍,乃请罢之。

脱脱宋史卷二百九十八列传第五十七陈希亮:希亮曰:"法吏守文,非所愿,愿得一郡以自效。"乃以为宿州。州跨汴为桥,水与桥争,常坏舟。希亮始作飞桥,无柱,以便往来。诏赐缣以褒之,仍下其法,自畿邑至于泗州,皆为飞桥。

王闢之渑水燕谈录卷八事志:青州城西南皆山,中贯洋水,限为二城。先时,跨水植柱为桥,每至六七月间,山水暴涨,水与柱斗,率常坏桥,州以为患。明道中,夏英公守青,思有以捍之,会得牢城废卒,有智思,叠巨石固其岸,取大木数十相贯,架为飞桥,无柱。至今五十余年,桥不坏。庆历中,陈希亮守宿,以汴桥屡坏,率尝损官舟、害人,乃命法青州所作飞桥。至今沿汴皆飞桥,为往来之利,俗曰"虹桥"。

韦骧无脚桥汴上:枘凿关连壮,横空不可摇。激波无雁齿,跨岸只虹腰。改制千年取,倾舟众患消。乘舆济人者,为惠固相辽。

朱端常林至胡林卿云间志卷上桥梁:震桥在县东二百三十五步,

其上飞宇翼然，俗呼为东亭桥，又名虹桥。

张铉至正金陵新志卷四下疆域志二桥梁：天津桥宋行宫前旧名虹桥，政和中蔡嶷建为石桥，号曰蔡公桥，后改今名。天津本西京大内前桥名，即康节邵雍闻杜鹃处，今移其名于此，不忘京师之思也。

唐寰澄中国古代桥梁叠梁拱：水面通航和桥柱的矛盾不论近代和古代都存在。近代桥梁跨度可达千米以上，梁墩仍须有防撞措施。况古代桥梁跨度在十米左右，船撞自所难免。唯有向大跨度发展，河中没有桥墩，方可免除撞船之患。因而有人建议造"无脚桥"。

清明上河图中虹桥

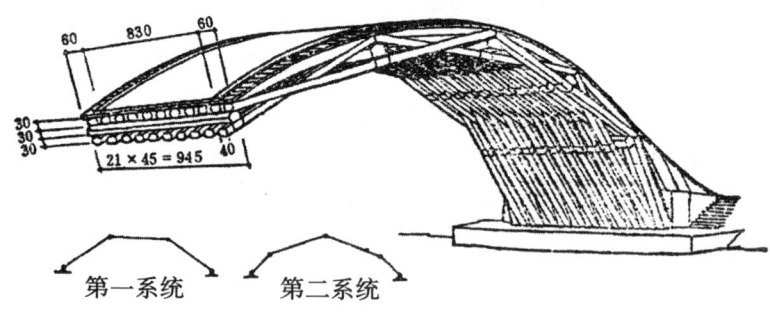

虹桥断面示意图

（选自茅以昇中国古桥技术史）

张择端以忠实的手法,合乎透视的原理,画出这座木桥。桥的尺度亦可以从画上推出。桥上栏杆是宋代勾栏特有的做法。扶手是一根通长的"寻杖"。寻杖以下为盆唇、蜀柱和地栿所构成的框架。框架束腰,只是简单的两根横木。每根蜀柱上置上下复斗瘿项。为了增加木栏杆的牢靠性,在每根蜀柱、盆唇底上,用斜木撑住。全桥只有桥头两端各有两根望柱,也即作为八字折柱。桥每边八字折柱至八字折柱中间,共有蜀柱二十三根。从栏杆上靠着的人数看来,每两蜀柱间有二人挤得较紧,估计约宽八十厘米。由此便估计全桥八字折柱至八字折柱间约长十九点二米。

　　再从桥的正面和底面来探究。桥拱主要部分是用二组拱骨系统,一组为三根长拱骨,另一组为两根长两根短的拱骨搭架排比而成,每两根拱骨端搁于另一根拱骨中部的横木上。整个拱是立体的结构,单独一片拱架是不能建立的,至少须两片拱架,用横木联系起来。横木除了起联系的作用外,同时是拱架构成的主要部分,且起横向分配的作用。

　　从清明上河图看此桥,正如汤鼎汴京云骧桥诗所云:"桥头车马闹喧阗,桥下帆樯见画船。"过桥的船正在紧张地控制方向,引船过桥。从图可以一丝不爽地观察桥的正面,有五长二短的七根拱骨。最中间一根的中心,便是栏杆的中心蜀柱,横木的顶端,为了防雨,都钉上了挡水板,饰以虎头。从桥的底面,可以看见最外面是一根拱骨,然后是每两根一组,用绳捆扎。这绳子捆扎的形势,在桥正面,每根拱骨中心都有。这样一组一组排比过去,上面钉上横向桥面,装上栏杆,铺上路面,便构成完整的桥梁。拱桥钉上护脚板,置于坚固整齐的金刚墙上。金刚墙伸出拱脚一段距离,作为牵道平台,设有阶梯,上通及岸。

　　汴水虹桥的结构在世界上也是绝无仅有。不但在中国桥梁史上,就是在世界桥梁史上,也有崇高的地位。因为这座梁的拱木起拱和梁的作用,故名之曰叠梁拱。

茅以昇中国古桥技术史第三章拱桥三木拱桥:清明上河图所取的透视角度,清楚地看出桥的结构。从桥下看去,在桥的宽度内一共并列有二十一组拱骨,拱骨为大圆木,径约四十厘米,其上下两面锯或锛成平面。二十一组拱骨,共分有二个系统。最外面一组拱骨,称为第一系统,是二根长拱骨和二根短拱骨;再里面一组,称为第二系统,是由三根等长的拱骨组成。如此排比过去,共十一组第一系统和十组第二系统。每一系统单独存在时是一个不稳定的结构,于是在二个系统拱木的交会点,设置横贯全桥宽度的横木。全桥共有五根横木。横木起联系拱骨,使成稳定结构和在横向分配活载的作用。横拱骨下面和上面两个与另一系统拱骨相交的倾斜面,也可能局部锛成平面,以使接触密贴,结构稳定。渑水燕谈录称"取巨木数十相贯"的"贯"字,确切地形容了这一结构。拱骨与横木之间的联结,从图上所画线条看,可能是捆绑式结构,或是某种特制的箍形铁件。每根横木端部,钉有长方木板一块,上画兽头,拱骨上横铺桥面板,顺拱势到接岸处成反弯曲线,使道路和顺,也增加了桥的美观。拱桥产生推力,所以"叠巨石固其岸",即用方正的条石砌筑桥台,台前留有纤道,考虑十分周到。它在世界桥梁史上是我国独创的结构形式的桥梁,反映了中国劳动人民的"智思"。

[文案]中华邓注本未注"虹桥",京都译注本注"虹桥"则简略,许政扬清明上河图画的是哪座桥考证"虹桥"乃"下土桥",于清明上河图研究有益。至宋方有"虹桥"之新技术,见文物 1975 年第四期刊布之杜连生宋清明上河图虹桥建筑的研究。虹桥当起于宋前,陈继儒太平清话谓南唐即有大虹桥,下引云间志同条可证:西虹桥,南唐以来废宫桥,若小虹、飞虹之属是也。2000 年中国国家地理杂志七期亦证:闽、浙交界泰顺县木拱虹桥可溯唐贞观之际。然虹桥之新技术推广至宋方盛,而非南唐。泰顺至今挺拔屹立九百余座虹桥,当为宋之苗裔。

〔五〕**州桥**

江邻幾醴泉笔录上：温仲舒判开封府。一进士早出探榜，其妻续，有人报其父母船至水门，亟僦驴往省之，至宋门，为醉人殴击，僦驴者又惧证佐留滞，潜遁去，府中人以醉人亦有指爪痕，俱杖而遣之，归家号泣。夫自外亦落第而泣，两不相知其由。徐知妻被杖，诣所司诉冤，不听。于州桥夫妻投河溺死。天汉桥俗呼为州桥。真宗闻之怒，知府已下悉罢去。

华镇崇宁元年五月十六日天汉桥月下闲步：闲来步月上银潢，天宇无尘夜色凉。双阙高寻佳气耸，三街平衬绿槐长。沉沉琳馆东西迥，袅袅珠楼左右光。归去不须寻蜀客，莫教知到斗牛傍。

宋话本简帖和尚：只有小娘子见丈夫不要他，把他休了，哭出州衙门来，口中自道："丈夫又不要我，又没一个亲戚投奔，教我那里安身？不若我自寻死后休！"上天汉州桥，看着金水银堤汴河，恰待要跳将下去。

张师正括异志卷七郭上灶：郭上灶者，不知何许人。天禧中，尝以备雇瀹汤涤器于州桥茶肆间。

施耐庵罗贯中水浒传第十二回梁山泊林冲落草 汴京城杨志卖刀：牛二便去州桥下香椒铺里，讨了二十文当三钱，一垛将来，放在州桥阑干上。

〔六〕**楯栏**

慧琳一切经音义卷四大般若经栏楯：上勒单反，下垂润反。说文：栏也，槛也。王逸注楚辞云：纵曰栏，横曰楯。楯间子谓之楔子也。

赵令畤侯鲭录卷七：栏楯。王逸注云：纵曰栏，横曰楯。楯间子曰楔。栏楯，殿上临边之饰，亦以防人坠堕，今言钩栏是也。

〔七〕**海马水兽**

张知甫张氏可书：章惇方柄任，用都司贾仲民议，起州桥二楼，又改桥作石岸，以锡铁灌其缝。宋用臣过之，大笑而去。仲民疑其有所未至，深虑之，遂谒用臣，访以致笑之端。用臣曰："石岸固奇绝，但上

31

阔下狭，若瓮尔。"仲民始悟，恳以更制。用臣曰："请作海马云气，以阔其下。"卒如之而成。

<u>唐慎微</u>重修政和经史政类备用本草卷二十一<u>虫鱼部</u>中品：海马，谨按异志云：生西海，大小如守宫虫，形若马形。其色黄褐，性温、平，无毒，主妇人难产，带之于身神验。

<u>王圻</u><u>王思义</u>三才图会<u>鸟兽</u>三卷：海马，<u>山海经</u>云：北海内兽，状如马，又善走。故服色之有取于海马者，以善走也。或云驹騄亦马之善走者，即海马。又隋书云：<u>西域</u><u>土谷浑</u>有青海，中有小山，其俗至冬冰合，辄放牝马于其上，言得龙种，尝得<u>波斯</u>马放入海，因生聪驹，日行千里，故时称海马。

〔八〕京东路

<u>王存</u>元丰九域志卷第一<u>京东路</u>：熙宁七年分<u>东</u><u>西路</u>。元丰元年诏<u>河北东</u><u>西</u>、<u>永兴</u>、<u>秦凤</u>、<u>京东东西</u>、<u>京西南北</u>、<u>淮南东</u><u>西路</u>转运司通管两路，以<u>河北</u>、<u>陕府</u>、<u>京东</u>、<u>京西</u>、<u>淮南路</u>为名，提刑、提举司仍旧分路。

<u>东路</u>州八，军一，县三十七。

〔九〕京索河

<u>王瓘</u>北道刊误志：京索河在县西南十五里，<u>京案楚</u>、<u>汉战京索</u>。京、郑<u>共叔</u>所居。<u>应劭</u>曰县名，<u>水经</u>曰黄水，发源<u>京县</u>黄堆上，东南流，名祝龙泉，泉势沸涌，状巨鼎扬汤，西南流谓之<u>龙项口</u>，世谓之<u>京水</u>也。元和县志曰：京水出<u>荥阳县</u>东南平地。<u>索</u>，案汉书注：<u>京县</u>有大索小索亭。<u>水经注</u>：索水出<u>京县</u>西南嵩渚山，北经<u>小索亭</u>西，京相璠曰：世语郑子皮劳叔向于索氏，即此城。北征记有索水，郡县志曰：索水出<u>荥阳县</u>小径山。十道志曰：嵩渚山亦名小径山。<u>山海经</u>云：小径之山，器难之水出焉。旧传即<u>索水</u>也。索音求索之索，一作漠，春秋音义：索，悉落切。二水合流亦曰<u>金水河</u>，自<u>中牟县</u>界至县境，流入御沟。案后唐同光二年，命<u>蔡州</u>刺史<u>朱勒</u>开导索河，以通漕运。

〔一○〕木槽架过

<u>程大昌</u>雍录卷九飞渠：本朝都<u>汴</u>。城内有大水二，其一自北趋南，直贯都城者，<u>汴渠</u>也。其一自西而东，横亘都城者，<u>京水</u>也。名<u>金水河</u>。

太祖欲通京水使东下，以达五丈河。而中间有所谓汴渠者焉，实与京水交午，而京水高于汴渠，若决京注汴，则必随汴南流，不能东出。故遂于金水会汴之地，架空设槽，横跨汴面，其制如桥，而金水河之水乃自西横绝，以东注乎五丈河也，本朝名惠民河者是也。予意水经之谓飞渠者，如架汴桥渠而遂名之为"飞"也。"飞"者，底不附土而沿空以行，如禽之不以足履而以翼飞也。盖未央殿址据山为高，而明渠之欲入城也，必有洼下之地，中断不接，故架空为渠，使得超洼下而注沧池也，飞渠之制，恐必尔也。

吕祖谦历代制度详说卷四漕运制度：建隆二年诏陈承昭于京城之西，夹汴水造斗门，引京、索、蔡河水通城壕入斗门，俾架流汴水之上，通汇于五丈河，以便东北漕运。即金水河。

〔一一〕后苑

张师正括异志卷一后苑亭：嘉祐末，仁宗于后苑建一亭，题其榜曰"迎曙亭"。未几，神文弃天下，英宗嗣位，则亭之名岂徒然哉。

程俱麟台故事卷五恩荣：仁宗每著歌诗，间命辅臣、宗室、两制、馆阁官属继和。天圣四年四月乙卯，内出后苑双头牡丹芍药花图，以示辅臣，仍令馆阁官为诗赋以献。

王素王文正公遗事：上于后苑曲燕，步于槛中，自剪牡丹两朵，召公亲戴。

文莹玉壶清话卷第四：杨大年二十一岁为光禄丞，赐及第。太宗极称爱。三月，后苑曲宴，未贴职不得预，公以诗贻馆中诸公曰："闻戴宫花满鬓红，上林丝管侍重瞳。蓬莱咫尺无因到，始信仙凡迥不同。"诸公不敢匿，实时进呈。上讶有司不即召，左右以未贴职为对，即日直集贤院，免谢，令预曲宴。

二程语录卷之十四遗书伊川先生语伊川杂录：太祖初有天下，士卒人许赏二百缗，及即位，以无钱，久不赐，士卒至有题诗于后苑。太祖一日游后苑，见诗，乃曰："好诗。"遂索笔和之，以故每于郊时各赐赏给,至今因以为例,不能去。

赵葵行营杂录:神庙一日行后苑,见牧猳猪者,问何所用? 牧者曰:"自太祖来,常令畜之,自稚养以至大,则杀之,又养稚者。累朝不敢易,亦不知何用。"神庙沉思久之,诏付所司:禁中自今不得复畜。月余,忽获妖人,急欲血浇之,禁中卒不能致,方悟祖宗远略。

〔一二〕**白虎桥**

宋话本宋四公大闹禁魂张:次日,将着他闲走。王秀道:"你见白虎桥下大宅子,便是钱大王府,好一拳财。"

〔一三〕**军营**

施宿嘉泰会稽志卷四军营:祖宗有天下,因周之制,又尽收天下雄劲士卒,列营京畿,足以坐制四方矣。又谓郡亦不可无备,则为之制,其别有禁军、厢军,禁军盖因梁、周之名,而厢军则因藩镇旧名。厢者乃当时分军之名,今内则龙神卫四厢,及外郡有第几厢之类,皆郡分耳。禁军犹曰京师之兵,而厢军则郡国所有,虽衣粮有差降,然皆选择。及历岁久,禁、厢军皆郡自募。始犹自京师分遣壮卒为募士之准,谓之兵样,继易以木梃木策,而兵样不至矣。于是禁军则教阅以备征戍,厢军给役而已。禁军有退惰者降为厢军,谓之"落厢"。自熙宁后置将官,而禁军又有系将不系将之别,则禁军亦分为二矣。初,梁太祖令诸军悉黥面为细字,各识军号,五代至本朝因之。方募时,先度人材,次阅驰跃,次试瞻视,初举手指问之而已,其后又刻木作手加白垩举以试之。然后黥面,而给衣屦缗钱,谓之"招刺利物",至今皆不改。若或惜费罢募,使军士子弟失职,或至于溢额冗滥者,皆非也。

张淏宝庆会稽续志卷第一军营:府之军营,凡十有二,曰雄节,系将第一指挥,曰威捷,第二系将指挥,曰威果,系将第二十二指挥、第二十三指挥,不系将第五十四指挥,曰全捷,系将第四指挥、第五指挥,曰全捷,不系将第十三指挥,曰厢军,崇节第一指挥、第八指挥,曰壮城指挥,曰牢城指挥,废坏久不葺,军兵皆僦居于外。嘉定十六年,守汪纲葺旧,外添创屋一千余间,尽括军兵迁入营垒,于是军制稍严整矣。

大　内

　　大内正门宣德楼列五门,门皆金钉[一]朱漆,壁皆砖石间甃,镌镂龙凤飞云之状,莫非雕甍画栋,峻桷层榱,覆以琉璃瓦[二],曲尺朵楼,朱栏彩槛,下列两阙亭相对,悉用朱红杈子。入宣德楼正门,乃大庆殿,庭设两楼,如寺院钟楼,上有太史局保章正,测验刻漏[三],逐时刻执牙牌奏。每遇大礼,车驾斋宿,及正朔朝会于此殿。殿外左右横门曰左右长庆门。内城南壁有门三座,系大朝会趋朝路,宣德楼左曰左掖门[四],右曰右掖门[五]。左掖门里乃明堂,右掖门里西去乃天章、宝文等阁。宫城[六]至北廊约百余丈。入门东去街北廊乃枢密院,次中书省,次都堂,宰相朝退治事于此。次门下省,次大庆殿外廊横门,北去百余步,又一横门,每日宰执趋朝,此处下马;余侍从台谏于第一横门下马,行至文德殿[七],入第二横门。东廊大庆殿东偏门,西廊中书、门下后省;次修国史院,次南向小角门,正对文德殿。常朝殿也。殿前东西大街[八],东出东华门,西出西华门。近里又两门相对,左右嘉肃门也。南去左右银台门。自东华门里皇太子宫入嘉肃门,街南大庆殿后门、东西上阁门;街北宣祐门。南北大街西廊面东曰凝晖殿,乃通会通门入禁中矣。殿相对东廊门楼,乃殿中省、六尚局[九]、御厨[一〇]。殿上常列禁卫两重[一一],时刻提警,出入甚严。

近里皆近侍中贵，殿之外皆知省、御药幕次〔一二〕，快行、亲从官、辇官、车子院、黄院子、内诸司兵士，祗候宣唤；及宫禁买卖进贡，皆由此入。唯此浩穰，诸司人自卖饮食珍奇之物〔一三〕，市井之间未有也。每遇早晚进膳〔一四〕，自殿中省对凝晖殿，禁卫成列，约拦不得过往。省门上有一人呼喝〔一五〕，谓之"拨食家"。次有紫衣、裹脚子向后曲折幞头者，谓之"院子家"，托一合，用黄绣龙合衣笼罩，左手携一红罗绣手巾，进入于此，约十余合，继托金瓜合二十余面进入，非时取唤，谓之"泛索"〔一六〕。宣祐门外，西去紫宸殿。正朔受朝于此。次曰文德殿，常朝所御。次曰垂拱殿，次曰皇仪殿，次曰集英殿。御宴及试举人于此。后殿曰崇政殿、保和殿〔一七〕。内书阁曰睿思殿〔一八〕。后门曰拱辰门①。东华门外〔一九〕，市井最盛，盖禁中买卖在此，凡饮食、时新花果、鱼虾〔二○〕鳌蟹、鹑兔脯腊、金玉珍玩、衣着，无非天下之奇。其品味若数十分，客要一二十味下酒〔二一〕，随索，目下便有之。其岁时果瓜蔬茹新上市，并茄〔二二〕瓠〔二三〕之类新出，每对可直三五十千，诸阁分争以贵价取之。

[校]

① "辰"，京都译注本纠为"宸"。

[注]

〔一〕金钉

宇文懋昭大金国志卷之三十三燕京制度：炀王弑熙宗，筑宫室于燕，逮三年而有成。城之四围凡九里三十步。天津桥之北曰宣阳门，

东京梦华录笺注

36

中门绘龙,两偏绘凤,用金钉钉之。中门惟车驾出入乃开,两偏分双单日开一门。过门有两楼,曰文曰武,文之转东曰来宁馆,武[之]转西曰会同馆。正北曰"千步廊",东西对焉。廊之半各有偏门,向东曰太庙,向西曰尚书省。至通天门,后改名应天楼,[观]高八丈,朱门五,饰以金钉。

〔二〕**琉璃瓦**

宋话本李元吴江救朱蛇:行不一里,见一所宫殿,背靠青山,面朝绿水。水上一桥,桥上列花石栏杆。宫殿上盖琉璃瓦,两廊下皆捣红泥墙壁。

范成大揽辔录:将至宫城廊,即东转,又百许间,其西亦有三间,出门,但不知所通何处,望之皆民居。东西廊之中,驰道甚阔,两旁有沟,沟上植柳,两廊屋脊皆覆以青琉璃瓦,宫阙门户即纯用之。

〔三〕**刻漏**

吴处厚青箱杂记卷九:龙图燕公肃雅多巧思,任梓潼日,尝作莲花漏献于阙下,后作藩青社,出守东颍,悉按其法而为之,其制为四分之壶,参差置水器于上,刻木为四方之箭,箭四觚,面二十五刻,刻六十四面,百刻总六千分,以效日,凡四十八箭,一气一易,铸金莲、承箭、铜乌引水,下注金莲,浮箭而上,有司唯谨视而易之。其行漏之始,又依周官水地置泉法,考二交之景,得午时四刻一十分,午为正南,北景中以起漏焉,以梓潼在南,其法昼增一刻,夜损一刻,青社稍北,昼增三刻,颍处梓青之间,昼增二刻,夜损亦如之。仍作宣秘漏,其窥天愈密焉。兹亦张平子之流也。

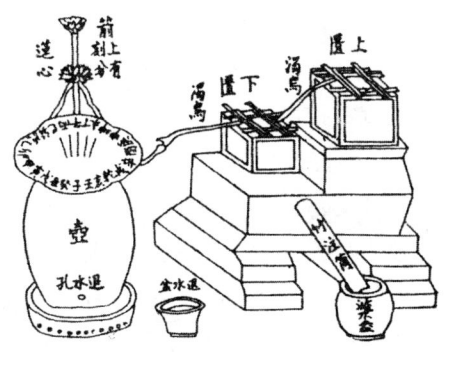

燕肃莲花漏

(选自李志超水运仪象志)

〔四〕**左掖门**

孔平仲谈苑卷四：选人不得乘马入宫门。天圣中选人为馆职，始欧阳永叔辈屇皆自左掖门下马入馆，时号"步行学士"。

韩驹过左掖门马上口占：十载扁舟自在闲，帝城春物不相关。却因久住蓬莱阁，赢得年年看绿山。

〔五〕**右掖门**

释惠洪禅林僧宝传卷二十言法华：法华自右掖门径趋，将至寝殿，侍卫呵止不可。上笑曰："朕请而来也。"

杨湜古今词话许将：嘉祐间，京师殿试，有一南商控细鞍骢马于右掖门，俟状元献之。

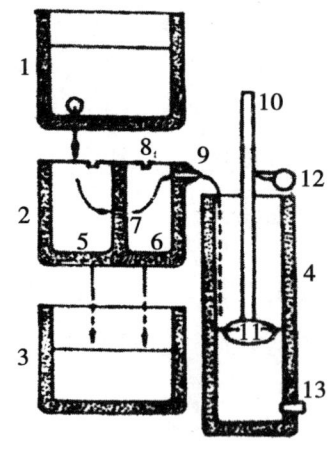

沈括浮漏

1. 求壶；2. 复壶；3. 废壶；
4. 建壶；5. 元；6. 介；7. 达（孔）；
8. 枝渠（泄水槽）；9. 玉权（漏咀）；10. 箭；11. 镣匏（浮子）；
12. 令刻（指针）；13. 泄水孔

叶梦得石林诗话卷中：元丰初，始建东西府于右掖门之前，每府相对为四位，俗谓之八位。裕陵幸尚书省回，尝特临幸，驻辇环视久之。时张侍郎文裕以诗庆宰执，元参政厚之和云："黄阁势连东凤阙，紫枢光直右银台。"盖东府与西阙相近，西府正直右掖门。

〔六〕**宫城**

白珽湛渊静语卷二：又次日，同官属看故宫室，宫墙四角皆有楼，高数十尺。其楼中一区高，两旁各递减三层，以裹墙角。入自左掖门，向西行一二十步，横入一门，号左升龙门。入此门即五门，里大庆门，外由峻廊上五门楼，俯瞰城寺，正望丹凤楼，复下楼望右升龙门。此两门盖通左、右掖门，五门非车驾出入不开。左、右掖门，百官有司往来，横通左、右升龙，以造大庆门外。其门有三，中曰大庆，东曰日精，西曰月华，

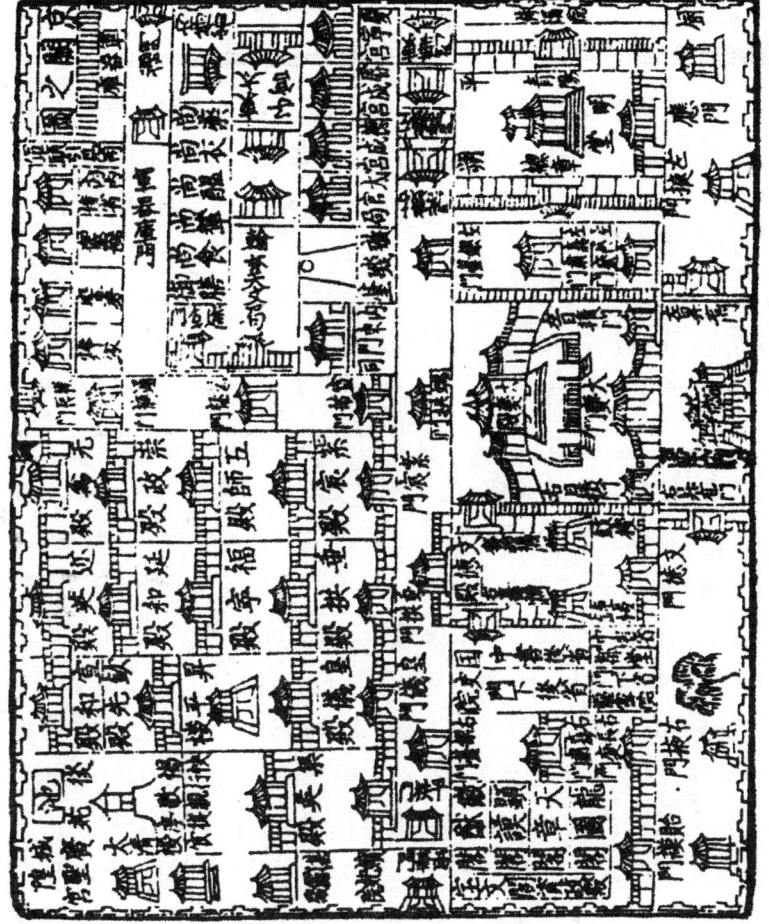

新编群书类要事林广记宫城图

门旁亦列戟。入此门望见大庆殿，两旁有井亭，东西廊屋各数十间。殿庭有两楼对峙，东曰嘉福，西曰嘉瑞。大庆殿屋十一间，龙墀三级，旁朵殿各三间，峻廊复与西庑相接，殿壁画四龙，各长数丈，询之宦者，称金主询渡河来后所画，中间御屏亦画龙，上用小斗开成一方井，如佛宫宝盖，中有一金龙，以丝网罩之，此即正衙也。转御屏，下峻阶数步，一殿曰德仪。由德仪殿出，有三门，中榜曰隆德之门，余二门，榜左右隆平。入此门，东西两井亭，望见隆德殿，即旧垂拱殿，今更此名。两廊屋各数十间，殿亭中，东一楼钟楼，西一楼鼓楼，殿屋五大间，旁各朵殿三间，阶止龙墀一级。左朵殿峻廊接东上阁门，右朵殿峻廊接西上阁门，并楼屋下有门，通往来，此常朝殿也。此殿后峻阶数步有旱船，过又一庭院，又一门，榜曰仁安之门，门外东西向两门，东一门横截出东华门，西一门横截出西华门。入仁安门，望见仁安殿，殿宇龙墀两廊，皆如隆德规模，止无东西阁门，在本朝为集英殿，进士唱名在此，新进状元以下并由东华门出，金人改为仁安，榜颜所改，踪迹尚在。自此后两殿有殿无门，皆旱船连接，两边廊屋不丹腰，止是黑漆窗户，意必宫人位次，此系内殿，想百官不到。前殿皆琉璃筒瓦，此两殿并瓦，止用琉璃楞屋脊及用琉璃筒瓦圈屋檐，一殿曰纯和，一殿曰宁福。后又一小殿连宁福，如人家堂舍后龟头，三面皆墙壁，此即正寝。两旁有两阁，亦设榻，此殿后即内宫墙，有门两重。出后苑入苑门，一直行数十步，有小溪桥，度桥过溪，一殿榜曰仁智，溪中寻常水满，内有龙舟，今涸矣。仁智殿下两巨石，高三丈，广半之，东一石有小碑，刻敕赐"卿云万态奇峰"；西一石上刻"玉京独秀太平岩"，徽宗皇帝亲书，刻石填金。殿后用怪石垒成山，高百尺，广倍，最上刻石，榜曰百泉。山后挽水上，自此流下至京玉涧，又流至涌翠峰，下有大涤洞，水自洞门飞下。山下有三池，左右两池白莲，中一池红莲，山后乃厚载门也。夹仁智殿东偏，一桥度溪，有亭曰临漪，西偏一桥度溪，有亭榜曰琼杯，即曲水流觞。两亭并在溪南，自此东西两边，别有殿阁。循溪而东皆垂杨，复渡桥过溪，一殿曰长生殿，基稍高，下瞰一园，殿后一亭曰广寒，时盛暑中，立少时，浑无暑气。长生殿东曰浮玉殿，西曰涌金殿，广寒亭东曰蓬莱殿，西曰瀛洲。又两亭，一曰绮香，一无题颜，自此复渡溪桥，回向东，系球场，有阅武殿，自球场复向西，望长生、仁智殿直西行，怪石垒成山，甚高且广，石砌一径，屈曲回旋，以至山顶。初过一石桥，榜吕公洞，旋折而上，一亭垒秀，山之正面一堂榜临溪，其径皆夹以花竹，前后不相望。竹木断处，忽然一亭，类临溪堂，又横截一亭宜芳，一亭秀野，一亭环翠，一亭真乐，皆结茅为屋，了不知在城市中。大抵苑中多植桧与木槿，每径于花木排列湖石，不可以数计。出苑门，入内宫墙门，由宁福殿，复出纯和殿，西廊一门，门复接以修廊，行二三十步，北有一门甚小，榜隆徽，此金人皇后宫。入门一假山如门屏，满庭尽花木槛栏，一楼对花圃，楼上甚高敞，无榜额。过楼即琼芳殿，楼屋殿屋隔尘画双蟠凤，殿屋结顶金蟠凤，大率如人君殿宇。上有鸱尾，下无丹楹，门窗户牖皆黑漆。自此复西过长廊，一楼榜豁然，旁有玉清殿，此皆金主询所造，规模制度岂敢望旧宫室万一。复由来路出纯和殿，迤逦至大庆门外，横从右升龙门出，即是本朝旧原庙，一门榜启庆之宫。入宫门复有三门，中曰德昌，左曰文昭，右曰光兴，三殿中左右亦同广，即旧殿宇，不知榜颜是否。制度宏丽，金碧辉耀。出启庆宫门，复入右升龙门，过大庆门外，出左升龙门向东行，一门向南，榜曰圣寿宫，左安泰门，右明昌门，即金人太后宫，或云本朝东宫，金人更为太后宫。入宫门直端一门，榜曰徽音，又一门曰光熙，望见徽音殿及长乐殿，入光翼门、繁禧门，有燕寿殿。复出此宫，由左掖门出，所谓秘阁华馆，了无所见。左掖门之西，五门之东,即百官待漏所。自五门望南,向丹凤门,中间禁路,两旁即千步廊,但余基址。千步廊尽处,向东一屏墙绰楔门,入门三二十步,面南一大门,即太庙门,内三门,门上并画蟠龙。殿屋二十五间,高大宏丽,两旁修廊,东西各开一门,与廊相通,盖百官陪从入此两门甚便。殿上十二室,每室尽榜金人祖先庙号,每一室计二间,东偏一门,西偏一窗,有窗处一间向西,壁上嵌以小石,室上下方广二尺以上,石门一,合开闭,系藏神主处,遇祭奉神主出石室,祭毕复藏,殿宇皆群小杂居,粪壤堆积,庭下草深数尺,大内诸殿亦然。北人乘马于殿上,庭草没龙墀,过者不胜故宫黍离之叹。复出太庙向西行,一屏墙绰楔门,入门行二十步,西南一门即社坛,周围皆墙,四角有楼,内有社稷二坛,东西南北四门,遇祭祀则开,导迎四方之气。次日又往城西隅,看故瑶华宫,昔隆祐太后所居之宫,仅存一殿,相近琼林苑、金明池,苑余墙垣,池存废沼。出新城,西偏即龙德宫,与厚载门相近,徽宗皇帝所创,有殿二,有馆四,有亭二十有四,近北军围城时拆毁殆尽,止存熙春一杰阁,高百余尺,巍然插空,非人间所有。金人亦尝毁之,竟不能。登是阁,见四围皆荷花,用小桥通诸亭馆。吁!故宫自南渡迄今,百余年中,虽经金人营葺,犹有存者。

[文案]据张驭寰中国城池史研究:东京宫城即皇城,南北长九百米,东西宽二百米。百岁寓翁枫窗小牍卷上、宇文懋昭大金国志卷之三十三汴京制度亦详记东京宫城之貌,有别于湛渊静语,可参。

〔七〕文德殿

李心传道命录卷二:崇宁三年六月丁巳,诏元符奸党,通为元祐奸党,凡三百有九人,上书刻石于文德殿之东壁。

宋祁宋景文集卷四十六:故丞相文正王公碑阴,记太后再受徽号,欲御天安殿,复奏言止御文德。

〔文案〕京都译注本考文德殿于宋初为文明殿。

〔八〕殿前东西大街

〔文案〕京都译注本据画墁录述文德殿与大庆殿排行一列最后位置,疑孟元老记"文德殿前"为误,应改为"殿后东西大街"。

〔九〕六尚局

王应麟小学绀珠卷第八职官类六尚:尚食　尚药　尚衣　尚乘　尚舍　尚辇唐殿中省,其属有六属。　尚官　尚仪　尚服　尚食　尚寝　尚功内官六尚。

〔一○〕御厨

王巩甲申杂记:宣仁同听政日,御厨进羊乳房及羔儿肉。宣仁蹙然动容曰:"羊方羔而无乳,则馁矣。"又曰:"方羔而烹之,伤夭折也。"却而不食,有旨不得宰羊羔以为膳。

车若水脚气集卷上:自膳人、庖人而下,皆入御前供奉。

孔平仲谈苑卷二:雷太简判设案,御厨每日支面一万斤,后点检每日剩支六千斤。先日宰羊二百八十,后只宰四十头。

陈郁话腴:徽庙一日幸来夫人阁,就洒翰于小白团扇,书七言十四字,而天思稍倦,顾在侧珰云:"汝有能吟之客,可令续之。"乃荐邻里太学生,既宣入,内侍省恭读宸制,不知指意,乞为取旨。或续句呈,或就书扇左。上曰:"朝来不喜餐,必恶阻也。当以此为词,以续于扇。"续进,上大喜。会将策士,生于末奏名,径使造庭,赐以第焉。上御诗曰:"选饭朝来不喜餐,御厨空费八珍盘。"生续曰:"人间有味都尝遍,只许江梅一点酸。"

无名氏李师师外传:然帝见所供肴馔,皆龙凤形,或镂或绘,悉如宫中式。因问之,知出自尚食房厨夫手,姥出金钱倩制者。帝亦不怿,谕姥今后悉如前,无矜张显著。

钟邦直宣和乙巳奉使金国行程录:前施朱漆银装镀金几案,果楪以玉,酒器以金,食器以玳瑁,匙箸以象齿。遇食时,数胡人抬异十数鼎镬致前,杂手旋切割饾钉以进,名曰"御厨宴"。

〔一一〕**禁卫两重**

范镇东斋记事卷二:禁卫凡五重:以亲从官为一重,宽衣天武官为一重,御龙弓箭直、弩直为一重,御龙骨朵子直为一重,御龙直为一重。凡入禁卫一重,徒一年至三年止。误者减二等。傅卞尝误入禁卫,定私罪。永叔再为论奏,为公罪,得应制举。

〔一二〕**幕次**

宋真宗令群臣国忌行香赴幕次诏景德四年三月:国忌行香,群臣并须赴幕次,就赐茶酒,候宰臣出,方得退。乃依官次牵马入院门,违者人从送开封府勘断,本官容庇,亦具名闻。

张郁乞内班起居预设百官幕次奏淳化二年六月二十九日:内班起居,百官皆无幕次,止权歇于客省阁门使吏舍,及聚立廊下。欲望自今前一日,于东上阁门内东北两廊预设幕次。

王安石崇政殿详定幕次偶题:娇云漠漠护层轩,嫩水溅溅不见源。禁柳万条金细撚,宫花一段锦新翻。身闲始更知春乐,地广还同避世喧。不恨玉盘冰未赐,清谈终日自蠲烦。

[文案]龚延明关于东京梦华录注部分注文商榷纠中华邓注本"知省、御药"与"幕次"断开之误,以免"幕次"失去依从,龚文谓"幕次"即指前述"知省"、"御药"等官值班帐幕,按官品高下列次于殿外。

〔一三〕**饮食珍奇之物**

吕希哲发明义理八珍:八珍者,淳熬也,淳母也,炮豚也,捣珍也,渍也,熬也,糁也,肝膋也。先儒不数糁,而分炮豚、炮羊为二,皆非也。

苏颂苏魏公文集丞相魏公谭训卷第八恬淡器玩饮膳:祖父尝言:皇祐、至和间诸公饯客,坐有献白莲藕者,数倍酬其直。后十余年颇纷纭,遂以红莲藕为下品。乃知时态愈尚新奇而入浮薄,为可念也。

苏颂苏魏公文集丞相魏公谭训卷第十杂事：祖父为省判，判剥马。案行，众争取死马，而不取驼牛。以为马肉耐久，埋之烂泥地中，经宿出之如新，为脯腊，可敌獐鹿。皆税居曹门，邻巷皆货之盐豉者。早行其臭不可近。晚过之，香闻数百步。多马肉为之。

陆游家世旧闻上四十八楚公使归携所得貔狸至京师：楚公使虏归，携所得貔狸至京师。先君言：犹记其状，如大鼠而极肥腯，甚畏日，偶为隙光所射，辄死。性能糜肉，一鼎之内，以貔一胾投之，旋即糜烂，然虏人亦不以此贵之，但谓珍味耳。

〔一四〕**进膳**

朱熹辑二程外书卷十二传闻杂记：明道说：仁宗一日问折米折几分，曰"折六分"，怪其太甚也。有旨只令折五分。次供进偶觉，藏府曰："习使然也。"却令如旧。又禁中进膳，饭中有砂石，含以密示嫔御曰："切勿语人。朕曾食之，此死罪也。"又一日思生荔枝，有司言已供尽，近侍曰："市有鬻者，请买之。"上曰："不可令买之，来岁必增上供之数，流祸百姓无穷。"又一日夜中甚饥，思烧羊头，近侍乞宣取，上曰："不可，今次取之，后必常备。日杀三羊，暴殄无穷。"竟夕不食。

徐梦莘三朝北盟会编卷第七十一靖康中帙四十六起靖康元年十二月一日壬辰，尽四日乙未：金人供送上左右寝食皆如法，并吃馄饨、扁食，乃金人御膳也。进上御膳，亦用馄饨、饼啖裹夹之类，内侍争攫拿，金人以手加额云："罪过，此食未曾供奉皇帝，岂可食也。"

〔一五〕**呼喝**

陶宗仪南村辍耕录卷二十一喝盏：天子凡宴飨，一人执酒觞，立于右阶，一人执柏板，立于左阶。执板者抑扬其声，赞曰"斡脱"，执觞者如其声和之，曰"打弼"。则执板者节一拍，从而王侯卿相合坐者坐，合立者立。于是众乐皆作，然后进酒，诣上前，上饮毕，授觞，众乐皆止。别奏曲，以饮陪位之官，谓之"喝盏"。盖沿袭亡金旧礼，至今不废，诸王大臣非有赐命不敢用焉。"斡脱"、"打弼"，彼中方言，未暇考求其义。

〔一六〕**泛索**

四水潜夫武林旧事卷第八皇后归谒家庙:早泛索　皇后下饭七件　菜蔬五件　茶果十合　小楪儿五件　亲属各早食十味。

[文案]中华邓注本引宋会要、事物纪原载"取索司"证"泛索",与原意差远。京都译注本据宋泛实、泛支、泛进等用语,释"泛索"为临时需求。较之中华邓注本为明。宋会要职官二一之一三牛羊司谓每月收四十口羊为额,"内一十口充泛索使用",亦可为证。泛索,系时人口语而非官习,乃至演变为宋之饮食市语"点心"之称也。因点心可不定时取求而即食得其名。

〔一七〕**保和殿**

佚名碧湖杂记宫禁不严:宣政间,禁中有保和殿,殿西南庑有玉真轩,轩内有玉华阁,即安妃妆阁也。妃姓刘氏,入宫进位贵妃。林灵素以左道得幸,谓上为长生帝君,妃为九华玉真安妃,每神降,必别置妃位,画妃像于其中。每祀妃像,妃方寝而觉,有酒容。是时群臣惟蔡元长最承恩遇,尝赋诗题殿壁曰:"琼瑶错落密成林,桧竹交加午有阴。恩许尘凡时纵步,不知身在五云深。"常侍宴于保和殿,上令妃见京,先有诗曰:"雅兴酒酣添逸兴,玉真轩内看安妃。"命京赓补成篇,京即题曰"保和新殿丽秋晖,恩许尘凡到绮闱"云云。

宋话本勘皮靴单证二郎神:单说保和殿西南,有一坐玉真轩,乃是官家第一宠幸安妃娘娘妆阁,极是造得华丽:金铺屈曲,玉槛玲珑,映彻辉煌,心目俱夺。时侍臣蔡京等,赐宴至此,留题殿壁。有诗为证:保和新殿丽秋辉,诏许尘凡到绮闱。雅宴酒酣添逸兴,玉真轩内看安妃。

〔一八〕**睿思殿**

俞松兰亭续考卷一:庆历中,宋景文帅定武,有举子携此石至郡,死于营妓家,乐营吏号何水清者,见而识之,取献景文。景文喜甚,不敢私有,留于公帑,世谓之定武本。后为薛道祖携以归长安。宣和中,有旨取旧石置睿思殿,赏以墨本,分赐近臣。

刘跂暇日记:孟伯饶说,宋用臣种柳睿思殿,用常柳三株,批开急合为一,取圈直麻缕系,牛矢泥固济,深栽之,一年有三年力。

许顗彦周诗话——:季父仲山,先大夫同祖弟也。读书精苦,作诗有源流。昔尝上书,晚以特奏名得一官。政和间,御制宫词三百首,尝和进,今录一绝于此,染指可以知鼎味也。其词曰:"轻寒惨惨透衾罗,玉箭铜壶漏水多。常是未明供御服,梦回频问夜如何。"时道君皇帝在睿思殿,宣进甚急,意谓得美官。

施耐庵罗贯中水浒传第七十二回柴进簪花入禁院 李逵元夜闹东京:且转过凝晖殿,从殿边转将入去,到一个偏殿,牌上金书"睿思殿"三字。此是官家看书之处。侧首开着一扇朱红槅子。柴进闪身入去看时,见正面铺着御座,两边几案上,放着文房四宝:象管笔、花笺、龙墨、端溪砚。书架上尽是群书,各插着牙签,勿知其数。正面屏风上,堆青叠绿,画着山河社稷混一之图。

邓椿画继卷十杂说论近:睿思殿日命待诏一人能杂画者宿直,以备不测宣唤,他局皆无之也。

赵与虤娱书堂诗话四〇:康与之在高宗朝,以诗章应制,与左珰适睿思殿有徽祖御画,特为卓绝,上时持玩,以起羹墙之悲。

成寻参天台五台山记第七(延久五年三月):皇帝作文之处四面有竹,总廿处许,中间无空处,皆作花园,种种果树,种种食菜尽有之。

〔一九〕东华门外

高晦叟珍席放谈卷下:潞公嘉祐中位元台,时上偶违豫,二府同宿于内。一夕,有人款禁闼告变,公即命砻墨于盎,呼其人至前,浓涂面目,驱出,斩东华门外。翌日,都下帖然。

范镇东斋记事卷第一:太祖一日御后殿虑囚,内有一囚告:"念臣是官家邻人。"太祖以为燕蓟邻人,遣问之。乃云:"臣住东华门外。"太祖笑而宥之。

　　陈师道后山谈丛卷五太祖以蜀宫画图赐茶肆:太祖阅蜀宫画图,问其所用,曰:"以奉人主尔。"太祖曰:"独览孰若使众观邪。"于是以赐东华门外茶肆。

　　李畋该闻录:景德二年,李虞部畋与友张及、张达、杨交俱拔乡荐,奏名预殿试。未唱名前一夕,张及梦乘一筏涉浪,触岸而觉。李梦游开宝寺,中路见寺塔数级出云外。达梦以刀剪瓜而中折,交梦东华门外,候唱名举人皆倒立。

〔二〇〕虾

　　罗浚宝庆四明志卷第四郡志水族之品:虾有赤、白、青、黄、斑数色,青者大如儿臂,土人珍之,多以饷远。梅熟时曰梅虾,蚕熟时曰蚕虾,状如蜈蚣,而大者曰虾姑,身尺余,须亦二三尺,曰虾黄,不常有。皆产于海,其产于陂湖者曰湖虾,生于河者曰虾公,二钳比他种其长倍之。郭璞江赋云:水母目虾。注曰水母无耳及目,不知避人,常依虾随之。

〔二一〕下酒

　　无名氏居家必用事类全集庚集肉下酒生肺:獐肺为上,兔肺次之。如无,山羊肺代之。一具全无损者,使口哂尽血水。用凉水浸,再哂再浸。倒尽血水如玉叶方可。用韭汁、蒜泥、酪、生姜自然汁入盐调味匀,滤去滓。以湿布盖肺冰湫。用灌袋灌之了,务要充满。就筵上割散之。酥油肺:用獐、兔肺。如无,羯羊肺亦可。依上去血水。用蜜酥加稠酪、杏泥、生姜汁同和,滤纽去滓。布盖冰湫。筵前割散。琉璃肺:用殺羊肺,依上法去血净。用杏泥四两、生姜汁四两、酥四两、蜜四两、薄荷叶汁二合、酪半斤、酒一盏、熟油二两,已上和匀,滤滓二、三次。依前法灌至满,冰湫。就筵割散。照鲙:鱼不拘大小,鲜活为佳,去头尾、肚皮。薄切,摊白纸上晾片时,细切如丝。以萝卜细剁,布纽作汁,姜丝少许,拌鱼鲙入碟。钉作花样。簇生香菜、芫荽,以芥辣醋浇。将鱼头尾煮姜辣羹,加菜头供。浙西人谓之"烫鲙羹"。鲙醋:煨葱四茎、姜二两、榆仁酱半盏、椒末二钱,一处擂烂,入酸醋内加盐并

48

糖,拌鲙用之。或减姜半两,加胡椒一钱。<u>肝肚生</u>:精羊肉并肝,薄批,摊纸上,血尽,缕切,羊百叶亦缕切,装碟内。簇嫩韭、芫荽、萝卜、姜丝,用"脍醋"浇(炒葱油抹过肉不腥)。<u>聚八仙</u>:熟鸡为丝、衬肠焯过剪如线,如无,熟羊肚针丝、熟虾肉、熟羊肚胘细切,熟羊舌片切,生菜、油、盐揉糟姜丝、熟笋丝、藕丝、香菜、芫荽簇碟内。鲙醋浇,或芥辣或蒜酪皆可。<u>假炒鳝</u>:羊臀肉批作大片,用豆粉、白面表裹匀糁,以骨鲁槌拍如作汤窝相似,蒸熟,放冷。斜纹切之,如鳝生,用木耳、香菜簇钉。鲙醋浇。作下酒。纵横切皆不可,唯斜纹切为制。

[<u>文案</u>]卷二饮食果子,卷四筵会假赁、会仙酒楼,卷九宰执亲王宗室百官入内上寿亦有"下酒"。据老学庵笔记言,下酒为俗语。<u>梅宛陵</u>诗则好用案酒。<u>沈自南艺林汇考</u>亦云:脆美可案酒,今北方多言案酒。<u>水浒传</u>第七回"希奇果子案酒"则证之。<u>水浒传</u>第十回又证,"案酒"可作"按酒",若"约计吃过十数杯,再讨了按酒,铺放桌上"。"下酒",宴饮中不可或缺也。余择其肉下酒数则注之,<u>水晶脍</u>、<u>曹家生红</u>、<u>水晶冷</u>、<u>淘脍</u>则于另条注引。

〔二二〕茄

<u>梁克家淳熙三山志</u>卷第四十一土俗类菜蔬:茄有数种:紫茄、重茄、青水茄、白茄,一名落苏。岭表录异记南中草菜经冬不衰,故蔬圃之中栽种茄子,宿根有二三年者。近城种多出城西。

<u>谈钥嘉泰吴兴志</u>卷二十物产:茄陈书:蔡樽为太守,于郡斋种紫茄供常厨。本草云:一名落苏,乡土有三种,有紫茄,有白茄,有水色茄,色亦白而甜,嫩可生食。

<u>吴其濬植物名实图考</u>卷四蔬类:茄,开宝本草始著录。本草拾遗:一名落苏,有紫、白、黄、青各种,长圆大小亦异。岭表录异:茄树,其实如瓜,余亲见之。茄蒂根烧灰,治靴瘃;茎灰入火药用。茄种既繁,鼎俎惟宜。遵生八笺有糖蒸、醋糟、淡干、鹌鹑各法,然未尽也。水茄甘者可以为果,山谷有谢银茄诗云:"君家水茄白银色,绝胜埧裹紫彭亨。"白固胜于紫,然唐以前但云昆仑紫瓜,白茄曰渤海、曰蕃茄,盖后

出也。段成式云：茄乃莲茎之名，今呼茄菜，其音若伽，未知所自。小说有草下作佳、作召、作音之谬。白獭髓：赵希仓倅绍兴，令庖人造燥子茄，欲书判食单，问厅吏茄字。吏曰："草头下着加。"遂援笔书草下家字，都人目曰燥子蒙。

〔二三〕瓠

崔豹古今注卷下草木第六：匏，瓠也。壶芦，瓠之无柄者也。瓠有柄者曰悬瓠，可为笙，曲沃者尤善，秋乃可用，则漆其里。

罗愿尔雅翼卷八释草八瓠：瓠，匏之甘者。诗："甘瓠累之。"古者王政，瓜瓠果蓏，植于疆埸。正月可种瓠，六月可畜瓠，八月可断瓠作蓄。诗云"断壶瓠中"。白肤，所谓张苍肥白如瓠者也。可以饲豕致肥，其瓣可以作烛致明，其叶又可为菜，诗所谓"幡幡瓠叶，采之亨之"是也。

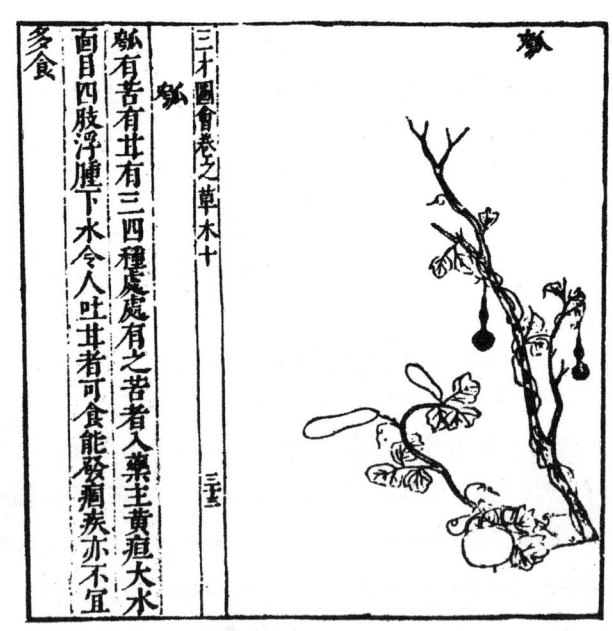

三才图会瓠图

王祯东鲁王氏农书百谷谱集之三蓏属瓠：夫瓠之为物也，累然而生，食之无穷，最为佳蔬，烹饪无不宜者。种如其法，则其实斗、石，大之为瓮盎，小之为瓢杓，肤瓤可以喂猪，犀瓣可以灌烛，咸无弃材。济世之功大矣，可不知所重哉？

内诸司

内诸司皆在禁中，如学士院、皇城司、四方馆、客省〔一〕、东西上閤门、通进司、内弓剑枪甲军器等库〔二〕、翰林司〔三〕、茶酒局也。内侍省、入内内侍省、内藏库、奉宸库、景福殿库、延福宫、殿中省、六尚局。尚药、尚食、尚辇、尚醢、尚舍、尚衣①。诸閤分、内香药库〔四〕、后苑作、翰林书艺局〔五〕、医官局、天章等阁，明堂颁朔布政府。

①"衣"，原作"依"，据津逮、学津本改。

[注]

〔一〕**客省**

[文案]京都译注本据宋会要释"客省"为职掌各地诸蕃朝贡、赏赐、接待事务之部门，然于"客省"后加"司"则误。"客省"因接待贵宾亦名"宾省"，不以"司"称。

〔二〕**内弓剑枪甲军器等库**

[文案]京都译注本考"内弓剑枪甲军器等库"为"弓剑"、"衣甲"、"枪"、"剑"、"弩"五库。龚延明关于东京梦华录部分注文商榷考"内弓"代表内弓箭库，"剑"代表剑弩箭库，"枪"代表"弓枪库"，"甲"代

51

表"衣甲库","军器"则为总括词。"内弓剑枪甲军器等库"全系略称，实为四库，皆为军器库。

〔三〕**翰林司**

高晦叟珍席放谈卷下：曾子宣、吕吉甫同为内相，与客啜茶，注汤者颇数。客云："尔为翰林司，何故不解点茶？"吉甫即云："翰林司若尽会点茶，则翰林学士尽工文章也。"意讥子宣，缘此遂相失矣。

〔四〕**内香药库**

庞元英文昌杂录卷第三：内香药库在谠门内，凡二十八库。真宗皇帝赐御诗二十八字以为库牌。其诗曰："每岁沉檀来远裔，累朝珠玉实皇居。今辰内府初开处，充牣尤宜史笔书。"东库内有王烧金药一炉，至今犹在。又有辰砂一块，其上忽生新砂二十二颗，赤如火色。尝取之禁中，还送本库焉。

唐士耻诗话二：内香药库者，古玉府也。独以香药名者，不贵异物贱用物也。上以备服御之须，下以神经费之阙。犀珠磊落，粲然溢目。梯山航海，讫惟人面，罔不虔职贡之修，盛舟车之凑，越自肇造，日积月累。柴周之所储，岭蜀之所聚，铢收寸藏，殆非一日。至于我真宗章圣皇帝之年，盖二十有八库焉。维帝缉熙唐文，形之篇什，字为一室之标。亲洒璇跗，肆笔成书，金榜昭揭，下被万古，云汉成章，夫岂徒然哉！由盛帝明良之歌，若三侯之章、秋风之什，见于载籍者不可屡数。求其克勤小物，无一之或遗，若我真宗章圣皇帝者，盖千万世不一见也。其事不见国史，独梦得石林燕语存其梗概，而岁不具焉。容光必照，日月之辉已小，臣敬赞盛德之万一。赞曰："皇家之兴，五纬若绳。若绳贯珠，降娄是明。降娄何职，比于东壁。文物之占，天意历历。累圣承承，宸章方增。九阁垂象，真星最称。汗牛充栋，其书总总。克勤小物，罔不鼓动。玉府在周，遗规可求。服御是供，一职以修。冠以香药，其名何作。不贵异物，厥义坦若。四七其门，胪列彪分。扁以宸章，理则俱存。维玉至宝，及他玩好。兹焉是藏，储之于早。亦有南琛，四方同文。讫惟人面，职贡缤纷。旁暨良药，瘅痫可却。拔象之齿，擢犀之角。罔不粲然，溢乎后先。标以唐文，相映相鲜。是谓玉食，以奉维辟。冢宰不会，宏哉九式。叶于四声，七字一精。柏梁之余，肆笔而成。如彼列宿，丽天昱昱。揭示万世，汉将之目。圣作烂焉，永示万年。"

〔五〕**翰林书艺局**

〔文案〕据龚延明宋代官制辞典第一编皇帝制度类：翰林书艺局即翰林御书院，元丰五年新制改名，简称书艺局。翰林书艺局职掌为善书法、备顾问及应奉。

外诸司

外诸司：左右金吾街仗司〔一〕、法酒库、内酒坊〔二〕、牛羊司〔三〕、乳酪院〔四〕、仪鸾司、帐设局也。车辂院、供奉库、杂物库、杂卖务、东西作坊、万全、造军器所。修内司、文思院、上下界绫锦院、文绣院、军器所〔五〕、上下竹木务、箔场、车营〔六〕、致远务、骡务、驼坊、象院、作坊、物料库、东西窑务、内外物库、油醋库〔七〕、京城守具所、鞍辔库〔八〕、养马曰左右骐骥院〔九〕、天驷十监〔一〇〕、河南北十炭场①〔一一〕、四熟药局、内外柴炭库、军头引见司、架子营、楼店务、店宅务。榷货务、都茶场、大宗正司、左藏、大观、元丰、宣和等库、编估局、打套所②〔一二〕、诸米麦等。自州东虹桥、元丰仓、顺成仓、东水门里广济、里河折中、外河折中、富国、广盈、万盈、永丰〔一三〕、济远等仓、陈州门里麦仓子、州北夷门山、五丈河诸仓〔一四〕，约共有五十余所。日有支纳下卸，即有下卸指挥兵士,支遣即有袋家,每人肩两石布袋。遇有支遣,仓前成市。近新城有草场〔一五〕二十余所。每遇冬月诸乡纳粟〔一六〕秆草,牛车〔一七〕阗塞道路,车尾相衔,数千万量〔一八〕不绝,场内堆积如山。诸军打请〔一九〕,营在州北,即往州南仓,不许雇人般担,并要亲自肩③来,祖宗之法〔二〇〕也。

[校]

①中华邓注本案:宋史职官志"十"作"石",孔宪易据宋会要指"十炭场"中漏刻一"石"字。

②"所",应为"局"。

③"肩",津逮、学津两本作"负"。

[注]

〔一〕左右金吾街仗司

[文案]龚延明据宋会要辑稿职官二二之一三金吾街仗司,二二之一四金吾街仗司,元丰官制之卫尉寺、李攸宋朝事实卷十三仪注,谓左、右金吾街仗司,系左、右金吾引驾仗司(简称左、右金吾仗司或左右仗司)与左、右金吾街司(或省称左、右街司)之合称,宋绝无"左右金吾仗司"之机构。邓之诚引周城宋东京考为"左右金吾仗司"作注,失于考核而致误。

〔二〕内酒坊

[文案]中华邓注本承周城宋东京考外诸司"内酒坊"之条,行文为"内酒坊掌造法糯酒,常料之三等酒,以供拜国之用"。龚延明据宋会要辑稿职官二一之四光禄寺、文献通考职官考光禄卿,谓周注、邓注仅举法糯酒、常料酒,漏落糯酒,当补入。"以供拜国",应为"以供邦国"。余补孔平仲谈苑卷二:内酒坊,祖宗朝糯米八百石,真庙三千石,

仁宗八万石。江少虞宋朝事实类苑卷第一祖宗圣训：一日，内酒坊火，悉以监官而下数十人弃市，诘得遗火卒，缚于火中。自是内司诸署，莫不整肃。

〔三〕牛羊司

宋真宗牛羊司广牧指挥补阙事诏_{景德元年三月}：牛羊司，广牧指挥如阙员僚，即于本指挥拣年劳能部辖十将补副都头，即不差殿侍权管。节级军士月给麻屦，合与月粮同历勘支。

宋真宗谕牛羊司诏_{景德二年六月}：牛羊司，外群送纳死羊及诸处取索羊肉羊羓，并须每口实定斤重，出抄申破，不得止凭估羊节级悬估。

宋真宗牛羊司畜孳乳者勿宰杀诏_{景德三年十二月二十日}：牛羊司畜孳乳者，并放牧之，无得宰杀。

宋真宗牧羊少失决罚数诏_{景德四年六月}：牛羊司牧羊少失羊决罚之数：一口至三口，群头笞四十，牧子加一等；四口至六口，群头杖六十；七口至十口，群头杖七十，巡羊十将笞三十；十口至十五口，群头杖八十已上，牧子递加一等，巡羊十将杖六十，员僚笞三十；十五口至二十口，牧子徒一年，配外州牢城，群头杖一百，降充牧子，巡羊十将杖八十，降一资，员僚杖六十；二十口已上，牧子徒一年半，群头徒一年，并配远恶州府，十将杖一百，降二资，员僚杖八十，降一资，巡羊使臣奏勘替与降等差遣。

〔四〕乳酪院

孙逢吉职官分纪卷十九乳酪院：国朝旧有南北两院，有监官。景德二年合为一，以骐骥院监官专副兼充，掌供御厨乳酪酥。

〔五〕军器所

李心传建炎以来朝野杂记甲集卷十八兵马御前军器所_{器甲物料所书斤重价直等附}：元丰官制，置军器监，以掌戎器之政令。又有御前军器所，其役兵有万全军匠三千七百人，东、西作坊工匠五千人。

无名氏翰苑新书前集卷三十一京局官：御前军器所。十一年臣僚奏军器所隶工部,当隶台察,从之。_{中兴会要}。后复以中人典领,其调度程品,军器监有不得预闻者。三十年黄通老为侍郎,为上言非祖宗建官正名之意,请得领属,稽考之,诏依条检察。孝宗受禅,增置提点官一员,以内省都知李绰为之,改称提举。又七日,诏御前军器所专隶提举,其隶工部等指挥勿行。张真文时为御史,力论其不然,上乃命仍隶。_{朝野杂记}。旧有提点官,今同;旧有提辖官六员,今一员,干办官二员,今一员,监造官六员,今二员,受给官二员,今一员,监门官二员,今一员。_{中兴会要}。

〔六〕**车营**

叶梦得石林燕语卷十:丁晋公初治第于车营务街。

苏辙龙川略志第五言水陆运米难易:元祐三年春,关中小旱,提刑司依法赈民,不以闻朝廷。吕微仲,陕人,忧之过甚。有吴革者,自白波辇运罢还,欲求堂除,因议水陆运米,以济关中之饥,朝廷下户部,且使革领其事。革言陆运以车营务车、驼坊驼骡运至陕;水运以东南纲船般至洛口,以白波纲船自洛口般入黄河。革见予于户部,予谓之曰:"吾已谓君呼车营务、驼坊职掌人矣,君姑坐待之。"既至,问之。车营务无车,驼坊无驼骡。予曰:"此可以贺君矣。若有车与驼骡,君将若之何!"革曰:"何故?"曰:"陆运至难。君不过欲多差小使臣、军大将,谨其囊封耳。车营务、驼坊兵级,多过犯配刺到,既行,必多作缘故,使前后断绝,监者力不能及,所至盗食且卖。若不幸遇雨,则化为泥土,君皆莫如之何也。"革无语。

〔文案〕"车营"与"致远",为两务,应断。中华邓注本未断,京都译注本则断。余引龙川略志此条亦可注下"驼坊"。

〔七〕**油醋库**

徐松宋会要辑稿食货五二之三油醋库:油醋库在建初坊,掌造麻荏菜三等油及醋,以供膳局。以京朝官三班及内侍二人监,有油匠六十,醋匠四人。太宗至道二年闰七月,诏油醋库卖退糟钱,除本库土地专典纸笔外,至年终支不尽者并纳入左藏库。<u>真宗</u><u>大中祥符</u>二年,诏油醋库旧各置监官,自今并为一库,减监官二人。<u>仁宗</u><u>天圣</u>元年四月定夺所言:在京油麻元纳油醋库,后为专典乞钱,三司创置受纳脂麻库,隔手支与油醋库,岁费万余石,有监官副知杂役斗子八人,如法酒库、内酒坊,造酒米麦皆船般,缘河就仓纳下,不别置库。欲乞如例,只于税仓寄厰收贮。从之。

〔八〕**鞍辔库**

<u>徐松</u>宋会要辑稿食货五二之三七、三八鞍辔库:库在<u>景龙门</u>内之街西,掌御马金玉鞍勒及给赐王公群臣、外国使并国信鞴辔之名物。以诸司使副、三班副、内侍二人监,兵级及匠四十七人。<u>真宗</u><u>大中祥符</u>四年正月,群牧司言,请于<u>崇政殿</u>门外北横门北,擗截行廊屋三间,充架阁御鞍库房。从之。六年二月,诏今后入<u>契丹</u>使供新鞍勒,接绊止支经借者。<u>天禧</u>二年四月,内侍<u>马仁俊</u>言:奉诏点检鞍辔库数,内宣赐鞍辔,乞留金镀银绞具一百两,五副。八十两,三十副。七十两麻叶,五十两麻叶,四十两宝相花,三十两<u>洛州</u>花,各三十副。二十五两三镶,十五副。二十两三镶,三十副。十五两二镶,五十副。十五两蛮云子,七十副。十七两带甲,二十副。白成银铰具,十二两微窊,百五十副。十二两鈌束,十五副。十五两合口,十副。二十两合口,三十副。十五两合口,五十副为额。准备赐与,外有金镀银闹装二百二十三两,漏尘宝相花八十一两,各一副。金镀陷银花,二十五两,凤子促结,三副,中箭樺三镶,二副,频伽三镶三十二两,孩儿三镶三十二两,鹿儿三镶二十一两,各一副。陷墨花凤子金解落促结四十一两,十副。白成陷墨银花瑞草二十五两,一副,二十一两,二副。龟鹤二十一两,麒麟二十三两,各一副。鹦鹉三镶三十三两,一副。准备取字,其余不合副者,并拆剥送纳。从之。

〔九〕**左右骐骥院**

<u>孙逢吉</u>职官分纪卷十九左右骐骥院:<u>唐</u>有小马坊、飞龙院之号。

五代后唐长兴元年,分飞龙院为左右,以小马坊为右。飞龙院,国朝太平兴国五年改飞龙为天厩院,雍熙元年改左右骐骥院,各领天驷二监,天厩一坊。大中祥符二年,诏左右骐骥院及诸坊监马数目,令旬奏月比,以省日奏之繁。五年,群牧制置使言:左右骐骥院、六坊监,见饲马万七千匹,所费刍粟四百万,自今请止留马二千,余悉遣就淳泽监放牧,或官有急用,可信宿而至,岁省刍粟三百余万。从之。

〔一○〕天驷十监

孙逢吉职官分纪卷十九左右天驷监:唐马有左右监。国朝太平兴国四年,置养马务,五年作四厩,诏以为天驷监,左右各有二焉。熙宁三年,以天驷监并作左右两监。

〔一一〕十炭场

欧阳修归田录卷二:清泉,地名,香饼,石炭也,用以焚香,一饼之火,可终日不灭。

佚名景泰寰宇通志卷二十二徐州土产:石炭,白土镇出,宋苏轼为守,日以冶铁作兵,犀利胜常。

[文案]龚延明宋代官制辞典考证东京置石炭场至迟不晚于元丰。东京有河南第一至第十石炭场,此与外诸司所记相合。又能抽买石炭场、丰济石炭场共十二石炭场。刘益安对新版东京梦华录注本质疑亦对中华邓注本所案"宋史职官志:十作石,十炭为石炭之讹"有异议:"十炭场"显指外诸司一些机构的数字,而职官志所讲为石炭场职务范围,两者根本不是一回事,亦无必然联系。

〔一二〕编估局打套所

无名氏翰苑新书前集卷三十一京局官编估打套局:绍兴年间从户部新请,三路发到市舶香药藏杂物,左藏东西库、榷货务交纳外,其编估职事,乞除委左藏库监门官一员兼,其打套职事,委太府寺丞引库监官兼。八年专置打套局监官一员,以右迪功郎范仲由充,从户侍李弥逊请也。九年置编估官一员,十一年移编估打套局出左藏库之外,南

东京梦华录笺注

仓之北置局。_{会要。}

［文案］绍兴七年正月二十八日，始见有"编估"、"打套"职事。

〔一三〕**永丰**

钱希白洞微志：虞部郎中周仁得监永丰仓，有通谒者进士吕中，及见之，十岁小儿，出一启为贽。仁得读之，有"庄周之壑已空，孔绪之车初适"，仁得问"孔氏之车"出何书？乃厉声呼仁得父祖名，化为大鼠入仓而去。

〔一四〕**诸仓**

陈襄州县提纲卷四禁擅入仓：诣仓受纳，止可容斗子及输纳之户，其无干预人，悉令出仓。

邵思雁门野说入仓避兵：开宝八年十一月二十七日夜半，金陵城陷，大军将入。予六岁矣，父母昆弟十三人，空宅号泣而出，未知藏匿之所。天渐明，行至广济仓东北角姑之子张成家，成见予父母，泣且言曰："兵至矣，去将安适？此有梯可逾垣入仓，大军若来，必不烧仓。成家老小幸相随而度，度迄毁梯，勿使人觉。"父异其言，骨肉由是皆入，既而成欲去梯，父曰："不可也，我与汝既免，后人何从？但留之，俾来者得逾垣，则众皆济矣。"于是果有人沿梯而上，复有驾肩而登者。父乃与仲氏取廧中官梯两只掷于外。至卯辰间，大军既入，火照台城。少顷，果有百余甲士持赤帜，立于墙外，实守仓敖。是则张成所谋，盖得济者众，由我父不使去梯而又益之也。二十八日招安，城中多被杀伤，惟此间老幼近二千人获全。

董弅闲燕常谈：何㮚当京城已陷虏人，入视帑藏仓庾，时有胡思者为司农卿，其诸仓米麦数白㮚，既复，㮚送至厅事傍，遽属言曰："大卿切勿令乱量。"思应诺。至客次，方悟其戏。盖语有胡思乱量也，时谓作宰相如此，何以服百僚？

董煟救荒活民书卷一：仁宗初即位，乾兴元年十二月，以京城谷价翔贵，出常平仓米，分十四场贱粜，以济贫民。庆历元年十一月，以京城谷价涌贵，发廪一百万石，减价出粜，以济贫民。四年正月，诏陕西谷价翔贵，其令转运司出常平仓米，减价以济贫民。皇祐三年十二月癸巳，诏曰："天下常平仓，其依元籴价，粜以济贫民，毋得收余利，以希恩赏。"

吕中宋大事记讲义卷七真宗皇帝常平仓：景德三年正月，置常平仓，每州计户口，量留上供钱，择清干官主之，委司农总领，三司毋得移用，岁余万石，止于五万石。

〔一五〕草场

施耐庵罗贯中水浒传第十回林教头风雪山神庙 陆虞候火烧草料场：到第六日，只见管营叫唤林冲到点视厅上，说道："你来这里许多时，柴大官人面皮不曾抬举的你。此间东门外十五里，有座大军草场，每月但是纳草纳料的，有些常例钱取觅。原是一个老军看管。我如今抬举你去替那老军来守天王堂，你在那里阅几贯盘缠。你可和差拨便去那里交割。"

早来到草料场外看时，一周遭有些黄土墙，两扇大门。推开看里面时，七八间草房做着仓廒，四下里都是马草堆，中间两座草厅。到那厅里，只见那老军在里面向火。差拨说道："管营差这个林冲来替你回天王堂看守，你可即便交割。"老军拿了钥匙，引着林冲，吩咐道："仓廒内自有官司封记，这几堆草一堆堆都有数目。"

〔一六〕诸乡纳粟

杨辉详解九章算法：今有均输粟，甲县一万户，行道八日，乙县九千五百户，行道十日，丙县一万二千三百五十户，行道十三日，丁县一万二千二百户，行道二十日，各到输所，凡四县赋，当输二十五万斛，用车一万乘，欲以道里远近，户数多少，衰出之，问粟车各几何？

答曰：甲县，粟八万三千一百斛，车三千三百二十四乘。乙县，粟六万三千一百七十五斛，车二千五百二十七乘。丙县，粟六万三千一百七十五斛，车二千五百二十七乘。丁县，粟四万五百五十斛，车一千六百二十二乘。

〔一七〕**牛车**

<u>欧阳修六一诗话</u>二：<u>仁宗</u>朝有数达官，以诗知名。常慕<u>白乐天</u>体，故其语多得于容易。尝有一联云："有禄肥妻子，无恩及吏民。"有戏之者云："昨日通衢遇一辘轳车，载极重，而羸牛甚苦，岂非足下'肥妻子'乎？"闻者传以为笑。

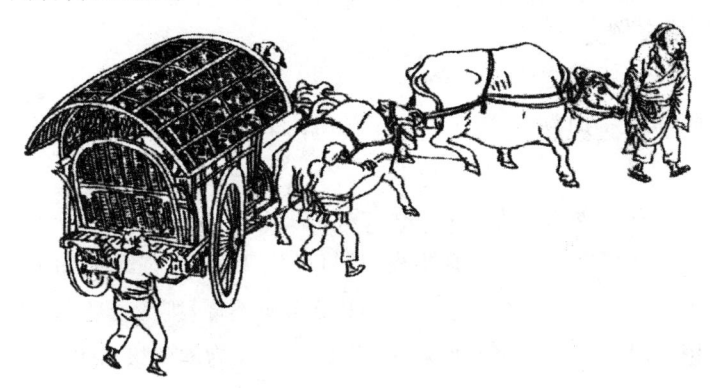

清明上河图中牛车

<u>马永卿嬾真子</u>卷之三<u>安乐窝</u>：先生以春秋天色温凉之时，乘安车，驾黄牛，出游于诸公家。

<u>徐梦莘三朝北盟会编</u>卷第二十九<u>靖康中帙</u>四起<u>靖康</u>元年正月八日甲戌尽十日丙子：昨来<u>郭药师</u>守<u>燕山</u>，要马，朝廷下<u>川陕</u>马司应副，试问<u>药师</u>："其马堪与不堪？与元抛数足不足？"即见得城内有马不多，耕牛尽在城外民间，城中所有，多是宗室国戚人家，养三两头，牵驾座车子。

<u>刘弇</u>道旁见牛车因成二绝：由来得计在通津，蚀尽冥冥古道尘。犊子掣辕疲欲死，须知作俑是椎轮。

〔一八〕**数千万量**

[文案]<u>中华邓</u>注本案量应作辆，余以为<u>元</u>本未误而<u>邓</u>误。<u>庞元英文昌杂录</u>卷第五有证："<u>开宝寺</u>试国学进士。<u>景德寺</u>又为别试所。既

开院,以车营务驴车数十量载试卷赴礼部架阁,数日方毕。"据此可知"量"确矣。又据贾昌朝群经音辩卷第六辩字音清浊,量,酌也,龙张切。酌之有大小曰量,龙向切。此处"量"通,不必如津逮、学津改作"辆"。

〔一九〕**打请**

[文案]刘昌诗芦浦笔记卷第三打字云:诸军请粮谓之打请。京都译注本注:建炎以来系年要录卷三一、宋会要刑法二之一二〇载有"打请"用语之例。

〔二〇〕**祖宗之法**

陈师道后山谈丛卷三:士不衣帛,酒肉食肆不近营,太祖之军法也。

曹彦约经幄管见卷一:太祖太宗家法可守,更于家法上倍加吝惜,推此心以往事节省,谨之于外戚,必将谨之于宦官,谨之于宦官,又将谨之于宫女。上而服御下,御下而赐予无所不谨,则无所不省,财用安得不裕?民力安得不宽?此咸平、景德间所以为本朝极盛也。

吕中宋大事记讲义卷十九哲宗皇帝家法:元祐八年正月,范祖禹上仁皇训典。先是,上帝学八篇曰:今人有宝器,犹且爱惜之,况祖宗百三十年全盛之天下,可不务学以守之乎?

我朝以学为家法,故欲守祖宗之法,当务祖宗之学,此帝学一书,极言我朝百三十年海内承平,由祖宗无不好学故也。至于上仁皇训典,又曰:一祖五宗,畏天爱民,后嗣子孙,皆当取法。而仁宗在位最久,德泽最深,宜专法仁宗。盖汉唐而下,言家法莫如我朝。我朝家法之粹者,莫如仁宗。是意也,元祐诸臣知之,熙宁不知也,绍圣不知也。独契丹与其宰相议曰:南朝专法仁宗故事,可敕燕京留守,戒吏毋生事。夷狄犹知,为臣者独不知之乎。

周辉清波杂志卷第一祖宗家法:哲宗御迩英阁,召宰执暨讲读官讲礼记、读宝训。顾临读至"汉武帝籍提封为上林苑"。仁宗曰:"山泽之利当与众共之,何用此也!"丁度对曰:"臣事陛下二十年,每奉德音,

62

东京梦华录笺注

未始不本于忧勤,此盖祖宗家法尔。"读毕,宰臣吕大防等进曰:"祖宗家法甚多,自三代以后,唯本朝百三十年中外无事,盖由祖宗所立家法最善。臣请举其略:自古人主事母后,朝见有时,如汉武帝五日一朝长乐宫。祖宗以来,事母后皆朝夕见,此事亲之法也。前代大长公主用臣妾之礼,本朝必先致恭,仁宗以侄事姑之礼见献穆大长公主,此事长之法也。"上曰:"今宫中见行家人礼。"大防等曰:"前代宫闱多不肃,宫人或与廷臣相见,唐入阁图有昭容位。本朝宫禁严密,内外整肃,此治内之法也。前代外戚多预政事,常致败乱。本朝母后之族皆不预事,此待外戚之法也。前代宫室多尚华侈,本朝宫殿止用赤白,此尚俭之法也。前代人君虽在宫禁,出舆入辇。祖宗皆步自内庭,出御后殿。岂乏人力哉,亦欲涉历广庭,稍冒寒暑尔,此勤身之法也。前代人主在禁中,冠服苟简。祖宗以来,燕居必以礼。窃闻陛下昨郊礼毕,具礼服谢太皇太后,此尚礼之法也。前代多深于用刑,大者诛戮,小者远窜。唯本朝用法最轻,臣下有罪,止于罢黜,此宽仁之法也。至于虚己纳谏,不好畋猎,不尚玩好,不用玉器,饮食不贵异味,御厨止用羊肉,此皆祖宗家法所以致太平者。陛下不须远法前代,但尽行家法,足以为天下。"上甚然之。列圣家法之盛,大臣启迪之忠,皆可书而诵也。

郑元祐遂昌杂录宋家法之严:宋巨珰李太尉者,宋亡为道士,号梅溪。元祐童时,尝侍其游故内,指点历历如在。独记其过葫芦井,挥涕曰:"是盖宋时先朝位,上钉金字大牌曰:皇帝过此,罚金百两。"两宋家法之严如此,他则童骏不能记忆也。

陶宗仪南村辍耕录卷十九宋朝家法:郑遂昌言:宋巨珰李太尉者,国亡为道士,号梅溪。余童时,尝侍其游故内,指点历历如在。过葫芦井,挥涕曰:"是盖宋之先朝位,上钉金字大牌曰:皇帝过此,罚金百两。"近周申父言:先表叔祖金二提举,住杭州,暗问其室氏,乃宋内夫人,余年十四五,尚犹识之,但两鬓俱秃。问知在宫中任此职者,例裹巾,巾带之末,各缀一金钱,每晨用以掠发入巾,故久而致然也。因曰:

"吾为内夫人日，每日轮流六人侍帝左右，以纸一番，从后端起笔，书帝起居，旋书旋卷，至暮，封付史馆。"内夫人别居一宫，宫门金字大牌曰："官家无故至此，罚金一镒。"以二者言之，可见宋朝家法之严。

顾炎武日知录卷十五宋朝家法：宋世典常不立，政事丛脞，一代之制殊不足言，然其过于前人者数事：如人君宫中自行三年之丧，一也。外言不入于壶，二也。未及末命即立族子为皇嗣，三也。不杀大臣及言事官，四也。此皆汉、唐之所不及，故得继世享国至三百余年。若其职官、军旅、食货之制，冗杂无纪，后之为国者并当取以为戒。

幽兰居士东京梦华录　卷之二

御　街

坊巷御街〔一〕，自宣德楼一直南去，约阔二百余步，两边乃御廊，旧许市人〔二〕买卖于其间，自政和间官司禁止，各安立黑漆权子，路心又安朱漆权子两行，中心御道，不得人马行往①，行人皆在廊下朱权子〔三〕之②外，权子里有砖石甃砌御沟〔四〕水两道，宣和间尽植莲荷，近岸植桃、李、梨、杏，杂花相间，春夏之间，望之如绣。

［校］

①"往"，说郛作"住"。

②说郛无"之"字。

［注］

〔一〕御街

晁补之御街行：双阙齐紫清，驰道直如线。煌煌尘内客，相逢不相见。上有高槐枝，下有清涟漪。朱栏夹两边，贵者中道驰。借问煌煌子，中道谁行此。且复就下论，骢马知杂事。官卑有常度，那得行同路。相效良独难，且复东西去。

〔二〕**市人**

苏轼沈括苏沈内翰良方卷四暴下方：欧阳文忠公尝得暴下，国医不能愈，夫人云："市人有此药，三文一贴，甚效。"公曰："吾辈脏腑与市人不同，不可服。"夫人使以国医药，杂进之，一服而愈。公召卖者，厚遗之，求其方，久之乃肯传。

徐铉稽神录卷之三僧珉楚：广陵法云寺僧珉楚尝与中山贾人章某者亲熟。章死，珉楚为设斋诵经。数月忽遇章于市中，楚未食，章即延入食店，为置胡饼。既食，楚问："君已死，那得在此？"章曰："然。吾以小罪未得辞脱。今死为扬州掠剩儿。"复问："何谓掠剩？"曰："凡市人卖贩，利息皆有常数。过数得之为掠剩，吾得而掠之。今人间如吾辈甚多。"因指路人男女曰："某人某人皆是也。"

〔三〕**朱杈子**

[文案]京都译注本谓此"朱"大概为"黑"之误，有理。宋之杈子分不同地点以不同漆色相别。卷一大内记宣德楼相对两阙亭，"悉用朱红杈子"可证，方以智通雅卷三八述杈子：宫阙用朱，官寺用黑。杈子亦称之为"行马"或"拒马"。程大昌演繁露卷一行马："一木横中，两木互穿以成四角，施之于门以为约禁也。"李诫营造法式卷八拒马义子将其"两木互穿"唤为"櫺子"，"其櫺子自连梯上皆左右隔间分布于上串内，出首交斜相向"。此释杈子较之历代更详，宋春游晚归图城门前路之旁各置一杈子，可以见其形象。

〔四〕**御沟**

魏泰东轩笔录卷之三：一日，真宗赋御沟柳诗，宣旨自宰相两省皆和进。蔡公因进诗曰："一度春来一度新，翠光长得照龙津。君王自爱天然态，恨杀昭阳学舞人。"

宋白宫词：天上鸡人唱晓筹，严妆钟动
景阳楼。千门竞洗燕脂面，流作香波入
御沟。

王珪宫词：盆山高叠小蓬莱，桧柏屏风
凤尾开。绿绕金阶春水阔，新分一派御沟
来。　露井银床冻不收，深宫花暗晓莺愁。
残红满地无人扫，一半随风落御沟。

王仲修宫词：晓风薄薄透罗衣，桃李芬
芳长旧围。雨过御沟春水满，小滩风月漱
珠玑。　凤阙巍峨瑞气间，御沟春晚水潺
潺。吾皇勤政无游幸，天厩门深八骏闲。

田锡御沟：春半桃花水初下，一沟润绿
元如研。夹道官城数里中，静称潺湲明月
夜。　千门万户建章宫，金锁横门沟暗通。
三月花飞若零雨，水声何处咽香红。

李诚营造法式义子书影

宣德①楼前省府宫宇

宣德楼前，左南廊对左掖门，为
明堂颁朔布政府〔一〕。秘书省，右南廊②对右掖门。近东则
两府八位，西则尚书省。御街大内前南去，左则景灵东宫，
右侧西宫。近南大晟府，次曰太常寺。州桥曲转大街面南
曰左藏库。近东郑太宰宅、青鱼市、内③行，景灵东宫南门
大街以东，南则唐家金银铺〔二〕、温州漆器〔三〕什物铺〔四〕、大
相国寺〔五〕、直至十三间楼、旧宋门。自大内西廊南去，即
景灵西宫，南曲对即报慈寺街、都进奏院、百钟圆药铺，至

67

浚仪桥大街。西宫南④皆御廊权子，至州桥投西大街，乃果子行〔六〕。街北⑤都亭驿〔七〕，大辽人使驿也。相对梁家珠子铺。余皆卖时行纸画〔八〕、花果铺席。至浚仪桥之西，即开封府。御街一直南去，过州桥，两边皆居民。街东⑥车家、炭张家酒店，次则王楼山洞梅花包子、李家香铺、曹婆婆肉饼〔九〕、李四分茶〔一〇〕。至朱雀门街西，过桥即投西大街，谓之曲院街〔一一〕，街南⑦遇仙正店，前有楼子⑧后有台，都人谓之"台上"。此一店最是酒店上户，银瓶酒七十二文一角〔一二〕，羊羔酒〔一三〕八十一文一角。街北薛家分茶、羊饭、熟羊肉铺。向西去皆妓⑨馆舍〔一四〕，都人谓之"院街"。御廊西即鹿家包子，余皆羹店、分茶酒店、香药〔一五〕铺、居民。

[校]

①"德"，诸本均作"和"，误。说郛则不误。本条首句可自纠其误。

②"右南廊"，原作"右廊南"，据前文"左南廊对左掖门"改。

③"内"疑为"肉"字之误。

④"南"，京都译注本应为"东"。

⑤"街北"下说郛补一"则"字。

⑥"街东"下说郛补一"则"字。

⑦"街南"下说郛补一"则"字。

⑧"前有楼子"，疑"子"为衍字。

⑨上古标校本据学津、说郛补"女"字，意为元本原脱。宋妓馆之说屡见不鲜，余以为元本未脱。朱雀门外街巷中"妓馆"亦可证。

［注］

〔一〕明堂颁朔布政府

徐松宋会要辑稿礼二四之八一、八二、八四：今肇建明堂，统和天人，凡宗祀听朔布政朝会，远法成周之制，欲乞置明堂颁政一员为长，颁事二员为二，颁朔每方二员，各掌远方之事，以备太平盛典焉。政和七年九月一日诏颁朔布政，自十月为始，十月一日皇帝御明堂平朔左个，以是月天运政治及八年戊戌岁运历数布于天下，自是每月朔御明堂，布是月之政。每岁十月以来，岁运数布于天下，宣和二年始用正月朔布是岁之运数，后以为常，其文不能尽录。政和三年三月八日诏颁月之朔，使民知寒暑燥湿之化，而万里之远，虽驿置日行五百里，已不及时，千里外可前期十日先进呈，取旨颁布，诸州长吏封掌候月朔宣读。

〔二〕金银铺

高似孙纬略卷五金铺：通俗文曰：门首饰，谓之铺首。风俗通曰"门户铺首。扬雄甘泉赋曰：排玉户而扬金铺兮，发兰蕙与芎䓖"是也。说文曰：门扇环，谓之铺首。李尤平乐观赋曰：过洞房之辅闼，历金环之华铺是也。通俗文又引百家书曰：输般见水上蠡，谓之曰：开汝头，见汝形。蠡适出其头，般以足画图之。蠡引闭其户，终不可开。设之门户，欲使闭藏，如此固密也。义训曰：门饰金，谓之铺，铺谓之区，音欧今俗谓浮沤钉者也。

戴侗六书故卷四地理一：铺鏂善胡切，门上衔环者也，借为铺陈之义，陈物之肆，因谓之铺，普故切。

宋话本洛阳三怪记：说这河南府章台街上，有个开金银铺潘小员外，叫名潘松。

宋话本杨温拦路虎传：当日，杨员外和杨温在金银铺坐地，也是早饭罢，则见一个大汉，骑一匹马，来金银铺前下马，唱喏道："覆员外，太公不快，交来请员外回来则个！"那汉说了，上马便去。杨温认得：当夜被劫，是这厮把着火把。欲待辗身出柜身来捉那厮，三步近，两步远，那厮马快，走了。杨员外道："兄弟，你看着铺，我回去见我爹则个，五七日便来。"杨三官人："覆仁兄，温要随仁兄去走一遭，叫公公则个。"员外道："你去不得。我爹爹心烦利害人，则好休去。"杨温道："铺中许□财物，不敢在此。"

〔三〕**温州漆器**

祝穆宋本方舆胜览卷九浙东路：风俗：织纤工而器用备。永嘉志温居涂泥之卤，土薄艰植，民勤于力，而以力胜。

耐得翁都城纪胜铺席：又有大小铺席，皆是广大物货，如平津桥沿河布铺、扇铺、温州漆器铺、青白碗器铺之类。

徐梦莘三朝北盟会编卷一政宣上帙一起政和七年七月四日庚寅，尽政和八年四月二十七日己卯：蔡絛北征纪实曰：政和元年，童贯副郑允中奉使北虏，时虏酋天祚，欲与童贯一相见，因使贯觇其国。北讨之意，已形于此，而中外未知也。然其时虏酋方肆纵，欲见贯者，但希中国玉帛奇玩而已！而中国浸侈，亦自是而始。故贯所赍奇赆，至运二浙髹漆之具，火阁书柜床椅之属，悉往以遗之，相夸尚而已。

谈钥嘉泰吴兴志卷十八食用故事漆器：安吉长兴武康山多漆市行，漆器旧颇有名。元丰间尝供三十事，今器不逮昔，不充贡。

陶榖清异录卷下馔羞门雁楔：富家出游，运致馔具，皆用髹楔，蒙以紫碧，重檐罩衣，两人舁之。其行列之盛，有若雁行，旁观号为"雁楔"。

70 高濂遵生八笺卷十四燕闲清赏笺上论剔红倭漆雕刻镶嵌器皿：高子曰：宋人雕红漆器，如宫中用盒，多以金银为胎，以朱漆厚堆至数十层，始刻人物楼台花草等象，刀法之工，雕镂之巧，俨若画图。有锡胎者，有蜡地者，红花黄地，二色炫观。有用五色漆胎，刻法深浅，随妆露色，如红花、绿叶、黄心、黑石之类，夺目可观，传世甚少。又等以朱为地刻锦，以黑为面刻花，锦地压花，红黑可爱。然多盒制，而盘匣次之，盒有蒸饼式、河西式、蔗段式、三撞式、两撞式、梅花式、鹅子式，大则盈尺，小则寸许，两面俱花。盘有圆者，有方者，腰样者，有四入角者，有绦环样者，有四角牡丹瓣者，匣有长方、四方、二撞、三撞四式。

谢坤金玉琐碎：宋人有雕漆盘盒等物，刀入三层，书画极工，竟有黄金为胎者，盖大内物也。民间有银胎、灰胎，亦无不精妙。

徐树丕识小录卷一雕漆：雕漆起于宋，谓之宋剔，有金银胎者，至今传宝。

邓之诚骨董琐记全编骨董续记卷三政和雕漆：袁珏生侍讲，藏宋雕漆小合，径不及寸，金底上刻云龙，鳞鬣筋肉，骨角爪牙，矢矫飞动，宛若生成，平生所见雕漆，此为第一，迥非明漆可比。底刻政和年制四字隶书，刀法圆劲，必出当时名手，盖里刻宫宝一印篆文，似后来加款，或永宣造器时，曾征入九禁，审其精美，为镌此二字，以为宫中之宝器也，则尤足贵矣。

〔四〕**什物铺**

法云翻译名义集三什物第三十七：经音义云：什者，才也，聚也，杂也，亦会数之名也。谓资生之物。庄子关尹曰：凡有貌象声色者，皆物也。易曰：天地絪缊，万物化醇。玉篇云：凡生天地之间，皆物也，事也，类也。

慧琳一切经音义卷第十仁王般若经下卷什物：音十，旧音义释云：什，众也，杂也，会数之名也，资生之物，谓之什物也。字镜云：物即万物也，牛为大物，天地之起，牵牛，故物字从牛，勿，声也。

颜师古匡谬正俗卷六：什器，或问曰生生之具，谓之什器，什是何物？答曰：此名原起军戎，遂谓天下通称。军法五人为伍，二伍为什，一什之内，共有器物若干，皆是人之所须，不可造次而废者，或称什物。犹今军行戍役工匠之属，十人为火，一火内共畜器物，谓之幕调度耳。

徐铉稽神录卷三广陵贾人：广陵有贾人，以柏木造床，凡什物百余事，制作甚精。

虞裕谈撰：器用谓之什物者，盖成周军法，以五人为伍，二伍为什，供其器物，故器用通谓之什物。

曾纡南游记旧词谶：李端愿，宫保文和长子，治园池，延宾客，不替父风。每休沐，必置酒高会，延侍从、馆阁，率以为例，至人分寝阁，什物供帐皆不移具。

宋话本雪川萧琛贬霸王：次日，太守传台旨，令合属人等各办事，于正厅上妆塑霸王神像，修设从人，面前罗列供具什物，轩下窗榻、神帷、祭器俱全。

宋话本任孝子烈性为神：教地方公同作眼，将梁公家家财什物变卖了。买下五具棺材，盛下尸首，听候官府发落。

〔五〕**大相国寺**

宋白大相国寺碑铭：臣供职禁林，伏膺典策。伽蓝故事，湘素预闻。按大相国寺本北齐建国寺也，至唐室睿宗改赐今名。大凡有土地然后置国城，有国城然后兴栋宇。恭承制旨，愿毕其辞。谨再拜而扬言曰：天生蒸民，树之司牧，文经武纬，创业垂统，建邦设都，上古已还，弗常厥所。尧都平阳，舜都蒲阪，周都丰镐，汉都长安，咸以为天下之君，保域中之大。乃聆梁国，古属豫州。主于斗极之三，度入房星之五。无名山大川之阻，冲四通五达之郊。梁开平中升为京阙，晋汉有周，三代因之。嘻，天道玄远，有开必先。惟周之兴，为宋经始。迁宗社于斯，筑新城于斯。太祖皇帝潜阳在下，玄德升闻。百姓与能，三灵改卜。爰尊禅让，方陟元后，以为必躬必亲，所以康世难。破泽潞维扬之陬，不壮不丽，何以威外夷，辟皇居应门之象！国之大事，在祀与戎。增严禋上帝之坛，大禁卫连营之制。由是荆湖内附，吴蜀一统。向明而治，十有七年。太宗皇帝，德合天地，明齐日月。肇膺顾命，一委长君。恢张四维，奋迅独断。盛哉吴越，享国百龄，我以尺一而召之；蕞尔并汾，不庭二纪，我以一戎而下之。功成制礼，治宝作乐。新集仙秘阁之署，草籍田东封之仪。既而麟凤效祥，草木呈瑞。垂衣端拱，二十二祀。崇文广武圣明仁孝皇帝之应运也,紫气充庭,黄云作盖。寿邸通三之贵,震宫明两之朝。历数在躬,大宝曰位。以至诚奉六庙,以纯孝尊万安。接盘维以雍睦,御臣民以公正。礼无违者,文思化成。六合无不获之夫,四海多来宾之国。皇猷既以彰矣,昌期亦以隆矣。一旦负黼扆语侍臣曰:朕荷九天眷命,袭二圣丕基。寅畏奉行,弗敢失坠。人熙有庆,时汔小康。行大中之道,吾无间然;存方外之教,意有所关。太祖革封禅为开宝之号,太宗锡龙兴以太平之名。别开启圣之梵宫,实作上都之壮观。惟相国寺敕建三门,御书赐额,余未成就,我当修之。乃宣内臣,饬大匠。百工麇至,众材山积。岳立正殿,翼舒长廊。左钟曰楼,右经曰藏。后拔层阁,北通便门。广庭之内,花木罗生。中庑之外,僧居鳞次。大殿晬容,即慧云师所铸弥勒瑞像也。前楼众圣,即颍川郡所迎五百罗汉也。其形势之雄,制度之广,剞劂之妙,丹青之英。星繁高手,云萃名工。外国之希奇,八方之异巧,聚精会神,争能角胜,极思而成之也。伟天瓠棱鸟跂,梅梁虹伸,绣栭文楣,璇题玉砌,金碧辉映,云霞失容。筝铎玲珑,咸韶合奏。森善法于目前,飘乐音于耳界。若乃龙华春日,然灯月夕,都人士女,百亿如云。绮罗缤纷,花鬘缨珞。巡礼围绕,旃檀众香。仰而骇之,谓兜率广严,摄归于人世。又若天仗还都,凤楼肆赦。千乘万骑,流水如龙。旌旗蔽空,歌吹沸渭。凭栏四顾,佳气荣光。俯而望之,疑蕊珠阆风,神化于海上。猗宏丽也超胜也,皆不可称不可量。大矣哉,维大雄氏,真大圣人。佐佑大君,兴隆大化。受记付嘱,为世外护。故将以法王能仁,兼帝王要道,参而行之。经言广大,则无思不服;经言慈悲,则视民如伤;经言忍辱,则国君含垢;经言利益,则我泽如春。德惟日新,精进也。畏于天命,持戒也。如是知见,如是信解。然由造有相之功德,广无边之福田。固皇图如泰山,跻苍生于寿域。冀灾沴不作,僭贼不生,风雨咸若,寰区谧宁者欤。古云登高能赋,作器能铭。彼皆小者,尚以文为。昔简栖杍头陀之碑,江总纪栖霞之迹,庾信述凤林之景,王勃演牛头之词。鸿笔遗妍，龟趺尽在。矧夫夷门巽位，汴水阳涯。旁连北斗之城，近对苍龙之阙。构此大壮，宜扬颂声。臣久玷鳌山，荣瞻凤宸。学微睹奥，文愧非工。捧诏惕然，抽毫铭曰：地象为舆，天形若笠。四序循环，三辰出入。吁嗟五代，日不暇给。祖宗耿光，神祇降祥。受天永命，得人者昌。崛起大宋，祚逾皇唐。赫赫太祖，聪明神武，栉风沐雨，披攘九土。握机蹈矩，炳文如虎。明明太宗，宽仁肃恭。务财训农，万方来同。类帝禋宗，神德犹龙。重熙累洽，庆流三叶。玉塞麛兵，铜梁献捷。文物葳蕤，祯符杂遝。信及豚鱼，混一车书。儒通坟索，道讲元虚。勤行二教，谛奉真如。隋堤之侧，寺名相国。髣髴天宫，光华日域。下福蒸人，上延圣历。轮焉奂焉，五色相宣。春陵宝马，许史云軿。争趋胜地，如会诸天。不可思议，叹未曾有。悦怿群心，欢呼万口。千劫受尘，一时抖擞。捊日占星，扬于紫庭。黄麻锡诏，翠琰刊铭。金田宝刹，万祀千龄。

施耐庵罗贯中水浒传第六回九纹龙剪径赤松林 鲁智深火烧瓦罐寺：智深看见东京热闹，市井喧哗，来到城中，陪个小心，问人道："大相国寺在何处？"街坊人答道："前面州桥便是。"智深提了禅杖便走，早来到寺前，入得山门看时，端的好一座大刹。但见：

山门高耸，梵宇清幽。当头敕额字分明，两下金刚形势猛。五间大殿，龙鳞瓦砌碧成行；四壁僧房，龟背磨砖花嵌缝。钟楼森立，经阁巍峨。旛竿高峻接青云，宝塔依稀侵碧汉。木鱼横挂，云板高悬。佛前灯烛荧煌，炉内香烟缭绕。幢幡不断，观音殿接祖师堂；宝盖相连，水陆会通罗汉院。时时护法诸天降，岁岁降魔尊者来。

〔六〕**果子行**

苏颂苏魏公文集附录一魏公谭训卷十杂事：祖父尝言，在馆中时，雇得一婢，问其家何为？云："住曹门外，惟锤石莲。"问一家几人各何为？云："十口皆然，无他业。"初甚讶之。又云："非独某家，一巷数十家皆然。"盖夏末梁山泊诸道载莲子百十车，皆投此巷，锤取莲肉，货于果子行。乃知京师浩瀚，何所不有，非外方耳目所及也。

李焘续资治通鉴长编卷二百四十神宗熙宁五年：明日，进呈内东门及诸殿吏人名数白上曰："从来诸司皆取略于果子行人，今行人岁入市易务息钱，几至万缗，欲与此辈增禄。"

加藤繁中国经济史考证论唐宋时代的商业组织"行"并及清代的会馆二同业商店街区的行：在唐宋时代，同业商人组织，叫做"行"，而"行"这一个词，同时又指同业商店的街区而言。

像开封的果子行，就是一个例子，根据东京梦华录，果子行是卖水果和花木的商店的街区，而且也是水果和花木等定期市开市的地方。然而，定期市却不一定限于在同业商店的街区开市。这和市的制度的崩溃有关系。规定叫做"市"的商业区域，把商店专设于这个地方的制度，到了唐代末期，已经松弛颓废，而到了北宋中期以后，就完全崩溃。其结果，商店分布的情况，可分为两种：一种是种种的商店毫无限制地任意开设，还有一种，同业的商店虽然脱离了叫做"市"的商业区域的拘束，但还是集合而成街区，散在都市内的各个地方。定期市在同业商店的街区开市，是后一种场合的事情；在前一种场合就是同业商店散在各处的场合，就选择交通方便的河畔、桥头、城门内外等地方开市，而不管在什么地方开市，它都叫做行、市或者团等等。

〔七〕都亭驿

李濂汴京遗迹志卷之十三杂志二宋四馆驿：都亭驿。待辽使之所。都亭西驿。待西蕃、阿黎、于阗、新罗、渤海使之所。怀远驿。待交趾使之所。同文馆。待青唐、高丽使之所。

〔八〕时行纸画

邓椿画继卷六人物传写：刘宗道，京师人。作照盆孩儿，以水指影，影亦相指，形影自分。每作一扇，必画数百本，然后出货，即日流布。

邓椿画继卷七小景杂画：杨威，绛州人。工画村田乐，每有贩其画者，威必问所往，若至都下，则告之曰："汝往画院前易也。"如其言，院中人争出取之,获价必倍。

刘道醇<u>圣朝名画评</u>卷二<u>山水林木门</u>神品:<u>景祐</u>中,成孙宥为<u>开封</u>尹,命相国寺僧惠明购成之画,倍出金币,归者如市。

<u>郭若虚</u>图画见闻志卷六近事:<u>景祐</u>中,有画僧曾于市中见旧功德一幅。看之,乃是<u>慈氏菩萨</u>像,左边一人执手炉裹幞头,衣中央服,右边一妇人捧花盘,顶翠凤衣冠,衣珠络,泥金广袖。画僧默识,其立意非俗,而画法精高,遂以半千售之。

<u>佚名宣和画谱</u>卷十八花鸟四:<u>赵昌</u>,字昌之,<u>广汉</u>人。善画花果,名重一时。作折枝极有生意,傅色尤造其妙,兼工于草虫,然不及花果之为胜。盖晚年自喜其所得,往往深藏而不市,既流落,则复自购以归之。

<u>刘道醇圣朝名画评</u>卷一<u>人物门</u>能品:<u>燕文贵</u>,<u>吴兴</u>人,隶军中。善画山水及人物。初师<u>河东郝惠</u>,<u>太宗</u>朝驾舟来京师,多画山水人物,货于<u>天门</u>之道。待诏<u>高益</u>见而惊之,遂售数番,辄闻于上。

[文案]宋画多用纸而鲜用绢,所谓"时行纸画也"。日<u>加藤繁</u>博士,不解"时行纸画",乃因<u>宋</u>画民间普及商业化之勃兴未明使然。

〔九〕**肉饼**

<u>忽思慧饮膳正要</u>卷第一聚珍异馔<u>肉饼儿</u>:精羊肉十斤,去脂膜筋,搥为泥 哈昔泥三钱 胡椒二两 荜拨一两 芫荽末一两 右件,用盐调和匀,捻饼,入小油煠。

〔一〇〕**分茶**

<u>向子湮浣溪沙</u>:<u>赵总怜</u>以扇头来乞词,戏有此赠。<u>赵</u>能着棋、写字、分茶、弹琴。艳赵倾燕花里仙。乌丝阑写永和年。有时闲弄醒心弦。 茗碗分云微醉后,纹楸斜倚鬓鬟偏。风流模样总堪怜。

<u>周去非岭外代答</u>卷六器用门<u>茶具</u>:雷州铁工甚巧,制茶碾、汤瓯、汤匮之属,皆若铸就。余以比之建宁所出,不能相上下也。夫建宁名茶所出,俗亦雅尚,无不善分茶者。

<u>史浩临江仙</u>:忆昔来时双髻小,如今云鬟堆鸦。绿窗冉冉度年华。

秋波娇㑇酒，春笋惯分茶。

吴坰五总志：学士陶穀侍儿，太尉党公故姬也。陶一日以雪水分茶，谓之曰："党公解此乎？"对曰："党公武人，每遇天寒雪作时，于锦帐中命歌儿度曲，饮羊羔酒尔，安知此乐。"

王之道西江月和董令昇燕宴分茶：磨急锯霏琼屑，汤鸣车转羊肠。一杯聊解水仙浆。七日狂醒顿爽。 指点红裙劝坐，招呼岩桂分香。看花不觉酒浮觞，醉倒宁辞鼠量。

［文案］钱锺书管锥编增订 105 页解"分茶"于宋含两义，一指茗事，一指沽酒市脯，虽着茶字，无关品茗。钱释甚确。许政扬宋元小说戏曲语释言分茶非别茶亦非品茶，而应是烹茶。顾学颉王学奇元曲释词谓：分茶当是随意饮酒、小吃之意。此二释均未准确矣。分茶乃为一神奇伎艺也，陶穀清异录记分茶"使汤纹水脉成物象者，禽兽虫鱼花草之属，纤巧如画。"杨万里澹庵座上观显上人分茶亦证："煎茶不似分茶巧"，"怪怪奇奇真善幻"，"纷如擘絮行太空，景落寒江能万变"。乃知分茶为泡茶注水相融之际，高下疾徐，击拂拨弄，幻成字画之物象。分茶已与风行之琴棋书画并肩而立也，其伎艺独特，鲜有能者，然市井饮食商家多趋名艺绝技，纷纷以"分茶"标榜，以示品味高尚而召徕顾客耳。故临安大凡面食店，亦谓之"分茶店"，此继东京食店之风，实与分茶无涉，只取诚为饮食活动审美精神矣。若吴自牧梦粱录卷十六酒肆谓："酒家人先下看菜，问酒多寡，然后别换好菜蔬。有一等外郡士夫，未曾谙识者，便下箸吃，被酒家人哂笑。然店肆饮酒，在人出著，且如下酒品件，其钱数不多，谓之'分茶'、'小分下酒'。"

〔一一〕曲院街

方勺泊宅编卷第六：京师不榷酤。官置院造曲，增其直出贸，凡酒户定年额斤数占买，虽不榷亦榷也。院之井滓秽，不堪汲用，唯以造曲特善，它井皆不如。

谢采伯密斋笔记卷一：都曲院曲卖于酒户，西京、南京皆然。东京在城每岁四十七万四千六百四十五贯,南京在城卖曲三万六百九十贯二百一十七文。

田汝成西湖游览志卷十北山胜迹:曲院,宋时取金沙涧之水造曲以酿官酒,其地多荷花,世称"曲院风荷"是也。

[文案]京都译注本谓"院街"为妓女"行院"集中地之俗称,此显为中国历来注家误将行院专解为妓院所致。妓院为行院,未错,水浒传第二十一回阎婆言其女儿:"从小儿在东京时,只去行院人家串,那一个行院不爱他。"然将行院通视为妓院则误。行院及同业组织,各行皆有,宋四公大闹禁魂张:"行院少有认得你的。"万秀娘仇报山亭儿:"又被万员外分付尽襄阳府开茶坊底行院。"车若水脚气集记载均可证之。故许政扬谓:凡伎艺人等所谓行院者,皆为此意。此为"行院"最具说服力、最完善之解。而官置院造曲其数必伙,故一街皆称。此为曲院街本意也。

〔一二〕**一角**

郑獬觥记注:角者,以角为之,受四升。

宋话本张古老种瓜娶文女:"与我去寻两个媒人婆子。若寻得来时,相赠二百足钱,自买一角酒吃。"

宋话本宋四公大闹禁魂张:王秀没猜道是谁,猛然想起今日宋四公的亲戚,身上穿一套衣裳,好似我家的。心上委决不下,肚里又闷,提一角酒,索性和婆子吃个醉。

震钧天咫偶闻卷四北城:凡京酒店饮酒,以半碗为程,而实四两,若一碗,则半斤矣。疑宋人所谓一角者即此。

〔一三〕**羊羔酒**

朱肱北山酒经卷下白羊酒:腊月,取绝肥嫩羖羊肉三十斤肉三十斤内要肥膘十斤。连骨,使水六斗已来,入锅煮,肉令息软,漉出骨,将肉丝擘碎,留着肉汁。炊蒸酒饭时,酌撒脂肉于饭上,蒸令软,依常拌搅,使尽肉汁六斗。泼馈了,再蒸良久,卸案上,摊令温冷得所,拣好脚醅依

东京梦华录笺注

前法酘拌，更使肉汁二升以来，收拾案上及元压面水，依寻常大酒法日数，但曲尽于酴米中用尔。一法:脚醅发，只于酘饭内，方煮肉，取脚醅一处搅拌入瓮。

王举之[双调]折桂令羊羔酒:杜康亡肘后遗方，自堕甘泉，紫府仙浆。味胜醍醐，浓欺琥珀，价重西凉。凝碎玉金杯泛香，点浮酥风盏镕光。锦帐高张，炎氏风流，低唱新腔。

高濂遵生八笺卷十二饮馔服食笺中羊羔酒:糯米一石，如常法浸浆肥羊肉七斤，曲十四两，杏仁一斤，煮去苦水，又同羊肉多汤煮烂留汁七斗，拌前米饭，加木香一两同酝，不得犯水，十日可吃，味极甘滑。

三礼图集注角图

[文案]遵生八笺所载，与寿亲养老新书卷三所述羊羔酒制法相同，据称引自宣和化成殿方。

〔一四〕**妓馆舍**

施彦执北窗炙輠录卷下:家兄门生，有沈君章，无他奇，但性颇孝，喜为狭邪游。一日宿妓馆，因感寒疾以归，苦两股疼。其母按其股曰:"儿读书良苦，常深夜阅书，学中乏炭薪，故为冻损耳。"君章谓余言，其闻老母此语时，直觉天下无容身处，即心誓曰:"自此不复游妓馆矣。"后余察之信然，此亦可谓善改过矣。

罗烨新编醉翁谈录卷之一丁集序平康巷陌诸曲:平康里者，乃东京诸妓所居之地也。自城北门而入，东回三曲。妓中最胜者，多在南曲。其曲中居处,皆堂宇宽静,各有三四厅事,前后多植花卉,或有怪石盆池,左经右史,小室垂帘,茵榻帷幌之类。凡举子及新进士、三司、幕府,但未通朝籍,未直馆殿者,咸可就游;不吝所费,则下车水陆备矣。其中诸妓,多能文词,善吐谈,亦评品人物,应对有度。及膏粱子弟来游者,仆马繁多,宴游崇侈。

〔一五〕**香药**

叶寘坦斋笔衡品香:范致能平生酷爱水沉香,有精鉴,尝谓:广舶所贩之中下品,黎峒所产大魂大率如茧粟、如附子、如芝菌、如茅竹叶者,皆为佳品。虽剡薄如纸,入水亦沉。盖香之节目,久垫土中,滋液流下,结而为香。环岛四郡,以万安军所采为绝品,或谓万安在岛之正东,钟朝阳之气,尤酝藉丰郁,四面悉香,翻爇烬余而气不焦,所产处价与银等。洪驹父香谱亦以沉香绝品,琼之黎峒南为最,然皆闻于人,要未得其真也。两广惟产橄榄香,出广海之北,橄榄木之节目结成,状如胶饴而清,无俗旖旎气,烟清味严,宛有真馥。生香唯此品,如素馨、茉莉、柑柚为蒸香,皆以降真为骨,去其凤生而薰入焉,各有制法,而素馨之薰最佳。有吴氏者以香业于五羊城中,以龙涎著名,香有定价,家富日飧如封君,入自叩之,彼不急于售也。高容雷化山间亦有香,但白如木,不禁火力,气味极短,疑亦无膏乳,士人卖不论钱也。光香、笺香、黄熟、黄生、速香、结香、排香、蓬莱香,皆出海外,惟生结鹧斑,脱壳茅叶为沉之最,药沉不预也,大率沉水以万安、东峒为第一品,如范致能之所详。在海外则登流眉片沉,可与黎东之香相伯仲。登流眉有绝品,乃千年枯木所结,如石杵、如拳、如肘、如凤、如孔雀、如龟蛇、如云气、如神山人物,焚一片则盈屋香雾,越三日不散,彼人自谓之无价宝,世罕有之,多归两广帅府及大贵势之家。

[文案]洪刍香谱录香药八十三种,后来叶廷珪名香谱又记香药六十九种,两香谱相同者三十七种:都夷香、沉水香、安息香、鸡舌香、龙文香、雀头香、迷叠香、辟寒香、月支香、振灵香、千亩香、龟甲香、兜

末香、沉光香、沉榆香、茵墀香、石叶香、紫述香、百濯香、千步香、蘅芜香、金弹香、九和香、九真香、罽宾国香、拘物头华香、祇精香、飞气香、兜娄婆香、大象藏香、牛头旃檀香、醽齐香、凤脑香、辟邪香、瑞麟香、金凤香、必栗香。未同者，<u>洪刍</u><u>香谱</u>四十六种：龙脑香、麝香、白檀香、苏合香、郁金香、薰陆香、詹糖香、丁香、波律香、乳香、青桂香、鸡骨香、木香、降真香、艾蒳香、甘松香、零陵香、茅香花、栈香、水盘香、白眼香、叶子香、芸香、兰香、芳香、讓香、蕙香、白胶香、都梁香、甲香、白茅香、藕车香、兜纳香、耕香、木蜜香、荼芜香、十里香、威香、薰肌香、升霄灵香、五香、千和香、多伽罗香、羯布罗香、詹葡花香、兜娄香。<u>叶廷珪</u><u>名香谱</u>亦有三十一种：蝉蚕香、荃芜香、还魂香、震檀香、惊精香、返生香、却死香、百蕴香、月麟香、青木香、五枝香、明庭香、明天发□香、揭车香、刀圭第一香、曲水香、鹰嘴香、乳头香、助情香、夜酣香、伴月香、亚湿香、金颜香、神精香、明庭香、涂魂香、蓬莱香、鹧鸪斑香、思劳香、橄榄香、沉光香。<u>洪刍</u>为<u>绍圣</u>期间进士，<u>叶廷珪</u>为<u>政和</u>五年进士，所著香谱，以<u>北宋</u>为准，可为<u>东京</u>具多种中外香药品种之证。后<u>陈敬</u><u>陈氏</u><u>香谱</u>之浩博，亦证<u>洪</u>、<u>叶</u>所记<u>北宋</u>香药品种之多不虚。

朱雀门外街巷

出<u>朱雀门</u>东壁亦人家，东去大街麦稀①巷、状元[一]楼，余皆妓馆，至<u>保康门</u>街。其御街东<u>朱雀门</u>外，西通<u>新门</u>瓦子，以南<u>杀猪巷</u>亦妓馆。以南东西两教坊，余皆居民或茶坊。街心市井[二]，至夜尤盛。过<u>龙津桥</u>[三]南去，路心又设朱漆杈子如内前。东<u>刘廉访</u>[四]宅，以南太学、国子监，过太学又有横街，乃太学南门。街南熟药惠民南局。以南五里许皆民居。又东去横大街，乃<u>五岳观</u>②后门。大街约半里许乃<u>看街亭</u>，寻常车驾行幸，登亭观马骑于此。东至贡院什物库、礼部贡院、车营务草场。街南<u>葆真宫</u>，直至<u>蔡河</u>云骑桥。御街至<u>南薰门</u>里，街西③<u>五岳观</u>，最为雄壮。自西门东去<u>观桥</u>、<u>宣泰桥</u>，柳阴牙道，约五里许，内有<u>中太一宫</u>、<u>佑神</u>④观。街南<u>明丽殿</u>、<u>奉灵园</u>、<u>九成宫</u>，内安顿九鼎。近东即<u>迎祥</u>⑤池，夹岸垂杨，菰蒲〔五〕莲荷，凫雁〔六〕游泳其间，桥亭台榭，棋布相峙，唯每岁清明日，放万姓烧香游观一日。<u>龙津桥</u>南西壁<u>邓枢密</u>〔七〕宅，以南<u>武学巷</u>内曲子张宅〔八〕、<u>武成王庙</u>〔九〕。以南张家油饼、<u>明节皇后</u>〔一〇〕宅。西去大街曰<u>大巷口</u>，又西曰<u>清风楼酒店</u>〔一一〕，都人夏月多乘凉于此。以西老鸦巷口军器所，直接第一座桥。自<u>大巷口</u>南去，<u>延真观</u>延接四方道民于此。以南西去小巷口三学院，西去直抵<u>宜男桥</u>小巷，南去即<u>南薰门</u>。其门寻常士庶殡葬〔一二〕，车舆皆不得经由此门而出，谓正与大内相对〔一三〕。唯民间所宰猪，须从此入京，每日至晚，每群万数，止数十人驱逐，无有乱行者。

[校]

①中华邓注本谓"稍"应作"秸"。文谓应从<u>元</u>本，<u>集韵</u>卷三可证。<u>京都</u>译注本亦持同解。

②"乃五岳观"，<u>说郛</u>作"乃至五岳观"。

③"西"应为"东"。<u>京都</u>译注本纠"西"为"东"，确。<u>孔宪易</u>据<u>宋继郊志略备采</u>亦考定此纠甚确。

④中华邓注本谓：佑神俗称，本作佑圣。

⑤中华邓注本谓：迎祥俗称，本作凝祥。

[注]

〔一〕状元

张师正括异志卷二杨状元：前进士黄通与状元杨公寘相善，尝梦杨投刺，自称"龙首山人"。庆历初，既登第，丁内艰，未终而卒。其后好事者解之曰："龙首，谓状元登第也；山人，无禄之称也。"

范镇东斋记事卷三：韩持国知颍川府，时彦以状元及第，每称状元。持国怒曰："状元无官耶！"自此呼为签判。彦终身衔之。马涓巨济亦以状元及第，为秦签，亦呼状元。秦帅吕晋伯曰："状元者，及第未除也。既为判官，不可曰状元。"巨济愧谢。

王明清挥麈前录卷三本朝父子兄弟俱为状元有四家：本朝父子状元及第：张去华子师德，梁颢子固。兄弟：孙何、孙仅、陈尧佐、尧咨。四家而已。后来沈文通孙晦以祖孙相继。近年许克昌实许安世之亲侄孙；而王资深子洋，俱为榜眼。

俞文豹吹剑录外集：祥符八年，状元蔡齐，真宗喜其韶秀，诏金吾给驺从传呼，自是为例。

吴枋宜斋野乘状元词误：今人唱"五百人中第一仙"鹧鸪天词，第二句便云"花如罗绮柳如绵"，最无意义，当是错误。分晓其词，以第二句与第十句对换过，义理方通。合云："五百人中第一仙，等闲平步上青天。绿袍乍着君恩重，黄榜初开御墨鲜。　龙作马，玉为鞭。花如罗绮柳如绵。时人莫讶登科早，自是嫦娥爱少年。"

九山书会编撰张协状元第二十一出王府计议胜花婚事：[同前]朱紫骈骈，不若荷衣一状元。况兼奴家是豪贵，若非高甲，怎生攀羡！（外）我王择贤毕竟是今年，与我儿选个福非浅。（合）出得几多钱，招捉那状元为姻眷。

祝穆古今事文类聚前集卷二十六仕进部大小状元：章圣即位，咸平元年二年皆放进士，举孙仅、孙暨相继魁天下，皆汝州人，京师闾巷之人荣之，至于百姓亦以大状元、小状元呼之。嘉祐八年，许将、治平四年,许世安,时谓大许、小许,然亦以姓呼,盖由隔彭汝砺一榜也。

蕴闻大慧普觉禅师住径山能仁禅院语录卷第四:张侍郎请升座,僧问:"十方同聚会,个个学无为。此是选佛场,心空及第归。时如何。"师云:"题目道甚么。"进云:"分明在目前。"师云:"杜撰禅和,如麻似粟。"进云:"争奈一等共攀仙桂树,要折蟾宫第一枝。"师云:"这汉今日他白。"进云:"虽然如是。今夏定作禅状元。"便礼拜。问:"侍郎见处何似去年。"师云:"今年去年只隔三百六十日。"进云:"莫谤侍郎好,侍郎无这个消息。"师云:"即无这个消息了,因又乱道作甚么。"进云:"借人口说一两句,又且何妨。"便礼拜。师乃云:"借人口说得底,不干自己事。自己胸襟流出底,傍观者有眼如盲,有口如哑。便怎么领略得。作禅状元也不难。直饶如是始入得径山门,未入得径山室,若入得径山室,禅状元始用得着。禅状元才用得着,儒状元便用不着。敢问大众,前面为甚么用得着,后面为甚么却用不着。"乃顾视左右云:"还知径山落处么,若知径山落处,禅状元即是儒状元,儒状元即是禅状元,即今拈却禅与儒,且道当面一句作么生道?要知死底张宣教,便是活底状元爷。"

李颀诗话七九王曾梅花诗:王沂公布衣时,以梅花诗献吕文穆公云:"雪中未问和羹事,且向百花头上开。"文穆曰:"此生已安排状元宰相也。"后果然。

叶梦得石林诗话辑录七:国朝状元为相者四人:吕文穆公、王文正公、李文定公、宋元宪公。文穆登第十二年拜,文正二十一年,文定二十九年,元宪二十七年。文正、文定皆再入,而文穆三入,为尤盛。初文正行卷见薛简肃公,其首篇早梅云:"如今未说和羹事,且向百花头上开。"简肃读之,喜曰:"足下殆将作状元了做宰相耶?"

欧阳修回贾状元黯启:庆历六年伏以状元廷评,行久著于乡书,声素驰于文闱,果先群彦,荣中甲科。英雄入于彀中,众称妙选;风采倾乎天下,争仰余光。盖以擢才之难,近世为重。趋好尚而成俗,则文章坐变其风;系利害于斯民,则公辅常由此出。一贤既进,拔茅皆可以汇征;一士以旌,劝善不劳于家室。得人之要,其利若斯。鸿惟治朝,臻此盛事。方深窃拊,遽辱惠音。顾惟弃置之余,宜此退藏之密。久稽裁叙,但切悚惶。

宋话本戒指儿记:从此小姐放下情怀,一心看觑孩儿。光阴似箭,不觉长成六岁,生得清奇,与阮三一般标致,又且资性聪明,陈太尉爱惜真如掌上之珠,用自己姓,取名陈宗阮,请个先生教他读书。到一十六岁,果然学富五车,书通二酉。十九岁上,连科及第,中了头甲状元,奉旨归娶,陈阮二家争先迎接回家,宾朋满堂,轮流做庆贺筵席。

姜宸英湛园札记卷二:宋制,状元一月后率榜下士诣阙谢恩,谓之"门谢"。授承事郎、签书某军节度判官厅公事,至后一科放进士榜,则前一科状元召入为秘书省正字,名曰"对花召"。宋时称状元谓之"文魁",亦曰"魁彦",见文文山集。

〔二〕**市井**

任广书叙指南卷第十七市井街衢:市井曰万商之川。左太冲。市井道曰隧。班固赋。旧市井地曰旧廛。庾信答移市教。

俞文豹唾玉集市井阛阓:颜延之云:阛市门,阓巷门也。市廛者,市中邸舍,杨子有田一廛,言有百亩之居。市井者,古者乡田同一井,一井心有一市。文豹尝作开井疏曰:"六十四卦有井卦,言水养人;二十八宿有井星,司人汲水。虽三家之市皆有,岂两巷之间反无? 平地凿空,要涌出醴泉甘露;诸天打拱,会移来金海银河。"

史绳祖学斋占毕卷三市井字出春秋田记:今人常谈市井字,莫考其证据,此盖出于后汉循吏传中云:白首不入市井。注引春秋井田记,曰井田之义有五,一曰无泄天时地气,二曰无费一家,三曰同风俗,四曰合巧拙,五曰通财货。因井为市,交易而退,故称市井也。余因爱市井之义起于此,且春秋井田记不见于他书,独此引用,故表而出之,以资博闻。

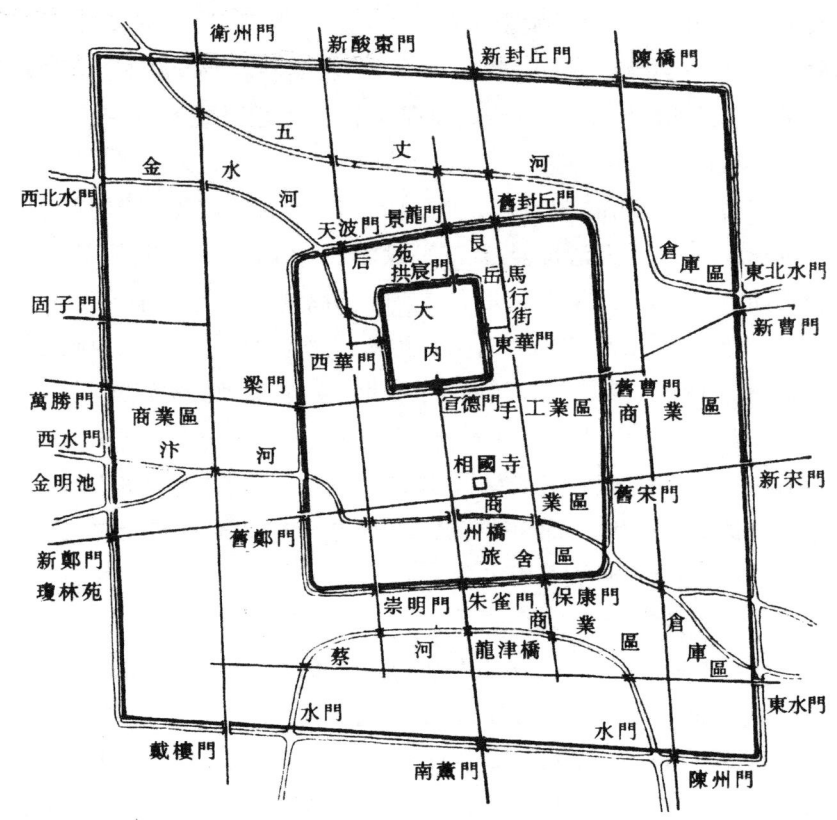

宋东京城市规划轮廓图

(选自贺业矩中国古代城市规划史)

[文案]卷一大内,卷三马行街铺席,亦有"市井"。

〔三〕**龙津桥**

杨奂汴故宫记:皇城外门曰南薰,南薰之北新城曰丰宜桥,曰龙津桥。

〔四〕**廉访**

徐度却扫编卷中:祖宗时,诸路帅司,皆有走马承受公事二员,一使臣,一宦者,属官也。每季得奏事京师,军旅之外,他无所预。徽宗朝易名廉访使者,仍俾与监司序官,凡耳目所及皆以闻。于是与帅臣抗礼,而胁制州县,无所不至,于时颇患苦之。

无名氏宋大诏令集卷第一百七十九政事三十二委诸路提刑廉访使因巡案所至点检新宫御笔手诏:政和八年二月二十日。其令诸路提点刑狱廉访使者,巡按所至,躬诣新宫,瞻视貌像,考验殿室。凡宫所须,究其避就,观其废举,察其设施,各具奏闻,将有考焉,手札诏示,宜体朕怀。

〔五〕**菰蒲**

苏颂本草图经草部下品之下卷第九菰根:菰根,旧不著所出州土,今江湖陂泽中皆有之,即江南人呼为茭草者。生水中,叶如蒲、苇辈,刈以秣马甚肥。春亦生笋,甜美堪啖,即菰菜也,又谓之茭白。其岁久者,中心生白台如小儿臂,谓之菰手。今人作菰首,非也。尔雅所谓蘧蔬。注云:似土菌,生菰草中。正谓此也。故南方人至今谓菌为菰,亦缘此义也。其台中有黑者,谓之茭郁。其根亦如芦根,冷利更甚。二浙下泽处,菰草最多。其根相结而生,久则并上浮于水上,彼人谓之菰葑。刈去其叶,便可耕莳。其苗有茎梗者,谓之菰蒋草。至秋结实,乃雕胡米也。古人以为美馔,今饥岁人犹采以当粮。西京杂记云:汉太液池边,皆是雕胡、紫箨、绿节、蒲丛之类。菰之有米者,长安人谓为雕胡。葭芦之米解叶者紫箨。菰之有首者,谓之绿节是也。然则雕胡诸米,今皆不贵,大抵菰之种类皆极冷,不可过食,甚不益人。惟服金石人相宜耳。

〔六〕**凫雁**

慧琳一切经音义卷第十一大宝积经卷第一凫雁:上辅无反,尔雅:"舒凫,鹜,音木。"郭璞注云:"鸭属也,乌甲反。"考声云:"野鸭之小者。"文字释要云:从鸟几音殊声也。几者,鸟之短羽,飞则几几然,上形下声也。下颜谏反,或作雁,二体同,毛诗传云:"大曰鸿,小曰雁。"说文云:"鹅属也,从鸟,从人,厂声。"案:鸿雁者,随阳鸟也。礼记月令曰:"季秋之月,鸿雁来宾也。"

高似孙剡录卷十草木禽鱼诂下禽凫:梁简文诗:"戏凫乘泆下,渔舟冒浪前。"又诗:"旅雁同洲宿,寒凫夹浦飞。"许敬宗诗:"波拥群凫至,秋飘朔雁归。"皆剡中风景。毛苌诗传曰:"凫,水鸟。"郑玄诗笺曰:"鹥,凫属也。"方言曰:"野凫甚小,好投水,谓之鸭鹝。"仓颉解诂曰:"鸥名水鸮。"晋张望鸭鹝赋曰:"惟鸭鹝之小鸟,托川湖以□□。能率性以闲放,匪窘惕于笼畜。"谢朓野凫赋曰:"碎文锦之丹臆,纳绮绿之翠衿。"

罗愿尔雅翼卷十七释鸟五凫:凫,似鸭而小,长尾,背上有文,今江东亦呼为鸭。

〔七〕**邓枢密**

洪迈容斋三笔卷第四枢密称呼:枢密使之名,起于唐。本以宦者为之,盖内诸司之贵者耳。五代始以士大夫居其职,遂与宰相等。自此接于本朝,又有副使、知院事、同知院事、签书、同签书之别。虽品秩有高下,然均称为枢密。

潘自牧记纂渊海卷二十六职官部枢密使:本朝枢密使,国初首命赵韩王普焉,号称"二府",礼遇无间,每朝奏事,共中书先后上所言,两不相知,祖宗亦赖此以闻异同,用分宰相之权。会要。韩世忠除枢密使,上谓世忠曰:"朕付卿等以枢府本兵之权甚大,卿宜合为一心,勿分彼此,则兵利全而莫之能御。顾如乌珠者,又何足扫除乎?"言行录。至道三年,以镇海节度曹彬兼侍中充枢密使。同上。文彦博除枢密使,制乃位冠于中枢。温公集。

〔文案〕京都译注本考"邓枢密"为邓洵武,政和六年任保大军节度使,兼掌枢密院机务,政和八年受赐邸宅。宣和三年卒。另宋会要方域四之二三有重和元年七月赐邓洵武宅第记事。

〔八〕曲子张宅

[文案]王灼碧鸡漫志卷二述政和间与滑稽无赖之魁首曹组等齐名者张衮臣,供奉禁中,号"曲子张观察"。可知张伎艺甚精,独步一时,从而享赐宅之隆遇。

〔九〕武成王庙

宋话本老冯唐直谏汉文帝:乾德五年,太祖车驾幸国子□,听诸儒讲说前代史书。时有丞相赵普,尚书窦仪、张昭□侧。

太祖听讲周齐太公用兵□之法,圣情大喜,随问:"武成庙在何处?"张昭奏曰:"只在国学之西。"太祖驾往武庙,上□烧香,令丞相赵普替拜,已下□官亦皆拜。天子逐一位问其功劳,赵普等以本传可对。

太祖策玉尘斧,下殿左廊,指押班:"此何人也?"窦仪曰:"秦将白起也。"太祖曰:"莫非坑赵卒四十万乎?"窦仪曰:"然。"太祖大怒,指白起画像而言曰:"坑降杀顺之人,何得押班?"以尘斧划碎其面,回顾赵普曰:"当以何人代之?"普曰:"非吴起不可。"太祖问吴起事,普奏呈吴起之书。圣喜,便令即日代之,就书其事于上。

后太祖崩,太宗传位真宗,国家升平无事。真宗□诏史官讲前代名臣列传,遂命驾幸武庙,上殿烧香,令丞相替拜。逐一位问。问至韩信,真宗曰:"信曾反汉遭诛,何得庙食?可贬出庙!"尚书张询出奏:"唐李勣曾阿谀言,高宗几乎丧国。此时高宗欲立武氏,诸大臣皆不可。勣曰:'家□事岂问大臣?'遂立武氏,险送了大唐。此人亦不可入庙。"真宗曰:"韩信、李勣,皆有大罪,合贬下殿。诸葛亮虽有微功,乃忠善之士,不可降之。"奏请:"赵充国乃汉之名将,年七十,尤建大功,可代韩信之位。李晟威震华夏,唐之功臣,可代李勣之位。"真宗从之。又奏:"伍子胥曾鞭主尸,赵云曾叱主母,此二人不堪入庙。"真宗曰:"此二人亦英杰□,可于门首享祭。"至今于武庙为把门将。

徐松宋会要辑稿礼一六之五、之六:三年九月十六日壬申,诏于东京旧城南建武成王庙,与国学相对。命左谏议大夫崔颂一作判国子监崔颂、中使卢德岳董其役。仍命颂检阅唐末以来谋臣名将勋绩尤著者，具名以闻。_{考试举人权就武成王庙。}四年四月六日丁亥，帝幸庙，阅土木之功也。历观两廊下图画名将，指白起曰："此人杀已降，不武之甚，何受享于此？"以杖画去之。六月十三日癸巳，知制诰高锡言："配享七十二贤，王僧辩不克令终，虑非全德，望加裁定。"诏吏部尚书张昭、工部尚书窦仪与锡详定以闻。昭等奏："新入历代功臣二十三人，如灌婴、耿纯、王霸、祭遵、班超、西晋王浑、东晋周访、宋沈庆之、后魏李崇、傅永、北齐段韶、后周李弼、唐秦叔宝、张公谨、唐休璟、浑瑊、裴度、李光颜、李愬、郑畋、梁葛从周、后唐周德威、符存审；旧配享功臣退二十二人，魏吴起、齐孙膑、赵廉颇、汉韩、彭、周亚夫、段纪明、魏邓艾、蜀关羽、张飞、晋杜元凯、陶侃、北齐慕容绍宗、梁王僧辩、陈吴明彻、隋杨素、贺若弼、史万岁、唐李光弼、王孝杰、张齐丘、郭元振。"诏曰："其武成王庙从祀神像，齐相管仲宜塑像升于堂，魏河西太守吴起宜画像降于庑。余依昭等议外，并从旧制。"

徐石麒官爵志卷之二京卫武学：宋神宗始就武成王庙侧建武学，如太学仪。

[文案]据程穆衡水浒传注略谓：武成王庙为姜太公庙也。唐开元十九年初，令两京诸州各置太公庙，以张良配享，选古名将以备十哲，以二八月上戊致祭。祠武成王庙自此始。

〔一○〕明节皇后

王称东都事略卷十四世家二：明节皇后刘氏，本酒家保女也，父宗元以女贵，为兴宁军节度使，始入宫为小殿直都知，系昭怀殿，浸被顾遇。后以事因于宦者何䜣家，内侍杨戬奏取归复得入宫，明达薨，以同姓之故，使承明达阁焉。由才人为婕妤，累迁贤妃，又为淑妃，进位贵妃。性颖悟，能迎旨合意，又善装饰，衣冠涂泽一新，世争效之。道士林灵素，以左道得幸，谓上为长生帝君，谓妃为九华玉真安妃，每神霄降，必别置安妃位图画肖妃像，谓每祀妃，妃方酣寝而觉，有酒色，始妃囚何訢家,訢遇妃不礼焉,及得志遂陷訢以罪。未几,妃薨,年三十三,时宣和三年也。追册为皇后,谥曰明节,与明达并园立祠。

赵佶醉落魄预赏景龙门追悼明节皇后:无言哽噎。看灯记得年时节。行行指月行行说。愿月常圆,休要暂时缺。　今年华市灯罗列,好灯争奈人心别。人前不敢分明说。不忍抬头,羞见旧时月。张氏可书

张知甫张氏可书:明达皇后乃紫虚元君,明节皇后乃九华安妃,称大刘、小刘。案宋史:徽宗刘贵妃册赠为后,谥明节,时林灵素以技进,目为九华玉真安妃。

仆见一海贾,鬻真龙涎香。二钱,云三十万缗可售鬻。时明节皇后阁酬以二十万缗,不售,遂命开封府验其真赝。吏问:"何以为别?"贾曰:"浮于水则鱼集,薰于衣则香不竭。"果如所言。

〔一一〕**清风楼酒店**

[文案]清风楼于本书尚有二处,一卷三大内西右掖门外街巷:"街以西殿前司,相对清风楼。"一卷八四月八日:"唯州南清风楼,最宜夏饮。"据此可知清风楼位于东京城内龙津桥西南,其楼高大舒适,宜于乘凉,都人夏月多于此把酒临风。司马光曾有和孙器之清风楼诗云:"晚吹来千里,清商落万家。"似感凉爽之意扑面来。

〔一二〕**士庶殡葬**

洪迈夷坚三志己卷第八唐革廉访:京都之俗,士夫家殡葬经由之处,巡检司例以十数卒持采旗导前,不待告约。到墓次,但量犒酒炙而已。

赵与旹娱书堂诗话三六:梅圣俞因刘元甫戏言之谶,竟终于都官,葬在宣城,俗呼为"梅夫子墓"。吊之者有句云:"赢得儿童叫夫子,可怜名位只都官。"

何坦西畴老人常言:士庶殡葬,止弊。冠昏丧祭,民生日用之礼,不可苟也。

宋祁宋景文笔记下治戒:吾殁后,称家之有亡以治丧敛。用濯浣

之鹤氅、纱表帽、线履。三日棺,三月葬,慎无为阴阳拘忌,棺用杂木,漆其四会,三涂即止,使数十年足以腊吾骸、朽衣巾而已。吾之君^{宋史}徽然朗朗有识者,还于造物,放之太虚,可腐败者合于黄垆,下付无穷,吾尚何患?掘冢三丈,小为冢室,劣取容棺及明器,左置明水二盏,酒二缸;右置米面二瓷,朝服一称,私服一称,靴履自副,左刻吾志,右刻吾铭,即掩圹,惟简惟俭。

俞文豹吹剑录外集:一,俗以棺木厚而大为美,不知厚则重,重则难以致远,难以下圹;大则圹须宽,宽则易坏。又虚檐则占地步,而高足则下虚,不若四直样为利多。

二,初丧之家,三日内哭声不绝。然非人力所堪。圣人恐其伤生,故小敛后,则使之更替哭。君丧,则悬壶分时刻,以官高卑代哭,卿大夫士,以亲疏代哭。自非行礼时,但二三人哭亦可,若人少不足以代,则分十二时,每时一聚哭亦可。

三,吊丧无不哭者。俗以无泪为伪哭,而耻之不哭。不知哭者,所以尽吊丧之礼,助主人之哀,若知生而不知死,可以不哭。若亲若故,安可不哭。凡丧者吊者皆忌之,甚可笑。

四,古有"含襚赗赙"之礼,珠玉曰含,衣裳曰襚,车马曰赗,货财曰赙。今人送纸钱缯诸伪物,焚为灰烬,于生死俱无益。不若复古赗襚之礼,凡金帛钱物皆可。多少则随力随人情厚薄,尺帛斗粟皆可。记曰:"不以靡没礼,不以菲废礼,苟吊丧虽哀,而无物以将之,亦君子所耻也。"然文豹犹有一见,今贵者官极品,富者财巨万,贫且贱者何敢以货财为礼?故晦翁高弟黄勉斋,惟从事香烛而已。陈平家贫,邑大丧,平侍丧,以先往后罢为助。

宋话本闹樊楼多情周胜仙:妈妈抱着女儿哭。本是不死,因没人救,却死了。周妈妈骂周大郎:"你直恁地毒害!想必你不舍得三五千贯房奁,故意把我女儿坏了性命!"周大郎听得,大怒道:"你道我不舍得三五千贯房奁?这等奚落我!"周大郎走将出去。周妈妈如何不烦恼，一个观音也似女儿，又伶俐，又好针线，诸般都好，如何教他不烦恼！离不得周大郎买具棺木，八个人抬来。周妈妈见棺材进门，哭得好苦！周大郎看着妈妈道："你道我割舍不得三五千贯房奁，你那女儿房里，但有的细软，都搬在棺材里。"只就当时，叫仵作人等入了殓，实时使人吩咐管坟园张一郎、兄弟二郎："你两个便与我砌坑子。"吩咐了毕，话休絮烦，功德水陆也不作，停留也不停留，只就来日便出丧。周妈妈教留几日，那里拗得过来。早出了丧，埋葬已了，各人自归。

施耐庵罗贯中水浒传第二十六回郓哥大闹授官厅 武松斗杀西门庆：且说王婆一力撺掇那婆娘，当夜伴灵。第二日，请四僧念些经文。第三日早，众火家自来扛抬棺材，也有几家邻舍街坊相送。那妇人带上孝，一路上假哭养家人。来到城外化人场上，便教举火烧化。

再说那妇人归到家中，去橱子前面设个灵牌，上写"亡夫武大郎之位"。灵床子前点一盏琉璃灯，里面贴些经幡、钱垛、金银锭、彩缯之属。

〔一三〕正与大内相对

［文案］京都译注本据陆容菽园杂记考南京洪武门、朝阳门、通济门、旱西门、北京正阳门仍有"与大内相对"皆禁丧出之规。宋之殡丧影响深矣。

州桥夜市

出朱雀门，直至龙津桥。自州桥南去，当街水饭、爊①肉〔一〕、干脯〔二〕、玉楼②前獾儿〔三〕、野狐肉〔四〕、脯鸡〔五〕、梅家、鹿家鹅鸭鸡兔、肚肺、鳝鱼〔六〕、包子〔七〕、鸡皮、腰肾鸡③碎〔八〕，每个不过十五文。曹家从食〔九〕，至朱雀门，旋煎羊白肠〔一〇〕、鲊脯〔一一〕、㸆冻鱼头〔一二〕、姜豉〔一三〕、剗子〔一四〕、抹脏〔一五〕、红丝〔一六〕、批切羊头〔一七〕、辣脚子〔一八〕、姜辣萝卜、夏月麻腐鸡皮〔一九〕、麻饮细粉〔二〇〕、素签〔二一〕、沙糖冰雪冷元子④、水晶皂儿〔二二〕、生淹水木瓜、药木瓜〔二三〕、鸡头〔二四〕穰、沙糖绿豆甘草冰雪凉水〔二五〕、荔枝膏〔二六〕、广芥瓜儿〔二七〕、咸菜、杏片、梅子姜〔二八〕、莴苣笋〔二九〕、芥辣〔三〇〕瓜儿、细料馉饳儿〔三一〕、香糖果子、间道糖荔枝⑤〔三二〕、越梅⑥〔三三〕、鲥刀紫苏膏〔三四〕、金丝党梅〔三五〕、香枨⑦元,皆用梅红匣儿盛贮。冬月盘兔〔三六〕、旋炙猪皮肉〔三七〕、野鸭肉〔三八〕、滴酥⑧〔三九〕、水晶鲙〔四〇〕、煎夹子〔四一〕、猪脏〔四二〕之类,直至龙津桥须脑子肉〔四三〕止,谓之杂嚼〔四四〕,直至三更。

[校]

① "爊",中华邓注本谓"爊"或作"燺"、"燠",皆俗字。今作"熬"。

② "玉",上古标校本径改为"王",未知何据? 中华邓注本据说郛改"玉楼"为"王楼",误。京都译注本率意定王楼,亦误。东京有玉楼,见朱弁曲洧旧闻卷七市店。

③ "鸡",中华邓注本谓应作"杂",此不熟饮食之误也。鸡杂碎即鸡胗、肝、脖等。

④ "元",中华邓注本谓即"丸",避"桓"嫌名,可备一说。宋市肆直呼丸子者有之,详见宋王硕易简方。

⑤ "间道糖荔枝",京都译注本断为"间道糖","荔枝"属下,误。

⑥ 京都译注本将"荔枝越梅鲥刀"合读,误。

⑦ 中华邓注本谓:"枨"俗字,本作"橙"。

⑧ 中华邓注本、上古标校本、京都译注本均将"滴酥"与下"水晶鲙"合读,误。

94

[注]

〔一〕**爊肉**

宋话本宋四公大闹禁魂张：宋四公便叫将店小二来说道：“店二哥，我如今要行，二百钱在这里，烦你买一百钱爊肉，多讨椒盐，买五十钱蒸饼。剩五十钱，与你买碗酒吃。”

宋四公安排行李，还了房钱，脊背上背着一包被卧，手里提着包裹，便是觅得禁魂张员外的细软，离了客店。行一里有余，取八角镇路上来。到渡头看那渡船，却在对岸，等不来，肚里又饥，坐在地上，放细软包儿在面前，解开爊肉裹儿，擘开一个蒸饼，把四五块肥底爊肉，多蘸些椒盐，卷做一卷，嚼得两口。

[文案]宋四公蒸饼卷爊肉，亦即本卷饮食果子三十三条所注“白肉夹面子”。又岳元声方言据卷下：爊，生煮谓之爊。于刀切。韩愈诗：燖炮煨爊孰飞弄。广雅：爊，煴也。可知爊非限于煮，亦可烧烤也。

〔二〕**干脯**

孔平仲谈苑卷一：取其白肉为脯，先以海水净洗，换海水浸之，暴于日中，以重物压其上，须候四日，乃去所压之物，傅之以盐，再暴乃成。

魏了翁方回古今考卷三十四珍用八物：渍：取牛肉必新杀者，薄切之，必绝其理，湛诸美酒，期朝而食之以醢若醯醷。为熬：捶之，去其皽，编萑，布牛肉焉，屑桂与姜，以洒诸上而盐之，干而食之。施羊亦如之，施麋施鹿施麇，皆如牛羊。欲濡肉则释而煎之以醢，欲干肉则捶而食之。

赵希鹄调燮类编卷三荤馔：千里脯：将肉切作大块，每一斤用盐半两，香油同腌，片时，入陈皮、川椒、茴香、酒酱煮至干，曝极干，夏月旬日不坏。

〔三〕**獾儿**

孙应时鲍廉增卢镇琴川志卷第九叙产兽之属：獾。有两种，猪獾可食，狗貛不可食。

史能之咸淳毗陵志卷第十三土产兽之属：猯，一名貛豚，极肥。

赵不悔罗愿新安志卷第二兽类：貛豚，体促，可三四斤。

［文案］唐慎微重修政和经史证类备用本草卷第十八兽部狐条下引郭璞注尔雅云：猯，一名貛，乃是一物。貛肉，如本草纲目云：味甚甘美，啖之杀蛔虫。貛既小且肥，东京市民特爱野味，故冠以“貛儿”昵称。

〔四〕**野狐肉**

［文案］苏颂本草图经兽禽部卷第十三狐谓：京洛多狐，且北土善治狐作鲙。然狐肉前缀“野”，其意以“野”相召，以彰狐肉“生食之甚暖，去风，补虚劳”之效也。

苏颂本草图经狐狸图

〔五〕**脯鸡**

［文案］据诸食谱：脯鸡或作鸡脯，其制法大致同干脯、肉脯，煮鸡块熟，酱油浸干，以便携远。

〔六〕**鳝鱼**

陈耆卿赤城志卷三十六风土门鱼之属：鳝。黄色，状如蛇，或传荇蓼根茎所化。

祝穆古今事文类聚前集卷二十四人道部庖蛙煎鳝：山谷戏答史应之云：“岁晚亦无鸡可割，庖蛙煎鳝荐松醪。”以应之尝授馆于人为童子师，故云尔。前辈尝有诗曰：“来朝为送先生饭，一夜沿溪捉鳝鱼。”

〔七〕**包子**

王栐燕翼诒谋录卷三仁宗诞日赐包子：大中祥符八年二月丁酉，值仁宗皇帝诞生之日，真宗皇帝喜甚，宰臣以下称贺，宫中出包子以赐臣下，其中皆金珠也。

罗大经鹤林玉露卷之六丙编缕葱丝：有士夫于京师买一妾，自言是蔡太师府包子厨中人。一日，令其作包子，辞以不能。诘之曰："既是包子厨中人，何为不能作包子？"对曰："妾乃包子厨中缕葱丝者也。"曾无疑乃周益公门下士，有委之作志铭者，无疑援此事以辞曰："某于益公之门，乃包子厨中缕葱丝者也，焉能作包子哉！"

黄庭坚宜州家乘：二十日己未，雨，崇宁道人同宗广二僧、王紫堂来，啖素包子。　二十二日辛酉，雨不已。崇宁庆公来，遂率至寺中，食包子。

〔八〕腰肾鸡碎

童岳荐调鼎集卷四羽族部鸡拌鸡肾鸡舌：熟鸡肾、鸡舌配芦笋，糟油拌。咸菜心煨鸡杂：一切鸡杂切碎，配火腿片、笋片，腌菜心先用清水煮去咸味，挤干，同入鸡汤，酒、花椒、葱、飞盐煨。

〔九〕曹家从食

百岁寓翁枫窗小牍卷下：旧京工伎固多奇妙，即烹煮槃案，亦复擅名，如王楼梅花包子、曹婆肉饼、薛家羊饭、梅家鹅鸭、曹家从食。

无名氏居家必用事类全集庚集从食品：白熟饼子：头面三斤。内一斤作酵面，一斤作汤面，一斤饧、蜜、水和。三件面一处和匀，揉一二百拳，再放暖处，停一时许。伺面性行，暄泛，再揉一二百拳。逐旋取面作剂，用骨鲁槌捍开，入红炉煏熟，鏊上亦可。捍饼入蜜少许不脆硬。　山药胡饼：熟山药二斤、面一斤、蜜半两、油半两，和搜捍饼。　烧饼：每面一斤，入油半两、炒盐一钱，冷水和搜，骨鲁槌研开。鏊上煏得硬，煻火内烧熟极脆美。　肉油饼：白面一斤、熟油二两半、猪羊脂各二两，剁碎，酒一盏，与面同和。如硬，入羊骨髓。分作十剂，捍开，包馅。用托子印花样，入炉煏熟。筵席上，大者每分供二个，小者供四个。馅与馒头生馅同。或者供素食，蜜穰馅、枣穰亦可。　酥蜜饼：面十斤，蜜三两半。羊脂油春四夏六秋冬三两，猪脂油春半斤夏六两秋冬九两，溶开，倾蜜搅匀，浇入面搜和匀。取意印花样。入炉熬，纸衬底，慢火煏熟供。　七宝八卷煎饼：白面二斤半，冷水和成硬剂，旋旋添水调作糊。铫盘上用油摊薄煎饼,包馅子,如卷饼样。再煎供。馅用羊肉炒燥子、蘑菇、熟虾肉、松仁、胡桃仁、白糖末、姜米,入炒葱、干姜末、盐、醋各少许,调和滋味得所用。　金银卷煎饼:鸭卵或鸡卵打破,清、黄另放,添水调开,加豆粉再调,摊作煎饼。包馅,再煎。每分供一对,作下饭。馅炒熟。　烙面角儿:面二斤半。烧汤升半,候滚,倾下面八停,留二停作馉。用汤搅,烙熟,取出,晾冷,搜剂,捍皮。包炒熟馅子,捏成角儿,入盏,脱下炉燠煿熟。素馅皆可。　盏酪燠油:以面调作稠糊,摊作厚煎饼。糊转,慢火煿熟。不可焦了。取出,入蜜和,为剂,捍为厚饼样,包熟馅子。印脱花样,深油炸黄色。或手按圆,炸之。素馅亦可。　圆燠油:面二斤半。内六分,熟水和碱、酵各一合,化作水,入面调打泛为度。馅用熟者,如弹子。将面、馅上手包裹了,虎口即出,滚深油内,炸熟为度。　饆饠角儿:面一斤。香油一两,倾入面内拌。以滚汤斟酌逐旋倾下,用枚搅匀,烫作熟面。挑出锅,摊冷,捍作皮。入生馅包,以盏脱之,作蛾眉样。油炸熟,筵上供。每分四只。

[文案]"曹家从食"若枫窗小牍所言为东京名食,居家必用事类全集亦曾记曹家生红,虽为"下酒"小菜,然可见其著名也。

〔一○〕**旋煎羊白肠**

[文案]旋,急速转做之意也。又同现,即刻也。煎羊白肠,用肥羊大肠灌注羊血,加羊油而成,羊白肠亦称"羊霜肠",因肠上之油白似秋霜,故名。近代北京仍有卖熟羊白肠者,号"霜肠王"。

〔一一〕**鲊脯**

陶榖清异录卷下馔羞门玲珑牡丹鲊:吴越有一种玲珑牡丹鲊,以鱼叶斗成牡丹状,既熟,出盏中,微红,如初开牡丹。

四水潜夫武林旧事卷第六犯鲊:算条、界方条、线条、鱼肉影戏、胡羊犯、削脯、槌脯、松脯、兔犯、麖犯、鹿脯、糟猪头、干咸豉、皂角铤、腊肉、炙骨头、旋炙荷包、荔枝皮、鹅鲊、荷包旋鲊、三和鲊、切鲊、骨鲊、桃花鲊、雪团鲊、玉板鲊、鲟鳇鲊、春子鲊、黄雀鲊、银鱼鲊、蟛鲊。

浦江吴氏中馈录脯鲊肉鲊：生烧猪羊腿，精批作片，以刀背匀捶三两次，切作块子。沸汤随漉出，用布内扭干。每一斤入好醋一盏，盐四钱，椒油、草果、砂仁各少许，供馔亦珍美。

蛏鲊：蛏一斤，盐一两，腌一伏时。再洗净，控干，布包石压，加熟油五钱、姜、橘丝五钱、盐一钱、葱丝五分，酒一大盏，饭糁一合，磨米拌匀入瓶，泥封十日可供。鱼鲊同。

黄雀鲊：每只治净，用酒洗，拭干，不犯水。用麦黄、红曲、盐、椒、葱丝，尝味和为止。却将雀入匾坛内；铺一层，上料一层，装实。以箬盖篾片扦定。候卤出，倾去，加酒浸，密封久用。

范成大桂海虞衡志志酒：每岁腊中，家家造鲊，使可为卒岁计。有贵客，则设老酒、冬鲊以示勤。

黄彻碧溪诗话卷第八：尝见同侪因行饮令，人索一鱼名。有浙人大唱云："周公鱼。"余谓坐客：且喜"召伯鲊"有对矣。满堂故卢不止，因戏为足成其语云："京市鲊先夸召伯，浙音鱼或号周公。"

徐铉稽神录卷之三池州民：池州民杨氏，以卖鲊为业。尝烹鲤鱼十枚，令儿守之。

谈钥嘉泰吴兴志卷十八食用故事鲊：唐张文规郡斋书情云："食有吴兴鲊。"蔡宽夫诗话云："吴中作鲊，多就溪池中莲叶包为之，后数日取食，比瓶中者气味特妙。"白居易诗曰："就荷叶上包鱼鲊，当石渠中浸酒尊。"昔人已有此法，乡间取大鱼切作片，用糯米屑荷叶三数重包之，谓之荷包，可以致远，非就荷上作也。间用精肉旋鲊，就池荷包裹，数刻可供，盖荷叶性恶肥腻，多作能害荷。

吴棫韵补卷三上声：鲊。壮所切，藏鱼也。释名：鲊，菹也，以盐米酿之如菹，熟食也。

[文案]鲊脯为以新鲜鲤鱼或它鱼为原料而腌制之食品。杨伯喦六帖补卷十六酒茗肴蔬专有制鱼虾鲊一项。宋诗中多有歌咏鱼鲊之

作，若王庭珪谢郭景文寄鱼鲊，然宋鲊范围颇大，黄庭坚宜州家乘则有荷包鲊、牛脯、雀鲊，武林旧事又见鲊之品质样繁式别，陈元靓事林广记卷三有披锦鲊、海棠鲊、金溪鲊、玉板鲊、逡巡鲊。卷四有玉钩鲊、羊肉旋鲊、清凉虾鲊。披锦鲊为黄雀鲊，海棠鲊为猪、羊鲊，金溪鲊为鹅、鸭鲊，逡巡鲊为净肉鲊，玉钩鲊为大虾鲊，八鲊仅玉板鲊为鲤鱼所制，中馈录另有胡萝卜鲊、茭白鲊、笋鲊，以面筋制成笋味之鲊，别具口感，足见宋鲊脯之技法多样矣。

〔一二〕**爊冻鱼头**

陈元靓新编群书类要事林广记卷之四夏冻鱼法：取羊蹄子内筋数条，先煮熟，研如膏，后取鱼事治了，同煮熟，漉入盆扇冷，便冻。

顾仲养小录卷之下鱼之属冻鱼：鲜鲤鱼，切小块，盐腌过，酱煮熟，收起。用鱼鳞同荆芥煎汁，澄去渣，再煎汁，稠，入鱼。调和得味，锡器密盛，悬井中冻就。浓姜、醋浇。

［文案］爊，犹煎煮也。关汉卿望江亭第三折云："难的小娘子如此般用意！怎敢着小娘子切鲙，俗了手。李稍，拿了去，与我姜辣煎爊了来。"爊冻鱼头与元易牙遗意带冻姜醋鱼、明养余月令猪蹄膏、多能鄙事冻鸡所载大同小异。

〔一三〕**姜豉**

吴曾能改斋漫录逸文：今市中所卖姜豉，以细抹猪肉冻而为之，自唐以来有也。朝野佥载：姜悔为吏部侍郎，眼不识字，手不解书。滥掌铨衡，曾无分别。选人歌曰："今年选数恰相当，抑由坐主无文章。案后一腔冻猪肉，所以名为姜豉郎。"

陈元靓岁时广记卷第十五冻姜豉：岁时杂记寒食煮豚肉，并汁露顿，候其冻取之，谓之"姜豉"。以荐饼而食之。或剜以匕，或裁以刀，调以姜豉，故名焉。

〔一四〕**𤎖子**

贾思勰齐民要术卷九作脺奥糟苞第八十一：食经曰：作犬牒法：犬

肉三十斤，小麦六升，白酒六升，煮之，令三沸。易汤，更以小麦、白酒
各三升，煮令肉离骨。乃擘鸡子三十枚，着肉中。便裹肉，甑中蒸令鸡
子得干，以石连之。一宿出，可食。名曰"犬朡"。

食经曰：苞朡法：用牛、鹿头，肫蹄，白煮。柳叶细切，择去耳、口、
鼻、舌，又去恶者，蒸之。别切猪蹄，蒸熟。方寸切：熟鸡鸭卵、姜、椒、
橘皮、盐，就甑中和之，仍复蒸之，令极烂熟。一升肉，可与三鸭子。别
复蒸令软，以苞之。用散茅为束附之相连必致。令里大如靴雍，小如
人脚腨肠。大长二尺，小长尺半。大木连之令平正，唯重为佳。冬则
不入水。夏作小者，不连，用小板挟之。一处与板两重；都有四板。以
绳通体缠之，两头与楔楔之：二板之间，楔宜长薄，令中交度，如楔车轴
法。强打，不容则止。悬井中，去水一尺许。若急待肉水中，时用去上
白皮，名曰"水朡"。

又云：用牛、猪肉，煮切之，如上。蒸熟。置出白茅上，以熟煮鸡子
白，三重间之，即以茅苞，细绳概束。以两小板挟之，急束两头，悬井水
中。经一日许，方得。又云：霍叶薄切，蒸，将熟，破生鸡子，并细切姜
橘，就甑中和之，蒸苞如初。莫如"白朡"，一名"连朡"是也。

忽思慧饮膳正要卷第一聚珍异馔煠朡儿：系细项朡儿二个，卸成各一
节　哈昔泥一钱　葱一两，切细　右件，用盐一同淹拌，少时，入小油煠
熟。次用咱夫兰二钱，水浸汁，下料物、芫荽末，同糁拌。

[文案]将肉切薄为劀，即朡，制牛、羊、猪肉均可。如明宋诩竹屿
山房杂部牛脯："用肉薄切为朡。"其注曰："少仪曰：聂而切之为脍。
注曰：聂之言朡也。"

101

〔一五〕**抹脏**

[文案]抹，为运刀术语，为逼紧刀片成片之意，今北方"抹刀片"
是也。抹脏即为割脏、切脏。

〔一六〕**红丝**

忽思慧饮膳正要卷第一聚珍异馔红丝：羊血同白面依法煮熟　生

姜四两　萝卜一个　香菜　蓼子各一两，切细丝　右件，用盐、醋、芥末调和。

倪瓒云林堂饮食制度集：蜜酿红丝粉，用真粉入胚子搜和匀，用浓稻草灰汁作汤，索粉于中即成。清鸡汁供，鸡丝或肉丝任用作点头。

刘基多能鄙事卷第二红丝：活血两椀，凉水椀半，对搅须自凝，削开入汤煮。

［文案］红丝种类不一，或粉或肉或蔬菜或猪羊鸡等动物血，多以备调味之用，如居家必用事类全集所谓"肉灌肠红丝品"也。卷三马行街铺席、卷九立冬"红丝"亦同。然以面为主，配鲜虾而煮成红色者，亦可属"红丝"之列，如居家必用事类全集庚集"红丝面"即是也。

〔一七〕**批切羊头**

［文案］元无名氏居家必用事类全集，明刘基多能鄙事有相同之法煮羊头，为慢火煮熟。"放冷，切作片，临食，木碗盛。酒洒蒸热，入墚供，胜烧者。作签亦佳。"虽名煮，实批切，即削、斜辟刀刀法也。近代北京批切羊头，卖者一案板，一薄亮大方刀，将剔出骨头之羊脸子肉，批切极薄，置纸上洒花椒盐食用。

〔一八〕**辣脚子**

［文案］脚子，腿也。若俗语典："合吃肉的一脚子肉。按：物之有四脚者，四分之一，各为一脚。"见元忽思慧饮膳正要卷一所举马思答吉汤、大麦汤、八儿不汤、沙乞某儿汤、苦豆汤、木瓜汤，俯拾皆是。文疑辣是否指羊牛猪腿所熬汤之辣？

102　　〔一九〕**麻腐鸡皮**

苏颂苏魏公文集附录一魏公谭训卷第九道释神祠疾医卜相：高太尉留心医术，得所谓以意为主者。尝云：京师姜粥、麻粉日活数千人，不必药也。小民或疠，饮一杯熟热粥出汗。夏中暍，食一杯麻粉，即皆愈矣。

顾仲养小录卷之上豆麻腐：芝麻略炒，和水磨细。绢滤去渣取汁，煮熟。加真粉少许，入白糖，饮。或不用糖，则少用水，凝作腐。或煎或煮，以供素馔。

朱彝尊食宪鸿秘上卷饮之属麻腐：芝麻略炒，微香，磨烂，加水，生绢滤过，去渣，取汁煮熟，入白糖，热饮为佳。或不用糖，用少水凝作腐，或煎或入汤，供素馔。

［文案］京都译注本译"夏月麻腐"为"夏季胡麻豆腐"，未解其物，致误。"麻腐"为素馔食品，暑期最佳。今开封"麻腐"，乃将芝麻酱与绿豆粉芡调成糊，熬制凝结，为豆腐之状。还可与熟鸡皮一体食用，故名之曰"麻腐鸡皮"。

〔二〇〕**麻饮细粉**

［文案］麻饮与麻腐同源，即如前麻腐制作所言：芝麻略炒，磨烂，加水，生绢滤过，去渣，取汁煮熟，入白糖，热饮。细粉则如梦粱录卷十六所记麻饮鸡虾粉是也。

〔二一〕**素签**

林洪山家清供卷下豆黄签：豆面细茵，曝干藏之。青芥菜心同煮为佳。第此二品，独泉有之。如止用他菜及酱汁，亦可，惟欠风韵耳。

灌圃耐得翁都城纪胜食店：素食店卖。素签、头羹、面食、乳茧、河鲲、脯烨、元鱼。

〔二二〕**水晶皂儿**

庄绰鸡肋编卷上：浙中少皂荚，澡面、浣衣，皆用肥珠子。木亦高大，叶如槐而细，生角长者不过三数寸，子圆黑肥大，肉亦厚，膏润于皂荚，故一名肥皂，人皆蒸熟暴干乃收。京师取皂荚子仁煮过，以糖水浸食，谓之"水晶皂儿"。

苏轼格物粗谈卷下饮馔：每肉一斛同石花菜四两煮化，夏月凝冻如水晶。

〔二三〕**生淹水木瓜药木瓜**

潜说友咸淳临安志卷之五十八物产果之品：木瓜祥符旧志云：产木瓜，

瓜色青而小，土人切作片，暴干入药，都城以糖煎，名"爁木瓜"。

无名氏居家必用事类全集己集诸品汤干木瓜汤：除湿止渴快气 出李氏方。干木瓜 去皮净，四两、白檀一两、沉香半两、茴香炒，一两、白豆蔻半两、缩砂仁一两、粉草炙，二两半、干生姜二两。右为极细末。每用半钱。加盐，沸汤点服。

无名氏居家必用事类全集己集渴水木瓜渴水：木瓜不计多少。去皮、穰、核，取净肉一斤为率，切作方寸大薄片。先用蜜三斤或四五斤，于砂石银器内慢火熬开，滤过，次入木瓜片，同前。如滚起泛沫，旋旋掠去。煎两三个时辰，尝味。如酸，入蜜。须要甜酸得中。用匙挑出放冷器内。候冷，再挑起，其蜜稠硬如丝不断者为度。若火紧则焦，又有涌溢之患，其味又不加则焦煿气。但慢火为佳。

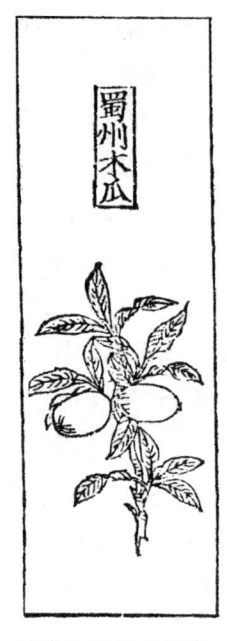

重修政和经史证类
备用本草木瓜图

无名氏居家必用事类全集己集浆水类木瓜浆：木瓜一个，切下盖，去穰。盛蜜，却盖了，用签签之。于甑上蒸软。去蜜不用，及削去。中别入熟蜜半盏，入生姜汁同研如泥。以熟水三大碗拌匀，滤滓，盛瓶内，井底沈之。

忽思慧饮膳正要卷第二诸般汤煎木瓜汤：治脚气不仁，膝劳冷痹疼痛。木瓜四个，蒸熟，去皮，研烂如泥。白沙蜜二斤，炼净。右件二味，调和匀，入净磁器内盛之。空心白汤点服。

〔二四〕鸡头

刘跂暇日记：鸡头一斗，用防风四两，涣水浸之，久久益佳。　鸡头煮以防风,浸之,经月不坏。陈彦和每用之。

施宿会稽志卷十七草部:今山阴梅市之鸡头最盛,有一户种及十八里者,然亦有数等,小白皮最佳,大白皮、中白皮,其皮颇坚难啮,黄嫩又太软,皆不逮也。其柄又可为菹,甚美,越人谓之藕梗,其实芡柄耳。

谈钥嘉泰吴兴志卷二十物产芡:本草谓之鸡头,一名芰。陶隐居曰:"以花似鸡冠,故名鸡头。"陈士良云:"有软根,名蒍菜,可作蔬菜食之。"今土人多种,叶如盘贴水,多刺,实大如鸡头,破之得数十子,颗颗匀圆,用沙浙去滑腻,内之黄者肉嫩,青者肉硬,惟半青黄者谓之合熟,甘滑有佳味。又言芡性暖,谓之"水硫黄",以其花日中开也,菱花夜开昼合,故性寒。蒍菜,土人呼为鸡冠菜,以充蔬,亦可煮为羹。

苏颂苏魏公文集附录一魏公谭训卷第八恬淡器玩饮馔:祖父喜食鸡头,以为有五谷之甘而无三牲之爽,温平清香,甘濡厚实,可以疗饥,不废坐谈。真佳果也。

陆佃埤雅卷第十五芡:芡叶似荷而大,其上有数十蹙衄如沸捄,生而有芒刺,其中有米可以济饥。传云:"莲芡之属有橐韬,一名鸡头。盖其蓬鐏似鸡首,故曰鸡头,一名鸡雝。"庄子曰:"药也,其实堇也,橘梗也,鸡雝也,豕零也,是时为帝者也。"此言贵贱更事也。当其所须则贵,虽用而缓则贱,岂有常也哉?俗云:"荷华日舒夜敛,芡华昼合宵炕,此阴阳之异也。"方言曰:"北燕谓之芰,青、徐、淮、泗之间谓之芡,南楚、江淮之间谓之鸡头,或谓之雁头,状盖似禽鸟之首,故传以名之。"

忽思慧饮膳正要卷第一聚珍异馔:鸡头粉雀舌馉子,补中,益精气。羊肉一脚子,卸成事件 草果五个 回回豆子半升,捣碎,去皮 右件,同熬成汤,滤净,用鸡头粉二斤,豆粉一斤,同和,切作馉子,羊肉切细乞马,生姜汁一合,炒葱调和。

〔二五〕**沙糖绿豆甘草冰雪凉水**

卢多逊李昉开宝本草果部卷第十七：沙糖，味甘，寒，无毒。功体与石蜜同，而冷利过之。榨甘蔗汁煎作。蜀地、西戎、江东并有。

陈达叟本心斋疏食谱：绿粉绿豆粉也，铺姜为羹。碾破绿珠，撒成银缕。热蠲金石，清彻肺腑。

陶穀清异录卷下茗荈门甘草癖：宣城何子华邀客，于剖金堂庆新橙，酒半，出嘉阳严峻画陆鸿渐像。子华因言："前世惑骏逸者为马癖，泥贯索者为钱癖，耽于子息者为誉儿癖，耽于褒贬者为左传癖。若此叟者，溺于茗事，将何以名其癖？"杨粹仲曰："茶至珍，盖未离乎草也。草中之甘，无出茶上者。宜追目陆氏为甘草癖。"坐客曰："允矣哉！"

四水潜夫武林旧事卷六凉水：甘豆汤　椰子酒　豆儿水　鹿梨浆　卤梅水　姜蜜水　木瓜汁　茶水　沈香水　荔枝膏水　苦水　金橘团　雪泡缩皮饮　梅花酒　香薷饮　五苓大顺散　紫苏饮

太平惠民和剂局太平惠民和剂局方卷之二缩脾饮：解伏热，除烦渴，消暑毒，止吐利。霍乱之后服热药大多致烦躁者，并宜服之。　缩砂仁　乌梅肉净　草果煨，去皮　甘草炙，各四两　干葛锉　白扁豆去皮，炒，各二两　右㕮咀，各服四钱，水一大碗，煎八分，去滓。以水沉冷服以解烦，或欲热欲温，并任意服，代熟水饮之极妙。

西湖老人繁胜录诸般水名：漉梨浆、椰子酒、木瓜汁、皂儿水、甘豆糖、绿豆水、参苏饮、缩脾饮、卤梅水、江茶水、五苓散、大顺散、荔枝膏、梅花酒、白水、乳糖真雪。富家散暑药冰水。

无名氏居家必用事类全集己集造清凉饮法：生气爽神　葛粉　郁金　山栀各一钱　甘草一两　右为细末，以新汲水逐旋调饮。

方回续古今考卷三十饮用六清六饮五饮角栖之制：饮水则冷饮，凉饮，以井为水和酸则梅，和甘则饴蜜，温则曰热水。黄芪、甘草、缩砂、豆蔻、紫苏，草木之花叶，无所不可，而素馨、茉莉、木犀、沉檀，皆可调合丸药饵，曰汤，日饮无数。

〔二六〕**荔枝膏**

　　<u>许国桢御药院方</u>卷之二治伤寒门荔
枝膏：乌梅八两　桂一十两　乳糖二十六两
　生姜五两,取汁　麝香半钱　熟蜜一十四两
　　右用水一斗五升,熬至一半,滤去滓,
下乳糖再熬,候糖熔化开,入姜汁再熬,
滤去滓,俟少时入麝香,用如常法服。

　　<u>忽思慧饮膳正要</u>卷第二诸般汤煎荔
枝膏：生津止渴,去烦。乌梅半斤,取肉
桂一十两,去皮,锉　沙糖二十六两　麝香半
钱,研　生姜汁五两　熟蜜一十四两　右用水一斗五升,熬至一半,滤去
滓,下沙糖、生姜汁,再熬去滓,澄定少时,入麝香搅匀,澄清如常,任
意服。

苏颂本草图经荔枝图

　　〔二七〕**广芥瓜儿**

　　<u>浦江吴氏中馈录</u>制蔬藏芥：芥菜肥者不犯水,晒至六、七分干,去
叶。每斤盐四两,淹一宿,出水。每茎扎成小把,置小瓶中,倒沥尽其
水。并煎腌出水,同煎。取清汁,待冷,入瓶,封固,夏月食。

　　[文案]据此可否推之：从芥菜提取汁水,浇淹于各种之瓜,以食。
参见下注芥辣瓜儿。

　　〔二八〕**梅子姜**

　　<u>朱之瑜朱氏舜水谈绮</u>卷下饮食：盐梅,沙糖渍淹,加之细锉生姜、
紫苏,即可成为"苏梅姜"。

　　[文案]梅子作酱,史不绝书。以<u>清朱彝尊食宪鸿秘</u>为例,咸、甜均
具,其梅酱制法："三伏取熟梅,捣烂,不见水,不加盐,晒十日。去核及
皮,加紫苏,再晒十日,收贮。用时,或入盐,或入糖。梅经伏日晒,不
坏。"加之姜亦可,若其书之糖姜条："嫩姜一斤,汤煮,去辣味过半。砂
糖四两,煮六分干,再换糖四两。如嫌味辣,再换糖煮一次(或只煮一

次,以后蒸顿皆可),略加梅卤妙。"此末一句点明,糖姜入梅酱,可称之为"梅子姜"。

〔二九〕**莴苣笋**

陶穀清异录卷上蔬菜门千金菜:高国使者来汉,隋人求得菜种,酬之甚厚,故因名"千金菜",今莴苣也。

寇宗奭本草衍义莴苣:今菜中惟此,自初生便堪生啖,四方皆有。多食昏人眼,蛇亦畏之。虫入耳,以汁滴耳中,虫出,诸虫不敢食其叶,以其心置耳中,留虫出路,虫亦出。有人自长立禁此一物不敢食,至老目不昏。苦苣:捣汁,傅疔疮殊验。青苗阴干,以备冬月,为末,水调傅亦可。

潜说友咸淳临安志卷五十八物产菜之品:莴苣。食取其根,名莴苣。

[文案]释赞宁笋谱记宋及宋前笋品九十四种,其可食者达三十余种。释赞宁亦总结若干食笋法:煮笋法、蒸笋法、菹法、鲊法,亦有藏法、生藏法、干法、脯法、会稽箭笋干法、结笋干法。且一反本草诸说笋皆冷之言,"陈说非也。以亲验为证,诸笋以豉汁渍之,能解酒毒。"建议:"凡食笋之要,譬若治药,修炼得门则益人,反是则损。"其言颇可采。

〔三〇〕**芥辣**

浦江吴氏中馈录制蔬芥辣:二年陈芥子,碾细,水调,纳实碗内,韧纸封固。沸汤三、五次,泡出黄水,覆冷地上。倾后有气,入淡醋解开,布滤去渣。

谈钥嘉泰吴兴志卷二十物产:芥唐本草注云:有三种,有叶粗大者,有叶小子细者,又有白芥。又云:白芥生太原。今乡土有大叶者,取其心充蔬,甚辛美。收子贮为齑,又有赤芥,色深赤。

陈耆卿嘉定赤城志卷第三十六蔬之属:芥一名水苏,有紫芥、黄芥、青芥、油芥数种,出石罅者曰山芥,味极辛,出黄岩、仙居。

张岱夜航船卷十九物理部菜蔬:收芥菜子,宜隔年者则辣。

108

汪曰桢 湖雅卷一 蔬 芥辣：按白芥子研末，为之调和，所用宜于夏月。

[文案]芥末冲辣，用以调味。有通肺、开胃、利气、止嗽、明耳亮目之功效。为川菜常用味型。

〔三一〕细料馉饳儿

[文案]本书卷四、六亦有"细料馉饳儿"，冠以"细料"者，盖言其主、辅料精细，可谓较为常见之面食。中国烹饪1986年12月号张德鑫整理馉饳四说，一曰馒头，二曰面食，小型面果，三曰馄饨，四曰饺子。馒头说和者甚寡，面食（面果）说过于笼统，馄饨说呼声渐高，饺子说颇具新意。邓广铭主饺子说最力（中国烹饪1986年1月号宋代面食考释之一），称："在山东半岛一带民间的口语当中则依旧把它叫做馉饳儿，尽管在书写文字中已经不再出现这一词儿。既然在活的语言当中还在沿袭使用这一名称，则断言宋代人记载中所说的馉饳儿就是今天的水饺或蒸饺，应该是不会有问题的。"然反对者亦可持同理，张德鑫文曰："据查今河南东部项城、商丘一带民间亦把一种油墩子的面食叫做馉饳儿。所谓'油墩子'，是一种带馅的圆状炸面果。"据此可知馉饳儿包馅，"若再推定馉饳儿是圆状的，则可更易理解水浒传第一回中'看身上时，寒栗子比馉饳儿大小'的比喻"。"在宋代，馄饨、馉饳儿就是馉饳儿自己。如果一定要给以注释，联系今天胶东的煮水饺馉饳儿及豫东的油墩子馉饳儿，可以认为馉饳是一种带馅的近乎圆状的面果，由水煮或油煎（炸）等不同方法烹制而成。"故有学者"估计它应是一种油炸的带馅的面果"。（邱庞同 中国面点史第四章宋代）今阅钱塘渔隐济颠师录，发现济公为卖馉饳儿王公酒店题写"王公清油细豆大馉饳儿"十字，钱塘渔隐济颠语录虽标明本，实为记录南宋以来民间广传济颠传说说话人底本，以此证馉饳儿于宋代有油炸者则可信。又元罗贯中平妖传第二十七回所提"油煎的馉饳儿"，亦证之馉饳儿可油煎。

〔三二〕**间道糖荔枝**

[文案]施耐庵罗贯中水浒传第十二回述杨志打扮"下面青白间道行缠,抓着裤子口",所指乃青、白二色互配之裤饰,同书第十五回阮小五则围"间道棋子布手巾"。由此可推"间道糖荔枝"乃或红或白,或黄或粉之不同色泽荔枝,入糖淹渍而成。如唐慎微重修政和经史证类备用本草卷二十三果部中品荔枝子:"其市货者,多用杂色荔枝,入盐梅暴之成,而皮深红味亦少酸,殊失本真,凡经暴皆可经岁,好者寄至都下及关陕河外诸处。"以此佐证"间道糖荔枝"则更明。

〔三三〕**越梅**

施宿嘉泰会稽志卷十七木部:杨梅,异物志曰:杨梅如弹丸,味酸,盖昔人未识。会稽杨梅,今出项里、何塔、六峰、塘里,其品之最佳者曰官长梅,色深紫。香味俱绝曰线梅,一名棱梅,其实有纹隆,隆如线,故名。色尤紫,实大核小,亦可亚官长梅也,曰乌娄梅。色黑而韵下曰孙家梅。色红而酢,越人多渍以糖或盐以案酒,曰圣僧梅。色白曰白蒂梅,曰何塔蚤梅,曰金家晚梅,曰三线梅,斯为下矣。方杨梅盛出时,好事者多以小舫往游,因置酒舟中,高竻杨梅与樽罍相间,足为奇观。妇女以簪髻上,丹实绿叶,繁丽可爱。又以雀眼竹筥盛贮为遗,道路相望不绝,识者以为唐人所称荔枝筐,不过如此。

〔三四〕**鐹刀紫苏膏**

司马光奏议卷一论两浙不宜添置弓手状先公知杭州代作:近年以来,虽亦颇有强盗,然比诸内地,要自稀疏。今避差点者若窜匿无归,必例为寇窃。加以弓矢刀鐹之类,许其私置,自今以后,贼盗必多。

李焘续资治通鉴长编卷三十五太宗淳化五年:缘此三路,土山柏林,溪谷相接,而复隘狭不得成列,蹊此向导踏白,可使步卒多持弓弩枪鐹随之。

太平惠民和剂局太平惠民和剂方卷之三治一切气紫苏子圆:治一切气逆,胸膈噎闷,心腹刺痛,胁肋胀满,饮食不消,呕逆欲吐,及治肺胃伤冷,咳嗽痞满,或上气奔急,不得安卧。　紫苏子拣净　陈皮去白,各二两　肉桂去粗皮　人参去芦　高良姜炒,各一两　右五味为细末,炼蜜和圆,如弹子大。每服一圆,细嚼,温酒下,米饮亦得,不计时候。或作小圆服之亦得。若食瓜胏生冷,觉有所伤,噫气生熟,欲成霍乱者,含化一圆,细细咽汁,服尽应时立愈。常服此药,永不患霍乱,甚妙。

姚可成食物本草卷之十九草部三芳草类紫苏:紫苏,处处有之,以背面皆紫者佳。夏采茎叶,秋采子。有数种:水苏,鱼苏,山鱼苏,皆是荏类。李时珍曰:紫苏、白苏,皆以二三月下种,或宿子在地自生。其茎方,其叶圆而有尖,四周有锯齿。肥地者面背皆紫,瘦地者面青背紫。其面背皆白者,即白苏,乃荏也。紫苏嫩时采叶和蔬茹之,或盐及梅卤作菹食,甚香。夏月作熟汤饮之。

今有一种花紫苏,其叶细齿密纽,如剪成之状,香、色、茎、子并无异者,人称回回苏云。

[文案]鐎刀紫苏膏乃因其叶制之紫苏有锯齿似刀而得称。膏亦可为丸,宋诸药书可证。此膏当为东京食疗最为流行之品也。

〔三五〕**金丝党梅**

[文案]许国桢御药院方卷之十金丝膏为治病眼之药,显与食用之金丝党梅有别,然金丝膏由明乳香、青州大枣、真白蜜等构成,或细切调配成金丝之状。食谱所述"金丝"乃羊肉切作。党梅,无疑为梅之一种,然遍查宋方志笔记所记之梅,或白或红或杏或蜡或鸟或杨,或江梅或早梅或消梅或古梅或官城梅或绿萼梅,独未见党梅之踪迹。施宿嘉泰会稽志卷之十七木部记:"颊红消梅,其实脆而无滓,其始传于花泾李氏,故或谓之李家梅。"以此而推之党梅,莫非因党氏所植之梅出类拔萃适于食品制作而得名耶?

〔三六〕**冬月盘兔**

无名氏居家必用事类全集庚集盘兔:肥者一只,煮七分熟,拆开,缕切。用香油四两炼熟,下肉,入盐少许、葱丝一握,炒片时。却将元汁澄清下锅,滚二三沸,入酱些小。再滚一二沸,调面丝,更加活血两杓,滚一沸。看滋味,添盐醋少许。若与羊尾、羊膘缕切同炒,尤妙。

忽思慧<u>饮膳正要</u>卷第一聚珍异馔盘兔:兔儿二个,切作事件　萝卜二个,切　羊尾子一个,切片　细料物二钱　右件用炒,葱、醋调和,下面丝二两,调和。

[文案]开封<u>长春轩</u>卤肉店五香兔肉,选用立冬至立春间猎获、重在三斤以上鲜兔制成,野味醇浓,加以花椒、大小茴香、草果、豆蔻、丁香、冰糖十余种佐料,五香调和,据传已具数百年史,可谓"冬月盘兔"之余响。

〔三七〕**旋炙猪皮肉**

童岳荐<u>调鼎集</u>卷三特牲部猪炙肉皮:干肉皮扫上酱油、麻油、椒末,炭火炙。

〔三八〕**野鸭肉**

瀛若氏<u>三风十愆记</u>记饮馔:蒸野鸭:家鸭肥浓,不足贵也。必野鸭之网得者,去毛极净,乃空其腹,用五香和甜酱、酱油、陈酒实腹中,而缝其隙。外用新出锅腐衣包之,乃蒸。蒸烂去皮,自颈至腿,节节开解之,抽其骨,止存头脚,仍用全体,再用五香甜酱、酱油、陈酒等料,入原汁中,微火煨之,视汁将干,乃取出供客。余若山中花鸡、刺盍鹰等物之有脂者,皆用腐衣包裹而蒸,故脂不漏而腴。鸭舌:从厨师家或酒馆中,广取得之,熟而去其舌中嫩骨,竖切为两,同笋芽、香菌等入麻油同炒,泼以甜白酒浆。客食之,疑为素品中麻姑之类,而味不同,此为杂品中第一。

〔三九〕**滴酥**

梅尧臣余之亲家有女子能点酥为诗并花果麟凤等物一皆妙绝其家持以为岁日辛盘之助余丧偶儿女服未除不作岁因转赠通判通判有诗见答故走笔酬之:翦竹缠金大于掌,红缕龟纹挑作网。琼酥点出探春诗,玉刻小书题在榜。名花杂果能眩真,祥兽珍禽得非广。礧落男儿不足为,女工余思聊可赏。

李廌师友谈记:苏过叔党言:其堂姊嫁蒲澈,澈,资政傅正之子也。傅正守长安日,澈之妇闭户不治一事,惟滴酥为花果等物。每请客,一客二十饤,皆工巧,尽力为之者。只用一次。复速客,则更之。以此诸妇日夜滴酥不辍。

谈钥嘉泰吴兴志卷十八食用故事酥:俗称乌戌乳酥最佳,又为花果鱼鸟之属,以为盘饤之华,可用寄远,大抵乡间畜牛之家,例能为酥及乳。

〔四○〕水晶鲙

欧阳德隆增修校正押韵释疑卷四去声十四泰:鲙释细切鱼,黄补亦作脍,说文曰:细切肉。礼脍炙处外。又国名,庄:尧欲伐宗脍胥敖,疏云:尧时小蕃,三国号宗也、脍也、胥敖也在此。

陈元靓新编群书类要事林广记癸集卷之十水晶脍法:赤稍鲤鱼,鳞以多为妙,净洗去涎,水浸一宿,用新水于锅内慢火熬,候浓,去鳞,放冷即凝。细切,入五辛、醋调和,味极珍,须冬月为之方可。

高观国菩萨蛮又水晶脍:玉鳞熬出香凝软。并刀断处冰丝颤。红缕间堆盘,轻明相映寒。 纤柔分劝处,腻滑难停箸。一洗醉魂清。真成醒酒冰。

[文案]水晶鲙多鱼制而成,然猪肉亦可制水晶鲙,居家必用事类全集即有猪皮、鱼皮两制法。猪皮则为首选,其文曰:"猪皮,割去脂,洗净。每斤用水一斗,葱椒、陈皮少许、慢火煮皮软,取出,细切如缕,却入原汁内再煮稀稠得中,用绵子滤,候凝即成。脍切之。酽醋浇食。"

〔四一〕煎夹子

浦江吴氏中馈录甜食油餕儿方:面搜剂,包馅,作餕儿,油煎熟。馅同肉饼法。

林洪山家清供卷下胜肉餣:焯笋、蕈,同截,入松子、胡桃,和以油、酱、香料，搜面作馂子。

周紫芝竹坡诗话辑录三四：金陵吴思道为余言，顷尝以近诗示徐公，徐公谓仆"是岂欲拟杜少陵句法耶？"思道曰："少陵安可拟，但不取法耳。"公因言余平生正坐子美见误。思道问其故，公曰："今人饭客，饮食中最美者无如馒头夹子，连日食之，如嚼木札耳。"

〔文案〕夹子又作馂儿。梦粱录卷十六记录颇多：细馅夹儿、笋肉夹儿、油馂夹儿、金铤夹儿、江鱼夹儿。武林旧事卷六亦记肝脏夹子。临安素食点心从食店专卖"素夹儿"，系前引山家清供所说"胜肉馂"。可谓荤素咸甜均备，品种花色繁多，城市大众钟情食品也。饮食史家则以为夹子即饺子，中华邓注本于饮食果子注案曰："夹子或即荷叶饼空心饼之类。"此二说不可立。武林旧事详述市食，"诸色馂子"与"诸色包子"、"诸色果食"、"诸色角儿"并列，角儿为唐以来饺子之称，与夹儿相异，居家必用事类全集载水晶角儿，驼峰角儿，烙面角儿、馄饨角儿，亦可相佐。若为荷叶饼、空心饼，则与最为常见"油馂儿"未符。夹子中有馅心，两层薄皮相夹，呈扁平之形，似今日韭菜合子之类。如京都译注本据玉篇释"夹"同"馂"，为二枚饼夹而食之也。因其快速煎成，四时皆有，不误主顾，可及时就食，故"夹子"入沿街巷陌盘卖点心之中，可谓市民方便"快餐"也。

〔四二〕**猪脏**

韩元吉桐阴旧话：契丹使每岁至中国，索食料，多不时珍异之物，州县挠动。公之使虏，入其境稍深，则必索猪肉及胃脏之属。从者莫能晓，盖燕北第产羊，俗不畜猪。

宋话本新桥市韩五卖春情：当日金奴与母亲商议，教八老买两个猪肚磨净，把糯米莲肉灌在里面，安排烂熟。

倪瓒云林堂饮食制度集烧猪脏或肚：先用汤煮熟前物。入切碎蒜片并粗燥子，合盐少许，就锅内竹棒阁起，盖锅。慢火烧之。锅内仍用水一盏。

〔四三〕**须脑子肉**

[文案]贾思勰齐民要术第九卷记麹曲制好晒干,"须即汤煮"。此"须"为要,亦转含迅速之意,即片刻须臾。此意可移之于须脑子肉。脑子肉则为动物食物之头脑肉,不外乎猪脑、羊脑、鱼脑之类。豆腐亦有称之为脑者,朱彝尊食宪鸿秘凤凰脑子即是,豆腐制作时亦可入动物之肉,郑光祖一斑录杂述二名厨佳制"八宝豆腐:用好豆腐,切不大不小之块,滚水捞之,去泔水沥干。另以鲜鸡肉与肝切片,同虾肉入油锅烹,白酒加下。一切或如竹笋、松菌、鲜莲子、木耳、香菌、熟南腿片之类,酌加酱油、糖花,已熟,乃以豆腐倾入,同滚盛用。然须各物共计一半,而豆腐不及一半,必佳。"此菜已具脑子肉之征象,然未如猪脑制作与脑子肉相契合,或曰"脑子肉"主指猪脑而言。若童岳荐调鼎集所列焖猪脑、猪脑糕、烧猪脑,以猪脑腐为最:"生猪脑去膜,打成腐,加花椒、酱油、酒蒸,或作衬菜。"北京饮食史家王仁兴友人按猪脑腐如法炮制,出笼撒少许青蒜末,合家食之,皆曰"奇味"。

〔四四〕**杂嚼**

[文案]各式小吃,亦作"杂脍"解。齐如山北京土话谓红楼梦第十四回胡氏曾言"嚼用",其意为消费,同"杂嚼"无异,可知语源于宋市间饮食时尚之语也。

东角楼街巷

自宣德东去东角楼,乃皇城东南角也。十字街南去姜〔一〕行,高头街北去,从纱行至东华门街、晨晖门、宝箓宫,直至旧酸枣门,最是铺席〔二〕要闹。宣和间展夹城牙道矣。东去乃潘楼街,街南曰"鹰店",只下贩鹰鹘客〔三〕,余皆真珠〔四〕、匹帛、香药铺席。南通一巷,谓之"界身"〔五〕,

并是金银彩帛交易之所,屋宇雄壮,门面广阔,望之森然,每一交易,动即千万,骇人闻见。以东街北曰**潘楼**酒店,其下每日自五更市合〔六〕,买卖衣物、书画、珍玩、犀玉〔七〕,至平明,羊头、肚肺、赤白腰子〔八〕、妳房、肚胘〔九〕、鹑兔鸠鸽野味〔一〇〕、螃蟹、蛤蜊之类讫,方有诸手作人上市,买卖零碎作料。饭后饮食上市,如酥蜜食〔一一〕、枣糊、澄砂团子〔一二〕、香糖果子、蜜煎雕花〔一三〕之类。向晚〔一四〕,卖何娄头面〔一五〕、冠梳、领抹〔一六〕、珍玩、动使之类。东去则**徐家**瓠羹〔一七〕店。街南**桑家**瓦子〔一八〕,近北则中瓦,次里瓦,其中大小勾栏〔一九〕五十余座。内中瓦子莲花棚、牡丹棚〔二〇〕;里瓦子夜叉〔二一〕棚、象棚〔二二〕最大,可容数千人。自**丁先现**、**王团子**、**张七圣**辈,后来可有人①于此作场。瓦中多有货药、卖卦、喝故衣〔二三〕、探搏〔二四〕、饮食、剃剪〔二五〕、纸画、令曲〔二六〕之类。终日居此②,不觉抵暮。

[校]

①“后来可有人”,<u>说郛</u>作“后来亦有人”。

②“终日居此”,<u>说郛</u>作“终日俱此”。

116　[注]

〔一〕**姜**

<u>李石</u>续博物志卷七:作干姜法:水淹三日,毕,置流水中六日,更去皮,然后曝干,入瓮瓶,谓之酿也。

<u>赵希鹄</u>调燮类编卷三蔬供:姜性恶湿畏日,故秋热则无姜。　伏天切薄片,入少盐晒干,曰“伏姜”,久藏不坏。初摘嫩芽,同朱砂入醋

渍之,色味俱胜。　　糟姜。瓶中置蚕蜕少许,即老姜亦无筋。

史绳祖学斋占毕卷三不彻姜食:论语乡党谓:"不彻姜食。"荆公
尝问其义于刘贡甫,贡甫善谑,随对之曰:"案本草:姜多食,令人损智。
道非明民,将以愚之,孔子方以道教人,故劝民食姜,以愚其智耳。"本
以戏介甫之凿于经学也。介甫初然其说,而徐悟其戏。及晦庵朱文公
咏子姜诗两联云:"姜云能损心,此谤谁与雪。请诵去秽功,神明看朝
彻。"自注云:本草载姜久食去臭气,通神明。或云:伤心气不可多
食者。

〔二〕**铺席**

绍隆等圆悟佛果禅师语录卷第十二小参五:山僧二十七年,开个
铺席。与一切人,解黏去缚抽钉拔楔,令一个个无窠臼无计校,不作合
头语,不作相似语,不依倚一物。

吴自牧梦粱录卷十三铺席:自大街及诸坊巷,大小铺席,连门俱
是,即无虚空之屋。每日清晨,两街巷门,浮铺上行,百市买卖,热闹至
饭前,市罢而收。盖杭城乃四方辐辏之地,即与外郡不同。所以客贩
往来,旁午于道,曾无虚日。至于故楮羽毛,皆有铺席发客,其他铺可
知矣。

〔三〕**贩鹰鹘客**

赵叔向肯綮录咮漱书:余顷在萧山时,地近武林一族人家,好养
鹰。一日,有中贵人以百余千买一鹰去,尝见其几间有书一帙,上题
"咮嗽"二字,初不晓,取视之,则皆饲鹰鹘之语,字书纸籍极皆如法,问
其所从来,则曰:"吾父顷在北司,诸阉往来甚厚,以此见遗。且曰饲养
法皆可用也。尝以二字遍询相知,莫有知者。而咮字篇韵皆所不载,
疑其误书或俗子命字。后见沈存中笔谈载养鹰鹘者,其类相语,谓之
咮漱咮,以麦切,三馆书目有咮漱书三卷,皆养鹰鹘法及医疗之术。始知
读书不广,不可妄有诋訾也。但此书三卷,言多鄙猥,窃其名尔,或附
益近事也。咮,一作以陆切。

〔四〕**真珠**

[**文案**]宋珠三称,一为珍珠,马永卿元城语录解卷中称。一为珠子,周密齐东野语卷一一沈君与、王巩随手杂录称。一为真珠。若辛弃疾南烬纪闻录所记,多采之深水之中。庞元英文昌杂录卷一又有:"礼部侍郎谢公言:有一养珠法,以今所作假珠,择光莹圆润者,取稍大蚌蛤,以清水浸之。伺其口开,急以珠投之,频换清水,夜置月中,蚌蛤采月华。玩此经两秋,即成真珠矣。"此记较近商业性真珠铺席矣。

〔五〕**界身**

宋话本小夫人金钱赠年少:话说东京汴州开封府界身子里,一个开线铺的员外张士廉。

[**文案**]界亦作戒,魏泰东轩笔录卷之十三:戒身巷即寺之戒坛也。

〔六〕**市合**

苏辙龙川别志卷下:张安道知成都,日以医官自随。重九,请出观药市,五更,市方合而雨作,入五局观避之。

[**文案**]京都译注本考定期所开之市谓之"市合"。即每天所设之市,在规定时刻开张,唤为"市合"。

〔七〕**犀玉**

叶隆礼契丹国志卷之二十一契丹每次回赐物件:犀玉腰带二条。

洪皓松漠纪闻卷二:犀有三种,重透外黑有一晕,白中又黑,世艰得之,正透又曰通犀,倒透亦曰花犀或斑犀,有游鱼形,诸犀中水犀最贵。秀州周通直家有正透犀带,其中一点白,纸灯近之即灭,有湿气,疑是水犀。

118

〔八〕**赤白腰子**

[**文案**]宋腰子菜颇多:炰腰子、盐酒腰子、脂蒸腰子、酿腰子、荔枝腰子、腰子假炒肺、大片腰子、松花腰子之类,流行于市,独赤白腰子鲜见。京都译注本引云麓漫钞诸书,谓腰子为内、外两肾,赤、白乃用肉部位之颜色。猪赤,下品,羊白,上品。陈元靓事林广记癸集则述白鱼

去骨之假白腰子制法,亦证此菜人气之旺。<u>孙注本</u>则谓:赤,为红色腰子,白为白色睾丸,合称赤白腰子。此与<u>酌中志</u>卷二〇饮食好尚纪略春三月"吃雄猪腰子",秋十月"又羊白腰者,则外肾卵"相合,可知此菜食之补虚损,为春秋间特色菜肴也。

〔九〕**肚胘**

[<u>文案</u>]泛指牛、羊、猪之胃厚处。今称猪肚头、牛肚岭。详注见"饮食果子""酒炙肚胘"条。

〔一〇〕**鹑兔鸠鸽野味**

<u>高似孙剡录</u>卷十草木禽鱼诂下禽:鹑,博雅曰:鹑善斗。<u>梅圣俞鹑诗</u>:"脱命秋隼下,鸣斗自相俘。"夏为黄鹑,秋冬为白鹑。夏鹑入馔绝胜,人多笼致。<u>李白诗</u>:"君看海上鹤,何似笼中鹑。"

<u>江少虞宋朝事实类苑</u>卷第六十一风俗杂志蛙变为鹑:至道二年夏秋间,京师鬻鹑者积于市,诸门皆以大车载而入,鹑才直二钱。

<u>寇宗奭本草衍义兔</u>:有白毛者,全得金之气也。入药尤功,余兔至秋深时则可食,金气全也。才至春夏,其味变,取四脚肘后毛为逐食,饲雕鹰,至次日,却吐出,其意欲腹中逐尽脂肥,使饥急捕逐速尔,然作酱必使五味,既患豌豆疮,又食此,则发毒太甚,恐班烂损人。

<u>周必大二老堂诗话四六鸠芹诗</u>:蜀人缕鸠为脍,配以芹菜。或为诗云:"本欲将芹补,那知弄巧成。"

<u>谈钥嘉泰吴兴志</u>卷二十物产鸠:本草:斑鸠一名斑鷦。又有青鷦,今乡土皆有。斑鸠价高于布谷,青鸠又倍。

<u>张世南游宦纪闻</u>卷三:又尝记其答<u>益</u>公惠鸠兔、橘酒小束云:"锦羽在桑,翩翩二七;褐衣缺口,跃跃一双。挟<u>欢伯</u>以俱来,与<u>木奴</u>而偕至。共惟某官,文章羹酒,儒学凤麟。游<u>梁王</u>之兔园,凤推能赋;赐<u>汉</u>庭之鸠杖,晚冠耆英。橘颂续骚,酒箴饱德。填然四美,萃此一翁。某已尝占辞,敬致追节。"云云。观此,足见善于体物者也。

<u>唐慎微重修政和经史证类备用本草</u>卷十九禽部下品白鸽:白鸽,

味咸,平,无毒,肉主解诸药毒及人马久患疥。

〔一一〕**酥蜜食**

［文案］西湖老人繁胜录记曰:"酥蜜裹食,天下无比,入口便化。"此即武林旧事卷六果子所载裹蜜、蒸作从食所载小蜜食、蜜剂,小点心是也。吴氏中馈录酥饼方载:"油酥四两,蜜一两,白面一斤,搜成剂,入印,作饼,上炉。或用猪油亦可,蜜用二两,尤好。"明清仍见"酥蜜食"踪迹,若高濂遵生八笺卷一三"到口酥"之类,又若童岳荐调鼎集卷九所述印酥、蜜酥,则与"酥蜜食"无异矣。

〔一二〕**澄砂团子**

丁度集韵卷之四平声四登第十七:澄小水相益。

浦江吴氏中馈录甜食煮沙团方:沙糖入赤豆或绿豆煮成一团,外以生糯米粉裹作大团。蒸,或滚汤内煮,亦可。

〔一三〕**蜜煎雕花**

嵇含南方草木状卷下:五敛子,大如木瓜,黄色,皮肉脆软,味极酸,上有五棱如刻出,南人呼棱为敛,故以为名。以蜜渍之,甘酢而美,出南海。枸缘子,形如瓜,皮似橙而金色,胡人重之,极芬香,肉甚厚,白如芦菔,女工竞雕镂花鸟,渍以蜂蜜,点燕檀,巧丽妙绝,无与为比。

四水潜夫武林旧事卷第九高宗幸张府节次略:雕花蜜煎一行:雕花梅球儿　红消花　雕花笋　蜜冬瓜鱼儿　雕花红团花　木瓜大段儿　雕花金橘　青梅荷叶儿　雕花姜　蜜笋花儿　雕花枨子　木瓜方花儿

［文案］日人小川阳一环绕着目连地狱文,解读蜜煎雕花:"或是点心上粘砂糖,呈现出像花那样的东西。"此说差矣。蜜煎乃食物蜜渍制成;雕花,则将瓜果雕刻为花样。此源可溯于晋之嵇含南方草木状,至今未绝,若江西萍乡花果,柚子、雪柑乃至豆角、萝卜,经水洗、汤煮、保色、糖泡、烘干,再施之以雕法,甚而雕宫灯、花篮百余种,既可品尝,又可陈赏。

〔一四〕**向晚**

[文案]向，接近之意也，亦作傍解。宋李元弼作邑自箴即谓："向晚少饮酒。"又如程垓南浦春暮词："金鸭懒薰香，向晚来，春醒一枕无绪。"宋元戏文孟月梅写恨绵香亭："向晚游遍天街，胜文章太守。"董西厢卷六大石调玉翼蝉："雨儿乍歇，向晚风如凛冽，那闻得衰柳蝉鸣凄切！"

〔一五〕**何娄头面**

曾慥类说卷五十六何楼：世人语虚伪者，为何楼。国初，京师有何楼，其下所卖物皆滥者，故人以此目之。今楼已废，语犹相传。

田汝成西湖游览志余卷二十五委巷丛谈：言人虚伪不检者曰"楼头"，盖宋时何家楼下多亡赖，以滥恶物欺人，其时有何楼之号，楼头者，盖何楼之恶魁也。

翟灏通俗编卷十二：乾淳起居注：太上太后幸聚景园，皇后先到宫中起居，入幕次，换头面。按俗呼妇人首饰曰头面，据此则宋已然矣。燕翼贻谋录云：妇人冠，旧以漆纱为之，而加金银珠翠彩色装花诸饰。仁宗时宫中以白角改造，长至三尺，有等肩者。今杭俗女子初嫁，有所谓大头面。当本于此，盖亦宋俗之遗也。

[文案]中华邓注本谓"何娄疑误"。系未解何楼为东京名楼也。娄，同楼，未误。见丁度集韵卷之二平声二虞第十。"卖何娄头面"，源于商品竞争日剧，若谢采伯密斋笔记卷四："凡物之真者，即有一伪者，久之知有伪，而不复知有真矣。高丽席侧可卷舒，价贵未易得，四明便造假高丽席。真水晶莹澈可爱，上饶便造假水晶色青。"如此之多以假乱真者，故东京市民将虚伪者统称"卖何楼头面"也。京都译注本，以元王祯农书卷二八食物"河漏"注"何娄"，相去则远甚（1983年孔宪易予以纠误，1996年、1999年京都译注本据以改正）。方以智通雅卷之四十九谚原考："何楼"为"活络"一转耳。李文泽宋代语言研究释"何楼"读音与"活络"声母相同，韵母读音相近，可同音借用。"活络"者

摇动、不结实也,与"何楼"皆行滥货意义亦近。

〔一六〕**领抹**

[文案]领抹本书有四:本卷潘楼东街巷、卷三相国寺内万姓交易、诸色杂卖、卷六正月。如此频繁,其用必多。然领抹究为何物,京都译注本谓不详,中华邓注本等无注或注之未确。沈从文中国古代服饰研究据宋瑶台步月图言:画里两位修长妇女外衣衫子对襟二长条花边由领而下,属戳沙绣法,亦有织成画者,宋人凡提领抹必兼画绣而言。宋墓常有领抹实物出土,江西德安南宋周氏墓出土罗窄袖夹袍、单袍,河南偃师酒流沟宋墓砖刻画中二位身着小袖对襟领抹旋袄者皆是。领抹又作领系,又借为领戏,元曲救风尘一折"替你妹子提领系,整钗环",黄花峪三折"更有这绣领戏绒线铺",均指领抹。

〔一七〕**瓠羹**

贾思勰齐民要术卷第八羹臛法第七十六:作瓠菜羹法:用瓠叶五斤,羊肉三斤,葱二升,盐蚁五合,口调其味。卷第九素食第八十七:瓠羹:下油水中,煮极热,体横切,厚二分,沸而下。与盐、豉、胡芹,累奠之。

〔一八〕**桑家瓦子**

宋话本闹樊楼多情周胜仙:实时差人捉婆子。婆子说:"儿子朱真不在。"当时搜捉朱真不见,却在桑家瓦里看耍,被作公的捉了,解上开封府。

宋话本宋四公大闹禁魂张:赵正便把王秀许多衣裳着了,再入城里,去桑家瓦里,闲走一回,买酒买点心吃了,走出瓦子外面来。

施耐庵罗贯中水浒传第九十回五台山宋江参禅 双林渡燕青射雁:燕青酒脱不开,只得和李逵入城看灯,不敢从陈桥门入去,大宽转却从封丘门入城。两个手厮挽着,正投桑家瓦来。

[文案]过往学者释瓦子为戏场、剧院,专事娱乐之场所。倘细观宋四公大闹禁魂张中赵正在桑家瓦子闲走"买酒买点心吃了"之语,可

东京梦华录笺注

知瓦子为<u>东京</u>综合性市场,不惟出演伎艺,亦出卖货物,荟萃饮食、赌钱等。

〔一九〕**勾栏**

<u>崔豹古今注</u>卷上都邑第二:枸栏,<u>汉成帝顾成庙</u>有三玉鼎,二真金炉,槐树悉为扶老枸栏,画飞云龙角虚于其上。

<u>赵令畤侯鲭录</u>卷七:栏楯。<u>王逸</u>注云:"纵曰栏,横曰楯。楯间子曰桯。"栏楯,殿上临边之饰,亦以防人坠堕,今言钩栏是也。

<u>李诫营造法式</u>大木作制度:钩阑其名有八,一曰桯槛,二曰轩槛,三曰栊,四曰梐牢,五曰阑楯,六曰柃,七曰阶槛,八曰钩兰。

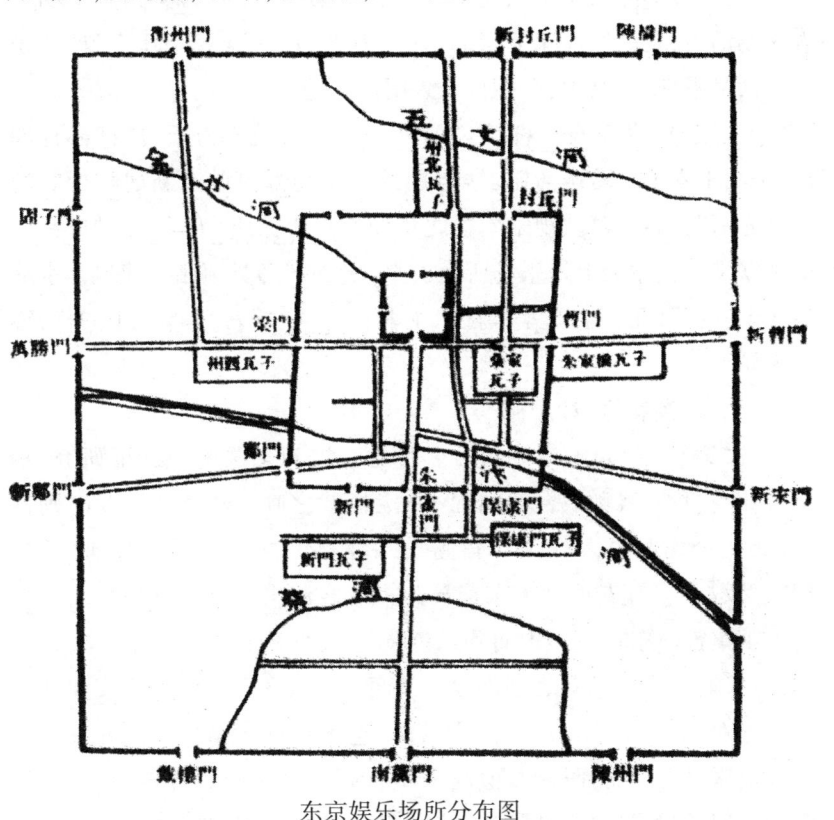

东京娱乐场所分布图

施耐庵罗贯中水浒传第五十一回插翅虎枷打白秀英 美髯公误失小衙内：雷横听了，又遇心闲，便和那李小二径到勾栏里来看。只见门首挂着许多金字帐额，旗杆吊着等身靠背。入到里面，便去青龙头上第一位坐了。看戏台上却做笑乐院本。那李小二人丛里撇了雷横，自出外面赶碗头脑去了。院本下来，只见一个老儿裹着磕脑儿头巾，穿着一领茶褐罗衫，系一条皂绦，拿把扇子，上来开呵道："老汉是东京人氏白玉乔的便是。如今年迈，只凭女儿秀英歌舞吹弹，普天下伏侍看官。"锣声响处，那白秀英早上戏台，参拜四方。拈起锣棒，如撒豆般点动。拍下一声界方，念了四句七言诗，便说道："今日秀英招牌上明写着这场话本，是一段风流酝籍的格范，唤做'豫章城双渐赶苏卿'。"说了开话又唱，唱了又说，合棚价众人喝采不绝。

[文案]梁思成石栏杆简说谓：纵木为阑，横木为干，栏杆亦称勾栏，宋画中常见。玲珑巧制，镂空剔透。元汤舜民哨遍新建构栏教坊求赞亦写其精致，可映现宋勾栏之华丽矣。康保成"瓦舍"、"勾栏"新解则据佛经夜摩天上娱乐场所而引申，"勾栏"乃具顶棚之建筑。水浒传五十一回可证。余以为"勾栏"绝非栏杆，栏杆乃"勾栏"中一样，称之无妨。

〔二〇〕**莲花棚、牡丹棚**

[文案]"棚"乃宋南戏戏台之称也。据刘念兹南戏新证研究：福建莆仙戏、梨园戏称戏台为"棚"，如大棚戏之呼。幼童初学戏时则称"落棚"，分作两段，一段唤"彩棚"，二段唤"正棚"。看戏时则分"男棚"、"女棚"。莲花棚则为东京最为火爆之演出场所。罗烨醉翁谈录卷一丁集曾谓东京平康中曲善乐色技艺者，"暇日群聚金莲棚中，各呈本事"。此金莲或莲花之别称也。又西湖老人繁胜录所记临安北瓦勾栏，"蓬花棚"常做御前杂剧。余以为"蓬"为"莲"之误，于此亦见莲花棚久负盛名也。而牡丹棚，似因宋城喜好牡丹时尚而得名，欧阳修洛阳牡丹记、周师厚洛阳牡丹记、陆游天彭牡丹谱即记城中无贵贱皆张

幕设帐,以观牡丹,"牡丹棚"乃为趋迎风习,应运而出者。

〔二一〕夜叉

慧琳一切经音义卷第九放光般若经第五卷阅叉:以拙反,或云夜叉,皆讹也。正言药叉,此译云能啖人鬼,又云伤者,谓能伤害人也。

玄奘辩机大唐西域记卷第一迦毕试国一质子伽兰:伽兰北岭上有数石室,质子习定之处也,其中多藏杂宝。其侧有铭,药叉守卫。有欲开发取中宝者,此药叉神变现异形,或作师子,或作蟒蛇、猛兽、毒虫,殊形震怒,以故无人敢得攻发。

无名氏大唐三藏取经诗话卷上过长坑大蛇岭处第六:被猴行者将金环杖变作一个夜叉,头点天,脚踏地,手把降魔杵,身如蓝靛青,发似朱沙,口吐百丈火光。

曾公亮武经总要前集卷之十二:夜叉檑,一名留客住,用湿榆木,长一丈许,径一尺,周回施逆须,出木五寸,两端安轮脚,轮径二尺,以铁索绞车放下,复收。并以击攻城蚁附者。

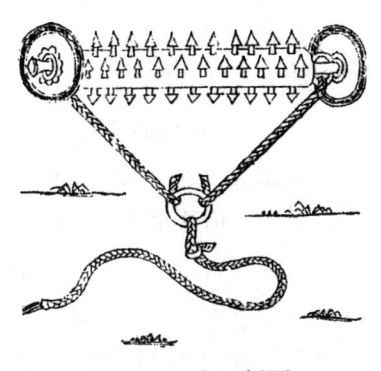

武经总要夜叉檑图

徐梦莘三朝北盟会编卷第四十四靖康中帙一九起靖康元年三月十七日癸未,尽二十八日甲午:幼老春秋曰:姚古克隆德府。初,姚古为熙河路经略使也。巩州王德有赴功名之心,以勇武隶其麾下,古为河东路制置使,以兵救援太原府也,与宣抚司干当公事折彦质相遇于怀卫之间,未得虏之虚实,闻隆德府威胜军已为金人所陷没,古乃遣德硬探,德斩虏酋一人,持首以还,具以虚实报,古遂补德进武校尉,复令德往,且戒其必得生口,将亲诘之,德许诺,引十六骑疾速入隆德府,生擒伪知府姚瑶太师以还。古大惊,谓曰:"昔傅介子班超之伦,何足以相似,他日功名须远到。"古即引众疾趋,遂复取隆德府,擒伪通判郝伸,少监伪知

125

县储汶，并知县印记，解送赴阙，上临轩问姚璠被擒状，璠曰："亡臣为夜叉所获。"自是德有夜叉之号。

　　季羡林等**大唐西域记校注**卷第一迦毕试国一质子伽兰注释〔一〕药叉：梵文 Yakṣa 音译，**玄奘**谓："旧曰夜叉，讹也。"药叉，又译作夜叉、夜乞叉、阅叉等。据**水谷真成**译注**大唐西域记**（页 108）之说，旧译夜叉的"夜"，想是从 diǎg→ia 变化而来，故六朝音作夜……〔药叉〕，印度的西北方言读作"夜"，而**玄奘**在中印度学的是标准梵文，故读作"药"。药叉，原指印度神话中的一种半神的小神灵，是财神的随从，总的说来是比较和善可亲的，比如迦梨陀婆的云使中的药叉就是这样。随着佛教东传，药叉也传到了中国，但形象变得可恶，成了所谓"八部鬼众"之一。它勇健轻捷、啖人、多作暴恶之事。翻译名义集卷二八部篇："夜叉，此云勇健。亦云暴恶，旧云阅叉。"案药叉的含义众说不一，今犹未定。但这里云"药叉守卫"，似指大日经疏卷五所谓的毗沙门天王所管理的、以护众生界的夜叉八大将，亦即寺院的护法守卫神。

　　施耐庵罗贯中**水浒传**第二十七回母夜叉孟州道卖人肉　武都头十字坡遇张青：看看抹过大树边，早望见一个酒店，门前窗槛边坐着一个妇人，露出绿纱衫儿来，头上黄烘烘的插着一头钗环，鬓边插着些野花。见**武松**同两个公人来到门前，那妇人便走起身来迎接。下面系一条鲜红生绢裙，搽一脸胭脂铅粉，敞开胸脯，露出桃红纱主腰，上面一色金钮。见那妇人如何？　眉横杀气，眼露凶光。辘轴般蠢坌腰肢，棒槌似桑皮手脚。厚铺着一层腻粉，遮掩顽皮；浓搽就两晕胭脂，直侵乱发。红裙内斑斓裹肚，黄发边皎洁金钗。钏镯牢笼魔女臂，红衫照映夜叉精。

　　俺这浑家姓孙，全学得他父亲本事，人都唤他做母夜叉孙二娘。他父亲殁了三四年，江湖上前辈绿林中有名，他的父亲唤做山夜叉孙元。

　　吴曾能改斋漫录卷十二记事笑面夜叉：建中靖国元年，侍御史陈

126

次升言章，以蔡元度为笑面夜叉。其略云："卞与章子厚在前朝，更叠唱和，相倚为重。造作事端，结成冤狱。看详诉理，编类章疏。中伤士人，或轻或重，皆出其意。主行虽在于章，卞实启之，时人目为笑面夜叉，天下之所共知也。"

[文案]入唐夜叉述录渐多，若张读宣室志卷之三夜叉示兆、夜叉作妾、夜叉索皮，或长丈余，状极异，火吻电睁；或赤发蓬然，牙似锋刃，喜好食肉，令人恐怖不已。故夜叉棚常出演血腥味重，肢解人体，惊险武功等内容，伎艺行话谓之"腥棚"。又因夜叉迅捷莫测，亦衍变指畸形幻术。

〔二二〕**象棚**

[文案]参见卷十大礼预教车象"象七头"注。

〔二三〕**喝故衣**

委心子新编分门古今类事第五卷异兆门下文叔遇侠：林文叔，字野夫，兴化军人。治平间，游上都，寓甘泉坊后巷，贫甚，几不聊生。比邻一孀妇，年三十余，朝肩故衣出售，暮即归。居之对门有茶肆，文叔多坐其中，妇人亦时来饮茗。时初冬，文叔尚衣暑服，妇人怜之，乃以全体之服与之。

四水潜夫武林旧事卷第六诸色伎艺人：小说：故衣毛三

张端义贵耳集下：何自然中丞上书疏，乞朝廷并库，寿皇从之；方且讲究未定。御前有燕，杂剧伶人装一卖故衣者，持裤一腰，只有一只裤口。买者得之，问："如何着？"卖者曰："两脚并做一裤口。"买者曰："裤却并了，只恐行不得。"寿皇即寝此议。

陈铎坐隐先生精订滑稽余韵北越调小桃红故衣：不分旧剪与新裁，一例都收在。绿绿红红自搭派，诉明白。宽窄长短随心爱，源流好歹。吉凶货卖，减价买将来。

国家图书馆藏清人所绘北京民间生活彩图卖估衣图图旁释文：此中国卖估衣之图也。其估衣俱系穿旧，自当铺或小市各处买得，四季单、夹、皮、棉、纱各色衣服,在街市设摊售卖,名曰估衣。

[文案]故衣,陈旧衣服也,亦称估衣,寓估量衣价之意。将旧衣收卖,必用高音亮嗓喝之,惟喝方可招揽顾客。若高承事物纪原卷九所言东京:"凡卖一物,必有声韵。"依此推之,喝故衣必有韵律而喝叫必精彩。惜宋少喝故衣之细描,然其影响于明清仍见。

〔二四〕**探搏**

张相诗词曲语词汇释卷五探一:探,俯身也。

调露子角力记述旨:角力是两徒搏也,且虎有爪牙之利,故以器仗格之,则非徒搏也。人彼此皆空相击,可云徒搏也。名目:今之用力可谓相搏也。释名曰:搏,四指广搏以击之也。然且始举手击要,终在扑也。

吴棫韵补卷五入声:搏击也。苏内翰司马温公碑铭:公如麟凤,不鸷不搏。羽毛毕朝,雄狡率服。服,鼻墨切。

无名氏鬼董卷第一:云老拔剑罡步而前,剑坠于水,云老徒手搏之,误中师厚,相纷拏久之,傔人入视,则师厚殒于拳下矣。

司马光涑水记闻卷第三:王嗣宗,汾州人。太祖时举进士,与赵昌言争状元于殿前。太祖乃命二人手搏,约胜者与之。昌言发秃,嗣宗殴其幞头坠地,趋前谢曰:"臣胜之。"上大笑,即以嗣宗为状元,昌言次之。

[文案]杨宽中国古代都城制度史研究谓"探博"二字意义不明。故择数则注之,可见"探博"为角力相击之术,兼具摔跤之成份。江蓝生魏晋南北朝小说词语汇释解"搏"意为抓取。上引数则亦可证之。京都译注本则译"探搏"为赌卖,即"关扑"也。"搏"通"博",未错。然书写分明,不容混淆。"潘楼东街巷""博易"条注可佐。

〔二五〕**剃剪**

[文案]中华邓注本引周密志雅堂杂钞剪纸注"剃剪纸",断句误,意亦错。剃剪自成一格,为理发业者。若洪迈夷坚三志壬卷第四杨五

三鬼："詹庆所居在抚城委巷中，傍有剃剪工杨五三者，盖为傧相。"

〔二六〕令曲

灌圃耐得翁都城纪胜瓦舍众伎：嘌唱，谓上鼓面唱令曲小词，驱驾虚声，纵弄宫调，与叫果子、唱耍曲儿为一体，本只街市，今宅院往往有之。嗓者，误嗓之义也，令人正堪美听，不觉已至尾声，是不宜为片序也。今又有"覆嗓"，又且变花前月下之情及铁骑之类。凡嗓最难，以其兼慢曲、曲破、大曲、嘌唱、耍令、番曲、叫声诸家腔谱也。

〔文案〕小唱、嘌唱、叫果子、唱耍令之短小唱曲子为"令曲"。

潘楼东街巷

潘楼东去十字街，谓之土市子，又谓之竹竿市〔一〕。又东十字大街，曰从行裹角茶坊，每五更点灯博易〔二〕，买卖衣物、图画、花环、领抹之类，至晓即散，谓之"鬼市子"〔三〕。以东街北赵十万宅，街南中山正店〔四〕、东榆林巷、西榆林巷〔五〕，北郑皇后〔六〕宅，东曲首向北墙畔单将军庙，乃单雄信墓也，上有枣树，世传乃枣槊〔七〕发芽，生长成树，又谓之枣冢子巷〔八〕。又投东则旧曹门街，北山子茶坊，内有仙洞、仙桥，仕女往往夜游，吃茶〔九〕于彼。又李生菜小儿药铺、仇防御〔一○〕药铺。出旧曹门、朱家桥瓦子，下桥南斜街、北斜街，内有泰山庙，两街有妓馆。桥头人烟市井，不下州南。以东牛行街、下马刘家药铺、看牛楼酒店，亦有妓馆，一直抵新城。自土市子南去，铁屑楼酒店、皇建院街、得胜桥郑家油饼店，动二十余炉。直南抵太庙街、高阳正店〔一一〕，夜市尤盛。土市①北去乃马行街也，人烟浩闹。先至十字街^②，曰鹩儿〔一二〕市，向东曰东鸡儿巷，向西曰西鸡儿巷，皆妓馆所居。近北街曰杨楼街〔一三〕，东曰庄楼，今改作和乐楼，楼下乃卖马市也。近北曰任店，今改作欣乐楼，对门马铛家羹店。

[校]

①"土市"，后疑脱一"子"字。

②"先至十字街"，说郛作"北至十字街"。

[注]

〔一〕**竹竿市**

宋话本碾玉观音：来人去门首看时，只见两扇门关着，一把锁锁着，一条竹竿封着。

宋话本西山一窟鬼：问到陈干娘门首时，十字儿竹竿封着门，椀官灯在门前，上面写着八个字道："人心似铁，官法如炉。"

宋话本小夫人金钱赠年少：只见张员外家门便关着，十字两条竹竿，缚着皮革底钉住，一碗泡灯照着，门上一张手榜贴在。

宋话本白娘子永镇雷峰塔：门前四扇看阶，中间两扇大门，门外避籍陛，坡前却是垃圾，一条竹子横夹着。

[文案]宋城需竹竿处颇繁，若引领伎艺人竹竿子，争标水中之竹竿，挑关扑实物竹竿……故买卖竹竿成市。据王明清挥麈后录卷二竹冈诗，知竹已广植于东京，如诗云："苍云蒙密竹森森，无数新篁出妨林。已有凤山调玉律，正随天籁作龙吟。"而含芳园则纯以栽种竹子茂密而著名。

〔二〕**博易**

施耐庵罗贯中水浒传第三十八回及时雨会神行太保 黑旋风斗浪

里白跳：当时<u>李逵</u>慌忙跑出城外<u>小张乙</u>赌房里来，便去场上，将这十两银子撒在地下，叫道："把头钱过来我博。"那<u>小张乙</u>得知<u>李逵</u>从来赌直，便道："大哥，且歇这一博，下来便是你博。"<u>李逵</u>道："我要先赌这一博。"<u>小张乙</u>道："你便傍猜也好。"<u>李逵</u>道："我不傍猜，只要博这一博。五两银子做一注。"有那一般赌的，却待要博，被<u>李逵</u>劈手夺过头钱来，便叫道："我博兀谁？"<u>小张乙</u>道："便博我五两银子。"<u>李逵</u>叫一声，胳瞵地博一个叉，<u>小张乙</u>便拿了银子过来。<u>李逵</u>叫道："我的银子是十两！"<u>小张乙</u>道："你再博我五两，快，便还了你这锭银子。"<u>李逵</u>又拿起头钱，叫声："快！"吃瞵的又博个叉。<u>小张乙</u>笑道："我教你休抢头钱，且歇一博，不听我口。如今一连博了两个叉。"

<u>赵与峕宾退录</u>卷四："因问：'何谓摊钱？'"云："博也。"按<u>梁冀</u>"能意钱之戏"，注云："即掷钱也。"则摊钱之为博，亦信矣。

<u>陆游老学庵笔记</u>卷五：市人有以博戏取人财者，每博必大胜，号"松子量"。

<u>赵汝适诸蕃志</u>卷上<u>志国占城国</u>：番商与贩用脑、麝、檀香、草席、凉伞、绢、扇、漆器、铅、锡、酒、糖等博易。

<u>孙宗鉴西畬琐录</u>：今人掷钱为博者戏，以钱文面背分胜负，曰字，曰幕。

<u>施彦执北窗炙輠录</u>卷下：仁宗尝与宫人博，才出钱千，既输，却即提其半走，宫人皆笑曰："官家太穷相。"又借，不肯尽与。

[文案]据<u>张相诗词曲语辞汇释</u>卷五释"博"，博即换也。可与前"探搏"之"搏"比照，其意自明。

〔三〕**鬼市子**

<u>郑震读书愚见佛</u>：<u>师子国</u>乃<u>天竺</u>旁国也。其国旧无人，止有鬼神及龙居之。诸国商估往来市易，鬼神不见其形，但出珍宝，题其所堪价，商人依价取之。诸怪事大率如此。

<u>赵汝适诸蕃志</u>卷上<u>志国大秦国</u>：西海中有市，客主同和，我往则彼

131

去，彼来则我归。卖者陈之于前，买者酬之于后，皆以其直置诸物旁，待领直然后收物，名曰"鬼市"。

魏泰东轩笔录卷之十三：欧阳文忠公尝言昔日夷陵从乾德泊舟于汉江野岸中，夕后闻语言歌笑、男女老幼甚众，亦有交易评议，及叫卖果饵之声若市井然，殆晓方止。翌日，召舟人问之，云闻声但不见人，而四瞻皆旷野，无复踪路，文忠乃步于岸，远望有一城基，近村而询之，即曰古隋地也。

阙名辇下岁时记鬼市辇：俗说务本坊西门是鬼市。或风雨曛晦，皆闻其喧聚之声，秋冬夜闻卖干柴，云是枯柴精也。

方回虚谷闲抄：登州海中遇晴霁，忽见台城市人物往还者，谓之"海市"。东坡尝一见之，又欧过河朔高唐县，宿驿舍，夜闻鬼神自空中过，人畜声一一可辨。父老云："二十年前曾昼过，土人谓之市。"高唐去海实远，海市之说窃恐不然，旧说汉时人奉使过海，忽见汉家宫阙台殿如在目前，使人具衣冠向阙而拜，须臾风驶舟行，遂迷所在。又酉阳杂俎云："有人掘井，深已倍常井数丈不见水，忽闻下车马人物喧哄之声，近如隔壁，出以告州将，州遣数人验之不诬，欲奏其事恐涉怪而止，遽令塞。"又湘潭界中有寺名方广，每至四月朔，日在东壁，照见维扬宫府楼堞、居民舍宇，物物可数。又家弟宿福清紫微院，至三卦后忽闻院后欢呼，交易之声俨如城市，皆是浙音，达旦而止，明日起视，皆高山峻壁也。寺僧云："一岁之中凡数次，人谓之'鬼市'。"幽阴之事，盖有非人意所能测者。

陈篡葆光录：有军人早出，月色朗然，见一独足者桥阑上卧。军人少壮无畏惧，乃抱之，其鬼即云："放我当有相酬。"军人曰："何物？"曰："有银盏一。"问居止，云少间送来，军人遂舍之。其妻见一少年叩门，云："贤郎令将盏归。"授其妻而去。至晚军人回，将盏示之，夫乃说今日之事，妻曰："神灵物不可驻之，今将货易酒肉祭之。"夫从其言，祭毕，夫曰："适看此盏有似家内样，莫非偷我者将来否？"妻亦疑之，往取,果失之矣。夫妻愕然曰:"大是俊鬼也。"

元好问续夷坚志卷二鬼市:裴翰林择之,阳武人。六七岁时,以大父马上抱往县东北庄,至外壕,见门东北有市集,人物皆二尺许,男女老幼,吏卒僧道,穰穰往来,市人买卖负担,驴驮车载,无所不有。以告其大父,大父以为妄,不之信也。盖三四至其处,亦皆见之。此与吕氏碣石录记"武平周鼎童时村居,一日,县人市集,鼎骑长耳从父入市,时地色微,辨见道旁两列皆佛像,闭目不敢视,开目又不见"两事大相类,但佛像之多何也?

[文案]自宋以来,由鬼附市者渐多,于是乎绝早点灯买卖,无物不有,黎明即散,皆曰"鬼市子"。其真者稀,赝者多;优者少,劣者众。虽说贸易,诈伪百出,更有以鬼蜮之谋,行鬼狐之技,出销前代手笔,田野器物,夜盗夜售,使好小利者纷纷竞趋,成"鬼市子"之主流。汤用彬旧都文物略十二杂事略四市井琐闻晓市传此作录,近世尤甚,源于宋。

〔四〕**中山正店**

[文案]据朱弁曲洧旧闻卷七:中山正店全名唤中山园子正店,自制"千日春",为东京名酒。

〔五〕**东榆林巷、西榆林巷**

吕本中东莱紫微师友杂志:元丰中,亲丧服除,至京师,寓余家榆林旧第。日以粗饭置一盆,又以一盆盛菜蔬,兄弟分食之,甘如饴蜜,不求于人。

阙名异闻总录卷四:吕文靖公宅,在京师榆林巷,群从数十,遇时节朔望,则昧旦共集于一处,以须尊者之出。

〔六〕**郑皇后**

王称东都事略卷十四世家二:显肃皇后郑氏,开封人也。父绅始为直省官,以后贵累封太师、乐平郡王,后本钦圣殿押班,徽宗为端王,每日朝慈德宫,钦圣命郑王二押班供侍。及即位,钦圣以二人赐之王,后封贵妃,郓王母也。崇宁初,后封贤妃,迁贵妃,后有异宠,徽宗多赍以词章,天下歌之。王后崩,政和元年立为皇后,钦宗即位,尊后为道君太上皇后,居宁德宫。靖康元年,金人犯京师,后从徽宗北迁去。

〔七〕枣槊

段成式酉阳杂俎前集卷三十二语资:单雄信幼时,学堂前植一枣树,至年十八,伐为枪,长丈七尺,拱围不合。

[文案]通俗文曰:矛长丈八谓之槊,以枣为柄,取其重,即枣槊。若水浒传第五十五回韩滔使一条枣木槊是也。

〔八〕枣冢子巷

宋话本简帖和尚:东京汴州开封枣槊巷里,有个官人复姓皇甫,单名松,本身是左班殿直。当时,皇甫殿直官差去押衣袄上边,回来是年节第二节。去枣槊巷口,一个小小底茶坊。

〔九〕吃茶

罗愿尔雅翼卷十二释木四茶:今人饮茶,未知所始。释木云:槚,苦荼。郭璞云:树小似栀子。冬生叶,可煮作羹饮,今呼早采者为茶,晚采者为茗,一名荈。蜀人名之苦荼,然则古盖用之矣。埤苍作槎,今通谓之茶。

楚圆汾阳无德禅师怀语录卷中:赵州见僧到便问:"曾到此间么?"云不曾到。州云:"吃茶去。"或云曾到,州亦云:"吃茶去。"院主问:"不曾到吃茶去,到来为甚也吃茶去?"州召院主,主应诺。州云:"吃茶去。"赵州有语吃茶去,天下胡僧总到来。不是石桥元底滑,唤他多少衲僧回。

苏轼仇池笔记卷上论茶:除烦去腻,不可缺茶,然暗中损人不少。吾有一法,每食已,以浓茶漱口,烦腻既出,而脾胃不知。肉在齿间,消缩脱去,不烦挑刺,而齿性便若缘此坚密。率皆用中、下茶,其上者亦不常有,数日一啜不为害也。此大有理。

吕居仁轩渠录:强渊明字隐李,除帅长安,辞蔡太师。蔡云:"公今吃冷茶去也。"强不晓而不敢发问。亲识间有熟知长安风物者,因以此语访之，乃笑曰："**长安妓女**，步武极小，行皆迟缓，故有吃冷茶之戏。"

宋话本<u>快嘴李翠莲记</u>：那翠莲听得公公讨茶，慌忙走到厨下，刷洗锅儿，煎滚了茶，复到房中，打点各样果子，泡了一盘茶，托至堂前，摆下椅子，走到公婆面前，道："请公公、婆婆堂前吃茶。"又到姆姆房中道："请伯伯、姆姆堂前吃茶。"员外道："你们只说新媳妇口快，如今我唤他，却怎地又不敢说甚么？"妈妈道："这番，只是你使唤他便了。"少刻，一家儿俱到堂前，分大小坐下，只见<u>翠莲</u>捧着一盘茶，口中道：

公吃茶，婆吃茶，伯伯、姆姆来吃茶，姑娘、小叔若要吃，灶上两碗自去拿。两个拿着慢慢走，泡了手时哭喳喳。此茶唤作阿婆茶，名实虽村趣味佳。两个初煨黄栗子，半抄新炒白芝麻。<u>江南</u>橄榄连皮核，塞北胡桃去壳粗。二位大人慢慢吃，休得坏了你们牙。

[<u>文案</u>]郎瑛<u>七修类稿</u>卷四六考："种茶下子，不可移植，移植则不复生也，故女子受聘谓之吃茶。"然陆游<u>老学庵笔记</u>卷四谓："男女未嫁娶者，聚而踏歌，亦可唤'无事出来吃盏茶'。"可知"吃茶"不独于女子受聘，修身、养性、游乐、应酬亦以"吃茶"为礼、为由也。

〔一〇〕**防御**

<u>赵潘</u><u>养疴漫笔</u>：孝宗尝患痢，众医不效。<u>德寿</u>忧之，过宫偶见小药肆，遣中使询之曰："汝能治痢否？"对曰："专科。"遂宣之，至请问得病之由，语以食糊蟹多，故致此疾。遂令诊脉曰："此冷痢也。其法用新采藕节细研，以热酒调服，如其法杵细，酒调数服即愈。"<u>德寿</u>大喜，就以杵药金杵臼赐之，至今呼为"金杵臼严防御家"，可谓不世之遇。

无名氏<u>湖海新闻夷坚续志</u>后集卷二<u>怪异门</u>鬼扣医门：昔京庠有士友数人步月夜行，见有小厮持红纱笼前导，一妇人冉冉后随，士友疑其暮夜独行之异，迹而视之。至**众安桥**左侧，扣内医<u>张防御</u>门谒药。张启户视之，即掩门不纳。次扣<u>李提点</u>铺，李出视，延入，遂为诊脉。士友俟久不出，默识两医之门而归。次早访<u>张防御</u>，曰："暮夜独行，必非良家子女，所以却之。"次过<u>李</u>铺，闻其家有哀哭声，问之，则曰："昨夜

一妇女扣门谒药，去后中风而卒。"方知鬼化为妇，扣门求药。岂非李见其美丽，动兴而致然尔。

张杲医说卷第四喘嗽治痰嗽：绶带李防御，京师人。初为入内医官，直嫔御阁妃，苦痰嗽，终夕不寐，面浮如盘，时方有甚宠，徽宗幸其阁见之，以为虑，驰遣呼李，李先数用药，诏令往内东门供状，若三日不效，当诛。李忧挠伎穷，与妻对泣，忽闻外间叫云："咳嗽药一文一贴，吃了今夜得睡。"李使人市药十贴，其色浅碧，用淡齑水滴麻油数点调服。李疑草药性犷，或使脏腑滑泄，并三为一，自试之，既而无他，于是取三贴合为一，携入禁庭授妃，请分两服以饵。是夕嗽止，比晓面肿亦消，内侍走白，天颜绝喜，锡金帛厥直万缗，李虽幸其安，而念必宣索方书，何辞以对？殆亦死尔，命仆俟前卖药人，过邀入坐，饮以巨钟，语之曰："我见邻里服汝药多效，意欲得方，傥以传我此诸物，为银百两皆以相赠不吝。"曰："一文药安得其直如此，防御要得方，当便奉告，只蚌粉一物，新瓦炒，令通红，拌青黛少许尔。"扣其所从来，曰："壮而从军，老而停汰，顷见主帅有此，故劚得之，以其易办，姑借以度余生，无他长也。"李给之终身。

〔一一〕**高阳正店**

张淏云谷杂记补编卷一寿山艮岳：前列巨石，凡三丈许，号"排衙"。巧怪崭岩，藤罗蔓衍，若龙若凤，不可殚穷。麓云半山居右，极目萧森居左，北俯景龙江，长波远岸，弥十余里，其上流注山间，西行潺湲为漱玉轩，又行石间，为炼丹亭、凝观圌山亭，下见高阳酒肆、清斯阁。

〔一二〕**鹁儿**

宋话本洛阳三怪记：潘松道："师兄，你见不见？"□着矮墙上道："两个白鹁子在瓦上厮啄，一个走入瓦缝里去。你看我捉这白鹁子。"

李邦献省心杂言：太庙之牺被文绣，而悔不及鸳鹭深林一枝乐也。

[文案] 鹡儿，司马光类篇释鸟名，全称为鹡鸰，见苏轼东坡志林卷四人物张华鹡鸰赋。史载鹡鸰俗名黄腾，羽密体轻，黄绿色。雄者性好斗，状类麻雀。而飞集均成群，属鸣禽类。李昌龄乐善录卷下谓有人好养鹡鸰，因其斗而不胜则怒，折其两足，乃知宋斗鹡颇炽。

〔一三〕**杨楼街**

[文案] 据加藤繁宋代都市的发展所言，酒楼向大街上发展，甚至设在皇城南面大街之上，甚而街名亦用酒楼定名，此为宋代方发生之现象。在宋代，此情亦是在坊制崩溃后才兴起。

酒楼〔一〕

凡京师酒店门首，皆缚彩楼欢门〔二〕。唯任店入其门，一直主廊〔三〕约百余步，南北天井两廊皆小阁子，向晚，灯烛荧煌，上下相照。浓妆妓女〔四〕数百，聚于主廊槏〔五〕面上，以待酒客呼唤，望之宛若神仙。北去杨楼以北穿马行

下店伴送菜，楼上店伴伸手去接
楼上雅座，觥筹交错

清明上河图中酒楼示意

街,东西两巷,谓之大小货行,皆工作伎巧所居。小货行通鸡儿巷妓馆,大货行通笺纸〔六〕店。白矾楼后改为丰乐楼〔七〕,宣和间更修三层相高,五楼相向,各有飞桥栏槛,明暗相通,珠帘绣额,灯烛晃耀。初开数日,每先到者赏金旗,过一两夜则已。元夜则每一瓦垄中,皆置莲灯一盏。内西楼后来禁人登眺,以第一层下视禁中。大抵诸酒肆瓦市,不以风雨寒暑,白昼通夜,骈阗如此。州东宋门外仁和店、姜店,州西宜城楼、药张四店、班楼,金梁桥下刘楼、曹门蛮王家、乳酪张家,州北八仙楼,戴楼门张八家园宅正店,郑门河王家、李七家正店,景灵宫东墙长庆楼。在京正店〔八〕七十二户,此外不能遍数,其余皆谓之“脚店”〔九〕。卖贵细下酒,迎接中贵饮食〔一○〕,则第一白厨,州西安州巷张秀,以次保康门李庆家,东鸡儿巷郭厨,郑皇后宅后宋①〔一一〕厨,曹门砖筒李家,寺东骰子〔一二〕李家,黄胖家〔一三〕。九桥门街市酒店,彩楼相对,绣旆②相招,掩翳天日。政和后来,景灵宫东墙下长庆楼尤盛。

[校]

①中华邓注本以为“宋”应从说郛作“宋”。

②“旆”,“旗”之异称。韦骧偶疾未平不得预龙蟠之游辄成诗以迂旆可证。

[注]

〔一〕酒楼

施耐庵罗贯中水浒传第三十九回浔阳楼宋江吟反诗 梁山泊戴宗

传假信:正行到一座酒楼前过,仰面看时,旁边竖着一根望竿,悬挂着一个青布酒旆子,上写道"浔阳江正库",雕檐外一面牌额,上有苏东坡大书"浔阳楼"三字。宋江看了,便道:"我在郓城县时,只听得说江州好座浔阳楼,原来却在这里。我虽独自一个在此,不可错过,何不且上楼,自己看玩一遭。"宋江来到楼前看时,只见门边朱红华表柱上,两面白粉牌,各有五个大字,写道:"世间无比酒,天下有名楼。"宋江便上楼来,去靠江占一座阁子里坐了,凭阑举目看时,端的好座酒楼。

〔二〕**彩楼欢门**

灌圃耐得翁都城纪胜酒肆:酒家事物,门设红杈子、绯绿帘、贴金红纱栀子灯之类。旧传因五代郭高祖游幸汴京潘楼,至今成俗。

〔文案〕彩楼欢门,于清明上河图中凡七处,或酒店或饭店或香店门首,繁简不一。以图之左方孙家正店为最,楼两层,前正中实一平面梯檐,上饰花形鸟状之物,檐下垂流苏。此与江湖切口之释观门为"倒垂之帐幕"意相同,又上海博物馆所藏北宋闸口盘车图,酒店门首以木扎高大之欢门,可为观照。

〔三〕**主廊**

袁文瓮牖闲评卷六:厅后屋,人多呼为主廊,其实名贮廊。渑水燕谈录云:"是时会议于玉堂后贮廊。"

赵彦卫云麓漫钞卷第三:本朝殿后皆有主廊,廊后有小室三楹,室之左右,各有廊通东西正廊,每乘舆自内出,先坐此室,俟报班齐,然后御殿;今临安殿后亦然。

刘跂暇日记:李诫仲明言:"堂屋前要不背三阳。"今人作伫廊,非也。

〔四〕**妓女**

宋话本苏长公章台柳传:只见那书院中绿窗朱户,小小亭轩,内排筵席。遂唤一妓者歌唱。此女生得有沉鱼落雁之容,闭月羞花之貌,体态妖娆,精神清爽,当筵祗应清唱。唱罢,佛印问东坡曰:"此妓者,何人也?"东坡曰:"此妓是西湖上有座酒楼唱的,唤做章台柳。那女子能文章,好歌唱,每日只是怨恨落在风尘里。今日着他唱奉长老饮酒。"佛印大喜。东坡向章台柳道:"闻知汝能文章,怨落在风尘里。汝果有此意乎?我今日出了题目与你做一篇,若做得好,纳了花冠褙子,便与你从良嫁人去,敢是我就娶了你。"那女子闻言,乃上前深深地道个万福道:"妾果有此意,若得相公如此,山海之恩不忘。"东坡曰:"你既有此心,便将你"柳"为题,要见从良娶你的意思,或诗或词,□□做来,只不要见'柳'字。"那女子将起笔来作一词,乃是沁园春:

弱质娇姿,黛眉星眼,画工怎描?自章台分散,隋堤别后,近临绿水,远映红蓼。半占官街,半侵私道,长被狂风取次摇。当今桃腮杏脸,难比好妖娆。　春朝晓露才消。暗隐黄鹂深处娇。千丝万缕零零风拂水,随风随雨,晴雪飘飘。欲告东君,移归庭院,独对高堂舞细腰。从今后,无人折损柔条。

作罢,呈上东坡相公。东坡与佛印二人看了,言道:"不枉了这女子,如此聪明!"

<u>刘斧青琐高议前集卷之二书仙传曹文姬</u>本系书仙:曹文姬,本长安倡女也。生四五岁,好文字戏,每读一卷,能通大义,人疑其夙习也。及笄,姿艳绝伦,尤工翰墨。自笺素外至于罗绮窗户,可书之处,必书之,日数千字,人号为书仙,笔力为关中第一。当时工部周郎中越、马观察端,一见称赏不已。家人教以丝竹,曰:"此贱事,吾岂乐为之!惟墨池笔冢,使吾老于此间足矣。"由是藉藉声名,豪贵之士,愿输金委玉求与偶者,不可胜计。

<u>张邦幾侍儿小名录拾遗</u>:爱爱姓杨氏,本钱唐倡家女,年十五,尚垂鬟,性善歌舞,幼学胡琴数曲,遂能缘其声,以通其调。泛舟西湖采荷香,为金陵少年张逞所调,遂相携潜遁于京师。逞家雄于财,雅亦晓音律,岁时嬉游,以犊车同载,故鸾辂之幸,琳馆之辟,虽远必先,虽暄必前。京都伟丽之观,无不及也。逾二年,逞为父捕去,不及与爱别。

留于巷中，舍与予家相邻，一日人传逼死，或往慰问其所，爱怆然泣下曰："是必虚语，若果然，亦不愿他从，故乡道远，出非以礼，必不能自还，当死此舍。"自尔素服蔬膳，日呱呱而泣，不复亲近乐器，里之他妇欲往见之，即反关不纳，好事有力者百计图之，终不可及。爱姿体纤素艳发，不类人间人。后三年，念逼之勤，感疾而死。小婢子锦儿，今尚在，出其绣手籍香囊缬履数物，香皆郁然而新。

陈师道后山诗话三七：往时青幕之子妇，妓也，善为诗词。同府以词挑之，妓答曰："清词丽句，永叔子瞻曾独步；似恁文章，写得出来当甚强。"

魏泰临汉隐居诗话五四：楚州有官妓王英英，善笔札，学颜鲁公体，蔡襄复教以笔法，晚年作大字甚佳。梅圣俞赠之诗云："山阳女子大字书，不学常流事梳洗。亲传笔法中郎孙，妙作蚕头鲁公体。"英英貌甚陋，固云"不事梳洗"。中郎孙，君谟也。

李献民云斋广录卷九盈盈传：皇祐中，龙图阁学士田公节制东海。予是岁不中春官氏选，杖策间行谒公。有吴女盈盈来游，容艳甚冶，十四善歌舞，尤能筝，喜词翰，情思绵致，千态万貌，奇性殊绝，所谓翘翘煌煌，出类甚远。少豪多出金僦欢，盈盈必遴柬，然后一笑。公尝召在宴，盈盈便巧，能用意贾公爱。公贵，宠愈焉。

宋话本单符郎全州佳偶：却说邢知县到了邓州顺阳县，未及半载，值金鞑子分道入寇。金将斡离不攻破了顺阳，邢知县一门遇害。春娘年十二岁，为乱兵所掠，转卖在全州乐户杨家，得钱十七千而去。春娘从小读过经书，及唐诗千首，颇通文墨，尤善应对。鸨母爱之如宝，改名杨玉，教以乐器及歌舞，无不精绝。正是：三千粉黛输颜色，十二朱楼让舞歌。只是一件，他终是宦家出身，举止端详。每诣公庭侍宴，呈艺毕，诸妓调笑谑浪，无所不至，杨玉嘿然独立，不妄言笑，有良人风度。为这个上，前后官府，莫不爱之重之。

宋话本新桥市韩五卖春情：金奴暗喜道："今番缠得这个有钱的男

儿,也不枉了。"原来这人家是隐名的娼妓,又叫做"私窠子",是不当官吃衣饭的,家中别无生意,只靠这一本帐。那老妇人是胖妇人的娘,金奴是胖妇人的女儿。在先,胖妇人也是好人家出来的,因为丈夫无用,阃阈不得已,干这般勾当。金奴自小生得标致,又识几个字,当时已自嫁与人去了,只因在夫家不踹叠,做出来,发回娘家。事有凑巧,物有偶然,此时胖妇人年纪约近五旬,孤老来得少了,恰好得女儿来接代,也不当断这样行业,索性大做了。

[文案]宋娼,清徐士銮宋艳十二卷所记最详。余则仅撷取宋市妓数则,重在佐证宋市妓伎艺精绝,承前启后,其服务对象亦从达官贵人趋向市民大众,宋话本新桥市韩五卖春情较为典型,可见一斑。

〔五〕槏

[文案]据丁度集韵卷之六上声下豏第五十三:槏牀搛,口减切,说文:户也。一曰牖边柱,谓之槏。或作牀搛。

〔六〕笺纸

范成大吴郡志卷二十九土物上:彩笺,吴中所造,名闻四方。以诸色粉和胶刷纸,隐以罗纹,然后砑花。唐皮、陆有倡和鱼笺诗云:"向日乍惊新茧色,临风时辨白萍文。"注:"鱼子曰白萍,此岂用鱼子耶?今法不传,或者纸纹细如鱼子耳。今蜀中作粉笺,正用吴法,名吴笺。"

章望之延漏录:益州出十样鸾笺,曰深红,曰浅红,曰杏红,曰明黄,曰深青,曰浅青,曰深绿,曰浅绿,曰铜绿,曰浅云,又有彩霞金粉。

苏易简文房四谱卷四纸谱二之造:蜀人造十色笺,凡十幅为一榻,每幅之尾,必以竹夹夹之,和十色水逐榻以染,当染之际,弃置捶埋,堆盈左右,不胜其委顿,逮干,则光彩相宣,不可名也。

费著笺纸谱:纸以人得名者,有谢公,有薛涛。所谓谢公者,谢司封景初师厚,师厚创笺样,以便书尺,俗因以为名。薛涛本长安良家女,父郧,因官寓蜀而卒,母孀,养涛及笄,以诗闻外,又能扫眉涂粉,与士族不侔,客有窃与之宴语,时韦中令皋镇蜀,召令侍酒赋诗,僚佐多士，为之改观。期岁，中令议以校书郎奏请之，护军曰"不可"。遂止。涛出入幕府，自皋至李德裕，凡历事十一镇，皆以诗受知。其间与涛唱和者，元稹、白居易、牛僧孺、令狐楚、裴度、严绶、张籍、杜牧、刘禹锡、吴武陵、张祜，余皆名士，记载凡二十人，竞有酬和。涛侨止百花潭，躬撰深红小彩笺，裁书供吟，献酬贤杰，时谓之薛涛笺。晚岁居碧鸡坊，创吟诗楼，偃息于上。后段文昌再镇成都，太和岁，涛卒。年七十三。文昌为撰墓志。谢公有十色笺：深红、粉红、杏红、明黄、深青、浅青、深绿、浅绿、铜绿、浅云，即十色也。杨文公亿谈苑载韩浦寄弟诗云："十样蛮笺出益州，寄来新自浣花头。"谢公笺出于此乎？涛所制笺，特深红一色尔。伪蜀王衍赐金堂县令张蠙霞光笺五百幅。霞光笺疑即今之彤霞笺，亦深红色也。盖以胭脂染色，最为靡丽，范公成大亦爱之。

项元汴蕉窗九录纸录染宋笺色法：黄柏一片，捶碎，用水四升，浸一伏时，煎熬至二升，止听用橡斗子一升，如上法，煎水，听用胭脂五钱，深者方妙。用汤四碗，浸榨出红三味，各成浓汁，用大盆盛汁，每用观音帘坚厚纸，先用黄柏汁拖过一次，复以橡斗汁拖一次，再以胭脂汁拖一次，更看深浅加减，逐张晾干。可用。

邓之诚骨董琐记全编骨董琐记卷七宋元笺简：宋元笺简，大半黄白二色，纸侧有他色，决无花纹，赝作者则不知矣。缪艺风先生说。

〔七〕白矾楼后改为丰乐楼

宋话本闹樊楼多情周胜仙：如今且说那大宋徽宗朝东京金明池边有座酒楼，唤作樊楼。

宋话本赵伯昇茶肆遇仁宗：将及半晌，见座酒楼，好不高峻！乃是有名的樊楼，有鹧鸪天词为证：城中酒楼高入云，烹龙煮凤味肥鲜。公孙下马闻香醉，一饮不惜费万钱。　招贵客，引高贤，楼上笙歌列管弦。百般美物珍羞味，四面栏杆彩画檐。

宋话本杨思温燕山逢故人：原来秦楼最广大，便似东京白樊楼一般：楼上有六十个阁儿，下面散铺七八十副桌凳。当夜卖酒，合堂热闹。

周密齐东野语卷十一沈君与：一日，携上樊楼，楼乃京师酒肆之甲，饮徒常千余人。沈遍语在坐，皆令极量尽欢，至夜，尽为还所直而去，于是豪侈之声满三辅。

王安中登丰乐楼：日边高拥瑞云深，万井喧阗正下临。金碧楼台虽禁御，烟霞岩洞却山林。巍然适构千龄运，仰止常倾四海心。此地去天真尺五，九霄歧路不容寻。

施谔淳祐临安志卷六丰乐楼：在丰豫门外，旧名耸翠楼，政和七年，郡守徐公铸于湖堂之右，以众乐亭旧址临湖，始建此楼。楼据西湖之会，千峰连环，一碧万顷，柳汀花坞，历历阑槛间，而游桡画鹢，棹讴堤唱，往往会合于楼下，为游览最。顾以官酤喧杂，楼亦卑小，弗与景称。淳祐九年，府尹大资政赵公与𥲅始撤新之，瑰丽宏特，高切云汉，而运工敏成，民不知役，自是上延风月，下隔嚣埃，遂为西湖之壮。旁为花径曲折，亭榭参差，更与兹楼映带云。

洪迈夷坚志补卷第七丰乐楼：临安市民沈一，酒拍户也。居宜巷，自开酒庐，又扑买钱塘门外丰乐楼库，日往监沽，逼暮则还家。淳熙初，当春夏之交，来饮者多。一日，不克归，就宿于库。将二鼓，忽有大舫泊湖岸，贵公子五人，挟姬妾十数辈，径诣楼下，唤酒仆，问何人在此？仆以沈告，客甚喜，招相见，多索酒，沈接续侍奉之。纵饮楼上，歌童舞女，丝管喧沸，不觉罄百樽。饮罢，夜已阑，偿酒直，郑重致谢。

〔八〕正店

朱弁曲洧旧闻卷七：市店：丰乐楼，眉寿，又和旨。即白樊楼也。忻乐楼，仙醪。即任店也。和乐楼，琼浆。即庄店也。遇仙楼，玉液。玉楼，玉酝。铁薛楼，瑶醽。仁和店，琼浆。高阳店，流霞。清风楼，玉髓。会仙楼，玉醑。八仙楼，仙醪。时楼，碧光。班楼，琼波。潘楼，琼液。千春楼，仙醇。今废为铺。中山园子正店，千日春。今废为邸。银王店，延寿。蛮王园子正店，玉浆。朱宅园子正店，瑶光。邵宅园子正店，法清,大桶。<u>张宅园子正店</u>,仙醖。<u>方宅园子正店</u>,琼酥。<u>姜宅园子正店</u>,羊羔。<u>梁宅园子正店</u>,美禄。<u>郭小齐园子正店</u>,琼波。<u>杨皇后宅园子正店</u>,法清。

〔九〕**脚店**

[文案]宋会要食货二〇之七记<u>仁宗</u>时<u>樊楼</u>每年卖官曲五万斤造酒,朝廷下诏三司募人承包,"出办课利,令在京脚店酒户内拨定三千户",每日到<u>樊楼</u>取酒沽卖。于此可知脚店乃为小零卖酒店俗称。

〔一〇〕**中贵饮食**

<u>张耒张太史明道杂志</u>:内侍<u>张茂则</u>每食不过粗饭一盏许,浓腻之物绝不向口,老而安宁,年八十余卒。<u>茂则</u>每劝人必曰:"且少食,无大饱。"<u>王晰龙图</u>造食物必至精细,食不尽一器,食包子不过一二枚耳,年八十卒。临老尤康强,精神不衰,<u>王</u>为余言,食取补气,不饥即已,饱生众疾,至用药物消化,尤伤和也。<u>刘幾秘监</u>食物尤薄,仅饱即止,亦八十而卒。<u>刘监</u>尤喜饮酒,每饮酒更不食物,啖少果实而已。<u>循州苏侍郎</u>每见某,即劝令节食,言食少即藏气流通而少疾。

[文案]中贵乃太监之称,皇帝之近臣也。若卷一<u>大内</u>:近里皆近侍中贵。卷六十六日:中贵邀住,劝酒一金杯令退。又可称之为"中贵人",若<u>唐房千里杨倡传</u>言:岭南帅甲之妻尊夫之监军"中贵人,信人也"。又若本书卷七驾登宝津楼诸军呈百戏:中贵人许畋押队。<u>武林旧事卷三禁中纳凉</u>:笑遣中贵人以北绫半臂赐之。<u>西湖老人繁胜录</u>则谓"中贵宅院",可知中贵生活已可比拟王侯,其饮食自然烹天煮海,布列奇珍。上举一则虽仅个别"中贵"节食之情,然可见其讲究精细。市井食店投其所好,选料精严上乘,取材稀异名贵,技艺精妙超凡,以成就特殊口味,逢迎"中贵饮食"也。

〔一一〕**宋**

<u>丁度集韵</u>卷之十入声下锡第二十三宋寂誎淑豖湙前历切,<u>说文</u>:无人声。或作宋誎誎豖湙,文十一。

钱绎方言笺疏卷第十寂，安静也。江、湘、九嶷之郊谓之寂。[音义]寂，音寂。[笺疏]寂，旧本并同，戴本作寂。广韵：寂，静也，安也。寂、宋，并与寂同。卢氏云：楚辞远游：野寂漠其无人。庄子大宗师：其容寂。陆氏释文云：本亦作寂，崔本作寂。又郭象注齐物论云：槁木取其寂莫无情耳。释文：寂，音寂。汉和平时，张公神碑：置界寂静。延熹时，成皋令任伯嗣碑：官朝寂静。是寂字其来已古，戴氏以为讹字改作宋，太泥，又旧本并脱"音寂"二字。今据宋本补正。说文：宋，无人声也，或作诔。广雅：宋，静也。楚辞大招汤谷：宋，只。又九辩云：蝉，宋漠而无声。寂与宋同。说文又云：㑘，嗼也。又嗼，宋也。释言：貉嗼，安定也。郭注云：皆静定。系辞云：寂然不动。文选潘岳西征赋李善引韩诗薛君章句云：寂，无声之貌，字并与寂通。说文：安静也。释名：安，晏也。晏晏然和喜无动惧也。广雅：安静也。义本方言。李善注江淹别赋"道已寂而未传"、范蔚宗乐游应诏诗"虚寂在川岑"，并引此以安静联文。

〔一二〕骰子

李济翁资暇集卷下投子：投子者，投掷于盘筵之义。今或作头字，言其骨头所成，非也。因此兼有作骰字者。案诸家之书，骰即股字尔，不音投。史记蔡泽说范雎曰：博者或欲大投。裴注云：投，琼也。则知以玉石为投掷之义，安有头骰之理哉。

洪迈夷坚丁志卷第一夏氏骰子：夏壄，字幾道，卫州汲县人。崇宁大观间，居太学甚久，未成名。家故贫，至无一钱。同舍生或相聚博戏，则袖手旁观，时从胜者觅锱铢，俗谓之乞头是也。一夕，束带焚香，对局设拜曰："壄闻博具有灵，敢以身事敬卜。今年或中选，愿于十掷内赐之浑化，不然，将束书归耕，无复进矣。"祝罢，即挼莎掷焉，六子皆赤。夏愕喜不敢自信，又祝曰："壄至诚斋心，以平生为祷，恐适者偶然，愿更以告。"复再投之，三采皆同，乃再拜谢神贶。是岁果于莫俦榜登科，后官至中大夫、川陕宣抚司参议官。其家藏所卜骰子，奉之甚肃。

〔一三〕黄胖家

[文案]李诩戒庵老人漫笔就白獭髓、怡颜录之记，谓二书同以迎春黄胖为题赋诗，二诗一也。皆以儿童舞黄胖而断，为不祥之兆也。

黄胖，据云起于金明池，乃取黄土捏为人形，为娱乐玩具。庞元英谈数言：韩佗胄暮年，以冬月携家游西湖画船花舆，遍览南北二山之胜。末乃宴于南园，族子院判与焉。席间，有献牵丝傀儡为土偶负小儿者，名为"迎春黄胖"。叶绍翁四朝闻见录亦证：韩以春日宴族人于西湖，用土为偶，名曰"黄胖"，以线系其首，累至数十人。此以"黄胖"充劝酒之具，流动于哪位宾客之前，该人即当饮酒。京都万物所聚，唯出其不意方有收效，更何况烹煮槃案，亦复擅名，如羊饭薛家、鹅鸭梅家、从食曹家、卞家、瓠羹徐家、油饼郑家、乳酪王家、酪面贺家、熬物段家、奶房王家、胡饼脏三家……故饮食必趋有名之家，而借"黄胖"之著名，寓玩于饮，标新立异，以广招徕，顾客岂不多哉？

饮食果子

凡店内卖下酒厨子，谓之"茶饭量酒博士"[一]。至店中小儿子，皆通谓之"大伯"[二]。更有街坊妇人，腰系青花布手巾，绾危髻[三]，为酒客换汤、斟酒，俗谓之"焌糟"[四]。更有百姓入酒肆，见子弟少年辈饮酒，近前小心供过使令，买物命妓，取送钱物之类，谓之"闲汉"[五]。又有向前换汤、斟酒、歌唱，或献果子[六]、香药之类，客散得钱，谓之"厮波"[七]。又有下等妓女，不呼自来筵前歌唱[八]，临时以些小钱物赠之而去，谓之"劄客"[九]，亦谓之"打酒坐"[一〇]。又有卖药或果实、萝卜之类，不问酒客买与不买，散与坐客，然后得钱，谓之"撒暂"[一一]。如此处处有之。唯州桥炭张家、乳酪[一二]张家，不放前项人入店，亦不卖下酒，唯以好淹藏菜蔬[一三]，卖一色好酒[一四]。所谓茶饭者，乃百味羹〔一五〕、头羹〔一六〕、新法鹌子羹〔一七〕、三脆羹〔一八〕、二色腰子〔一九〕、虾蕈、鸡蕈〔二〇〕、浑炮等羹、旋索粉玉碁①子〔二一〕、群仙羹〔二二〕、假河鲀〔二三〕、白渫②齑〔二四〕、货鳜鱼〔二五〕、假元③鱼〔二六〕、决明〔二七〕兜子〔二八〕、决明汤齑、肉醋托胎衬肠〔二九〕、沙鱼两熟〔三〇〕、紫苏鱼〔三一〕、假蛤蜊〔三二〕、白肉、夹面子〔三三〕、茸割肉、胡饼、汤骨头〔三四〕、乳炊羊〔三五〕、脄④羊〔三六〕、闹厅羊〔三七〕、角炙⑤腰子、鹅鸭排蒸〔三八〕、荔枝腰子〔三九〕、还元腰子〔四〇〕、烧臆子〔四一〕、入炉细项〔四二〕莲花鸭签〔四三〕、酒炙肚胿〔四四〕、虚汁垂丝羊头〔四五〕、入炉羊、羊头签、鹅鸭签、鸡签〔四六〕、盘兔、炒兔〔四七〕、葱泼兔〔四八〕、假野狐〔四九〕、金丝肚羹〔五〇〕、石肚羹〔五一〕、假炙獐〔五二〕、煎鹌子〔五三〕、生炒肺〔五四〕、炒蛤蜊〔五五〕、炒蟹〔五六〕、渫⑥蟹〔五七〕、洗手蟹〔五八〕之类，逐时旋行索唤，不许一味有阙。或别呼索变造下酒，亦即时供应。又有外来托卖炙鸡〔五九〕、燠鸭、羊脚子〔六〇〕、点羊头、脆筋巴子〔六一〕、姜虾、酒蟹〔六二〕、獐巴、鹿脯〔六三〕、从食蒸作〔六四〕、海鲜〔六五〕、时果〔六六〕、旋切莴苣、生菜〔六七〕、西京笋。又有小儿子，着白虔布衫〔六八〕，青花手巾，挟白磁缸子，卖辣菜〔六九〕。又有托小盘〔七〇〕卖干果子，乃旋炒银杏、栗子〔七一〕、河北鹅梨〔七二〕、梨条、梨干〔七三〕、梨肉、胶枣〔七四〕、枣圈〔七五〕、梨圈、桃圈、核桃肉〔七六〕、牙枣〔七七〕、海红〔七八〕、嘉庆子、林檎旋〔七九〕、乌李、李子旋〔八〇〕、樱桃煎〔八一〕、西京雨梨〔八二〕、夫梨〔八三〕、甘棠梨〔八四〕、凤栖梨〔八五〕、镇府浊梨〔八六〕、河阴石榴〔八七〕、河阳查子〔八八〕、查条〔八九〕、沙苑温桲、回马孛萄、西川乳糖狮子〔九〇〕、糖霜蜂儿〔九一〕、橄榄、温柑、绵枨〔九二〕、金橘、龙眼〔九三〕、荔枝、召白藕〔九四〕、甘蔗〔九五〕、漉梨〔九六〕、林檎干〔九七〕、枝头干〔九八〕、芭蕉干〔九九〕、人面子、巴览子、榛子〔一〇〇〕、榧子〔一〇一〕、虾具之类。诸般蜜煎〔一〇二〕、香药果子、罐子党梅〔一〇三〕、柿膏儿〔一〇四〕、香药小元儿〔一〇五〕、小腊茶〔一〇六〕、鹏沙元〔一〇七〕之类。更外卖软羊诸色包子、猪羊荷包〔一〇八〕、烧肉干脯〔一〇九〕、玉板鲊〔一一〇〕、犯鲊、片酱〔一一一〕之类。其余小酒店，亦卖下酒，如煎鱼、鸭子〔一一二〕、炒鸡兔〔一一三〕、煎燠肉〔一一四〕、梅汁〔一一五〕、血羹〔一一六〕、粉羹〔一一七〕之类。每分不过十五钱。诸酒店必有厅院，廊庑掩映〔一一八〕，排列小阁子，吊窗花竹，各垂帘幕，命妓歌笑，各得稳便〔一一九〕。

[校]

①"碁"，"棋"之异体字也。盖因面做棋子之形。

②"渫"，中华邓注本谓应作"煠"，误。渫为沸煮，而非煎炸。

③"元"，"鼋"之简体。

④中华邓注本谓"燠"同"炖"，查丁度集韵卷之五混第二十一，"燠"当烹肉解。

⑤中华邓注本谓"禽"同"炙"，或通。"禽"实为禽之讹字。

⑥"渫"，中华邓注本径改为"煠"，上古校点本亦改，均误。

149

[注]

〔一〕**茶饭量酒博士**

宋话本杨温拦路虎传：只见茶博士叫道："官人，吃茶吃汤？"那杨三官人道:"吃茶也不争,只是我没茶钱。"茶博士道:"官人吃茶也不妨。"茶博士点茶来,这茶是:溪岩胜地,乘晓露剪拂云芽;玉井甘泉,汲清水烧汤烹下。赵州一碗知滋味,清入肌肤远睡魔。那杨三官人吃茶罢,茶博士问道:"官人是那里人?"杨三官人道:"我是东京人。"茶博士道:"官人莫不病起来?"杨温道:"然也。"茶博士道:"官人,你没钱,如何将息?我交官人撰百十钱把来将息,你却肯也不肯?"杨三官人道:"好也,谢你周全。"

宋话本阴骘积善:张客入茶坊坐,吃茶了罢,问茶博士道:"那个是林上舍?"茶博士见问,便道:"姓林的甚多,不知那个林上舍?"张客说:"贯道斋,名积,字善甫。"茶博士见说:"这个便是贯道斋的官人。"张客见说道好人,心下又放下二三分。张客说:"上舍多年个远亲,不相见,怕忘了。若来时,相指引则个。"正说不了,茶博士道:"兀的出斋来的官人便是。他在我家寄衫帽。"张客见了,不敢造次。

苏颂苏魏公文集丞相魏公谭训卷第十杂事:祖父尝言:忠信度量,岂惟士大夫,货殖犹然。孙赐,号本行,酒家博士,诚实不欺,主人爱之,假以百千,使为脚店。孙固辞。主人曰:"不责还期也。"孙曰:"请以一岁为约。"先期已还足。货于人者,不计其可偿。其货渐移大,乃置图画于壁间,列书史于几案,为雅戏之具,皆不凡。人竞趋之。久之,遂开正店建楼,渐倾中都。太宗上元为微行,至其家,孙已预知。盖耳目广,又结中贵人,得其欢心。上与柴都尉数公往,孙出致恭,呼大人。先集京师名姬妙艺,杯盘精好,罗列于外。上大喜,酒十行,将散,乃前致谢曰:"家有闲处,愿诸大人一临。"太宗与诸公相顾骇喜。及至其厅事,杯杓器皿陈设,歌舞尤盛。遂使其女弹琵琶献酒侍上旁,通夕极欢而罢。坐中使柴都尉取锦绮金银界之,固不受。及明,上使劳赐,召其女入,其后宠以位号。一日,上使于奉宸库取真珠,择其圜者为数,珠不足,妃侍旁曰:"妾父好畜异物。"顾令一使往问之。孙默记曰:"数年前,有一行头寄真珠一篚为信,云绝大,未尝开也。"乃引使

150

于藏私帑室尘埃中取得之。元未启封，发视乃喜，赐银百星。一日，上置宴。西蜀进酴醾种方开，上与妃后赏玩，孙妃云："妾家亦有，试遣问之。"乃进十合，上大骇，以为窃禁中种。使往视之，则其本大于禁中数倍矣。孙贷于人者，前期而还；人贷之者，不复问，数月则焚其券，不可胜纪。有一行头贷万缗，三年为期，不至，故以大珠为谢。孙之致富，皆以信与量而已。孙居与向相敏中为邻，向阙宅后地一方，未得完备。及孙死，妃亦得罪，以忧卒。向欲图其地，孙氏巨富，岂可得？一牙侩见向曰："相公欲得宅地乎？请以十年为度，某将致之。"向初不为然，后十年，牙侩持账来贺曰："广地如期矣。"公大喜，不问价高下，亟售之。又以百千与牙侩，而问曰："始汝欲取孙氏地，以广吾居。孙巨亿万，无可得之理。今汝言果然，固足异矣。且汝必以十年为期，何也？"对曰："孙氏诸子，其邻于相公者第几子殿直，不惟日纵酒博弈，狎游无度，又日有游手数十人，田猎游燕日赋无艺。其计其所分，不过若干缗，日费若干，十年必尽而贸所居矣。"向大赏异之。

〔二〕大伯

杨湜古今词话柳永：仁宗皇帝览而恶之。及御注差注至耆卿，抹其名曰："此人不可仕宦，尽从他花下浅斟低唱。"由是沦落贫窭。终老无子，掩骸僧舍。京西妓者，鸠钱葬于枣阳县花山。既出郊原，有浪子数人戏曰："这大伯做鬼也爱打哄。"

宋话本志诚张主管：张媒口中不道，心下思量道："大伯子许多年纪，如今说亲，说甚么人是得？教我怎地应他？"

宋话本杨温拦路虎传：那大伯在草厅工坐，道："交他来见我。"杨玉入去，唱喏了。大伯道："孝顺儿子来也。这几日道路如何？"

宋话本杨思温燕山逢故人：顷间，忽有一老妪提着饭篮，口中喃喃埋冤，怨畅那大伯。二人遂与婆婆唱喏，婆子还个万福，语音类东京人。二人问："韩国夫人宅在那里？"婆子正待说，大伯又埋怨多口。婆子不管大伯，向二人道："媳妇是东京人，大伯是山东拗蛮，老媳妇没兴嫁得此畜生,全不晓事,逐日送些茶饭,嫌好道歹,且是得人憎。便做到官人问句话,就说何妨!"那大伯口中又哓哓的不住。

施耐庵罗贯中水浒传第六十九回东平府误陷九纹龙 宋公明义释双枪将:且说史进转入城中,径到西瓦子李瑞兰家。大伯见是史进,吃了一惊,接入里面,叫女儿出来厮见。

洪迈夷坚志三补梦五人列坐:长沙土俗率以岁五月迎南北两庙瘟神之像,设长杠舆几三丈,奉土偶于中。恶少年奇容异服,各执其物,簇列环绕,巡行街市。竟则分布坊陌,日严香火之荐,谓之"大伯子"。

〔三〕**危髻**

陆游入蜀记卷六:有妇人负酒卖,亦如负水状。呼买之,长跪以献。未嫁者,率为"同心髻",高二尺,插银钗至六双,后插大象牙梳,如手大。

[文案]蜀之一地,女髻竟至二尺,不难想见宋髻高成风矣。为最者当首推"朝天髻",据周汛高春明中国历代妇女妆饰研究:其髻梳发于顶,先编两圆柱发髻,再将发髻朝前反搭,伸向前额,为发髻高耸,在髻下衬以簪钗,以使发髻前端高翘,山西晋祠圣母殿宋彩塑之女髻即此样式。福建南宋黄昇墓出土一种巍峨高髻亦可一证。

〔四〕**焌糟**

[文案]据丁度集韵解焌糟,为烧酒滓之意也。江湖切口则直呼"烧糟",酒滓也。即可坐实。其含轻蔑,为弃为恶为下等。

〔五〕**闲汉**

宋话本宋四公大闹禁魂张:那老儿是郑州奉宁军人,姓宋,排行第四,人叫他做宋四公,是小番子闲汉。

大尹看到第十来纸状,有状子,上面也不依式论诉甚么事,去那状上只写一只西江月曲儿,道是:

是水归于大海,闲汉总入京都。三都捉事马司徒,衫褙难为作主。 盗了亲王玉带,剪除大尹金鱼。要知闲汉姓名无?小月傍边匹土。

施耐庵罗贯中水浒传第二回王教头私走延安府 九纹龙大闹史家
村:高俅无计奈何,只得来淮西临淮州投奔一个开赌坊的闲汉柳大郎,
名唤柳世权。他平生专好惜客养闲人,招纳四方干隔涝汉子。

〔六〕果子

成寻参天台五台山记第一(延久四年四月):先食果子,荔子、梅
子、松子、龙眼,味如干莱似荔子,颇少去上皮吃之。胡桃子实极大,皮
薄易吃破。又作果五六种不知名。甘蔗、生莲根、紫苔为果子,有
樱子。

〔七〕**厮波**

吴自牧梦粱录卷十九闲人:更有一等不本色业艺,专为探听妓家
宾客,赶趁唱喏,买物供过,及游湖酒楼饮宴所在,以献香送欢为由,乞
觅赡家财,谓之"厮波"。

无名氏词林韵释卷上三支时平声,厮仆也。

娄机、李曾伯班马字类第一上平声五支六脂七之:厮史记苏秦传:厮
徒十万。音斯,厮养之卒,养马之贱者。汉书张耳陈馀传:厮养卒,取薪者也。

平步青释谚小厮:今人呼小子,古曰小厮。癸巳类稿厶字异义考:
唐郭湜高力士传云:李辅国趋驱末品,小厶纤人。即小厮,或作小厶亦
非。按厶古私字,俞偶忘耳。

江蓝生魏晋南北朝小说词语汇释波:"波"义为逃亡,奔跑,可单
用,也可出现在复合词"波荡、波迁、奔波"之中:鹞子经天飞,群雀两向波。
(乐府 25、2b)百姓波荡,从乱如归。(搜 7、101)苏峻之乱,都邑人士皆东西波迁。(冥
祥,钩沉 579)每法轮一转,则黑白奔波。(高僧传,晋释昙徽 5、17b)

蒋礼鸿敦煌变文字义通释第四篇释事为波逃:张淮深变文:"莫遣
波逃星散去。"(页 121)庐山远公话:"是时众僧例总波逃走出"(页
171)韩擒虎话本:"遂乃波逃入一枯井。"(页 203)周一良说,"波逃"是
奔波逃亡的意思。案:"波逃"应是"逋逃"的假借。燕子赋:"阿你浦

逃落籍。"（页249）变文集校"浦"作"逋"，当然是对的，可见变文中"波逃"还有写作"逋逃"的。至于"奔波"，实际上也是"奔逋"的假借而已。

[文案]"厮波"可据上释解作仆人奔跑，即俗语常言酒楼"跑堂"者。

〔八〕**筵前歌唱**

宋话本计押番金鳗产祸：张彬和庆奴两个取路到镇江。那张彬肚里思量着老娘，忆着这事，因此得病，就在客店中将息。不止一日，身边细软衣物解尽。张彬道："要一文看也没有，却是如何计结？"簌簌地两行泪下："教我做个失乡之鬼！"庆奴道："不要烦恼，我有钱。"张彬道："在那里？"庆奴道："我会一身本事，唱得好曲，到这里怕不得羞。何不买个锣儿，出去诸处酒店内卖唱，趁百十文，把来使用，是好也不好？"张彬道："你是好人家儿女，如何做得这等勾当？"庆奴道："事极无奈，但得你没事，和你归临安见我爹娘。"从此庆奴只在镇江店中赶趁。

宋话本宋四公大闹禁魂张：宋四公且入酒店里去，买些酒消愁解闷则个。酒保唱了喏，排下酒来。一杯两盏，酒至三杯，宋四公正闷里吃酒，只见外面一个妇女入酒店来：油头粉面，白齿朱唇。锦帕齐眉，罗裙掩地。鬓边斜插些花朵，脸上微堆着笑容。虽不比闺里佳人，也当得垆头少妇。　那个妇女入着酒店，与宋四公道个万福，拍手唱一只曲儿。宋四公仔细看时，有些个面熟，道这妇女是酒店擦桌儿的。

〔九〕**剳客**

[文案]"剳"可通"答"，所谓"答记"也。"剳客"即报答客人，对客以礼，为之服务之意。

〔一○〕**打酒坐**

欧阳修归田录卷二：今世俗言语之讹，而举世君子小人皆同其缪者，惟"打"字尔。打，丁雅反。其义本谓"考击"，故人相殴、以物相击，皆谓之打,而工造金银器亦谓之打可矣,盖有槌—作挝击之义也。至于造舟车者曰"打船""打车",网鱼曰"打鱼",汲水曰"打水",役夫馈饭曰"打饭",兵士给衣粮曰"打衣粮",从者执伞曰"打伞",以糊黏纸曰"打黏",以丈尺量地曰"打量",举手试眼之昏明曰"打试"。至于名儒硕学,语皆如此,触事皆谓之打,而遍检字书,了无此字。丁雅反者其义主"考击"之打自音谪疑当作滴耿,以字学言之,打字从手、从丁,丁又击物之声,故音"谪耿"为是。不知因何转为"丁雅"也。

刘昌诗芦浦笔记卷第三打字:然世间言打字尚多:左藏有打套局,诸库支酒谓之打发,诸军请粮谓之打请,印文书谓之打印,结算谓之打算,贸易谓之打博,装饰谓之打扮,请酒醋谓之打醋、打酒,盐场装发谓之打袋,席地而睡谓之打铺,包裹谓之打角,收拾为打叠,又曰打迸—作并,畚筑之间有打号,行路有打火—作伴,打包,打轿。负钱于身为打腰。饮席有打马,打令,打杂剧,打诨。僧道有打化,设斋有打供。荷胡床为打交椅,舞傩为打驱傩。又宋歌曲词:"打坏木楼床,谁能坐相思。"又有打睡,打嚏喷,打话,打闹,打斗,打和,打合读作阁,打过,打勾,打了,至于打糊,打面,打饼,打线,打百索,打绦,打帘,打荐,打席,打篱巴,街市戏谑有打砌、打调之类,因并记之。

项安世项氏家说卷八隐语:其于打字,用之尤多,如打叠,打听,打话,打请,打量,打睡,无非打者。

施耐庵罗贯中水浒传第三回史大郎夜走华阴县 鲁提辖拳打镇关西:那妇人便道:"官人不知,容奴告禀。奴家是东京人氏,因同父母来这渭州投奔亲眷,不想搬移南京去了。母亲在客店里染病身故。子父二人流落在此生受。此间有个财主,叫做镇关西郑大官人,因见奴家,便使强媒硬保,要奴作妾。谁想写了三千贯文书,虚钱实契,要了奴家身体。未及三个月,他家大娘子好生利害,将奴赶打出来,不容完聚。着落店主人家,追要原典身钱三千贯。父亲懦弱,和他争执不的,他又有钱有势。当初不曾得他一文,如今那讨钱来还他。没计奈何,父亲自小教得奴家些小曲儿，来这里酒楼上赶座子。"

〔一一〕**撒暂**

佚名墨娥小录卷之十四行院声嗽：赶酒座撒蹩。

四水潜夫武林旧事卷第六酒楼：有以法制青皮、杏仁、半夏、缩砂、豆蔻、小腊茶、香药、韵姜、砌香、橄榄、薄荷，至酒阁分俵得钱，谓之"撒暂"。

吴自牧梦粱录卷十六分茶酒店：有卖食药香药果子等物，不问要与不要，散与坐客，名之"撒暂"。

〔一二〕**乳酪**

无名氏锦绣万花谷前集卷十六兄弟：酥醍乳酪：穆赞兄弟，皆和粹，世以珍珠目之，赞少信。然有格为酪，质美而多文为酥，员为醍酪，赏为乳腐。

谢采伯密斋笔记卷五：京师一老医人云：市中成桶担卖牛乳，以泡饮食之，则肤革充润。东南人已骇闻，佛民食乳不足多怪。

灌圃耐得翁都城纪胜食店：如酪面，亦只后市街卖酥贺家一分，每个五百贯[文案]疑误，以新样油饼两枚夹而食之，此北食也。

朱彝尊食宪鸿秘上卷饭之属乳酪方：从乳出酪，从酪出酥，从生酥出熟酥，从熟酥出醍醐。牛乳一碗或羊乳，搀水半钟，入白面三撮，滤过，下锅，微火熬之。待滚，下白糖霜。然后用紧火，将木杓打一会，熟了再滤入碗糖内和薄荷末一撮更佳。

〔一三〕**淹藏菜蔬**

浦江吴氏中馈录制蔬腌盐韭法：霜前，拣肥韭无黄梢者，择净，洗，控干。于瓷盆内铺韭一层，糁盐一层，候盐、韭匀铺，尽为度，腌一、二宿，翻数次，装入瓷器内。用原卤加香油少许，尤妙。藏芥：芥菜肥者不犯水，晒至六、七分干，去叶。每斤盐四两，淹一宿，出水。每茎扎成小把，置小瓶中，倒沥尽其水。并煎腌出水，同煎。取清汁，待冷，入瓶，封固，夏月食。

谈钥嘉泰吴兴志卷十八食用故事水菜：旧编云：合溪芦菔，极脆美，水亦甘洁。土人就以水涤，渍入盐，为水菜，甚有名，坛置以馈送。

［文案］宋之淹藏菜蔬，制法大同小异，不外盐、糖淹泡，添入佐料，若配盐瓜菽，糖蒸茄。举上腌、藏两例，可窥大概。

〔一四〕**好酒**

陈郁藏一话腴：至我国朝，京师造酒，惟内酒坊、酒法库上，皇朝始置上酝局，其外诸后殿亲王府与主弟勋戚之家，例许酝造，间赐以美名。惠恭殿后曰仪德，宁德后殿曰坤仪，德隆殿曰日月波澜，圣后殿曰坤珍，宣仁高后宅曰香泉，钦圣向后宅曰天醇，钦成朱后宅曰璃绿，绍怀刘后宅曰玉腴，明达刘后宅曰瑶池，燕邸曰迎醳，赵氏曰琼醋，曰玉液，蔡邸曰春泉，郓邸曰琼酿，景邸曰云酿，济邸曰浮春，曰嘉成。肃邸曰兰旨，昌王宫曰瑞露，潞王宫曰亲贤，李遵勖曰金波玉狮，约曰源瑶，李玮曰衮醒，王诜曰碧香，张敦礼曰灵液，曰醽醁，曹诗曰成春，曹晟曰保平，潘正夫曰庆源，曹湜曰介寿，蔡京曰君臣庆会，郑醋绅曰清醋，蔡絛曰棣华，童贯曰襃功。又官府造，开封曰瑶泉，洛口曰金泉。下至市肆，如太平丰乐，亦赐名曰眉寿，取用不同，而俱得古人名酒之意。

钱世昭钱氏私志：酒名，亲王、宰相、使相，岁赐公使钱七千贯，许造酒，主第亦然。李和文家酒名：金波。吾家酒名：清淳。王晋卿家：碧香。蔡鲁公家：君臣庆会。秦师垣家：表勋。皆赐名，其余不能尽记。

张耒张太史明道杂志：余自罢守宣城至今且二年，所过州府数十，而有佳酒者不过三、四处。高邮酒最佳，几似内法，问之其匠，故内库匠也。其次陈州琼液酒，陈辅郡之雄，自宜有佳匠。其次乃黄州酒，可亚琼液而差薄，此谪官中一幸也。平生饮徒，大抵止能饮五升已上，未有至斗者。惟刘仲平学士、杨器之朝奉，能大杯满醽，然不过六七升醉矣。晁无咎与余酒量正敌，每相遇，两人对饮，辄尽一斗，才微醺耳。

戚辅之佩楚轩客谈：续曲洧旧闻酒名：玉井秋香　芎林秋露向伯芳

子恭新　黄娇段子新　萼绿春范才元　瓮中云易毅夫　清无底　金盘露阮腴老　桃花雨茅恕老　银光胡长文　云露范至能　桂子香杨万里诚斋自酿名冷香。

费衮梁溪漫志卷七二州酒名：叙州，本戎州也。老杜戎州诗云："重碧倾春酒，轻红擘荔枝。"今叙州公酝，遂名以"重碧"。东坡在齐安，有"春江绿涨蒲萄醅"之句，靖康初元，韩子苍舍人驹作守，有旨添赐郡酿，因名其库曰"蒲萄醅"，仍有诗："孤臣政术不堪论，尚得君王赐酒尊。父老异时传盛事，蒲萄醅熟记初元。"

范成大桂海虞衡志志酒：余性不能酒，士友之饮少者莫予若也，然能知酒者亦莫予若也。顷数仕于朝，游王公贵人家，未始得见名酒。使虏至燕山，得其宫中酒号金兰者，乃大佳。燕西有金兰山，汲其泉以酿。及来桂林，而饮瑞露，乃尽酒之妙，声震湖广，则虽金兰之胜，未必能颉颃也。

瑞露。帅司公厨酒也，经抚厅前有井清冽，汲以酿，遂有名。今南库中自出一泉。近年只用库井酒，乃佳。

张表臣珊瑚钩诗话卷三、六八：酒有"若下春"，谓乌程也；"九酝"，谓宜城也；"千日"，中山也；"蒲桃"，西凉也；"竹叶"，豫北也；"土窟春"，荥阳也；"石冻春"，富平也；"烧春"，剑南也；"桑落"，陕右也。乌孙国有青田核，莫知其木与实，而核如五六斤瓠，空之盛水，俄而成酒。刘章曾得二焉，集宾设之，一核才尽，一核又熟，可供二十客，名曰"青田壶"。历城北有使君林，魏正始中，郑公悫三伏避暑于此。取大莲叶置砚格上，盛酒三升，以簪刺叶，会酒与柄通，屈茎吸之，香气清冽，名曰"碧筒酒"。余诗曰："酿忆青田核，觞宜碧藕筒。直须千日醉，莫放一杯空。"近时以黄柑酝酒，号"洞庭春色"，以糯米药曲作白醪，号"玉友"，皆奇绝者。

无名氏释常谈醇醪：好酒谓之醇醪。吴书程据常以气凌周瑜，瑜未尝有愠色，承奉愈谨。程据自惭，遂投分于瑜曰：与公瑾为友，如饮醇醪,不觉自醉。

〔一五〕**百味羹**

陈录善诱文人与物同:食鸠鸽鹌雀者,杀十余命,方得一羹;食蚌蛤虾蚬者,杀百余命,方得一羹;又有好美味求适意者,则不止。

陶穀清异录卷下馔羞门十远羹:石耳、石发、石线、海紫菜、鹿角脂菜、天花蕈、沙鱼、海鳔白、石决明、虾魁腊。右用鸡、羊、鹑汁及决明、虾蕈浸渍,自然水澄清,与三汁相和,盐酎庄严,多汁为良。十品不足,听阙,忌入别物,恐伦类杂则风韵去矣。

〔文案〕宋羹汤品类极富,且多味混合。然百味羹未必百味,若忽思慧饮膳正要杂羹、荤素羹,意在色殊味重,荤素相配则可。周密武林旧事卷九"大碗百味羹"即证。

〔一六〕**头羹**

彭乘续墨客挥犀卷七头食:余一日会宾于馆,庖人荐粉,有客即席而问曰:"此味宴会将终方食,谓之头食,何也?"或对曰:"本朝太祖皇帝时每内宴,常先令进此味,故目之,盖后人失其次耳。"

〔一七〕**鹑子羹**

〔文案〕四水潜夫武林旧事卷九记高宗幸张俊第宴,两次排出"鹑子羹",足见食用之高。司膳内人玉食批则作"鹑子炙(一作羹)",鹑子羹制法归之于炙亦可,又如忽思慧饮膳正要:炒鹌鹑"用煮鹌鹑汤炒"相同。

〔一八〕**三脆羹**

林洪山家清供卷之下山家三脆:嫩笋、小蕈、枸杞头,入盐汤焯熟,同香熟油、胡椒、盐各少许,酱油、滴醋拌食。赵竹溪(密夫)酷嗜此。

〔文案〕"三脆"长于山野,清新爽口,嗜食者甚盛。乃至以此自誉。金刘祁归潜志卷第六叙金之将帅多出世家,皆膏粱乳臭子,其完颜定奴亦自号"三脆羹"即一证也。

〔一九〕二色腰子

[文案]开封又一新饭庄特一级厨师苏永秀据东京梦华录所载"二色腰子"精心研制:系用去净外皮猪腰一个(约三两)一冲两半,片净腰臊,放入清水内追出血水。再用反推刀法(约深三分之二)和立刀(刀深约六分之五)交错解成"麦穗"刀花。每半个腰子裁成六个长方块。用料酒、盐水、味精、元油麻至入味再用净布揾去水分,放入粉芡、蛋黄搅成的糊内叠上芡,当(植物)油锅热至八九成时下入腰块炸透捞出,摆于盘之外层,摆成一周,撒上花椒盐。再将鲜鸡腰(三两)用开水浸透,揭去外皮,一破二开,与冬笋片、冬菇等一起放入,用大油、奶油烧制,汤内再添入盐水、料酒、毛姜汁、味精烧制,少勾流水芡,至汁收浓盛入腰子中间,即成为红白相映、色调鲜明、鸡腰软嫩、猪腰脆鲜之菜肴。

〔二〇〕蕈

俞成莹雪丛说卷下戒食菰蕈:夏秋月杂菰蕈,皆是恶虫蛇气结成前后,坏人甚多,断不可吃尔。农民何不勤力种菜,四时无缺,何用将性命试此毒物,特此劝谕,莫招后悔。

徐铉稽神录卷之六豫章人:豫章人,好食蕈,有黄姑蕈者,尤为美味,有民家治舍,烹此蕈以食工人。

赵希鹄调燮类编卷三蔬供:蕈惟桑榆杨柳者可用。凡煮,先以姜屑飤颗投之,若黑色者有毒杀人,夏月尤不宜食。 中蕈毒,连服地浆水解之,多食橄榄亦解,荠菜与面同食发病。

林洪山家清供卷下酒煮玉蕈:鲜蕈净洗,约水煮,少熟,乃以好酒煮。或佐以临漳绿竹笋,尤佳。施芸隐枢玉蕈诗云:"幸从腐木出,敢被齿牙和。真有山林味,难教世俗知。香痕浮玉叶,生意满琼枝。饕腹何多幸,相酬独有诗。"今后苑多用酥炙,其风味犹不浅也。

陈仁玉菌谱合蕈:邑极西韦羌山,高迥秀异,寒极雪收,林木坚瘦,春气微欲动,土松芽活,此菌候也。菌质外褐色,肌理玉洁,芳香韵味发釜鬲,闻百步外。盖菌多种,例柔美皆无香,独合蕈香与味称,虽灵芝、天花无是也,非全德耶! 宜特尊之,以冠诸菌。合蕈始名台菌,旧传昔尝上进,标以台蕈,上遥见误读,因承误云。数十年来,既充苞贡,土人得善价,率曝干以售,罕获生致。邑<u>孟溪山</u>中亦同时产,惟蕈柄高,无香气,土人以是别于<u>韦羌</u>焉。

<u>苏轼约吴远游与羹君弼吃蕈馒头</u>:天下风流笋饼啖,人间济楚蕈馒头。事须莫与缪汉吃,送与<u>麻田吴远游</u>。

<u>陈耆卿嘉定赤城志卷第三十六蔬之属</u>:蕈多种,出<u>仙居稠皋</u>者胜。其地有<u>左溪</u>、<u>右溪</u>、<u>中溪</u>、<u>中溪</u>者最香。又<u>天台万年山</u>出合蕈,土人珍之,多暴以致远,<u>仙居</u>亦有之。

〔二一〕索粉玉碁子

<u>韩奕易牙遗意卷下汤饼类索粉</u>:每干粉一斤,用湿粉二两,打成厚浆,放旋中。添滚汤一次解薄,便连旋子放汤锅内煮之。取出,不住手打搅,务要稠腻。如此数次,候十分熟。大概春夏浆宜稍厚,秋冬宜薄,以箸锹起成牵丝,垂下不断方好。候温,和干粉成剂。如索不下,添些热汤;如大注下,添些调匀。团在手中,搓索下滚汤中,浮起便捞在冷水中,沥干,随意荤素浇供。只用芥辣尤妙。

<u>无名氏居家必用事类全集庚集湿面食品米心棋子</u>:头面。以凉水入盐和成剂。棒拗过,捍至薄,切作细棋子。以密筛隔过。再用刀切千百次,再隔过。粗者再切。细者有粗末却颠去。如下汤煮熟,连汤起,入凉水盆内搅转,捞起,控干。麻汁加碎肉、糟姜末、酱瓜末、黄瓜末、香菜等。

<u>灌圃耐得翁都城纪胜食店</u>:菜面店专卖<u>菜面</u>、<u>齑淘</u>、<u>血脏面</u>、<u>素棋子</u>、<u>经带</u>,或有拨刀、冷淘。此处不甚尊贵,非待客之所。

<u>西湖老人繁胜录起店</u>:铺羊、三鲜、炒鸡、桐皮、庵生、虾燥三刀、棋子、火燠、经带、铺鸡、造羹、盐煎、饦飿、馄饨、带汁煎、羊泡饭、生熟烧。

<u>吴自牧梦粱录卷十六面食店</u>:更有面食名件:猪羊庵生面、丝鸡

面、三鲜面、鱼桐皮面、盐煎面、笋泼肉面、炒鸡面、大燠面、子料浇虾蝑
面、燠汁米子、诸色造羹、糊羹、三鲜棋子、虾梁棋子、虾鱼棋子、丝鸡棋
子、七宝棋子。

忽思慧饮膳正要卷第一聚珍异馔水龙馸子:补中益气。羊肉二脚
子,熟,切作乞马　白面六斤,切作钱眼馸子　鸡子十个　山药一斤　糟姜四两
胡萝卜五个　瓜齑二两,各切细　三色弹儿内一色肉弹儿,外二色粉,鸡子弹
儿。　右件,用清汁,下胡椒二两,盐、醋调和。

[文案]明沈榜宛署杂记卷二〇书字棋炒云:嘉靖三十年北虏内
犯,户部行二县领太仓银参千,散给各烧饼铺户,每两上棋炒一石。所
谓"棋炒"之法:用白面少和香油芝麻为薄饼,断为棋子块样炒熟。棋
与碁同,棋子乃为模子块样,非止汤面一种,亦可为饼,本书卷四食店
所提"棋子"如是。

〔二二〕群仙羹

[文案]无名氏居家必用事类全集有"聚八仙",为八种左右原料
之冷盘菜,然与"群仙羹"相去不远,无非羊肚针丝等换为若干汤料。

〔二三〕假河鲀

百岁寓翁枫窗小牍卷下:东坡谓食河鲀值得一死,余过平江,姻家
张谏院言:"南来无它快事,只学得手煮河鲀耳。"须臾烹煮,对余方且
共食,忽有客见顾,俱起延款,为猫翻盆,犬复佐食,顷之,猫犬皆死。
幸矣哉,夺两人于猫犬之口也。乃汴中食店以假河鲀饷人,以今念之,
亦足半死。

费衮梁溪漫志卷九本草误:如河豚之目并其子凡血皆有毒,食者
每剔去之;其肉则洗涤数十过,俟色如雪,方敢烹。故梅圣俞诗云:"烹
煔苟失所,入喉为镆铘。"而大观本草乃云:河豚性温无毒,所谓注本草
误而能杀人者,殆此类邪?

范致明岳阳风土记:江上渔人取江豚,冬深水落,视其绝没处,布
网围而取之,无不获。或用钩钓,若钩中喉吻,虽巨纶亦掣断,或挂牙

齿间,则随上下,惟人所制,略不顿掣,然至腥臭不可近,惟取脂油以供点照,土人间有能食者。

孙奕示儿编卷十七杂记西施乳舌:东坡居常州,颇嗜河豚,而里中士大夫家有妙于烹是鱼者,招东坡享之,妇子倾室阗于屏间,冀一语品题,东坡下箸大嚼,寂如暗者,阗者失望相顾,东坡忽下箸云:"也直一死。"于是合舍大悦。

欧阳修六一诗话四:梅圣俞尝于范希文席上赋河豚鱼诗云:"春洲生荻芽,春岸飞杨花。河豚当是时,贵不数鱼虾。"此下一有"其状已可怪,其毒亦莫加。忿腹若封豕,怒目犹吴蛙。庖煎苟失所,入喉为镆铘。若此丧躯体,何须资齿牙? 持问南方人,党护复矜夸。皆言美无度,谁谓死如麻? 我语不能屈,自思空咄嗟。退之来潮阳,始惮餐龙蛇。子厚居柳州,而甘食虾蟆。二物虽可憎,性命无舛差。斯味曾不比,中藏祸无涯。甚美恶亦称,此言诚可嘉。"河豚常出于春暮,群游水上,食柳絮而肥。南人多与荻芽为羹,云最美。故知诗者,谓只破题两句,已道尽河豚好处。

刘攽中山诗话六:王元之谪黄州诗曰:"又为太守黄州去,依旧郎官白发生。"在朝与执政不相能,作江豚诗以讥之曰:"江云漠漠江雨来,天意为霖不干汝。"俗云,豚出则有风雨。又曰:"餐啖虾鱼颇肥腯。"讥其肥大。

朱弁风月堂诗话卷下六四:晁季一检讨尝为予言,归田录所记圣俞赋河豚云:"春洲生荻芽,春岸飞杨花。河豚于此时,贵不数鱼虾。"则是食河豚时正在二月。而吾妻家毗陵,人争新,相问遗,会宾客,惟恐后,时价虽高,无吝色;多在腊月,过上元则不复贵重,所食时节与欧公称赏圣俞绝不相同,岂圣俞赋诗之地与毗陵异耶? 风气所产,随地有早晚,亦未可一概论也,故为记之。

严有翼诗话六河豚:河豚,新附本草云:"味甘温,无毒。"日华子云:"有毒。"予按倦游杂录:"河豚鱼有大毒,肝与卵,人食之必死。暮春柳花飞,此鱼大肥。江、淮人以为时珍,更相赠遗。脔其肉杂蒌蒿荻芽,瀹而为羹,或不甚熟,亦能害人,岁有被毒而死者。"然南人嗜之不已，故圣俞诗"春洲生荻芽，春岸飞杨花。河豚当此时，贵不数鱼虾。"而其后又云："炮煎苟失所，转喉为莫邪。"则其毒可知。本草以为无毒，盖误矣。及观<u>张文潜</u>明道杂志，则又云："河豚，水族之奇味，世传以为有毒，能杀人。余守<u>丹阳</u>及<u>宣城</u>，见土人户食之，其烹者亦无法，但用蒌蒿、荻芽、菘菜三物，而未尝见死者。若以为土人习之，故不伤。<u>苏子瞻</u>，蜀人，守<u>扬州</u>，<u>晁无咎</u>，<u>济南</u>人，作倅，每日食之，了无所觉。南人云："鱼无颊无鳞，与目能开阖及作声者，有大毒。"河豚备此四者，故人畏之。而此鱼自有二种，色淡黑有文点谓之斑子，云能毒人，土人亦不甚捕也。<u>子瞻</u>在资善堂，尝与人谈河豚之美者，云："也直那一死。"其美可知。或云："子不可食，其大才一粟，浸之经宿，如弹丸。人有中其毒者，以水调炒槐花末，及龙脑，皆可解。"（予尝见渔者，说所以取之之由，曰："河豚盛气易怒，每伏水底，必设网于上，故以物就而触之，彼将奋怒而上，遂为所获。"）吴人珍之，目其腹腴为<u>西施</u>乳。予尝戏作绝句云："蒌蒿短短荻芽肥，正是河豚欲上时。甘美远胜<u>西子</u>乳，<u>吴王</u>当日未曾知。"虽然，甚美必甚恶。河豚，味之美也，吴人嗜之以丧其躯；<u>西施</u>，色之美也，<u>吴王</u>嗜之以亡其国，兹可以为来者之戒。

<u>蔡居厚</u>诗话八二<u>梅圣俞</u>河豚诗云："春岸飞杨花。"<u>永叔</u>谓河豚食杨花则肥。<u>韩渥</u>诗："柳絮覆溪鱼正肥。"大抵鱼食杨花则肥，不必河豚。

<u>周紫芝</u>竹坡诗话四八：<u>杨次翁</u>守<u>丹阳</u>，<u>米元章</u>过郡，留数日而去。<u>元章</u>好易他人书画，<u>次翁</u>作羹以饮之，曰："今日为君作河豚。"其实他鱼。<u>元章</u>疑而不食，<u>次翁</u>笑曰："公可无疑，此赝本耳。"

164　[文案]河豚味美，史不绝书，然剧毒，非人皆能制。"假河鈍"，则应运而出，"假"者，象形也。自<u>唐</u>即兴，若<u>孙光宪</u>北梦琐言卷三所记<u>崔侍中安潜</u>，喜食蔬食，每宴部属"以面及蒟蒻之类染作颜色，用象豚肩、羊臑、脍炙之属，皆逼真也。"又若<u>林洪</u>山家清供卷下假煎肉：葫芦、面筋均切薄片，加料同煎（面筋用大油锅，葫芦用猪脂油煎），加葱、椒油、酒，做一处炒。其形象肉，味道亦不能辨，与肉味同。此"假煎肉"可反

映"假河鲀"之面貌。

〔二四〕**白瀹虀**

陈达叟本心斋蔬食谱银虀:黄虀白水,椒姜和之。泠泠水白,剪剪银黄。虀盐风味,牙齿宫商。

[文案]白瀹虀即白水煮菜,熟后切碎拌和成肴。可参后"瀹蟹"注。

〔二五〕**货鳜鱼**

罗愿新安志卷第二水族:其大而多须者曰䱥鳜,巨口而细鳞,其牝文采尤鲜明,系之溪中可以致群牝,或以鲜明者鲈鳜,亦曰芦花鳜,大率盛夏藏石罅中,徒手扪得之。

[文案]孙注本疑"货鳜鱼"指以鳜鱼为主所制菜肴。若今河南民间,粉条、白菜丝调拌而成曰"调货菜",炒制而成曰"炒货菜"。

〔二六〕**假元鱼**

陆法言陈彭年覆宋本重修广韵上平声卷第一二十六:鼋鼋似鳖,又音元。

岑象求吉寿凶影响录:韦丹未第时,洛阳桥见渔者得一鼋甚大,丹异之,买投于河。后有元长史名浚之来谢谒,即其鼋也。

丁度附释文互注礼部韵略卷一上平声二十二元:鼋释云似鳖而大。

吕忱字林分毫字辩:鼋音元。

俞希鲁至顺镇江志卷四土产鼋:出扬子江中,本草图经鳖之大名为鼋,或有阔一二丈者,南人捕而食之,其肉有五色,生卵大如鸡鸭子,一产二百枚,人亦掘取,以盐淹可食。

[文案]"假元鱼"与"假河鲀"同。此"元"为"鼋"之简写,本书卷九宰执亲王宗室百官入内上寿条"假鼋鱼"可证。居家必用事类全集庚集"假鳖羹"亦从另面可证"假元鱼"。

〔二七〕**决明**

卢多逊李昉开宝本草虫鱼部卷第十六石决明:味咸,平,无毒,主目障翳痛，青盲。久服益精，轻身。生南海。

倪瓒云林堂饮食制度集煮决明法：先洗净，入酒瓶内，以清茶水贮瓶满，砻糠火煨一番取出。换水浸之，切用。

高士奇北墅抱瓮录决明：决明，本小末尖，似槐叶，秋开深黄，花结角如小指长二寸，尤喜其苗叶，可作酒曲舖糟，啜醨与众同醉，计之最得者也，京师名为"望江南"。

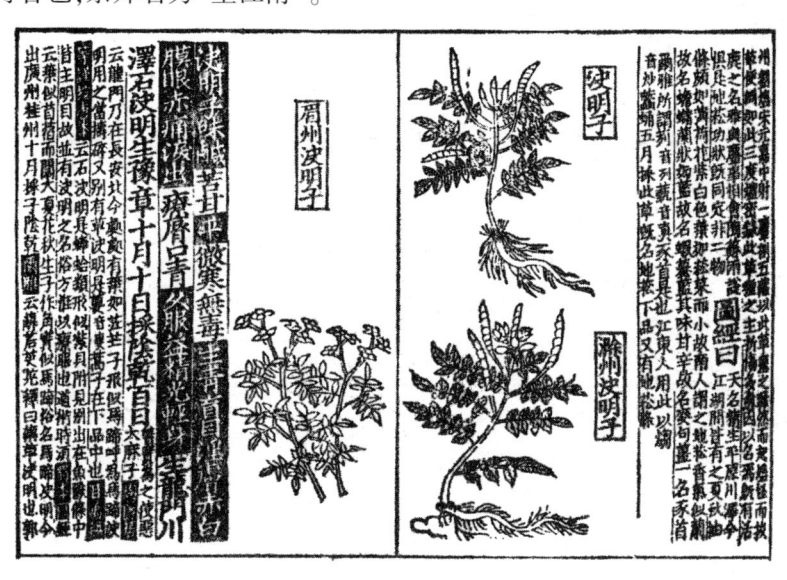

重修政和经史证类备用本草决明子图

〔二八〕兜子

高承事物纪原卷八舟车帷幄部第四十兜子：又曰兜笼。巴蜀妇人所用。乾元以来，蕃将多著勋于朝，兜笼易于担负。京师□用车舆，后亦以兜笼代之，即今之兜子。盖其制起于巴蜀，而用于中朝，自唐乾元以来也。

林洪山家清供卷上山海兜：春采笋、蕨之嫩者，以汤沦过，取鱼虾之鲜者，同切作块子，用汤泡，暴蒸熟，入酱油、麻油、盐、研胡椒，同绿豆粉皮拌匀,加滴醋。今后苑多进此,名"虾鱼笋蕨兜"。今以所出不同,而得同于俎豆间,亦一良遇也,名"山海兜"。或即羹以笋蕨,亦佳。许梅屋(棐)诗云:"趁得山家笋蕨春,借厨烹者自吹薪。倩谁分我杯羹去,寄与中朝食肉人。"

[文案]据居家必用事类全集、饮膳正要载:兜子为淀粉所制薄皮儿,一张粉皮划为四片,每片成一兜子皮儿;兜子馅心,用料多达二十余种。若梦粱录记:石首鲤鱼兜子、鹅、杂馅、蟹黄、荷莲等等,无一不可入兜子。其制法:绿豆粉皮铺于盏中,置入馅心,蒸熟,再倒扣碟中。加调料食用。

〔二九〕**肉醋托胎衬肠**

周煇清波杂志卷第九猫食:客言:苏伯昌初筮长安狱掾,令买鱼饲猫,乃供猪衬肠。诘之,云:"此间例以此为猫食。"乃一笑,留以充庖,同寮从而逐日买猫食,盖西北品味,止以羊为贵。

[文案]托胎即"脱胎",为换置菜肴之原料。若朱彝尊食宪鸿秘肉幢蛋:"拣小鸡子,煮半熟,打一眼,将黄倒出。以碎肉加料补之。"衬为配也,如清盛行之燕窝衬菜,肥嫩猪肉以豆腐衬底者。又朱彝尊食宪鸿秘套肠可证:"猪小肠肥美者,治净,两条套为一条。入肉汁煮熟。斜切寸断,伴以鲜笋、香蕈汁汤煮供。"此菜煮熟,用腊酒糟糟效果亦妙。"套肠"可作衬肠观,肉、腊则两便其用,随菜。京都译注本则托胎、衬肠分注,错。

〔三〇〕**沙鱼两熟**

苏颂本草图经虫鱼上卷第十四鲛鱼皮:鲛鱼皮,旧不著所出州土。苏恭云出南海。形似鳖无脚,而有尾。山海经云:鲛,沙鱼,其皮可以饰剑是也。今南人但谓之沙鱼。然有二种:其最大而长喙如锯者,谓之胡沙,性善而肉美;小而皮粗者,曰白沙,肉强而有小毒。二种,彼

重修政和经史证类
备用本草沙鱼图

人皆盐为修脯。其皮刮治，去沙，剪为鲙，皆食品之美者，食之益人。

无名氏居家必用事类全集庚集素食两熟鱼：每十分。熟山药二斤、乳团一个，各研烂，陈皮三斤、生姜二两，各剁碎，姜末半钱、盐少许，豆粉半斤调糊，一处拌，再加干豆粉调稠作馅。每粉皮一个，粉丝抹湿，入馅折掩，捏鱼样。油炸熟。再入蘑菇汁内煮。碟供。糁姜丝、菜头。

［文案］沙鱼两熟，即胡沙、白沙二种，其类同两熟鱼素制之法。

〔三一〕**紫苏鱼**

陈耆卿嘉定赤城志卷第三十六蔬之属：苏有紫苏、花苏、板苏三种。

梁克家淳熙三山志卷第四十一土俗类菜苽：紫苏叶下紫而甚香，夏采茎叶秋采实，一名荏冬不死，夏采茎叶曝干。

高士奇北墅抱瓮录紫苏：紫苏香气清越，摘片叶嗅之，倦闷即豁。自昔以萱苏并称有以也。背面俱紫者为上，面紫背青者次之。八月作花，九月采子。

［文案］紫苏为调料，佐治于鱼，风味别具，故呼之"紫苏鱼"。

〔三二〕**假蛤蜊**

陈元靓新编群书类要事林广记卷之四癸集假蛤蜊法：用鳜鱼，批取精肉，切作蛤蜊片子，用葱丝、盐、酒、胡椒淹一处，淹了，别作虾汁汤熟。

〔三三〕**白肉夹面子**

［文案］元韩奕易牙遗意曾记"韭饼"、"卷煎饼"，亦"白肉夹面子"同类也。制作均以猪、羊肉为馅，"卷煎饼"则须多配葱白、笋干，"韭饼"则用两面薄饼相合，夹带膘猪肉馅而煎而蒸而焙之。"卷煎饼"之做法与肉饼同，"两头以面糊粘住"，油煎而食。此与前州桥夜市所释"煎夹子"大同小异也。又如临安著名"市食"中"肝脏夹子"者，所谓"白肉夹面子"不过为诸"夹子"之一种俗称也。

〔三四〕**汤骨头**

［文案］吴自牧梦粱录卷十六所记"包子酒店"专卖"灌燠大骨"即

是。温革分门琐碎录曾记"汤锅",亦可与"汤骨头"相佐:"京师卖煮熟猪肉,香味珍绝,煮熳肉只断血便止,又是其锅釜煮肉,早晚不曾断便添水,非釜毁不易也。今临安食有四十年不易之汁,盖食日久不断火,少则加水□□锅满,人众不欲煮物速糜者就之,顷刻而烂,盖以肉汁而煮,肉香相感故也。""汤骨头"无非依此程式而做。

〔三五〕**乳炊羊**

周煇清波杂志卷第三乳羊:英州碧落洞乳羊,饮钟乳洞水,体白如乳,遇剖方见,然不常有也。

范大成桂海虞衡志志兽:乳羊本出英州,其地出仙茅,羊食茅,举体悉化为肪,不复有血肉,食之宜人。

朱彧萍洲可谈卷二:英州碧落洞生钟乳,牧羊者多往焉。或云羊食钟乳间水,有全体如乳白者,其肉大补羸,谓之"乳羊"。活时了不能识,剖之然后见,极难得,或一岁得一二枚,郡守即献广帅、监司。

[文案]乳羊稀有,商家取它羊炊之仿作,以飨慕名食客。或避宋仁宗赵祯讳,改蒸为炊耳。

〔三六〕**煦羊**

宋诩竹屿山房杂部卷三养生部三兽属制烹羊:取肉烹糜烂去骨,乘熟以布苴压实,冷而切之为糕,惟头最宜熟,肉宜烧,葱白、酱或花椒油,或汁中惟加酱油瀹之。

燺于刀切羊二制:一肉烹糜烂,轩之先合燺料同鲜紫苏叶水煎,浓汁加酱调和入肉。一以燺料汁烹羊,肩背俟熟,加酱调和,捞起架锅中,炙燥为度。

燺料:凡燺物用此佳。香白芷二两,藿香二两,官桂花二两,甘草五钱,咬咀之。孩儿菊味次之。

童岳荐调鼎集卷三特牲部羊炖羊肉:大尾羊肉入汤一滚,即将肉切大块,不用原汤,更入河水煮烂,加花椒、盐,白炖。又加酱油红煨。又,配黄芽菜炖。又,配红萝卜块炖。又,配冬笋炖。

〔三七〕**闹厅羊**

冯贽云仙散录九二过厅羊：青州杂记曰：熊翻每会客，客至酒半，阶前旋杀羊。令众客自割，随所好者，彩线系定记号，毕，蒸之。各自认取，以刚竹刀切食。一时盛行，号"过厅羊"。

〔文案〕于厅前现（旋）杀羊，蒸之，其情虽"过厅"，然寓"闹厅"之中，或可又唤"现蒸羊"。

〔三八〕**鹅鸭排蒸**

梅尧臣宣司理饷蒸鹅：昔年相国笼之赠，今日参军饷以蒸。一咀肥甘酬短句，定应无复谤言兴。

袁枚随园食单羽族单云林鹅：倪云林集中，载制鹅法。整鹅一只，洗净后，用盐三钱，擦其腹内，塞葱一帚，填实其中，外将蜜拌酒，通身满涂之，锅中一大碗酒、一大碗水蒸之，用竹箸架之，不使鹅身近水。灶内用山茅二束，缓缓烧尽为度。俟锅盖冷后，揭开锅盖，将鹅翻身，仍将锅盖封好蒸之，再用茅柴一束，烧尽为度；柴俟其自尽，不可挑拨。锅盖用绵纸糊封；逼燥裂缝，以水润之。起锅时，不但鹅烂如泥，汤亦鲜美。以此法制鸭，味美亦同。每茅柴一束，重一斤八两。擦盐时，串入葱、椒末子，以酒和匀。云林集中，载食品甚多，只此一法，试之颇效。余俱附会。

蒸鸭：生肥鸭去骨，内用糯米一酒杯、火腿丁、大头菜丁、香蕈丁、笋丁、秋油、酒、小磨麻油、葱花，俱灌鸭肚内，外用鸡汤放盘中，隔水蒸透。此真定魏太守家法也。

170　〔三九〕**荔枝腰子**

〔文案〕据食谱："荔枝腰子"因于动物腰子上划作荔枝纹，故名。林正秋中国宋代菜点概述谓杭州八卦楼"荔枝白腰子"，仿宋风味：猪腰三百五十克，鲜荔枝二十颗，姜汁五克，自制调味酒十五克，精盐五克，高汤三百克，葱花五克。制法：将猪腰去外层膜，对切开，劈除腰臊。用斜刀法在猪腰上剞一条条平行斜刀纹，转一九十度，用直刀法在猪腰上剞出一条条与斜刀纹垂直之刀纹,再切成菱形块。取一盛器,放入切好腰花,清水漂洗十二小时,去净血水,呈现乳白色,沥干水份,料酒、姜汁、精盐浸渍十余分钟。用两只炒锅,一只加清水,一只加高汤,清水煮沸,倒入腰花,竹筷拨散,焯至断生卷曲呈荔枝状迅疾捞出,再放入高汤锅中一过,即出锅装盘,围以葱丝、鲜荔枝即成。

〔四〇〕**还元腰子**

[文案]即为炒腰子。腰子炒枯则木,炒嫩则令人生疑。莫如先将腰子焯过再炒,以保鲜嫩,所谓"还元"者是也。焯,可水可酒。高濂饮馔服食笺、朱彝尊食宪鸿秘卷下可证。

〔四一〕**烧臆子**

[文案]据李思敬烧臆子可知:"烧臆子"为开封厨师世家陈氏兄弟祖传之技。其法是将胸叉肉切成上宽八寸、下宽一尺、长一尺二寸的方块,顺排骨间隙穿数孔,将烧叉从排骨面插入,在木炭火上先将排骨烤透,再反过来烧带皮一面。边烤边用刷子蘸花椒盐水刷在排骨上,使其渗透入味。一次烧制要用三四个小时。烤成"臆子"肉皮金黄酥脆,恰到好处。若趁热去叉,顶刀切成大片,立即装盘上席,"火劲儿"未消,上席后仍滋滋作响。配以"荷叶夹"、葱段、甜面酱食用,越嚼越香,爽口不腻。河南省商委、烹饪学会中国名菜谱河南风味肉菜烧臆子所记亦详:臆,即胸;臆子,乃胸叉肉。主料:猪胸叉肉五千克。调料:葱段五十克,甜面酱五十克,精盐七十五克,花椒二十五克,绍酒十克,味精五克,芝麻油一百克。制法:精盐、花椒、绍酒、味精、芝麻油放碗内,兑成花椒盐水。猪胸叉肉洗净,切成上宽二十五厘米、下宽三十厘米、长三十六厘米之块。顺排骨间隙扎穿数孔,把烤叉从排骨下面插入,在炭火上先把排骨肉面烤透。然后翻过来烤带皮一面。边烧边用刷子蘸花椒盐水(含绍酒、味精、芝麻油)刷在排骨之上,使其渗透入味。待色呈金黄,滋滋冒油时即成。趁热去叉,顶刀切成大片,立即装盘上席,外带葱段、甜面酱。

〔四二〕**入炉细项**

[文案]中华邓注本、京都译注本未将"入炉细项"与"莲花鸭签"断读,显误。"入炉"为加热,"细项"则为某一原料,一禽类,或鸭或鸡或鱼或猪,若武林旧事卷六蒸作从食"鹅项"是也。"细项"亦可作"细食"、"熟食"解,若事林广记绮谈市语曾谓"熟食"为"细食",即此。

〔四三〕**莲花鸭签**

[文案]武林旧事卷九张俊进奉高宗对食十盏二十分即上"莲花鸭签"。"鸭签"者,如清异录所言:"郭进家能作莲花饼馅,有十五隔者,每隔有一折枝莲花,作十五色。"以此推之莲花鸭签:是将鸭肉切长丝,加粉芡、蛋清、葱、椒调味成馅,猪肉油作皮,包裹为圆筒,先蒸后炸,切象眼块,拼摆莲花状,上盘,入炉烤为金黄色,方食。

〔四四〕**酒炙肚胘**

贾思勰齐民要术卷九炙法第八十牛胘炙:老牛胘,厚而肥,划穿痛蹙令聚,逼火急炙,令上劈裂;然后割之,则脆而甚美。若挽令舒申,微火遥炙,则薄而且明。

平步青霞外攟屑卷十汤包肚:京师酒肆,最脍炙者汤包肚。按史记货殖传,胃脯,简微耳,浊氏连骑。注:晋灼曰:今大官常以十月作沸汤,燖羊胃,以末椒姜拌之,暴使燥是也。广雅卷六释亲:胃,谓之胘。说文"胘"下,徐锴注云:今俗言肚胘也。是汉时羊肚作脯,至于进御。无怪张驴儿娘垂涎羊肚羹,消得一死也。

172　〔四五〕**虚汁垂丝羊头**

忽思慧饮膳正要卷第一聚珍异馔带花羊头:羊头三个,熟切　羊腰四个　羊肚肺各一具,煮熟切,攒胭脂染　生姜四两　糟姜二两,各切　鸡子五个,作花样　萝卜三个,作花样　右件,用好肉汤炒,葱、盐、醋调和。　攒羊头:羊头五个,煮熟攒　姜末四两　胡椒一两　右件,用好肉汤炒,葱、盐、醋调和。

〔四六〕**羊头签鹅鸭签鸡签**

贾思勰齐民要术卷八第七十六羹臛法脸臁：用猪肠。经汤出，三寸断之，决破，切细，熬。与水，沸，下豉清、破米汁。葱、姜、椒、胡芹、小蒜、芥，并细切锻。下盐、醋、蒜子细切。将血奠与之。早与血则变大，可增米奠。

陈元靓岁时广记卷二五三伏节尚羊签：岁时杂记：京师三伏日，特吏人、医家、大贾，聚会宴饮，其宴饮者尚食羊头签，士大夫家不以为节。

赵叔向肯綮录签羹误：今人多不识"臁羹"字，直写作"签"，士大夫亦如此，一云"脸"字。

司膳内人玉食批：如：羊头签止取两翼，土步鱼止取两腮，以蟥蚌为签、为馄饨、为桩瓮，止取两螯，余悉弃之地；谓非贵人食。有取之，则曰："吾辈真狗子也！"噫。

洪巽阳谷漫录：食品第一为羊头签，菜品第一为葱虀，余皆易办者。厨娘谨奉旨，数举笔砚，具物料，内羊头签五分，合用羊头十个。其治羊头也，漉置几上，剔留脸肉，余悉掷之地。众问其故，厨娘曰："此皆非贵人之所食矣。"

四水潜夫武林旧事卷第九高宗幸张府节次略：下酒十五盏　第二盏　奶房签　第三盏　羊舌签　第四盏　肫掌签

王先谦释名疏证补卷第四释饮食第十三：鸡纤，细擘其腊，令纤，然后渍以酢也。兔纤亦如之。王启原曰：此云细擘，则纤其本义，下云渍酢，则又当为灒。说文：灒，渍也。本无正名，随所命之，举一则义不全。故齐民要术别谓之鸡臁。其言示云：腊鸡一名焦鸡，以浑盐豉、葱白中截、干苏，微火炙，生苏不炙，与成治浑鸡俱下水中熟煮，出鸡及葱，漉出汁中苏豉，澄令清。擘肉广寸余，奠之，以暖汁沃之，肉若冷，将奠，蒸令暖，满奠。又云：葱苏盐豉汁与鸡煮，既熟，擘奠，与汁，葱苏在上，莫按下，可增葱白，令细也。其言作法至详，而不言渍酢。汉至后魏，经时已久，故法小异，名亦微变，广雅始出臁字，云美也。玉篇则训臁为羹。

忽思慧饮膳正要卷第一聚珍异馔鼓儿签子：羊肉五斤，切细　羊尾子一个，切细　鸡子十五个　生姜二钱葱二两，切　陈皮二钱，去白　料物三钱右件,调和匀,入羊白肠内,煮熟切作鼓样,用豆粉一斤,白面一斤,咱夫兰一钱,栀子三钱,取汁,同拌鼓儿签子,入小油煠。

［文案］签源于汉之纤,音借,尤与魏之"脸签"相近。其制如时习之"签"再识谓:今河南签菜,预制之时,均筒卷裹丝,若筷子在笼。而"签"寓"籖笼"之意。签熟之后,改刀切片,又如签之另一薄竹片签"如抽签之签"之义;其制馅,则仍如鸡纤,呈细丝状。而并非朱瑞熙中国古代的签所言:宋签仅为将主要原料切成细丝而做成之羹。郝延南寻"签"记亦发现:今河南仍有"鸡签"、"鱼签",其制:蛋皮之上,铺一层肥肉片片,再铺肉茸泥,盖一层菜叶,或用蛋皮包成小卷,蒸后油煎,加汁煨,即成。然史载,宋签确有煮者,若山家清供"豆黄签",有"炉造"、"干签"者。与油煎签相较,不过支流。综合诸饮食史家之说:宋签属油炸类菜,于烹制流程着眼,要制馅,要包皮,要裹馅,要加热为半成品,要拖糊为型坯,最后油炸;于菜品成型着眼,成熟后,改刀前,均成卷筒状;于口感着眼,"签"是油炸后外皮香脆,裹鲜嫩配料型菜品。签类菜以签命名,主要取其形象如签——籖笼。开封签子菜与东京签有关。羊头签、鹅鸭签、鸡签,均为裹馅油炸、形似签筒之菜肴。然"签"亦可做羹,若饮膳正要沸汤点服之"酥签"也。

〔四七〕**炒兔**

［文案］宋诩竹屿山房杂部卷三兽属制谓:"炒兔"为"油炒兔",炒法与"油炒羊"同:"用羊为轩。先取锅熬油,入肉加酒水烹之,以盐、蒜、葱、花椒调和。"

〔四八〕**葱泼兔**

［文案］葱泼兔即以葱为主而调之者。贾思勰齐民要术羹臛法作兔臛法即此一例:"兔一头,断,大如枣。水二升,酒一升,木兰五分,葱三升,米一合,盐、豉、苦酒,口调其味也。"

〔四九〕**假野狐**

［文案］州桥夜市已注野狐,"假"者乃以它物象此物形者也。钱

易南部新书可证:"野狐泉店,在潼关之西,泉在道南店后坡下。旧传云:'野狐掊而泉涌,店人改为冷淘,过者行旅止焉。'今法馔中有野狐泉者,以绿粉为之,亦象此也。"

〔五○〕**金丝肚羹**

〔文案〕州桥夜市所注"金丝党梅",可参。金丝肚羹据食谱为切丝肉肚汤之类。较常见为羊肚切丝。或以所切菜丝如黄花菜等命名。

〔五一〕**石肚羹**

〔文案〕依林洪山家清供卷下白石羹言,于溪流清处,取小白石子或带藓苔石子一二十枚,置水煮之,取其泉石之气。再入肉肚烹羹。

〔五二〕**假炙獐**

唐慎微重修政和经史证类备用本草卷十七兽部中品獐骨:獐骨,微温。主虚损,泄精。臣禹锡等谨按药性论云:獐骨,味甘无毒。肉,温补,益五藏。臣禹锡等谨按蜀本云:獐囟味甘。孟诜云:肉亦同,麋酿酒,道家名为白脯,惟獐鹿是也。余者不入,又其中往往得香栗子大,不能全香亦治恶病。其肉八月止十一月食之,胜羊肉,自十二月止七月食,动气也。又若瘦恶者食,发痼疾也。日华子云:獐肉无毒。髓,益气力,悦泽人面。陶隐居云:俗云白肉是獐,言白易惊怖也。又呼为麋,居筍切。麋肉不可合鹄肉食,成症痼也。今按陈藏器本草云:麇,主人心粗豪,取心、肝曝干为末,酒下一具,便即小胆;若小心食之,则转怯不知所为。道家名白脯者,麋鹿是也。臣禹锡等谨按日华子云:骨补虚损,益精髓,悦颜色,脐下有香,治一切虚损。图经曰:獐骨及肉,本经不载所出州土,今陂泽浅草中多有之,亦呼为麇。獐之类甚多,麇其总名也。有有牙者,有无牙者,用之皆同。然其牙不能噬啮。崔豹古今注曰:獐有牙而不能噬,鹿有角而不能触是也。其肉自八月已后至十一月以前食之,胜羊肉。十二月至七月食之动气,道家以獐鹿肉羞为白脯,言其无禁忌也。唐方有

鄆州獐骨

重修政和经史证类
备用本草麋图

獐骨酒及獐髓煎,并补下,其脑亦入面膏。

［文案］林洪山家清供卷下炙獐条:"本草:秋后,其味胜羊。道家
羞为白脯。其骨可为獐骨酒。今作大脔,用盐、酒、香料腌少顷,取羊
脂包裹,猛火炙热,擘去脂,食其獐。"若加之以"假",则不难想见必是
以植物性食物制成象形獐肉,作熟即可。

〔五三〕**煎鹌子**

［文案］诸食谱制鹌鹑法颇多,所言皆为茶油、芝麻油炒鹌鹑,独无
煎鹌鹑。马纯陶朱新录则记蔡京大观间为相,因贺雪,庖者杀鹌子千
余,"为君羹内肉",必有"煎"成之点心也。又江少虞宋朝事实类苑卷
五八油煎蛤蜊谓:"如今之北方人,喜用麻油煎物,不问何物,皆用油
煎。"据此可知,"煎鹌子"已负盛名久矣。

〔五四〕**生炒肺**

［文案］据居家必用事类全集谓:"生肺:獐肺为上,兔肺次之。如
无,山羊肺代之。一具全无损者,使口呷尽血水,用凉水浸,再呷再浸。
倒尽血水如玉叶方可。"若炒,一般则切肺为丝,入蒜。

〔五五〕**炒蛤蜊**

顾仲养小录卷之下鱼之属臊子蛤蜊:水煮去壳。切猪肉,肥精相
半,作小骰子块,酒拌,炒煮半熟,次下椒、葱、砂仁末、盐、醋和匀,入蛤
蜊同炒一转,取前煮蛤原汤澄清烹入汤不许太多,滚过取供。

［文案］元易牙遗意亦有同载,可知"炒蛤蜊"影响甚巨。

〔五六〕**炒蟹**

童岳荐调鼎集卷五江鲜部炒蟹肉:以现剥现炒之蟹为佳,过两个
时辰则肉干而味失。

蟹炒面:不论切面、索面,同蟹肉油炒。又,加火腿丁炒;蟹肉炒细
肉丝;脊筋炒蟹肉。又,青菜心炒蟹肉。又,栗菌炒蟹肉。

〔五七〕**渫蟹**

无名氏居家必用事类全集庚集肉羹食品螃蟹羹:大者十只,削去

毛净,控干。剁去小脚稍并肚脐,生拆开,再剁作四段。用干面蘸过下锅煮。候滚,入盐、酱、胡椒调和供。与冬瓜煮,其味更佳。

童岳荐调鼎集卷五江鲜部煮蟹:蟹洗净,用生姜、紫苏、橘皮、盐同煮,水略滚便翻转,大滚即起,蘸用橙橘丝、姜粉、老醋。

〔五八〕**洗手蟹**

傅肱蟹谱下篇食品:北人以蟹生析之,酤以盐梅,芼以椒橙。盥手毕,即可食,目为"洗手蟹"。

浦江吴氏中馈录脯蟹生:用生蟹剁碎,以麻油先熬熟,冷,并草果、茴香、砂仁、花椒末、水姜、胡椒俱为末,再加葱、盐、醋共十味,入蟹内拌匀,即时可食。

洪迈夷坚乙志卷第一梦读异书:有婺女僧怀政来,同寓慧通寺,政作东坡玉糁羹,约沈陆共之。陆至,则羹尽矣,因戏政曰:"恰沿河来,见舟中妇人作洗手蟹,偶得一诗,持赠子,云:'紫髯霜蟹壳如纸,蒲萄作肉琥珀髓。主人揎腕研两螯,点醋揉橙荐新醴。痴禅受生无此味,一箸菜根饱欲死。唤渠试与赣釜底,换取舌头别参起。'坐皆传玩击节。"

〔五九〕**炙鸡**

戴侗六书故卷三天文下:炙炙,之石切,肉在火上,炙之义也,肉既炙为炙,之夜切,又作炙,夕声。

吴自牧梦粱录卷十六分茶酒店:又有托盘檐架至酒肆中,歌叫买卖者,如炙鸡、八焙鸡、红燠鸡、脯鸡。

〔六〇〕**羊脚子**

郑光祖一斑录杂述二名厨佳制:羊脚馔,冬月收鲜羊爪风干,至春夏用之。煮使极烂,去骨,盛小碗,浇以红烧鸡肉汁,蒸令入味,面糁砂仁末。

〔六一〕**脆筋巴子**

浦江吴氏中馈录脯鲊算条巴子:猪肉精肥,各另切作三寸长,各如

177

算子样,以砂糖、花椒末、宿砂末调和得所,拌匀、晒干、蒸熟。

<u>西湖老人繁胜录</u>食店:红羊犯、影戏犯、算条犯。

[文案]巴子为盐、糖腌渍而成之干肉,或未腌渍而晒干之肉制品。因其加工时将肉切为不同形状,故名称有所不同。若算条巴,即算筹长条之样。又因肉原料之各异,遂有猪、獐、鹿、兔、胡羊巴之不同。亦有因口感、制式而命名者,"脆筋巴子"、"云梦巴儿"可证。

〔六二〕酒蟹

<u>滕康翰墨丛记</u>:淮南人藏盐酒蟹,凡一器十只,以皂策半挺置其中,则经岁不坏。

<u>傅肱蟹谱</u>下篇<u>酒蟹</u>:酒蟹,须十二月间作。于酒瓮间撇清酒,不得近糟,和盐浸蟹,一宿即取出。

重修政和经史证类
备用本草蟹图

于厣中去其粪秽,重实椒盐讫,叠净器中。取前所浸盐酒,更入少新撇者,同煎一沸,以别器盛之。隔宿候冷,倾蟹中,须令满。蟛蜞亦可依此法。二三月间,止用生干煮酒。

<u>倪瓒云林堂饮食制度集酒煮蟹法</u>:用蟹洗净,生带壳剁作两段。次擘开壳,以股剁作小块,壳亦剁作小块,脚只用向上一段,螯擘开,葱、椒、纯酒,入盐少许,于砂锡器中重汤炖熟。啖之不用醋供。

<u>邝璠便民图纂</u>卷第十四制造类上<u>酒蟹</u>:九月间,拣肥壮者十斤,用炒盐一斤四两,好白矾末一两半,先将蟹洗净,用稀篾篮封贮,悬于当风处,以蟹干为度。好醅酒五斤拌和盐矾,令蟹入酒内,良久取出。每蟹一只,以花椒一颗纳脐内,入磁瓶实捺收贮,更用花椒糁其上,包瓶纸花上,用韶粉一粒,箸札泥固。取时不许见灯,或用好酒,破开,腊糟拌盐矾亦得,糟用五斤。

178

东京梦华录笺注

［文案］酒蟹亦作醉蟹,诸食谱记录颇多。

〔六三〕**鹿脯**

冯贽云仙散录二八二以脯苇羹:董慎续豫章记曰:陈蕃待客,拌饭以鹿脯,苇羹以牛脯,未常别为异馔。

［文案］朱彝尊食宪鸿秘下卷鹿脯条,仅言与牛脯制法同,未作细述。其因莫非鹿脯渊源有自,人皆耳熟能详。贾思勰齐民要术脯腊即可概全:牛、羊、獐、鹿诸制法略同,脯者或切条或切片,若"五味脯":入骨汁煮,就香美豉,葱白捣令熟,加以椒、姜、橘皮末浸,手揉令彻。过三宿或看味透,用细绳穿,于屋北檐下阴干。如清佚名燕台口号一百首所道:"获鹿也知风作脯,擘将生食不须烧。"

〔六四〕**从食蒸作**

四水潜夫武林旧事卷第六蒸作从食:子母茧　春茧　大包子　荷叶饼　芙蓉饼　寿带龟　子母龟　欢喜　撚尖　蒴花　小蒸作　骆驼蹄　太学馒头　羊肉馒头　细馅　糖馅　豆沙馅　蜜辣馅　生馅饭馅　酸馅　笋肉馅　麸蕈馅　枣栗馅　薄皮　蟹黄　灌浆　卧炉鹅项　枣䭔　仙桃　乳饼　菜饼　秤锤蒸饼　睡蒸饼　千层　鸡头篮儿　鹅弹　月饼　馂子　炙焦　肉油酥　烧饼　火棒　小蜜食　金花饼　市罗　蜜剂　饼啖　春饼　胡饼　韭饼　诸色馂子　诸色包子诸色角儿　诸色果食　诸色从食

〔六五〕**海鲜**

罗大经诗话一一五:杨东山尝为余言,昔周益公、洪容斋尝侍寿皇宴,因谈肴核。上问容斋:"卿乡里所产?"容斋,鄱阳人也,对曰:"沙地马蹄鳖,雪天牛尾狸。"又问益公,公庐陵人也,对曰:"金柑玉版笋,银杏水精葱。"上吟赏,又问一侍从,忘其名,浙人也。对曰:"螺头新妇臂,鱼脚老婆牙。"四者皆海鲜也。

施德操北窗炙輠录卷下:杭州江涨桥有富人黄氏,惟嗜鳖,日羹数鳖。

孔平仲谈苑卷一：松江鲈鱼，长桥南出者四腮，天生脍材也。味美肉紧，切至终日色不变，桥北近山，大江入海，所出者三腮，味带咸，肉稍慢，迥不及松江所出。

凌万顷玉峰志卷下土产水族石首鱼：吴地记昆山县石首鱼，冬化为凫，土人呼为鸥鸭，小鱼长五寸，秋化为黄雀食稻。至冬，还海复为鱼。

孙宗鉴西畲琐录：余顷官海上，同僚多吴人，盛夸龟味之美。坐有一关右士人大噱，吴人不能平，余从旁为解纷。

周密癸辛杂识别集上蝤蛑馄饨：轩渠录载，有人以糟蟹徽子同荐酒者，或笑曰："则是家中没物事，然此二味作一处怎生吃?"众以为笑。近传溆浦富家杨彦尝宴客作蝤蛑馄饨，真可作对也。

鲁应龙闲窗括异志：卢十五，嘉兴华亭人，所居修竹乡。卢十五以擉鳖为业，每擉鳖归舍，与其妻活煮其鳖，然后出卖，每日如是。

杨彦龄杨公笔录：鳆鱼，说文以为海鱼也，然自北齐颜之推已云即石决明也，内旁有七孔，至九而止，似蛤。登州所出，其味珍绝，虽有鱼名，固非鱼类。汉以前未闻其贵，至王莽欲败时已闻，但饮酒啖鳆鱼。而光武时张步遣使随伏隆诣阙，上书献鳆鱼。又临淄太守赐吴良鳆鱼百枚，则两汉时此物已号真贵。宋刘邕嗜食疮痂，以为味似鳆鱼，时淮北属江南，无复得鳆鱼，或有间关得至者，一枚直数千，人有饷褚彦回三十枚，门生以为卖之可得十万钱，方是时尤为难得可知。余以谓鳆鱼之珍，尤胜江珧柱，不可干至故也，若沙鱼翅鳔之类，皆可北面矣。

王君玉国老谈苑卷第二：陶毅以翰林学士奉使吴越，忠懿王宴之。因食蝤蛑，询其名类，忠懿命自蝤蛑至蟛蚏，凡罗列十余种以进，毅视之，笑谓忠懿曰："此谓一代不如一代也。"

车若水脚气集卷上：天下有贵物，乃不如贱者，只如眼前海菜，以紫菜为贵，海藻次之。海藻所谓大菜也，苔为下。紫菜爽口，乃发百病。大菜，病又可食。苔之好者，真胜前两菜，且无渣滓。本草谓其能消食也。

常棠海盐澉水志卷上物产门海味:鲻 鲳 鳖 鲛 鱐 鲈 梅
蛎 虾 鳗 鲨 蛤 鲚 鲔 鲬 蛏 蚬 银鱼 鳊 拳螺 香
螺 淡菜 带鱼 鹣鲗 蟛蜞 白蟹 黄鲦 土铁 沙蟹 蚌蛤
老婆蟹 沙鱼 海蛰 望潮鱼

洪迈夷坚乙志卷第十三蚌中观音:溧水人俞集,宣和中,赴泰州兴
化尉,挈家舟行。淮上多蚌蛤,舟人日买以食。

洪迈夷坚甲志卷第四陈五鳅报:秀州人好以鳅为干,谓于水族中
性最暖,虽孕妇病者皆可食。陈五者,所货最佳,人竞往市。

洪迈夷坚丁志卷第十四慈感蚌珠:大观中,湖州人邵宗益买蚌于
市,烹而剖之。

洪迈夷坚丁志卷第十六吴民放鳝:吴中甲乙两细民同以鬻鳝为
业,日赢三百钱。

洪迈夷坚丁志卷第五张琴童:张永年居京师时,值暮冬大雪,家人
宴赏,遣小苍头曰琴童者,持糟蟹海错饷三里间亲戚家。

洪迈夷坚甲志卷第二鳖报:承节郎怀景元,钱塘人。宣和初,于秀
州多宝寺为蔡攸置局应奉,性嗜鳖。一卒善庖,将烹时,先以刀断颈沥
血,云味全而美。

〔六六〕**时果**

佚名李师师外传:帝麾止余人,独与迪翔步而入。堂户卑痹。姥
出迎,分庭抗礼,慰问周至。进以时果数种,中有香雪藕、水果、苹婆、
而鲜枣大如卵,皆大官所未供者。

〔六七〕**生菜**

周煇清波杂志卷第三生菜:绍兴丁巳岁,车驾巡幸建康。回跸时,
先人主丹徒簿,排办新丰镇顿,物皆备。御舟过,止宣索生菜两篮,非
所办者。官吏仓卒供进,幸免阙事。前顿传报,生菜遂为珍品。物有
时而贵,世事奚不然。

祝穆诗话一四食生菜:东晋李鄂立春日命以芦服、芹芽为菜,盘相

馈贶(摭遗)。唐立春日春饼、生菜,号"春盘"(四时宝镜)。齐人月令立春日食生菜,取迎新之意。坡诗:"渐觉东风料峭寒,青蒿黄韭试春盘。"又云:"蓼茸蒿笋试春盘。"

无名氏宣和画谱卷二十蔬果叙论宋生菜图:丁谦,晋陵人。初工画竹,后兼善果实园蔬,傅粉浅深,率有生意,虫蠹残蚀之状,具能模写,至使人扪之,若有迹也。尝画葱一本,为江南李氏赏激,亲书丁谦二字于其上,盖欲别其非常画耳。其后寇准藏之以为珍玩焉。今御府所藏三:写生莲藕图一 写生葱图二

汪灏广群芳谱卷第十五蔬谱三生菜:⬜原 生菜一名白苣,一名石苣。⬜增 [陆玑诗疏]青州谓之芭。⬜原 似莴苣而叶色白,断之有白汁。正二月下种,四月开黄花,如苦荬,结子亦同。八月十月可再种,以粪水频浇,则肥大。谚云:"生菜不离园。"宜生食,又生揉,盐醋拌食,故名生菜。色紫者名紫苣,一云紫苣和土作器,火煅如铜。⬜集藻 [诗散句]⬜增 [唐杜甫]脆添生菜美,阴益食单凉。⬜别录 ⬜原 [种植]作畦下种,如菠薐法,先用水浸种一日,于湿地上衬布置子,以盆合之。候芽出,种畦中,宜肥地。

〔六八〕**白虔布衫**

[文案]京都译注本据三朝北盟会编卷七二、元丰九域志,考"虔布"即虔州(今江西赣县)所产白纻,为其州土贡之品。

〔六九〕**辣菜**

李化楠醒园录卷下做辣菜法:取芥菜之旁芽内叶并心尾二三节,晒两日半。其心节当剖开晒,晒好切节,以寸为度。用清水比菜略多些,将水下锅,煮至锅边响时下菜,用勺翻两三遍,急取起,压去水气,用姜丝、淡盐花作速合拌,收入磁罐内,装塞极紧,勿令稀松。其罐嘴用芥叶滚水微烫过,二三重封固。将嘴倒覆灶上二三时久,移覆地下,一周日开用。好吃咸的,用盐、醋、猪油或麻油拌吃。好吃甜的,用糖、

醋、油拌吃。

甜辣菜法:用白菜帮带心叶一并切寸许长下饭篦,俟水将滚有声时候落去一抄,取起晾干。用好米醋和白糖加细姜丝、花椒、芥末、麻油少许调匀,倾入菜内,拌匀装入坛。三四天可吃,甚美。

〔七〇〕**托小盘**

程大昌演繁露卷之十五托子:古者彝有舟,爵有坫,即今俗称台盏之类也。然台盏亦始于盏托,托始于唐,前世无有也。崔宁女饮茶,病盏热熨指,取楪子融蜡,象盏足大小,而环结其中,置盏于蜡,无所倾侧,因命工髹漆为之,宁喜其为,名之曰"托",遂行于世,而托子遂不可废。今世托子又遂著足,以便插取,间有隔塞其中,不为通管者,乃初时楪子环蜡遗制也。

宋话本郑节使立功神臂弓:众员外身边一家一个妓弟。便教整顿酒来,正吃得半酣,只见走一个人入来。如何打扮?

裹一头蓝青头巾,带一对扑匾金环,着两上领白绫子衫,腰系干红绒线绦,下着多耳麻鞋,手中携着一个篮儿。

这人走至面前,放下篮儿,又着手唱三个喏。众员外道:"有何话说?"只见那汉就篮内取出砧刀,借个盘子,把块牛肉来切得几片,安在盘里。便来众员外面前道:"得知众员外在此吃酒,特来送一劝。"道罢,安在面前,唱个喏便去。

〔七一〕**栗子**

范成大吴郡志卷三十土物下:顶山栗,出常熟顶山。比常栗甚小,香味胜绝。亦号"麝香囊",以其香而软也,微风干之尤美。所出极少,土人得数十百枚,则以彩囊贮之,以相馈遗。此

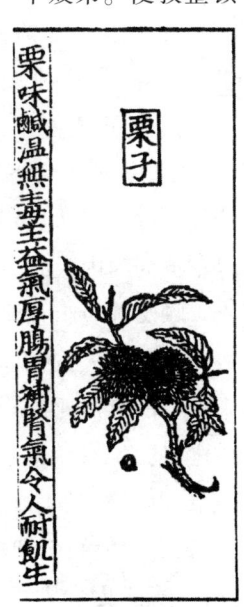

栗味鹹温无毒主益气厚肠胃补肾气令人耐饥生

重修政和经史证类
备用本草栗子图

栗与朔方易州栗相类。但易栗壳多毛,顶栗壳莹净耳。

苏轼格物粗谈卷上:平底栗二枚,一用香油涂底,一用白水涂底,合作一对置锅心中,遂旋盖栗在上,将锅盖密烧一饭,顷俱熟,不粘壳。

脱脱辽史卷一百三列传第三十二文学上萧韩家奴:重熙初,同知三司使事。四年,迁天成军节度使,徙彰愍宫使。帝与语,才之,命为诗友。尝从容问曰:"卿居外有异闻乎?"韩家奴对曰:"臣惟知炒栗:小者熟,则大者必生;大者熟,则小者必焦。使大小均熟,始为尽美。不知其他。"

〔七二〕河北鹅梨

梁克家淳熙三山志卷第四十一土俗类果实:梨鹅梨,旧出近京,今州亦有之,皮薄而浆多,木差短于宣城乳梨,香则胜之。其余轻消梨、拒霜梨、水梨、赤梨、紫梨、煤梨之类,其糜者谓之绵梨。

董弅闲燕常谈:李端行,字圣达,毗陵人。崇宁间,太学屡中魁选,声名藉甚。大观丁亥岁,与诸路质士群试,李士英作魁,圣达第二,意不中之,尝曰:"天下清气,无南北之异,但吴中清气十分钟于人,河朔清气为鹅梨占了八分。"以士英为河内人故也。

顾文荐负暄杂录梨:昔杨吉老在泗州,以医得名。忽有人到门求诊视者,杨与按脉曰:"君来年当以疽毒死,今气血凝结,无可解者。"沉思久之曰:"惟有鹅梨尔,可往京师买鹅梨食,若无生梨,以梨干煎汁饮,并食其滓,候来春,当复访我。"其人如教,至期再往诊脉曰:"病已去矣,恐渴作,若能更食则可安。"后果如其言。是以知梨亦能解气血凝滞之疾,不可以一概论,谓之"百损黄"也。

重修政和经史证类
备用本草梨图

周紫芝十月晦日郡席见鹅梨:雪后新尝浅齿泉,樽前风味固依然。自从北郡无人到,不见鹅梨今几年。鲁酒漫倾犹病渴,并刀未下已流涎。从今莫觅张公种,钉坐虽多不当贤。

徐光启农政全书卷之二十九树艺果部上梨:鹅梨,出近京州郡及北都,皮薄而浆多。味差短干乳梨,香则过之。

〔七三〕**梨干**

汪灏广群芳谱果谱二梨卷第五十五制用农桑通诀:西路产梨处,取甜梨去皮,切作厚片火焙干,谓之梨花,允为佳果,可充贡。

丁宜曾农圃便览秋八月梨干:甜梨去皮,切厚片,火焙干,允为佳果。

〔七四〕**胶枣**

[文案]据李时珍本草纲目卷二十九:枣蒸熟者为胶枣。

〔七五〕**枣圈**

寇宗奭本草衍义卷之十八大枣:今先青州,次晋州,此二等可晒曝入药,益脾胃,为佳。余止可充食用。又云御枣甘美轻脆,后众枣熟,以其甘故多生虫,今人所谓扑落酥者是。又有牙枣,先众枣熟,亦甘美,但微酸,尖长,此二等,止堪啖,不堪收曝。今人将干枣去核,于铛锅中微火缓逼,干为末,量多少,入生姜末为汤,点服,调和胃气,又将煮枣肉,和治脾胃丸药庆尤佳。又青州枣去皮核,焙干为枣圈,达都下,为奇果。

[文案]后梨圈、桃圈制法类同。

〔七六〕**核桃肉**

卢多逊李昉开宝本草果部卷第十七胡桃:味甘,平,无毒。食之令人肥健,润肌,黑发。取瓤烧令黑,未断烟,和松脂研,傅瘰疬疮。又和胡粉为泥,拔白须发,以内孔中,其毛皆黑。多食利小便,能脱人眉,动风故也。去五痔。外青皮染髭及帛皆黑。其树皮止水痢,可染褐。仙方取青皮压油,和詹糖香涂毛发,色如漆。生北土,云张骞从西域将来。

宋话本宋四公大闹禁魂张：那着紫衫的人怀里取出一裹松子、胡桃仁，倾在两盏茶里。

谢维新古今合璧事类备要别集卷四十五果门胡桃：格物总论：胡桃生北土，今陕、洛间多有之，大株厚叶，食之令人肥健。秋冬熟时，采之。又一种，皮厚而坚，底如小栗，三角其中，仁香美。东夷食之当果，云南松子、巴豆相似，其味不及也。

〔七七〕**牙枣**

俞希鲁至顺镇江志卷四土产果：枣有数种，实大味美而色莹，白者名牙枣。

梁克家淳熙三山志卷第四十一土俗类三物产果实：枣种类非一，方者名骰子，尖长者多龙牙。

〔七八〕**海红**

韩彦直橘录卷上海红柑：海红柑，颗极大，有及尺以上围者，皮厚而色红，藏之久而味愈甘。木高二三尺，有生数十颗者，枝重委地，亦可爱。是柑可以致远，今都下堆积道旁者多此种。初因近海，故以海红得名。

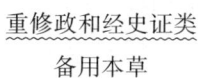

重修政和经史证类
备用本草

史能之咸淳毗陵志卷第十三土产果之属：海红似海棠，结子如弹。

赵彦卫云麓漫钞卷第二：永嘉人呼柑之大而可留过岁者曰"海红"。按古今注："甘实形如石榴者，谓之壶甘。"

姚可成食物本草卷之八果部山果类海红：海红，一名海棠梨，今通称棠蒸梨。状如木瓜而小，二月开红花，实至八月乃熟。盛于蜀中。其出江南者名南海棠，大抵相类，而花差小。棠性多类梨。其核生者

东京梦华录笺注

长慢,十数年乃花。以枝接梨及木瓜者易茂。其根色黄而盘劲,且木坚而多节,外白中赤。其枝叶密而条畅。其叶类杜,大者缥绿色,小者浅紫色。二月开花五出,初如胭脂点点然,开则渐成缬晕,落则有若宿妆淡粉。其蒂长寸余,淡紫色,或三萼、五萼成丛。其蕊如金,栗中有紫须。其实状如梨,大如樱桃,味甘酸,至秋可食。味酸、甘、平,无毒。食之,能治泄痢。

[文案]海红为海红柑,较与事理合,然明清典籍亦有海红为山果类海棠梨之称也。章穆调疾饮食辩第四卷果类记海红"子大如樱桃,味酸涩不宜食。饮膳正要云能止泄痢,涩故也"。以此观之,与本条所言海红远矣。更有甚者,明屠本畯闽中海错疏卷下谓"海红"为蛤蜊之别名。余据本文所示,以"海红"为果较适宜也。

〔七九〕**林檎旋**

范成大吴郡志卷三十土物下:蜜林檎,实味极甘如蜜,虽未大熟,亦无酸味。本品中第一,行都尤贵之。他林檎虽硬大,且醋红,亦有酸味,乡人谓之平林檎,或曰花红林檎。皆在蜜林檎之下。

吴其濬植物名实图考卷之三十一果类林檎:林檎,开宝本草始著录,即沙果。李时珍以为文林郎果即此。

[文案]四水潜夫武林旧事卷九记高宗幸清河郡王第,所上"乐仙果子叉袋儿一行"有"林檎旋"。"旋"当"现"解,为即时可食意。

〔八〇〕**李子旋**

[文案]李子旋即李子条,去核之干果肉也。此旋为回旋切削成长条片状之刀法。

重修政和经史证类
备用本草林檎图

〔八一〕**樱桃煎**

林洪山家清供卷下樱桃煎:樱桃经雨,则虫自内生,人莫之见。用水一碗浸之,良久,其虫皆蛰,蛰而出,乃可食也。　杨诚斋诗云:"何人弄好手,万颗捣虚脆。印成花钿薄,染作冰澌紫。北果非不多,此味良独美。"要之,其法不过煮以梅水,去核,捣印为饼,而加以白糖耳。

〔八二〕**雨梨**

[文案]上古校点本据说郭改"雨梨"为"雪梨",中华邓注本亦如是改,均误。然宋确有雪梨,产于北京一带。庞元英文昌杂录卷第一所记北京压沙是也。震钧天咫偶闻卷十又谓:京师人名雪梨曰雅尔梨,以其产于沙雅尔,故以地名名之也。及读文昌杂录,则作压沙梨,然知者绝稀。雨梨则见于宋周叙洛阳花木记。京都译注本谓"雨梨"与"语儿梨"同,宋笔记常见"语儿梨",或可备一说。

〔八三〕**夫梨**

[文案]孙注本据旧五代史周太祖纪、资治通鉴卷二百九十胡三省注、洛阳花木记、洛阳伽蓝记、本草图经诸书,证皆有水梨而无夫梨,疑"夫"为"水"之误,甚是。"凤栖梨"注引文彦博诗即提"水梨",前注"河北鹅梨"所引淳熙三山志亦有"水梨",均可证。

〔八四〕**甘棠梨**

施宿嘉泰会稽志卷十七木部甘棠:释木云:杜,甘棠。甘棠,今之杜梨也,又曰杜赤棠、白者棠。樊光云:赤者为杜,白者为棠,市人多蒸熟卖之,越人目为梨头,盖其实不如北方之美尔。

陆佃埤雅卷十三释木甘棠:陆玑草木虫鱼疏以为赤棠与白棠同尔,但子有赤白、美恶,子白色为白棠,甘棠也,赤棠子涩而酢无味,俗语曰"涩如杜"是也。

王安石甘棠梨:甘棠诗所歌,自足夸众果。爱其凌秋霜,万玉悬磊砢。园夫盛采摘,市贾争包裹。车输动盈箱,舟载辄连柁。朝分不知数,暮在知几颗。但使甘有余,何分小而椭。主人捐千金,饤饾留四

坐。柑榡与橙栗，在口亦云可。都城纷华地，内热易生火。问客当此
时，蠲烦孰如我。

〔八五〕**凤栖梨**

蔡絛铁围山丛谈卷第六：蒲中产梨枣，已久得名。昔唐太宗时，有
凤仪止梨树上，因变肌肉细腻，红颊玉液，至今号"凤栖梨"也。程大昌
栖梨：陕州有棠树，贞观中有凤止其上，结实香脆，其色赤黄，号"凤
栖梨"。

文彦博蒙惠咸阳水梨极佳快陶隐居谓梨为快果
太原凤栖梨少许纳上非报也欲校其味耳吕大忠运
使惠："凤栖佳果玉浆寒，马乳龙须味一般。自注：
太原葡萄名重天下。未敢便教充钉坐，更将冰蜜校
量看。"自注：咸阳有冰蜜之名。

〔八六〕**镇府浊梨**

［文案］孙注本考镇府，为汉真定国，唐镇
州，五代、宋皆名真定府，今保定。浊梨，一名御
梨，一名紫花梨。

〔八七〕**石榴**

阮阅诗话总龟卷之二十咏物门上九〇七：荆
公作相，苑中有石榴一丛，枝叶甚茂，止发一花，题
诗云："浓绿万枝红一点，动人春色不须多。"

孙奕示儿编卷十五杂记人物异名：石榴，甜
者曰天浆。

陆游家世旧闻上：楚公使虏时，馆中有小
胡，执事甚谨，亦能华言，因食夹子，以食不尽者

重修政和经史证类
备用本草石榴图

与之，拜谢而不食，问其故，曰："将以遗父母。"公喜，更多与之，且问：
"识此何物也？"曰："人言是石榴。"意其言食馏也。

唐慎微重修政和经史证类备用本草卷二十三果部下品安石榴：安

石榴,旧不著所出州土,或云本生西域。陆机与弟云书云:张骞为汉使外国十八年,得涂林安石榴是也。今处处有之。一名丹若。广雅谓之若榴。木不甚高大,枝柯附干,自地便生作丛,种极易息,折其条盘土中便生。花有黄、赤二色,实亦有甘、酢二种,甘者可食,酢者入药。多食其实,则损人肺。东行根并壳入杀虫及染须发口齿等药。其花百叶者,主心热吐血及衄血等。干之作末,吹鼻中立差。崔元亮海上方:疗金疮刀斧伤破血流。以石灰一升,石榴花半斤,捣末,取少许傅上,捺少时,血断便差。对治寸白虫,取醋石榴根,切一升,东南引者良,水二升三合,煮取八合,去滓,着少米作稀粥,空腹食之,即虫下。又一种山石榴,形颇相类而绝小,不作房生,青、齐间甚多,不入药,但蜜渍以当果,或寄京下,甚美。

〔八八〕**河阳查子**

[文案]据孙注本:为今河南孟县一带山楂。

〔八九〕**查条**

无名氏逞风流王焕百花亭第二折:[小二云]小人有一计,可使官人与贺家大姐相见。只要官人不惜廉耻,权做下流,将小人头至下、脚至上浑身衣服并这个查梨条篮儿,都借与官人,打扮做卖查梨条的,才入的那承天寺去。[正末谢科云]高见高见,多承见爱,将你这一弄儿都借与我,就传与我叫的腔儿咱。[小二云]待小人叫与官人听,查梨条卖也,查梨条卖也。[正末学叫科云]可也像么?[小二云]官人倒做的小人的师父哩。[正末唱][随尾煞]皂头巾裹着额颅,班竹篮提在手,叫歌声习演的腔儿溜,新得了个查梨条除授,则这的是郎君爱女下场头。[同下]

第三折[正末提查梨条从古门叫上云]查梨条卖也,查梨条卖也。才离瓦市,恰出茶房,迅指转过翠红乡,回头便入莺花寨。须记的京城古本老郎传流,这果是家园制造,地道收来也。有福州府甜津津、香喷喷、红馥馥、带浆儿新剥的圆眼荔枝,也有平江路酸溜溜、凉阴阴、美甘甘、连叶儿整下的黄橙绿橘。也有松阳县软柔柔、白璞璞、蜜煎煎、带粉儿压匾的凝霜柿饼，也有婺州府脆松松、鲜润润、明晃晃、拌糖儿捏就的龙缠枣头。也有蜜和成、糖制就、细切的新建姜丝，也有日晒皱、风吹干、去壳的高邮菱米，也有黑的黑、红的红、魏郡收来的指顶大瓜子，也有酸不酸、甜不甜、宣城贩到的得法软梨条。俺也说不尽果品多般，略铺陈眼前数种，香闺绣阁风流的美女佳人，大厦高堂俏倬的郎君子弟。非夸大口，敢卖虚名？试尝管别，吃着再买。查梨条卖也，查梨条卖也。

[做叫科，云]查梨条卖也，查梨条卖也。生长在京城古汴，从小里拜个名师。学成浪子家风习惯，花台伎俩。专伏侍那些可喜知音的公子，更和那等聪明俊俏的佳人。假若是怨女旷夫，买吃了成双作对。纵然他毒郎狠妓，但尝着助喜添欢，春兰秋菊益生津，金橘木瓜偏爽口。枝头干分利阴阳，嘉庆子调和脏腑。这枣头补虚平胃，止嗽清脾，吃两枚诸灾不犯。这柿饼滋喉润肺，解郁除焦，嚼一个百病都安。这荔枝红蠋烦养血，去秽生香，长安岁岁逢天使。这查梨条消痰化气，醒酒和中，帝城日日会王孙。查梨条卖也，查梨条卖也。

[做叫科，云]查梨条卖也，查梨条卖也。歌姬未起，客馆先知，查梨条卖也。一声叫入珠帘去，慌杀梳妆镜里人。

[文案]查梨似梨而较梨酸，故卖查梨条，乃寓隐酸涩。王焕吟卖果子品类颇多，反复唱叫查梨条，实以此托名，专一伏侍公子、佳人，"买吃了成双作对"，方为东京之查条盛卖真意也。

〔九〇〕**乳糖狮子**

[文案]中华邓注本将"乳糖狮子糖霜蜂儿"断为"狮子糖"，错。应为"乳糖狮子"，若孔平仲谈苑卷一所言"川中乳糖狮子"。曾慥高斋漫录：宣仁太后上元赏外族每位小儿两个"乳糖狮子"。四水潜夫武林旧事卷六"乳糖狮儿"。朴通事谚解卷之上：几位"好弟兄，在花园里做'赏花筵席'，桌子中间置放'象生缠糖'"，即用白糖、白芝

麻相和,以火煎熬,倾入木刻成物形范模印中,须臾凉后与果实相似的糖食。其中"狮仙糖",即"以糖印做骑狮仙人之形也",亦即"乳糖狮子"。

〔九一〕**糖霜蜂儿**

<u>王灼</u>糖霜谱原委第一:糖霜,一名糖冰,<u>福唐</u>、<u>回明</u>、<u>番禺</u>、<u>广汉</u>、<u>遂宁</u>有之,独<u>遂宁</u>为冠。四郡所产甚微而碎,色浅味薄,才比<u>遂</u>之最下者。凡物以希有难致见珍,故者梨、橙柑、荔枝、杨梅回方不尽出,乃贵重于世。若甘蔗所在皆植,所植皆善,非异物也。至结蔗霜,则中国之大,正比五郡,又<u>遂宁</u>专美焉。外之边僥所出皆有佳蔗,而糖霜无闻,此物理之不可诘也。第七,本草称甘蔗消痰止渴,除心烦热。今糖霜亦如之。然沙糖招痰饮,殊不可晓也。有作汤者作饼者,并附其法:<u>吴氏</u>龙涎香七分饼和之。糖霜饼:不以斤两,细研,劈松子或胡桃肉,研和匀如酥蜜食,模脱成。模方圆雕花各随意,长不过寸。研糖霜必择颗块者,沙脚即胶粘不堪用。

<u>周密</u>浩然斋意抄蔗霜糖冰:<u>鲁直</u>答雍熙长老寄糖霜诗:"远寄蔗霜如有味。"又糖霜谱曰:"<u>遂宁</u>有糖冰,冠于四郡。"

[<u>文</u>案]"糖霜蜂儿"亦可称之为"珑缠果子"。<u>四水潜夫</u>武林旧事卷第九:<u>张俊</u>进御筵节次所上"珑缠果子一行""糖霜玉蜂儿"可证。其制无非和胡桃、松子研匀,脱入食模而成。呈蜂状,故名。<u>北宋汪藻</u>蜂儿行诗则谓土人唤蜜蜂为"霜蜂"。"那知<u>长安</u>贵公子,酒酣咀尔不摇牙。登盘未辨羽与股,百金购买囊红纱。"捕捉"霜蜂"充稀罕佳食,已登京都美食之殿堂,故采卖者、刻意仿作者纷纷。

〔九二〕**绵桭**

<u>韩彦直</u>橘录卷中绵橘:绵橘,微小,极软美可爱,故以名。圃中间见一二树,结子复稀。物以罕见为奇,此橘是也。

<u>张淏</u>宝庆会稽续志卷第四果:桭,<u>越</u>中固有,而<u>剡</u>为多。<u>张籍</u>诗:"山路黄桭熟,沙田紫芋肥。"真<u>剡</u>中风物也。<u>梅圣俞</u>诗:"<u>越</u>薑桭熟久,

<u>东京梦华录笺注</u>

192

楚饭稻春初。"

〔九三〕**龙眼**

　　梁克家淳熙三山志卷第四十一土俗类果实：龙眼一名益智，叶凌冬不凋，春末夏初生细白花，七八月实成，壳青黄色，圆如弹，肉白而甜，有大如钱者，人亦珍之，曝干寄远，亚于荔枝。

　　卢多逊、李昉开宝本草木部中品卷第十三：龙眼。味甘，平，无毒。主疗五脏邪气，安志厌食，除虫去毒。久服强魂魄，聪察，轻身不老，通神明。一名益智。其大者似槟榔。生南海山谷。

　　[陶隐居云]广州别有龙眼，似荔枝而小，非益智，恐彼人别名，今者为益智耳，食之并利人。

　　[唐本注云]益智，似连翘子。头未开者，味甘、辛，殊不似槟榔。其苗、叶、花、根与豆蔻无别，唯子小耳。龙眼一名益智，而益智非龙眼也。其龙眼树，似荔枝，叶若林檎，花白色，子如槟榔，有鳞甲，大如雀卵，味甘、酸。

　　[今注]按此树高二丈余，枝叶凌冬不凋。花白色，七月始熟，一名亚荔枝。大者形似槟榔而小，有鳞甲，其肉薄于荔枝而甘美，堪食。本经云一名益智者，盖甘味归脾而能益智，非今益智子尔。

〔九四〕**召白藕**

　　谈钥嘉泰吴兴志卷二十物产：莲藕，尔雅：荷，芙蕖，其实莲，其根藕。今乡土多水泊，绕郭三二十里，多种之，夏月弥望如锦绣。芙蕖有红、白两种，红者莲腴而甜，藕硬而淡；白者莲嫩而淡，藕莹而甜。故乡人以红荷莲、白荷藕为贵。

　　苏颂本草图经果部卷第十六藕实茎，生汝南池泽，今处处有之。生水中，其叶名荷。谨按尔雅及陆机疏谓荷为芙蕖，江东呼荷。其茎茄，其叶蕸加遐二音，或作葭，其本蔤土笔切，茎下白蒻音若在泥中者。

重修政和经史证类
备用本草龙眼图

193

其华未发为菡萏,已发为芙蓉。其实莲,莲谓房也。其根藕,幽州人谓之光旁,至深益大,如人臂。其中的,莲中子,谓青皮白子也。中有青长二分为薏,中心苦者是也。凡此数物,今人皆以中药。藕生食,其茎主霍乱后虚渴烦闷,不能食及解酒食毒。花镇心,益颜色,入香尤佳。荷叶止渴,杀蕈毒,今妇人药多有用荷叶者。叶中蒂,谓之荷鼻,主安胎,去恶血,留好血。实主益气。其的至秋,表皮黑而沉水者,谓之石莲。陆机云可磨为饭如粟饭,轻身益气,令人强健。医人炒末以止痢,治腰痛。又治哕逆,以实人六枚,炒赤黄色,研末,冷熟水半盏,和服,便止。惟苦薏不可食,能令霍乱。大抵功用主血多效,乃因宋太官作血莓,庖人削藕皮误落血中,遂散不凝,自此医家方用主血也。

[文案]京都译注本考证"召白"为"邵伯",为今江苏江都县湖泊之名。

〔九五〕甘蔗

潜说友咸淳临安志卷之五十八物产果之品:甘蔗旧贡。今仁和、临平、小林多种之,以土窖藏至春夏,可经年味不变,小如芦者曰荻蔗,亦甘。

唐慎微重修政和经史证类备用本草卷二十三果部中品甘蔗:甘蔗音柘味甘,平,无毒,主下气,和中,助脾气,利大肠。陶隐居云:今出江东为胜,庐陵亦有好者。广州一种数年生,皆如大竹,长丈余,取汁以为沙糖,甚益人。又有荻蔗,节疏而细,亦可啖也。今按:别本注云:蔗有两种,赤色名昆仑蔗,白色名荻蔗,出蜀及岭南为胜,并煎为沙糖。今江东甚多,而劣于蜀者,亦甚甘美,时用煎为稀沙糖也。今会稽作乳糖殆胜于蜀,去烦止渴解酒毒。臣禹锡等谨按蜀本图经云:叶似荻,高丈许,有竹、荻二蔗,竹蔗茎粗出江南,荻蔗茎细出江北,霜下后收茎,笮其汁为沙糖,炼沙糖和牛乳为石

重修政和经史证类备用本草甘蔗图

194

蜜,并好。日华子云:冷利大小肠,下气痢,补脾消痰,止渴除心烦热,作沙糖润心肺,杀虫解酒毒,腊月窖粪坑中,患天行热狂人,绞汁服,甚良也。

洪迈容斋诗话八八:蔗有四色,曰杜蔗,曰芳蔗,曰西蔗,本草所谓荻蔗也,曰红蔗,本草所谓昆仑蔗也。红蔗止堪生啖,芳蔗可作沙糖,西蔗可作霜,色浅,土人不甚贵。杜蔗紫嫩,味极厚,专用作霜。凡蔗最困地力,今年为蔗田者,明年改种五谷以息之。霜户器用,曰蔗削,曰蔗镰,曰蔗凳,曰蔗榨,曰榨斗,曰榨床,曰滚瓮,各有制度。

成寻参天台五台山记第一(延久四年四月):十五日甲子:未时,梢工陈从志与甘蔗一枝,长四尺,口径一寸,节三寸五分,皆齐在之,寸切吃汁,如未煎,极甘美也,吸取汁后,去舍。

谈钥嘉泰吴兴志卷二十物产甘蔗:续图经载:三都赋谓之诸蔗,本草甘蔗注云:有两种,赤色名昆仑蔗,白色名荻蔗,今土人亦种两种。

〔九六〕**溜梨**

苏颂本草图经果部卷第十六梨:又江宁府信州出一种小梨,名鹿梨,叶如茶,根如小拇指,彼处人取其皮治疮癣及疥癞,云甚效,八月采。近处亦有,但采其实作干,不闻入药。

叶廷珪海录碎事卷二十二下果实门鹿梨:鹿梨亦名鼠梨、山梨也。今人有种者,其味极甘美。

姚可成食物本草卷之八果部山果类:鹿梨一名山梨。江宁府信州一种小梨名鹿梨,叶如茶,根如小拇指。彼人取皮治疮,八月采之。李时珍曰:山梨,即野梨也,处处有之。梨大如杏,可食。其木文细密,赤者文急,白者文缓。按陆玑云:鹿梨,齐郡尧山、鲁国、河内皆有,人亦种之。实似梨而酢,亦有美脆味甘者。鹿梨味酸涩,寒,无毒。煨食治痢。

〔文案〕"溜梨浆"见于西湖老人繁胜录,为消暑佳水。

〔九七〕**林檎干**

[文案]吕本中童蒙训卷中记:荥阳公为郡处,令公帑多蓄鲖鱼诸干物,及笋干、簟干以待宾客,以减鸡、鸭等物。此例可见宋制动物干、植物干之风气。范成大吴郡志所述多种林檎,多可制干。

〔九八〕**枝头干**

叶梦得石林燕语卷五:元祐初,用治平故事,命大臣荐士试馆职,多一时名士,在馆率论资考次迁,未有越次进用者,皆有滞留之叹。张文潜、晁无咎俱在其间。一日,二人阅朝报,见苏子由自中书舍人除户部侍郎,无咎意以为平,缓曰:"子由此除不离核。"谓如果之粘核者。文潜遽曰:"岂不胜汝枝头干乎?"闻者皆大笑。东北有果如李,每熟不得摘,辄便槁,土人因取藏之,谓之"枝头干",故云。

〔九九〕**芭蕉干**

周去非岭外代答卷八花木门一七五蕉子:芭蕉极大者凌冬不凋,中抽一干,节节有花如菡萏。花谢有实,一穗数枚,如肥皂,长数寸。去皮取肉,软烂如绿柿,极甘冷。四季实。以梅汁渍,暴干按匾,所云"芭蕉干"是也。

梁克家淳熙三山志卷第四十一土俗类果实:蕉葩如菡萏,嫣紫而倒垂,左右挺弓骈其间,味甘清,嫣紫者为佛指蕉,极香美为牙蕉,曝干可以寄远,无实而花红者为红蕉,白者为水蕉。

〔一〇〇〕**榛子**

陈耆卿嘉定赤城志卷之三十六风土门果之属:榛似栗而圆小,又有二种曰钩栗,俗呼巢钩。

〔一〇一〕**榧子**

高似孙剡录卷十草木禽鱼诂下果榧:平泉草木记曰:木之奇者,稽山之榧。东坡诗:"彼美玉山果,粲为金粲实。"玉山属东阳,剡、暨接壤,榧多佳者,僧巽中榧汤诗:"久厌玉山果,初尝新榧汤。"榧肉和以生蜜,水脑作汤,奇绝。其木宜制书几。

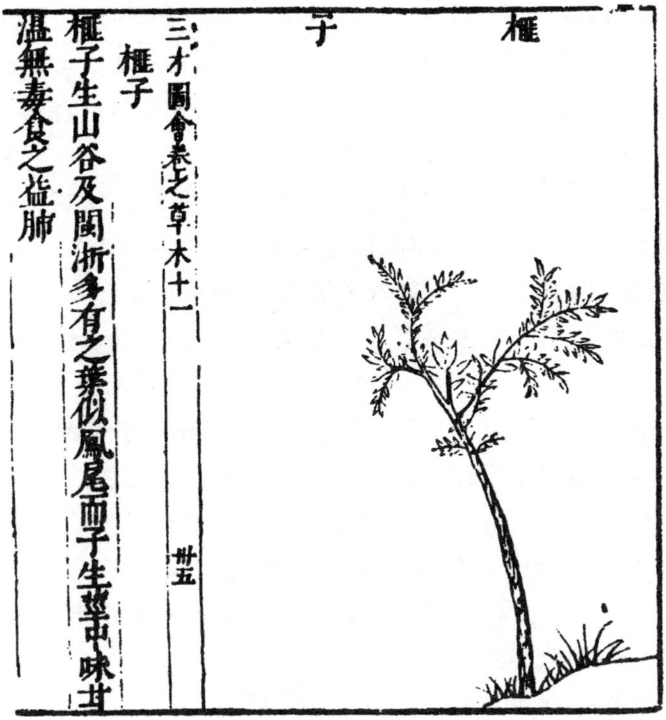
榧子
三才圖會卷之草木十一
榧子
榧子生山谷及閩浙多有之葉似鳳尾而子生葉中味甘溫無毒食之益肺
卅五

三才图会榧子图

〔一〇二〕**诸般蜜煎**

蔡襄荔枝谱第六：福州旧贡红盐、蜜煎二种。庆历初，太官问岁进之状，知州事沈邈以道远不可致，减红盐之数，而增白晒者。兼令漳、泉二郡亦均贡焉。蜜煎，剥生荔枝，榨去其浆，然后蜜煎之。予前知福州，用晒及半干者为煎，色黄白而味美可爱，其费荔枝减常岁十之六七。

［文案］六十年代初中华书局影印元至顺刊行之南宋陈元靓新编纂图增类群书类要事林广记，日本元禄十二年(1699)京都今井七郎兵卫、中野五郎左卫门翻刻元泰定二年新编群书类要事林广记，两本均记煎荔枝，又记诸般蜜煎：造蜜煎法、干蜜煎法、煎酸果、煎金橘、煎地黄、煎桔梗、煎樱桃，大体无差，小异者，元至顺本多桃、杏、藕。均同

者:造蜜煎诀:凡煎果,最要遂其本性,酸苦辛硬,随性制之毕,以半蜜半水煮十数沸,乘热控干,别换纯蜜入银石铫内,用文武火再煮,取其色明透为度,入新缸盛贮,紧蜜封窖,勿令生虫,更须时复看视,才觉蜜酸,急以新蜜炼熟,易之,虽久不损。

换蜜煎法:(文案:日本翻刻泰定本为干蜜煎法)此法切须择蜜,凡蜜有数等,春为百花蜜,其蜜杂以乳蜂,色浑而味酸,又作腥气。冬为稻花蜜,色如凝脂,味亦易酸,皆不堪用,须择真纯夏蜜乃佳。应于果子如常法煎讫,随手控去熟蜜,换生夏蜜,浸入瓶,日久自然凝洁,干净可爱。

煎酸果法:(文案:日本翻刻泰定本为造蜜煎法)凡煎果子,酸者用朴硝破水,大段硬酸者,用汤化,朴硝放冷浸去酸味,软酸者,只炼蜜,放冷浇在果子,淹一宿,其酸味自去,煎时须用银石铫为佳。

煎金橘法:金橘大者,镂开,以法酒煮透,候冷,用针挑去核,捺遍沥尽汁。每一斤用蜜半斤,煎去酸水苦汁,控出,再用蜜半斤,煎入,瓷器收之。煎橙橘,一依此法。

煎地黄法:生地黄根肥壮者,四两白梅,肉半斤,同以水煮,不可烂,竹刀子去皮,再用甘草二两浸水,煮一时后,入蜜半斤,慢火煎,取出入罐再炼,蜜候冷浸之。

煎桔梗法:桔梗捡均大者,米泔浸,去皮及烂者,以井水煮,取出,以蜜四两,慢火煎,蜜尽为度,再用蜜半斤重浸,日中晒干为度,以瓷罐收贮若干,再炼蜜添之。

煎樱桃法:樱桃不以多少,挟去核,银石器内,先以蜜半斤,慢火熬煎,出水,控向筲箕中,令干,再入蜜二斤,慢火煎,如琥珀色为度,放冷,以瓷器收贮之为佳也。

煎荔枝法:荔枝和皮晒。一日频一番转,令匀。次日,取肉,每一斤用白蜜一斤半,于银石器内,慢火煎百十沸,却以文武火养一日,瓷钵摊开,于日中晒,蜜浓也。

小异者:(中华书局影印元至顺本)煎桃杏:杏一百个,盐半斤,淹三日出,晒半干,冷水洗过,晒干,去核,熟蜜三斤浸,晒蜜干为度。桃一百个,去皮核,切作片子,先以蜜去酸水,然后用别蜜煎,涝去晒干,方收之。

煎藕:初秋,藕新生者,汤内焯,令五分熟,去皮切作条子,每一斤用白梅四两,浸汁一大碗,放令冷浸一时辰,涝出控干,用蜜六两,去卤水,别蜜十两,慢火煎放,令入罐。

〔一○三〕**罐子党梅**

[文案]罐子党梅为梅之别种。即如段公路北户录卷三红梅所记:岭北红梅,选其大梅,刻镂瓶、罐结带之类。取梅汁渍之,亦甚甘脆。又段公路引郑公虔云:因乌苌国之婆芙迦木,其子如升大,花披之时,"人即雕画瓦罐承花,候其子长满罐中,即破而取之,文彩彬焕,与画罐相类"。所谓"雕画瓦罐"。"犹中国镂梅",即以梅镂罐,所谓"罐子党梅"是也。

〔一○四〕**柿膏儿**

寇宗奭本草衍义卷之十八柿:有着盖柿,于蒂下别生一重,又牛心柿,如牛之心。蒸饼柿。如今之市买蒸饼。华州有一等朱柿,比诸品中最小,深红色。又一种塔柿,亦大于诸柿,性皆凉,不至大寒,食之引痰,极甘,故如是,去皮,挂大木株上,使风日中自干,食之多动风火,干者味不佳,生则涩,以温水养之,需涩去可食。逮至自然红烂,涩亦自去,干则性平。

[文案]柿熟制为膏,先将柿洗净,切丝榨汁,加糖浆、蜂蜜,锅中熬煮再过滤,倾入罐、瓶。膏之程序与清嘉庆创制"秋梨膏"无甚大异。

〔一○五〕**香药小元儿**

[文案]元者,丸也。香药小丸儿为泛称,以香药配料制成小丸子,如许国桢御药院方言:如梧桐子、豌豆、榛子、樱桃、弹子、小豆、绿豆、麻子等类之大,为饮食期间必备爽口顺气之食。其用如韩弈易牙遗意

食药类所述:透顶香、硼砂丸、甘露丸、豆蔻丸、橄榄丸、丁香煎丸、荜澄茄丸等,其用或辟化恶气,清口舒脉,醒酒降火,生津止渴;或悦泽颜色,补益脾胃,除臭解劳,进美饮食,如洪刍香谱窨酒龙脑丸:龙麝研细末,蜜为丸,和如樱桃大,一斗酒置一丸于中,封密,三五日开饮,其味香美。又如周嘉胄香乘:豆蔻香身丸:丁香、青木香、藿香、甘松各一两。白藏、香附子、当归、桂心、槟榔、豆蔻各半两。麝香少许,右为细末,炼蜜为剂,入少酥油,丸如梧桐子大。每服二十丸,逐旋嚼化咽津,久服,令人身香。所谓"香药小丸儿",大致如是。

〔一〇六〕**小腊茶**

陈元靓新编群书类要事林广记癸集卷之十造腊茶法:细茶不拘多少,重蒸过焙干,细碾,煮精米,胶和,令微润,于茶模子上,以木槌令实,焙干片子方收之。

孙昇孙公谈圃卷中:曾鲁公七十余,苦痢疾,乡人陈应之用水梅花、腊茶服之,遂愈。

〔一〇七〕**鹏沙元**

韩奕易牙遗意卷下食药类硼砂丸:片脑五分,射香六分,硼砂五分,寒水石六两,甘草膏丸,朱砂一钱五分为衣。

高濂遵生八笺卷十三法制药品类硼砂丸:片脑五分,麝香四分,硼砂二钱,寒水石六两,甘草膏丸,朱砂四钱为衣。

〔一〇八〕**猪羊荷包**

[文案]贾思勰齐民要术有"鸡鸭子饼"制法:"破,写瓯中,不与盐。锅铛中膏法煎之,令成团饼,厚二分。全奠一。"此为荷包蛋之煎法,移之于"猪羊荷包",亦相类:用猪羊细碎肉屑,摊于锅铛之中,成团饼即荷包之形。每份一个。或作衬菜。若宋诩竹屿山房杂部卷二"猪肉饼三制"最明,其制为丸饼形,以肉泥杂以藕末,或外包以绿豆粉皮,内包以或去壳或炒熟之芝腐、豆腐、山药、生竹笋、蒸果、蒸蔬、鲜菱肉、豇豆、鸡头茎。酱油同香油煎熟。"羊荷包"与此同法。

〔一○九〕**烧肉干脯**

顾仲养小录卷之下肉之属肉脯：诀曰：一斤肉切十来条，不论猪羊与太牢。大盏醇醪小盏醋，葱椒茴桂入分毫。飞盐四两称来准，分付庖人慢火烧。酒尽醋干方是味，味甘不论孔闻韶。

［文案］此与元居家必用事类全集"脯法"三歌诀大同小异，足见烧肉干脯自宋传之久远。

〔一一○〕**玉板鲊**

楼钥玉板鲊次陆子元郎中韵：鲟黄不减鲸与鳣，逆风鼓鬣喷腥涎。渔人不顾浪如山，谈笑坐致扁舟前。一钩香饵不得去，何用大网相牵缠。挥刀纷纭脔肉骨，巨口噞喁诚可怜。珍鲊万瓮不论钱，头颅万里趼行肩。星郎日参玉板禅，颇厌蔬食供盘筵。尚书亲作孟宗寄，坐觉匕箸生春妍。却笑多事张茂先，光怪异说空十年。

陈元靓新编群书类要事林广记癸集卷之十玉板鲊：鲤鱼大者，取净肉，随意切片，每斤用盐一两，淹过宿，漉出，控干，入川椒、马芹、芜荑、阿魏、□叶、熟油半两、酸醋一盒、粳饭三两匙，再入盐少许调和，入瓶。

刘基多能鄙事卷之一鲊法：青鱼、鲤鱼，大者皆可，取净肉随意切片，每一片用盐一两，淹过夜，控干，入川椒、□□、生姜、橘皮丝、葱丝、熟油半两、橘叶数片、茴香少许、硬饭三两匙，再入盐少许调和，箬封泥固。

〔一一一〕**片酱**

陈元靓新编群书类要事林广记癸集卷之十白鱼片酱：白鱼事治了，揩干作大片批开，每鱼五斤，入盐半斤、青椒、红曲、莳萝、米黄一升半，生葱不拘多少，切□，生油二两，和匀，同入罐，封窨。先用盐半两，淹出水。

［文案］据厉荃原辑、关槐增编事物异名录卷十五饮食部鲊录苑详注：江、淮间，以鳇、鲟鱼为鲊，名曰片酱。又曰玉板鲊。依此验之"玉板鲊"、犯鲊、片酱之类，语序吻合。非诸食谱所记制酱"切片"之俗称。

卷之二 饮食果子

〔一一二〕**煎鱼鸭子**

贾思勰齐民要术卷第八胚腤煎消第七十八蜜纯煎鱼法:用鲫鱼,治腹中,不鳞。苦酒、蜜中半,和盐渍鱼;一炊久,漉出。膏油熬之,令赤。浑奠焉。

鸭煎法:用新成子鸭极肥者,其大如雉,去头烂治,却腥翠五藏,又净洗,细锉如笼肉,细切葱白,下盐豉汁,炒令极熟,下姜椒末,食之。

〔一一三〕**炒鸡兔**

[文案]炒鸡,诸食谱甚多。林洪山家清供黄金鸡曾言之:"有如新法川炒等制。"川炒者,即刘基多能鄙事川炒鸡:"每只治净,切作事件。炼香油三两炒,内入葱丝、盐半两。炒七分熟,以酱一匙同砥烂胡椒、茴香,入水一大碗,下锅煮熟。加好酒少许。"或又见袁枚随园食单:梨炒鸡、炒鸡片、炒鸡丁、栗子炒鸡。兔与鸡并列则少见,独炒则有之,如童岳荐调鼎集炒兔丝:"切细丝,加笋、酱油、醋炮炒。"或炒鸡、兔法同,故并列言之,如宋诩竹屿山房杂部:兔制皆可仿羊制。如前注"炒兔"也。

〔一一四〕**煎燠肉**

贾思勰齐民要术卷九作脖奥糟苞第八十一作奥肉法:先养宿猪令肥,腊月中杀之。撏讫,以火烧之令黄,用暖水梳洗之,削刮令净。刳去五藏。猪肪燠取脂。肉脔,方五六寸作,令皮肉相兼。着水令相淹渍,于釜中燠之。肉熟水气尽,更以向所燠肪膏煮肉。大率脂二升,酒三升,盐三升,令脂渡没肉。缓水煮半日许,乃佳。漉出瓮中。余膏仍泻肉瓮中,令相淹渍。食时,水煮令熟,而调和之,如常肉法。尤宜新韭。新韭烂拌,亦中炙啖。其二岁猪,肉未坚,烂坏,不任作也。

[文案]燠肉似过油之肉,加之淹渍,耐久,食时可煎,亦可他作。卷四:"食店","淘煎燠肉"亦同。

〔一一五〕**梅汁**

章穆调疾饮食辩第一卷总类梅汁:古作某,又作梟,又作某,象子在木上之形。后人作梅。然书之盐梅,诗之标梅,皆从木、每,则其来亦古矣。<u>尔雅</u>曰:梅,楠。<u>孙炎正义</u>:荆州曰梅,扬州曰楠。<u>纲目</u>曰:梅实酢,可以媒合众味,故名梅。<u>书</u>曰:若作和羹,尔维盐梅。<u>埤雅</u>曰:梅入北方变为杏。故<u>诗疏</u>曰:杏类也。此说殊不然。橘逾<u>淮</u>而为枳,形既相似,花、实又复同时,谓之同类则可。梅、杏形既不似,花、实早晚更极相悬。杏花在开桃花之殿,梅花早者初冬即放。<u>宋</u>人句曰"十月先开岭上梅",迟亦不过冬至前后。<u>杜</u>工部<u>冬至</u>诗曰:"岸容待腊将舒柳,山意冲寒欲放梅。"惟其受气各殊,故荣枯节候各异。徒以其变杏谓为同类,则物之易地、易时而变者,多不可以理测,如雀蛤、雉蜃、鼠鴽之属,皆可云同类乎?至因梅字,谓反梅为杏,反杏为梅,尤为拘泥。<u>范石湖梅谱</u>曰:江梅不经栽接,花小而香,子小而硬;消梅多液无渣;绿萼梅枝跗皆绿;重叶梅枝叶重叠,结实多双;红梅花红如杏;杏梅色淡,实扁而斑;鸳鸯梅一蒂双实。虽种类甚多,惟白花、单瓣者结子最繁。至于花色,俗竞繁华,惟红梅是艳。不知白花五出者,玉骨冰肌,寒香冷艳,其品尤绝高也。<u>高青邱</u>诗曰:"琼姿只合在瑶台,谁向<u>江南</u>处处栽。雪满山中高士卧,月明林下美人来。"<u>林和靖</u>诗曰:"疏影横斜水清浅,暗香浮动月黄昏。"逸韵孤芳,复乎不可尚已。

其子充果,可以香口,然味太酸,极不益人。<u>日华本草</u>曰:多食损齿伤筋(<u>素问</u>曰:酸走筋),蚀脾胃(梅能消肉,<u>本经</u>曰:去死肌,蚀恶肉。脾主肌肉,故外消肌肉者,必内伤脾胃),发膈上痰热(酸则聚饮,故发痰。酸为木味,木生火,故发热)。蜜饯,糖藏皆不为美。热病及表病人切忌。作饮代茶,不可过酸。<u>拾遗</u>曰:能收敛肺气,凡久嗽、久痢宜之(同干姜止冷痢,同黄连止热痢)。又生津止渴,凡霍乱吐下、心烦,及受暑吐泻、汗出但渴者,皆津液受伤也,无不宜之(同粳米或糯米煮汁,米熟为度)。病止即停,不宜过饮。惟暑月力作,及注夏人汗常大泄,不拘粥饮。茶汤中用数枚同煮,微带酸味,长饮极佳。入药:烟薰为乌梅,盐腌为白梅。能制虫,<u>仲景</u>治蛔厥,<u>食鉴本草</u>治蛔虫上行,皆用之。又拾遗用止吐逆,浓汁频饮一匕,又涌吐去涎。
圣济总录用治喉痹乳蛾:白梅去核,包白矾半分,含汁。甚者加炒盐、牙皂末各少许,捣为丸,噙汁咽。又蚀疮疡久烂,死肌恶肉,刘涓子鬼遗方用乌梅烧存性,研敷。又止血,圣惠方治血痢腹痛:乌梅肉、黄连末同捣为丸,米饮下。食疗本草治血崩不止:乌梅肉烧存性,研米,饮下。又治小便溺血,方同上,酒下。又解鱼毒、硫黄毒(水煎浓汁)。又图经治乳痈肿毒,食物本草治刀伤血出,均用白盐梅捣敷。又刺在肉中,捣敷即出。深不能出,亦不作脓(出食疗本草)。又解马汗入疮毒,刺破,挤去紫血,乌梅和醋捣敷(出经验方)。又开牙关紧闭,凡中风、惊痫、喉痹、痰厥等症,牙关不开,药不能入,梅肉擦牙龈,涎出即开。其叶,夏月衣生霉点,煎汤洗即去(并出纲目)。春夏山水暴涨,饮之令人吐泻,头痛恶寒,心烦拘急,日轻夜重,梅叶捣汁,和开水频饮(出肘后方)。

〔一一六〕**血羹**

陆游老学庵笔记卷七:建安陈氏享先,用肝串子、猪白割、血羹、肉汁。皆世世守之,富贵不加,贫贱不废也。

贾思勰齐民要术卷第八羹臛第七十六作羊盘肠雌斛法:取羊血五升,去中脉麻迹,裂之。细切羊胳肪二升,细切姜一斤。橘皮三叶,椒末一合,豆酱一升,豉汁五合,面一升五合,和米一升作糁。都合和。更以水三升浇之。解大肠,淘汰,复以白酒一过,洗肠中屈申。以和灌肠。屈,长五寸,煮之。视血不出,便熟。寸切,以苦酒酱食之也。

章岳荐调鼎集卷三特性部羊羊血羹:腐皮、笋衣、胡椒末、豆粉、豆腐丝、血丝、醋、酱油、原汁作羹。

〔一一七〕**粉羹**

林洪山家清供卷下石榴粉银丝羹附:藕截细块,砂器内擦稍圆,用梅水同胭脂染色,调绿豆粉拌之,入鸡汁煮,宛如石榴子状。又,用熟笋细丝,亦和以粉煮,名银丝羹。此二法,恐相因而成之者,故并存。

〔一一八〕**掩映**

［文案］<u>许政扬</u>宋元小说戏曲语释谓"掩映"或者"遮映",并属重言,止是隐藏,遮藏之意。"掩映"与"遮"字互文,意相同。"掩映"亦"藏"义。

〔一一九〕**稳便**

［文案］宋人笔记小说常见"稳便"。若<u>志诚张主管</u>:"即时邀入酒店一个稳便阁儿坐下。"

幽兰居士东京梦华录　卷之三

马行街北诸医铺

马行北去,乃小货行,时楼,大骨传①药铺,直抵正系旧封丘门,两行金紫医官〔一〕药铺,如杜金钩家〔二〕、曹家独胜元〔三〕、山水李家〔四〕口齿咽喉药〔五〕、石鱼儿班防御、银孩儿柏郎中家医小儿〔六〕、大鞋任家产科〔七〕。其余香药铺席,官员宅舍,不欲遍记。夜市比州桥又盛百倍,车马阗拥,不可驻足,都人谓之"里头"〔八〕。

[校]

　　①京都译注本谓"传"应为"傅",确。

[注]

　　〔一〕金紫医官

　　赵昇朝野类要卷三爵禄伎术官服色:医官并太史官,谓之文官头、武官尾。盖初入仕着绿,及格则换紫并红鞓带,又及和安春官大夫,则或特转之类，而医官有特赐金带者。

江少虞宋朝事实类苑卷第四十八占相医药太宗校医人：贾黄中为礼部侍郎兼起居监察，中风眩卒。太宗悼惜之，切责诸医，大搜京城医工，凡通神农本草、黄帝难经素问及善针灸药饵者，校其能否，以补翰林医学及医官院祗候。

孔平仲谈苑卷一：京师语曰："宣医丧命，救葬破家。"盖所遣医官云某奉敕来，须奏服药加减次第，往往必令饵其药，至死而后已。救葬之家使副洗手帨巾，每人白罗三匹，它物可知也。元祐中韩康公病革，宣医视之，进金液丹，虽暂能饮食，然公老年，真气衰不能制客阳，竟以薨背。朝廷遣使问后事，病乱中误诺救葬，其后子侄辞焉。

司马光奏议卷十二医官第二札子：臣亦闻向者朝廷选医官数人，皆委近臣，试以难经、素问，考其通粗，取合格者以为侍医。亦有不试而使与安道等杂处共事者。夫良医由性识敏达，以平生所治之人，考其得失，探其精粹，得之于心，未必皆读古书也。亦犹诵诗书者，岂尽能治民？读孙吴者，岂尽能行兵？今以难经、素问试之，是徒得记诵之人，未尝得医人也。安道等久在医局，专利忌能，交结贵近，更相党庇。使外方新进医人与之共处，岂敢展其胸臆，施其方术哉？是以一概混同，而久不见功也。今若精择一人，使之专诊御脉，旬月之间，考其应验。有功则加以重赏，无功则俟以严刑。则术精者得尽其力，术疏者不敢滥进矣。

洪迈容斋三笔卷第十六医职冗滥：神宗董正治官，立医官，额止于四员。及宣和中，自和安大夫至翰林医官，凡一百十七人，直局至祗候，凡九百七十九人，冗滥如此。三年五月始诏大夫以二十员，郎以三十员，医效至祗候，以三百人为额。而额外人免改正，但不许作官户，见带遥郡人并依元丰旧制，然竟不能循守也。

叶时礼经会元卷二上医官：天官自宰夫而下第一项是宫官，所以防肘腋之变，而弭之于无形之始。第二项是食官，所以保身体之安，而养元于无事之日。第三项是医官,所以全性命之正,而药之于无病之时。三者体流虽殊,而脉络则一,皆关国本民命之大者。

[文案]所谓金紫者,乃宋以前金印紫绶也。金为金饰鱼形袋佩于公服,用以分贵贱;紫则以色别官职之大小,三品以上为紫色。受赐金紫则荣莫大焉。医官因其随侍皇帝左右,易享金紫隆遇而得名。

〔二〕**杜金钩家**

洪迈夷坚三志辛卷第十鬼杀高二:饶州城内德化桥民高屠,世以售风药为业,手执叉钩,牵一黑漆木猪以自标记,故得屠之名。

洪迈夷坚丁志卷第十徐楼台:当涂外科医徐楼台,累世能治痈疽,其门首画楼台标记,以故得名。

[文案]宋城售药者多以标记为招,以醒目争病者,聊举夷坚志二则,可推见"杜金钩家"之一斑。

〔三〕**独胜元**

盛如梓庶斋老学丛谈卷四:放翁与村邻聚饮诗:"蟹供牢九美,鱼煮脍残香。"自注:闻人懋德言,饼赋中所谓牢九,今包子也。又有食野味包子诗:"叠双初中鹄,牢九已登盘。"或谓牢九者,牢丸也,即蒸饼。宋讳丸字,去一点,相承已久。

[文案]独胜丸类,王硕易简方所举市肆常卖丸药一十种者,若苏合香丸、感应丸、消暑丸、红丸子、青州白丸子、大已寒丸等,或治上盛下虚,霍乱、中暑,或治脾积气、妇人血痛、小儿惊风;或痰饮,久寒喘急,或清目,饮食难化……凡仓卒之病,易疗之疾,靡不悉具。其源于东京众医所聚,百药所备,以丸药最便。独胜丸虽不见载诸方,然王硕易简方所载诸丸药亦可见独胜丸为大众常备丸药,以颇具功效而享名。

〔四〕**山水李家**

无名氏宣和画谱卷十一山水二:自成殁后,名益著,其画益难得。故学成者皆摹仿成所画峰峦泉石,至于刻画图记名字等,庶几乱真,可以欺世。然不到处，终为识者辨之。第名之不可掩而使人慕之如是，信公议所同焉。或云又兼善画龙水，亦奇绝也，但所长在于山水之间，故不称云。今御府所藏一百五十有九：

重峦春晓图　烟岚春晓图二　夏山图二　夏景晴岚图二　夏云出谷图四　秋山图三　秋山静钓图一　冬晴行旅图二　秋岭遥山图二　山锁秋岚图二　冬景遥山图二　密云待渡图二　江山密雪图三　林石雪景图三　群山雪霁图三　雪麓早行图一　雪溪图二　雪峰图一　爱景晴岚图三　爱景寒林图三　寒林图八　寒林独玩图一　奇石寒林图二　巨石寒林图四　岚烟晚晴图三　烟岚晓景图七　晴岚晓景图八　岚光清晓图二　晓岚平远图二　晓景双峰图二　阔渚晴峰图二　晓岚图一　晴岚图二　晴峦图二　晴峦平远图三　晴峦萧寺图二　晴峰雾霭图二　晴江列岫图二　横峰晓霁图三　峻峰茂林图一　乔木萧寺图一　长山平远图二　古木遥岑图四　雾披遥山图三　山阴磨溪图二　高山图三　平远图一　双峰图三　山腰楼观图三　读碑窠石图二　烟峰行旅图二　远浦遥岑图一　烟波渔艇图一　江山渔父图一　亭泉松石图一　秀峰图一　平远窠石图一　起蛰图一　大寒林图四　小寒林图二　山谷晴岚图二　江皋群峰图三　老笔层峰图二　群峰灌木图二　春山早行图三　春云出岫图二

赵希鹄洞天清录名画辨李营丘：营丘作山水，危峰奋起，蔚然天成，乔木倚磴，下自成阴，轩轾闲雅，悠然远眺，道路深窈，俨然深居。用墨颇浓，而皴散分晓。凝坐观之，云烟忽生，澄江万里，神变万状。予尝见一双幅，每对之，不知身在千岩万壑中。

〔五〕口齿咽喉药

洪遵洪氏集验方卷第一牙药：香附子五两□　右以生姜三两研，和滓汁，浸香附子三夕，炒焦黑存性，为末，以青盐二钱，拌匀揩牙。

许国桢御药院方卷之九治咽喉口齿门漱口沉香散：治牙槽热毒之气冲发，齿龂肿痛，或疮，或差，或发，并宜服之。香附子八两　沉香

升麻各一两　华细辛半两　右为细末，每用二钱，水一大盏同煎至三两沸，去滓温漱，冷吐，误咽不妨，不计时候，日用三四次。

咽喉碧玉散：治心肺积热上攻，咽喉肿痛闭塞，水浆不下，或生喉疖，重舌、木舌肿胀，并宜服之。青黛　盆消　蒲黄　甘草末各一两右同研匀细，每用药少许，干掺在咽，咽内，细细咽津，绵裹噙化亦得。若作丸，沙糖和丸，每两作五十丸，每服一丸，噙化，咽津亦得。

〔六〕医小儿

吴彦夔传信适用方卷下治小儿众疾：三和散，治小儿吐，利津液燥少　茯苓壹钱　乌梅肉半钱　木瓜半钱　右为细末，每服半钱，水半盏，煎至叁分，温服。

姑熟李氏小儿保生要方：治小儿吐泻初定，当服醒脾散。　天南星沸汤浸洗七遍　右一味，为细末，一岁儿每服半钱匕，以河水七分盏，冬瓜子七粒，同煎至三分，温服不拘时候。

〔文案〕宋之钱乙因善治小儿天花、麻疹、惊风、疳积，而独享"儿科圣手"大名，然似钱乙善医小儿者甚众，上举二例仅见一斑。清明上河图亦证：一门前一挑子，上书"专治小儿科"，堂内坐一郎中，旁一人携一小儿，小儿约怕郎中，欲脱跑走，风趣毕现。另一门首挂"小儿科"招牌，数人站立向内观望。此为宋小儿医学盛况之投影。

〔七〕大鞋任家产科

熊梦祥析津志风俗：又有稳婆收生之家，门首以大红纸糊簸筐大鞋一双为记，专治妇人胎前产后一应病证，并有通血之药。而生产之家，门悬草圈，上系以红帛，则诸人不相往来。

〔八〕里头

颜愍楚俗书证误：里从二，从重非。

朴通事谚解附录单字解：里，内也。里头，内里。又阃内，亦曰里头，又曰内里。又处也，这里那里。又语助，去里，有里，通作里俚哩。

[文案]“里”为宋人常用俗语，多以此冠之于方位，若本书“里瓦子”，梦粱录“里沙河”，武林旧事“里湖”等。

大内西右掖门外街巷

大内西去，右掖门袄①庙，直南浚仪桥，街西尚书省东门，至省前横街，南即御史台，西即郊社。省南门正对开封府后墙，省西门谓之西车子曲，史家瓠羹〔一〕、万家馒头〔二〕在京第一〔三〕。次曰吴起庙。出巷乃大内西角楼大街，西去踊路街〔四〕，南太平兴国寺后门，北对启圣院，街以西殿前司，相对清风楼〔五〕、无比客店〔六〕、张戴花洗面药〔七〕、国太丞、张老儿、金龟儿〔八〕、丑婆婆〔九〕药铺、唐家酒店，直至梁门，正名阖闾。出梁门西去，街北建隆观，观内东廊于道士卖齿药，都人用之。街南蔡太师宅，西去州西瓦子，南自汴河岸〔一〇〕，北抵梁门大街亚其里瓦，约一里有余，过街北即旧宜城楼。近西去金梁桥街，西大街荆筐儿药铺〔一一〕，枣王家金银铺。近北巷口熟药惠民西局〔一二〕。西去瓮市子，乃开封府刑人〔一三〕之所也。西去盖防御药铺、大佛寺。都亭西驿，相对京城守具所。自瓮市子北去大街，班楼酒店，以北大三桥子至白虎桥，直北即卫州门。

[校]

①“袄”，据王雾字书误读：袄庙，袄音轩，误妖。

［注］

〔一〕史家瓠羹

［文案］卷一注"瓠"最为佳蔬，烹饪无不宜者。其为羹，食店为之成专门，必美味也。

〔二〕万家馒头

宋话本宋四公大闹禁魂张：只见汴河岸上，有个馒头店。门前一个妇女，玉井栏手巾勒着腰，叫道："客长，吃馒头点心去。"门前牌儿上写着："本行侯家，上等馒头点心。"

黄休复茅亭客话卷九蚕馒头：新繁县李氏，失其名，家养蚕甚多。将成，值桑大贵，遂不终饲而埋之，鬻其桑叶，大获其利，将买肉面归家造馒头食之。

叶梦得避暑录话卷下：有言穷书生不识馒头，计无从得。一日见市肆有列而鬻者，辄大呼仆地。主人惊问，曰："吾畏馒头。"主人曰："安有是理。"乃设馒头百许枚，空室闭之。徐伺于外，寂不闻声。穴壁窥之，则以手搏撮食者过半矣。

顾文荐负暄杂录馒头：汤饼，唐人谓之不托，今曰馎饦。晋束晳饼赋有"馒头薄特，起溲牢丸"。今惟馒头名犹存，而起溲牢丸莫晓何物。薄特，荀氏云：薄夜。亦莫知为何物。予见京师饼铺有一等饼，名薄脆者，恐亦所自也，馒亦作糚。

〔三〕在京第一

刘攽中山诗话一二：李绚公素有诗赠同姓人曰："吾宗天下著。"王胜之辄取注之曰："居甘泉者以讴著，京师名倡李氏居甘泉坊，善讴。卖药者以木牛著，京师李家卖药，以木牛自表，人呼为李木牛。围棋者以憨著，李乃国手，而神思昏浊，人呼为李憨子。裁幞头者以拗著，李家幞头，天下称善，而必与人乖剌，岁久自以拗李呼。作诗者以豁达著，豁达老人喜为诗，所至辄自题写，诗句鄙下而自称豁达李老。尝书人新素墙壁，主人憾怒，诉官杖之，拘执使市石灰更杇漫讫，告官乃得纵舍，闻者哂之。此数人因胜之有云，遂自托不朽。

太平老人袖中锦天下第一：监书、内酒、端砚、洛阳花、建州茶、蜀锦、定磁、浙漆、吴纸、晋铜、西马、东绢、契丹鞍、夏国剑、高丽秘色、兴化军子鱼、福州荔眼、温州挂、临江黄雀、江阴县河豚、金山咸豉、简寂观苦笋、东华门把鲊、京兵、福建出秀才、大江以南士大夫、江西湖外长老、京师妇人，皆为天下第一，他处虽效之，终不及。

俞炎炉火监戒录：京师蛮家金肆，天下第一，往市之无疑。

[文案]第一常用于宋词，如柳永斗百花"宫中第一妖娆"，张先熙州慢"武林乡，占第一湖山"，晏几道采桑子"寒雁来时，第一传书慰别离"等。"在京第一"则系瓠羹、馒头而言，然京师第一甚多，非止此二者故注之以求其互证。

〔四〕**踊路街**

[文案]京都译注本谓踊路即甬道。类于汉时两侧建立墙壁之道路。

〔五〕**清风楼**

司马光和孙器之清风楼：贤侯宴枚马，歌鼓事繁华。晚吹来千里，清商落万家。平原转疏雨，远树隔残霞。宋玉虽能赋，还须念景差。

〔六〕**无比客店**

陈长方步里客谈卷上：吕正献初喜邢恕，闻恕到京，访之旅邸中。

宋话本赵伯昇茶肆遇仁宗：不则一日，来到东京。遂入城中，观看景致。只见楼台锦绣，人物繁华，正是龙虎风云之地。行到状元坊，寻个客店安歇，守待试期。

董斧闲燕常谈：政和中，何执中为首台，广殖资产，邸店之多，甲于京师。

上官融友会谈丛卷上：故沧州节度使米信，本银下部落，以军功累官至加节钺，纤啬聚敛，为时所鄙。京师龙和曲筑大第，外营田园，内造邸舍，日入月算，何啻千缗。

宋话本福禄寿三星度世：走入城中，见一人家门首，挂着一面牌，看时，写着"顾一郎店"。**本道**向前问道："那个是**顾一郎**?"那人道："我便是。"**本道**道："小生和家间爹爹说不着，赶我夫妻两口出来，无处安歇，问一郎讨间小房，权住三五日。亲戚相劝，回心转意时，便归去，却得相谢。"**顾一郎**道："小娘子在那里?"**本道**叫："妻子来相见则个。"**顾一郎**见他夫妻两个，引来店中，去南首第三间房，开放房门，讨了钥匙。**本道**看时，好喜欢。当日打火做饭吃了，将些金珠变卖来，买些箱笼被卧衣服，在这店中约过半年。

张师正倦游杂录无比店与有巴楼：参政赵侍郎宅，在东京**丽景门**内，后致政，归睢阳旧第。**宋门**之宅，更以为客邸，而材植雄壮，非邸可比，时谓之"无比店"。**李给事**中师保釐**西京**，时驼马市有人新造酒楼，**李**乘马过其下，悦其壮丽，忽大言曰："有巴京师谚语以美好为有巴。"时人对曰："梁苑叔平无比店，洛阳君赐有巴楼。"

[**文案**]：**丽景门**即**汴京**东门，俗称旧宋门，赵侍郎宅所改**无比客店**自应在**丽景门**内。然梦华录所载无比客店却在大内以西，方位绝异。意**汴京**无比客店非止一家，盖因其雄壮，故凡客邸，皆流行以**无比**自称，因将有关**汴京**客邸资料汇集于此。

〔七〕**洗面药**

许国桢御药院方卷之十洗面药门：**无皂角洗面药**：藿香叶　白芷　藁本　檀香　瓜蒌根　楮桃儿　白茯苓　防风已上各一两　甘松　零陵香　茅香各二两半　丁香一两　麝香研，三钱　沉香一两　黑牵牛四两　赤小豆三两　川芎一两　糯米一升　右为细末。

御前洗面药：糯米一升，碾作粉子　黄明胶一两，炒成珠子　大皂角火炮，去皮，半斤　白及一两　白敛一两　香白芷二两，生　白术一两半　沉香半两　藁本一两，去皮净　川芎一两，去皮　细辛一两，去土叶　甘松一两，去土　川茯苓一两半　白檀一两半　楮桃儿新者三两　右为细末。

皇后洗面药：川芎　细辛　附子　藁本　藿香　冬瓜子　沉香各一两　白檀二两　楮桃半斤　白术半两　丝瓜四个　甘草二两　生栗子第

二皮半两　杜苓苓二两　广苓苓一两　白及二两　白敛一两半　土瓜根一两　阿胶　吴白芷二两　白茯苓二两　脑子二钱半　皂角末一两　糯米粉一斤半　右为细末。

冬瓜洗面药:治颜面不洁,苍黑无色。冬瓜一个　右用竹刀子去青皮,切作片子,酒一升半,水一升,同煮烂,用竹绵擦去滓,再以布子滤过,熬成膏,入蜜一斤再熬,稀稠得所,以新绵再滤过,于瓷器内盛。用时取栗子大,用津液调涂面上,用手擦。柴二称,炭一称,布一丈。

〔八〕金龟儿

秦再思洛中记异录金龟堂:朱梁许州节度使温韬,于衙城壕内得一小龟,金色,遍身绿毛,石函而进之。后主敕于苑内凿池养之,又构屋宏敞,号"金龟堂"者,是归我也。

[文案]以金龟儿为名标其药铺者,自东京始。

〔九〕丑婆婆

[文案]为招顾客,不惜丑化自家,乃宋商贩惯用之手段,"丑婆婆"亦如是。若吴自牧梦粱录卷十三夜市所记:一点茶婆婆,带三朵花,敲响盏,掇头儿拍板,其形丑矣,引人哂笑而注意者。

〔一〇〕汴河岸

张师正括异志卷六麦道录:麦道录,本宦者。尝为入内供奉官勾当事材场。一日出西水门,有丐者死于汴河岸之侧,有败席短杖。

吴则礼汴岸紫花丛生状如香囊间出黄菊于其侧:霜着船头八月凉,故教寒蝶韵幽芳。传语西州华屋处,端须戏取阿玄囊。

[文案]据宋会要方域十六之十六:元丰三年五月二十二日,改都大提举导洛通汴司为都大提举汴河堤岸司,徽宗朝沿置。

〔一一〕荆筐儿药铺

李济翁资暇集卷中星货:肆有以筐以筥,或倚或垂,鳞其物以鬻者,曰"星货铺"。

李之彦东谷随笔药石:方今药材鄙贱者,且数十倍于前,贵细者有数百倍于前,至携绕市铺求之不获者,人孰不知,真药之难得,如此凡设铺而招人赎伪药者愚也。赎伪药而觊疗病者,愚益甚矣。吾辈家何策,且如于饮食衣服上加,谨古人首重食医,春多酸,夏多苦,秋多辛,冬多咸,调以滑甘平居,必节饮食,饭后行三十步,不用开药铺。

〔一二〕熟药惠民西局

周辉清波杂志卷第十二惠民局:神宗朝创置卖药所,初止一所,崇宁二年增为五局,又增和剂二局,第以都城东西南北壁卖药所为名,议者谓失元创药局惠民之意。

蔡絛铁围山丛谈卷第六:都邑惠民多增五局,货药济四方,甚盛举也。岁校出入,得息钱四十万缗,入户部助经费,然往时议者甚大不然矣。时上每饬和剂局,凡药材告阙,俾时上请焉。大观间,和剂局官一日请内帑授药犀百数,归解之。

无名氏翰苑新书前集卷三十一京局官:太平惠民局神宗朝设太医局、熟药所于京师。崇宁中增置七局,揭以和剂、惠民之名,修制给卖,各有攸司,和剂局方叙添置太府丞一员提点,后废。续会要:绍兴六年置药局,以行在太医局、熟药局东西南北四所为名,内将药局一所,以和剂为名,从户侍王侯之请也,诏和剂局置监官文武各一员,差京朝官与大使臣,十八年依在京改作太平惠民局。中兴会要。

俞文豹吹剑录外集:达则愿为宰相,穷则愿为良医。以济人利物之功一也。朝廷置惠民局、太医,所以达济利之心,赞仁寿之治也。今惠民局,以药材贵而药价廉,名虽存而实则泯。职其事者太府丞也。非惟药材不能通晓,而骤迁倏易,亦不暇究心职业。所谓四局官,止于受成坐肆而已,惟吏辈寝处其间,出入变化,皆在其手。药材既苦恶,药料又减亏,稍贵细药,则留应权贵之需。四局所卖者,惟泛常粗药,缺者多而赎者亦罕。一局输费,为数不赀,民拜其名,吏享其实,故都人谓惠民局为惠官局,和剂局为和吏局。

董弅闲燕常谈:宗汝霖泽,政和初知莱州掖县,时户部下提举司科买牛黄,以供在京惠民、和剂局合药用,督责急如星火,州县百姓竞屠牛以取黄。

梅应发刘锡开庆四明续志卷第二惠民药局:圣天子以天地曰生之德,访民疾苦,宝祐五年冬十一月,御批申饬军民五事,官药局其一也,令台阃严督所部,恪共奉行:剂料必真,修合必精,使民被实惠。仍揭黄榜于诸州军。大哉王言,民其有瘳乎。大使丞相吴公,吾胞吾与之心,与上符契,祗若明命,匪懈益虔。惟鄞有局,宝庆三年所创也,在郡圃射垛西,地逼隘匪便,且药工出入,旗辕不肃,岁久屋尤老,亟谋爽垲而更之。先是,犒赏库有楼曰海晏,为屋凡十余楹,后改为参议官舍,高明阔室,居者弃焉,公谓是宽闲者可以济吾用矣。乃即楼而局,上以处熟剂成料而梅润不及,物帑作局,旷列其下,众工盘礴者得其所,前则增门屋三,后则增翼屋五。浚汲清之池,新煅丹之鼎,焙室烹釜,莫不毕备,井井规模,于是非前日比,若夫遴监临之选,严修制之防,品剂既真,市者旁午,若郡若邑若军,凡增置子铺一十四所,岁春夏,数施药饵,无间城内外,君相济众之仁博矣。

〔一三〕刑人

施耐庵罗贯中水浒传第六十二回放冷箭燕青救主 劫法场石秀跳楼:十字路口,周回围住法场,十数对刀棒刽子,前排后拥,把卢俊义押到楼前跪下。铁臂膊蔡福拿着法刀,一枝花蔡庆扶着枷梢,说道:"卢员外,你自精细看。不是我兄弟两个救你不的,事做拙了!前面五圣堂里,我已安排下你的坐位了,你可一块去那里领受。"说罢,人丛里一声叫道:"午时三刻到了!"一边开枷,蔡庆早拿住了头,蔡福早掣出法刀在手。当案孔目高声读罢犯由牌。众人齐和一声。

大内前州桥东街巷

大内前,州桥之东,临汴河大街,曰相国寺。有桥平正如州桥,与保康门相对。桥西贾家瓠羹,孙好手馒头,近南即保康门潘家黄耆圆〔一〕。延宁宫禁女道士观〔二〕,人罕得入。街西保康门瓦子，东去沿城皆客店，南方官员商贾兵级，皆于此安泊。近东四圣观、袜袎巷。以东城角定力院，内有朱梁高祖御容。出保康门外，新建三尸庙、德安公庙。南至横街，西去通御街曰麦稍①巷。口以南太学东门，水柜街〔三〕余家染店〔四〕。以南街东法云寺〔五〕。又西去横街张驸马〔六〕宅，寺南佑神观②〔七〕。

[校]

　　①中华邓注本谓"稍"应作"稭"，误。
　　②"佑神观"，秘册、学津补"后门"。

[注]

　　〔一〕**黄耆圆**
　　太平惠民和剂局 太平惠民和剂局方卷之五治诸虚附骨蒸黄耆圆：治丈夫肾脏风毒，上攻头面虚浮，耳内蝉声，头目昏眩，项背拘急；下注腰脚，脚膝生疮，行步艰难，脚下隐疼，不能踏地。筋脉拘挛，不得屈伸，四肢少力，百节酸痛，腰腿冷痛，小便滑数，及瘫缓风痹，遍身顽麻。又疗妇人血风，肢体痒痛，脚膝缓弱，起坐艰难，并宜服之。
　　黄耆　杜蒺藜去圆　川楝子　茴香炒　川乌炮，去皮、脐　赤小豆地龙去土，炒　防风去芦，叉，各一两　乌药二两　右为细末，酒煮面糊为圆，如梧桐子大。每服十五圆，温酒盐汤亦得，妇人醋汤下，空心服。

　　〔二〕**延宁宫禁女道士观**
　　林子中野史禁中尼道：禁中帝后及西宫，各有尼并女冠各七人，选于诸内侍，年三十以上能法事者充随。本殿内人居处，每日一尼一道，于上之遵佛阁前赞念，导上烧香。佛道各两拜。又导下殿烧天香，四拜。又导之殿门后殿，出视朝方退。应诸阁分欲请尼道看经者皆此辈，每

219

半年或数月一归元寺观拆洗,本位使臣随,住五七日还。

〔三〕**水柜街**

魏泰东轩笔录卷十三:丁谓为宰相,将治第于冰柜街,患其卑下,既而于集禧观凿池,取弃土以实其基,遂高爽,又奏开保康门为通衢,而宅据要会矣。

叶梦得避暑录话卷下:张友正,邓公之季子,少喜学书,不出仕,有别业价三百万,尽鬻以买纸,笔迹高简,有晋宋人风味,尤工于草书,故庐在甜水巷。一日弃去,从水柜街僦小屋,与染工为邻,或问其故,答曰:"吾欲假其缣素学书耳。"

〔文案〕京都译注本据楼钥北行日录卷上、苏辙乞给还京西水柜所占民田状、再论京西水柜状考证水柜系采集贮藏冰之用。然京都译注本云水柜之水系冰之误而当呼冰柜街,则于理不合。

〔四〕**染店**

洪迈夷坚乙志卷第十五诸般染铺:王锡文在京师,见一人推小车,车上有瓮,其外为花门,立小榜曰"诸般染铺",架上挂杂色缯十数条。人窥其瓮,但贮浊汁斗许。或授以尺绢,曰:"欲染青。"受而投之,少顷取出,则成青绢矣。又以尺纱欲染茜,亦投于中,及取出,成茜纱矣。他或黄、或赤、或黑、或白,以丹为碧,以紫为绛,从所求索,应之如响,而斗水未尝竭。视所染色,皆明洁精好,如练肆经日所为者,竟无人能测其何术。

周去非岭外代答卷六服用门瑶斑布:瑶人以蓝染布为斑,其纹极细。其法以木板二片,镂成细花,用以夹布,而熔蜡灌于镂中,而后乃释板取布,投诸蓝中。布即受蓝,则煮布以去其蜡,故能受成极细斑花,炳然可观。故夫染斑之法,莫瑶人若也。

程其珏杨震福光绪嘉定县志卷八土产:药斑布出安亭,宋嘉泰中土人归姓始为之,以灰药涂布染青,俟干拭去,青白成文,有山水、楼台、人物、花果、鸟兽诸象。

［文案］药斑布即蓝印花布也,于宋流行,因瑶人精于药斑布印染而呼之为瑶斑布。据载唐仲友于婺州所开彩帛铺即产此布,足见宋染普及染店甚多。究其源则在药斑布印花工艺行用简便,若图书集成卷六八一苏州纺织物名目所言:"以布抹灰药而染青,候干,去灰药,则青白相间,有人物、花鸟、诗词各色。"其法可概为:染色糊料,即"浆水缬",于染液中入粉质、胶质之充料,使其增厚,漏版刮印之时,防染液渗化,以保花纹界线清晰,类于近代"浆印"之法。

〔五〕**法云寺**

普济五灯会元卷第十六天衣怀禅师法嗣法云法秀禅师:东京法云寺法秀圆通禅师,秦州陇城辛氏子。母梦老僧托宿,觉而有娠。先是,麦积山老僧与应乾寺鲁和尚者善,尝欲从鲁游方。鲁老之,既去,绪语曰:"他日当寻找我竹铺坡前,铁场岭下。"鲁后闻其所俄有儿生,即往观焉,儿为一笑。三岁愿随鲁归,遂从鲁姓。十九试经圆具,励志讲肆。习圆觉、华严,妙入精义。

邵伯温邵氏闻见录卷第十五:长老道楷者,崇宁中以朝廷命住京师法云寺。上一日赐紫方袍及禅师号,楷曰:"非吾法也。"却不受。

〔六〕**张驸马**

马永卿嬾真子卷五:驸马都尉之名起于三国,故何晏尚魏公主,谓之驸马都尉。然不独官名以驸马给之。盖御马之副,谓之驸马。从而给之,示亲爱也。故杜预尚晋文帝妹高陆公主,至武帝践祚,拜镇南大将军,给追锋车、第二驸马。且晏如傅粉,宜为禁脔。若预乃瘿如瓠尔,何至妻帝之女也。始信前古帝婿,唯择人材,不专以貌也。后世浸失此意,惜哉。

袁文瓮牖闲评卷三:正如驸马者,天子之婿也。以副马给之,故称驸马,不知所谓郡马、县马者何义。

吴曾辩误录卷下驸马都尉:初,驸马都尉汉武置也,掌御马。说文曰:驸马字从马,副声。一曰:驸,近也,疾也。今既是掌御马,故不可谓之,给以驸马副。

[文案]:据宋史卷二四八公主传,有宋一代,为张姓驸马者,仅张敦礼,所娶公主为英宗第三女,封韩魏国大长公主,张驸马应即张敦礼。

〔七〕**佑神观**

无名氏翰苑新书前集卷三十七宫观:**佑神观**大观六年,尚书右仆射兼中书侍郎赵挺之,除观文殿大学士充使。续会要。

相国寺内万姓交易

相国寺,每月五次开放,万姓交易。大三门上皆是飞禽猫犬之类,珍禽奇兽〔一〕,无所不有〔二〕。第二、三门皆动用什物,庭中设彩幕、露屋、义铺,卖蒲合〔三〕、簟席〔四〕、屏帏、洗漱、鞍辔、弓剑、时果、腊脯之类。近佛殿,孟家道院①王道人蜜煎、赵文秀笔及潘谷墨,占定两廊,皆诸寺师姑卖绣作〔五〕、领抹、花朵、珠翠、头面、生色销金花样幞头、帽子、特髻冠子、绦线〔六〕之类。殿后资圣门前,皆书籍〔七〕、玩好〔八〕、图画〔九〕,及诸路散②任官员土物、香药之类。后廊皆日者、货术〔一〇〕、传神〔一一〕之类。寺三门阁上并资圣门,各有金铜铸罗汉五百尊〔一二〕、佛牙等。凡有斋供,皆取旨方开。三门左右有两瓶琉璃塔,寺内有智海、惠林、宝梵、河沙、东西塔院〔一三〕,乃出角院舍,各有住持僧官,每遇斋会,凡饮食茶果、动使〔一四〕、器皿,虽三五百分,莫不咄嗟而辨③。大殿两廊,皆国朝名公笔迹,左壁画炽盛光佛降九曜鬼百戏〔一五〕,右壁佛降鬼子母揭盂④。殿庭供献乐部〔一六〕

马队之类,大殿朵廊皆壁隐楼殿人物,莫非精妙。

[校]

① "院",津逮、学津均作"冠"。

② "散",上古标校本据秘册诸本改为"罢"。余以为元本未错,至清尚有"散任"之遗。老残游记续集遗稿第一回述德慧生"散了一个吏部主事"。

③ 中华邓注本谓:"辨""办"古通用。

④ "盂",中华邓注本案"盂"应作"盍"。据娄机李曾伯班马字类卷第五十二曷十三末盍读作钵,同盂。

[注]

〔一〕珍禽奇兽

无名氏宣和遗事前集:上方为期门之事,故苑囿皆仿江浙,为白屋,不施五彩,多为村居野店;及聚珍禽异兽,动数千百,以实其中。都下每秋风夜静,禽兽之声四彻,宛若山林陂泽之间,识者以为不祥。

洪迈夷坚支戊卷第七钱氏鼠狼:钱仲本为大理评事日,其仆以五百钱就市买一鼠狼,黠而驯。每于人手内取食,戏扰于傍,如素所蓄者。

苏颂苏魏公文集附录一魏公谭训卷第十杂事:祖父尝说:在沧州时,有一渔师献一鱼,戴作冠,如妇人所戴谓之垂肩者。因言海中色色有之,世所有之物皆有肖似者。犀如牛,江豚如猪,腽肭脐如狸,此众所知。所见者奇形怪状,不可胜纪。每有献异物者,皆爆以为腊,寄公库甚多。有如美妇人者,有如婴儿者,有如翁姥者,皆可骇异。一日,渔人献一腽肭脐,置大桶中,以水养之,鲜健善啖,可久养。祖父恐其失性伤生,不纳之。后元祐中,有挈至京师者,自王侯戚里富豪之家,无不取观,所得甚厚。谓之"海哥",亦尝转入禁中,甚有谣咏,不知是何祥。

〔二〕无所不有

范公偁过庭录:黄笑曰:"一时戏谑耳。某顷年见京师相国寺中卖大葫芦种,仍背一葫芦,甚大,一粒数百金,人竞买。至春种结,仍乃瓠尔。"

孙昇孙公谈圃卷中:张文定尝苦脚疾,无药可疗。一日游相国寺,有卖药者,得绿豆两粒,服之,遂愈。

〔三〕蒲合

丁度集韵卷之九入声下盍第二十八:盍青、齐人谓蒲席曰蒲盖。

[文案]据张喆生抹、蒲合、每谓:蒲合,为徐州所称用蒲草编织而成之苫子。"合"亦作"盖"。

〔四〕簟席

罗濬宝庆四明志卷四郡志四:席江东多席草,人业于织,著名四方曰明席。

杨伯嵒六帖补卷十五服用器皿枕席簟褥衾:蕈心席唐颍川郡贡蕈心席。 苏薰席南宾郡忠州、普安郡剑州贡苏薰席,广陵郡扬州贡莞席。 文犀簟汉时跋勒国献文犀簟,四头角表有光,名曰明犀;暗中亦有光,曰暗犀。织皮为簟,如绵绣之纹,谓之文犀簟。

〔五〕诸寺师姑卖绣作

杨彦龄杨公笔录:女郎曾希蕴作诗立成。一日游乾明寺,见诸尼作绣工,尼乞诗,乃应声为集句:睡起杨花满绣床,为他人作嫁衣裳。因过竹院逢僧话,始觉空门气味长。

翟灏通俗编卷六:传灯录有尼参保福从展,展问阿谁,侍者报曰:"觉师姑。"又五台智通忽大悟曰:"师姑原是女人作。"按广异记:大历时,某寺尼令婢往市买饼,见朱自劝,问云:"汝和尚好否?"又云:"闻汝和尚未挟纩,今附绢二匹,与和尚作寒具。"婢承命,持绢授尼。则唐时尼亦称和尚。鸡肋编云:市师尼讳师,尼讳师姑,号女和尚。有自来也。

顾张思土风录卷十七师姑：女尼曰师姑。见续传灯录：驸马都尉李遵勖临终时，谓尼道坚曰："大师与我煎一服药来。"坚无语，公曰："这师姑药也不会煎得。"亦见慈明僧传。

〔六〕**绦线**

［文案］据孙注本：绦线即绦环，又名偏诸，丝线编成花边或扁平带子。

〔七〕**书籍**

苏颂苏魏公文集附录一魏公谭训卷第八恬淡器玩饮膳：祖父应举之年，元日游相国寺。时浙本中字前汉书方出，祖父戏扑之，为钱五千，十三淳一掷皆红。鬻书者云："未尝领所下金。"祖父遂行，不取。众亦皆不平。然以为必有大喜庆，逾月，南庙试第一，遂登科。

祖父尝于相国寺置得阁本法帖十卷，甚奇。其末云："玉堂夜直，蒙恩赐到，受恩如是，激节可知。"用"公高之裔"图书，乃毕文简公赐本也。文简以图书斥远祖名，未中礼。

邵博邵氏闻见后录卷第十七：真宗尝问杨大年："见比红儿诗否？"大年失对。每语子孙为恨，后诸孙有得于相国寺庭杂卖故书中者。盖唐末罗蚪、罗邺、罗隐兄弟俱有文，时号"三罗"。蚪登科，从事坊州，有营妓小字红儿。先为郡将所嬖，人不敢近，蚪亦悦之，郡将不能容，蚪弃官去，然于红儿犹不忘也。拟诸美物，作比红儿诗百首，事出撼言，亦略见太平广记中，大年不知，何也。

百岁寓翁枫窗小牍卷下：余家藏春秋繁露，中缺两纸，比从藏书家借对，缺纸皆然，即馆阁订本，亦复尔尔。不知当时校勘受赏银绢者，得无愧乎？后从相国寺资圣门买得抄本，两纸俱全，此时欢喜如得重宝，架囊似为生气，及离乱南来，缺本且不可得矣。

张邦基墨庄漫录卷二：汉宫香方，郑康成注。沉水香，二十四铢，著石蜜复汤鬻，铜铁辈皆并香。以指尝试，能饮甲则已，南海贾胡贵一种香木，末如蜜房，锐泽正黄，可减甲。以寒水炭四焙之。青木香，十二之一，可酌损之。鸡舌香，以其子，勿以其母，青木香用二钱。合捣为糜，沉水得鬐蜜，烟黄而气郁。投初鬐蜜中，媒使相悦，閟以黄整，蜜隙塪不津地，薶之一月中许出之，投龙脑六铢，麝损半，一炉注如茇子，薰郁郁，略闻百步中人也。今太官加蜜鬐，红螺如射，外家效之以殊胜。此方，**魏泰道辅**强记面疏，以示**洪炎玉父**，意其实古语，其后于**相国寺**庭中，买得古叶子书杂抄，有此法，改正十余字。又，一贵人家见一编号**古妆台记**，证数字，甚妙。予恐失之，因附于此。

王明清玉照新志卷第一：**绍兴庚申**，**金**人以**河南**故地归我，诏以**孟富文庾**为东京留守，富文辟毕**少董良史**以自随。未几，**金**败盟，**少董**身陷伪地者累年。尝于**相国寺**鬻故书处，得**熙丰日历**残帙数叶，无复伦序。**少董**南归，出以相示，于是缉其可以传信者凡八条，今录于编，亦有已见**裕陵实录**中者，并存之。

王得臣麈史卷中论文：**吴兴姚铉**售**唐**人所为古赋、乐章、歌诗、赞颂、碑铭、文论、箴表、传录、书序凡百卷，名**文粹**。予在**开封**时长子渝游**相国寺**，得**唐漳州**刺史**张登**文集一册六卷，**权文公**为之序，其略曰："所著诗赋之外，书启、志记、序述、铭诔合为一百二十篇。"又曰："如**求居**、**寄别**、**怀人**三赋与**证相**一篇，意有所激，锵然玉振，傥有继**梁昭明**之为者，斯不可遗者也。"然所得书肆镂板才六十六篇，盖已亡其半。抑观**文粹**并不编载，由是知**姚**亦有未见者。予续**文粹**之外，登之文，以至金石所传，裒而录之，以广前集。今病矣，不酬其志。

岳珂桯史卷十三武夷先生：**建中靖国**初，有宿儒曰**徐常**，持节河朔，风采隐然，重于时，然持论与时大异。**曾文肃布**恶之，尝具诋先烈人姓名，**陈**之乙览，**常**列其间，然未有以罪也。会市肆有刊**武夷先生集**者，乃**常**所为文，文肃之子**纡**适**相国寺**，偶售得之。

魏泰东轩笔录卷之三：文章随时美恶，**咸通**已后，文力衰弱，无复气格。本朝**穆修**首倡古道，学者稍稍向之。**修**性褊讦少合，初任**海州**

参军,以气陵通判,遂为捃摭削籍,系池州,其集中有秋浦会遇诗,自叙甚详。后遇赦释放,流落江外,赋命穷薄,稍得钱帛,即遇盗,或卧病、费竭然后已,是故衣食不能给。晚年得柳宗元集,募工镂板,印数百帙,携入京相国寺,设肆鬻之。有儒生数辈至其肆,未评价直,先展揭披阅,修就手夺取,瞋目谓曰:"汝辈能读一篇,不失句读,吾当以一部赠汝。"其忤物如此,自是经年不售一部。

王明清玉照新志卷第四:蔡襄在昭陵朝,与欧阳文忠公齐名一时。英宗即位,韩魏公当国,首荐二公,同登政府。先是,君谟守泉南日,晋江令章拱之在任不法,君谟按以赃罪,坐废终身。拱之、望之表民同胞也。至是,既讼冤于朝,又撰造君谟乞不立厚陵为皇子疏,刊板印售于相蓝。

[文案]现存辽宁省图书馆宋版抱朴子为大相国寺东荣六郎书籍铺所刻。其书为晋葛洪撰抱朴子内篇二十卷,字用欧体,宋讳"慎"字不缺笔。半叶十五行,行二十八字,白口,左右双边,卷二十后刻有文字五行:"旧日东京大相国寺东荣六郎家,见寄居临安府中瓦南街东,开印经史书籍铺,今将京师旧本抱朴子内篇校正刊行,的无一字差讹,请四方收书好事君子,幸赐藻鉴。绍兴壬申岁六月旦日。"荣六郎书籍铺从东京迁临安,于绍兴二十二年重刻抱朴子,足见大相国寺书籍生命之强,营销之广矣。

〔八〕**玩好**

李清照金石录后序:赵、李族寒,素贫俭。每朔望谒告,出质衣取半千钱,步入相国寺,市碑文果实归。相对展玩咀嚼,自谓葛天氏之民也。

江少虞宋朝事实类苑卷第六十风俗杂志日本扇:熙宁末,余游相国寺,见卖日本国扇者,琴漆柄,以鸦青纸厚如饼,揲为旋风扇,淡粉画平远山水,薄傅以五彩,近岸为寒芦衰蓼,鸥鹭伫立,景物如八九月间,舣小舟,渔人披蓑钓其上。天末隐隐有微云飞鸟之状,意思深远,笔势

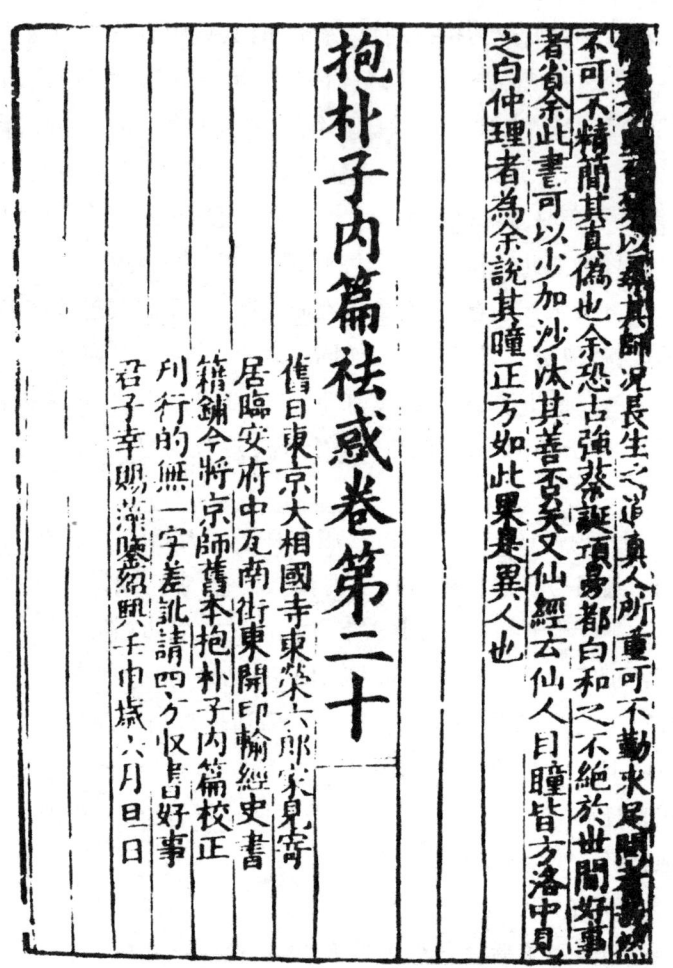

辽宁省图书馆藏宋版抱朴子书影

精妙，中国之善画者，或不能也。索价绝高，余时苦贫，无以置之，每以为恨。其后再访都市，不复有矣。

　　梅尧臣同次道游相国寺买得翠玉罂一枚：古寺老柏下，叟货翠玉罂。兽足面以立，瓜腹肩而平。虚能一勺容，色与蓝水并。我独何为者，忽见目以惊。家无半钟畜,不吝百金轻。都人莫识宝,白日双眼盲。

张邦基墨庄漫录卷四:东坡自儋耳北归,临行以诗留别黎子云秀才云:"我本儋州民,寄生西蜀州。忽然跨海上,譬如事远游。平生生死梦,三者无劣优。知见不再见,欲去且少留。"后批云:新酿佳甚,求一具理,临行写此,以折菜钱。宣和中,予在京相蓝,见南州一士人携此帖来,粗厚楮纸,行书,涂抹一二字,类颜鲁公祭侄文,甚奇伟也。

〔九〕**图画**

岳珂桯史卷第十一蚁蝶图:党祸既起,山谷居黔。有以屏图遗之者,绘双蝶翩舞,胃于蛛丝而坠,蚁憧憧其间,题六言于上曰:"蝴蝶双飞得意,偶然毕命网罗。群蚁争收坠翼,策勋归去南柯。"崇宁间,又迁于宜,图偶为人携入京,鬻于相国寺肆。

米芾画史唐画五代、国朝附:范大珪字君锡,富郑公婿,同行相国寺,以七百金,常卖处买得雪图,破碎甚古,如世所谓王维者。

余相国寺中,八金得纸桃两枝,绿叶虫透背,二叶着桃上,二桃突兀,高出纸素,徐熙真笔也。

〔一○〕**货术**

苏轼东坡志林卷二记道人戏语:绍圣二年五月九日,都下有道人,坐相国寺,卖诸禁方。缄题其一曰:"卖赌钱不输方。"少年有博者,以千金得之。归,发视其方,曰:"但止乞头。"道人亦善鬻术矣。戏语得千金,然亦未尝欺少年也。

〔一一〕**传神**

张师正括异志卷六许偏头:成都府画师许偏头者,忘其名,善传神,开画肆于观街。一日有贫人弊衣憔悴,约四十许,负布囊诣许求传神。许笑曰:"君容状若此,而求传神,得非有所禀而召仆也邪?"曰:"非也。闻君笔妙,故来耳。幸无见鄙。"即解布囊出黄道服一袭,又出一鹿皮冠、白玉簪,遂顶矣。引其须,应手而黑且长矣,乃一美丈夫也。许大惊,谢曰:"不知神仙降临,前言戏渎,诚负愧惕。"道人笑曰:"君可传吾像置肆中，后当有识者。或求售者，止取一千钱，不可逾也。"许如命写讫，未及语，携囊而出。许拜谢，已不见。许遂陈所传像于肆，有识之者曰："此灵泉朱真人也。"求售者日十数，许家赀遂日益。

〔一二〕**金铜铸罗汉五百尊**

叶梦得石林诗话卷中五一：元丰间，尝久旱不雨，裕陵禁中斋祷甚力。一日，梦有僧乘马驰空中，口吐云雾，既觉而雨大作。翌日，遣中贵人寻梦中所见，物色于相国寺三门五百罗汉中，第十三尊略仿佛，即迎入内视之，正所梦也。王丞相禹玉作喜雨诗云："良弼为霖辜宿望，神僧作雾应精求。"元参政厚之云："仙骥箫云穿杖下，佛花吹雨匝天流。"盖记此。相国寺罗汉，本江南李氏时物，在庐山东林寺。曹翰下江南，尽取其城中金帛宝货，连百余舟，私盗以归，无以为之名，乃取罗汉，每舟载十许尊献之，诏因赐于相国寺，当时谓之押纲罗汉云。

周密癸辛杂识别集卷上汴梁杂事：楼阁最高而见存者：相国寺资圣阁、朝元宫阁、登云楼。资圣阁雄丽，五檐滴水，庐山五百铜罗汉在焉。国初曹翰所取者也。

李濂汴京遗迹志卷之十寺观相国寺：宋真宗咸平四年，增建翼廊、三门、前楼，迎取颍川郡铜罗汉五百尊，置于阁上。

〔一三〕**智海惠林宝梵河沙东西塔院**

释志磐佛祖统记卷四十五：元丰五年，诏相国寺辟六十四院为八禅二律，以东西序为慧林、智海二巨刹。

道谦大慧普觉禅师宗门武库：佛光天碍禅师自苏州永安赴诏，住大相国寺慧林禅院。

释觉岸释氏稽古略卷四：元丰五年，诏中使梁从政辟汴京相国寺六十四院为二禅八律，起自元丰庚申，成是壬戌之秋。以东西序为慧林、智海二巨禅刹。驿诏杭州净慈禅师宗本住慧林，江州庐山东林禅师常总住智海，总辞之固，诏容之，就赐号广慧禅师。

邹伸之使燕日录：其寺旧包十院，今存其八。右偏定慈、广慈、善慈律院三,智海禅院一。东偏宝梵、宝严、宝觉律院三,慧林禅院一。

王圻续文献通考卷二百四十七仙释考:神宗元丰元年,制革相国寺六十四院为二禅八律,诏宗本禅师住慧林,引对于延和殿问法。

李濂汴京遗迹志卷之十寺观相国寺:神宗元丰中,增建东西两厢。又立八院:东曰宝严、宝梵、宝觉、慧林;西曰定慈、广慈、普慈、智海。

普济五灯会元卷第十六天衣禅师法嗣慧林若冲禅师:东京相国慧林院若冲觉海禅师,江宁府钟氏子。

宋话本杨思温燕山逢故人:思温听其语音,类东京人。问行者道:"参头,仙乡何处?"行者答言:"某乃大相国寺河沙院行者,今在此间复为行者,请官人坐于凳上,闲话则个。"

〔一四〕**动使**

宋话本宋四公大闹禁魂张:宋四公取出蹊跷作怪动使,一挂挂在屋檐上,从上面打一盘盘在屋上,从天井里一跳跳将下去。

赵正道:"观察醉也。"扶住他,取出一件作怪动使剪子,剪下观察一半衫襟,安在袖里,还了茶钱。

无名氏宣和遗事前集:尹知县令司吏辨认酒桶是谁人动使,便可寻觅贼踪。把那酒桶辨验,见上面有"酒海花家"四个字分晓。

〔文案〕动使即器具之类。卷二"东角楼街巷"、卷五"民俗"均有之。

〔一五〕**鬼百戏**

李廌德隅斋画品玉皇朝会图:又尝见恪所作鬼百戏图:钟馗夫妇,对案置酒,供张果肴,及执事左右,皆述其情态,前有大小鬼数十合乐,呈伎俩,曲尽其妙。此图玉皇像,不敢深戏,然犹不免悬蠏,欲调后人之一笑也。

〔一六〕**殿庭供献乐部**

曾巩集卷第十三序相国寺维摩院听琴序:治平三年夏,得洪君于京师,始合同舍之士,听其琴于相国寺之维摩院。

寺东门街巷

寺东门大街，皆是幞头、腰带〔一〕，书籍、冠朵铺席，丁家素茶。寺南即录事巷妓馆，绣巷皆师姑绣作居住。北即小甜水巷，巷内南食店〔二〕甚盛，妓馆亦多。向北李庆糟姜〔三〕铺。直北出景灵宫〔四〕东门前，又向北曲东税务街、高头街、姜行后巷，乃脂皮画曲妓馆。南北讲堂巷、孙殿丞药铺、靴店〔五〕。出界①北巷，巷口宋家生药铺〔六〕，铺中两壁皆李成所画山水。自景灵宫东门大街向东，街北旧乾明寺〔七〕，沿火改作五寺王②监。以东向南曰第三条甜水巷〔八〕，以东熙熙楼客店，都下着数〔九〕。以东街南高阳正店，向北入马行。向东街北曰车辂院，南曰第二甜水巷。以东审计院，以东桐树子韩家，直抵太庙前门。南往观音院，乃第一条甜水巷也。太庙北入榆林巷，通曹门〔一〇〕大街，不能遍数也。

[校]

> ①中华邓注本、上古标校本"界"下增"身"字。证之卷二东角楼街巷并小夫人金钱赠年少，似脱"身"字。
>
> ②"王"，元本误，中华邓注本纠"王"为"三"。

[注]

〔一〕腰带

张知甫张氏可书：京师一富人，质得金带一条，常常系之。每送迎宾客，辄止中门而返，必曰："腰带有碍，不敢出门，且告不罪也。"

佚名靖康要录：宣和七年十二月，皇太子除开封牧。二十日，差内使梁邦彦仅押赐皇太子碾玉龙束带一条，不许辞免。

赵善璙自警编卷二操修类：有货玉带于王文正弟，以呈文正，文正曰："如何？"弟曰："甚佳。"公命系之，曰："还见否？"曰："系之安得自见。"文正曰："自负重，而使观者称好，无乃劳乎？我腰间不称此物。"亟还之，故生平所服，止于赐带。

[文案]宋最重金带，岳珂愧郯录卷十二可证。然王国维庚申之间读书记述宋歌舞伎乐人便服亦系排方玉带，可见束玉带于宋已属平常。

〔二〕南食店

灌圃耐得翁都城纪胜食店：南食店谓之南食，川饭分茶。盖因京师开此店，以备南人不服北食者，今既在南，则其名误矣，所以专卖面食鱼肉之属，如铺羊面、庵生面、姜拨刀、盐煎面、鳣鱼桐皮面、抹肉淘、肉齑淘、棋子、虾燥子面、带汁煎，下至扑刀鸡、鹅面、家常三刀面，皆是也。

曹彦约经幄管见卷三：知枢密院王钦若以疾请告，上顾王旦等曰："钦若久疾如何？"旦曰："臣等昨往视之，形容甚瘦，灼艾三百余丸。"冯拯曰："钦若不食羊，食物多动风气，故常有疾。"上曰："四方之人所食皆异，虽系嗜好，不当令至生疾。京师事物列于市肆，南人所食咸备。"

〔三〕糟姜

梅尧臣答刘原甫寄糟姜：名国万家城，千畦等封侯。剧当燕去前，腌牙费糟丘。无筋偃王笑，有味三闾羞。寄入翰林席，圣以不撤优。又寄蓬门下，作赋谁肯休。唯我广文舍，免为齑盐仇。刘公汉家裔，才学歆向俦。胸怀饱经史，辨论出九州。曾不奉权贵，但与故人投。赠辛非赠甘，此意当自求。

浦江吴氏中馈录卷上糟姜方：姜一斤，糟一斤，盐五两，拣社日前可糟。不要见水,不可损了姜皮,用干布擦去泥,晒半干后,糟盐拌之,入瓮。

邝璠便民图纂卷第十五制造类上糟姜:社前嫩姜,去芦,揩净。用煮酒和糟盐拌匀,入磁坛。上用沙糖一块。箬扎泥封。

〔四〕景灵宫

王瓘北道刊误志:景灵宫在太平坊,大中祥符八年置正殿曰天兴,有奉真、孝严、英德三殿,以奉三宗圣容。又有章懿太后,广孝殿宫之东隅建碑刻景灵宫赞并序,真宗御制御书。

富大用古今事文类聚遗集卷十五路官部:明道中,钱惟演以使相为景灵宫使。又祥符七年,宰臣向敏中为景灵宫使。

〔五〕靴店

宋话本勘皮靴单证二郎神:“冉大,又来了。这只靴又不是一件稀奇作怪、眼中少见的东西,止无过皮儿染皂的,线儿扣缝的,蓝布吊里的,加上楦头,喷口水儿,弄得紧棚棚好看的。”冉贵却也不来兜揽,向灯下细细看那靴时,却是四条缝,缝得甚是紧密。看至靴尖,那一条缝略有些走线,冉贵偶然将小指头拨一拨,拨断了两股线,那皮就有些撬起来。向灯下照照里面时,却是蓝布托里。仔细一看,只见蓝布上有一条白纸条儿,便伸两个指头进去一扯,扯出纸条。仔细看时,不看时万事全休,看了时,却如半夜里拾金宝的一般。那王观察一见也便喜从天降,笑逐颜开。众人争上前看时,那纸条上面却写着:“宣和三年三月五日铺户任一郎造。”

任一郎接着靴,仔细看了一番,告观察:“这靴儿委是男女做的。却有一个缘故:我家开下铺时,或是官员府中定制的,或是使客往来带出去的,家里都有一本坐簿,上面明写着某年某月某府中差某干办来定制做造。就是皮靴里面,也有一条纸条儿,字号与坐簿上一般的。观察不信,只消割开这靴,取出纸条儿来看,便知端的。”王观察见他说着海底眼,便道:“这厮老实,放了他好好与他讲。”当下放了任一郎,便道："一郎休怪，这是上司的差遣，不得不如此。"就将纸条儿与他看。任一郎看了道："观察，不打紧。休说是一两年间做的，就是四五年前做的，坐簿还在家中。却着人同去取来对看，便有分晓。"当时又差两个人，跟了任一郎，脚不点地，到家中取了簿子，到得使臣房里。王观察亲自从头检看。看至三年三月五日，与纸条儿上字号对照相同。看时，吃了一惊，做声不得：却是蔡太师府中张干办来定制的。

〔六〕**生药铺**

宋话本白娘子永镇雷峰塔：话说宋高宗南渡，绍兴年间，杭州临安府过军桥黑珠巷内，有一宦家，姓李名仁，见做南廊阁子库募事官，又与邵太尉管钱粮。家中妻子，有一个兄弟许宣，排行小乙。他爹曾开生药店。自幼父母双亡，却在表叔李将仕家生药铺做主管，年方二十二岁。那生药店开在官巷口。

许宣问白娘子讨了些银子，教蒋和去镇江渡口马头上，赁了一间房子，买下一付生药厨柜，陆续收买生药。十月前后，俱已完备，选日开张药店，不去做主管。

许宣自开店来，不匡买卖一日兴一日，普得厚利。正在门前卖生药，只见一个和尚将着一个募缘簿子道："小僧是金山寺和尚，如今七月初七日是英烈龙王生日，伏望官人到寺烧香，布施些香钱！"许宣道："不必写名，我有一块好降香，舍与你拿去烧罢。"

宋话本张古老种瓜娶文女：当时从六合县取路，迤逦直到扬州，问人寻到开明桥下，果然有个申公，开生药铺。韦义方来到生药铺前，见一个老儿，生得形容古怪，装束清奇：

额边银剪苍髯，头上雪堆白发。鸢肩龟背，有如天降明星；鹤骨松形，好似化胡老子。多疑商岭逃秦客，料是磻溪执钓人。

在生药铺里坐。韦义方道："老丈拜揖！这里莫是申公生药铺？"公公道："便是。"韦义方着眼看生药铺厨里：四个荟萏三个空，一个盛着西北风。韦义方肚里思量道："却那里讨十万贯钱支与我？"且问大伯,买三文薄荷。公公道:"好薄荷! 本草上说凉头明目,要买几文?"
韦义方道:"回三钱。"公公道:"恰恨缺。"韦义方道:"回些个百药煎。"
公公道:"百药煎能消酒面,善润咽喉,要买几文?"韦义方道:"回三
钱。"公公道:"恰恨卖尽。"

〔七〕**乾明寺**

桑正国会课乾明寺:悠悠意得自疏通,寂地因居乐性空。幽思晓
风清迫枕,静听寒雨细沾桐。修茎竹韵澄箫玉,绿影松垂乱鬓蓬。俦
侣好邀同此适,搜吟得到几匆匆。

宋话本张生彩鸾灯传:次夜,生复伺于旧处。俄有青盖旧车,迤逦
而来,更无人从,车前挂双鸳鸯灯。生睹车中非昨夜相遇之女,乃一尼
耳。车夫连称:"送师归院去。"生迟疑间,见尼转手而招生,生潜随之,
至乾明寺。

〔八〕**甜水巷**

叶梦得避暑录话卷下:张友正,邓公之季子。少喜学书,不出仕,
有别业,价三百万,尽鬻以买纸,笔迹高简,有晋宋人风味,尤工于草
书,故庐在甜水巷。

曾敏行独醒杂志卷第一:包孝肃公尹京,人莫敢犯者。一日,闾巷
火作,救焚方急。有无赖子相约乘变调公,亟走声喏于前曰:"取水于
甜水巷耶,于苦水巷耶?"公勿省,亟命斩之。由是人益畏服。

洪迈夷坚三志己卷第九甜水巷蛤蜊:李士美丞相,刘行简给事,因
入京师,同僦甜水巷客邸。

236 〔九〕**着数**

[文案]京都译注本据王瑛诗词曲语辞例释、董解元西厢记卷一
解"着数"为数一数二,数,数得着之意也。

〔一〇〕**曹门**

张师正括异志卷一曹门谣:天圣末洎明道中,京师市井坊巷之人,
凡物之美嘉者即曰"曹门好";物之高大者即曰"曹门高"。耆壮童稚

东京梦华录笺注

无不道者。

陈郁藏一话腴乙集卷上：王晋公祐创第京师曹门外，手植三槐于庭曰："子孙必有登第为三公者。"已而，魏公果为太保。

周煇清波杂志卷第四两学人物：承平时，两学作成之盛，不但英才辈出，为国之华；群居燕处，虽一时谑浪之语，人皆喜闻而乐道之。尝见前辈说数事：元祐间，敏求斋有治春秋陈生，与宋门一倡狎。一日，会饮于曹门，因用春秋之文题于壁曰："春正月，会吴姬于宋；夏四月，复会于曹。"

徐大焯烬余录：天圣中，童谣云："曹门好，有好好；曹门高，有高高。"后高后实太皇太后曹氏之所自出。

上官融友会谈丛卷中：丐者旬岁间，凌晨必至，生怜之，日以五钱赠焉，颇怀感激。忽一日，生见丐者袍带巾帻，跨马引仆而过，深以为讶。丐者曰："某有兄，官于交广，连绵数任。留京师，以至贫窭，地远绝信，乃丐于人。兄适方归，相见甚欢，衣装仆马，皆兄与也。"生然之。又曰："自十余年，感君之恩多矣。思欲报答，今得其时，兄于曹门斜街，僦得一宅，暂邀过门，夙令具馔奉俟。"生辞以故，丐者曰："已约数宾，不可拒矣。"遂留仆导生而来，丐者跃马先行，生随仆出曹门，入斜街委曲深巷。

上清宫

上清宫在新宋门里街北，以西茆山下院。醴泉观在东水门里。观音院〔一〕在旧宋门后太庙南门。景德寺在上清宫背，寺前有桃花洞，皆妓馆。开宝寺在旧封丘门外斜街子，内有二十四院，惟仁王院最盛。天清寺〔二〕在州北清晖桥。兴德院在金水门外。长生宫在鹿家巷。显宁寺在炭场巷北。婆①台寺在陈州门里。兜率寺在红门道。地踊佛寺在州西草场巷街南。十方静②因院在州西油醋巷。浴室院〔三〕在第三条甜水巷。福田院〔四〕在旧曹门外。报恩寺在卸盐巷。太和宫〔五〕女道士，在州西洪桥子大街。洞元观〔六〕女道士，在班楼北。瑶华宫在金水门外。万寿观在旧酸枣门外十王宫前。

[校]

①京都译注本谓"婆"同"繁"，婆台寺为前后白云、天清、相国三寺总称。

②中华邓注本谓"静"应作"净"，验之铁围山丛谈、冷斋夜话、五灯会元、东坡全集、栾城集诸书，确。

[注]

〔一〕观音院

曾巩京师观音院新堂：九衢言语乱人耳，三市尘沙眯人目。猿狙未惯裹章绶，鱼鸟宁忘慕溪谷。恨无栖宿在清旷，欲弄潺湲愈烦懊。道人谁氏斥佳境，决汉披霄敞华屋。骈罗嶷嶷三秀石，丛迸娟娟两修竹。云蒸雨泄被岩壑，海倒河垂动林麓。顿惊俯仰远嚣浊，岂直形骸摆羁束。解衣坚坐暝忘返，饮水清谈心亦足。丈夫壮志须坦荡，曲士阴机谩翻覆。青鞋赤舃偶然尔，安用区区巧追逐。

葛胜仲题观音院：弱水无风到海山，慈容亲觐紫旃檀。亭亭宝刹凌云近，湛湛清池漱玉寒。橘熟独垂红万颗，竹迷曾莳碧千竿。热官步武何容到，散秩须知第一官。

曾慥高斋漫录：蔡京，崇宁中以星文罢相，般出观音院待罪。

〔二〕**天清寺**

陈肖岩庚溪诗话卷下五九：靖康间，游京师天清寺，于僧房壁间得一绝云："空余绿绮琴，懒把新声写。不见临邛人，谁是知音者。"不题名氏，想有感而题之也。

王瓘北道刊误志：天清寺在繁台下，周显德二年置在清远坊，六年徙于此，三门记，王著撰。有兴慈塔。开宝中建。

〔三〕**浴室院**

刘攽登浴室院阁：秋霁登临好，危栏百尺梯。层城斜照里，双阙五云西。杂树黄映绿，生烟高复低。章台少年子，走马锦障泥。　稍出红尘外，方知万象虚。林端辨远水，楼角怪行车。灯续黄金像，香余贝叶书。谁能捐世事，即地亦山居。

徐梦莘三朝北盟会编卷第三十四靖康中帙九起靖康元年二月五日辛丑，尽其日：继而开封尹王时雍来，谓诸生曰："胁天子可乎？胡不退？"诸生应之曰："以忠义胁天子，不愈于奸佞胁之乎？"复欲前殴之，时雍逸去。殿帅王宗濋谓上曰："事已尔，无可奈何，当黾勉从之，不然且生变。"遂遣南仲号于众曰："已得旨宣李纲矣。"百姓数千人，诣浴室院迎之。

〔四〕**福田院**

大唐三藏取经诗话卷中经过女人国处第十：僧行遂谒见女王。女王问曰："和尚因何到此国？"法师答言："奉唐帝敕命，为东土众生往西天取经作大福田。"女王合掌，遂设斋供。

崇岳、了悟密庵和尚语录：师乃云：去年第一会，水陆街坊，今年罗汉第一会里纳疏，识得去年人。便是今年事，今年与去年，非新亦非故，播鼓共证明，眉毛俱卓竖，北郁打三更，西瞿日未暮，其施汝者不名福田。

李濂汴京遗迹志卷十一祠庙庵院 福田院：在仁和门外之东北，唐太宗贞观二年创建，后为兵毁。王三聘古今事物考卷之三国制养济院:唐会要曰:开元中,京城乞儿,官置坊,给廪食,为养病院。又分置卑田院于诸寺,宋因之,以僧院名福田。

〔五〕**太和宫**

孔平仲谈苑卷之一:真宗禁销金,自东封归,杜健侟者,昭宪太后之侄女也,迎驾服之,上怒送太和宫出家,由此人莫敢犯。

〔六〕**洞元观**

[文案]京都译注本、孙注本考景祐二年富平郡王姑施氏愿入道为女冠,乃以崔怀道私第八十间改作道观,宋仁宗赐名"洞源"。"元"应为"源"。

马行街铺席

马行北去,旧封丘门外祆庙斜街,州北瓦子。新封丘门大街,两边民户铺席,外余诸班直军营相对,至门约十里余,其余坊巷院落,纵横万数,莫知纪极。处处拥门,各有茶坊[一]酒店,勾肆饮食。市井经纪之家,往往只于市店旋买饮食,不置家蔬[二]。北食[三]则矾楼前李四家、段家熬物、石逢巴子,南食则寺桥金家、九曲子周家,最为屈指。夜市[四]直至三更尽,才五更又复开张。如要闹去处,通晓不绝。寻常四梢[五]远静去处,夜市亦有燋酸豏[六]、猪胰胡饼[七]、和菜饼[八]、獾儿、野狐肉、果木翘羹、灌肠[九]、香糖果子之类。冬月虽大风雪阴雨,亦有夜市。剎子、姜豉、抹脏、红丝、水晶脍、煎肝脏、蛤蜊、螃蟹、胡桃、泽州饧、奇豆[一〇]、鹅梨[一一]、石榴、查子、楂梓、糍糕、团子、盐豉汤之类。至三更,方有提瓶卖茶者[一二]。盖都人公私荣①干,夜深方归也。

[校]

①"荣"通"营"。

[注]

〔一〕茶坊

宋话本万秀娘仇报山亭儿：万员外复身再来凳上坐地，叫这陶铁僧来问道："你在我家里几年？"陶铁僧道："从小里，随先老底便在员外宅里掉茶盏抹托子，自从老底死后，罪过员外收留，养得大，却也有十四五年。"万员外道："你一日只做偷我五十钱，十日五百，一个月一贯五百，一年十八贯，十五年来，你偷了我二百七十贯钱。如今不欲送你去官司，你且闲休！"当下发遣了陶铁僧。这陶铁僧辞了万员外，收拾了被包，离了万员外茶坊里。

这陶铁僧小后生家，寻常和啰槌不曾收拾得一个，包里有得些个钱物，没十日都使尽了。又被万员外分付尽一襄阳府开茶坊底行院，这陶铁僧没经纪，无讨饭吃处。

〔二〕旋买饮食不置家蔬

宋话本任孝子烈性为神：周得一霎时买得一尾鱼、一只猪蹄、四色时新果儿，又买下一大瓶五加皮酒，拿来家里，教使女春梅安排完备。

周煇清波别志卷中：煇幼小时，见人说京师人家，日供常膳，未识下箸，食味非取于市不属餍。

叶梦得避暑录话卷上：晏元宪公虽早富贵，而奉养极约，惟喜宾客。未尝一日不燕饮，而盘馔皆不预办，客至旋营之。顷有苏丞相子容，尝在公幕府，见每有嘉客必留，但人设一空案一杯，既命酒，果实蔬茹渐至，亦必以歌乐相佐，谈笑杂出，数行之后，案上已灿然矣。

〔三〕北食

庄绰鸡肋编卷上：南人罕作面饵，有戏语云："孩儿先自睡不稳，更将擀面杖柱门，何如买个胡饼药杀着！"盖讥不北食也。

张师正倦游杂录南北方嗜好不同：杜大监植言：南方无好羊泪面，惟鱼稻为嘉，故南人嗜之。北方鱼稻不多，而肉面嘉，故北人嗜之。易地则皆然，不必相非笑也。

赵希鹄调燮类编卷三粒食：煮面令汤清，北方用花麣，南方用糖醋撮。

〔四〕夜市

吴自牧梦粱录卷十三夜市：又有夜市物件，中瓦前车子卖香茶异汤，狮子巷口煨耍鱼、罐里煨鸡丝粉、七宝科头，中瓦子武林园前煎白肠、焐肠、灌肺岭卖轻饧，五闲楼前卖余甘子、新荔枝、木樨市西坊卖焦酸馅、千层儿，又有沿街头盘叫卖姜豉、膘皮膘子、炙椒、酸犯儿、羊脂韭饼、糟羊蹄、糟蟹，又有担架子卖香辣罐肺、香辣素粉羹、腊肉、细粉科头、姜虾、海蛰鲊、清汁田螺羹、羊血汤、胡潎、海蛰、螺头潎、馉饳儿潎面等，各有叫声。大街更有夜市卖卦：蒋星堂、玉莲相、花字青、霄三命、玉壶五星、草窗五星、沈南天五星、简堂石鼓、野庵五星、泰来心、鉴三命。中瓦子浮铺有西山神女卖卦，灌肺岭曹德明易课。又有盘街卖卦人，如心鉴及甘罗次、北算子者。更有叫"时运来时，买庄田，取老婆"卖卦者。有在新街融和坊卖卦，名"桃花三月放"者。其余桥道坊巷，亦有夜市扑卖果子糖等物，亦有卖卦人盘街叫卖，如顶盘担架卖市食，至三更不绝。冬月虽大雨雪，亦有夜市盘卖。至三更后，方有提瓶卖茶。冬闲，担架子卖茶，徼子慈茶始过。盖都人公私营干，深夜方归故也。

施彦执北窗炙輠录卷下：又一夜，在宫中闻丝竹歌笑之声，问曰："此何处作乐？"宫人曰："此民间酒楼作乐处。"宫人因曰："官家且听外间如此快活，都不似我宫中如此冷冷落落地。"仁宗曰："汝知否，因我此冷落，故得渠如此快活，我若为渠，渠便冷落矣。"

张畈九河公语录：民间讹言云："有白头老翁，夜后食人男女。"郡县哓哓，至暮路无行人。公召知西浦寺丞阮昌龄曰："近讹言惑众，汝归县中访市肆。有四明人为乡里患者，必大言其事指，但证解来。"明日果得之，送上州，遂僇于市，即日帖然，夜市如故。

〔五〕**四梢**

〔文案〕梢为俗语，尽头边缘之意也。若水浒传第三十二回："二人出得店来，行到市镇梢头三岔路口。"

〔六〕**燋酸馅**

慧琳一切经音义卷第五音大般若经第四百五十卷焦炷：郑注礼记云：焦，臭也。广雅云：焦，黑也。说文从隹从火，经文中多作燋。

戴侗六书故卷三天文下：燋说文曰：燋，所以然，持火也。郑康成曰：燋，炬也，所以然火者也。又曰：未爇曰燋。

宋话本宋四公大闹禁魂张：宋四公夜至三更前后，向金梁桥上四文钱买两只焦酸馅。那金梁桥下，一个卖酸馅的，也是我们行院，姓王，名秀，这汉走得楼阁没赛，起个浑名，唤做"病猫儿"。他家在大相国寺后面院子里住。他那卖酸馅架儿上一个大金丝罐，是定州中山府窑变了烧出来的。

成寻参天台五台山记第五（延久四年一二月）：五日己卯天晴，卯时从府被送粥，辰一点，与使臣通事共参府谒大卿，以通事乐通言，最好人也。点茶二度，汤药一度，即还驿。有斋酒，路食别被送馂馅五十只、砂馅五十只、糖油饼五百个、素油饼五十个、散子五个，使与二佰文钱了。次被送路食酒大瓶二口，通事一瓶，使与二佰文了。诸事沙汰，使与钱二贯文了。从州前马铺十匹来。巳一点，乘马还，至龙泉马铺，官人二人各用马云云，直乍骑过了，过四十五里。申时至崞县驿，州兵士廿人返了，马铺担担依极疲，与馂馅廿二个了，十一人各二与了。

十一日乙酉,天晴,卯时送粥,殿直切逗留,依之沸汤。已时送斋,有酒一瓶、醋一瓶。申时马铺马十匹来,即出驿间被送斋,不吃出了,过二十里。酉时至<u>新店</u>马铺宿,二时行法,经第四,<u>太原府</u>被送路食糖饼五十枚、馂馅五十、心饼五十。

<u>无名氏居家必用事类全集庚集</u>素食酸馅:馒头皮同,褶儿较粗,馅子任意。豆馅或脱或光者。

<u>赵叔向肯綮录</u>俚俗字义:归田记云:"京师食店卖酸馅者,皆大牌榜于衢路。而俚俗昧于字法,转酸从食,馅从臽。有滑稽子谓人曰:彼家所卖馂馅音俊叩不知为何物也。"以余观之,<u>山谷</u>法帖见于世者,皆作酸馦,韵略上声,集韵与馅同音,在去声,注云:饼中馅也。篇韵皆无馅字,不知<u>欧阳公</u>从何得也?但方言云:关东西谓甑为鹦音輂,或曰鸎音岑,或谓之酢陷。而唐韵甑音谶,鸎音寻,与方言所音已不同矣。岂特此也。今士大夫因循相承,信笔而书,极为未允。因从<u>陆法言唐韵</u>,取世间所常用者,以示儿曹,具于后。

<u>丁度附释文互注礼部韵略</u>卷一上平声二十六欢酸:苏官切。释云:酢也,关东谓酢曰酸。

<u>祝穆古今事文类聚前集</u>卷十二天时部食燋糟:峡人十月一日,多以蒸裹为节物。<u>荆楚</u>人多食燋糟或作糖,故<u>杜</u>诗云:"蒸裹如千室,燋糟萃一样。兹辰南国重,旧俗自相欢。"

<u>崇岳</u>、<u>了悟密庵和尚语录</u>:上元上堂。十五日已前,明头来明头打;十五日已后,暗头来暗头打。正当十五日,一灯然百千灯,灯灯相续,廓彻圣凡。<u>观世音菩萨</u>,将钱买胡饼,放下因什么,却是个铁酸豏。

〔七〕猪胰胡饼

<u>灌圃耐得翁都城纪胜</u>食店:猪胰胡饼,自中兴以来只<u>东京脏</u>三家一分,每夜在<u>太平坊</u>巷口,近来又或有效之者。

[文案]<u>李时珍本草纲目</u>兽一豕云:猪胰乃为猪之两肾中似脂非脂似肉非肉处。与饼连称,即如<u>无名氏居家必用事类全集</u>所载"山药

胡饼"也:熟山药二斤、面一斤、蜜半两、油半两,和搜捍饼。其料为猪
胰。又贾思勰齐民要术卷九饼法第八十二豚肉饼法,亦可参证:汤溲
粉,令如薄粥。大铛中煮汤,以小杓子抎粉,着铜钵内,顿钵煮沸汤中,
以指急旋钵,令粉悉着钵中四畔。饼既成,仍抎钵,倾饼着汤中,煮熟。
令漉出,着冷水中。酷似豚皮。臛浇麻酪任意,滑而且美。

〔八〕**和菜饼**

浦江吴氏中馈录制蔬三和菜:淡醋一分,酒一分,水一分,盐、甘草
调和其味得所。煎滚,下菜苗丝、橘皮丝各少许,白芷一、二小片掺菜
上,重汤顿,勿令开,至熟,食之。

[文案]窃以为和菜饼即多种菜肴拌制而成之馅馄饨之类,近似于
汤饼。

〔九〕**灌肠**

[文案]无名氏居家必用事类全集庚集肉灌肠红丝品灌肠:肥羊盘
肠并大肠洗净。每活血杓半,凉水杓半,搅匀。依常法灌满。活血则
旋旋对,不可多了,多则凝不能灌入。此"灌肠"源自贾思勰齐民要术
卷九灸法第八十灌肠法,二者均为羊肉灌肠。猪肉灌肠则用猪大肠灌
淀粉,煮一熟,上铛油煎,蘸蒜而食。中华邓注本称北京灌肠乃唐宋遗
风,未尝不可。

〔一〇〕**奇豆**

[文案]"奇"同"其",其豆为宋城常见市食,武林旧事卷六作坊记
谓作坊每日必备,以供需求。尤为小儿所钟爱,故梦粱录卷一三记沿
街叫卖小儿诸般食件往往有之。其豆亦为"消夜果子",梦粱录卷六除
夜载内司进呈禁中"精巧消夜果子合",合内簇诸果,"五色其豆"即为
一种。武林旧事卷三岁除亦同:"以大合簇钉凡百余种,如蜜煎珍果,
下至花饧、其豆,皆极小巧。"由此可推知,其豆当为植物性食品,类似
赤小豆之大小棋子块食也,或盐制或糖制,或炒或煮,味道美妙,为大
众消闲食品也。

〔一一〕**鹅梨**

［文案］此鹅梨与卷二"饮食果子"之"河北鹅梨"有别。陆玑毛诗草木鸟兽虫鱼疏记:鹅梨出河南北诸州郡,味差短,皮带鹅黄色,故名。又据古今图书集成方舆汇编职方典第三百七十九卷开封府物产考:郑州亦出梨,两种,其一曰鹅梨,大如瓶,落地则碎,土人以布囊承之,其味甘脆,食之可解烦渴。

〔一二〕**提瓶卖茶者**

洪迈夷坚甲志卷十五伊阳古瓶:张虞卿者,文定公齐贤裔孙,居西京伊阳县小水镇。得古瓶于土中,色甚黑,颇爱之,置书室养花。方冬极寒,一夕忘去水,意为冻裂。明日视之,凡他物有水者皆冻,独此瓶不然。异之,试以汤,终日不冷。张或与客出郊,置瓶于篚,倾水瀹茗,皆如新沸者,自是始知秘,惜后为醉仆触碎。视其中,与常陶器等,但夹底厚几二寸,有鬼执火以燎,刻画甚精,无人能识其为何时物也。

黑龙江省博物馆藏南宋斗茶图

洪迈夷坚丁志卷十七琉璃瓶：徽宗尝以紫流离胆瓶十，付小珰，使命匠范金托其里。珰持示苑匠，皆束手曰："置金于中，当用铁箄熨烙之，乃妥贴，而是器颈窄不能容，又脆薄不堪手触，必治之且破碎，宁获罪，不敢为也。"珰知不可强，漫贮箧中。他日，行廛间，见锡工扣陶器精甚，试以一授之曰："为我托里。"工不复拟议，但约明旦来取。至则已毕。珰曰："吾观汝伎能，绝出禁苑诸人右，顾屈居此，得非以贫累乎？"因以实诘之。答曰："易事耳。"珰即与俱入而奏其事。上亦欲亲阅视，为之幸后苑，悉呼众金工列庭下，一一询之，皆如昨说。锡工者独前，取金锻冶，薄如纸，举而裹瓶外。众咄曰："若然，谁不能？固知汝俗工，何足办此？"其人笑不应，俄剥所裹者，押于银箸上，插瓶中，稍稍实以汞，掩瓶口，左右颒捅之。良久，金附着满中，了无罅隙，徐以爪甲匀其上而已。众始愕眙相视。其人奏言："琉璃为器，岂复容坚物振触？独水银柔而重，徐入而不伤，虽其性必蚀金，然非目所睹处，无害也。"上大喜，厚赉赐遣之。

[附录]众所周知，暖水瓶是一种双层玻璃容器，内外壁在顶部完全封拢，将夹层中空气抽出来。暖水瓶的内壁需镀上一层水银，目的是为了减少由辐射传走之热量。夷坚志中两条史料表明：宋代暖水瓶制作已有今日暖水瓶之雏形。这在第一条史料中，分外明显，所记张虞卿拥有之暖水瓶，是"夹底厚几二寸"，这直接告示于人此暖水瓶是中间有空隙之双层构造，因"夹底"即夹层也。第二条史料则记述锡工剥所裹金箔，押于银筷子上，插入玻璃瓶中，稍稍再输入水银，掩住瓶口，左右摇动以使水银涂镀在瓶胆上，这大体上符合暖水瓶制作技术。

考之宋代典籍，琉璃为自然之物，彩泽光润，逾于众玉。它用石英砂、纯碱长石及石灰石为主料，有时加入少量澄清剂，将原料混合、熔融、匀化后，加工成形，再经退火处理而得玻璃制品。宋代已能够进行这种玻璃品的制作，而且价格很便宜(戴埴鼠璞)。许多士大夫用诗歌吟咏玻璃制品，其惊奇、喜爱之情跃然纸上，像孔平仲之海南碧琉璃瓶："手持苍翠玉，终日看无足。秋天长在眼，春水忽盈掬。莹然无埃尘，可以清心曲。有酒自此倾，金樽莫相渎。"用诗联系宋徽宗一次就能给小太监十个紫色琉璃瓶，可知北宋后期，玻璃瓶制作数量已不小，品种多样，只是在质量上要逊于外国玻璃制品。

所谓外国玻璃制品，主要指大食诸国玻璃制品，笔者翻检这一时期中外贸易史料时，发现波斯语国家与宋朝贸易"方物"中，玻璃瓶为一大项。如自建隆二年起，占城就进有"大食瓶"。而大食国贸易"方物"中，每次都有玻璃制品，以各式玻璃瓶为多。如至道元年，一次"贡品"中就有："眼药二十小琉璃瓶，白沙糖三琉璃瓮，千年枣、舶上五味子，各六琉璃瓶，舶上褊桃一琉璃瓶，蔷薇水二十琉璃瓶。"大食国贸易而来之玻璃瓶，为宋代能制造质量较好之暖水瓶提供有益借鉴。大食诸国玻璃烧炼之法与中国同。"其法用石膏烧成，大食则添入南鹏砂，故滋润不烈，最耐寒暑，宿水不坏，以此贵重于中国"（赵汝适诸蕃志卷下志物琉璃）。当时有人详细地记下了这些舶来玻璃瓶中"可异者，虽百沸汤注之，与磁银无异，了不损动"，揭示出宋人将自己玻璃品制作技术，与外国玻璃品制作技术相比较、学习之态度。

从制造玻璃暖水瓶所必备之技术基础条件——水银着眼，宋水银提炼极为兴盛。唐慎微重修政和经史证类备用本草卷四玉石部中品水银记载："作炉。置砂于中，下承以水，上覆以益器，外加火煅养，则烟飞于上，水银溜于下。"提炼水银之器具和方法之传扬，是社会对水银需求量很大之反映。宋代社会所出现的各式各样的炼丹术，也可以证之。在北宋后期，水银就做为一种商品广泛流行。若"瓢内出汞成金"、"草制汞铁皆成庚"、"市药即干汞"、"药瓦成金"等（何薳春渚纪闻卷十记丹药）。这从另一面告诉我们：水银在人民生活中已占有一席之地。通过考索，大致可以了解，宋之玻璃瓶制品与水银涂镀技术、水银提炼技术及使用，均呈现出一派兴旺景象，从而为暖水瓶生产开辟了有利条件。但必须看到,这些仅为暖水瓶出现之基本科学技术因素,倘若无合适之自然条件、社会环境,暖水瓶也不会出现于北宋。

气象学权威竺可桢认为,十一世纪之北宋,是中国历史上最为寒冷时期之一,仅从天禧元年至政和三年这段时间的东京来看:降雪不断,冻死甚众,有时大雪连月,至春不止,平地积雪八尺有余,连飞鸟都冻死了(宋史卷六二五行一下)。于是,我们就看到了"提瓶卖茶者"的现象。商贩们所用之瓶是保温之暖水瓶,因为用铁或瓷制成之瓶装茶水,即使在茶瓶外面包裹厚实棉被之类,在极寒冷之冬夜,一会儿也会凉的。也就是说,若没有保暖之瓶胆,在冬夜里是不可能卖热茶的,而冷茶在冬夜里是不可能有市场的。且在宋代,是非常讲究注滚热的汤水于盏杯中,"点开"茶叶或茶饼才饮用。正所谓:"凡欲点茶,先须熁盏令热,冷则茶不浮。"(蔡襄茶录茶论)在宋代笔记小说、诗歌中屡屡出现之"斗茶",往往是人们携瓶远足时举行。倘无盛贮滚沸热水之保温瓶,是无法想象"斗茶"的。由此而推及"提瓶卖茶",成为宋代饮食行业一独立行当,实属自然。需要提及的是,宋徽宗是最能追求浮华的,宦官贵吏无不以有珍稀物品争相献上邀赏,民间工匠也无不受其传染,纷纷钻研奇巧伎艺。夷坚志所记擅长涂镀水银技术之锡工,就是小太监在百姓居住区发现的。这就标示着这种水银涂镀技术已在民间广泛流行,而暖水瓶得到最喜欢奢侈品的徽宗赏识,会很快推广开来,是非常可能的。

宋之暖水瓶为何样式? 目前尚未有出土之宋代暖水瓶实物证实。然而这并不妨碍我们从出土之宋代瓷茶瓶、玻璃水瓶寻找旁证——从出土宋代茶瓶看,它一般造型为宽口、鼓腹、平底、短流,与流成九十度角的腹壁上安有筒形把手(薛翘、刘劲峰、陈春惠宋元茶俗与茶具)。在江西赣州市景德镇的宋井中和江苏无锡环城河宋代古井中出土的宋代挈瓶,为宽口、短颈、溜肩、长圆腹、小圈足或小平底,为便提携,在肩部安双系或四系(无锡市博物馆无锡市环城河古井清理)。此外,从内蒙古奈曼旗辽开泰七年陈国公主墓出土的十至十一世纪初中亚伊斯兰制造的高颈玻璃水瓶,辽宁朝阳北塔地宫出土的伊斯兰玻璃瓶,天津蓟县独乐寺辽代塔基内发现的伊斯兰刻花玻璃瓶,河北定县北宋太平兴国二年塔墓内发现的六种伊斯兰玻璃器(徐苹芳考古学上所见的中国通往日本的丝绸之路),都能使我们对宋代暖水瓶形状有所认知。又1986年南京林学院发现的北宋墓中,有许多高约三十一厘米,底六点四厘米,口径六厘米的瓶子,这些瓶子虽不是玻璃瓶,但依考古学家研究,已和现今的瓶子十分相似了。另宋代花坞醉归图中有一挑着行李的仆人,行李后端携带的酒瓶,也为宋代暖水瓶的样式提供了参照,可以想见,宋代暖水瓶虽然不能和现代的暖水瓶完全一样,可其基本样式已无太大距离。

综合以上考证,笔者倾向于认为,宋代暖水瓶的样式为:宽口、长颈、长腹,瓶口安有开启的瓶盖,它与暖水瓶包装外腹壁上近似直角的弧形铁把手相连,箍在瓶颈口上,以便于开启和提携。也许有一天会出土宋代暖水瓶实物,那将对笔者的这一考证作一验证。

般载杂卖

东京般载车[一],大者曰"太平",上有箱无盖,箱如枸拦而平①,板壁前出两木,长二三尺许,驾车人在中间,两手扶捉鞭綏②驾之,前列骡或驴二十余,前后作两行,或牛五七头拽之。车两轮与箱齐,后有两斜木脚拖[二],夜中间悬一铁铃[三],行即有声,使远来者车相避。仍于车后系驴骡二头,遇下峻险桥路,以鞭謕之,使倒坐绳车,令缓行也,可载数十石。官中车惟用驴[四],差小耳。其次有"平头车",亦如"太平车"而小,两轮前出长木作辕,木梢横一木,以独

250

牛在辕内项负横木，人在一边，以手牵牛鼻绳驾之，酒正店多以此载酒梢〔五〕桶矣。梢桶如长水桶，面安罨口，每梢三斗许，一贯五百文。又有宅眷坐车子〔六〕，与"平头车"大抵相似，但棕作盖，及前后有枸栏门，垂帘。又有独轮车〔七〕，前后二人把驾，两旁两人扶拐，前有驴拽，谓之"串车"〔八〕，以不用耳子转轮也，般载竹木瓦石。但无前辕，止一人或两人推之。此车往往卖糕及糕麋〔九〕之类人用，不中载物也。平盘两轮，谓之"浪子车"。唯用人拽。又有载巨石大木，只有短梯盘而无轮，谓之"痴车"，皆省人力也。又有驼骡驴驮子〔一〇〕，或皮或竹为之，如方匾竹簦两搭背上，斛斗则用布袋〔一一〕驼之。

［校］

① "箱如枸拦而平"，上古标校本据秘册、学津诸本改"拦"为"栏"。

② 中华邓注本疑"绖"当作"绥"。

［注］

〔一〕**般载车**

章叔虎搜神秘览卷中原分：安肃军朱氏家素贫乏，他日巡警卒为之曰："长史有何警兆？某数日为见大车中般载财宝入长史宅中，不知其数，疑必有以先为祥报者。"

［文案］宋之运输唤般载，般载车又作驴骡大车，若老乞大集览下驴骡大车；一车驾驴骡五头者，平地任载大车也。宋应星天工开物卷下舟车第十五则可详证之："凡骡车之制有四轮者，有双轮者，其上承载支架，皆从轴上穿斗而起。四轮者前后各横轴一根，轴上短柱起架

直梁,梁上载箱。马止脱驾之时,其上平整,如居屋安稳之象。若两轮者,驾马行时,马曳其前则箱地平正,脱马之时则以短木从地支撑而住,不然则欹卸也。""凡四轮大车量可载五十石,骡马多者或十二挂或十挂,少亦八挂。执鞭掌御者居箱之中,立足高处。前马分为两班,战车四马一班,分骖服。纠黄麻为长索分系马项,后套总结,收入衡内两旁。掌御者手执长鞭,鞭以麻为绳,长七尺许,竿身亦相等。察视不力者鞭及其身。箱内用二人踹绳,须识马性与索性者为之。马行太紧则急起踹绳,否则翻车之祸从此起也。凡车行时,遇前途行人应避者,则掌御者急以声呼,则群马皆止。凡马索总系透衡入箱处,皆以牛皮束缚,诗经所谓肋驱是也。"天工开物所言与清明上河图所绘太平车可相互印证也。

〔二〕**木脚拖**

[文案]姜注本谓木脚拖体制不详。清明上河图一四骡车后下垂木脚拖可参,为制动装置。

〔三〕**铁铃**

苏轼东坡居士艾子杂说:一日,造艾子问曰:"凡大车之下,与橐驼之项,多缀铃铎,其故何也?"艾子曰:"车、驼之为物甚大,且多夜行,忽狭路相逢,则难于回避,以借鸣声相闻,使预得回避尔。"

〔四〕**官中车惟用驴**

宋真宗内藏库般钱绢申三司差驴车诏大中祥符六年七月:内藏库,若般钱绢赴景福库封桩誊移,即申三司差驴车三十两装载,皇城亲从、亲事官百人般运。其左藏库送还钱,只抽那亲从官百人掏钱。如纲运稍稀,止五十人。

窦仪宋刑统卷第十五十一门牧畜死失及课不充检验畜产不以实 养疗不如法 官畜官车私驮载:诸应乘官马牛驼骡驴,私驮物不得过十斤,违者一斤笞十,十斤加一等,罪止杖八十。

〔五〕**酒梢**

熊梦祥析津志辑佚风俗:酒以木作长桶盛之担送,名酒梢。

〔六〕**宅眷坐车子**

陆游老学庵笔记卷二：成都诸名族妇女，出入皆乘犊车。惟城北郭氏车最鲜华，为一城之冠，谓之郭家车子。江渎庙西厢有壁画犊车，库祝指以示予曰："此郭家车子也。"

朴通事谚解卷中："各样帐房室车。室车，乡习以细字作室字读，谓车上设屋可卧者也。然汉人凡称物之善者皆曰细，如云茶之好者曰细茶，今此细车亦谓设帐房于车上为屋，乃车之善者也，故谓之细。连呼帐房细车读亦通，质问云，如妇人所乘车，周围雕刻花槅，油饰花须，方言谓之细车。又云女人所乘有槅长盖之车。"

[文案]中华邓注本以陆游老学庵笔记注"宅眷坐车子"，稍嫌不足。朴通事谚解"帐房室车"可补。明人摹宋文姬归汉图中女眷所乘牛拉帐房室车可与此互参。

〔七〕**独轮车**

李诫营造法式卷十六般运功：独轮小车子抶驾二人，每车子装物重二百斤。

清明上河图中独轮车

高承事物纪原卷八舟车帷幄部第四十小车：蜀相诸葛亮之出征，始造木牛流马以运饷，盖巴蜀道阻，便于登陟故耳。木牛，即今小车之有前辕者；流马，即今独推者是，而民间谓之"江州车子"，按后汉郡国志有江州县，是时刘备全有巴蜀之地，疑亮之创始作之于江州县，当时云然，故后人以为名也。

李元弼作邑自箴拾遗第十登途须知：大小车行带斧凿锹镢，以防急用。<u>江州</u>车仍带准备耳子,更须附绳檐三五副,以备般剥。

[文案]独轮车制,<u>朴趾源</u><u>热河日记</u>卷二所记则可直证:自后一人腋辕而推之。当中为轮,轮之半既出舆上,则左右为箱,载物不得偏重。当轮处为半鼓形,夹轮以隔离之,使轮与物不相碍。腋辕下有短棒双垂,行则与辕俱举,止则与轮俱停,所以支吾撑柱,使不倾翻也。独轮车亦唤"<u>江州车儿</u>",<u>水浒传</u>第十六回有证:"只见松林里一字儿摆着七辆<u>江州车儿</u>。"

〔八〕**串车**

[文案]据<u>孙</u>注本:串车即今之俗称"挂牲口",又唤"跑梢"者是也。

〔九〕**糕糜**

无名氏<u>居家必用事类全集</u>庚集<u>回回食品</u>糕糜:羊头煮极烂,提去骨。原汁内下回回豆,候软,下糯米粉,成稠糕糜,下酥、松仁、胡桃仁,和匀供。

[文案]<u>陈元靓</u><u>岁时广记</u>卷第二十献节物,<u>文昌杂录</u>唐岁时节物四月八日有糕糜。

〔一〇〕**驼骡驴驮子**

<u>毛晃</u>、<u>毛居正</u>增修<u>互注礼部韵略</u>卷二下平声七歌:驼同上(它),又马名,<u>杜甫</u>诗:驼背锦模糊。增入。

无名氏<u>词林韵释</u>卷下十二何和平声:驼马名。

<u>洪迈</u><u>夷坚丁志</u>卷第七夏二娘:京师妇人<u>夏二娘</u>,死经年,见梦其子<u>杜生</u>曰:"我在生时欠某坊<u>王家</u>钱十二贯,某坊<u>陈家</u>钱三十四贯,坐谪为<u>王氏</u>驴而鬻于<u>陈</u>。<u>王氏</u>所得价钱偿已足,而<u>陈</u>未也。日与之负麦,然一往反才直三十八钱许,今日以外,尚欠十八千,非两年不可了。吾昔日瘗银百余两于堂内户限下,可发取以赎我。"其子曰:"即往寻访,以何为记?"曰:"明早从<u>南薰门</u>入,一骡最先行,别又一驴,次则我。汝来时,我自举头视汝。"<u>杜生</u>寤,掘地得银,径诣<u>南薰</u>待之,果遇麦驮联

<u>东京梦华录笺注</u>

254

翩来,第三者仰头相视。杜雨泣,欲牵以归,陈氏之役曰:"此吾主家物,汝何为者?"杜曰:"吾母也,当还元价以赎。"其人不许,相与忿争。厢官录送府,府尹扣其说,命引驴至前,谓曰:"果识汝子,可衔其裾。"应声而然。尹异之。时刘豫盗京师,尹具以白,豫呼入殿廷,复谓之曰:"能举前两足搭子肩上,则信矣。"应声亦然。

〔文案〕验之清明上河图端首:五头毛驴,背驮两搭木炭,行进树木夹峙的郊野小路。汴河虹桥上下,亦有五头毛驴,背驮圆滚粮袋。第一十字街道上,大街小桥边大树底下,各有三匹"方匾竹篓两搭背上"之毛驴,"孙家正店"前树下,两人从两匹毛驴背上卸货。驮粮食或货物之毛驴,于清明上河图中有十三匹之多。

〔一一〕**布袋**

李济翁资暇集卷下被袋:非古制,不知孰起也。比者远游行则用,大和九年,以十家之累者逦迤窜谪,人人皆不自期,常虞苍卒之遣,每出私第,咸备四时服用。旧以纽革为腰,囊置于殿乘。至是服用既繁,乃以被易之,成俗于今。大中已来,吴人亦结丝为之,或有饷遗,豪徒玩而不用也。

〔文案〕婿入他家,呼为"补代"。若猗觉寮杂记卷上言:"世号赘婿为布袋,多不晓其义,如入布袋,气不得出。顷附舟入浙,有一同舟者,号李布袋。篙人问其徒云:'如何入舍婿谓之布袋?'众无语。忽一人曰:'谓之补代,人家有女无子,恐世代从此绝,不肯嫁出,招婿以补其代尔。'此言绝有理。"而装填布袋,货卖他家,其意与之相近。又因布袋常使之物,渐衍变为通俗之语,多方借用。入赘不过其一例也。

255

都市钱陌

都市钱陌〔一〕,官用七十七〔二〕,街市通用七十五,鱼、肉、菜七十二陌〔三〕,金银七十四,珠珍①、雇婢妮〔四〕、买虫蚁六十八,文字^{〔五〕}五十六陌,行市各有短长使用。

[校]

①"珠珍"应为"珍珠"。

[注]

〔一〕**钱陌**

沈括梦溪笔谈卷四辩证二:今之数钱,百钱谓之"陌"者,借"陌"字用之,其实只是"佰"字,如"什"与"伍"耳。唐自皇甫镈为垫钱法,至昭宗末,乃定八十为"陌"。汉隐帝时,三司使王章每出官钱,又减三钱,以七十七为"陌";输官仍用八十。至今输官钱有用八十陌者。

洪迈容斋四笔卷一十十钱:市肆间交易论钱陌者,云十十钱,言其足数满百无跣减也。其语至俗,然亦有所本。后汉书襄楷传,引宫崇所献神书,其太平经兴帝王篇云:开其玉户,施种于中,比若春种于地也。十十相应和而生,其施不以其时,比若十月种物于地也。十十尽死,固无生者。其书不传于今,唐章怀太子注释之时,尚犹存也。此所谓十十,盖言十种十生无一失耳,其尽死之义亦然。与钱陌之事殊,然其字则同也。

高晦叟珍席放谈卷上:唐京师钱陌八十五,自河而南八十五,燕代皆以八十为陌。汉王章建言:官司出钱陌,减其三。今则凡官司出入,悉用七十七陌,谓之省陌者是已。独封赠钱输官帑陌犹用八十,乃唐时余制也。

文素如净和尚语录卷下:铜钱铁钱,省数足陌。

马端临文献通考卷九钱币考二历代钱币之制:国初因汉制,其输官钱,亦用八十或八十五为陌,然诸州私用各随俗,至有以四十八钱为陌。是岁所在用七十七陌为贯,及四斤半以上。

于慎行谷山笔麈卷之十四杂解:陌即百字,唐以八十钱为陌,宋以百钱为陌。

〔二〕官用七十七

杨辉乘除通变算宝卷中加法五术:足钱九十六贯二百五十文,问伸作七十七陌几何?

[答曰]一百二十五贯文。

草曰:足钱为身,身下[加三]望贯,[除一]。犹加三以一代七十七除也。望贯者,退位于第四位,除文。置足钱为身。贯上定贯。[加三]得一百二十五贯一百二十五文。望贯[除文]。上是一百二十五贯,下除一百二十五文。合问。

[文案]"官用七十七""省钱"之钱法,见洪迈容斋三笔卷第四省钱百陌。

〔三〕七十二陌

[文案]"依除"之钱法,即于"七十七"之"省陌","又克其五"交易。见欧阳修归田录卷二。

〔四〕婢妮

朱子编二程外书卷十大全集拾遗:今人家买乳婢,亦多有不得已者,或不能自乳,须着使人。

王洙王氏谈录不置侍婢:伯坚又云:相爱者与家人言以某年高,在远方,劝置一女子侍饮食汤药,图其安逸。

侯君素旌异记:晏元献家老乳媪燕婆,在晏氏数十年,一家颇加礼,既死,犹以时节祭之。尝见梦曰:"冥间甚乐,但衰老须人扶持,苦乏人耳。"其家为画二妇人,焚之。又梦曰:"受赐多矣,奈软弱不中用何。"其家叹异,命匠为厚纸格,绘二

宋半闲秋兴图中女婢像

美婢。他日又梦来谢曰："新婢绝可人意，今不寂寞矣。"

张师正括异志卷五李氏婢：贾国傅大冲尝说，有李某屡典郡，既卒，家人归京师旧居。有老婢，凡京城巷陌无不知者。家之贸易、饮膳、衣着，洎亲家传导往来，悉赖焉。邑君爱之如儿侄。明道春方淘沟，俾至亲家通起居，抵暮不归。数日寻访无迹。邑君曰："是媪苦风眩，疾作坠沟死矣。"即命诸婢设灵座祭焉。家之吉凶亦来报，邑君泣曰："是媪虽死，不忘吾家。"明年春，自外来。家人皆以为鬼也。媪拜曰："去岁令妾传语某人，至某处。风眩作，坠沟中。某人宅主姥见之，令人拯出，涤去秽污，加以药饵，得不死。某誓佣一年以报。今即期，即辞归。"往询某氏，果然。

〔五〕**文字**

马纯诗话一：吕吉甫知维扬，有吕川者，卖诗于市，句有可采者，常与吉甫赓和。有赠吉甫侄注少卿诗，注好道清修之士也，诗云："峨嵋月浸千秋雪，太华峰摇十丈莲。一见升平玉清客，雪莲声价顿销然。"又有赠致仕郭朝仪诗云："漫道任公钓有神，六鳌无迹海生尘。争如静卧南窗下，兰菊任争秋与春。"

阙名桐江诗话一二曹希蕴新月诗：曹希蕴货诗都下，人有以敲梢交为韵，索赋新月诗者。曹诗云："禁鼓初闻第一敲，乍看新月出林梢。谁有宝鉴新磨出？匣小参差盖不交。"盖模多逊之句也。

佚名东南纪闻卷二：昔有诗客朱少游者，在街市间立桌卖诗，以精敏得名。一日，有士人命以"掬水月在手"一句为题，客应声云："十指纤纤弄碧波，分明掌上见姮娥。不知李白当年醉，曾同江边捉得么。"又有持芭蕉一茎，俾赋之，即书云："剪得西园一片青，故将来此恼诗情。怪来昨夜窗前雨，减去潇潇数点声。"诚可谓精矣。

洪迈夷坚三志己卷第八浪花诗：曹道冲售诗于京都，随所命题即就。群不逞欲苦之，乃求浪花诗绝句，仍以红字为韵。曹谢曰："非吾所能为，唯南薰门外菊坡王辅道学士能之耳，他人俱不可也。"不逞曰：

"我固知其名久矣。但彼在馆阁，吾侪小人耳，岂容辄诣？"曹曰："试赍佳纸笔往拜而求之，必可得。"于是相率修谒下拜有请，<u>王</u>欣然捉笔，一挥而成。其语曰："一江秋水浸寒空，渔笛无端弄晚风。万里波心谁折得？夕阳影里碎残红。"读者无不嗟伏。

<u>宋话本赵伯昇茶肆遇仁宗</u>：自此流落东京。至秋深，仆人不肯守待，私奔回家去。<u>赵旭</u>孤身旅邸，又无盘缠，每日上街，与人作文写字。

[<u>文案</u>]京都译注本以<u>梦粱录</u>"太庙前尹家文字铺"为据，并以<u>宋</u>版书所记"<u>临安府太庙前尹家</u>书籍铺刊行"佐证，认定"文字"为"文字铺"省略，当"书籍店"解。余以为非也，"文字"于<u>宋</u>较为宽泛，若"枢密院检详诸房文字"是也，<u>吕本中东莱吕紫微师友杂志</u>"商榷文字"亦是也，<u>丁特起靖康纪闻</u>"追毁出身以来文字"是也，<u>范正敏遁斋闲览</u>题壁两行"文字"是也，<u>朱弁续骫骳说</u>"制撰文字"是也，<u>宋话本三现身包龙图断案</u>"袖里袋着一轴文字"是也，<u>宋话本合同文字记</u>"立两纸合同文字"亦是也。"文字五十六陌"则为都城以"文字"为商品买卖者，若前引数例。

雇觅人力

凡雇觅人力〔一〕，干当人〔二〕，酒食作匠之类〔三〕，各有行老供雇。觅女使即有引至牙人。

[<u>注</u>]

〔一〕**雇觅人力**

<u>成寻参天台五台山记第一</u>（<u>延久</u>四年五月）：十一日_{庚寅}。天晴。示家主<u>张九郎</u>雇夫九人，轿子担二人，与三贯三百文钱了。十一人，人别三百文。至<u>国清寺</u>三日功食，又与二百廿文。家主志百文，房赁五十文，

轿子功七十文。赖缘供奉。私以六百七十文钱雇二人乘轿，余人徒行。过卅五里至新昌县，以钱九十八文与夫十三人酒料了。

〔二〕干当人

吴自牧梦粱录卷十九顾觅人力：凡顾倩人力及干当人，如解库掌事，贴窗铺席，主管酒肆食店博士、铛头、行菜、过买、外出醋儿、酒家人师公、大伯等人。

〔三〕酒食作匠之类

陶毂清异录卷上蔬茶门玉乳萝卜：王奭善营度，子孙不许仕宦。每年止种玉乳萝卜、壶城马面菘，可致千缗。

高怿群居解颐岭南风俗又：岭南无问贫富之家数，女不以针缕纺绩为功，但穷庖厨、勤刀俎而已。善醢醯菹鲊者，得为大好女矣。俚民争姻聘者，相与语曰："我女裁袍、补袄，即灼然不会；若修治水蛇、黄鳝，则一条胜似一条矣。"

彭乘续墨客挥犀卷第一扈兴屠狗为事：扈兴，府界酸枣县市民也。始以屠狗为事，间或亦宰牛豕，而又善庖，邑人多用之，悉呼之曰"扈厨"。

郑望之膳夫录厨婢：蔡太师京，厨婢数百人，庖子亦十五人。

洪巽旸谷漫录：予以宝祐丁巳参闱寓江陵，尝闻时官中有举其族人置厨娘事，首末甚悉，漫申之以发一笑。其族人名某者，奋身寒素，已历二倅一守，然受用淡泊，不改儒家风。偶奉祠居里，便嬖不足使令，饮馔且大粗率。守念昔留某官处晚膳，出京都厨娘调羹，极可口。适有便介如京，漫作承受人书，嘱以物色，价不屑较。未几，承受人复书曰："得之矣，其人年可二十余，近回自府地，有容艺，能算能书，旦夕遣以诣直。"不二旬月，果至。初憩五里头时，遣脚夫先申状来，乃其亲笔也。字画端楷，历叙庆新，即日伏事左右，末乞以回轿接取，庶成体面。辞甚委曲，殆非庸碌女子所可及。守一见，为之破颜。及入门，容止循雅，红衫翠裙，参侍左右，乃退。守大过所望。少选，亲朋皆议举杯为贺。厨娘亦遽致使厨之请，守曰："未可展会，明日且具常食五杯五分。"厨娘请食品、菜品质次，守书以予之，食品第一为羊头佥，菜品第一为葱虀，余皆易便者。厨娘谨奉旨，数举笔砚具物料，内羊头五分，各用羊头十个也，葱韭五碟，合用葱五斤，它称是。守因疑其妄，然未欲遽尔以俭鄙，姑从之，而密觇其所用。翌旦，厨师告物料齐，厨娘发行庋，取锅、铫、盂、勺、汤盘之属，令小婢先捧以行，燦灿耀目，皆是白金所为，大约止该五七十两。至如刀砧杂器，亦一一精致。傍观啧啧。厨娘更团袄围裙，银索攀膊，掉臂而入，据坐胡床，徐起切抹批㹠，惯熟条理，真有运斤成风之势。其治羊头也，漉置几上，剔留脸肉，余悉掷之地，众问其故？厨娘曰："此皆非贵人之所食矣。"众为拾顿它所。厨娘笑曰："若辈真狗子也。"众虽怒，无语以答。其治葱韭也，取葱辄微过汤沸，悉去须叶，视碟之大小分寸而裁截之，又除其外数重，取条心之似韭黄者，以淡酒醯浸渍，余弃置，了不惜。凡所供备，馨香脆美，济楚细腻，难以尽其形容。食之举箸无赢余，相顾称好。即撤

261

宋厨娘画像砖摹图

席,厨娘整襟再拜曰:"此日试厨,幸中台意,照例支犒。"守方迟难,厨娘曰:"岂非待检例?"探囊取数幅纸以呈曰:"是昨在某官处所得支赐判单也。"守视之,其例每展会支赐或至于券数匹,家聚或至三二百千,双足无虚拘者。守破悭勉强,私切喟叹曰:"吾辈事力单薄,此等筵宴不宜常举,此等厨娘不宜常用。"不两月,托以它事善遣以还。其可笑如此。

防 火〔一〕

　　每坊①〔二〕巷三百步许,有军巡铺〔三〕屋一所,铺兵五人,夜间巡警〔四〕,收领公事。又于高处砖砌望火楼〔五〕,楼上有人卓②望。下有官屋数间,屯驻军兵百余人,及有救火家事③〔六〕,谓如大小桶〔七〕、洒子〔八〕、麻搭、斧锯〔九〕、梯子〔一〇〕、火叉〔一一〕、大索、铁猫儿之类。每遇有遗火〔一二〕去处,则有马军奔报军厢主,马步军、殿前三衙、开封府,各领军级扑灭,不劳百姓。

[校]

①百岁寓翁枫窗小牍卷下"每坊"前有"东京"二字。
②"卓",百岁寓翁枫窗小牍卷下作"探"。
③"事"应为"什"或"使",如卷二朱雀门外街巷"什物",东角楼街巷"动使"。

[注]

〔一〕**防火**
陈襄州县提纲卷二修举火政:治舍及狱,须于天井之四隅,各置一大器贮水,又于其侧备不测取水之器。市民团五家为甲,每家贮水之器各置于门,救火之器分置,必预备立四隅,立隅长以辖焉。四隅则又总于一官,月终勒每甲各执救火之具呈点,必加检察,无为具文。设有缓急,仓卒可集,若不预备,临期张皇,束手无策,此若缓而甚急者,宜加意焉。

〔二〕**每坊**

<u>王瓘北道刊误志坊</u>:太平 观德 义和 明德 安业 嘉善 广利 景宁 宝积 惠政 宣平 兴礼 兴宁 信陵<u>汴</u>有信陵亭,故名 崇济 兴道 光德 龙华 宜春 昭德 乐游 福善 延康 延德 惠和 建初 昭庆 嘉德 景明 广福 甘泉 兴国 崇仁 宣化 保和 新昌 靖安 常乐 光化 利仁 岳台 敦义 全顺 寿昌坊有启圣院,<u>太宗</u>诞圣之地,故曰<u>寿昌</u> 全顺 嘉平 溢德 永济 清和 建隆 显仁 延秋 寿明 咸宁 汴阳 惠宁 崇善 福昌 宣阳 隆安 安仁 庆成 兴化 善利 徽安 安远 延禧 宣义 永丰 景福 丰安 保义 义康 顺政 顺成 崇节 崇义 敦教坊有国子监,故名 普宁 奉化 归德 建宁 大宁 普惠 崇礼 永和 广济 景平 昭化 建平 敦化 长庆 武成坊有武成王庙,故名 清化 光庆 永昌 景耀 敦信 永泰 永安 宁远汴有夷门山,旧坊曰夷门,大中祥符改今名 丰义 崇庆 安兴 延庆 昌东 瑞应 永宁 咸宜 永平 安定 崇化 永顺 保安 延福 泰宁 昭善 嘉庆 安化 保宁

〔文案〕据<u>孔宪易北宋东京城坊考略</u>:东京内外城坊见于文字者,共六十六坊。而<u>周宝珠宋代东京研究</u>据<u>宋会要</u>考东京城内八厢一百二十一坊,城外九厢十四坊,共计一百三十五坊。

〔三〕**军巡铺**

<u>徐松宋会要辑稿兵三之五—之七</u>:<u>神宗熙宁</u>元年十二月九日,诏新旧城里都巡检诸处巡铺图二面,如有可省罢分明签贴进入。乃减罢八十六铺,计五百四十六人。先是,京城巡铺所占禁军人数甚多,步军兵士尤众,不得番休,故量行裁省,其铺分远近不均者,委巡检使移

那焉。

　　政和六年春某月甲子，开封尹臣革奏事殿中，建言："臣所部都城四厢，无虑若干坊，坊有徼巡卒合若干人数，尝筑庐以居。岁久庐坏，或废徒亡失，无以庇风雨，御寒暑。卒皆侨寄他处，往往托民篱下，私贾贩以自营，讼者莫知所诉。盗贼益玩，弛无忌惮，甚不称诏令。愿下将作，以时缮完。臣昧死以闻。"皇帝曰："嘻，弊有甚于此者邪！顾将

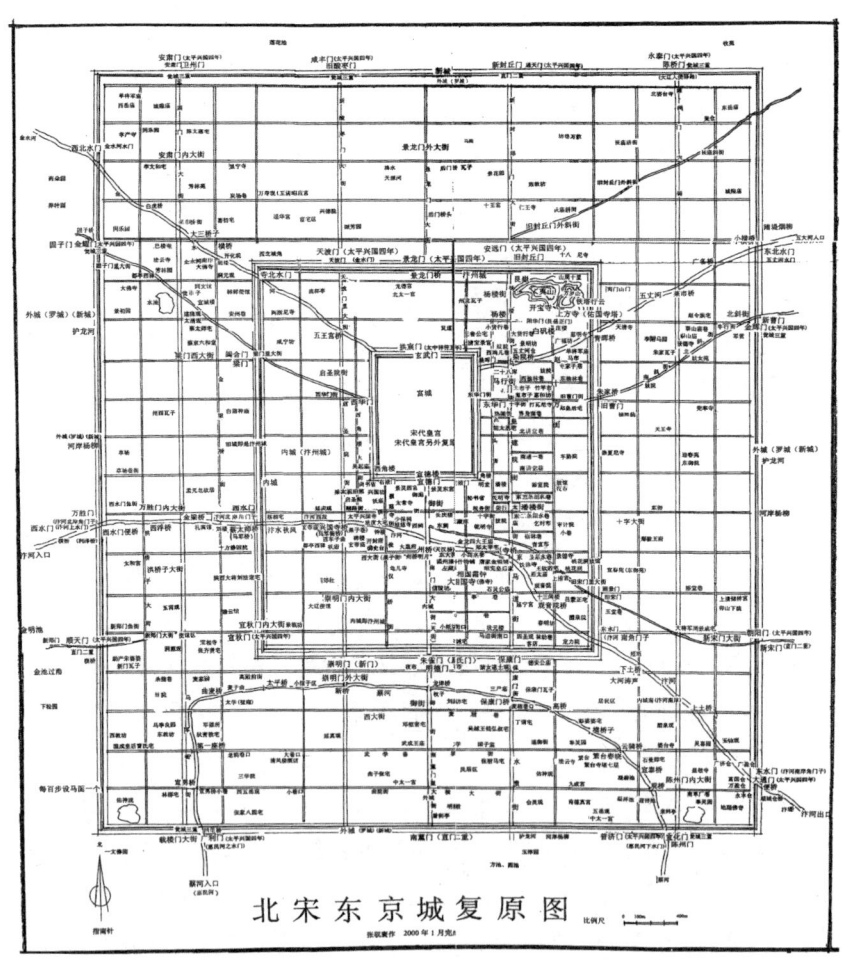

東京夢華錄箋注

北宋东京城复原图

作役多,力弗能专,汝言可续,其为朕典司之。"因出御府钱二万缗,下开封府如章。臣既承诏,鸠工揉材,相方视址,均远近,视要害,有迁有仍,或因或革,作以某月之甲子,成于某月之甲子。若干区,棋布星列,纵见横出,股引钩联,声通气接。都人聚观,愕怡踊跃。旧舍甲乙之次,杂取旁近官寺若佛老之居,以为题号,久或迁易,浸失本真,因一切削去讹舛,冠以坊名。具缏勺,储水器,暑以疗暍,火以濡焚。书之于籍,转相付授,月校季考,稽比以时,有可以资备预者,无弗饬也。

佚名南宋馆阁续录卷二省舍:省西北墙外添筑外墙一重,并置铺屋巡逻。墙外多为民居所占,嘉泰二年六月因遗火延烧,遂请于朝,不许再造。仍添筑外墙一重为限。

施谔淳祐临安志卷第六厢军:按旧制,列郡有厢禁土军,而行都驻跸以来,周庐设卒,虎旅环屯,故郡兵不加益,惟仍旧额,而辇下繁盛,火政当严。自大资政赵公与𥮡尹正京邑,因嘉定以来之成规,增置潜火军兵,总为十二隅七队,皆就禁军数内抽拨,处置得宜,自是十来年间,民始安堵。浙江东接海门,水军亦所当补,公复有请于朝,招刺强壮习水精于技艺者五百人,隶忠节指挥,亦以填补诸营阙额之数,其于急务,实有补云。

火十二隅　东隅在都税院侧,元额百二人。西隅在本府铁作院侧,元额一百二人。南隅在太岁庙下,元额百二人。北隅在潘阆巷,元额百二人。上隅在大瓦子三真君庙侧,元额一百二人。中隅在下中沙巷,元额一百二人。下隅在棚后,元额一百二人。以上七隅系嘉定四年,府尹王公柟任内置。

府隅在左院墙下,元额一百二人。系嘉定十四年府尹袁公韶任内置。新隅在朝天门里,元额一百二人。系嘉定四年府尹余公天锡任内置。

新南隅在候潮门里,元额一百二人。新北隅在余杭门里,元额一百二人。以上二隅系淳祐四年府尹赵公与𥮡任内置。

新上隅在侍郎桥。系淳祐九年府尹赵公与𥮡任内置。

潜火七队　水军队在本府教场内,元额二百六人。系淳祐九年府尹赵公与𥮡任内置。

搭材队在本府教场内,元额一百十八人。亲兵队在本府教场内,元额二百二人。系淳祐六年府尹赵公与篱任内置。

帐前四队在本府大门里,元额三百五十人。系开禧二年府尹廖公俣任内置。

城南北厢潜火隅兵　就诸寨土军及钱塘仁和县尉司弓手数内,四壁各管一壁。殿司统制二员,一员正任本府兵马钤辖,一员添差兵马钤辖。步司统制二员,一员正任浙西路兵马副都监,一员添差兵马副都监。设有不虞,俾各任责,如是本隅地界不候指挥使即部领隅兵前去救扑,如是别隅地界,本将办集隅兵,听候临安府节制司关唤,方许出寨。本府兼节制自此始。

东壁元额五百人。　西壁元额五百人。　南壁元额五百人。　北壁元额三百人。

城外四隅　城外居民繁盛,防虞之事亦岂容略。淳祐四年八月府尹赵公与篱有请于朝,就殿步两司营寨在城外四壁者,各选军兵三百人,总计一千二百人,仍各差统制官二员,带本府钤路职事,分任四壁防虞之责,并照城内四壁约束,仍隶本府节制。

东壁元额三百人。　西壁元额三百人。　南壁元额三百人。　北壁元额三百人。

〔四〕**夜间巡警**

袁采世范卷下:火之所起,多从厨灶,盖厨屋多时不扫,则挨墨易得引火,或灶中有留火,而灶前有积薪接连,亦引火之端也。夜间最当巡视。

〔五〕**望火楼**

李诫营造法式卷二十九大木作功限三望火楼功限:望火楼一坐四柱,各高三十尺,基高十尺。上方五尺,下方一丈一尺。造作功:柱四条共一十六功,榥三十六条共二功八分八厘,梯脚二条共六分功,平栿二条共二分功,蜀柱二枚,拖风版二片。　右各共六厘功。

槫三条共三分功,角柱四条,厦瓦版二十片。　右各共八分功。护缝二十二条共二分二厘功,压脊一条一分二厘功,坐版六片共三分六厘功。 右以上穿凿安卓共四功四分八厘。

[文案]桂林尚存咸淳七年镌刻桂林府城北鹦鹉山石壁全城总平面图,望火楼在焉。楼在该城宝贤门、镇岭门之间山上,连接城墙,出宝贤门沿石阶可登此建于立柱上之方形二层楼,据营造法式规定,一柱高三十尺,约合今九三〇厘米高,立足于此,探望全城火警,一览无余。

〔六〕**救火家事**

赵与裦辛巳泣蕲录:同日造大麻搭五百四十副,竹唧筒一千一百副,分五十四座战楼准备。又埋金汁锅百二十只于四隅及五隅。官排门率百姓,水缸二百只,上城贮水,以防不测。

曾公亮武经总要前集卷之十守城:右水袋以马牛杂畜皮浑脱为袋,贮水三四石,以大竹一丈,去节缚于袋口,若火焚楼棚,则以壮士三五人持袋口,向火蹙水注之,每门置两具。

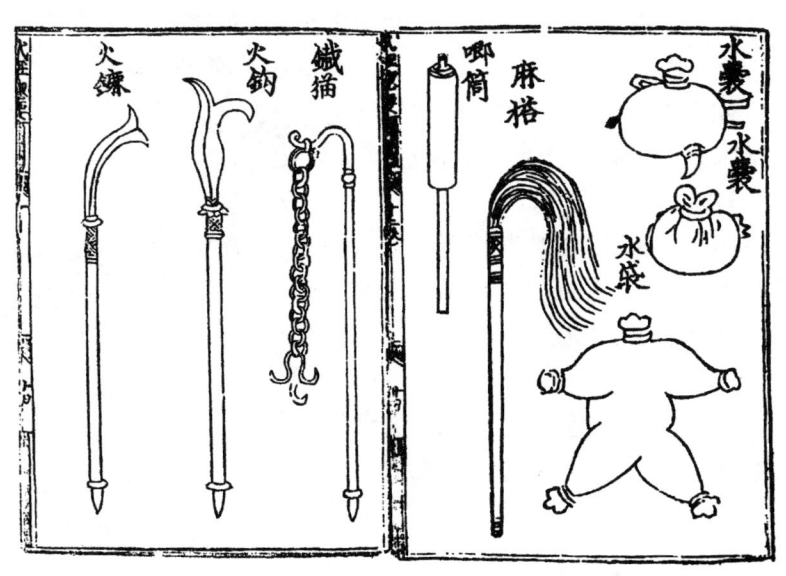

武经总要救火家事图

水囊以猪牛胞盛水，敌若积薪，城下顺风发火，则以囊掷火中，古军法作油囊亦便。

唧筒用长竹，下开窍，以絮裹水杆，自窍唧水。

麻搭以八尺杆系散麻二斤，蘸泥浆，皆以麷火。

贼以火攻城，则以城上应救火之具，有托叉、火钩、火镰、柳洒子、柳罐、铁猫手、唧筒，寻常之所预备者。形制具攻城器械图中。若攻具猛至，则为水袋、水囊以投沃之，应棚楼器械虽已涂覆，亦频举麻搭润护。若贼为火车烧城门，则下湿沙灭之，切勿以水，水加则油焰愈炽。贼若纵烟向城，则列瓮缸以醋浆水各实五分，人覆面于上，其烟不能犯鼻目。

〔七〕**大小桶**

<u>脱脱</u><u>宋史</u>卷六十六志第十九五行四：开宝初，<u>广南</u><u>刘鋹</u>令民家置贮水桶，号"防火大桶"。

<u>赵万年</u><u>襄阳守城录</u>：委属官巡警火盗，又恐虏人临城，必有火炮，凡近城茅竹屋并附仓库者悉撤去，仍取市井潜火水桶上，以防火箭。

〔八〕**洒子**

<u>韩国老乞大集览</u>上：洒子汲水之器，以柳枝编成者呼曰柳罐。<u>元</u>语谓帖落，洒音从上声。

〔九〕**锯**

[文案]<u>宋四公大闹禁魂张</u>中<u>赵正</u>去<u>宋四公</u>处盗物，"把小锯儿将两条窗栅下来"，于此可见锯之破坏作用之一斑。<u>清明上河图</u>一处路口造车作坊，一使用平木铲制车匠人前，置放一框架锯；又大街行走众人间，亦有一手提框架锯者。锯于<u>东京</u>已处处可见矣。

清明上河图中的
平木铲和框架锯

〔一〇〕**梯子**

<u>欧阳修</u><u>归田录</u>卷二：庆历八年正月十八日夜，<u>崇政殿</u>宿卫士作乱

268

于殿前,杀伤四人,取准备救火长梯登屋入禁中。

〔一一〕**火叉**

<u>曾公亮</u><u>武经总要前集卷之十守城</u>:火叉以铁为两歧,凡攻城将透积薪草松明麻洗于地道中,加以膏油纵火焚城,续之令不灭,则施四物以备用,烧之三日,其城自摧。

〔一二〕**遗火**

<u>桂万荣</u><u>棠阴比事原编</u>程琳烓灶:<u>程宣徽</u>知<u>开封府</u>,时禁中失火,尝即根治,诸缝人已诬服,乃送府具狱。<u>琳</u>辨其非是,又命工图火所经处,且言:"后宫人多而居隘,其烓灶近板壁,久燥而焚,此殆天灾,不可罪人。"上为宽其狱,无死者。

<u>李元纲</u><u>厚德录卷二</u>:宫禁火灾,<u>真宗</u>惊惶,语<u>王文正公</u>旦曰:"两朝所积,朕不敢妄费,一朝殆尽,诚可惜也。"公对曰:"陛下富有天下,财帛不足忧。所虑者政令赏罚有所不当。臣备位宰相,天灾如此,臣当免罢。"继上表待罪,上乃降诏罪己,许中外上封事,言朝廷得失,后有大臣言非天灾,乃王宫失于火禁,请置狱。上出其状,当斩决者数百人。公持以归,翌日,乞独对。言:"初火灾陛下降诏罪己,臣上言待罪,今行此刑,恐不副前诏,有违天意。果欲行刑,愿罪臣以明无罪状。"上欣然听纳,免死者几百辈。

<u>司马光</u><u>奏议卷九论仪鸾失火札子</u>_{嘉祐七年八月十一日上}:臣窃闻今月九日夜,<u>大庆殿</u>前仪鸾司房内失火。烟焰已起,烧及屋宇。侧近守宿之人,知觉差早,仅能救灭。或闻圣恩欲宽贷失火之人。窃以宫省之内,火禁不可不严。向使救之稍缓,为灾不细。伏望选差不干碍官一员,子细检定火发踪由。委<u>开封府</u>依公尽理,根勘从初失火因依。应干系人等,严赐施行。所贵戒厉后人,不敢懈慢。取进止。

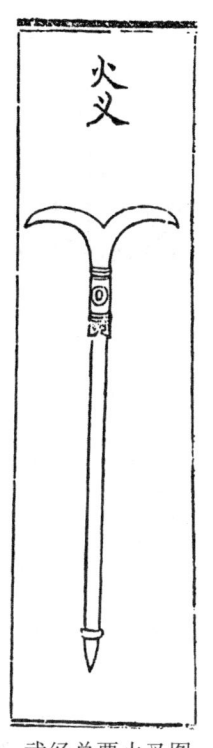

武经总要火叉图

窦仪<u>宋刑统</u>卷第二十七<u>失火</u>：诸于官府廨院及仓库内失火者，徒二年。在宫内加二等。庙社内亦同。损害赃重者，坐赃论。杀伤人者，减斗杀伤一等。延烧庙及宫阙者绞，社减一等。

谢深甫<u>庆元条法事类</u>卷八十<u>杂门</u>失火敕令格：令　杂令　诸州县镇寨城内，每十家为一甲，选一家为甲头，置牌具录户名，印押付甲头掌之。遇火发，甲头每家集一名救扑，讫，当官以牌点数，仍以官钱量置防火器具，官为收掌，有损阙即时增修。　诸官私船火发不得解缆，放令走流。　仪制令　诸应避路者，遇有急切事，谓救火之类不容久待者。许横绝驰过。

钱惟演<u>玉堂逢辰录</u>卷二十<u>荣王宫火</u>：大中祥符八年四月二十三日夜，荣王宫火，时大风东北来，五更后火益盛。予起登楼观之，知是禁中，通夕不寐。未明，东宫六位一时荡尽。宫人多走上<u>东华门楼</u>，有出不及者，焚死百余人。东宫六位，东行第一雍王，第二相王，第三南阳郡王，西行第一<u>充王</u>，第二<u>曹王</u>，第三<u>荣王</u>，西上即连御厨，密迩上台。二十四日，<u>左掖门</u>、<u>东华门</u>并不开，朝者皆趋<u>右掖门</u>，天明宰相等并立于内东门廊庑之下，既而火至<u>承天门</u>，西烧仪鸾司，使烧<u>朝元殿</u>后阁，西至东上阁，长春殿南廊折南北主廊，以绝火势。火遂南烧内藏库、香药库，又东回烧左藏库，又西烧秘阁史馆，午时烧<u>朝元门</u>东角楼，西至朝堂，救之而止。未时火出宫城，连烧中书省、门下省、鼓司审官院。是夕，烧屋舍计二千余间，救焚而死者千五百人，火至夜不绝，宰臣、枢密两制，是夕并宿禁中，是时救左藏库人尤众，辇出金银匹帛，莫知其数，积于城墙之上。及烧角楼，风急，回东北又烧之，烟焰烛天，救者不能措手。初烧长春殿南廊，火自屋内西行，忽隔十余间而发，人皆奔走避之，所存惟大内及中书枢密院以西而已，二王时无居处，寓于<u>东华门楼</u>。及夕，上召入禁中，明日出居于<u>上原驿</u>。时焚诸库，香闻十余里，秘阁三馆图籍一时俱尽，又大风中有飘书籍至<u>汴水</u>之南者。中夕，风定，火亦止。二十五日诏知杂王与中使阎文庆、岑守素勘遗火之踪。中人说二十四日欲明，火势渐东来，遂折御厨主廊,数百人登屋运水时,望见宫人相压死于煨烬中甚众,犹有手足能动者。曹王夫人将投火中救之,获免。宫人入火者不知其数,禁中大树烧之殆尽,所余者亦焦枯焉。惟相王宫在东南,火自西北起,王四更破东墙,自率宿卫者,运府库等物出,十得七八矣。五月三日,荣王落遂州节度使,降封端王。先领梓、遂二州。

沈作喆寓简卷四:仁宗初即位,章献明肃皇后垂帘。一夕,大内火,宫门晨未启。辅臣请对,上与太后御拱宸门楼,百官拜楼下,申公独立不肯拜,曰:"昔者禁掖不戒于火,中外震动,愿一见上,乃敢拜。"诏为举帘见之,廷中耸然称叹,皆曰:"此真宰相器也。"

王得臣麈史卷下乖谬:元祐中,民家昼日火作。先是数日前,太守令昼阖子城南门,不得启,民莫晓也。已而火作,居者不得出,救者不得入,民屋尽焚。余诘守,对曰:"某以久旱,用董仲舒闭纵之术耳。"

蔡絛铁围山丛谈卷第五:开宝寺灾,殿舍既雄,人力罕克施。鲁公时尹天府,夜帅役夫拯之,烟焰属天矣。睹一僧在屋上救火状,亟令传呼:"当靳性命,不宜前。"僧不顾,处屋上,经营自若。俄火透出,屋坏,僧堕于烈焰中。人愤其不趫,快之。则又见在他屋往来不已。益使传呼:"万众在是,犹不可施力,汝一僧讵能撤也?"又不听,则复堕。如是者出没四三。竟晓火熄,人谓是僧必死。于是天府吏检校寺众,则俱在,无一损。独于福胜阁下一阿罗汉像形面焦赪。汗珠如雨,犹流未止,故俗号"救火罗汉"。后数游福胜阁下,鲁公指示,得识之。

宋真宗缉捉遗火贼人诏:近日遗火稍多,虽累条约,访闻尚有接便奸幸,放火谋盗财物,其救火兵士、水行人等,又不用心救泼及收捉贼人,致有将擎刀斧斫开门户笼柜,般盗物色,本主收救,又为巡检人员约拦,不令向前,或致缘烧舍屋,疏失财物甚多。开封府宜令左右军巡使,厢界所由及密切差人缉捉放火及遗火去处贼人,仍榜示许人陈告,候获贼,勘逐人不虚,犯人于本处处斩,一房骨肉并配远恶州军;告事及缉捉人支赏钱一百千,军人、公人更与转三资,百姓愿安排者亦听,不愿者更两倍支赐。如同情并受寄贼人等,亦许徒中首告,给赏军人与转两资,百姓愿安排者亦听,不愿者更一倍支赐。并以系省钱支。如止于遗火处偷窃,仰收捉勘罪,仍不得约拦本主收救财物。候救灭,即都巡检等搜检。救火当直军人及水行人等,如搜捉下财物、犯人,即送开封府,依今条施行。别处捉获,及因事彰露,本地分人员、所由,并当严断,巡检并军巡使,亦重行朝典。

宋话本崔待诏生死冤家:不则一日,时遇春天。崔待诏游春回来,入得钱塘门,在一个酒肆与三四个相知方才吃得数杯,则听得街上闹炒炒,连忙推开楼窗看时,见乱哄哄道:"井亭桥有遗漏!"吃不得这酒成,慌忙下酒楼看时,只见:

初如萤火,次若灯火。千条蜡烛焰难当,万座糁盆敌不住。六丁神推倒宝天炉,八力士放起焚山火。骊山会上,料应褒姒逞娇容;赤壁矶头,想是周郎施妙策。五通神牵住火葫芦,宋无忌赶番赤骡子。又不曾泻烛烧油,直恁的烟飞火猛!

崔待诏望见了,急忙道:"在我本府前不远!"奔到府中看时,已搬挈得罄尽,静悄悄地无一个人。

宋话本闹樊楼多情周胜仙:约莫也是更尽前后,朱真的老娘在家,只听得叫"有火",急开门看时,是隔四五家酒店里火起,慌杀娘的,急走入来收拾。女孩儿听得,自思道:"这里不走,更待何时!"

天晓诸人入市

272

每日交五更,诸寺院行者打铁牌子,或木鱼,循门报晓[一],亦各分地分,日间求化。诸趋朝入市之人[二],闻此而起。诸门桥市井已开,如瓠羹店门首坐一小儿,叫"饶骨头"[三],间有灌肺[四]及炒肺。酒店多点灯烛沽卖,每分不过二十文，并粥^{〔五〕}、饭^{〔六〕}、点心^{〔七〕}。亦间或有卖洗面水^{〔八〕}，煎点汤茶药者^{〔九〕}，直至天明。其杀猪羊作坊^{〔一〇〕}，每人担猪羊及车子上市，动即百数。如果木亦集于朱雀门外，及州桥之西，谓之果子行。纸画儿亦在彼处，行贩不绝。其卖麦面，秤^{〔一一〕}作一布袋，谓之"一宛"，或三五秤作一宛，用太平车或驴、马驮之，从城外守门入城货卖，至天明不绝。更有御街、州桥至南内前，趁朝卖药及饮食者，吟叫百端^{〔一二〕}。

[注]

〔一〕**报晓**

罗贯中施耐庵水浒传第四十五回杨雄醉骂潘巧云 石秀智杀裴如海：本房原有个胡道，今在寺后退居里小庵中过活，诸人都叫他做胡头陀。每日只是起五更来敲木鱼报晓，劝人念佛，天明时收掠斋饭。

钱锺书管锥编增订一〇五页：中世纪"黎明怨别诗"每以报更夫（watchman）或望风之友人（a friend of the lovers who has been standing guard）代报晓鸡，使情侣自酣睡中惊起（A Preminger, ed. *Encyclopedia of Poetry and Poetics*, 8）。水浒传第四五回裴阇黎宿潘巧云家，"只怕五更睡着了，不知省觉"，因赂头陀胡道人，命其"把木鱼大敲报晓，高声念佛"，俾"和尚和妇人梦中惊觉"，迎儿"开后门放他去了"。头陀正取"乌臼鸟"、"碧树鸡"而代之，事物（character）异而作用（function）同（Cf. V. Propp, *Morphology of the Folktale*, tr. L. Scott, 2nd ed. , 21）东京梦华录卷三、梦粱录卷一三皆记两宋京师风俗，每夜四、五更，行者、头陀打铁板木鱼，沿街循门报晓。故水浒此节因俗制宜，就实构虚。

〔二〕**诸趁朝入市之人**

宋话本任孝子烈性为神：趁星光之下，直望候潮门来。却怼早了些,城门未开。城边无数经纪行贩,挑着盐担,坐在门下等开门。也有唱曲儿的,也有说闲话的,也有作小买卖的。

〔三〕**饶骨头**

西湖老人繁胜录:饶皮骨,壮汉只吃得三十八钱,起吃不了皮骨,饶荷叶裹归,缘物贱之故。起每袋七十省,二斤二两,肉,卖九十,省一斤。城内诸店皆如此饶皮骨。

[文案]顾起元客座赘语卷一谓:饶,饱也,益也,多也。其意于“饶骨头”不错,饶亦有另送之意也,水浒传第七回:一汉卖刀于林冲,实价二千贯,林冲给一千贯。那汉道:“我急要些钱使,你若端的要时,饶你五百贯,实要一千五百贯。”即是也。此足证张相诗词曲语词汇释所释:“饶”,犹添也,不足而求增益也。本书卷四“饶荠头羹”、卷七“饶梅花酒”,亦同也。京都译注本释“饶”为“烧”、“晓”,显对原意未解。

〔四〕**灌肺**

林洪山家清供卷上玉灌肺:真粉、油饼、芝麻、松子、核桃,去皮,加莳萝少许、白糖、红曲少许,为末,拌和入甑蒸熟,切作肺样块子,用辣汁供。今后苑名曰“御爱玉灌肺”。

浦江吴氏中馈录甜食玉灌肺方:真粉、油饼、芝麻、松子、胡桃、茴香六味,拌和成卷,入甑蒸熟,切作块子,供食,美甚。不用油,入各物,粉或面同拌蒸,亦妙。

无名氏居家必用事类全集庚集肉灌肠红丝品灌肺:羊肺带心一具,洗干净,如玉叶。用生姜六两,取自然汁,如无,以干姜末二两代之、麻泥、杏泥共一盏,白面三两、豆粉二两、熟油二两,一处拌匀,入盐、肉汁。看肺大小用之。灌满,煮熟。　又法:用面半斤、豆粉半斤、香油四两、干姜末四两,共打成糊,下锅煮熟。依法灌之。用慢火煮。

素食假灌肺:蒟蒻切作片,焯过。用杏泥、姜、椒、酱腌两时许,揩净。先起葱油,然后同水研乳,姜、椒调和匀。蒟蒻煤过。合汁供。　素灌肺:熟面筋,切肺样块,五味腌,豆粉内滚熟。合汁供。

东京梦华录笺注

〔五〕**粥**

林洪山家清供卷上豆粥：用沙瓶烂煮赤豆，候粥少沸，投之同煮，既熟而食。**东坡**诗曰："岂如江头千顷雪色芦，茅檐出没晨烟孤。地碓春粳光似玉，沙瓶煮豆软如酥。我老此身无着处，卖书来问东家住。卧听鸡鸣粥熟时，蓬头曳履君家去。"此豆粥之法也。

赵希鹄调燮类编卷三粒食：仙人粥，采何首乌大者，不可犯铁，竹刀刮去皮，切成片，收起。每用五钱，砂罐煮烂，下白米三合煮粥，食之发黑体健。

乳粥，用肥人乳，候煮粥半熟去汤，下人乳汁代汤，煮熟置碗中，加酥油一二钱，旋搅，甘美，大补元气，无酥亦可。

菊苗粥，用甘菊新长嫩须丛生，摘来洗净，细切入盐，同米煮粥食之，清目宁心。

薏苡粥，淘净对配白米煮粥，入白糖一二匙食之。

梅粥，收落梅花瓣，用雪水煮粥候熟，下梅瓣一滚即起，食之，能清神思。

山药粥，用淮山药为末，四六分配米煮粥，食之甚补下元。

清晨食白粥，能畅胃气，生津液。

粥内入白汤成淋病，粥后饮白汤为淋，为停湿。

范成大吴郡志卷二风俗：二十五日食赤豆粥，云辟瘟。举家大小无不及，下至婢仆猫犬皆有之；家人有出外者，亦贮其分，名曰"口数粥"。

蕴闻大慧普觉禅师住径山能仁禅院语录卷第二：上堂。山僧今日设粥供养大众，粥罢同到龙王殿念诵。

李光谪居古藤病起禁鸡猪不食与儿子攻苦食淡久之颇觉安健吕居仁书来传道家胎息之术因作食粥诗示孟博并寄德应侍郎：晨起一瓯粥，香粳粲如玉。稀稠要得所，进火宁过熟。空肠得软暖，和气自渗漉。过午一瓯粥，瓶罍有余粟。淡薄资姜盐，腥秽谢鱼肉。**岭南**气候恶,永日值三伏。外强几中干,那受外物触。两餐莫过饱,二粥可接续。故人尺书至,教我御瘴毒。燕坐朝黄庭,妙理端可瞩。神车御气马,昼夜更往复。久久当自佳,根深柯叶绿。寄语陈太丘,人生真易足。醉饱厌腥膻,忽认海南叔。

释德洪豆粥:出碓新粳明玉粒,落丛小豆枫叶赤。井花洗粳勿去萁,沙瓶煮豆须弥日。五更锅面沤起灭,秋诏隆隆流雨集。急除烈焰看徐搅,豆才亦趁洄涡入。须臾大杓传净瓷,浪寒不兴色如栗。食余偏称地炉眠,白灰红火光蒙密。金谷宾朋怪咄嗟,娄亭君臣相记忆。我今万事不知他,但觉铜瓶蚯蚓泣。

王直方诗话一九三秦少游食粥诗:秦少游为黄本,钱穆父为户部,皆居于东华门之堆垛场。少游春日尝以诗遗穆父云:"三年京国鬓如丝,又见新花发故枝。日典春衣非为酒,家贫食粥已多时。"穆父以米二石送之,复为二十八字云:"儒馆优贤盖取颐,校雠尤自困朝饥。西邻无禄为多少,希薄才堪作淖糜。"时人以少游有如此人而亦食粥,似不相称耳。

集成宏智禅师广录卷第四:示众举僧问赵州,学人乍入丛林,乞师指示。州云:"吃粥了未?"僧云:"吃粥了。"州云:"洗钵盂去。"僧豁然大悟,师云:"吃粥了洗钵去,法尔圆成正规矩。"街坊设乳粥上堂,乳粥当年得善生。

宋话本五戒禅师私红莲记:清一递与长老,长老看上却写道:"今年六月十五日午时生,小名红莲。"长老分咐清一:"好生抱去房里,养到五七岁,把与人家去,也是好事。"清一依言,抱到千佛殿后一带三间四椽平屋房中,放些火在火囤内烘他,取些粥喂了。

一日,时遇六月炎天,五戒禅师忽想十数年前之事,洗了浴,吃了晚粥,径走来千佛阁后来。

杨和甫行都纪事:监左帑龙舒张宣仪尝言:有亲戚游宦西蜀路,经襄汉,晚投一店,饭毕行户外,忽见旁左侧上有一人无首,以为鬼也。主人云:"尊人不须惊,此人也,非鬼也。往年因患瘰疬,病势蔓衍,一

旦头忽脱堕，家人以为不可救而竟无恙。自此每有所需，则以手指画，
但日以粥汤灌之，故至今犹存耳。"

〔六〕**饭**

谈钥嘉泰吴兴志卷十八食用故事饭：旧图经云：稻米有名"十里
香"、"师姑粳"，炊饭以"师姑粳"一斗杂以"十里香"一升，自是芬香
发越。

林洪山家清供卷下金饭：采紫茎黄色正菊英，以甘草汤和盐少许
焯过。候饭少热，投之同煮。久食可以明目延年。苟得南阳甘谷水煎
之，尤佳也。

林洪山家清供卷下玉井饭：章雪斋（鉴）宰德泽时，虽槐古马高，尤
喜延客，然饮食多不取诸市，恐旁缘扰人。一日往访之，适有蝗不入境
之处，留以晚酌数杯，命左右造玉井饭，甚香美。其法：削嫩白藕作块，
采新莲子去皮心，候饭少沸投之，如庵饭法。盖取"太华峰头玉井莲，
花开十丈藕如船"之句。

吴自牧梦粱录卷十六面食店：又有专卖家常饭食，如撺肉羹、骨头
羹、蹄子清羹、鱼辣羹、鸡羹、耍鱼辣羹、猪大骨清羹、杂合羹、南北羹、
兼卖蝴蝶面、煎肉、大燠虾蝾等蝴蝶面，及有煎肉、煎肝、冻鱼、冻鲞、冻
肉、煎鸭子、煎鲚鱼、醋鲞等下饭。更有专卖血脏面、薑肉茶面、笋淘
面、素骨头面、麸笋素羹饭。

〔七〕**点心**

吴曾能改斋漫录卷二事始点心：世俗例以早晨小食为点心，自唐
时已有此语。按，唐郑傪为江淮留后，家人备夫人晨馔，夫人顾其弟
曰："治妆未毕，我未及餐，尔且可点心。"其弟举瓯已罄，俄而女仆请饭
库钥匙，备夫人点心。傪诟曰："适已给了，何得又请。"云云。

王楙野客丛书卷第三十以点心为小食：漫录谓世俗例以早晨小食
为点心，自唐已有此语。郑傪为江淮留后，夫人曰："尔且点心。"或谓
小食，亦罕知出处，仆谓见昭明太子传曰："京师谷贵，改常馔为小食。"

小食之名本此。

宋话本福禄寿三星度世：自后女子在卦铺里，从早至晚，挨挤不开，算命发课，书符咒水，没工夫得吃点心，因此出名。

吴自牧梦粱录卷第十六荤素从食店诸色点心事件附：市食点心，四时皆有，任便索唤，不误主顾。且如蒸作面行卖四色馒头、细馅大包子、卖米薄皮春茧、生馅馒头、饆子、笑靥儿、金银炙焦牡丹饼、杂色煎花馒头、枣箍荷叶饼、芙蓉饼、菊花饼、月饼、梅花饼、开炉饼、寿带龟仙桃、子母春茧、子母龟、子母仙桃、圆欢喜、骆驼蹄、糖蜜果食、果食将军、肉果食、重阳糕、肉丝糕、水晶包儿、笋肉包儿、虾鱼包儿、江鱼包儿、蟹肉包儿、鹅鸭包儿、鹅眉夹儿、十色小从食、细馅夹儿、笋肉夹儿、油煤夹儿、金铤夹儿、江鱼夹儿、甘露饼、肉油饼、菊花饼、糖肉馒头、羊肉馒头、太学馒头、笋肉馒头、鱼肉馒头、蟹肉馒头、肉酸馅、千层儿、炊饼、鹅弹。更有专卖素点心从食店，如丰糖糕、乳糕、栗糕、镜面糕、重阳糕、枣糕、乳饼、麸笋丝、假肉馒头、笋丝馒头、裹蒸馒头、波菜果子馒头、七宝酸馅、姜糖、辣馅糖馅馒头、活糖沙馅诸色春茧、仙桃龟儿、包子、点子、诸色油煤、素夹儿、油酥饼儿、笋丝麸儿、果子、韵果、七宝包儿等点心。更有馒头店兼卖江鱼兜子、杂合细粉、灌燠软烂大骨料头、七宝料头。又有粉食店，专卖山药元子、真珠元子、金橘水团、澄粉水团、乳糖槌、拍花糕、糖蜜糕、裹蒸粽子、栗粽、金铤裹蒸菱粽、糖蜜韵果、巧粽、豆团、麻团、糍团及四时糖食点心。及沿街巷陌盘卖点心：馒头、炊饼及糖蜜酥皮烧饼、夹子、薄脆、油煤从食、诸般糖食油煤、虾鱼划子、常熟糍糕、馉饳瓦铃儿、春饼、芥饼、元子、汤团、水团、蒸糍、栗粽、裹蒸、米食等点心。

〔八〕**洗面水**

[文案]洗面水可卖者，必掺药料，故宋之洗面水已成专门，或称之为洗面药亦可。卷二大内西右掖门外街巷条已注。若许国桢御药院方所记无皂角洗面药、御前洗面药、皇后洗面药、冬瓜洗面药，均如

278

是也。

〔九〕煎点汤茶药者

丁谓煎茶：开缄试雨前，须汲远山泉。自绕风炉立，谁听石碾眠。轻微绿入麝，猛沸却如蝉。罗细烹还好，铛新味更全。花随僧箸破，云逐客瓯圆。痛惜藏书箧，坚留待雪天。睡醒思满啜，吟困忆重煎。只此消尘虑，何须作酒仙。

苏辙和子瞻煎茶：年来病懒百不堪，未废饮食求芳甘。煎茶旧法出西蜀，水声火候犹能谙。相传煎茶只煎水，茶性仍存偏有味。君不见蜀中茶品天下高，倾身事茶不知劳。又不见北方俚人茗饮无不有，盐酪椒姜夸满口。我今倦游思故乡，不学南方与北方。铜铛得火蚯蚓叫，匙脚旋转秋萤光。何时茅檐归去灸背读文字，遣儿折取枯竹女煎汤。

林洪山家清供卷下茶供：茶，即药也。煎服，则去滞而化食。以汤点之，则反滞膈而损脾胃。盖世之利者，多采叶杂以为末，既又怠于煎煮，宜有害也。今法，采芽或用碎萼，以活水，火煎之。饭后，必少顷乃服。东坡诗云"活水须将活火烹"，又云"饭后茶瓯未要深"，此煎法也。

蔡襄茶录茶论点茶：茶少汤多，则云脚散；茶多汤少，则粥面聚建人谓之云脚粥面；钞茶一钱七，先注汤，调令极匀，又添注入，环回击拂。汤上盏可四分则止，视其面色鲜白，着盏无水痕为绝佳，建安斗试，以水痕先没者为负，耐久者为胜，故较胜负之说曰："相去一水两水。"

陶毂清异录卷下茗荈门生成盏：馔茶而幻出物象于汤面者，茶匠通神之艺也。沙门福全生于金乡，长于茶海，能注汤幻茶，成一句诗，并点四瓯，共一绝句，泛乎汤表。小小物类，唾手办耳。檀越日造门求观汤戏，全自咏曰："生成盏里水丹青，巧画功夫学不成。却笑当时陆鸿渐，煎茶赢得好名声。"

赵佶大观茶论点：点茶不一，而调膏继刻。以汤注之，手重筅轻，无粟文蟹眼者,谓之静面点。盖击拂无力,茶不发立,水乳未浃,又复伤汤,色泽不尽,英华沦散,茶无立作矣。有随汤击拂,手筅俱重,立文泛泛,谓之一发点。盖用汤已故,指腕不圆,粥面未凝,茶力已尽,雾云虽泛,水脚易生。妙于此者,量茶受汤,调如融胶,环注盏畔,勿使浸茶。势不欲猛,先须搅动茶膏,渐加击拂,手轻筅重,指绕腕旋,上下透彻,如酵蘖之起面,疏星皎月,灿然而生,则茶面根本立矣。

苏轼问答录佛印题茶诗与东坡:"穿云摘尽社前春,一两平分半与君。遇客不须容易点,点茶须是吃茶人。"东坡答佛印云:"嫩蕊馨香两味过,感师远赠隔烟罗。试烹一盏精神爽,好物元来不须多。"

施耐庵罗贯中水浒传第二十一回虔婆醉打唐牛儿 宋江怒杀阎婆惜:宋江出得门来,就拽上了。忿那口气没出处,一直要奔回下处来。却从县前过,见一碗灯明,看时,却是卖汤药的王公,来到县前赶早市。那老儿见是宋江来,慌忙道:"押司如何今日出来得早?"宋江道:"便是夜来酒醉,错听更鼓。"王公道:"押司必然伤酒,且请一盏醒酒二陈汤。"宋江道:"最好。"就凳上坐了。那老子浓浓地奉一盏二陈汤,递与宋江吃。

王硕易简方增损饮子治法三十首二陈汤:治痰饮为患,或呕吐恶心;或头眩心悸;或中脘不快;或发为寒热;或因食生冷,脾胃不和,悉主之。 半夏五两 橘红五两 茯苓三两 甘草一两 右㕮咀,每服四钱。水一盏半,姜七片,乌梅一个,煎至六分。去滓,热服,不拘时候。伤寒后不敢进燥药者,亦宜服饵。用此快脾,则饮食倍进,易得复常。治痁疾,加草果如半夏之数,下红丸子。因酒食所伤,发为黄疸,亦宜用此加草果,咽红丸子。多服取效。

太平惠民和剂局太平惠民和剂局方卷之十诸汤:豆蔻汤 木香汤桂花汤 破气汤 玉真汤 薄荷汤 紫苏汤 枣汤 二宜汤 厚朴汤 五味汤 仙术汤 杏霜汤 生姜汤 益智汤 茴香汤 宝庆新增方:茴香汤 檀香汤 缩砂汤 胡椒汤 吴直阁增诸家名方:挝脾

汤　小理中汤　白梅汤　三倍汤　续添诸局经验秘方:铁刷汤　快汤

刘斧青琐高议后集卷之十养素先生诏上殿宣赐茶药:仁庙闻先生之名,特诏上殿赐坐。及赐茶药,馆先生于芳林园。

无名氏锦绣万花谷续集卷二赐坐饮茶:本朝旧讲谈官,每见,先赐坐饮茶,乃延入阁,复坐。其后暂起,讲读毕,坐饮汤,乃退。吕希吉家塾记。

无名氏南窗纪谈:客至则设茶,欲去则设汤,不知起于何时? 然上自官府,下至里间,莫之或废。有武臣杨应诚独曰:"客至设汤,是饮人之药也。"是故,其家每客至,多以蜜渍橙果木瓜之类为汤,饮客或者效之。予谓不然,盖客坐既久,恐其语多伤气,故其欲去则饮之以汤,前人之意必出于此,不足为嫌也。

晁说之晁氏客语:范纯夫每次日当进讲,是夜讲于家,群从子弟毕集听焉,讲终,点汤而退。

宋话本拗相公:荆公因痰火病发,随身扶手带得有清肺干糕及丸药茶饼等物,吩咐手下:"只取沸汤一瓯来,你们自去吃饭。"荆公将沸汤调茶,用了点心。

张齐贤洛阳搢绅旧闻记卷四水中照见王者服冕:洛阳甘露院主事僧,年六十余,长大丰肥,甚有蓄积。开宝中,有布衣,貌古,美须髯,策筇杖,引一仆,须眉皓白,担布囊随之。命老仆叩院门,僧启扉纳之,既升堂,院主相揖,共语且久,布衣命老仆取茯苓汤来,老仆声喏,开布囊取汤末,并金盂两只,小金汤瓶一只,从行者索火烧金瓶,借院家托子点汤,俟温而进之。

281

袁文瓮牖闲评卷六:古人客来点茶,茶罢点汤,此常礼也。近世则不然,客至点茶与汤,客主皆虚盏,已极好笑。而公厅之上,主人则有少汤,客边尽是空盏,本欲行礼而反失礼,此尤可笑者也。

高晦叟珍席放谈卷下:曾子宣、吕吉甫,同为内相,与客啜茶,注汤者颇数。客云:"尔为翰林司,何故不解点茶?"吉甫即云:"翰林司若尽会点茶,则翰林学士须尽工文章也。"意讯<u>子宣</u>,缘此遂相失矣。

<u>陆游</u>家世旧闻上<u>楚公</u>俭约:<u>楚公</u>性俭约,尤不喜饮酒。每与弟子诸生语至夜分,不过啜绿豆粉山药汤一杯,或进桃奴丸一服而已。

<u>陈世隆北轩笔记</u>:<u>司马公</u>置<u>独乐园</u>,当春明之际,卉木繁秀,观者咸以钱与园丁<u>吕直</u>,谓之"茶汤钱"。

<u>阮阅诗话总龟卷之十八丙集纪实门中八四四</u>:<u>唐</u>人煎茶用姜,故<u>薛能</u>诗云:"盐损添常戒,姜宜著更夸。"据此,则又有用盐者矣。近世有用此二物者辄大笑之。然茶之中等者,用姜煎信佳,盐则不可。

<u>成寻参天台五台山记第五(延久四年一二月)</u>:(十七日)申时参府,使臣通事共参,点茶之后数克谈话,又以好茶点茶,次点汤,自药也。

<u>夏竦代仆射相公谢宣赐药表</u>:臣某言:伏蒙圣慈,赐臣抱龙丸、解毒丸、厌热解躁金露丸、苏合大丸、白散子共一合者。星使俄临,天言诞布。灵药爰颁于三品,微躯曷戴于鸿慈。捧受竞荣,罔知裁处。

[文案]<u>中华</u>邓注本将"煎点汤茶药者"断开,仅注"煎点汤茶",且择<u>萍洲可谈</u>一条史料,语焉不详。其余三条,均为<u>北宋</u>、<u>南宋</u>市行之据,注之"煎点汤茶",文不对题,实为一错注。余谓"煎点汤茶"与"药"合读,方为一整句也。

〔一〇〕**杀猪羊作坊**

[文案]开杀猪羊作坊,为<u>宋</u>时市民最需亦为最便赢利之事也。如<u>水浒传</u>第四十四回<u>杨雄</u>丈人<u>潘公</u>与<u>石秀</u>商量开屠宰作坊,有空房,有井水,猪,"外县"去买即可。于是"便把大青大绿妆点起肉案子、水盆、砧头,打磨了许多刀仗,整顿了肉案,打并了作坊,猪圈,赶上十数个肥猪,选个吉日开张肉铺。"

〔一一〕**秤**

<u>俞正燮癸巳存稿卷十宋秤</u>:秤为称之草书字。<u>小尔雅</u>云:"斤十谓之衡,衡有半谓之秤。秤二谓之钧。"不知其文于古何所释。意<u>小尔雅</u>

隋唐以前书，宋人又增续，宋明人谓家语出自阮逸，盖逸略有编排。十五斤之秤，五代时始见之，马令南唐书苟政传云："张宣镇鄂州，卖炭者率以十五斤为秤，无敢轻重。"宋人则盛行其数。宋史律历志云："景德中，以御书真、行、草三体淳化钱，较定实重二铢四累为一钱，以二千四百得十五斤，为一称之则。"皇祐新乐图记，阮逸、胡瑗言：隋实以二斤为一斤，今十五斤秤乃古三十斤一钧。数多错出，然可知为宋今秤也。梦溪笔谈云："予考定钟律，及受诏改

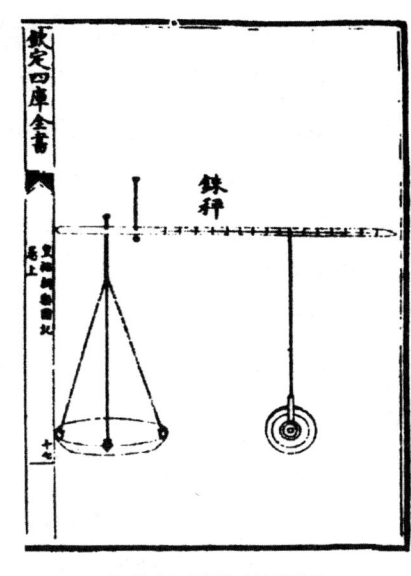

皇佑新乐图记铢秤图

浑仪，求秦汉以前度量升斗，古六斗当今一斗七升九合，古三斤当今十三两，皆古不及今三之一。"其秤则以宋斤十五为则。职官志有给炭月二百秤，月百秤，月三十秤，月二十秤。青箱杂记云：杨亿与王旦书曰："山栗一秤，聊表村信。"梦溪笔谈云："施昌言发尸毗墓，得千余秤炭。"侯鲭录云："元祐六年，汝阴作院有炭数万秤，酒务有余柴数十万秤。"宋史职官志奉禄制上云：宰相、枢密使，岁给炭，十月至正月二百秤，余月一百秤，以下，三十秤十五秤二十秤。墨庄漫录云："翰林司金丹阁，日供炭五秤。"清波杂志云："蔡京库中点检蜂儿现在数目，得三十七秤。"是在宋见于官文书，流为常谈也。

　　谢察微算经衡：秤原十五斤，今二十斤或三十斤。

　　阮逸、胡瑗皇祐新乐图记卷上皇祐权衡图第五：右臣逸臣瑗谨按：隋志开皇中，以古秤二斤为一斤，隋书误作三斤为一斤。则今太府寺十五斤秤乃古一钧之权衡也。然今黍秤十六两，比太府寺八两尚少三铢，

半强者亦以年代浸远而制造有差也。

程迴三器图议权：皇祐新乐图有铢秤，其图干十分二十四铢为一两正，一面有星，一糸一盘，如民间金银等子者，其锤形如环。

[文案]清明上河图"赵太丞家"药铺，正面桌上置一算盘，可见算盘已风行于东京市面矣。据专家研究：中国历史博物馆保存之直径二十一厘米木制算盘珠，系北宋大观二年被洪水淹没之河北巨鹿出土，可推算其顶径为十六厘米，高九厘米，与今算盘珠无异。清明上河图中算盘则为此上下自由拨珠串档算盘。"秤"则如卷三"诸色杂卖"注。

〔一二〕吟叫百端

沈括梦溪笔谈卷十三权智：世人以竹、木、牙、骨之类为叫子，置人喉中吹之，能作人言，谓之"嗓叫子"。尝有病喑者，为人所苦，含冤无以自言。听讼者试取叫子令颡之，作声如傀儡子，粗能辨其一二，其冤获申。此亦可记也。

张世南游宦纪闻卷三：宣和间，市井竞唱韵令。

庄绰鸡肋编卷上馓子：食物中有"馓子"，又名"环饼"，或曰即古之"寒具"也。京师凡卖熟食者，必为诡异标表语言，然后所售益广。尝有货环饼者，不言何物，但长叹曰："亏便亏我也！"谓价廉不称耳。绍圣中，昭慈被废，居瑶华宫。而其人每至宫前，必置担太息大言。遂为开封府捕而究之，无他，犹断杖一百罪。自是改曰："待我放下歇则个。"人莫不笑之，而买者增多。

[文案]韦绚刘宾客嘉话录述长安安邑里巷口有鬻饼当垆者而讴歌。然此非东京货物而吟叫者，张耒北邻卖饼儿每五鼓未日即绕街呼卖虽大寒烈风不废而时略不少差也因为作诗且有所警示柜秸可证："捧盘出户歌一声，市楼东西人未行。"乃东京吟叫百端者。

诸色杂卖

　　若养马，则有两人日供切草[一]。养犬[二]则供饲[三]糟，养猫[四]则供猫食并小鱼。其锢路[五]、钉铰[六]蒛①桶、修整动使、掌鞋、刷腰带、修幞头、帽子、补角冠②[七]、日供打香印者，则管定铺席，人家牌额，时节即印施佛像等[八]。其供人家打水者，各有地分坊巷，及有使漆、打钗环、荷大斧[九]斫柴[一〇]、换扇子柄[一一]、供香饼子[一二]、炭团，夏月则有洗毡、淘井者[一三]，举意皆在目前。或军营放停乐人[一四]，动鼓乐于空闲，就坊巷引小儿、妇女观看，散糖果子之类，谓之"卖梅子"，又谓之"把街"[一五]。每日如宅舍宫院前，则有就门卖羊肉[一六]、头、肚、腰子[一七]、白肠、鹑、兔、鱼、虾、退毛鸡鸭、蛤蜊、螃蟹、杂燠[一八]、香药果子、博③卖冠梳、领抹、头面、衣着、动使、铜铁器[一九]、衣箱、磁器[二〇]之类。亦有扑上件物事者，谓之"勘宅"。其后街或闲空处，团转盖局屋，向背聚居，谓之"院子"[二一]，皆小民居止。每日卖蒸梨枣[二二]、黄糕麋、宿蒸饼[二三]、发牙豆[二四]之类。每遇春时，官中差人夫，监淘在城渠[二五]，别开坑盛淘出者泥，谓之"泥盆"，候官差人来捡视了方盖覆。夜间出入，月黑宜照管也。

[校]

　　①"蒛"，中华邓注本谓应作"篍"。丁度集韵卷之二平声二虞第十："蒛"为"蒨"之异体。

②"补角冠"，津逮、学津作"补洗鱿角冠子"。

③"博"，津逮、学津作"扑"。

[注]

〔一〕切草

[文案]京都译注本云梦粱录卷十三诸色杂货开首"每日有人供草料"缺一"两"字，此与"切草"对，未误。供与切非同，供草无须两人，切草则必需两人。沈从文中国古代服饰研究谓宋公麟绘百马图，画中切草为两人，一人俯身持铡刀下切，一人蹲向铡刀槽内入草，两切草者衣袖均用绳索搂起缚定挂于颈间，以利操作，不经意间而成宋之一发明，即专为切草劳动之工具，名为"襻膊儿"者。

〔二〕养犬

李颀诗话六〇李至桃花犬歌：淳化中，合州贡桃花犬，甚小而性急，常驯扰于御榻之侧。每坐朝，犬必掉尾先吠，人乃肃然。太宗不豫，此犬不食。及上仙，号呼涕泗瘦瘠。章圣初及位，左右引令前导，鸣吠徘徊，意若不忍。章圣令谕以奉陵，即摇尾饮食如故，诏造大铁笼，施素裀，置卤簿中，行路见者流涕。李至作桃花犬歌，以寄史官钱若水，末句云："白麟赤凤且勿喜，愿君书此惩浮俗。"

杨辉详解九章算法：今有共买犬，人出五，不足九十，人出五十，适足,问人数犬价各几何？答曰:二人,犬价一百。

　　谈钥嘉泰吴兴志卷二十风俗犬:统记云:"太常卿邱泉之,乌程人。童幼时握得犬子九头,识者曰犬为人守,此儿大当为九郡守,后泉之果历九郡。"今乡人多蓄以警盗,又有田犬、猎犬,所养有直数千者。近又有胡犬,小而捷,有北犬甚高大,皆来自北地。

〔三〕饧

　　庞元英文昌杂录:礼部王员外言:昔在金陵,有一士子,为鱼鲠所苦,累日不能饮食。忽见卖白饧者,因买食之,顿觉无恙。然后知饧能治鲠也。

　　刘昌诗芦浦笔记卷第一饧字出处:嬾真子录载,饧字出于六经及楚词,而独引周礼小师掌教箫,注云:"箫,编小竹管,如今卖饴饧者所吹。"招魂曰:"粔籹蜜饵,有餦餭些。"注云:"餦餭,饧也。"盖战国时以饧为餦餭,后汉亦谓之饧耳。

　　王巩甲申杂记:周仲元章作漕淮南,谓予曰:"尝为衡阳宰。一日,邑吏云:'甘露降,视松竹间光洁如珠。'因取一枝视刘贡父。贡父曰:'速弃之,此阴阳之戾气所成。其名爵饧。饮之令人致疾,古人盖有说焉。'当求博识之君子,求甘露爵饧之别。"

　　刘孝孙事原饧粥:陆翙邺中记记云:寒食之日作醴酪,煮粳米及大麦为酪。捣杏仁煮作粥。玉烛宝典曰:今人悉以大麦粥研杏仁为酪,以饧饮之,盖断火,故作此粥也。

〔四〕养猫

　　方勺泊宅编卷第五:和州乌江县高望镇升中寺,真宗登封,曾此驻跸,因赐寺额。寺僧有负主僧金久而不偿,病且革,自誓为畜产以报。既卒,主僧昼寝,梦病僧披衣入床下,觉而异之。须臾,猫生一子。稍长,极驯扰,每客至,则欢迎走报,见非其人者,辄谨随之。人有知者,呼其名,必前怒噬。至主僧呼,则昂首号叫,若求隐其事者。

　　洪迈夷坚三志己卷九乾红猫:临安内北门外西边小巷,民孙三者居之。一夫一妻，无男女。每旦携熟肉出售，常戒其妻曰："照管猫儿，都城并无此种，莫要散外间见。若放出，必被人偷去。我老无子，抚惜他便与亲生孩儿一般，切须挂意。"日日申言不已。邻里未尝相往还，但数闻其语。或云："想只是虎斑，旧时罕有，如今亦不足贵，此翁切切护守，为可笑也。"一日，忽拽索出到门，妻急抱回，见者皆骇，猫乾红深色，尾足毛须尽然，无不叹羡。孙三归，痛棰厥妻。已而浸浸达于内侍之耳，即遣人以厚直评买。而孙拒之曰："我孤贫一世，有饭吃便了，无用钱处。爱此猫如性命，岂能割舍！"内侍求之甚力，竟以钱三百千取之。孙垂泣分付，复棰妻，仍终夕嗟怅。内侍得猫不胜喜，欲调驯安帖，乃以进入。已而色泽渐淡，才及半月，全成白猫。走访孙氏，既徙居矣。盖用染马缨绋之法，积日为伪。前之告戒棰怒，悉奸计也。马相孟章说，盖亲见之。

潜说友咸淳临安志卷之五十八物产兽之品：猫都人蓄猫，有长毛白色者，名曰"狮猫"，盖不捕之猫，徒以观美，特见贵爱。

〔五〕锢路

陆游老学庵续笔记一卷：市井中有补治故铜铁器者，谓之"骨路"，莫晓何义。春秋正义曰："说文云："锢，塞也。"铁器穿穴者，铸铁以塞之，使不漏。禁人使不得仕宦，其事亦似之，谓之禁锢。"余案："骨路"正是"锢"字反语。

蕴闻大慧普觉禅师住径山能仁禅院语录卷第二：上堂。腊月十五天降雪，为瑞为祥无空阙。文殊露出广长舌，普贤大士得一橛。如何是那一橛，看锢路着生铁。

丁度附释文互注礼部韵略卷四去声十一暮：锢左传重币锢之，禁锢也。说文：铸塞之也。

张存绅雅俗稽言卷十三器用杂具：市中补冶铜铁诸破器者谓之"骨路"。

闲园鞠农燕市货声工艺：锢漏锅哟，有锢者扛回铺中，次日送还，并有挑担立锢者。近又能锢盆换底。

<u>燕归来簃主人</u><u>燕市负贩琐记</u>:箍桶匠修理水桶马桶等什物。补漏锅按补俗念箍。

[文案]"锢路"之"路"同"漏"。据孙注本云,今<u>河南</u>民间将打破之瓷器铁锅用小铁钯脚固定一处,仍唤"锢路",修治匠人所唤市声仍为"锢路锅"、"钉锅"。

〔六〕**钉铰**

<u>李昉</u><u>太平广记</u>卷第一百六十二<u>感应二</u><u>刘行者</u>:<u>唐</u><u>庐陵</u>阛阓中,有一<u>刘行者</u>,以钉铰为业。性至孝,母亲患眼二十余年,行者恳苦救疗。

<u>陈葆光</u><u>诗话</u>三三<u>御寇剖心</u>:<u>云溪友议</u>:<u>列御寇</u>墓在<u>郑</u>郊。有<u>胡生</u>者,家贫,少为洗鉴、锼钉之业,号"<u>胡钉铰</u>"。

<u>张邦基</u><u>墨庄漫录</u>卷一:世传宗室中,昔有昏谬。俗呼为厥撒太尉。一日,坐宫门,见钉铰者,亟呼之,命仆取弊履,令工以革护其首。工笑曰:"非我技也。"公乃悟,曰:"我谬也,误呼汝矣。适欲唤一锢漏俗呼骨路者耳。"闻者大笑之。

〔七〕**角冠**

<u>江邻幾</u><u>醴泉笔录</u>下:<u>钱明逸</u>知<u>开封府</u>时,都下妇人白角冠阔四尺,梳一尺余。禁官上疏禁止,重其罚,告者有赏。

〔八〕**时节即印施佛像等**

<u>苏轼</u><u>东坡居士艾子杂说</u>:<u>艾子</u>一日晨出,见<u>齐</u>之相府门前,有数十人皆贫窭之甚,人相聚而立,因问之曰:"汝何者而集于此?"其人曰:"吾皆<u>齐</u>之贫民,以少业自营,亦终岁不乏,今有至冤,欲诉于丞相辨之。"<u>艾子</u>曰:"相府非辨讼之所,当诣士师也。"其人曰:"事由丞相,非士师可辨。"<u>艾子</u>曰:"然则何事也?"其人曰:"吾所业乃印雨龙与指日蛮也,今丞相为政数年,率春及夏旱,仆印卖求雨龙,才秋至冬多雨潦,即卖指日蛮,吾获利以足衣食,皆前半年取通债印造,及期无不售者;却去年冬系大雪,接春又阴晦,或雨,泥泞牛马皮下,令人家求晴。吾

数家但习常年先印下求雨龙,唯一人有秋时剩下指日蛮,逐专其利,岂不为至冤乎?"艾子曰:"汝印耆龙,当秋却售也。此乃丞相恐人道燮理手段,年年一般,且要倒过耳。"

〔九〕**大斧**

王直方诗话二〇一戏用语讹为诗:京师人呼大夫为大斧,呼承制为承池,盖语讹也。有人戏为句云:"大夫何尝斧,承制岂当池?"

〔一〇〕**斫柴**

陆游老学庵笔记卷一:蜀人爨薪,皆短而粗,束缚齐密,状如大饼锬。不可遽烧,必以斧破之,至有以斧柴为业者。孟蜀时,周世宗志欲取蜀,蜀卒涅面为斧形,号"破柴都"。

〔一一〕**扇子柄**

[文案]罗振玉俗说云:杨琏真伽启掘宋帝诸陵,度宗陵有五色藤丝盘影鱼琼扇柄。扇柄随帝葬,足见贵重。一九七五年七月,金坛南宋周瑀墓出土两把团扇,同时,福州南宋黄昇墓亦出土一把团扇,团扇下部为扇柄。亦可佐证。周瑀墓雕漆扇柄,略似橄榄形,中间稍粗,两头稍细,长十二点五厘米,最大圆周七点二厘米。柄上镂空透雕三组对称云头如意纹饰,刻有"君玉"二字。在镂空处可见木质扇轴。表层漆色黝黑,刀口呈赭色,细看才见零点五厘米左右刀口上呈现十多道红漆,每道间以黑漆,其细如发,雕工精细,刀法圆润。此雕漆又称"剔红"。扇柄套在扇轴上,但它未胶着于扇轴上,扇轴在扇柄内可左右转动,不能上下移动,取不下来。此转柄如何制造? 和惠宋代团扇和雕漆扇柄谓:此由漆器工艺中雕镂与脱胎两种工艺结合起来制成。以两种或两种以上不同髹漆工艺结合起来同施于一件器物之上,在漆器装饰中常见。其制造过程是:先将扇轴一头制成橄榄形,以此作胎——内模,打磨光滑后,刷上脱离剂,再一层一层上漆,并经多次打磨,上到预定厚度,干固后打磨平滑,再镂空透雕。这些工序完成后,就把胶着于扇轴上一小段层漆截开(实物扇柄上部约有二至三厘米宽的层漆胶

着在扇轴上）。再把扇柄浸入热水溶化脱离剂中（由于扇柄镂空透雕，空隙处多，热水与脱离剂直接接触，易溶化），使扇柄与扇轴分离。这样，雕漆扇柄虽经过脱胎，而胎膜仍在其内，所以柄在轴上可以在固定位置转动。同时，由于柄和轴都是橄榄形，中间粗两头细，因此柄只能固定在轴上，而不能取下。现在我们在掉下的一块雕漆上看到，其底层乃是黑漆，色泽尚光亮如新。

〔一二〕**香饼子**

许国桢御药院方卷三治一切正气门上沉香饼子：治食饮停积，胸膈痞满，腹肋疼痛，呕吐不止。　京三棱　蓬莪术　青皮　陈皮　红豆　诃子煨　缩砂仁　半夏　芫花醋炒　干姜　槟榔　姜黄　巴豆和皮　益智去皮为粗末，煡火炒令褐紫色　桂去皮　木香　藿香叶　沉香　硇砂另研细。已上各等分　右件一十九味同为细末，打白面糊和丸，如小豆大，捏作饼子。每服七饼子至十饼子，更量虚实加减，温生姜汤下，食后服。

邝璠便民图纂卷第十六制类下作香饼：用坚硬木灰三斤杵细，黄丹、定粉、针砂、牙硝各半两，入炭末。烂煮枣一升，去皮核，共拌匀作饼子，若枣肉少，以煮枣汁和之，一饼可烧一日。

〔一三〕**淘井者**

祝穆诗话四七淘井：东坡在黄州梦参寥所作新诗，觉而记两句云："寒食清明都过了，石泉槐火一时新。"梦中曰火固新矣，泉何故新？答曰俗以清明日淘井。

〔一四〕**军营放停乐人**

王曾王文正公笔录：驸马都尉高怀，以节制领睢阳。岁久，性颇奢靡，而洞晓音律，故声伎之妙，冠于当时。法部中精绝者，殆不过之。宋城南抵汴渠五里，有东西二桥，舟车交会，民居繁夥，倡优杂户，厥类亦众，然率多鄙俚，为高之伶人所轻诮，每宴饮乐作，必效其朴野之态，以为戏玩，谓之"河市乐"，迄今俳优常有此戏。

291

丁谓丁晋公谈录：河东伪相赵文度归向朝廷，便授华州节度使，时同州节度使宋相公移镇邠州，道由华下，赵张筵，命宋。宋以赵自河东来，气焰凌之，带随使乐官一百人入赵府署庭所，使排立于东厢，将举盏，赵之乐官立于西庑，时东厢先品数声，赵谓曰："于此调吹采莲送盏，皆吹不得。"却令西庑吹之。送盏毕，东厢之乐由是失次。宋亦觉其挫锐，洎中筵起，移于便厅再坐，宋自吹笙送赵一盏，赵遂索笛复送一盏，声调清越，众所惊叹。其笛之窍，宋之随使乐工，手指按之不满。洎席阕，宋回驿，赵又于山亭张夜宴，召之不至，宋于是宵遁。

〔一五〕卖梅子又谓之把街

[文案]散糖果子之所以称之为"卖梅子"，盖因梅子甚甜，可为糖之代表，故又称为糖梅。若屈大均广东新语卷十四糖梅有曰："嫁女者无论贫富，必以糖梅为舅姑之贽，多者至数十百罂，广召亲友，为糖梅宴会。"卷二州桥夜市"越梅"条，余以施宿会稽志卷十七木部杨梅注之，其文曰杨梅盛出时，足为奇观，人以雀眼竹笪盛贮为遗，道路相望不绝。此正所谓"卖梅子"，又谓之"把街"也。

〔一六〕羊肉

李季可松窗百说服饵：富贵人求服饵导引法，以逞嗜欲，冀长生；而服饵多，反误导引，见效迟，乃不如羊肉、白面、法酒，善调之，自能壮健补益。

贾铭饮食须知卷八兽类羊肉：味甘，性热。反半夏菖蒲。同荞麦面、豆酱食，发痼疾。同醋食，伤人心。同鲊鲙酪食，害人。热病、疫症、疟疾病后食之，复发致危。妊妇食之，令子多热病头。蹄肉：味甘，性平，水肿人食之，百不一愈。冷病人勿多食。妊妇食羊目，令子睛白。血：味咸、性平。凡猪、羊血食久，鼻中毛出，昼夜长五寸，渐如绳，痛不可忍，摘去复生，惟用乳石硇砂等分为丸，临卧服十丸，自落也。服丹石人忌食羊血，十年一食，前功尽亡。服地黄、何首乌诸补药者忌之。能解胡曼草毒。脑：有毒，食之发风病，和酒服，迷人心、成风疾，男子食之,损精气,少子。白羊黑头,食其脑,作肠痈。羊心有孔者勿食,能杀人。羊肺三月至五月其中有虫,状如马尾,长二三寸,须去之,不去食之,令人下痢。肝:味苦、性寒。同猪肉及梅子、小豆食,伤人心。同生椒食,伤人五脏,最损小儿。同苦笋食,病青盲。妊妇食之,令子多厄。羊肚和饭饮久食,令人多唾清水,成反胃,作噎病。凡煮羊肉,用杏仁或瓦片,则易烂。同胡桃及莱菔煮,不臊。同竹蓥煮,助味。以铜器煮食,男子损阳,女人暴下。白羊黑头、黄羊白头、独角者并有毒,食之生痫。中羊肉毒者,饮甘草汤解之。过食羊肉伤者,多食枣子、草果可消。

〔一七〕**腰子**

<u>忽思慧饮膳正要卷第一聚珍异馔炙羊腰</u>:治卒患腰眼疼痛者。羊腰一对　咱夫兰一钱　右件,用玫瑰水一杓,浸取汁,入盐少许,签子签腰子火上炙。将咱夫兰汁徐徐涂之,汁尽为度,食之,甚有效验。

〔文案〕此"腰子"为羊之腰子,后"白肠"为羊之白肠,"头肚"亦如是。应与"羊肉"合读。

〔一八〕**杂熝**

<u>贾思勰齐民要术卷第九作脬奥糟苞第八十一作奥肉法</u>:先养宿猪令肥,腊月中杀之。攀讫,以火烧之令黄,用暖水梳洗之,削刮令净。刳去五藏,猪肪熠取脂。肉脔,方五六寸作、令皮肉相兼。着水令相淹渍,于釜中熠之。肉熟水气尽,更以向所熠肪膏煮肉。大率脂一升,酒二升,盐三升,令脂没肉。缓火煮半日许,乃佳。漉出瓮中,余膏仍泻肉瓮中,令相淹渍。食时,水煮令熟,而调和之,如常肉法。

〔文案〕所谓"杂熝"者,乃各类腌藏肉食也。亦与"肉行""曝熝熟食"同,可参"食店""熝肉"注。

〔一九〕**铜铁器**

<u>谈钥嘉泰吴兴志卷十八食用故事铜镜</u>:大宁寺有章后镜一面,郡旧有铜坑,工人铸造得诀,小大方圆,照鉴若一,官梦铜镜渐难得,工价

廉,器亦不逮昔。

〔二〇〕磁器

吴淑秘阁闲谈青磁碗:巴东下岩院主僧,水际得一青磁碗,携归折花置佛像前,明日花满其中。更置少米,经宿米亦满碗。以钱及金银置之,皆然。自是院中富贵。

佚名纂图增新群书类要事林广记辛集下卷风月笑林嘲客不辞酒:外道多虎伤人,有客贩卖瓷器,忽撞见一虎开口近前,其客慌忙将一瓷瓶投之,其虎不去,客又将一瓶投之,又不去,一担瓷瓶投之将尽,只留一只,乃高声云:"畜生畜生,你去也只是这一瓶,不去也只是这一瓶。"

庄绰鸡肋编卷上:处州龙泉县多佳树,地名豫章,以木而著也。山中尤多古枫木,其根破之,文若花锦。人多取为几案盘器。又杂以他木,陷作禽鸟花草,色像如画。他处所未见。又出青瓷器,谓之"秘色",钱氏所贡,盖取于此。宣和中,禁庭制样须索,益加工巧。

顾文荐负暄杂录窑器:陶器自舜时便有,三代迄于秦汉,所谓甓器是也。今土中得者,其质浑厚不务色泽,末俗尚靡,不贵金玉而贵铜磁,遂有秘色窑器。世言钱氏有国日,越州烧进者,不得臣庶用,故云秘。陆龟蒙诗:"九秋风露越窑开,夺得千峰翠色来。如向中霄盛沆瀣,共嵇中散斗遗杯。"乃知唐世已有,非始于钱氏,本朝以定州白磁器有芒,不堪用,遂命汝州造青窑器,故河北唐、邓、耀州悉有之,汝窑为魁。江南则处州龙泉县窑,质颇粗厚。宣政间,京师自置烧造,名曰官窑。中兴渡江,有邵成章提举后苑,号邵局,袭徽宗遗制,置窑于修内司造青器,名内窑,澄泥为范,极其精致,油色莹澈,为世所珍。后郊下别立新窑,亦曰官窑,比旧窑大不侔矣。余如乌泥窑、余姚窑、续窑,皆非官窑比,若谓旧越窑不复见矣。

宋真宗谕瓷器库诏景德四年九月:瓷器库除拣封桩供进外,余者令本库将样赴三司,行人估价出卖。其漆器架合收管,品配供应,准备供进及榷场博易之用。

刘祁归潜志卷第八：主长葛簿时，与屏山、张仲杰会饮，坐中有定磁酒瓯，因为联句，先子首唱曰："定州花磁瓯，颜色天下白。"诸公称之。屏山则曰："轻浮妾玻璃，顽钝奴琥珀。"张则曰："器质至坚脆，肤理还悦泽。"

〔二一〕**院子**

宋话本宋四公大闹禁魂张：捉笊篱的回过头来，看那个人，却是狱家院子打扮一个老儿。宋四公便改换色服，妆做一个狱家院子打扮，把一把扇子遮着脸，假做瞎眼，一路上慢腾腾地，取路要来谟县。

宋话本董永遇仙传：当日离家，径投傅长者家，见了院子，央他报说卖身之事。

吕居仁轩渠录：庄绰季裕，年未甚老，而体极癯瘠，洪析仲本呼为"细腰宫院子"。

梁同书直语补证院子：今人阶下露地曰天井，亦曰院子。按仪礼士昏礼，期，初昏，陈三鼎于寝门外，疏，命士以上之父子异室，自然别有寝，若不命之士，父子同室，虽大院同居，其中亦隔别，各有门户云云。然则院子之称，唐有之矣。

〔二二〕**蒸梨枣**

〔文案〕据孙注本：今开封仍有蒸梨枣，其制先将梨蒸，再与枣一并用冰糖水、蜂蜜慢火煎煮。食之可止口干。

〔二三〕**宿蒸饼**

徐梦莘三朝北盟会编卷第一百五十炎兴下帙五十起绍兴二年正月，尽四月：韩世清屯于宣州，其部兵多欲作过者，先是卖蒸饼者，皆叫云："一个二十五，里外一般。"盖言一个卖二十五钱，里外皆是面也。

忽思慧饮膳正要卷第一聚珍异馔：鉦饼经卷儿一同　白面十斤　小油一斤　小椒一两,炒去汗　茴香一两,炒　右件，隔宿用酵子、盐、碱、温水，一同和面，次日入面接肥，再和成面。每斤作二个，入笼内蒸。

〔二四〕**发牙豆**

韩奕易牙遗意卷上蔬菜类绿豆芽:将绿豆冷水浸两宿,候涨换水,淘两次,烘干。预扫地洁净,以水洒湿,铺纸一层,置豆于纸上,以盆盖之。一日洒两次水。候芽长,淘去壳。沸汤略焯,姜、醋和之。肉燥尤宜。

〔二五〕**监淘在城渠**

黄休复茅亭客话卷三淘沙子:伪蜀**大东市**,有养病院。凡乞丐贫病者,皆得居之,中有携畚锸,日循街坊沟渠内淘泥沙,时获碎铜铁及诸物,以给口食,人呼为"淘沙子"焉。

梅尧臣淘渠:开春沟,畎春泥。五步掘一堑,当途如坏堤。车无行辙马无蹊,遮截门户鸡犬迷。屈曲措足高复低,芒鞋苔滑雨凄凄。老翁夜行无子携,眼昏失脚非有挤。明日寻者尔瘦妻,手提幼女哭嘶嘶。金吾司街务欲齐,不管人死兽颠啼。

幽兰居士东京梦华录　卷之四

军头司

军头司〔一〕每旬休，按阅内等子，相扑手、剑棒手格斗〔二〕。诸军营殿前指挥使〔三〕直，在禁中有左右班〔四〕、内殿直、散员、散都头、散直、散指挥〔五〕。御龙左右直，系打御从物御龙骨朵子直、弓箭直、弩直、习驭直、骑御马、钧容直、招箭班、金枪班〔六〕、银枪班。殿侍诸军东西五班常入祗候〔七〕，每日教阅野战〔八〕。每遇诸路解到武艺人〔九〕对御格斗。天武、捧日、龙卫、神卫，各二十指挥〔一〇〕，谓之“上四军”，不出戍。骁骑、云骑、拱圣、龙猛、龙骑，各十指挥。殿前司〔一一〕、步军司有虎翼各二十指挥，虎翼水军、宣武，各十五指挥，神勇、广勇，各十指挥，飞山床子弩〔一二〕、雄武、广固等指挥。诸司则宣效六军，武肃、武和、街道司诸司、诸军指挥，动以百数。诸宫观宅院，各有清卫、厢军、禁军〔一三〕、剩员十指挥〔一四〕。其余工匠：修内司、八作司、广固作坊、后苑作坊、书艺局、绫锦院、文绣院、内酒坊、法酒库、牛羊司、油醋库、仪鸾司、翰林司、喝探、武严、辇官、车子院、皇城官亲从官、亲事官、上下宫皇城黄皂院子、涤除〔一五〕，各有指挥，记省不尽。

[注]

〔一〕**军头司**

<u>王应麟</u><u>玉海</u>卷一三九兵制<u>太平兴国</u>易禁军号：<u>端拱</u>二年正月，改军头引见司为御前忠佐军头引见司，有马步两直。

〔二〕**剑棒手格斗**

<u>宋</u>话本<u>杨温拦路虎传</u>：员外间棒，都头拿一条棒起，做了一个旗鼓。<u>杨</u>官人也做一个旗鼓，道："都头，一合使，是两合使？"都头道："只一合。"间棒起，两个不三合，不两合，只一合地使。所谓：

两条硬棒相迎敌，宁免中间无损伤。手起不须三两合，须知谁弱与谁强。

<u>马</u>都头棒打<u>杨</u>官人，就幸则一步，拦腰便打。那<u>马</u>都头使棒，则半步一隔，<u>杨</u>官人便走。都头赶上使一棒，劈头打下来，<u>杨</u>官人把脚侧一步，棒过和身也过，落夹背一棒，把都头打了一下伏地，看见脊背上肿起来。<u>杨</u>官人道："都头使得好，我不是刷子！"都头起来，着了衣裳，道："好，你真个为。"正是：

好手手中呈好手，红心心里中红心。

<u>杨三</u>官把一条棒，<u>李贵</u>把一条棒，两个放对使一合。<u>杨三</u>是行家，使棒的叫做腾倒，见了冷破，再使一合。那<u>杨</u>承局一棒，劈头便打下来，唤做大捷。<u>李贵</u>使一扛隔，<u>杨</u>官人棒待落，却不打头，入一步则半步一棒望小腿上打着，<u>李贵</u>叫一声，辟然倒地。正是：

好鸡无两对，快马只一鞭。

<u>李贵</u>输了，<u>杨温</u>就那献台上说了四句诗，道是：

天下未尝无敌手，强中犹自有强人。霸王尚有<u>乌江</u>难，<u>李贵</u>今朝

折了名。

〔三〕**指挥使**

[文案]据龚延明宋代官制辞典考:指挥使从二品,编制一人。凡圣节、拜郊、大朝会,于御前站班。

〔四〕**左右班**

潜说友咸淳临安志卷之十四禁卫兵班直:殿前指挥使左班,殿前指挥使右班,长入祗候,御龙直。

〔五〕**散指挥**

王林燕翼诒谋录卷五:五季日寻干戈,其于军卒,尤先激励,凡军头非有战功,皆号伴饭指挥使。皇朝一统,边境无虞,伴饭者众,乃诏以处有罪者。凡为此职,人皆望而知其犯罪也。大中祥符二年二月,诏改军头伴饭指挥使为散指挥使。然自此人不复以为耻,而激励之权微矣。

〔六〕**金枪班**

施耐庵罗贯中水浒传第五十六回吴用使时迁盗甲 汤隆赚徐宁上山:"他在东京,见做金枪班教师。这钩镰枪法,只有他一个教头。他家祖传习学,不教外人。或是马上,或是步行,都有法则。端的使动神出鬼没。"说言未了,林冲问道:"莫不是见做金枪班教师徐宁?"汤隆应道:"正是此人。"林冲道:"你不说起,我也忘了。这徐宁的金枪法、钩镰枪法,端的是天下独步。"

次日,趫进城来,寻问金枪班教师徐宁家。有人指点道:"入得班门里,靠东第五家黑角子门便是。"时迁转入班门里,先看了前门;次后趫来相了后门,见是一带高墙,墙里望见两间小巧楼屋,侧手却是一根戗柱。时迁看了一回,又去街坊问道:"徐教师在家里么?"人应道:"直到晚方归来,五更便去内里随班。"

约至二更以后,徐宁收拾上床。娘子问道:"明日随直也不?"徐宁道:"明日正是天子驾幸龙符宫,须用早起五更去伺候。"

〔七〕**常入祗候**

陈世崇随隐漫录卷二：二十四班，行门长入祗候。殿前指挥左右班、御龙直、金枪班、银枪班、散员、散指挥、骨朵直、散祗候、散都头，东一至五，西一至二茶酒、新旧四班、招箭班、殿直弓箭直、弩直、散直、禁卫内殿直、散钧容直、随龙忠佐习驭直。先是太祖自陈桥驿拥兵入觐，长入祗候班。

庄绰鸡肋编卷下：古所谓媵妾者，今世俗西北名曰"祗候人"，或云"左右人"，以其亲近为言，已极鄙陋。

邵伯温邵氏闻见录卷第三：富公进司徒，子绍京除阁门祗候。

〔八〕**野战**

赵昇朝野类要卷四野战：阅习骁锐也。

〔九〕**武艺人**

叶梦得石林燕语卷一：崇政殿即旧讲武殿，惟国忌前一日，及军头司引见，呈试武艺人。

韩琦论校试武艺奏康定二年：今之试武艺，弓弩惟务斗力多，而不求所射疏密。其左右斫骣腰、射脑、射一绰笃子放数箭之类，乃是军中之戏。又马枪止试左右盘弄，而不较所刺中否，皆非实艺。而使臣、军员，缘此例得拔用，故诸军亦循守常法，而无所更。以此临阵对寇，罕能取胜。臣常熟思之，纵得武士挽三石力弓，踏五石力弩，不能射中，则与空手无异。尝阅武部式，见唐取人皆较实艺。今定九步射弓弩，于四十步内，各射箭十，弓一石五斗以上，七中为第一；一石二斗以上，五中为第二；九斗以上，三中为第三。弩三石五斗以上，八中为第一；三石以上，七中为第二；两石五斗以上，五中为第三。凡马射鹿子，或笋桩，各箭十，弓一石以上，八中为第一；九斗以上，七中为第二；八斗以上，五中为第三。凡马上使枪，左右十刺，得五中木人为及等；马上铁鞭、铁简、棍子、双剑、大斧、连枷之类，并是一法，每两条共重十斤，为及等；但取左右实打有力者为中；马枪、铁简俱及等为第三；步刺、枪步，斫剑即胜者为第二；马上盘鐹刀、木槊，五十斤以上、勇力过人者为第一。以上若一件入第一，请优与迁擢；入第二，恩泽次之；入第三，量才录用。如二件以上入第一、三件以上入第二、四件以上第三，并枪、简及等，与不次奖拔。

宋话本汪信之一死救全家：他有个嫡亲兄弟汪革，字信之，是个文武全才。从幼只在哥哥身边居住，因与哥哥汪孚酒中争论一句闲话，别口气只身径走出门，口里说道："不致千金，誓不还乡！"身边只带得一把雨伞，并无财物，思想："那里去好？我闻得人说，淮庆一路有耕治可业，甚好经营。且到彼地，再作道理。"只是没有盘缠。心生一计：自小学得些枪棒拳法在身，那时抓缚衣袖，做个把势模样。逢着马头聚处，使几路空拳，将这伞权为枪棒，撇个架子，一般有人喝采，赍发几文钱，将就买些酒饭用度。

〔一〇〕**指挥**

曾慥类说卷之十九三朝圣政录乘快指挥误失：太祖一日罢朝，俯首不言者久之。内侍王继息问其故。"一日早来前殿，乘快指挥一使，偶有误失，史官必书之，我所以不乐也。"

〔一一〕**殿前司**

脱脱宋史卷一百六十六志第一百一十九职官六殿前司：都指挥使、副都指挥使、都虞候各一人。掌殿前诸班直及步骑诸指挥之名籍，凡统制、训练、番卫、戍守、迁补、赏罚，皆总其政令。而有都点检、副都点检之名，在都指挥之上，后不复置。入则侍卫殿陛，出则扈从乘舆，大礼则提点编排，整肃禁卫卤簿仪仗，掌宿卫之事。都指挥使以节度使为之，而副都指挥使、都虞候以刺史以上充；资序浅则主管本司公事，马步军亦如之。备则通治，阙则互摄。凡军事皆行以法，而治其狱讼，若情不中法，则禀奏听旨。

〔一二〕**床子弩**

马端临文献通考卷一百六十一兵考十三军器：尝令试床子弩于近

郊外,矢及七百步,又令别造千步弩试之,矢及三里。戎具精劲,近古未有。

〔一三〕**禁军**

司马光涑水记闻卷第一:太祖既纳韩王之谋,数遣使者分诣诸道,选择精兵,凡其才力技艺有过人者,皆收补禁军。聚之京师,以备宿卫。厚其粮赐,居常躬自按阅训练,皆一以当百。诸镇皆自知兵力精锐非京师之敌,莫敢有异心者。由我太祖能强干弱枝,制治于未乱故也。

史能之咸淳毗陵志卷第十二禁军:国初以禁军卫京师,上命征讨则遣戍于外,康定后议者以禁兵不耐劳苦,不习水土,遂募就粮军,始于陕西、河北,行于诸道,乃有在外禁兵。本郡尝置宣毅一指挥,后废不补。嘉祐间,诏荆南等郡置威果两朝史志,今郡有威果,亦嘉祐后置,雄节本熙宁之教阅厢军,元丰升为禁军焉。

〔一四〕**剩员十指挥**

梁克家淳熙三山志卷第十八兵防类一剩员指挥:大中祥符四年,敕诸路转运使副巡行属郡,同知、通、都监监押拣选本城牢城人员、节级兵士。庆历五年,乃差内臣往福建等路,拣选其就粮禁军及本城兵士,如病患可医者减充半分,剩员久或不堪与给放停公据,若曾有战功及阵亡人弟侄子孙,令仍旧自役岁委监司分拣,于是有剩员指挥。

〔一五〕**涤除**

〔文案〕京都译注本考西湖老人繁胜录:黄院子、皂院子之后"司圊"即"涤除",确。"涤除"为禁军卒,隶皇城司,专事清扫皇城内厕所之职。

皇太子纳妃

皇太子纳妃〔一〕,卤部仪仗〔二〕,宴乐仪卫,妃乘厌翟车[三]，车上设紫色团盖[四]，四柱维幕，四垂大带，四马驾之。

[注]

〔一〕皇太子纳妃

[文案]宋皇太子纳妃，亦循古礼。宋史卷一百一十五志第六十八礼十八，载其大概。郑居中政和五礼新仪卷一百七十二、卷一百七十三皇太子纳妃仪，记之甚详。撮其要，为采择、问名、告吉、告期、告成、奏告、册妃、醮戒、亲迎、同牢、设对位、妃朝见、盥馈，程序谨严，制度完备，不同于前朝者，皇太子纳妃，皇帝常临主持。

〔二〕卤部仪仗

叶梦得石林燕语卷四：大驾仪仗，通号"卤簿"，蔡邕独断，已有此名。唐人谓卤，橹也。甲楯之别名，凡兵卫以甲楯居外为前导，捍蔽其先后，皆著之簿籍，故曰卤簿。

张师正括异志卷十蔡侍禁：少时，有虹梁自东南抵室门而止，驴驾橐驼负载巨橐者，罔知其数。复有金饰犊车，垂珠帘，张青盖者数十乘。又有衣锦袍，属橐鞬而骑车，执挝而趋者，左右前后亦数千人。有伶人百余，衣紫、绯、绿袍，奏乐前导，郎君者，乘马按辔徐行。其后又有臂鹰隼、率猎犬泪四夷之人数百，偕入于室中。大抵类车驾之仪仗，他人弗之见也。

〔三〕厌翟车

王应麟玉海卷七十九车服明道六车：志：皇后之车，唐六等，皇朝卤簿唯用厌翟车。常出用副，金装、银装、白藤舆，上覆棕屋，饰以凤辇。咸平中，万安太后舆上设行龙六。

聂崇义三礼图集注卷二厌翟车：男子立乘，其车有盖无帷裳。妇人坐乘，有盖有帷裳。案士昏礼说："婿乘墨车"，下云"妇车亦如之，有裧"。注云："亦如之者，同等裧车裳帷帏通。周礼谓之容车，有容则有

盖。"卫氓诗云:"淇水汤汤,渐车帷裳。"童容也。孔义云:"帷裳一名童
容,故巾车云重翟厌翟安车,皆有容盖。"先郑云:容谓幨车袡与襜同,又或作
襜,皆昌廉反。山东谓之帷裳。或云童容即氓诗云"渐车帷裳",是山东名
帷裳也。以其帷障车之傍如裳,以为容饰,故谓之帷裳。或谓之童容者,
其上有盖,四傍垂而下,谓之袡,故杂记云:其輤有袡。注云:袡谓鳖甲边
缘是也。然则童容与袡别,而先郑云容谓幨车者,以其有童容者必有幨,
故谓之为幨车也。惟妇人之车为然也。王后始乘重翟,王女下嫁诸侯乘
厌翟,服则褕翟,后郑云:重翟重翟,雉之羽。厌翟,次其羽使相迫也,谓
相次厌其本以蔽车也,皆有容。盖旧图以下著合㐀破匏为之,以线连柄
端,其制一同匏爵,故不重出。太子詹事尹拙议云:今新图不以金饰诸末,乃引通典
云:自两汉、晋、宋、齐皇后唯乘重翟,金涂五末,辕一,毂二,箱二,至后魏始说厌翟,亦金饰
诸末。又云不画八鸾者,工部尚书窦仪议云:臣仪今详,新图缋总鬓带车末之饰,皆已正
矣。其帷裳所画翟雉,但云以类求之,臣亦检录,未见本义。所阙八鸾,请令画之。

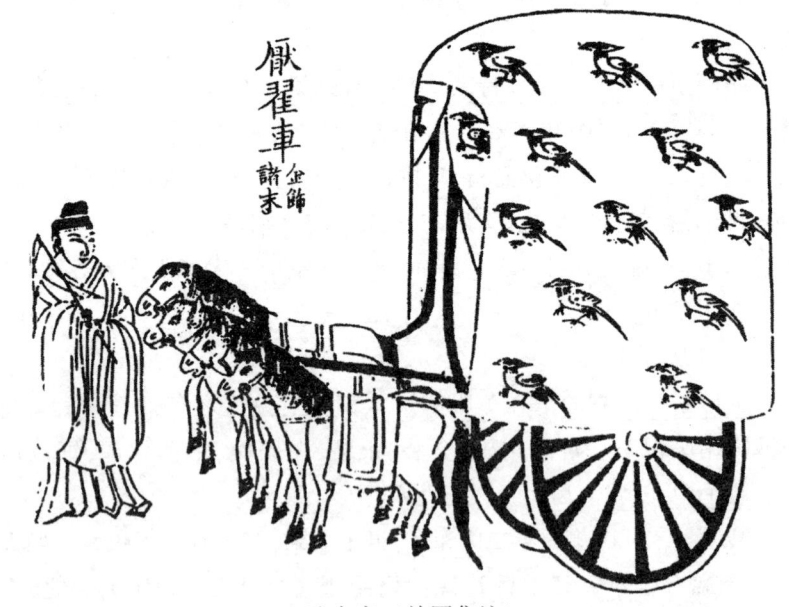

(选自宋三礼图集注)

〔四〕**团盖**

郭彖睽车志卷二：闽中一士人居华亭，有赵通判者居乌程。约士人为馆，久未得住。士人偶闲步至岳祠，见一妇人缓行，一仆持一小青盖，且挈香合、背子从其后。

王得臣麈史卷上礼义：都城内非执政大臣、宗室，并不许张盖，然宗室之家乘车，比至乳保辈乘马，皆张之。

公主出降

公主出降〔一〕，亦设仪仗、行幕步障〔二〕、水路〔三〕，凡亲王〔四〕、公主出则有之。皆系街道司〔五〕兵级数十人，各执扫具、镀金银水桶，前导洒之，名曰"水路"。用檐①床〔六〕数百，铺设房卧，并紫衫卷脚幞头天武官抬舁〔七〕。又有宫嫔数十，皆真珠钗插、吊朵〔八〕、玲珑簇罗头面，红罗销金〔九〕袍帔〔一〇〕，乘马双控双搭，青盖前导，谓之"短镫"〔一一〕。前后用红罗销金掌扇遮簇，乘金铜檐子，覆以剪棕〔一二〕，朱红梁脊，上列渗金铜铸云凤花朵，檐子约高五尺许，深八尺，阔四尺许，内容六人，四维垂绣额珠帘，白藤间花。匡箱之外，两壁出栏槛，皆缕金花装雕木人物神仙。出队两竿十二人，竿前后皆设绿丝绦，金鱼勾子勾定。

305

[校]

①"檐"，中华邓注本谓应作"担"，误。颜愍楚俗书证误：簷，今檐。可纠其误。见后案。

［注］

〔一〕公主出降

王安石王文公文集卷第十五表贺鲁国大长公主出降表：臣某言：伏睹进奏院报鲁国大长公主出降者。占蛇聘梦，祥实发于先期；奠雁告期，礼甫成于外馆。中贺。臣闻亲成经五礼之始，睦姻贯六行之中。善与物昌，庆惟时赖。恭惟皇帝陛下，齐家而国治，睦族而民雍，恩隆天属之尊，礼重王姬之降。慎所选尚，燕及文母之慈；厚于送归，追成穆考之孝。臣叨陪兴运，获睹盛仪。

〔二〕步障

宋话本李元吴江救朱蛇：李元随王转玉屏，花砖之上，皆铺绣褥，两旁皆绷锦步障。

〔三〕水路

周煇清波别志卷中：凡贵游出，令一二十人，持镀金水罐子，前导旋洒路过车，都人名曰“水路”。

〔四〕亲王

佚名宋大诏令集卷第三十五亲王十优礼晋王位宰相上诏开宝六年九月壬申：周之宗盟，异姓为后，此先王所以睦九族而和万邦也。晋王某，亲贤莫二，位望俱崇，方资夹辅之勋，俾先三事之例，自今宜位宰相上。

出阁外邸皇弟偘佶请外居未允诏：天属之亲，莫如兄弟。敦叙之礼，厥有旧章。营建邸宫，姑循故事。忽览章奏，欲即外迁。亲兹同生，其室则迩。邈远朝夕，岂胜此情。尚体眷怀，往安无亟。所请宜不允。

〔五〕街道司

徐松宋会要辑稿职官三〇之一八：街道司掌治京师道路，以奉乘舆出入。勾当官二员，以大使臣或三班使臣领之。仁宗嘉祐二年十二月二十六日，管勾街道司公事寇利享言，乞招置兵士五百人，充街道司指挥功役，更不立等杖，委本司招置少壮堪充功役之人，所有请受例物

306

乞行支给。诏置五百人为额,立充街道指挥,例物每人交钱二千,青衫子一领,请受即依保节例支给,仍不许宣借及诸处抽差,并本司官员当直。余从之。

〔六〕**檐床**

〔文案〕檐床只设坐而无轿厢之便轿,亦唤兜子。

〔七〕**抬舁**

陈鹄西塘集耆旧续闻李英华附崔府君女:李有一女,慧性过人,闻诵诗书,皆默记之,姿度不凡。俄染疠疾而逝,殡于邑之仙严寺三峰阁。李公满罢,因舁以归。

佚名鬼董卷第二:明日晡后,两傔以金合至,其中皆名鲭异馔佳果,及觥器金卮,信如禁中物。妇人乘肩舁,金翠耀目,紫袍踵其后。

〔八〕**吊朵**

〔文案〕京都译注本谓吊朵乃冠发间插垂之人造假花。

〔九〕**销金**

韩琦销金定罪乞用祥符旧敕奏:大中祥符八年敕,犯销金者斩。

无名氏咸淳遗事卷下:三月诏禁珠翠销金,其文曰:"群臣之言崇俭者屡矣,朕听其言而行之者亦屡矣,其言犹不置,是不容不周思熟虑,求以置身于无过之地也。然必自宫掖始,斯可以息人言。其珠翠销金之饰,实崇俭之大者,远而艺祖,以至列圣,家法可考,一越乎此,皆祸所伏。近而先帝率而从之,尤表表在人耳目。朕乌可不仰遵诏诰?其自宫禁,敢以珠翠销金为首饰服用,必罚无贷。臣庶之家亦宜体悉,工匠犯者,一如景祐之制,定从重典。

宋话本志诚张主管:次早,参拜家堂张员外穿紫罗衫,新头巾,新靴,新袜;这小夫人着乾红销金大绣团花霞帔,销金盖头。

施耐庵罗贯中水浒传第五回小霸王醉入销金帐 花和尚大闹桃花村:智深把房中一椅独桌都掇过了,将戒刀放在床头,禅杖把来倚在床边,把销金帐子下了。

〔一〇〕**袍帔**

[文案]据中国古代服饰研究诸书,袍帔为妇女礼制套服。以长度至足上、表里兼备之对衿宽敞外衣为袍,披于外面肩上,长至膝下,上绣文饰,下面两端接头处悬坠子之长宽带称帔,又名绕衿。

〔一一〕**短镫**

吕大临考古图卷五镫:右不知所从得,高六寸有半,面径五寸,深四分,无铭识。按公食大夫礼,大羹湇实于镫,镫文从金,即金豆也。尔雅:瓦豆谓之登。则金豆不嫌同名。汉制多有行镫,形制类此。其中有、,音主。以为灯炷,而加膏油,为说文主字,作主,亦象镫形。古之燎烛,皆以薪蒸,未有膏蜜,厥后知膏油可以供照,为、于镫而用之,因名曰镫。愚按诗"于豆于登",注:豆,木豆。登,瓦豆也。字上从肉,与登字不同。

〔一二〕**剪棕**

丁度集韵卷之一平声一一东:棕棕榈,木名,叶似车轮。

成寻参天台五台山记第四(延久四年十月):午时出船,未克至同县下土桥停船,见从桥上牛悬车过行,虽似日本车屋形,前后左右有四柱,窗尽柱也。

清明上河图中棕车

[文案]成寻所记"下土桥"乃卷一"河道""下土桥"也。从此桥过行前后左右有四柱窗之牛车,可验之清明上河图。一十字路口道上,一辆两头肥牛拽拉棕盖大车。十字路口房脊后显露此车一侧面:描画有精致之"门"、"栏杆"、"垂帘"。车之棕毛顶盖尤为夺目,车上有屋顶之形如帽,四边棕毛下垂,齐齐整整,或可直呼为"剪棕"。

皇后出乘舆

皇太后、皇后[一]出乘者,谓之"舆"[二]。比檐子稍增广,花样皆龙,前后檐皆剪棕,仪仗与驾出相似而少,仍无驾头[三]警跸耳。士庶家与贵家婚嫁,亦乘檐子,只无脊上铜凤花朵,左右两军自有假赁所在。以至从人衫帽,衣服从物,俱可赁,不须借借。余命妇王宫士庶,通乘坐车子,如檐子样制,亦可容六人,前后有小勾栏,底下轴贯两挟朱轮,前出长辕[四],约七八尺,独牛驾之,亦可假赁[五]。

[注]

〔一〕皇太后皇后

李心传旧闻证误卷三:哲宗登极,尊皇太后为太皇太后,皇后为皇太后,惟朱妃称号未定。太皇太后曰:"母以子贵,朝廷宜详议,当优隆之。"时蔡确、章惇尚在朝,议久不决。谄谀者谓亦当为皇太后,守正者则曰"止合称皇妃太母"。曰:"自古无并为皇太后之礼,当尊为皇太妃。"凡百礼仪,并依皇后:乘行龙檐子;服用伞扇等皆红;百僚称臣太母;又增月给在皇后之上。哲宗喜慰。皇太妃谢曰:"非太皇太后,妾何缘得此盛极。"阙书名。按此一段尤差误。德妃朱氏为皇太妃,当诸公议神宗遗制时,已增入矣。此云"议久不决"者,妄也。元丰八年六月甲戌,诏皇太妃出入许乘擔子。七月甲辰,礼部尚书韩忠彦等言,皇太妃在三年服内,衣褥从物并浅淡,生日节序物色,依皇后例;庆贺用笺,百官不称臣。己巳,礼部又言,皇太妃生日节序物色,其冠服之属减皇后五分之一,此云"服用红,百寮称臣,月给在皇后之上",皆误也。元祐三年秋,诏增议太妃典礼。礼官请擔子饰以龙凤,伞用红,冠服如皇后。绍圣元年,宣仁圣烈皇后既葬,上中批付礼官,于是坐六舆,立宫殿名,伞红黄兼用,月费内中批出,他仪制如皇后。盖前后十年而始定其典礼。此所记误矣。

〔二〕舆

叶梦得石林诗话卷上一四:神宗皇帝天性俭约,奉慈寿宫尤尽孝道。慈圣太后尝以乘舆服物未备,因同天节作珠子鞍辔为寿。神宗一御于禁中,后藏去不复用。

吴箕常谈:轿,今人所乘竹舆也。汉书严助传:舆、轿而逾岭。轿之义与今正同。服虔音桥,谓桥梁隘道舆车也。臣瓒谓:"今竹舆车也,江表作竹舆以行是也。"

叶梦得岩下放言卷下:文潞公洛阳居地,袁象先旧基屋,虽不甚宏大,晚年得其傍羡地数亩为园,号"东西"。日挟家童数辈,肩舆与宾客姻亲,共游无虚时。

司马光奏议卷三十八辞入对小殿札子元祐元年上:臣今月二日闻有圣旨,令臣"不候参假,特放正谢,仍权免赴前后殿起居,许乘轿子三日一至都堂聚议,或门下、尚书省治事"。臣以恩礼太优,不敢辄当,寻具札子辞免。今月四日又睹中书省录黄,奉圣旨"依前降指挥,不许辞免,仍令阁门告示,许肩舆至内东门外,令男康扶掖至小殿引对,特免起居,令引见前一日闻奏"。如此则礼数愈重,尤不敢当。臣窃惟富弼三世辅臣,德高望重,神宗皇帝想见其人,故特制此礼,乃自古所无。顾臣何人,敢与为比?况亲屈乘舆,特御小殿,以臣勤君,其罪至大。

司马光涑水记闻卷第九:癸未,皇子犹坚卧,不肯入肩舆,宗愕责之曰："汝为人臣子,岂得坚拒君父之命,而终不受耶? 我非不能与众执汝强置于肩舆,恐使汝遂失臣子之义,陷于恶名耳。"皇子乃就濮王影堂恸哭,而就肩舆。

孔平仲珩璜新论卷四:今之肩舆,正是以人代畜也。周礼司徒有辇,辇以人挽。夏后氏二十人,商人十八人,周人十五人,然只以载任器耳。东汉井丹见阴就,左右进辇。丹笑曰:"吾闻桀驾人车,岂比耶?"注云帝王纪曰:"桀以人驾车。"唐王求礼谏武后亦云:"自轩辕以来,服牛乘马,今辇以人负,则是以人代畜也。"

无名氏爱日斋丛钞卷一:文公语录云:记得京师全盛时,百官皆只乘马,惟元勋大臣,老而有疾,方赐乘轿。而宦者将命之类,亦皆乘轿。却扫篇云:京城士大夫,自宰臣至百执事,皆乘马出入。司马温公居相位,以病不能骑,乃诏许肩舆至内东门,盖特恩也。建炎初,驻跸扬州,以通衢皆砖甃,霜滑不可以乘马,特诏百官用肩舆出入。朝野杂记云:故事,百官皆乘马。建炎初,上以维扬砖滑,谓大臣曰:"君臣一体,朕不忍使群臣奔走危地,可特许乘轿。"盖东都旧制,惟妇人得乘车,其他耆德大臣或宗室近属行尊者,特旨许乘肩舆,已为异礼。靖康末,高宗奉使至磁,磁守宗汝霖以所乘轿进,黑漆紫褥而已,上犹却之。盖在京百官,不用肩舆,所以避至尊也。今行在百官,非入朝无乘马者。观汪彦章集有行在百官谢许乘轮轿表云:方披棘以立朝,适雨霜之在候。虑乘款段,或至颠挤。乃曲轸于睿慈,俾获安于徐步。事与李氏记思陵天语合。自大观二年诏巡检县尉无乘轿,提点刑狱司察之,是郡县有司多已乘轿矣。政和三年,诏时雪荐降,路滑马蹶,臣僚造朝,或至坠伤,可特许暂乘肩舆,惟不得入宫门。则肩舆之制,始权宜通同于京师。北盟集编载:靖康元年十二月二十四日,有旨:勘会百官,马既行在根括殆尽,不可步行。今检政和三年大雪,例许乘轿子出入,仍不得入皇城门。省符下开封府榜示。百官乘轿实不自建炎始。丁特起靖康录云:金人索良马万匹,在京除执政侍从、卿监郎官许留一匹,自是士大夫跨驴,有徒步者。皆言京师也。竹舆之用,久著于江表,由东南马少故,从土俗之便尔。

苏轼问答录佛印因坡见罪:东坡诋毁大臣变新法,由是获罪。当时遂置东坡于乌台按鞫。其平昔所与交游者,一时连坐,谪斥废秩者,不下一二百人,累及佛印,遂法加编配。有与其厚善者,皆至慰劳。且伤其刺字之苦。佛印怡然叹曰:"我佛胸题万字,老僧面带两行。"佛印后至一州,太守怜之,使健卒二人肩舆以送往。佛印戏谓健儿曰:"健儿,你辈抬我,便是夹颂底金刚经,面面皆有字。"闻者莫不大笑。

〔三〕**驾头**

[文案]驾头本为御座,以是太祖即位时所用,故列朝重之,帝出则载之以行。故中华邓注本、京都译注本均注驾头,以示其要。然以孙楷第释驾头为最详:车驾出时,此坐在乘舆之前,故通称驾头。驾头惟皇帝仪卫有之,皇太后皇后皇太子仪卫皆不得有。

〔四〕**长辕**

叶大庆考古质疑卷六:吴氏漫录曰:"晋王导传:'蔡谟曰:但见短辕犊车,长柄麈尾。'按后汉马援传:'乘下泽车。'注云:'行泽者欲短毂,行山者欲长毂,短毂则利,长毂则安。'短毂者,短辕也。盖本于周礼冬官'车人为车'。"云云。大庆窃谓此言非也。愚尝学礼而知车之制,毂与辕正自不同。老子曰:"三十辐共一毂。"则毂居轮之中,所以为利转者也。孔丛子广器:"辕谓之辀。"则辕居车之前,所以驾牛马者也。原注:周礼辀人注:辀,车辕也。但辀与辕一物而异名。据周礼辀人之职而言之,驾马之车谓之辀,驾牛之车谓之辕。故国马、田马、驽马皆言辀,而于大车则言辕。大车,牛车也。所谓辕下驹,则马车亦通谓之辕。是则辕与辀同,而毂与辕异。以其犊车,故短辕尔。今乃以"行泽者欲短毂"为言,是混辕毂为一物,恐误后学,故特辨之。

〔五〕**假赁**

[文案]中华邓注本以丁特起孤臣泣血录一条注假赁,字句寥寥,

仅具肩舆，未得其详。且标作"车子假赁"，注之未确。余于杂赁注"假赁鞍马者"，可补邓注。

杂 赁

若凶事出殡，自上而下，凶肆[一]各有体例。如方相[二]、车舆[三]、结络、彩帛，皆有定价，不须劳力。寻常出街市干事，稍似路远倦行，逐坊巷桥市，自有假赁鞍马者[四]，不过百钱。

[注]

〔一〕**凶肆**

宋话本**李亚仙**：原来这凶肆，是歌郎所居聚集之地。但凡人家丧事，都要雇请他们，丧车舆辇，器用什物，又要歌郎数人，身穿五色衣，执铎扬幡，在灵柩前导。内一人谓之肆长，又名蒿里丞相。声歌薤露之章，必选音声清响，韵调悲凄者为之，使丧家男女及路人闻之，无不下泪者为尚。

原来**长安**有两个凶肆：一个是东肆，对街是西肆。东肆所备凶器，一应车辇什物，件件鲜明华彩，惟哀挽歌词不及西肆。两肆互争，胜负未定。当时东肆长知**生**音妙，愿出钱二万，雇请**元和**在家，令善歌者教**生**新声。数月之间学习已熟，人莫知之。一日，两肆长又相争论。东肆长道："我与你相争终无结局，须是先过地方保正，立了契约，选个日子同到**天门**街上众人瞩目之所，各陈所长，比较优劣。若不胜者，罚钱五万，以备酒馔何如？"

两边肆长，各将一应器具，令众执事人搬的搬，抬的抬，自朝至午，列举辇舆威仪之具，彼此比较，西肆皆不能胜，看的人只称赞东肆的好。西肆长觉得没趣，乃命十来个歌郎，各□□□□，执着幡幢，簇拥一个□□□□□，设榻于南台，众歌郎上得台时，只见长髯人拥蜂而前，奋髯扬眉，扼腕顿颡而登。乃歌白马之词，恃其凤胜，顾盼左右，旁若无人。齐声赞扬，以为独步一时矣。看的人也有赞的，也有议论他的，都说："西肆器具什物虽不及东肆，这歌郎其实好！"众人说声未绝，这东肆长于北隅台上设连榻，有乌巾少年，左右五六人秉翣而至，即元和也。整其衣服，俯仰甚徐，申喉发调，容若不胜。乃歌薤露之章，举声清越，响振林木。曲度未终，闻者无不欷歔掩泣，内中这些孤儿寡妇听了那凄楚之音，鼻涕眼泪哭一个不住。

〔二〕**方相**

<u>葛立方韵语阳秋</u>卷一七：周官方相氏，以黄金四目，玄衣朱裳，执戈扬盾，以索室驱疫，谓之时傩。释者谓四时皆作也。

<u>聂崇义三礼图集注</u>卷十九<u>方相氏</u>：夏官方相氏，掌蒙熊皮，黄金四目，玄衣朱裳，执戈扬盾。大丧先柩，谓葬使之前导，以却凶恶也，及墓入圹，以戈击四隅，驱罔两也。

〔三〕**车舆**

<u>温豫诗话</u>三：吴太伯祠，在东闻门之西。每春秋季，市肆相率合牢礼，祈福于<u>三让王</u>，多图善马彩舆子女以献之。

〔四〕**假赁鞍马者**

<u>宋话本拗相公饮恨半山堂</u>：<u>江居</u>禀道："相公陆行，必用脚力。还是拿钧帖到县驿取讨，还是自家用钱雇赁？"<u>荆公</u>道："我吩咐在前，不许惊动官府，只自家雇赁便了。"<u>江居</u>道："若自家雇赁，须要投个主家。"当下僮仆携了包裹，<u>江居</u>引<u>荆公</u>到一个经纪人家来。主人迎接上坐。问道："客官要往哪里去？"<u>荆公</u>道："要往<u>江宁</u>，欲觅肩舆一乘，或骡或马三匹，即刻便行。"

<u>魏泰东轩笔录</u>卷之九：京师人多赁马出入，驭者先许其直，必问曰："一去耶？却来耶？"苟乘以往来，则其价倍于一去也。<u>良孺</u>以贫，不养

马，每出，必赁之。一日将押大辟囚弃市，而赁马以往，其驭者问曰："官人将何之？"良孺曰："至法场头。"驭者曰："一去耶？却来耶？"闻者骇笑。

许坐于台门，不能进退，适有逻卒过前，遂呼告之曰："我台中放出官员也，病不能行。可烦为于市桥赁一马。"逻卒怜之，与呼一马至，遂跨而行。是时许初罢判开封府，税居于甜水巷，驭者惧逼夜禁，急鞭马，马跃，许失绥坠地，腰膝尽伤，驭者扶之于鞍，又疾驱而去，比至巷，则宅门已闭。许下马坐于砌上，俾驭者扣门，久之无应者，驭者曰："愿得主名以呼之。"许曰："但云内翰已归可也。"驭者方知其为判府许内翰，且惧获坠马之罪，遽策马而走。

修整杂货及斋僧请道

倪欲修整屋宇，泥补墙壁，生辰忌日，欲设斋僧尼道士[一]，即早辰桥市街巷口，皆有木竹匠人[二]，谓之"杂货工匠"，以至杂作人夫，道士僧人，罗立会聚，候人请唤，谓之"罗斋"。竹木作料，亦有铺席。砖瓦泥匠[三]，随手即就。

[注]

〔一〕道士

李攸宋朝事实卷七道释：建隆初，太祖遣使诣真源祠老子，于宋城修建隆观。观在圜阓门外，周世宗建，曰太清观。帝命重修，赐今名，自是斋修率就观。自五代以来，道流庸杂，乾德五年右街道录何自守坐事流配，乃诏莱州道士刘若拙为左街道录，案：左街道录原本阙街字，今从李焘长编增入。俾之肃正道流。开宝五年闰二月诏曰：冲妙之门，清净为本，逮于末俗，颇玷真风。或窃服冠裳，寓家宫观，所宜惩革，以副钦崇。两京诸州士庶称奇诡者，一切禁断。其道流先有家属同止者速遣出外，自今如愿入道者，须本师与本观知事同诣长吏，陈牒请给，公验方许披度。十月，又令拙与功德使集京师道士试验，其学业至而不修饬者，皆斥之。若拙蜀人，自号华盖先生，善服气养生丸，九十余岁不衰，步履轻捷，每水旱，必召于禁中致祷，其法精至。上甚重之。

陆游家世旧闻下先君言徽宗崇方士：又有刘混康者，茅山道士，其师祖朱自英，以传箓著名。章献明肃太后临朝时，尝召至京师，从受法箓，故混康亦得召。混康颇有识，善劾鬼神，然未尝行。每曰："安能敲枷击锁作老狱吏耶？"二人者既至，皆物故。上疑其变化仙去，益求其类。初，京为真定帅，道人王老志自言锺离权弟子，尝言京必贵极人臣。至是，物色得之。京馆之后圃，引与见上。老志敢大言，熟视上，曰："颇记老臣否？"上亦自记，尝梦游帝所，有仙官赞拜者，其面目真老志也。恩礼尤渥。车驾游幸，老志辄羽衣导驾，言："有非常，辄能知之。"未几，老志夜叩京门，告以锺离公大怒我语涉欺诞，行当谪堕，公福亦不终矣。明日，得疾，力辞归河朔而死。自是，方士自言有异术者相踵，而林灵素最后出，尤为魁杰。

郭彖睽车志卷二：京师有道人姓郑，持一铜铃，终日鸣铃圜阓间，丐钱为食，用余则分惠贫者，号为"郑摇铃"。

曾敏行独醒杂志卷第一：新淦县道士何得一者，常人也。徽宗尝梦有道士曰何得一者来见，遂以姓名及状貌图像求之。守令以其姓名之同，遂以闻。上大喜，即令送至阙下。既召见，山野龌龊，不能应对，甚不称上意。时方集道流于宝箓宫作醮，因命得一预焉。建醮毕，授丹林郎，遣归。初，得一之有是命也，守令意其形于帝梦，必有所得。因问其有何技能。得一以为昔浴于江中，得杖子状如龙，又尝嘤水于壁间，成罨画山水。守亦信之，具以表闻。后人诘其故，杖乃木根，初无他异；而嘤水成画者因醉后呕吐成沥耳。至今人传以为笑。

耿延禧林灵素传：林灵素，初名灵噩，字岁昌。家世寒微，慕远游，至蜀从赵昇道人。数载，赵卒，得其书，秘藏之，由是善妖术，辅以五雷法。往来宿、亳、淮、泗间，乞食诸寺。政和三年，至京师，寓东太一宫。徽宗梦赴东华帝君召，游神霄宫。觉而异之，敕道录徐知常访神霄事迹。知常素不晓，告假。或告曰："道堂有温州林道士，累言神霄，亦作神霄诗题壁间。"知常得之，大惊，以闻。召见，上问有何术。对曰："臣上知天宫，中识人间，下知地府。"上视灵噩风貌如旧识，赐名灵素，号金门羽客、通真达灵元妙先生，赐金牌，无时入内。五年筑通真宫以居之。时宫禁多怪，命灵素治之，埋铁简长九尺于地，其怪遂绝。因建宝箓宫、太一西宫，建仁济亭，施符水，开神霄宝箓坛。诏天下：天宁观改为神霄主清万寿宫，无观者以寺充。仍设长生大帝君、青华大帝君像。上自称教主道君皇帝。皆灵所建也。灵素被旨修道书，改正诸家醮仪，校雠丹经，删修注解。每遇初七日升座，座下皆宰执、百官、三衙、亲王、中贵，土俗观者如堵。讲谈三洞道经，京师士民始知奉道矣。

无名氏湖海新闻夷坚续志后集卷一道教门崇兴道教：宋徽宗一日诵大洞真经，举首见左右有仙官侍立。上于道家已大留心。政和初，上疾。一夕，梦一仙官延请，至一宫观，有道士二人为引。至一坛，上遥望金光闪烁，莫辨何地。二道士命上设拜。

[文案]本书尚有数处提及道士，或卖药或卖蜜煎或道场或弄椎鼓，异常活跃，远胜于历朝历代。其源盖出于徽宗大力尊道，甚而废佛，可谓登峰造极矣。

〔二〕木竹匠人

岳珂愧郯录卷第十三京师木工：今世郡县官府营缮创缔，募匠庀役，凡木工率计在市之朴斫规矩者，虽扂楔之技无能逃。平日皆籍其姓名鳞差以俟命，谓之"当行"。间有幸而脱，则其侪相与讼，挽之不置，盖不出不止也，谓之"纠差"。其入役也，苟简钝拙，务阁其技巧，使人之不己知，务夸其工料，使人之不愿为，而亟其斥且毕，谓之"官作"。珂尝疑祖宗承平时，爱民惠工以阜都邑，当未必如此。及考之典故，有意存而可见者。于是始有以信臆度之不诬，表之以示陈古风今之义焉。

〔三〕**砖瓦泥匠**

施耐庵罗贯中水浒传第十回林教头风雪山神庙 陆虞候火烧草料场：仰面看那草屋时，四下里崩坏了，又被朔风吹撼，摇振得动。林冲道："这屋如何过得一冬？待雪晴了，去城中唤个泥水匠来修理。"

宋真宗诸色房屋用泥饰诏景德四年九月：自今皇城内外、亲王宫宅、寺观、祠庙用石灰泥，诸司库务、营舍、厅堂、门屋用破灰泥，自余止麦糠细泥。营舍、厅堂、门屋用赤色装，如自备泥饰者听。

罗振玉俗说瓦匠：宋名臣言行录张咏传：有一瓦匠因雨乞假，公判曰：天晴盖瓦，雨下和泥。

筵会假赁

凡民间吉凶筵会，椅卓陈设，器皿〔一〕合盘〔二〕，酒檐动使之类，自有茶酒司〔三〕管赁。吃食下酒，自有厨司。以至托盘下请书〔四〕、安排坐次、尊前执事、歌说劝酒，谓之"白席人"，总谓之"四司人"〔五〕。欲就园馆亭榭寺院游赏命客之类，举意便办，亦各有地分〔六〕，承揽排备，自有则例，亦不敢过越取钱。虽百十分，厅馆整肃，主人只出钱而已，不用费力。

318

[注]

〔一〕**器皿**

袁文瓮牖闲评卷六：器皿，人多云受用，其实名售用。谈苑云："吴越王钱俶以妃平生售用凡百箱赐孙承祐。"承祐，盖妃之弟也。

宋话本李元吴江救朱蛇：须臾，令二子进酒，皆再拜，抬上果桌，伫目观之,器皿皆是玻璃、水晶、琥珀、玛瑙为之,曲尽巧妙,非人间所有。

〔二〕**合盘**

[文案]据**孙**注本谓:今**中原**地区仍有其遗,为盛装糕点用具。其形正方,木质,层层摞起,故名"合盘"。

白沙宋墓中碗、托盘图

〔三〕**茶酒司**

吴自牧梦粱录卷十九四司六局筵会假赁:如茶酒司,官府所用名"宾客司",专掌客过茶汤、斟酒、上食、喝揖而已,民庶家俱用茶酒司掌管筵席,合用金银器具及暖荡、请坐、咨席、开话、斟酒、上食、喝揖、喝坐席,迎送亲姻,吉筵庆寿,邀宾筵会,丧葬斋筵,修设僧道斋供,传语取覆,上书请客,送聘礼合,成姻礼仪,先次迎请等事。

〔四〕**托盘下请书**

宋话本简帖和尚:等多时,只见一个男女托个盘儿,口中叫:"卖鹌鹑馉饳儿!"官人把手打招,叫:"买馉饳儿。"僧儿见叫,托盘儿入茶坊内,放在桌上,将条篾篁穿那馉饳儿,捏些盐,放在官人面前道:"官人吃馉饳儿。"官人道:"我吃。先烦你一件事。"僧儿道:"不知要做甚么?"那官人指着**枣槊巷**里第四家,问僧儿:"认得这人家么?"僧儿道:"认得,那里是**皇甫**殿直家里。殿直押衣袄上边,方才回家。"官人问道:"他家有几口?"僧儿道:"只是殿直,一个小娘子,一个小养娘。"官人道:"你认得那小娘子也不?"僧儿道:"小娘子寻常不出帘儿外面,有时叫僧儿买馉饳儿,常去,认得。问他做甚么?"官人去腰里取下版金钱篓儿,抖下五十来钱,安在僧儿盘子里。僧儿见了,可煞喜欢,叉手

319

不离方寸:"告官人,有何使令?"官人道:"我相烦你则个。"袖中取出一张白纸,包着一对落索镮儿、两只短金钗子、一个简帖儿,付与僧儿道:"这三件物事,烦你送去适间问的小娘子。你见殿直,不要送与他。见小娘子时,你只道官人再三传语,将这三件物来与小娘子,万望笑留。你便去,我只在这里等你回报。"

〔五〕四司人

<u>宋话本史弘肇龙虎君臣会</u>:这<u>洪</u>内翰遂安排筵席于<u>镇越堂</u>上,请众官宴会。那四司六局祗应供过的人,都在堂下,甚次第。当日果献时新,食烹异味。

〔六〕地分

<u>叶梦得石林燕语</u>卷十:<u>真宗</u>幸<u>澶渊</u>,<u>丁晋公</u>以<u>郓</u>、<u>齐</u>、<u>濮安</u>抚使知<u>郓州</u>。虏既入塞,河北居民惊奔渡河,欲避于<u>京东</u>者,日数千人,舟人邀阻不时济。<u>丁</u>闻之,亟取狱中死囚数人以为舟人,悉斩于河上,于是晓夕并渡,不三日皆尽。既渡,复择民之少壮者,分画地分,各使执旗帜,鸣金鼓于<u>河上</u>,夜则传更点、申号令,连数百里。

〔文案〕京都译注本考"地分"原为法制用语,源于<u>五代</u>,所管区域之意,<u>宋</u>屡见于<u>宋会要</u>,如"地分官司"、"地分巡检"等。

会仙酒楼

如州东<u>仁和店</u>,<u>新门里</u>会仙楼正店,常有百十分厅馆动使〔一〕,各各足备,不尚少阙一件。大抵都人风俗奢侈〔二〕,度量稍宽,凡酒店中,不问何人,止两人对坐饮酒,亦须用注碗〔三〕一副,盘盏两副,果菜楪〔四〕各五片,水菜〔五〕椀三五只,即银近百两矣。虽一人独饮,碗遂亦用银盂之类〔六〕。其果子菜蔬,无非精洁。若别要下酒,即使人外买软羊〔七〕、龟背〔八〕、大小骨、诸色包子、玉板鲊、生削巴子、瓜姜之类。

[注]

〔一〕厅馆动使

［文案］"动使"亦可称之"动事"。吴自牧梦粱录卷十三诸色杂货所记"家生动事"即含"厅馆动使"之类,若面桶、食托、青白瓷器、瓯、碗、碟、茶盏、茶盆、油杆杖、蒸笼、酒络、酒笼等。

〔二〕都人风俗奢侈

刘攽中山诗话五〇:石曼卿独行京师,一豪士揖之而语曰:"公幸过我家。"石许之,同入委巷,抵大第,藻饰宏丽,锦绣珠翠,殆非人间所拟。歌舞欢醉,丐书,为挥筹笔驿诗数篇,以金帛数百千赠之,复使骑从送还,恍然不知其谁。翼日,殆无复省所居矣。他日,遇诸途,又遗以白金数两,谓曰:"诗中'意中流水远,愁外旧山青',最为佳句。"

彭乘墨客挥犀卷八:石曼卿居蔡河下曲,邻有一豪家,日闻歌钟之声,其家僮仆数十人,常往来曼卿之门。曼卿呼一仆问:"豪为何人?"对曰:"姓李氏,主人方二十岁,并无昆弟,家妾曳罗绮者数十人。"曼卿求欲见之。其人曰:"郎君素未尝接士大夫,他人必不可见,然喜饮酒,屡言闻学士能饮酒,意亦似欲相见,待试问之。"一日,果使人延曼卿,曼卿即着帽往见之。坐于堂上,久之方出,主人着头巾,系勒帛,不具衣冠,见曼卿全不知拱揖之礼。引曼卿入一别馆,供帐赫然,坐良久,有二鬟妾各持一小盘至曼卿前,盘中红牙牌十余,其一盘是酒名,凡十余品,令曼卿择一牌,其一盘肴馔名,令择五品。既而二鬟去,有群妓十余人,各执肴果、乐器、妆服,人品皆艳丽粲然。一妓酌酒以进。酒罢,群妓执果肴者萃立其前。食罢则分列其左右,京师人谓之"软盘"。酒五行,群妓皆退,主人者亦翩然而去,略不揖客。曼卿独步而出。曼卿言豪者之情状,懵然愚痴,不分菽麦,而奉养如此,极可怪也。

曾季狸艇斋诗话四九：东湖明皇夜游图诗，宣和年间作，其意盖讽当时也。诗中云："苑风翠袖湿，宫露赭袍光。"可见其游宴达旦也。

李之彦东谷随笔物价：奈何风俗好奢，人情好胜，竞尚华居，竞服靡衣，竞嗜珍馔，竞用美器，豪家巨族固宜享用，小夫贱隶，卒富暴贵，岂惟效尤，又且过之。

陈录善诱文人与物同：据现在之物，顺平常之理，杀而食之，或驱役奴婢远致异品，或畜养鸡鱼犬豕，择肥而旋杀，生蟹投糟欲其味入，鞭鱼造脍欲有经纹，聚炭烧蚌，环火逼羊，开腹取胎，刺喉沥血，作汁烹煎，巧意斗钉，食之既饱，则扬扬自得，少不如意，则怒骂庖者。嗟乎！染习成俗，见闻久惯，以为饮食合当如此，而不以为怪，深思痛念，良可惊惧。

王明清挥麈后录卷八：政和中，将作监贾谠明仲，奉诏为童贯治赐第于都城。既落成，贾往谢之，贯云："久劳神观，而匆匆竟未能小款。翌早朝退无它，幸见过点心而已。"明仲领其意。诘朝既见，宾主不交一谈。顷之，一卒持二物，若宝盖璎珞状，张于贾及己之上，视之，皆真珠也。各命二双鬟捧卓子一只至所座前，又令庖人持银镣灶，即厅之侧燎火造包子。以酒食行，凡三。每一行易一卓。凡果楪、酒杯之属，初以银，次金，又次以玉，其制作奇绝，目所未睹。三杯即彻。贾亦辞出，暂至局中，然后归舍。见数人立于门云："太傅致意，适来大监坐间受用一分器皿及双鬟，悉令持纳。"计其直逾数万缗，贾由此雄豪，至今以富闻湘中。谠，逵之孙也。

曾敏行独醒杂志卷九：蔡元长为相日，置讲议司，官吏数百人，俸给优异，费用不赀。一日，集僚属会议，因留饮，命作蟹黄馒头。饮罢，吏略计其费，馒头一味为钱一千三百余缗。又尝有客集其家，酒酣，京顾库吏曰："取江西官员所送咸豉来！"吏以十瓶进，客分食之，乃黄雀胙也。元长问："尚有几何？"吏对以："犹余八十有奇。"

李昌龄乐善录卷上：寇莱公自少年富贵，不点油灯，尤好夜宴剧饮，虽寝，室亦燃烛达旦。

宋庠中书试戒风俗奢靡诏：闻夫古先哲王之御俗也，皆上求天心，下建民极。天道贵质，故敦本以体元；民情易流，必闲邪而制法。然后能趋富寿之域，开衣食之源。至和来臻，大命无泛。国家荷三圣之业，保万方之大，容典饬尽，训戒谆勤。然而世道久夷，人心多靡。近闻中外颇僭典常，自通邑名都，世家豪姓，竞作浮侈，叠相矜尚。珠玉被于服玩，缇绣裹于垣墙。雕几岁更，规矩时易。酱藿庖味，山藻室庐。靡嗟民力之勤，罔惮邦仪之禁。此而是纵，孰不可容！况曩者神宗亲驾农祠，示稼穑之重；真庙深惜上币，严销涂之律。朕皆祗绍祖武，奉行前猷。惟尔庶邦，敢忘茂训！自时以往，咸俾改为。傥轻蹈于匪彝，当一施于重罚。布告遐迩，知朕意焉。

〔三〕**注碗**

李济翁资暇集卷下注子偏提：元和初，酌酒犹用樽杓，所以丞相高公有斟酌之誉。虽数十人，一樽一杓，挹酒而散，了无遗滴。居无何，稍用注子，其形若罃，而盖觜柄皆具。大和九年后，中贵人恶其名同郑注，乃去柄安系，若茗瓶而小异，目之曰"偏提"。论者亦利其便，且言柄有碍，而屡倾仄，今见行用。

张端义贵耳集卷中：高宗南渡，有将水晶注碗在榷场交易，高宗得之。

1　　　　　　2　　　　　　3

1. 白沙宋墓第二号墓墓室西南壁壁画中的注子和注碗
2. 传五代顾闳中绘韩熙载夜宴图中的注子和注碗
3. 朝鲜高丽时代（北宋—元）青瓷注子和注碗

［文案］宋之饮酒,将盛酒注子置入碗中,加注热水,借以温酒。注子为瓶,1971 年冬,安徽怀宁出土一青白釉人形瓷注子即为一例,其体通高二十三点九厘米,口径二点二厘米。注子呈老臣状,头戴冠,身着袍,手捧注嘴,嘴似朝笏,高耸曲柄如袍带,美观和谐,堪称酒瓶类珍品。故孙穆鸡林类事谓:酒注曰瓶碗,俗呼"带碗注子"。1963 年安徽宿松县宋墓出土由温碗、注子配套组成之注碗,江西铅山宋元祐元年墓出土之瓷注碗,河南禹县白沙宋墓壁画,洛宁乐重进石棺画像,内蒙、辽宁等地辽墓出土注与碗之成套酒具,均为最佳之证。

注碗、酒柱、酒盏与酒台子(江西南城墓出土)

〔四〕**果菜楪**

袁文瓮牖闲评卷六:古者椀楪以木为之,故椀楪字皆从木。

〔五〕**水菜**

谈钥嘉泰吴兴志卷十八食用故事水菜:旧编云:合溪芦菔极脆美,水亦甘洁,土人就以水渍入盐为水菜,甚有名,坛置,以馈送。

吴曾能改斋漫录卷十四类对诉失蔬圃:国初范质玉堂闲话云"广州番禺县,尝有部民牒诉云:'前夜亡失蔬圃,今认得在于某处,请县宰判状往取之。'有北客骇其说,因诘之。民云:'海之浅水中,有藻荇之属。被风吹沙,与藻荇相杂。其根既浮,其沙或厚三五尺处,可以耕垦,或灌为圃故也。夜则被盗者盗至百余里外,若桴筏之乘流也。'以是殖蔬者,海上往往有之。"

杨亿杨文公谈苑葑田:两浙有葑田,盖湖上有菱葑所相缪结,积久,厚至尺余,润沃可殖蔬种稻,或割而卖与人。有任<u>浙中</u>官,方视事,民诉失蔬圃,读其状甚骇,乃薛园为人所窃,以小舟撑引而去。

[<u>文案</u>]京都译注本谓水菜不详。余以为宋水菜约两类,一类为前列薛田二条,另类则为水生蔬菜,若<u>广群芳谱</u>所述蕹菜:南人编苇为筏,作小孔浮水上,种子于水中长成,茎叶皆出苇孔中,随水上下。可谓水生奇蔬也。

〔六〕**银盂之类**

<u>吴自牧梦粱录</u>卷十六茶肆:向绍兴年间,卖梅花酒之肆,以鼓乐吹梅花引曲破卖之,用银盂杓盏子,亦如酒肆论一角二角。

酒肆:且杭都如<u>康</u>、<u>沈</u>、<u>施厨</u>等酒楼店,及<u>荐桥</u> <u>丰禾坊</u> <u>王家酒店</u>、<u>暗门</u>外<u>郑厨</u>分茶酒肆,俱用全桌银器皿沽卖,更有碗头店一二处,亦有银台碗沽卖,于他郡却无之。

<u>四水潜夫</u> <u>武林旧事</u>卷第六酒楼:和乐楼升旸宫南库 和丰楼 中和楼银瓮子中库 春风楼北库 太和楼东库 西楼 太平楼 丰乐楼 南外库 北外库 西溪库

已上并官库,属户部点检所,每库设官妓数十人,各有金银酒器千两,以供饮客之用。

歌馆:前辈如<u>赛观音</u>、<u>孟家蝉</u>、<u>吴怜儿</u>等甚多,皆以色艺冠一时,家甚华侈。近世目击者,惟<u>唐安安</u>最号富盛,凡酒器、沙锣、冰盆、火箱、妆合之类,悉以金银为之。

<u>成寻</u>参<u>天台五台山记</u>第四(<u>延久</u>四年十月):廿日甲午。天晴,已时斋。从<u>文慧大师</u>房送羹一杯,珍菜二杯,皆用银器。

<u>宋话本</u>俞仲举题诗遇上皇:俞良见请,欣然而入。直走到楼上,拣一个临湖傍槛的阁儿坐下,只见一个当日的酒保,便向俞良唱个喏:"复解元,不知要打多少酒?"俞良道:"我约一个相识在此。你可将两双箸放在桌上,铺下两只盏,等一等来问。"酒保见说,便将酒缸、酒提、匙、箸、盏、楪,放在面前,尽是银器。俞良口中不道,心中自言:"好富

贵去处！我却这般生受！只有两贯钱在身边，做甚用？"少顷，酒保又来问："解元要多少酒，打来？"俞良道："我那相识，眼见的不来了。你与我打两角酒来。"酒保便应了。又问："解元，要甚下酒？"俞良道："随你把来。"当下酒保只当是个好客，折莫甚新鲜果品，可口肴馔，海鲜，案酒之类，铺排面前，般般都有。将一个银酒缸盛了两角酒，安一把杓儿。酒保频将酒荡。俞良独自一个，从晌午前直吃到日晡时后。

[文案] 胡士莹话本小说概论以"下次秀才应，须要乡试得中，然后起京殿试"。系明朝科举制度，定俞仲举题诗遇上皇为明人之作。此断不确，余检宋史，此制宋已有。赵伯昇茶肆遇仁宗有异曲同工之妙，亦可佐证。俞仲举题诗遇上皇，非明人编纂而成，其渊源有自，事见四水潜夫武林旧事卷二西湖游幸，书会先生敷衍成篇，入汪信之一死救全家入话头回，以广流传。况俞仲举题诗遇上皇所道，不离临安生活方寸，得其仿佛，归之于明拟话本，差矣。

1980 年四川平武县出土宋银盘摹图

〔七〕软羊

灌圃耐得翁都城纪胜食店:都城食店,多是旧京师人开张,如羊饭店兼卖酒。凡点索食次,大要及时:如欲速饱,则前重后轻,如欲迟饱,则前轻后重。重者如头羹、石髓饭、大骨饭、泡饭、软羊、渐米饭;轻者如煎事件、托胎、奶房、肚尖、肚胘、腰子之类。

林洪山家清供卷下山煮羊:羊作脔,置砂锅内,除葱、椒外,有一秘法:只用榧真杏仁数枚,活水煮之,至骨糜烂。

[文案]梦粱录卷十六谓肥羊酒店经营蒸软羊、羊四软(头、蹄、肝、肺),面食店则售软羊腰子,此等皆为下酒佳肴,因其烂熟而扬名,或如蒸羊时用软稻草扎紧而得名。亦有软羊面,见食店注。

〔八〕龟背

[文案]余疑龟背者乃玳瑁也。玳瑁形状似龟,惟腹背甲有红点。刘恂岭表录异卷上云:薛王令生取玳瑁背甲小者二片,带于左臂辟毒。或云玳瑁若生带之有验,凡饮馔中有毒,玳瑁甲即自摇动,若死无此验。以此求之武林旧事卷第六酒楼所言:又有卖酒浸江蟊、章举蛎肉、龟脚、销管、蜜丁、脆螺、鲞酱、法虾、子鱼、鲚鱼诸海味者,谓之"醒酒口味"。龟背当属此类,当与解酒祛毒相关。

食 店

大凡食店,大者谓之"分茶",则有头羹、石髓羹、白肉、胡饼、软羊、大小骨、角炙犒腰子、石肚羹、入炉羊、罨生①〔一〕软羊面〔二〕、桐皮面〔三〕、姜泼刀回刀〔四〕、冷淘棋子、寄炉面饭之类。吃全茶,饶齑头羹。更有川饭店〔五〕,则有插肉面、大燠面、大小抹肉淘〔六〕、煎燠肉、杂煎事件〔七〕、生熟烧饭〔八〕。更有南食店,鱼兜子〔九〕、桐皮熟脍面、煎鱼饭。又有瓠羹店，门前以枋木及花样沓[②]结缚如山棚，上挂成边猪羊〔一〇〕，相间三二十边。近里门面窗户，皆朱绿装饰，谓之“欢门”。每店各有厅院东西廊，称呼坐次。客坐则一人执箸纸，遍问坐客。都人侈纵，百端呼索，或热或冷，或温或整，或绝冷，精浇、膘浇之类〔一一〕，人人索唤不同。行菜得之，近局次立，从头唱念，报与局内。当局者谓之“铛头”，又曰“着案”〔一二〕讫。须臾，行菜者左手杈三碗，右臂自手至肩，驮叠约二十碗，散下尽合各人呼索，不容差错。一有差错，坐客白之主人，必加叱骂〔一三〕，或罚工价，甚者逐之。吾辈入店，则用一等琉璃〔一四〕浅棱椀，谓之“碧椀”，亦谓之“造羹”，菜蔬精细，谓之“造虀”〔一五〕，每碗十文，面与肉相停〔一六〕，谓之“合羹”〔一七〕，又有单羹，乃半个也。旧只用匙〔一八〕，今皆用箸〔一九〕矣。更有插肉、拨刀〔二〇〕、炒羊、细物料棋子、馄饨店，及有素分茶〔二一〕，如寺院斋食也。又有菜面，胡蝶虀肐膣〔二二〕，及卖随饭，荷包白饭，旋切细料餶饳儿、瓜虀〔二三〕、萝卜〔二四〕之类。

［校］

①中华邓注本谓“罨”即“淹”，罨生犹言生淹，可备一说。邓注本又疑下有脱文，吴自牧梦粱录卷十六“猪羊庵生面”可证。“庵”亦通“罨”。孙注本则谓罨乃掩之暗转，掩火苗为生焖烹调之法。

②“沓”，京都译注本谓为“沓”之误，确。

[注]

〔一〕**罨生**

浦江吴氏中馈录脯:夏月腌肉法,用炒过热盐擦肉,令软匀。下缸后,石压一夜,挂起。见水痕即以大石压干,挂当风处,不败。

宋慈宋提刑洗冤集录卷之二十一洗罨:洗了,如法用糟醋拥罨尸首,仍以死人衣物尽盖,用煮醋淋,又以荐席罨。一时久,候尸体透软,即去盖物,以水冲去糟醋,方验。

〔二〕**软羊面**

蒋颖叔蒋氏日录:范忠宣谪居永州,以书寄人云:“此中羊面无异北方,每日闭门食馎饦,不知身之在远。”

〔三〕**桐皮面**

[文案]桐皮面源自齐民要术卷九:酷似豚皮滑美之面。下桐皮熟脍面则为将制成豚皮切丝食用之面。或可备一说。

〔四〕**姜泼刀回刀**

[文案]姜泼刀亦称姜拨刀,都城纪胜述临安南食店,专卖面食鱼肉之属,如铺羊面、庵生面、姜拨刀、盐煎面、鲙鱼桐皮面、抹肉淘、肉蘸淘棋子、虾燥子面、带汁煎。回刀,余疑即南食店所卖“三刀面”是也。

〔五〕**川饭店**

吴自牧梦粱录卷十六面食店:向者汴京开南食面店,川饭分茶,以备江南往来士夫,谓其不便北食故耳。

〔六〕**大小抹肉淘**

[文案]即大小件“抹肉”浇头之过水面。

〔七〕**杂煎事件**

吴自牧梦粱录卷十三天晓诸人出市:御街铺店,闻钟而起,卖早市点心,如煎白肠、羊鹅事件。

西湖老人繁胜录食店:翦羊事件　花事件

无名氏居家必用事类全集庚集饮食类烧肉品筵上烧肉事件:羊膊

329

(煮熟,烧。) 羊肋(生烧。) 獐、鹿脯(煮半熟,烧。) 黄羊肉(煮熟,烧。) 野鸡(脚儿生烧。) 鹌鹑(去肚,生烧。) 水扎兔(生烧。) 苦肠 蹄子 火燎肝 腰子 膂肉(以上生烧。) 羊耳、舌、黄鼠、沙鼠、搭刺不花 胆、灌脾(并生烧。) 羊奶肪(半熟,烧。) 野鸭、川雁(熟烧。) 督打皮(生烧。) 全身羊(炉烧。)

右件,除炉烧羊外,皆用签子插于炭火上,蘸油、盐、酱、细粉物、酒、醋调薄糊,不住手勤翻,烧至熟。剥去面皮供。

[文案]"筵上烧肉事件",明刘基多能鄙事全文照录,足知此"事件"实用,包含广泛,囊括兽、鸟类内脏及各部位肌肉。甚至不单谓荤食,亦包括果子类食品,亦可指一类菜品之称谓,亦指刀工处理之成型原料。概言之,事件者,什锦食品也。

〔八〕**烧饭**

李时珍本草纲目谷部第二十五卷饭:荷叶烧饭[主治]厚脾胃,通三焦,资助生发之气。时珍[发明][李杲曰]易水张洁古枳术丸,用荷叶裹烧饭为丸。盖荷之为物,色青中空,象乎震卦风木。在人为足少阳胆同手少阳三焦,为生化万物之根蒂。用此物以成其化,胃气何由不上升乎?更以烧饭和药,与白术协力,滋养谷气,令胃厚不致再伤,其利广矣大矣。[时珍曰]按韩悉医通云:东南人不识北方炊饭无甑,类呼为烧,如烧菜之意,遂讹以荷叶包饭入灰烧煨,虽丹溪亦未之辩。但以新荷叶煮汤,入粳米造饭,气味亦全也。凡粳米造饭,用荷叶汤者宽中,芥叶汤者豁痰,紫苏汤者行气解肌,薄荷汤者去热,淡竹叶汤者辟暑,皆可类推也。

〔九〕**鱼兜子**

无名氏居家必用事类全集庚集干面食品鱼包子:每十分,鲤、鳜皆可。净鱼五斤,柳叶切。羊脂十两,骰块切。猪膘八两,柳叶切。盐、酱各二两,橘皮两个细切,葱丝十五茎,香油炒葱熟,姜丝一两,川椒末半两,细料物一两,胡椒半两,杏仁三十粒研细,醋一合,面捽同。

[文案]兜子为类似包子之包馅蒸食。兜子皮为淀粉所制,然亦包馅。故此条可与"鱼兜子"参照。

〔一○〕**戍边猪羊**

周煇清波杂志卷九谈食经：煇顷出疆，自过淮，见市肆所售羊边甚大，小者亦度重五六十斤，盖河北羊之胡头，有及百斤者。

吴自牧梦粱录卷十六肉铺：每日各铺悬挂成边猪，不下十余边。如冬年两节，各铺日卖数十边。

坝北修义坊，名曰"肉市"，巷内两街，皆是屠宰之家，每日不下宰数百口，皆成边及头蹄等肉。

李之仪姑溪题跋跋山谷晋州学铭：荆公解"美"字从羊从大，谓羊之大者方美。今同华间，羊之胡头者，其重至百斤，食之，信天下之美味不能过也。

〔一一〕**精浇臕浇之类**

陶榖清异录卷下馔羞门张手美家：阊阖门外通衢有食肆，人呼为"张手美家"，水产陆贩，随需而供，每节则专卖一物，遍京辐凑，号曰"浇店"。

[文案]精浇为瘦肉浇头，臕浇为肥肉浇头。"浇"为日常俗语也。王利器据民国福建新通志方言志以证："日用日浇裹。浇谓饮食，裹谓衣服。"是"浇"字直至今日，犹有使用者。

〔一二〕**着案**

[文案]着案即其所据之案也。食店厨作分红白两案。菜肴烹制以炉灶、火为主，曰"红案"，红案又分炉子、墩子（案子）、冷碟、笼锅、水案、杂务、大灶、菜杂，亦属其列。糕团、面点制作多与米、面案板有涉，故曰"白案"。白案又分大案、小案。大案者，手工面条、馄饨皮之擀制，馒头、花卷、饺子大宗面点之制作。小案者，因案板较小，加之制作点心小且量小而得名。

〔一三〕**必加叱骂**

施耐庵罗贯中水浒传第五十三回戴宗智取公孙胜 李逵斧劈罗真人：当日晌午时分，两个走得肚饥，路傍边见一个素面店，两个直入来买些点心吃。没一个空处。戴宗、李逵立在当路。过卖问道："客官要吃面时,和这老人合坐一坐。"戴宗见个老丈独自一个占着一副大座头,便与他施礼,唱个喏,两个对面坐了。李逵坐在戴宗肩下。吩咐过卖造四个壮面来。戴宗道："我吃一个,你吃三个不少么?"李逵道："不济事,一发做六个来,我都包办!"过卖见了也笑。等了半日,不见把面来,李逵却见都搬入里面去了,心中已有五分焦躁。只见过卖却搬一个热面放在合坐老人面前,那老人也不让,拿起面来便吃。那分面却热,老儿低着头,伏桌儿吃。李逵性急,见不搬面来,叫一声:"过卖!"骂道:"却教老爷等了这半日!"

〔一四〕**琉璃**

顾文荐负暄杂录白光琉璃:西京杂记载,汉武帝以白光琉璃为鞍,暗室照十余丈如昼,此琉璃乃自然之物,彩泽光润逾于众玉,其色不常,乃真琉璃也。佛书谓车渠琉璃,用以布地,言其广大,恐未必然。今世率以石汁消治众药灌成之,盖始于月氏国元魏时来贡。今北方市不多见,惟大食、高丽有之,青白紫绿,皆涂以金翠,辉耀绚烂,蔡京尝以大食琉璃酒器献,渊圣时在东宫,却而不受,盖已盛于宣政矣。

〔一五〕**造齑**

浦江吴氏中馈录制蔬暴齑:菘菜嫩茎,汤焯半熟,扭干,切作碎段。少加油略炒过,入器内,加醋些少,停少顷,食之。

林洪山家清供卷下不寒齑:法用极清面汤,截菘菜和姜、椒、茴、萝。欲极熟,则以一杯元齑和之。又,入梅英一掬,名"梅花齑"。

〔一六〕**相停**

[文案]据郭在贻俗语词研究与古籍整理谓:相停乃唐宋俗语,平均分配相等之意也。

〔一七〕**合羹**

陶穀清异录卷下馔羞门道场羹:江南仰山善作道场羹,脯、面、蔬、笋,非一物也。

〔文案〕合羹则多为荤素搭配者。

〔一八〕**匙**

陈元靓岁时广记卷第十二上元下偷灯盏:琐碎录:亳社里巷小人,上元夜偷人灯盏等,欲得人咒诅,云:吉利。都城上元夜一夕亦如此,谓之放偷得匙者,尤利,故风俗于此日不用匙。

〔一九〕**用箸**

孔齐至正直记卷一止箸:宋季大族设席,几案间必用箸瓶查斗,或银或漆木为之,以箸置瓶中。遇入座,则仆者移授客,人人有止箸,状类笔架而小,高广寸许,上刻二半月弯,以置箸,恐坠于几而有污也,以铜为之。

〔二○〕**拨刀**

〔文案〕吴自牧梦粱录卷十六面食店记:笋泼肉面,素面;笋泼刀,笋菜淘面。据此可知,拨刀为面食制法。拨亦为泼,如前释"姜泼刀",又如水浒传第三十七回:"若还要吃板刀面时,俺有一把泼风也似快刀在这艎板底下,我不消三刀五刀,我只一刀一个,都剁你三个人下水去。"此说可知"泼"字之来于"快刀",即此面食为其用刀拨制而成,简称此名。又居家必用事类全集山药拨鱼、玲珑拨鱼,亦为面食。或可以"拨刀"称呼"拨鱼"之类面食。

〔二一〕**素分茶**

惠洪冷斋夜话卷之九三十六计走为上计:绍兴初,曾子宣在西府,渊材往谒之,论边事,极言官军不可用,用士为良,子宣喜之。既罢,与余过兴国寺河上,食素分茶,甚美。

吴自牧梦粱录卷十六面食店:又有专卖素食分茶,不误斋戒,如头羹、双峰、三峰、四峰、到底签、蒸果子、鳖蒸羊、大段果子、鱼油煠、鱼茧儿、三鲜、夺真鸡、元鱼、元羊蹄、梅鱼、两熟鱼、煠油河鲀、大片腰子、鼎煮羊麸、乳水龙麸、笋辣羹、杂辣羹、白鱼辣羹饭。

〔二二〕**胡蝶齑肮膑**

陈达叟本心斋蔬食谱贻来:来,小麦也。今水引蝴蝶面。贻我来思,玉屑尘细。六出飞花,天一生水。

程大昌演繁露卷十五不托:又宗懔荆楚岁时记:六月伏日作汤饼,名辟恶饼。庾阐赋之曰:当用轻羽,拂取飞面。刚软适中,然后水引,细如委綖,白如秋练。则其时之谓汤饼,皆齐高帝所嗜水引面也。水引,今世犹或呼之,俚俗又遂名为蝴蝶面也。水引蝴蝶,皆临鼎,手托为之。特精粗不同耳。

无名氏居家必用事类全集庚集素食山药肮膑:每面一斤,熟山药一斤、姜汁一两、豆粉一合,入水搜和,如水滑面硬。骨鲁槌砑开,切作算子,入豆粉,卧定案上,搓约长尺许。下锅煮熟。合荤素汁任用。

〔二三〕**瓜齑**

张师正倦游杂录韩赟好啖瓜齑:韩龙图赟,山东人,乡里食味,好以酱渍瓜啖之,谓之瓜齑。韩为河北都漕,廨宇在大名府中,诸军营多鬻此物,韩尝曰:"某营者最佳,某营者次之。"赵阅道笑曰:"欧阳永叔尝撰花谱,蔡君谟亦著荔枝谱,今须请韩龙图撰瓜齑谱矣。"

浦江吴氏中馈录脯鲊瓜齑:酱瓜、生姜、葱白、淡笋干或茭白、虾米、鸡胸肉各等分,切作长条丝儿,香油炒过,供之。

周煇清波别志卷中:赵州瓜齑,自昔著名。瓜以小为贵,味甘且脆,汉使至,用定盆贮于各位门,任取以食。煇北征亦得品尝,仍携数枚归家,夷李太者,凤俾治酱,因得渍瓜法。北客赏其逼真,既老辞去,仗以自给。绍兴辛巳,驾幸江上,经从无锡,小黄门入市,偶售以奉玉食,后屡宣索,亦尝呼唤至夜。

无名氏居家必用事类全集己集蔬食造瓜齑法:甜瓜十枚,带生者。竹签穿透。盐四两拌入瓜内。沥去水,令干。用酱十两拌匀。烈日晒。翻转又晒,令干,入新磁器内收之。用盐用酱,又看瓜大小,斟量用之得宜。

顾仲养小录卷之中蔬之属瓜薤：生菜瓜，随瓣切开去瓤，入百沸汤焯过。每斤用盐五两，擦腌过。豆豉末半斤，醋半斤，面酱斤半，马芹、川椒、干姜、陈皮、甘草、茴香各半两，芜荑二两，共末，拌瓜入瓮按实。冷处放半月后熟。瓜色如琥珀，味香美。

〔二四〕**萝卜**

佚名文酒清话二书生赋诗：河朔书生与洛阳书生同饮赋诗。河朔生曰："昔年曾向洛阳东，年年只是看花红。今年不见花枝面，花在旧时红处红。"洛阳生曰："昔年曾向北京北，年年只是看萝卜。今年不见萝卜面，萝在旧时卜处卜。"

苏轼物类相感志蔬菜：种萝卜法，以宣州大水梨切去心，留顶作盖，如瓮子状，以萝卜子实之，以顶盖之，使埋于地，候梨干或烂，取出萝卜子，分种之，则实如梨圆，且有梨味。

林洪山家清供卷之下萝菔面：王医师承宣，常捣萝菔汁搜面作饼，谓能去面毒。本草云：地黄与萝菔同食，能白人发。

水心先生酷嗜萝菔，甚于服玉，谓"诚斋云：萝菔始是辣底玉"。

仆与靖逸叶贤良绍翁，过从二十年，每饭必索萝菔，与皮生啖，及快所欲。

重修政和经史证类
备用本草萝卜图

肉　行

坊巷桥市，皆有肉案[一]，列三、五人操刀，生熟肉从便索唤，阔切片批[二]，细抹顿刀之类[三]。至晚即有爊曝熟食[四]上市。凡买物不上数钱得者是数[五]。

[注]

〔一〕**肉案**

吴自牧梦粱录卷十六肉铺:杭城内外,肉铺不知其几,皆装饰肉案,动器新丽。

施耐庵罗贯中水浒传第三回史大郎夜走华阴县 鲁提辖拳打镇关西:且说郑屠开着两间门面,两副肉案,悬挂着三五片猪肉,郑屠正在门前柜身内坐定,看那十来个刀手卖肉。鲁达走到门前,叫声"郑屠!"郑屠看时,见是鲁提辖,慌忙出柜身来唱喏道:"提辖恕罪。"便叫副手掇条凳子来,"提辖请坐。"鲁达坐下道:"奉着经略相公钧旨,要十斤精肉,切作臊子,不要见半点肥的在上头。"郑屠道:"使头,你们快选好的切十斤去。"鲁提辖道:"不要那等腌臜厮们动手,你自与我切。"郑屠道:"说得是,小人自切便了。"自去肉案上拣了十斤精肉,细细切做臊子。

〔二〕**片批**

孙宗鉴东皋杂录:顾子敦肥伟,号"顾屠",故东坡送行诗有"磨刀向猪羊"之句以戏之。又尹京时,与从官同集慈孝寺。子敦凭几假寐,东坡大书案上曰"顾屠肉案",同会皆大笑。又以三十金掷于案上,子敦惊觉,东坡曰:"且快片批四两来。"

胡式钰语窦批:薄切曰批。批削之义。清异录:夜有急,苦作灯之缓。有知之者,批杉条,染硫黄,置之待用,呼引光奴。今京师名取灯儿。

〔三〕**细抹顿刀之类**

道谦大慧普觉禅师宗门武库:云顶山敷禅师。成都府帅请就衙内升座,时有乐营将,出礼拜,起,回顾街前下马台云:一口吸尽江西水即不问,且请和尚吞却街前下马台。师展两手唱云:"细抹将来。"乐营将于此有省。

曾三异因话录绝艺:又一庖人令一人袒背俯偻于地,以其背为刀几,取肉二斤许,运刀细缕之,撤肉而拭其背,无丝毫之伤。

杭世骏订讹类编卷六礼制讹头食丝抹:又州郡公宴,将作曲,伶人呼"细末将来",盖御宴进乐,先以弦声发之,后以众乐和之,故号"丝抹将来"。今所在起曲,先以竹声,不惟讹其名,亦失其实矣。

〔四〕**煨曝熟食**

吴自牧梦粱录卷十六肉铺:更待日午,各铺又市燠膹熟食:头、蹄、肝、肺四件,杂燠蹄爪事件,红白燠肉等。亦有盘街货卖,更有犯鲊铺,兼货生熟肉。且如犯鲊,名件最多,姑言一二。其犯鲊者:算条、影戏、盐豉、皂角、铤松、脯界、方条、线条、糟猪头肉、玛瑙肉,鹅鲊、旋鲊、寸金鲊、鱼头酱、三和鲊、切鲊、桃花鲊、骨鲊、饭鲊、槌脯、红羊犯、大鱼鲊、鲟鳇鱼鲊等类。

〔五〕**凡买物不上数钱得者是数**

[文案]:京都译注本言此句难解。孙注本则释"是数"为频繁,其意为"少量购买者较多"。此二句实言凡购物没有几个钱时,则任凭卖者随便拿一些来添秤。

饼　店

凡饼[一]店,有油饼[二]店,有胡饼店。若油饼店,即卖蒸饼,糖饼[三]、装合、引盘之类。胡饼店即卖门油[四],菊花、宽焦、侧厚[五]、油䬪[六]、髓饼[七]、新样、满麻[八]。每案用三、五人捍剂卓花[九]入炉。自五更卓案之声,远近相闻。唯武成王庙前海州张家、皇建院前郑家最盛,每家有五十余炉。

337

[注]

〔一〕**饼**

刘熙释名卷四释饮食:饼,并也。溲面使合并也。胡饼作之大漫迈也,亦言以胡麻着上也。蒸饼、汤饼、蝎饼、髓饼、金饼、索饼之属,皆随形而名之也。

<u>沈自南</u><u>艺林汇考饮食篇</u>卷三粉类:名义考:凡以面为餐具者,皆谓之饼。以火炕曰炉饼,有巨胜曰胡饼,<u>汉灵帝</u>所嗜者,即今烧饼,以水瀹曰汤饼,亦曰煮饼。<u>束晳</u>云:玄冬为最者,即今切面,蒸而食者曰蒸饼,又曰笼饼。<u>侯思止</u>令缩葱加肉者,即今馒头。绳而食者曰环饼,又曰寒具。<u>桓玄</u>恐污书画,乃不复设,即今馓子,他如不托、起溲、牢九、冷淘等皆饼类。按<u>崔鸿</u><u>前赵录</u>曰<u>石季龙</u>讳胡,改胡饼曰麻饼。

〔二〕**油饼**

<u>浦江吴氏</u><u>中馈录</u>甜食酥饼方:油酥四两,蜜一两,白面一斤,搜成剂,入印,作饼,上炉。或用猪油亦可,蜜用二两,尤好。

油馃儿方:面搜剂,包馅,作馃儿,油煎熟。馅同肉饼法。

<u>韩奕</u><u>易牙遗意</u>卷下炉造类肉油饼:白面一斤,熟油一两,羊、猪脂各一两,切如小豆大,酒二盏,与面搜和,分作十剂。擀开,裹精肉,入炉内煿熟。

素油饼:白面一斤,真麻油五两,搜和成剂。随意加沙糖馅,印脱花样,炉内炕熟。

〔三〕**糖饼**

<u>成寻</u><u>参天台五台山记</u>第一(<u>延久</u>四年四月):七日丙辰。雨下,依潮干不出船。食糖饼,以小麦粉作果子也,其体似饼,大三寸许。同饼厚五分许,中入糖,其味甘美。

<u>蕴闻</u><u>大慧普觉禅师住径山能仁禅院语录</u>卷第二:上堂举。<u>睦州</u>问僧<u>正</u>云:"讲得唯识论么?"<u>正</u>云不敢,小年曾读文字来。<u>州</u>拈起糖饼,擘作两片云:"尔作么生。"<u>正</u>无语。<u>州</u>云:"唤作糖饼是,不唤作糖饼是。"<u>正</u>云:"不可不唤作糖饼。"<u>州</u>却唤沙弥来:"尔唤作甚?"弥云:"糖饼。"<u>州</u>云:"尔也讲得唯识论。"师云:"僧<u>正</u>与沙弥,真实讲得唯识论。只是不知糖饼来处。"

无名氏居家必用事类全集庚集澄沙糖馅：红豆焐熟，研烂，淘去皮，小蒲包滤极干，入沙糖食香，搦馅脱。或面剂开，放此馅，造澄糖千叶蒸饼。

李实蜀语：油糖饼谓之饦炉，亦谓之炉食。因炉盆所熟，非锅熟故。

浦江吴氏中馈录甜食糖薄脆法：白糖一斤四两，清油一斤四两，水二碗，白面五斤，加酥油、椒盐，水少许，搜和成剂，捍薄，如酒盅口大，上用去皮芝麻撒匀，入炉烧熟，食之香脆。

丁宜曾农圃便览冬糖薄脆：用白糖二十两，香油二十两，白面五斤，加油酥，清水揣和，赶薄饼；上用去皮脂麻撒匀，入炉。凡甜食面，用上白面重罗三次，入大锅内，以木爬翻炒熟，不可胡；使赶面轴赶细，罗过听用。其油酥，用蒸熟晒干重罗白面十两，油三两擦成。

〔四〕**门油**

〔文案〕饮食行业中表面刷油之饼，谓之"门油"。如今俗称"外油里不油"之烙饼是也。

〔五〕**宽焦侧厚**

相国道云庄四六余语：旧说，以红生白熟，脚色手纹，宽焦薄脆之属，为天生对偶。

方以智通雅卷之三十九饮食：宽焦，今之薄脆。真珠船曰：今三原市卖饼，有曰侧厚。按东京梦华录，胡饼店卖宽焦、侧厚。乃知其称有自，即武林旧事所谓宽薄脆者，今但名薄脆。高似孙以安干即薄脆，一名甘脆。范汪祠制曰：孟夏祭有甘脆。

〔文案〕宽焦即今之薄脆。将面团儿擀薄，四外抻开，以文火炸，炸之薄黄透亮，入口声脆如铃，酥香久长。侧厚乃今之马蹄烧饼，形似马蹄而得名，一面儿粘芝麻，两层薄皮一样厚。

〔六〕**油砣**

〔文案〕据孙注本：秤砣状之饼，称之为"油砣"。今扬州人以萝卜丝拌面糊,放入秤砣形模中油炸,俗名"油砣"。

〔七〕**髓饼**

贾思勰齐民要术卷九饼法第八十二髓饼法:以髓脂蜜合和面,厚四五分,广六七寸,便着胡饼炉中令熟,勿令反复,饼肥美,可经久。

〔八〕**满麻**

[文案]开封今日"双麻饼"系其苗裔,原料为面粉、芝麻仁、植物油、大料面、盐,烤制,色泽柿红,酥焦香脆。

〔九〕**卓花**

[文案]据孙注本:或称"琢花",即做成花纹。今开封习俗:用刀于烧饼生坯边缘刻上花纹,谓之"剁花",乃宋之"卓花"之遗。

鱼 行〔一〕

卖生鱼〔二〕则用浅抱桶〔三〕,以柳叶间串,清水中浸,或循街出卖。每日早惟新郑门、西水门、万胜门,如此生鱼有数千檐入门。冬月即黄河诸远处客鱼来,谓之"车鱼",每斤不上一百文。

[注]

〔一〕**鱼行**

绍隆等圆悟佛果禅师语录卷第一上堂一:上堂云:一即一切,实际理地。一切即一,本来无物。拈起也咤咤沙沙,放下也绵绵密密。三界长时独露,十方无处容身。孤峰顶上倒行,十字街头横卧。目视云霄则且致,鱼行酒肆一句作么生道。放憨作么。下座。

〔二〕**卖生鱼**

徐梦莘三朝北盟会编卷一百靖康中帙七十五:遗史曰:有孙卖鱼

者,楚州人,以卖鱼为生。有买者,孙卖鱼必以蒲穿鱼之眼而言曰:"只为尔愚。"

张邦基墨庄漫录卷五:吴中鱼市以斗计,一斗为二斛半。松陵唱和皮日休钓侣诗云:"一斗霜鳞换浊醪。"注云:"吴中买鱼论斗。"

施耐庵罗贯中水浒传第三十八回及时雨会神行太保 黑旋风斗浪里白跳:却说李逵走到江边看时,见那渔船一字排着,约有八九十只,都缆系在绿杨树下。船上渔人,有斜枕着船梢睡的,有在船头上结网的,也有在水里洗浴的。此时正是五月半天气,一轮红日将及沉西,不见主人来开仓卖鱼。李逵走到船边,喝一声道:"你们船上活鱼,把两尾来与我。"那渔人应道:"我们等不见鱼牙主人来,不敢开仓。你看那行贩都在岸上坐地。"李逵道:"等甚么鸟主人!先把两尾鱼来与我。"那渔人又答道:"纸也未曾烧,如何敢开仓?那里先拿鱼与你!"李逵见他众人不肯拿鱼,便跳上一只船去。渔人那里拦当得住。李逵不省得船上的事,只顾便把竹笆篦一拔。渔人在岸上只叫得:"罢了!"李逵伸手去艎板底下一绞摸时,那里有一个鱼在里面。原来那大江里渔船,船尾开半截大孔,放江水出入,养着活鱼,却把竹笆篦拦住,以此船仓里活水往来,养放活鱼。因此江州有好鲜鱼。

张顺略哨一声,只见江面上渔船都撑拢来到岸边。张顺问道:"那个船里有金色鲤鱼?"只是这个应道:"我船上来。"那个应道:"我船里有。"一霎时却凑拢十数尾金色鲤鱼来。张顺选了四尾大的,把柳条穿了,先教李逵将来亭上整理。张顺自点了行贩,吩咐小牙子去把秤卖鱼。

无名氏名公书判清明集卷之十四斗殴因争贩鱼而致斗殴:今潘五十二、黎七虽均为贩鱼,然潘五十二系居城中,以此为业,黎七系是耕夫,间一为之。潘五十二终岁专其利,素无养鱼之劳,独享卖鱼之利,疾恶黎七,既殴于卖鱼之际,其不仁亦甚矣。黎七一村夫耳,岂能与游手争胜负于市廛之间哉!

吴自牧梦粱录卷十六鲞铺：姑以鱼鲞言之，此物产于温、台、四明等郡，城南浑水闸，有团招客旅，鲞鱼聚集于此。城内外鲞铺，不下一二百余家，皆就此上行合撦。

〔三〕**浅抱桶**

［文案］据孙注本：浅抱桶今俗讹"布桶"，形椭圆，长未过三尺，深未足一尺，盛清水数寸深，为卖鱼专用木桶。

幽兰居士东京梦华录　卷之五

民　俗

凡百所卖饮食之人[一]，装鲜净盘合器皿，车檐动使，奇巧可爱，食味和羹，不敢草略。其卖药卖卦，皆具冠带。至于乞丐者[二]，亦有规格。稍似懈怠，众所不容。其士农工商，诸行[三]百户，衣装各有本色[四]，不敢越外。谓如香铺裹香人，即顶帽披背，质库掌事，即着皂衫角带，不顶帽之类。街市行人，便认得是何色目。加之人情高谊，若见外方之人，为都人凌欺，众必救护之[五]。或见军铺收领到斗争公事[六]，横身劝救，有陪酒食檐，官方救之者，亦无惮也。或有从外新来邻左[七]居住，则相借借动使，献遗汤茶[八]，指引买卖之类。更有提茶瓶之人，每日邻里互相支茶[九]，相问动静。凡百吉凶之家，人皆盈门[一〇]。其正酒店户，见脚店三两次打酒，便敢借与三五百两银器。以至贫下人家，就店呼酒，亦用银器供送。有连夜饮者，次日取之。诸妓馆只就店呼酒而已，银器供送，亦复如是。其阔

343

略大量,天下无之也。以其人烟浩穰,添十数万众不加多,减之不觉少。所谓花阵酒池,香山药海。别有幽坊小巷,燕馆歌楼,举之万数,不欲繁碎。

[注]

〔一〕**卖饮食之人**

无名氏湖海新闻夷坚续志后集卷二怪异门疑心生鬼:建宁府西镇万安驿前有林二四者,以卖腌藏为活。

李如箎东园丛说卷下石米:建炎间年饥,严之寿昌县,乏食尤甚。县官日食汤饼,细民嗷嗷无告,有掘地者,得土极细而白,其人取而食之,亦能止饥。县人遂相率争相食之,谓之"石米"。用汤调和,如米粉制造,市井卖糕饼人,亦制造以卖。

谢采伯密斋笔记卷五:京师一老医人云:市中成桶担卖牛乳,以泡饮食之,则肤革充润。

洪迈夷坚三志壬卷第六萧七佛经:饶州细民萧七,居于双碑下,能批炙猪肉片脯行贾,以取分毫之利,赡育妻子。

洪迈夷坚丁志卷第九舒懋育鳅鳝:临安浙江人舒懋,以卖鱼饭为业,多育鳅鳝瓮器中,旋杀旋烹。

洪迈夷坚支甲卷第三汪乙鼋:鄱阳市民汪乙,居仓步门外,贩鱼鳖以供衣食。

洪迈夷坚三志辛卷第六五色鸡卵:信州五通楼前王氏,专售荷包燖肉,调笔胜于他铺。

洪迈夷坚支甲卷第四钱塘老僧:钱塘民沈全、施永,皆以捕蛙为业。政和六年,往本邑灵芝乡,投里民李安家寓止。彼处固多蛙,前此无人采捕。沈、施既至,穷日力取之,令儿曹挈入城贩鬻,所获视常时十倍。

洪迈夷坚支甲卷第四九里松鳅鱼:巩廷筠为钱塘宰,与杭州士曹张显正、县尉钱绍彭同游天竺。过九里松，见流水中小鳅鱼相衔，逐队而嬉，才长二寸许，戢戢可爱。从者以器揽取，巩邀二客下马步观之。行百余步，到水际，得一穴，穴中水溢溢，群鳅迸出如云，其多不可计。傍侧有酒庐，试访其故，答云："向有陈翁者，专为货鳅主人，凡自余杭门入者悉经其手乃敢售。晚年迁居此地，自卖炙鳅。"

洪迈夷坚支乙卷第八江牛屠：婺源奸民以屠牛为业者，或能用药毒牛，但慢火焚乌头汁，济以他药，浸铁针长三寸余，插于牛胁皮中，不经日必死，则唤之使宰剥，肉既非带疫，人食之无害，谓为良杀，厥价差高。

洪迈夷坚乙志卷第一侠妇人：董国庆，字符卿，饶州德兴人。宣和六年登进士第，调莱州胶水县主簿。会北边动兵，留家于乡，独处官下。中原陷，不得归，弃官走村落，颇与逆旅主人相往来，怜其羁穷，为买一妾，不知何许人也。性慧解，有姿色，见董贫，则以治生为己任。罄家所有，买磨驴七八头，麦数十斛，每得面，自骑驴入城鬻之，至晚负钱以归。率数日一出，如是三年，获利愈益多，有田宅矣。

洪迈夷坚丙志卷第四饼店道人：青城道会时，会者万计，县民往往旋结屋山下，以鬻茶果。

洪迈夷坚丁志卷第十六鸡子梦：东平董瑛坚老之父知泽州凌川县。县素荒寂，市中唯有卖胡饼一家，每以饮馔萧索为苦。

洪迈夷坚丁志卷第十八紫姑蓝粥诗：盖是时，官妓蓝氏者，家世卖粥，人以"蓝粥"呼之。

洪迈夷坚支甲卷第八鄂渚王媪：鄂渚王氏，三世以卖饭为业。

洪迈夷坚支景卷第四人生尾：临安荐桥门外米市桥之旁有卖其豆者。

洪迈夷坚支戊卷第八许大郎：许大郎者，京师人。世以鬻面为业，然仅能自赡。至此老颇留意营理，增磨坊三处，买驴三四十头，市麦于外邑，贪多务得，无时少缓。如是十数年家道日以昌盛，骎骎致富矣。

345

洪迈夷坚支庚卷第四奔城湖女子：蒿塘民谈大公有子三人，分室以居，皆力耕卖酒，颇丰赡。

洪迈夷坚支癸卷第八鲁四公：饶州市贩细民鲁四公，煮猪羊血为羹售人，以养妻子。

洪迈夷坚三志己卷第七周麸面：平江城北民周氏，本以货麸面为生业。

洪迈夷坚支癸卷第九吴六竞渡：初，永年监兵方五死，媚妻独居，营私酿酒。每用中夜雇渔艇运致，传入街市酒店，隔数日始取其直。

洪迈夷坚支庚卷第二贾屠宰獐：平江屠者贾循，以货獐为业。常豢饲数十头，每夕宰其一。迨旦，持出鬻于市。吴地少此物，率一斤直钱一千，人皆争买，移时而尽。凡二十余年，赢得颇多。

洪迈夷坚支癸卷第四郑四妻子：福州怀安县津浦坊民郑四，以鬻羊为生。

洪迈夷坚甲志卷第四陈五鳅极：秀州人好以鳅为干，谓于水族中性最暖，虽孕妇病者皆可食。陈五者，所货最佳，人竞往市。

洪迈夷坚丁志卷第十六吴民放鳝：吴中甲乙两细民同以鬻鳝为业，日赢三百钱。

洪迈夷坚志补卷第二十五李二婆：鄂州民媪李二婆，居于南草市，老而无子，以鬻盐自给。

〔二〕乞丐者

苏辙龙川略志第二王江善养生：丐者王江，居宛丘，喜饮酒，醉卧涂潦中，不以为苦。尝大雪，或以雪埋之，其气勃然，雪辄融液。游于市中，常髽角戴花，小儿群聚捽骂之，江嬉笑自若。往往贩鬻饼饵，晚不能售，辄呼与共食。入田舍，父老招之食饮，醉饱即睡，妇女在侧，江不以自疑，人亦信其无他也。以此陈人敬爱之，至画其像，事以香火。

陈襄州县提纲卷二安养乞丐：岁饥丐者接踵，县无室庐以居之，往往穷冬严寒，蒙犯霜雪冻饿而死者相枕藉于道矣。州县倘能给数椽以安之,岂不愈于创亭榭广园囿以为无益之观美乎? 昔范公祖禹奏乞增盖福田院官屋,以处贫民,至今为盛德事,士大夫毋以为缓而不加之意。

道谦大慧普觉禅师宗门武库:廖等观,知潭州善化县时,有一婆每日诵金刚经,于街市乞食,夜则归宿山阿,忽数日不见行乞,群鸦噪集于其止处,令人往视之,见怀金刚经傍岩而化。群鸦负土以覆之,师升堂举此,时廖知县亦在座下。

施耐庵罗贯中水浒传第六十六回时迁火烧翠云楼 吴用智取大名府:只见孔明披着头发,身穿羊裘破衣,右手拄一条杖子,左手拿个碗,腌腌臜臜在那里求乞。

无名氏宣和遗事前集徽宗与灵素游月宫见二人弈:且说徽宗自得燕山之后,与高俅、杨戬、朱勔、王黼之徒,无日不歌欢作乐,遂于宫中内列为市肆,令其宫女卖茶卖酒,及一百二十行经纪,卖买皆全。有时上皇妆乞化贫子,行乞于中,以取其乐。

田汝成西湖游览志余卷二十三委巷丛谈:宋时,杭丐者之长曰"团头",虽富,而丐者名不除。有一团头,家富而女甚美,且能诗,心欲嫁士人,人无与为婚者。

〔三〕诸行

灌圃耐得翁都城纪胜诸行:市肆谓之行音杭者,因官府科索而得此名,不以其物小大,但合充用者,皆置为行,虽医卜亦有职。

西湖老人繁胜录诸色市:京都有四百十四行。略而言之:闹慢道业、履历班朝、风筝药线、胶矾斗药、五色箭翎、银朱印色、茶坊吊挂、琉璃泛子、粘顶胶纸、染红牙梳、诸般缠令、修飞禽笼、修罘罳骨、成套筛儿、接象牙梳、诸般耍曲、札熨斗、丁看窗、修砧头、照路遣、扫金银、蠲糨纸、造翠纸、乾红纸、简笏袋、幞头笼、腰带匣、读书灯、笔砚匣、窗子匣、了事匣、黄草罩、修合溜、淹猪丈、医飞禽、接旧条、修破扇、醋碗儿、丁鞋络、掩漆子、搭罗儿、面花儿、香果合、截板尺、印香脱、画眉篦、造槐简、开科套、教虫蚁、剔图书、起鱼鳞、攀膊儿、手巾架、头巾盘、蛤粉桶、花夹儿、肥皂团、淋了灰、茶花子、出衣粉、做诨裹、注水管、旧铺帛、木仙宫、字牌儿、洗衣服、钻真珠、赁花檐子、解玉板、钉鱼带、碾玉藁、赁茶酒器、锦褥子、发驼儿、烟突帚、扇牌儿、织鞋带、锦胭脂、七香丸、稳步膏、雁牌额、开先牌、鹁鸽铃、葫芦笛、牛粪灰、涤蒿孙、此三字不解，然无从臆改。细扣子、闹城儿、消息子、揪金线、真金条、香饼子、香炉灰、打香印、卖朝报、金莲子、竹夫人、算子筒、食罩儿、食辟子、白及末、解粥米、熟水草、选官图、批刷儿、屿鱼尾剔、供席草、卖插药、写文字、纸画儿、提茶瓶、花架儿、卖字本、笛谱儿、小螃蟹、虼蚪儿、便桥、试卷、试卓、交床、试篮、拄杖、粘竿、胡梯、水草、风袋、使绵、劈柴、炭墼、捉漏、担帚、钓钩、绪底、拂子、帚粉、占坐、歌舞、歌琴、歌棋、歌乐、歌唱、棕索、发索、螂蟒、金麻、蛤虫、端亲。四山四海，三千三百。衣山衣海南瓦，卦山卦海中瓦，南山南海上瓦，人山人海下瓦。

〔四〕**衣装各有本色**

赵彦卫云麓漫钞卷第四：宣政间，人君始巾。在元祐间，独司马温公、伊川先生以屡弱恶风，始裁皂紬包首，当时只谓之"温公帽"、"伊川帽"，亦未有巾之名。至渡江方着紫衫，号为穿衫尽巾，公卿皂隶下至间阎贱夫皆一律矣。

王栐燕翼诒谋录卷一革带之制：国初，士庶所服革带未有定制，大抵贵者以金，贱者以银，富者尚侈，贫者尚俭。

臣庶许服紫袍：国初仍唐旧制，有官者服皂袍，无官者白袍，庶人布袍，而紫惟施于朝服，非朝服而用紫者，有禁。然所谓紫者，乃赤紫，今所服紫谓之黑紫，以为妖，其禁尤严。故太平兴国七年诏曰："中外官并贡举人或于绯、绿、白袍者，私自以紫于衣服者，禁之。止许白袍或皂袍。"至端拱二年，忽诏士庶皆许服紫，所在不得禁止。

无名氏宣和遗事前集徽宗易服出后载门游金环巷：杨戬道："陛下若摆动銮舆，则出警入跸，左言右史，市井肃清，反不自由。莫若易服，

宋·裹巾子·小袖长衣市民·小冠子·大袖袍服道士·
笠子帽短衣劳动人民和帷帽妇女(张择端清明上河图部分)

装扮做个秀才儒生,臣等装为仆从,由后载门出市私行,可以恣观市廛
风景。"徽宗闻言大喜,即时易了衣服,将龙衣卸却,把一领皂褙穿着,
上面着一领紫道服,系一条红丝吕公绦,头戴唐巾,脚下穿一双乌靴。

　　无名氏宣和遗事前集往周秀茶肆见李师师:二人闻言,急点手下
巡兵二百余人,人人勇健,个个威风,腿系着粗布行缠,身穿着鸦青纳
袄,轻弓短箭,手持闷棍,腰胯着镮刀。

　　〔五〕**众必救护之**

　　车若水脚气集卷上:刘漫塘云:向在金陵亲见小民,有行院之说。
且如有卖炊饼者,自别处来,未有其地与资,而一城卖饼诸家,便与借
市。某送炊具,某贷面料,百需百备,谓之"护引"。行院无一毫忌心,
此等风俗可爱。

　　〔六〕**军铺收领到斗争公事**

　　无名氏名公书判清明集卷之十一人品门厢巡:约束厢巡不许辄擅

生事拘执百姓胡石壁：蒋一与兄弟邻舍饮酒为乐，以妇人衣冠装饬其身，不过作俳谐之态，以供坐客之一笑耳，初非其他异服之比。使厢巡平日不识其人，骤然遇之，犹在可疑之域，今蒋一既住居城市，厢巡岂不识之，又岂不知人家群聚饮酒，何必攎换家拘执。若官司动辄如此拘束百姓，则市井之间，人人重足侧立矣，安得有一毫含哺鼓腹之余风哉！今后除缉捕盗贼、赌博、争闹、斗殴及其它无行止人外，其余并不许辄擅生事。一行人并放，钗梳给还蒋一，仍备帖诸厢。

〔七〕**邻左**

［文案］中华邓注本以东西南北四邻注邻左，未尽透彻。邻左或曰左邻，与邻右相对，同为邻居之意也。若错斩崔宁：只见几家邻舍一齐跪上去告道："相公的言语，委是青天！他家小娘子昨夜果然借宿在左邻第二家的。"那边王老员外与女儿并一干邻右人等，口口声声咬他二人。又张世南游宦纪闻卷三："苏翁者，初不知其何许人。绍兴兵火末，来豫章东湖南岸，结庐独居。待邻右有恩礼，无良贱老稚，皆不失其欢心。"

〔八〕**献遗汤茶**

鲁纡南游记旧：黄实自言平生有二事：元丰甲子为淮东提举常平，除夜泊汴口，见苏子瞻植杖立对岸，若有所俟。归舟中，以扬州厨酿二尊，雍酥一奁遗之。后十五年为发运使，大暑泊秦淮楼下，见米芾衣犊鼻，自涤研于淮口，索箧中一无所有，独得小龙团二饼，急遣人送之，趁其涤研未毕。有此二事颇自慰云。

〔九〕**互相支茶**

吴自牧梦粱录十六茶肆：巷陌街坊，自有提茶瓶沿门点茶，或朔望日，如遇吉凶二事，点送邻里茶水，倩其往来传语，又有一等街司街巷百司人，以茶水点送门面铺席，乞觅钱物，谓之"龊茶"。僧道头陀欲行题注，先以茶水沿门点送，以为进身之阶。

〔一〇〕**凡百吉凶之家人皆盈门**

孔平仲谈苑卷二：丁讽以馆职病风废于家。一旦有妄传讽死者，京师诸公竞致奠仪，纸酒塞门。讽曰："酒且留之，纸钱一任别作使用。"讽方乏资，由是获美酝盈室焉。

京瓦伎艺

崇、观以来，在京瓦肆伎艺〔一〕，张廷叟、孟子书〔二〕主张〔三〕。小唱李师师〔四〕、徐婆惜〔五〕、封宜奴、孙三四等，诚其角者①。嘌唱弟子〔六〕张七七、王京奴、左小四、安娘、毛团等。教坊减罢并温习。张翠盖、张成、弟子薛子大、薛子小、俏枝儿、杨总惜、周寿②奴、称心〔七〕等。般杂剧，枝③头傀儡任小三，每日五更头回小杂剧〔八〕，差晚看不及矣。悬丝傀儡〔九〕张金线、李外宁④。药发傀儡〔一〇〕张臻妙、温奴哥、真个强、没勃脐、小掉刀，筋骨〔一一〕、上索、杂手伎〔一二〕、浑身眼〔一三〕。李宗正、张哥，球杖〔一四〕、踢弄〔一五〕。孙宽、孙十五、曾无党、高恕、李孝详，讲史。李慥、杨中立、张十一、徐明、赵世亨、贾九，小说。王颜喜、盖中宝、刘名广，散乐。张真奴，舞旋〔一六〕。杨望京，小儿相扑〔一七〕。杂剧、掉刀、蛮牌董十五、赵七、曹保义、朱婆儿、没困驼、风僧哥、俎六姐。影戏丁仪，瘦吉等弄乔影戏〔一八〕。刘百禽弄虫蚁、孔三传〔一九〕耍秀才诸宫调、毛详、霍伯丑商迷。吴八儿合生。张山人说诨话〔二〇〕。刘乔、河北子、帛遂、胡⑤牛儿、达眼五重明、乔骆驼儿、李敦等杂㫏〔二一〕外入〔二二〕。孙三神鬼，霍四究说三分〔二三〕，尹常卖五代史〔二四〕，文八娘叫果子，其余不可胜数。不以风雨寒暑，诸棚看人，日日如是。教坊，钩容直，每遇旬休按乐，亦许人观看。每遇内宴，前一月,教坊内勾集弟子小儿,习队舞作乐,杂剧节次。

[校]

①"诚其",中华邓注本疑为"都城"之讹,纯属臆测。"诚其"者为真确也,"角者"为竞争出众也。孟元老意在表彰伎艺拔萃者,何之为讹? 香港学者罗忼烈未作细究,袭邓此说,误矣。

②中华邓注本以卷七诸军呈百戏条崔上寿而疑此"夺一上字",断"周崔二字必有一讹"。未必。周寿与奴合读为一,此人名岂非有误? 详见卷九"李伴奴、双奴"注。

③中华邓注本谓"枝是杖之讹字",按梦粱录、繁胜录、都城纪胜、武林旧事,诸书可证,"杖"为确。

④中华邓注本谓:今人据此录卷六元宵条有李外宁药法傀儡,遂以为句。然此录卷七池苑内纵人关扑游戏条有李外宁水傀儡,是不专以药法著称也。今姑以张金线、李外宁为句。按,孙楷第近世戏曲的唱演形式出自傀儡戏影戏考则断定"李外宁药法傀儡"为一句。"李外宁"应属下读,不属上读。以本书卷六元宵篇称"李外宁药法傀儡"与此合。卷七池苑内纵人关扑游戏篇称:"随驾艺人池上作场者,宣政间李外宁水傀儡。"知李外宁实以药法傀儡而兼水傀儡也。邓、孙两说相较,邓说可促思考,孙说更为圆通,余从以"李外宁药法傀儡"为句。

⑤"胡",上古标校本作"吴",误。

352

[注]

〔一〕伎艺

慧琳一切经音义卷第三音大般若经从三百二卷尽三百二十七卷伎艺:渠绮反。说文:巧也,从手。经从人,误也。下霓计反。周礼六艺:礼、乐、书、数、射、驭,顾野王曰:艺犹材也。杜预云:艺,法制也。

字书云:艺,能也,从云。

〔二〕**孟子书**

徐梦莘三朝北盟会编卷七八靖康二年二月四日引汴都记:二月四日,奉圣旨搜括金银应付大金,已具了绝事状,却有取回军前内官蓝訢、医官周道隆、乐官孟子书等,径元帅投状,称有金银在家窖藏,乞取前来。

王明清挥麈后录卷四靖康中黄时偶徐揆段光远三人上房酉书:且如内侍蓝訢、医官周道隆、乐官孟子书,俱为平昔侁滥渠魁。

〔三〕**主张**

邵伯温邵氏闻见录卷第二十:熙宁十年夏,康节先生感微疾,气日益耗,神日益明,笑谓司马温公曰:"某欲观化一巡,如何?"温公曰:"先生未应至此。"康节先生曰:"死生常事耳。"张横渠先生喜论命,来问疾,因曰:"先生论命,来当推之。"康节先公曰:"若天命则知之,世俗所谓命则不知也。"横渠曰:"先生知天命矣,某尚何言?"程伊川曰:"先生至此,它人无以为力,愿自主张。"康节先公曰:"平生学道,岂不知此?然亦无可主张。"

吴曾能改斋漫录卷十一记诗饶德操自号倚松道人:政和间,林灵素主张道教,建议以僧为德士,使加冠巾,其意以释氏为出其下耳。

周密齐东野语卷三绍熙内禅:于是往见慈福宫提举张宗尹曰:"事势如此,我辈死无日矣。"宗尹曰:"今当如何?"遂告以内禅事,且云:"须得太皇主张方可。"

徐梦莘三朝北盟会编卷第一百四十三炎兴下帙四十三起建炎四年十月一日庚午,尽十二月二十七日乙未:傅庆,卫州窑户也。有勇力,善战,屡立功。岳飞宠惜之,以为前军统制。庆恃其才,视飞为平交,尝曰:"岳丈所主张此一军者,皆我出战有功之力。"

陈世崇随隐漫录卷一:西山真先生点先君集中警句,如:"闭门不管庭前月,分付梅花自主张。"

　　黄庭坚戏赠彦深:世传寒士有食籍,一生当饭百瓮菹。冥冥主张审如此,附郭小圃宜勤锄。

　　费衮梁溪漫志卷第六江西长老:绍兴末,江西一僧,忘其名,住饶州荐福寺。寺傍旧多隙地,浸为人侵渔,僧自度力不能制,乃谓其徒曰:"寺有主者,所以主张是寺也。坐视地为他人有而不能直,焉用主者为? 吾甚愧之,今当去矣。"

　　[文案]入宋,主张频频出用,大多场景为主持、做主、主理之意,钱大昕恒言录引庄子、韩退之送穷文、周墀诗,亦见主张为主理之意也。京都译注本考证亦如是:"主张"为主宰之意。然"主张"兼有支援、包庇之意也,若水浒传第十:"却得林冲主张陪话,救了他免送官司。"又若朱子语类卷一百六:"今人为秀才者,便主张秀才;为武官者,便主张武官;为子弟者,便保佑子弟,其以陷溺一至于此。"

〔四〕李师师

　　罗忼烈谈李师师:总言之:北宋只有一个李师师,她大约生于宋仁宗嘉祐七年(1062)。准此推算,她比周邦彦小六岁,比赵佶大二十岁。她在熙宁未及见张先,在元丰时与晏几道、秦观、周邦彦交游,在元祐时曾与晁冲之交游,崇宁、大观时雄据瓦肆歌坛,政和后赵佶曾听她歌唱,靖康时被抄家放逐,终年在南宋初,寿六十五岁以上。由于年龄悬殊,赵佶不可能"幸"她;周邦彦和赵佶不可能因她而打破醋坛。关于她的故事还有许多,例如青泥莲花记说她于宣和末年封李明妃;浩然斋雅谈说她被赵佶封为瀛国夫人;瓮天脞语说宋江同她也有一手,并且题了一首念奴娇词;李师师外传说汴京破时,金军将领要娶她,她因忠于赵佶,吞金自杀而死。都是无稽之谈,不必多说。

　　[文案]:北宋词中,屡有师师之名,然师本是尼师之简称,宋妇多以此为名,有为佛弟子之义,张先、晏几道、秦观词中之师师,无法考知其姓,故亦无法证明其必为李师师。李师师名扬于徽宗政和及其后,应无疑义。宋人所著宣和故事、李师师外传,寓演饰成分,不可尽信。

〔五〕**徐婆惜**

洪迈夷坚支景卷第十婆惜响卜：括苍何湛叔存，清源王曾孙也。淳熙丁未赴省试，馆于三桥旅邸。揭榜之夕，遣仆探候，久而不至，有忧色，因率同辈登桥听响卜。驻足未定，闻河畔妇人叫呼曰："婆惜，你得你得！"盖吴人愠怒欲行打骂之词，俗谓之受记，非吉兆也。湛独喜，亟还曰："可贺我矣。"同辈曰："叔存作意听响卜，而连四'得'字，夫复何疑。"湛曰："不特此也，吾小名正为婆惜。"众皆喜，方买酒欲饮而仆至，果中前列。

施耐庵罗贯中水浒传第二十一回虔婆醉打唐牛儿 宋江怒杀阎婆惜：王婆拦住，指着阎婆对宋江说道："押司不知，这一家儿从东京来，不是这里人家。嫡亲三口儿，夫主阎公，有个女儿婆惜。他那阎公，平昔是个好唱的人，自小教得他那女儿婆惜也会唱诸般耍令。年方一十八岁，颇有些颜色。"

没半月之间，打扮得阎婆惜满头珠翠，遍体金玉。正是：花容袅娜，玉质娉婷。鬓横一片乌云，眉扫半弯新月。金莲窄窄，湘裙微露不胜情；玉笋纤纤，翠袖半笼无限意。星眼浑如点漆，酥胸真似截肪。韵度若风里海棠花，标格似雪中玉梅树。金屋美人离御苑，蕊珠仙子下尘寰。

[文案]阎婆惜来自东京，与徐婆惜同时，可知以婆惜名者为时尚。中亦有女妓佼佼者，如青楼集所记刘婆惜"滑稽歌舞，迥出其流，时贵多重之"。

〔六〕**弟子**

朱彧萍洲可谈卷三：近世择姿容，习歌舞，迎送使客侍宴，好谓之弟子，其魁谓之行首。

周密癸辛杂识后集学舍燕集：学舍燕集必点妓，乃是各斋集正自出帖子，用斋印，明书"仰弟子某人到何处只直本斋燕集"。

程大昌演繁露卷六乐营将弟子：开元二年，玄宗以太常礼乐之司，不应典优倡杂乐，乃更置左右教坊，以教俗乐，命左右骁卫将军范及为之使。又选乐工数百人，自教法曲于梨园，谓之"皇帝梨园弟子"。至今谓优女为弟子，命伶魁为乐营将者，此其始也。

〔文案〕顾学颉王学奇元曲释词谓：弟子为受训练者，属官妓，别于称作猱儿之普通妓女。若混同言之，弟子、猱儿，则均可称妓也。

〔七〕称心

〔文案〕中华邓注本将奴称心合读，显误。据孔宪易漫读"京瓦伎艺"：称心与薛子大、薛子小、俏枝儿、杨总惜、周寿奴并列，后又加一"等"，一望而知是一艺名。为此，他们才能演杂剧。

〔八〕小杂剧

周南山房集卷四刘先生传：市南有不逞者三人，女伴二人，莫知其为弟兄妻姒也。以谲丐钱，市人曰是杂剧者。又曰伶之类也。每会聚之冲，阛咽之市，官府听讼之旁，迎神之所，画为场，资旁观者笑之。自一钱以上皆取焉。然独不能凿空，其所仿效者、讥切者、语言之乖异者、巾帻之诡异者、步趋之伛偻者、兀者、跛者，其所为戏之所，人识而众笑之。有刘先生者，少尝为儒，已而遇道人者教之养生。忽一日尽弃其所尝学者，日卖一药，计所得以活妻子，辄闭门不交人事，然其年已六七十岁，肩高于顶，颐隐于脐，貌特异而独不出声，每过市无不为之绝倒。而其少年者，特工效之，遇其作场，往观者必曰看刘道人云，计一日之谲虽多端，而其少年效刘喝药声则必开场。自是三五年刘出，恶少必随之，或夺其药笼，或批其耳，而刘之药不可售。一日天微雨，伶人者饮于市，适遇刘卖药过其前，伶乘醉而诟侮之，以资市人之笑乐，路遏不能行。刘困苦甚，乃谓伶者："若可谓不自怜矣，尔以工于效我，顾从而得衣食其妻子，今不嘿自思，我顾有恩于若，而又困苦之，不知微我，能使观者若此众乎？"又顾其观者曰："里父兄何笑我为，且其效我二年矣。众见之亦厌矣，必又择其可笑者而效之，计非吾里中人。人不见彼不学，则吾忧某人者必代我矣。且效我，我无妻子，日困苦于市,饿穷一身,尔辈吾家,此声一出,则谁鬻卖耶?"众少年闻之骇然而散,退而相与聚言曰:"是言有理。"

〔文案〕吴自牧梦粱录卷二十妓乐,灌圃耐得翁都城纪胜瓦舍众伎均如是说:"先作寻常熟事一段,名曰艳段。次做正杂剧、通名两段。"此为杂剧演出前之小杂剧,周南所叙"杂剧"亦如是,宋杂剧人物图作"眼药酸"滑稽者,亦为此形象写照也。

〔九〕悬丝傀儡

晏殊傀儡赋:外眩刻雕,内牵缠索。朱紫坌并,银黄煜燿。生杀自口,荣枯在握。

〔文案〕悬丝傀儡即小木偶,长不过尺,头部及双手两足缀以细丝,艺人立于活动舞台上,提线操纵木偶动作,根根细线上下左右频动,引动木偶行立坐卧动转,极为传神。如河南济源宋三彩儿童游乐图枕:一头挽双丫髻绿衣白裤小儿,坐于绣墩,右手执一线提木偶作戏。又若李嵩骷髅幻戏图:一大骷髅提一小骷髅作戏者,其悬丝结构、操纵手法,与现今线提木偶无异矣。相传京剧动作,多来源于悬丝傀儡。张次溪人民首都的天桥云:如脚色上场,打引子后,向里转身时,须先向左转,行至椅前,再往右转方坐下,此系外场椅。如打大引子,坐内场椅时,则须先向右转,到椅子后,再向左转,方坐下。此恐即丝线绕住

357

宋陶枕婴戏悬丝傀儡图案

遗意。

〔一〇〕**药发傀儡**

四水潜夫武林旧事卷三岁除:至于爆仗,有为果子人物等类不一。而殿司所进屏,外画锺馗捕鬼之类。而内藏药线,一爇百余不绝。

金盈之新编醉翁谈录卷之四京城风俗记四月:迎拥一佛子,外饰以金,一手指天,一手指地,其中不知何物为之。唯高二尺许,置于金盘中,众僧举扬佛事,其声振地,士女瞻敬,以祈恩福,或见佛子金盘中周行七步,观者愕然,今之药傀儡者,盖得其遗意。

宋话本灯花婆婆:养娘向前,将两指拈起灯杖,打一剔,剔下红焰蛾的灯花蕊儿,落在桌上。就灯背后起阵冷风,吹得那灯花左旋右转,如一粒火珠相似。养娘笑道:"夫人,好耍子,灯花儿活了!"话犹未了,只见那灯花三四旋,旋得象碗儿般大一个火球,滚下地来,咭的一响,如爆竹之声,那灯花爆开,散作火星满地,登时不见了。只见三尺来一个老婆婆。

[文案]灯花婆婆以宋人词话类,列于钱曾也是园藏书目。又李日华味水轩日记言其阅灯花婆婆为宋咸淳故事。验之宋药发傀儡,多相契合。若今日本东京北一山村,尚有以焰火筒装载木偶而发射者。

〔一一〕**筋骨**

[文案]陈旸乐书卷一百八十七俗部"拗腰伎"是也,翻折其身,手足偕至于地,以口衔器而复立,即今杂技中"柔术"。

〔一二〕**杂手伎**

魏泰东轩笔录卷二:一日,宴官僚于斋厅,有杂手伎俗谓弄碗注者,献艺于庭。

宋话本杨温拦路虎传:那杨员外对杨三官人说不上数句,道是:"明日是岳帝生辰,你每是东京人,何不去做些杂手艺?明日也去朝神,也叫我那相识们大家周全你,撰二三十贯钱归去。"

洪迈夷坚支甲卷第九鲁晋卿:徐人朱彪赴官宿迁之崔镇,到任累月,有客鲁晋卿来见,丰姿洒落可爱,因留止外馆,异待之。每逢人辄出小戏剧资欢笑,而略无所求,见之者无不悦喜。彪会族友饮于后圃,酒方行,晋卿至。彪曰:"今日无以为乐,先生能效古人化鲜鲤作脍与众享之,可乎?"笑曰:"此甚易事,但虽得鱼鳞一片为媒则可。"彪命仆取数片授之。乃索巨瓮,满贮水,投鳞于中,幕以青巾,时时一揭视。良久举巾,数鳞腾出,一座大惊。庖人受鱼治脍,鲜腴非买于市者可比。犹以为幻术所致,不深信也。会郡治一新,移文镇吏,令制铁钩钮铰具之属,合数百斤,期限峻迫,仓卒未能办。彪意绪窘挠,晋卿问故,彪诉之,笑曰:"何不早告我,是何足言?且饮我酒。"酒至,连酌六七觥,遣人辇黄土汲水,拌和为泥,捏诸物成坯,暴日中,预炽炭以待。稍干,悉置炉中,呼锻工扇以鞴。经时钳出之,皆如精铁所就,不假磨错,无一不坚好。工相顾骇叹,彪始敬服,乘醉丐其法,晋卿无言。翌日,失所在。

卷之五　京瓦伎艺

  洪迈夷坚支庚卷第九新安道人:洪中孚尚书,新安人也。有道人常游其门,以茶酒待以不倦。忽告别它适,言曰:"愿呈一术,以为公欢。"时当岁晚,洪指园中枯李曰:"可使开花结子乎?"曰:"能。"即请青幕幕其上,白洪延客置酒以赏之。乃于腰间探药一粒,纳李根,封以土。少选揭视,李已著花。又覆其幕如初,及再揭,李已结实。于是三幕之,令遍行酒,遂去幕,则一树全熟,青黄交枝,满座摘食,香味胜于常种。但叹讶而不能识为异人者,即去之后,方悟其神仙,欲见不可矣。

  吴自牧梦粱录卷二十百戏伎艺:且杂手艺,即使艺也,如踢瓶、弄碗、踢磬、踢缸、踢钟、弄花钱、花鼓槌、踢笔墨、壁上睡、虚空挂香炉、弄花球儿、拶筑球、弄斗、打硬、教虫蚁、弄熊、藏人、烧火、藏剑、吃针、射弩端、亲背、攒壶瓶等、绵包儿、撮米酒、撮放生等艺。淳祐以后,艺术高者有包喜、陆寿、施半仙、金宝、金时好、宋德、徐彦、沈兴、赵安、陆胜、包寿、范春、吴顺、金胜等。此艺施呈,委是奇特;藏去之术,则手法

359

疾而已。

四水潜夫武林旧事卷第六诸色伎艺人撮弄杂艺：林遇仙　赵十一郎　赵家喜　浑身手　张赛哥　王小仙　姚遇仙　赵念五郎　赵世昌　赵世祥　耍大头踢弄　金宝　施半仙　金逢仙　小关西　陆寿　包显　女姑姑　施小仙

[文案]杂手伎亦称作杂手艺，即现代"手彩戏法"之先祖。

〔一三〕**浑身眼**

释惠洪林间录卷下：又元宵赐宴于相国寺，观俳优，坐客欢甚，公独作偈曰："诸优戏场中，一贵复一贱。心知本自同，所以无欣怨。"予尝谓同学曰："此老人通身是眼，瞒渠一点也不得。"

〔一四〕**球杖**

贾善翊高道传苏校书：苏校书者，好酒，唱望江南，善制球杖，外混于众，内潜修真，每有所阙，即以球杖杆人，得所酬之金以易酒。

周密志雅堂杂钞卷下图画碑帖续钞：僧元霭，画太宗小本御容，舒却幞头，上插花五六枝，衣金龙袍，玉束带，描金龙软鞋，手持球杖。

徐兢宣和奉使高丽图经卷第十仪物球杖二：球杖之制，以木制成，裹以白金，中有小好贯采缓而垂之。大礼，则以散员校尉十人执之，立于会庆殿两阶下。

〔一五〕**踢弄**

吴自牧梦粱录卷二十百戏伎艺：有踢弄人，如谢恩、张旺、宋宝哥、沈家强、自来强、宋达、杨家会、宋赛歌、宋国昌、沈喜、张宝哥、常家喜、小娘儿、李显、沈喜、汤家会、汤铁柱、庄德、刘家会、小来强、鲍老儿、宋定哥、李成、庄宝、潘贵、宋庆哥、汤家俊等。遇朝家大朝会、圣节，宣押殿庭承应。则官府公筵，府第筵会，点唤供筵，俱有大犒。

〔一六〕**舞旋**

周辉清波杂志卷第六冷茶：又文勋除福建漕，陛对，翌日，上问辅臣："记得有艺?"盖记其工篆学也。章申国对云："会舞旋。"上遽云：

"如此岂可使一路!"遂罢。

〔一七〕**小儿相扑**

<u>惠康野叟</u> <u>识余</u>卷三：角抵。今小儿俯身，两手据地，以头相触作牛斗状者，即古角抵之戏。

邛窑宋小儿相扑瓷像

[文案]<u>四川</u> <u>邛窑</u>出土<u>宋</u>小儿相扑瓷塑：互相搂抱相搏，双腿拉开后支，高仅六点四厘米。可资证小儿相扑。

〔一八〕**弄乔影戏**

[文案]弄乔为装假学做之意，弄乔影戏即手影戏也。<u>夷坚三志辛</u>三<u>普照明颠</u>有证：尝遇手影戏者，人请之占颂，即把笔书云："三尺生绡作戏台，全凭十指逞诙谐。有时明月灯窗下，一笑还从掌握来。"旧<u>北京</u> <u>天桥</u> <u>厉镜波</u>即专事此类表演者。最初起于<u>厉</u>夏晚乘凉，手腕遭蚊叮，<u>厉</u>伸手搔痒，借光墙上映出一影，仔细看去若跳舞者，愈看愈像，愈看愈有趣，从此<u>厉</u>注意旁人手影，随时发现即画于纸。<u>厉</u>可用双手变演出千百种不同物象，或大众狂欢，或工匠打铁，或农民耕作，花样繁多，最得少年欢心。正如<u>武林旧事</u>卷二<u>元夕</u>所述：以人为大影戏，儿童喧呼，终夕不绝。

〔一九〕**孔三传**

<u>王灼</u> <u>碧鸡漫志</u>卷第二：<u>泽州</u> <u>孔三传</u>者，创诸宫调古传，士大夫皆能诵之。

〔二〇〕**张山人说诨话**

<u>王闢之</u> <u>渑水燕谈录</u>卷十<u>谈谑</u>：往岁，有丞相薨于位者，有无名子嘲之。时出厚赏，购捕造谤。或疑<u>张寿山人</u>为之，捕送府。府尹诘之，<u>寿</u>云："某乃于都下三十余年，但生而为十七字诗，鬻钱以糊口，安敢嘲大臣。纵使某为，安能知此着题。"府尹大笑，遣去。

<u>何薳</u> <u>春渚纪闻</u>卷第五杂记<u>张山人谑</u>：<u>绍圣</u>间，朝廷贬责<u>元祐</u>大臣

及禁毁元祐学术文字。有言司马温公神道碑乃苏轼撰述,合行除毁。于是州牒巡尉,毁拆碑楼及碎碑。张山人闻之曰:"不须如此行遣,只消令山人带一个玉册官,去碑颊上添镌两个不合字,便了也。"碑额本云忠清粹德之碑云。

洪迈夷坚乙志卷十八张山人诗:张山人自山东入京师,以十七字作诗,著名于元祐、绍圣间,至今人能道之。其词虽俚,然多颖脱,含讥讽,所至皆畏其口,争以酒食钱帛遗之。年益老,颇厌倦,乃还乡里,未至而死于道。道旁人亦旧识,怜其无子,为买苇席,束而葬诸原,楬木书其上。久之,一轻薄子至店侧,闻有语及此者,奋然曰:"张翁平生豪于诗,今死矣,不可无纪述。"即命笔题于楬曰:"此是山人坟,过者应惆怅。两片芦席包救葬。"人以为口业报云。

黄裳赠张山人:极数幽人百尺松,岁寒枝节引清风。世途险易抛身外,人事荣枯落掌中。药有灵根秋转活,面多和气老犹红。行人借问生前事,何事天津久未通。

王灼碧鸡漫志卷第二:长短句中作滑稽无赖语,起于至和、嘉祐之前,犹未盛也。熙、丰、元祐间,兖州张山人以诙谐独步京师,时出一两解。

〔二一〕**杂㪌**

赵彦卫云麓漫钞卷第十:近日优人作杂㪌,似杂剧而简略。金房官制,有文班、武班;若医卜、倡优,谓之杂㪌。每宴集,伶人进,曰:"杂㪌上。"故流传及此。

362

〔二二〕**外入**

[文案]指上伎艺原在巷头出演,后入勾栏。此为孙注本之见,孙注本谓孙三神鬼、霍四究说三分为"外入"。此与余见不同,余以为所指乃"李敦等杂㪌"。

〔二三〕**说三分**

施耐庵罗贯中水浒传第九十回五台山宋江参禅 双林渡燕青射

雁：听的勾栏内锣响，<u>李逵</u>定要入去，<u>燕青</u>只得和他挨在人丛里，听的上面说评话，正说<u>三国志</u>，说到<u>关云长</u>刮骨疗毒。当时有<u>云长</u>左臂中箭，箭毒入骨。医人<u>华陀</u>道："若要此疾毒消，可立一铜柱，上置铁环，将臂膊穿将过去，用索拴牢，割开皮肉，去骨三分，除却箭毒，却用油线缝拢，外用敷药贴了，内用长托之剂，不过半月，可以平复如初；因此极难治疗。"<u>关公</u>大笑道："大丈夫死生不惧，何况只手？不用铜柱铁环，只此便割何妨！"随即叫取棋盘，与客弈棋，伸起左臂，命<u>华陀</u>刮骨取毒，面不改色，对客谈笑自若。正说到这里，<u>李逵</u>在人丛中高叫道："这个正是好男子！"众人失惊，都看<u>李逵</u>。<u>燕青</u>慌忙拦道："<u>李大哥</u>，你怎地好村！勾栏瓦舍，如何使的大惊小怪这等叫！"<u>李逵</u>道："说到这里，不由人不喝采。"<u>燕青</u>拖了<u>李逵</u>便走，两个离了<u>桑家瓦</u>。

<u>高承</u>事物纪原博弈娃戏部第四十八：<u>宋朝仁宗</u>时，市人有能谈三国事者。

<u>苏轼</u>东坡志林卷一怀古途巷小儿听说三国语：<u>王彭</u>尝云："途巷小儿薄劣，其家所厌苦，辄与钱，令聚坐，听说古话。至说<u>三国</u>事，闻<u>刘玄德</u>败，颦蹙有出涕者；闻<u>曹操</u>败，即喜唱快。以是知君子小人之泽，百世不斩。"

〔二四〕五代史

<u>宋话本</u>史弘肇龙虎君臣会：这话本是京师老郎流传，若按<u>欧阳文忠公</u>所编的五代史正传上载道：<u>梁</u>末调民七户出一兵，<u>弘肇</u>为兵，隶开道指挥，选为禁军。<u>汉高祖</u>典禁军，为军校。其后<u>汉高祖</u>镇<u>太原</u>，使将武节左右指挥，领<u>雷州</u>刺史。以功拜忠武军节度使、侍卫步军都指挥使。再迁侍卫亲军马步军都指挥使、领归德军节度使、同中书门下平章事。后拜中书令。<u>周太祖郭威</u>即位之日，<u>弘肇</u>已死，追封郑王。诗曰：结交须结英与豪，劝君莫结儿女曹。英豪际会皆有用，儿女柔脆空烦劳。

<u>宋话本</u>错斩崔宁：那人又送<u>刘官人</u>至路口，作别回家，不在话下。若是说话的同年生，并肩长，拦腰抱住，把臂拖回，也不见得受这般灾悔，却

教<u>刘</u>官人死得不如：<u>五代史</u><u>李存孝</u>，<u>汉书</u>中<u>彭越</u>。

娶 妇

　　凡娶媳妇[一]，先起草帖子，两家允许，然后起细帖子，序三代名讳，议亲[二]人有服亲田产、官职之类。次檐许口酒，以络盛酒瓶[三]，装以大花八朵、罗绢生色[四]或银胜八枚，又以花红缴檐上，谓之缴檐红与女家。女家以淡水两瓶，活鱼三五个，箸一双，悉送在元酒瓶内，谓之"回鱼箸"。或下小定、大定[五]，或相媳妇与不相。若相媳妇，即男家亲人或婆往女家看中，即以钗子插冠中，谓之"插钗子"[六]；或不入意，即留一两端彩段，与之压惊，则此亲不谐矣。其媒人有数等[七]，上等戴盖头，着紫背子[八]，说官亲宫院恩泽[九]。中等戴冠子，黄包髻，背子，或只系裙，手把青凉伞儿，皆两人同行。下定了，即旦望媒人传语[一○]。遇节序即以节物、头面、羊酒[一一]之类追女家，随家丰俭[一二]。女家多回巧作之类[一三]。次下财礼，次报成结日子。次过大礼，先一日，或是日早，下催妆冠帔花粉[一四]，女家回公裳[一五]、花幞头之类。前一日，女家先来挂帐，铺设房卧，谓之"铺房"。女家亲人有茶酒利市[一六]之类。至迎娶日，儿家以车子，或花檐子发迎客，引至女家门，女家管待迎客，与之彩段，作乐[一七]催妆[一八]上车[一九]，檐从人未肯起，炒咬利市，谓之"起檐子"，与了然后行。迎客先回至儿家门，从人及儿家人乞觅利市钱物花红等，谓之"栏门"。新妇下车子，有阴阳人[二〇]执斗，内盛谷豆钱果草节等，咒祝望门而撒，小儿辈争拾之，谓之"撒谷豆"，俗云厌青羊等杀神也。新人下车檐[二一]，踏青布条或毡席，不得踏地，一人捧镜[二二]倒行，引新人跨鞍蓦草及秤上过，入门于一室内，当中悬帐，谓之"坐虚帐"；或只径入房中，坐于床上，亦谓之"坐富贵"[二三]。其送女客急三盏而退，谓之"走送"，众客就筵三杯之后，婿[二四]具公裳，花胜簇面，于中堂升一榻，上置椅子，谓之"高坐"，先媒氏请，次姨氏或妗氏请，各斟一杯饮之；次丈母请，方下坐。新人门额，用彩一段，碎裂其下，横抹挂之，婿入房即众争撏小片而去，谓之"利市缴门红"。婿于床前请新妇出，二家各出彩段绾一同心[二五]，谓之"牵巾"，男挂于笏，女搭于手，男倒行出，面皆相向，至家庙前参拜毕，女复倒行扶入房讲拜[二六]，男女各争先后，对拜毕就床，女向左，男向右坐，妇女以金钱彩果散掷，谓之"撒帐"[二七]。男左女右，留少头发，二家出匹段钗子，木梳头须之类，谓之"合髻"[二八]。然后用两盏以彩结连之，互饮一盏，谓之"交杯酒"[二九]。饮讫，掷盏并花冠子于床下，盏一仰一合，俗云大吉，则众喜贺，然后掩帐讫。宫院中即亲随人抱女婿去，已下人家即行出房，参谢诸亲，复就坐饮酒。散后次日五更，用一卓盛镜台[三〇]镜子于其上，望上展拜，谓之"新妇拜堂"，次拜尊长亲戚，各有彩段巧作鞋枕等为献，谓之"赏贺"[三一]。尊长则复换一匹回之，谓之"答贺"。婿往参妇家，谓之"拜门"[三二]。有力能趣办，次日即往，谓之"复面拜门"，不然三日、七日皆可，赏贺亦如女家之礼。酒散，女家具鼓吹从物迎婿还家。三日，女家送彩段油蜜蒸饼，谓之"蜜和油蒸饼"〔三三〕。其女家来作会，谓之"暖女"。七日则取女归，盛送彩段头面与之，谓之"洗头"。一月则大会相庆，谓之"满月"。自此以后，礼数简矣。

[注]

〔一〕**娶媳妇**

周煇清波杂志卷第九嫁女娶妇："嫁女须胜吾家者，娶妇须不若吾家者。"或问其故，曰："嫁胜吾家，则女之事人必钦必戒；娶妇不若吾家，则妇事舅姑必执妇道。"安定胡翼之云。煇见老先生言安定为此说必有谓，岂其男女昏嫁，用此说皆得所归而然欤。

杨伯嵒臆乘：俗谓娶妇曰索妻。关羽传：孙权遣使索羽女为子妇。又隋书太子勇传独孤后曰：为伊索得元家女。索妻之语，盖本诸此。

朱彧萍洲可谈卷二：元祐间，广州蕃坊刘姓人娶宗女，官至左班殿直。刘死，宗女无子，其家争分财产，遣人挝登闻鼓院，朝廷方悟宗女嫁夷部，因禁止，三代须一代有官，乃得娶宗女。

朱弁曲洧旧闻卷一：范讽知开封府日，有富民自陈："为子娶妇已三日矣。禁中有指挥，令入见，今半月无消息。"讽曰："汝不妄乎？如实有兹事，可只在此等候也。"讽即乞对，具以民言闻奏，且曰："陛下不迩声色，中外共知，岂宜有此。况民妇既成礼而强取之，何以示天下？"仁宗曰："皇后曾言，近有进一女，姿色颇得。朕犹未见也。"讽曰："果如此，愿即付臣，无为近习所欺，而怨谤归陛下也。臣乞于榻前交割此女，归府面授诉者，不然陛下之谤难户晓也。且臣适已许之矣。"仁宗乃降旨，取其女与讽，讽遂下殿。

胡应麟少室山房笔丛卷四十辛部庄岳委谈上：今俗以新取男称新郎，女称新妇。又妇之事公姑者，例呼新妇。案新妇之称，盖六代已然,而唐最为通行。见诸小说稗官家,不可胜举。然自主翁姑言,非主新嫁也。新郎君,唐人自称新获第者,不闻主新娶者言。惟宋世词有贺新郎,或当起于此时。大抵国朝世俗称谓,率循习宋、元,世近故也。娘子已见六朝祖珽传,又唐初有娘子军。

〔二〕议亲

袁采世范卷上:男女议亲,不可贪其阀阅之高、资产之厚,苟人物不相当,则子女终身抱恨,况又不和而生他事乎。

人之议亲,多要因亲及亲以示不相忘。此最风俗好处,然其间妇女无远识,多因相熟而相简,至于相忽,遂至于相争而不和,反不若素不相识而骤议亲者。故凡因亲议亲,最不可托熟阙其礼文,又不可忘其本意,极于责备,则两家周致,无他患矣。故有侄女嫁于姑家,独为姑氏所恶,甥女嫁于舅家,独为舅妻所恶,姨女嫁于姨家,独为姨氏所恶,皆由玩易于其初,礼薄而怨生,又有不审于其初之过者。

〔三〕酒瓶

袁文瓮牖闲评卷六:今人盛酒,大瓶谓之京瓶,乃用京师京字,意谓此瓶出自京师,误也。京字当用经籍之经字,普[文案:疑应作"晋"]安人以瓦壶小颈、环口、修腹,受一斗可以盛酒者名曰经,则知经瓶者当用此经字也。

赵令畤侯鲭录卷三:陶人之为器,有酒经焉。晋安人盛酒以瓦壶,其制,小颈、环口、修腹,受一斗,可以盛酒。凡馈人牲,兼以酒器,书云酒一经或二经,至五经焉。他境人有游于是邦,不达其义,闻五经,至束带迎于门,乃知是酒五瓶为五经焉。

赵彦卫云麓漫钞卷第三:今人呼劝酒瓶为酒京,侯鲭录云:"陶人为器,有酒经。晋安人盛酒以瓦壶,小颈、环口、修腹,容一斗。凡馈人牲,兼酒置,书云一经或二经、五经,它境人晋是邦,不达是义,闻送五经,则束带迎于门。"盖自晋安人语,相传及今。

[文案]宿白白沙宋墓称墓中出土一种高瓶,据持瓶人头巾所系墨

1. 白沙宋墓第一号墓甬道西壁壁画中的酒瓶
2. 河南安阳北宋熙宁十年王月墓壁画中的酒瓶
3. 辽宁义县清河门第四号辽墓所出的酒瓶
4. 河南禹县扒村宋窑白釉黑花瓶

书"书上崔大郎酒"一语推之,当为盛酒之器。按此种类型高瓶,是当时我国北方自河南以北,包括今河南、陕西、山西、河北乃至东北、内蒙古一带民间流行之器物。瓷胎者俗称梅瓶或花瓶。宿白亦按南北为经,可训为修长,亦正与修腹相应。小颈、环口、修腹与上所引诸图像、实物形制吻合,且袁文南宋初人,时间较近,因疑经(京)瓶者,盖即此物。宿白之考甚确。经瓶即酒瓶也,其源可溯至宋特设讲经之制。讲经结束,皇帝设宴款待讲经大臣,讲经筵席酒宴即经宴,特用酒瓶亦唤作"经瓶",以示高雅尊贵,遂为风尚。

〔四〕**生色**

江少虞宋朝事实类苑卷第六十二风俗杂志罨画流苏锡销:昔之歌诗小说,多言罨画流苏者,询之朋游,莫知其状。予尝知广南恩州,恩有匠人求见,问其所能,曰:"某善锡销。"亦不晓其事,再诘之,则曰:"今京师所谓银泥者是也。"又问更有何艺,曰:"亦能罨画。"遽以小儿衣试之,乃今之生色也。

〔五〕**小定大定**

[文案]中华邓注本以新编事文类聚翰墨全书乙集四婚礼"六礼"

注小定、大定,似嫌笼统。京都译注本则以伦敦大英博物馆藏太平兴国九年十月邓家财礼目出注小定、大定,邓家财礼目为男方向女方赠送礼品之目录,然小定、大定究竟若何? 京都译注本则称未详。据常人春红白喜事研究:"小定"亦呼"过小帖",即所谓"文定",约束双方恪守婚约。"大定"则称"过大礼",即古礼所谓"纳征"、"纳币"之仪,含男方向女方送彩礼之义,其仪式规模仅次于迎娶。

〔六〕插钗子

宋话本西山一窟鬼:自从当日插了钗,离不得下财纳礼,奠雁传书。不则一日,吴教授取过那妇女来,夫妻两个好说得着。

〔七〕媒人有数等

古杭书会小孙屠第八出:(白)男大须婚,女大须嫁。老身大的孩儿必达,不曾婚娶。半月前有媒婆来曾说亲,不拟三言两句便说成,就选今朝好日子,便取将归来。只一件,小的孩儿必贵出外打旋未回,况是屠宰之家,他归来必有言语。这的不妨。今朝这早晚不见媒婆来。(净扮媒婆出白)开口成匹配,举口合凤凰。(生上唱)

[迎仙客]谢娘子,恁提携,料想前生曾会伊。燕双飞,一对儿。[和]算来因契,斗合非容易。(旦上唱)

[同前]念奴家,好人女,幸遇君家才貌奇。似鸾凤,一对儿。(和同前)(婆)

[同前]我孩儿,恁聪惠,娶得媳妇百事宜。郑州梨,一对儿。(和同前)(梅上唱)

[同前]我娘子,果娇媚,幸遇官人俊貌美。似鸳鸯,一对儿。(和同前)

(生白)天生一对共谐合。(旦)便觉门阑喜气多。(婆)遇饮酒时须饮酒。(合)得高歌处且高歌。(净先下)(婆唱)

[绣带儿]娘言语儿听取:如今景傍桑榆,男毕结女正当笄年,娘心免得忧虑。忻喜,愿得谐老百岁期,得荣贵我心欢喜。(和)真奇异一双两美,排宴饮双双效于飞。

庞元英文昌杂录:礼部王员外言:昔见朝议大夫李冠卿,说扬州所

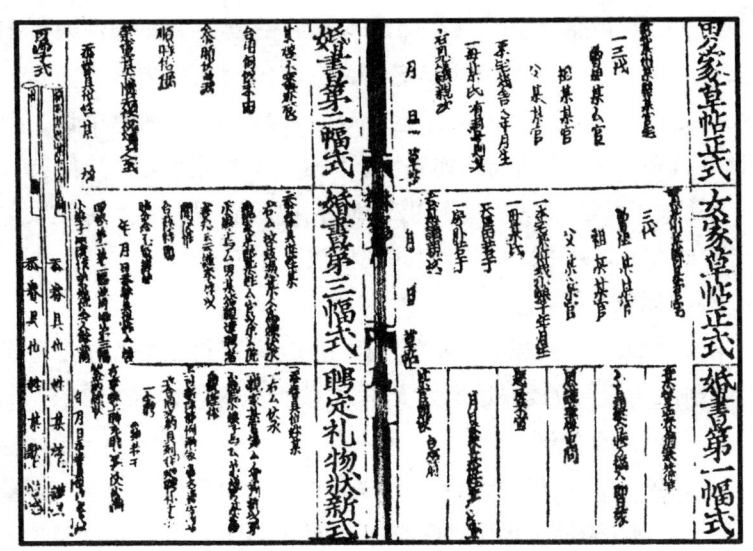

事林广记中婚帖图

居堂前杏一窠,极大,花多而不实。适有一媒姥见如此,笑谓家人曰:
"来春与嫁了此杏。"冬深,忽携酒一樽来云:"是婚家撞门酒。"索处子
裙一腰系杏上,已而奠酒辞祝再三,家人莫不笑之。至来春,此杏结子
无数。

　　宋话本小夫人金钱赠年少:话说东京汴州开封府界身子里,一个
开线铺的员外张士廉,年过六旬,妈妈死后,孑然一身,并无儿女。家
有十万赀财,用两个主管营运。张员外忽一日拍胸长叹,对二人说:
"我大年纪,无儿无女,要十万家财何用?"二人曰:"员外何不取房娘
子,生得一男半女,也不绝了香火。"员外甚喜,差人随即唤张媒、李媒
前来。这两个媒人端的是:

　　开言成匹配,举口合姻缘;医世上凤只鸾孤,管宇宙单眠独宿。传
言玉女,用机关把臂托来;侍案金童,下说词拦腰抱住。调唆织女害相
思,引得嫦娥离月殿。

员外道:"我因无子,相烦你二人说亲。"张媒口中不道,也下思量道:"大伯子许多年纪,如今说亲,说甚么人是得?教我怎地应他?"则见李媒把张媒推了一推,便道:"容易。"临行,又叫了道:"我有三句话。"只因说出这三句话来,教员外:

青云有路,番为苦楚之人;白骨无坟,化作失乡之鬼。

媒人道:"不知员外意下如何?"张员外道:"有三件事,说与你两人:第一件,要一个人材出众,好模好样的。第二件,要门户相当;第三件,我家下有十万贯家财,须着个有十万贯房奁的亲来对付我。"两个媒人,肚里暗笑,口中胡乱答应道:"这三件事都容易。"当下相辞员外自去。

次日,二媒纳会了,双双的到张员外宅里说:"昨日员外吩咐的三件事,老媳寻得一头亲,难得恁般凑巧!第一件,人材十分足色;第二件,是王招宣府里出来,有名声的;第三件,十万贯房奁,则怕员外嫌他年小。"张员外问道:"却几岁?"张媒应道:"小如员外三四十岁。"张员外满脸堆笑道:"全仗作成则个!"话休絮烦,当下两边俱说允了。少不得行财纳礼,奠雁已毕,花烛成章。

朱彧萍洲可谈卷一:近世宗女既多,宗正立官媒数十人,掌议婚。

康与之昨梦录:北俗,男女年当嫁娶,未嫁而死者,两家命媒互求之,谓之"鬼媒"。人通家状、细帖,各以父母命祷而卜之,得卜即制冥衣,男冠带、女裙帔等毕备,媒者就男墓备酒果祭以合婚,设二座相并,各立小幡长尺余者于座后。其未奠也,二幡凝然直垂不动。奠毕,祝诸男女相就,若合卺焉。其相喜者,则二幡微动,以致相合。若一不喜者,幡不为动,且合也。又有虑男女年幼或未闲教训,男即取先生已死者,书其姓名、生时以荐之,使受教女,即作冥器充保母使婢之属。即已成婚,则或梦新妇谒翁姑,婿谒外舅也。不如是,则男女或作祟,见秽恶之迹,谓之男祥女祥。鬼两家亦薄以币帛酬鬼媒,鬼媒每岁察乡里男女之死者而议,资以养生焉。

宋话本花灯轿莲女成佛记：李押录见妈妈说，只得将就应允了，使请两个官媒来，商议道："你两个与我去做花的张待诏家议亲。"二人道："领钧旨。"便去。走到隔壁张待诏家，与他相见了，便道："我两个是喜虫儿，特来讨茶吃，贺喜事。"张待诏："多蒙顾管，且请坐，吃茶罢！"便问："谁家小官人？"二人道："隔壁李押录小官人。"张待诏道："只是家寒，小女难以攀陪。"二人道："不妨。"张待诏道："只凭二位。"二人道："他不嫌你家，你若成得这亲事，他养你家一世，不用忧柴忧米了。"夫妻二人见说，甚喜，就应允了。

两个媒婆别了出门，回报李押录。押录见回复肯了，大喜，随择一日下财纳礼，奠雁传书，选择吉日成亲。小官人见应承之后，百病皆散，将息复旧，唇红齿白。

〔八〕**背子**

李廌师友谈记：上居中，宝慈在东，长乐在西，皆南向，太妃暨中宫皆西向，宝慈暨长乐皆白角团冠，前后惟白玉龙簪而已，衣黄背子，衣无华彩。太妃暨中宫，皆镂金云月冠，前后亦白玉龙簪，而饰以北珠，珠甚大，衣红背子，皆用珠为饰。

穿背子的妇女
（宋人瑶台步月图局部）

晁说之晁氏客语：司马植云，神宗疾大渐，太母谕梁惟简曰："令你新妇，做一领黄背子。十来岁孩儿着得者，不得令人知。"次日，惟简袖进，哲宗即位，枢前衣此背子也。

〔九〕**说官亲宫院恩泽**

赵彦卫云麓漫钞卷七：皇子之居，谓之某王宫；王子则分院，世俗目之曰官院。

［文案］东京梦华录学津讨原本改"官亲"为"宫亲"；"宫院"为"官院"。

〔一〇〕**媒人传语**

洪迈夷坚支癸卷第五连少连书生：饶州安仁书生连少连，其父仲举下世，独与母居，年甫冠，就馆于近村富家。馆相距半里，诸生暮归，唯

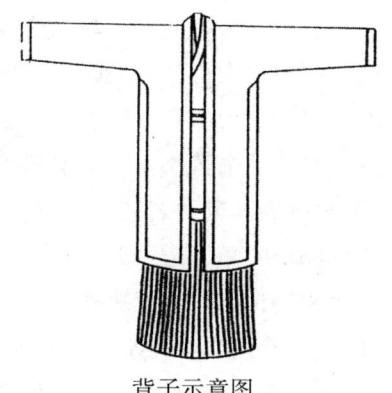

背子示意图

一童作伴。当春夜月明，灯下诵读，忽闻檐间咳声，举目视之，见紫衣老媪，丰颐皤腹，已在侧。出语通殷勤，问为谁？曰："媒人也，东里萧家有小娘子，姿色绝艳，如神仙中人。慕秀才容仪，请于父母，愿为夫妇，使我来达意。其家快性，才说便要成，幸勿迟缓。"生曰："无乃太急乎？我谈笑得一好妻，岂不大愿。然要俟归白母，虽正贫悴，须略备纳采问名之礼，始为允当。"媪曰："秀才经岁辛苦，所获几何！今萧女奁具万计，及早成婚，即日可化穷薄为豪富。但一诺，立谐矣。"生沉吟良久，许之。才倾刻，去而复来，携两小鬟先至，便有数黄衫卒，施供张，敷茵几，金玉绮绣，杂然盈前，尚疑信未决，聆笙箫之音，镗洋渐近，翠幨宝盖，画扇围列，女子下花舆，席地步入，真国色也。生目眙心荡，默自计曰："姑与之结好，则奁中物皆吾有耳。"媒已知之，咄曰："秀才何得遽起薄幸之念？"生讳谢曰"无之"。就席，酒半，始合卺。

宋话本西山一窟鬼：元来那婆子是个撮合山，专靠做媒为生，吴教授相揖罢，道："多时不见，而今婆婆在那里住？"婆子道："只道教授忘了老媳妇。如今老媳妇在钱塘门里沿城住。"教授问："婆婆高寿？"婆子道："老媳妇夫马之年，七十有五。教授青年多少？"教授道："小子二十有二。"婆子道："教授方才二十有二，却象三十以上人。想教授每日价费多少心神！据我媳妇愚见，也少不得一个小娘子相伴。"教授道：

"我这里也几次问人来，却没这般头脑。"婆子道："这个不是冤家不聚会。好教官人得知，却有一头好亲在这里：一千贯钱房卧，带一个从嫁，又好人材，却有一床乐器都会，又写得算得，又是啈嗻大官府第出身。只要嫁个读书官人。教授却是要也不？"教授听得说罢，喜从天降，笑逐颜开道："若还真个有这人时，可知好哩！只是这个小娘子如今在哪里？"婆子道："好教教授得知，这个小娘子从秦太师府三通判位下出来，有两个月，不知放了多少帖子，也曾有省部院里当职事的来说他，也曾有内诸司当差的来说他，也曾有门面铺席人来说他；只是高来不成，低来不就，小娘子道：'我只要嫁个读书官人'，更兼又没有爹娘，只有一个从嫁，名唤锦儿。因他一床乐器都会，一府里人教叫做李乐娘。见今在白雁池一个旧邻舍家里住。"

〔一一〕**羊酒**

宋话本金明池吴清逢爱爱:离城还有五十余里，是个大镇，权歇马上店，打中火。只见间壁一个大户人家门首，贴着一张招医榜文：

本宅有爱女患病垂危，人不能识。倘有四方明医，善能治疗者，奉谢青蚨十万，花红羊酒奉迎，决不虚示。

宋话本刎颈鸳鸯会:一日，张二官过门，因见本妇，心甚悦之，俾人说合，求为继室。女父母允诺，恨不推将出去。且张二官是个行商，多在外，少在内，不曾打听得备细，就下盒盘、羊酒，涓吉成亲。

邵伯温邵氏闻见录卷第十:至富公会，送羊酒不出。

王巩甲申杂纪:初贡团茶及白羊酒，惟见任两府方赐之。仁宗朝及前宰臣，岁赐茶一斤，酒二壶，后以为例。

宋祁赐枢密院副使晏殊生日羊酒米面诏一:进止方重，谋犹粹果。燮定台绳，参决枢华。民瞻国论，浩然胥协。天挺俊义，符我治平。知及诞之辰，怀顾复之庆，宗戚欢祝，宴喜相存。特此颁分，以重褒眷。今赐卿生日羊酒米面等，具如别录，至可领也。宋景文集卷三二

[文案]结亲、祝寿、祭祀、赏赐，礼物多用羊酒。然亦有不同之称，

374

如以牛以酒,遂牛酒并称也。推之以羊酒,似可指羊以酒,此或可备一说?

〔一二〕**随家丰俭**

袁采世范卷上:嫁女须随家力,不可勉强。然或财产宽余,亦不可视为他人,不以分给。今世固有生男不得力,而依托女家,及身后葬祭,皆由女子者,岂可谓生女之不如男也。大抵女子之心,最为可怜,母家富而夫家贫,则欲得母家之财以与夫家;夫家富而母家贫,则欲得夫家之财以与母家。为父母及夫者,宜怜而稍从之。及其有男女嫁娶之后,男家贫而女家富,则欲得男家之财以与女家;女家富而男家贫,则欲得女家之财以与男家。为男女者,亦宜怜而稍从之。若或割贫益富,此为非宜,不从可也。

〔一三〕**巧作之类**

[文案]入门新妇为使婆家长辈知晓其针线手艺,婚前亲手绣制荷包、汗巾、枕套、鞋面之类小件手工活计。如快嘴李翠莲自夸巧作手艺道:"女儿不是夸伶俐,从小生得有志气。纺得纱,织得苎,能裁能缝能绣刺。"

〔一四〕**花粉**

[文案]孙注本谓花粉为花子与搽脸粉。花子乃极薄金属片,或以彩纸剪成小花朵形状,贴于脸颊、额上,又唤花钿。

〔一五〕**公裳**

[文案]裳为后世所称之裙,即上衣下裙形制之衣也。宋之公裳为冠婚通用服饰。方领,前襟加黑边之宽大长衣,束大带,着黑鞋,戴乌纱帽。

〔一六〕**利市**

宋话本快嘴李翠莲:只听得门前鼓乐喧天,笙歌聒耳,娶亲车马,来到门首。张宅先生念诗曰:"高卷珠帘挂玉钩,香车宝马到门头。花红利市多多赏,富贵荣华过百秋。"李员外便叫妈妈将钞来,赏赐先生和媒妈妈，并车马一干人。只见妈妈拿出钞来，翠莲接过手，便道："等我分！爹不惯，娘不惯，哥哥嫂嫂也不惯。众人都来面前站，合多合少等我散。抬轿的合五贯，先生媒人两贯半。收好些，休嚷乱，吊下了时休埋怨！这里多得一贯文，与你这媒人婆买个烧饼，到家哄你呆老汉。"

陈士元俚言解卷之三利市：百工起手或毕工，主人于工价之外赏给财物，谓之"利市"。此亦古语。左传郑子产曰："尔有利市宝贿我，勿与知。"杜预注：利市，逐利于市也。易云为近利市三倍。

赵翼檐曝杂记："喜事"曰"利市"。

〔一七〕**作乐**

周煇清波杂志卷第一元祐大昏：元祐大昏，吕正献公当国，执议不用乐。宣仁云："寻常人家，娶个新妇，尚点几个乐人，如何官家却不得用？"钦圣云："更休与他懑宰执理会，但自安排着！"遂令教坊、钧容伏宣德门里。皇后乘翟车甫入，两部阑门，众乐具举。久之，伶官辇出赏物，语人曰："不可似得这个科第相公，却不教用！"实录具书纳后典礼，但言婚礼不贺，不及用乐一节。王彦霖系年录载六礼特详，亦不书此。

〔一八〕**催妆**

韦骧孙太守席赋催妆：萝蔓新欢可重夸，葭莩旧契转增华。闺门素守先生训，牢荟来归御史家。直户三星乘节候，迎车百两减浮奢。鹊桥深夜飞霜冷，早对菱花整鬓花。

〔一九〕**上车**

朱熹家礼卷三姆奉女出登车：姆奉女出中门，婿揖之，降自西阶，主人不降，婿遂出，女从之，婿举轿帘以俟，姆辞曰：未教，不足与为礼也。女乃登车。

〔二〇〕**阴阳人**

司马光涑水记闻卷二：继隆复为檄，言阴阳人状：国家不利八月出师。

施耐庵罗贯中水浒传第三十九回浔阳楼宋江吟反诗 梁山泊戴宗传假信："阴阳人已拣定了日期,请二位今日便烦动身。"

宋人编撰五代晋史平话卷上:那时敬瑭方病,经旬日,服药皆不见效,请得阴阳人房衍来占六壬课,得一个课,名做天皇课。

〔二一〕**新人下车檐**

宋话本花灯轿莲女成佛记:当时轿子到门前,众人妆果得锦上添花,请莲女上桥,抬到李宅门前歇了。司公茶酒传会,排列香案。时辰到了,司公念拦门诗赋,口中道:"脚下慢行! 脚下慢行! 请新人下轿!"遂念诗曰:"喜气盈门,欢声透户,珠帘绣幕低。拦门接次,只好念新诗。红光射银台画烛,氤氲香喷金猊。料此会,前生姻眷,今日会佳期。喜得过门后,夫荣妇贵,永效于飞。生五男二女,七子永相随。衣紫腰金,加官转职。门户光辉,从今喜气。后成双尽老,福禄永齐眉。"

念毕:"请新人脚下慢请行。"时辰将傍,不见下轿,司公又念诗赋曰:"瑞气氤氲,祥云缭绕,笙歌一派声齐。门阑喜庆,仿佛坠云霓。画烛花随红影,沈檀满热金猊。香风度,迎仙客唱;迎仙客,乐遏云低。喜得过门后,夫荣妻显,永效于飞。男才过子建,女貌赛西施。寿比南山,福如东海,佳期从今后,儿孙昌盛,个个赴丹墀。"

司公念毕诗赋,再请新人下轿。三回五次,不见莲女下轿。司公怕错过时辰,便叫张待诏妈妈,自向前请新人下轿。

〔二二〕**捧镜**

宋话本冯玉梅团圆:希周有祖传宝镜,乃是两镜合扇的,清光照彻,可开可合,内铸成"鸳鸯"二字。名为"鸳鸯宝镜",用为聘礼。

玉梅道:"鸳鸯宝镜乃是君家行聘之物,妾与君共分一面,牢藏在身。他日此镜重圆,夫妻再合。"

冯公又问道:"足下与先孺人相约时,有何为记?"承信道:"有鸳鸯宝镜,合之为一,分之为二,夫妇各留一面。"冯公道:"此镜尚在否?"承信道:"此镜朝夕随身,不忍少离。"冯公道:"可借一观。"承信揭开衣袄,镜在裹肚系带上,解下一个绣囊,囊中藏着宝镜。冯公取观,遂于袖中亦取一镜合之,俨如生成。承信见二镜符合,不觉悲泣失声。

〔二三〕**坐富贵**

庄绰鸡肋编卷上:处子则坐于榻上,再适者坐于榻前。其观者若称欢美好,虽男子怜抚之,亦喜之而不以为非也。

〔二四〕**婿**

无名氏释常谈卷上玉润:女婿谓之玉润。晋乐广字彦辅,众皆呼为"冰清",女婿卫玠,字叔宣,世号为玉润,故时为之语曰:"妇翁冰清,女婿玉润。"

佚名宣和书谱卷第十二行书六:文臣苏舜钦,字子美,其先世居蜀,后为开封人。官至大理评事。少以荫补从仕,已而中第,用范仲淹荐为集贤校理。貌奇伟,工文章,历官有政声。虽居下僚,而慷慨喜言事,一时名卿喜与之游。杜衍以女妻之,人谓"冰清玉润"。

徐度却扫编卷上:本朝公卿多有知人之明,见于择婿与辟客。盖赵参政昌言之婿为王文正旦,王文正之婿为韩忠宪亿、吕惠穆公弼,吕惠穆之婿为韩文定忠彦,李侍郎虚己之婿为晏元献殊,晏元献之婿为富文忠弼、杨尚书察。富文忠之婿为冯宣徽京,陈康肃尧咨之婿为贾文元昌朝、曾宣靖公亮。

高晦叟珍席放谈卷下:富文忠,杨隐甫,皆晏元献公婿也。公在二府日,二人已升贵仕。富每诣谒,则书室中会话,竟日家膳而去。杨或来见,坐堂上置酒,从容出姬侍,奏弦管按歌舞,以相娱乐。人以是知公待二婿之重轻也,二婿之功名年位亦自不相伦矣。

朱彧萍洲可谈卷一:本朝贵人家选婿,于科场年,择过省士人,不问阴阳吉凶及其家世,谓之"榜下捉婿"。亦有缗钱,谓之"系捉钱",盖与婿为京索之费。近岁富商庸俗与厚藏者嫁女,亦于"榜下捉婿"。厚捉钱以饵士人,使之俯就,一婿至千余缗。既成婚,其家亦索"遍手钱"。往往计较装橐,要约束缚如诉牒,如此用心何哉?

苏轼<u>东坡居士艾子杂说</u>:<u>齐王于女,凡选婿必择美少年,颜长而白皙,虽中无所有,而外状稍优者必取之</u>。<u>齐国之法,民为王婿,则禁与士人往还,唯奉朝请外,享美服珍味,与优伶为伍,但能奉其王女,则为效矣</u>。一日,诸婿退朝,相叙而行,傲然自得。艾子顾谓人曰:"齐国之安危重轻,岂不尽在此数公乎!"

<u>范正敏遁斋闲览</u>脔婿:今人于榜下择婿,号脔婿。其语盖本诸<u>袁山松</u>,尤无义理。其间或有意不愿就,而为贵势豪族拥逼而不得辞者。有一新贵少年,有风姿,为贵族之有势力者所慕,命十数仆拥致其第。少年欣然而行,略不辞逊。既至,观者如堵。须臾,有衣金紫者出曰:"某惟一女,亦不至丑陋,愿配君子,可乎?"少年鞠躬谢曰:"寒微得托迹高门,固幸,待更归家,试与妻子商量如何?"众皆大笑而散。

〔二五〕**彩段绾一同心**

<u>九山书会</u><u>张协状元</u>第十六出:(净揍)张协是贫女姻缘,皆宿契,今生重会。向绣幄,效鱼水,许绾同心结,永谐连理。

[文案]"同心结"为两股彩绳绾成连环回文形式再抽紧而成。<u>宿白</u><u>白沙宋墓记</u>第一号墓过道西壁窗下壁画中有一"同心结"线球,可证"同心结"之状。

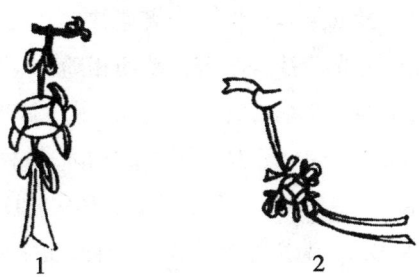

1．<u>白沙宋墓</u>第一号墓过道西壁窗下壁画中"同心结"线球

2．<u>元人揭钵图</u>中"同心结"线球玩具

〔二六〕**讲拜**

司马光司马氏书仪卷三婚仪上亲迎：妇从者布于席阃，向东方，婿从者布席于西方，婿妇逾阃，婿立于东席，妇立于西席，妇拜，婿答拜。古者，妇人与丈夫为礼则拜，乡里旧俗，男女相拜，女子先一拜，男子拜，女一拜，女子又一拜，盖由男子以再拜为礼，女子以四拜为礼故也。古无婿妇交拜之仪，今世俗相见交拜，拜致恭，亦事理之宜，不可废也。俠音夹。

〔二七〕**撒帐**

宋话本快嘴李翠莲记：合家大小俱相见毕。先生念诗赋，请新人入房，坐床撒帐。

新人挪步过高堂，神女仙郎入洞房。花红利市多多赏，五六撒帐盛阴阳。

张郎在前，翠莲在后，先生捧着五谷，随进房中。新人坐床，先生拿起五谷，念道：

撒床东，帘幕深围烛影红。佳气郁葱长不散，画堂日日是春风。

撒帐西，锦带流苏四角垂。揭开便见姮娥面，输却仙郎捉带枝。

撒帐南，好合情怀乐且耽。凉月好风庭户爽，双双绣带佩宜男。

撒帐北，津津一点眉间色。芙蓉帐暖度春宵，月娥苦邀蟾宫客。

撒帐上，交颈鸳鸯成两两。从今好梦叶维熊，行见蠙珠来入掌。

撒帐中，一双月裹玉芙蓉。恍若今宵遇神女，红云簇拥下巫峰。

撒帐下，见说黄金光照社。今宵吉梦便相随，来岁生男定声价。

撒帐前，沉沉非雾亦非烟。香裹金虬相隐映，文箫今遇彩鸾仙。

撒帐后，夫妇和谐长保守。从来夫唱妇相随，莫作河东狮子吼。

翟灏通俗编卷三：梦华录：凡娶妇男女对拜毕就床，男向右，女向左坐，妇女以金钱彩果撒掷，谓之撒帐。戊辰杂抄：撒帐始于汉武帝，李夫人初至，帝迎入账中共坐，饮合卺酒。预戒宫人遥撒五色同心花果，帝与夫人以衣裾盛之，云得多得子多也。按佛家有珍珠撒帐之说。

孙宝瑄忘山庐日记壬寅（光绪二十八年，西元 1902 年）九月二十二日：俗有洒帐之列，盖剪彩包裹枣栗之类，谓之“喜果”，取以布散帏幕间，且须诵喜词。使余任其事，余枯窘不知作何语，新吾教余宋人洒帐之歌，使熟记，待洒时遂唱曰：洒帐东，帘幕深围烛影红，佳气葱笼长不散，画堂日日醉春风。洒帐西，锦带流苏四角低，龙虎榜中标第一，鸳鸯谱里稳双栖。洒帐南，琴瑟和鸣乐且耽，碧月团圞人似玉，双双绣带佩宜男。洒帐北，新添喜气眉间塞，芙蓉并蒂来双本，广寒仙子蟾宫客。洒帐中，一双云里玉芙蓉，锦衾洗就湘波绿，绣枕移就琥珀红。洒帐毕，诸位亲朋齐请出，夫夫妇妇咸有家，子子孙孙乐无极。

〔二八〕**合髻**

庄绰鸡肋编卷上：礼文亡阙，无若近时，而婚丧尤为乖舛。如亲王纳夫人，亦用拜先灵、合髻等俗礼。李广结发与匈奴战，谓始胜冠年少时也，故杜甫新婚别云“结发为君妇”。而后世初婚嫁者，以男女之发合梳为髻，谓之“结发”，甚可笑也。

［文案］庄绰云“结发可笑”，似可休矣。殊不知，宋男女成人结发上头已引伸于婚俗，“合髻”乃新婚男女各自剪下一绺头发，绾在一起，充作信物，寓以夫妇生死与共之愿矣。

〔二九〕**交杯酒**

王得臣麈史卷下风俗：四方不同风，甚者，京师尤可笑。古者婚礼合卺，今也以双杯彩丝连足，夫妇传饮，谓之“交杯”。

宋话本错认尸：周氏将酒筛下，两个吃一个交杯盏。两人合吃五六杯。

罗振玉俗说交杯酒：王建失钗怨：双杯行酒六亲喜，我家新妇宜拜堂。按：今江淮间婚娶，新妇降舆后，先以酒二爵，夫妇互进一卮，谓之交杯酒。饮毕然后拜堂。观建诗，是唐时已然。

〔三〇〕**镜台**

［文案］白沙宋墓、郑州南门外宋墓出土之镜台样式及云笈七签所

附镜台图，可注本条镜台。

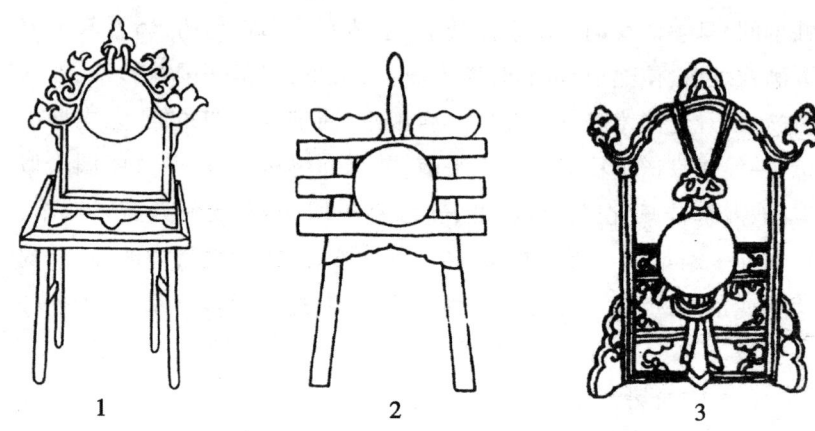

1. 白沙宋墓第一号墓后室西南壁壁画中的镜台
2. 河南郑州南门外宋墓壁画中的砖砌镜台
3. 云笈七签卷七十二所附镜台图

〔三一〕**赏贺**

[文案]女家赠男家之礼，由新妇开箱，将箱中礼物分赠公婆、伯婶长亲，兄弟、子侄晚辈，此举谓之"赏贺"，近代"开箱礼"亦称"见面礼"，即其遗风。

〔三二〕**拜门**

洪皓松漠纪闻卷一：女真贵游子弟及富家儿月夕被酒，则相牵携尊，驰马戏饮。其地妇女闻其至，多聚观之，间令侍坐，与之酒则饮，亦有起舞歌讴以侑觞者。邂逅相契，调谑往反，即载以归。不为所顾者至追逐，马足不远数里。其携去者，父母皆不问，留数岁，有子始具茶食、酒数车归宁，谓之"拜门"。

〔三三〕**蜜和油蒸饼**

[文案]近代北京地区，新婚之家贺礼，多有锡质油灯一架，内盛香油和蜜，以取蜜里调油之意，以寓新婚夫妇亲密和美。蒸饼则借蒸蒸

日上之意。"蜜和油蒸饼"兼有二者之意。

育　子〔一〕

　　凡孕妇入月于初一日，父母家以银盆或錂或彩画盆，盛粟秆一束，上以锦绣或生色帕复盖之，上插花朵及通草帖罗五男二女花样〔二〕，用盘合装送馒头，谓之"分痛"。并作眠羊、卧鹿、羊生，果实取其眠卧之义。并牙儿衣物绷籍等，谓之"催生"〔三〕。就蓐分娩讫，人争送粟米炭醋之类。三日落脐〔四〕、灸囟〔五〕，七日谓之"一腊"。至满月〔六〕则生色及绷绣钱，贵富家金银犀玉为之，并果子，大展"洗儿会"〔七〕。亲宾盛集，煎香汤于盆中，下果子、彩、钱、葱〔八〕、蒜等，用数丈彩绕之，名曰"围盆"；以钗子搅水，谓之"搅盆"。观者各撒钱于水中〔九〕，谓之"添盆"。盆中枣子直立者，妇人争取食之，以为生男之征。浴儿〔一〇〕毕，落胎发，遍谢坐客。抱牙儿入他人房，谓之"移窠"。生子百日置会，谓之"百晬"。至来岁生日谓之"周晬"，罗列盘盏于地，盛果木、饮食、官诰、笔研、算秤等，经卷、针线〔一一〕，应用之物，观其所先拈者，以为征兆，谓之"试晬"。此小儿之盛礼也。

[注]

　　〔一〕**育子**

　　丁传靖宋人轶事汇编卷二十故事：宋京畿各郡有慈幼局。贫家子多辄厌之不育，乃许其抱至局，书生年月日时，局有乳媪育之。他人家

或无子女,都来取于局。岁祲,子女多入慈幼局,故道无抛弃子女。_遂
_{昌杂录}

太平老人袖中锦二妙:苏州儿,越州女。

永亨搜采异闻录卷之三:今时人家双生男女,或以后生者为长,谓
受胎在前。或以先生者为长,谓先后当有序。

宋人冬日婴戏图局部

〔二〕上插花朵及通草帖罗五男二女花样

宋话本三现身包龙图断案:只见两个妇女,吃得两颊赤红。上手
的提着一瓶酒,下手的把着两朵通草花。

张媒道:"就今日好日,讨一个利市团圆吉帖。"押司娘道:"却不曾
买在家里。"李媒道:"老媳妇这里有。"便从抹胸内取出一幅五男二女
花笺纸来,正是:

雪隐鹭鸶飞始见,柳藏鹦鹉语方知。

当日押司娘教迎儿取将笔砚来,写了帖子。

[文案]"通草"为通脱树,其皮化纸,可粘贴纱罗上。"五男二女"
为宋家庭美满之喻。若快嘴李翠莲记:"五男二女,七子团圆。"至清代

开封,仍有此类祝贺生子之仪,若<u>李绿园</u><u>歧路灯</u>第九九回,<u>王象荩</u>得子,"送喜蛋并合家的喜面","上边插着一朵通草红花儿"。

〔三〕**催生**

佚名<u>产宝诸方</u>:催生药:极验黄龙散,罗试有效。地龙钱子者洗去土,新瓦上焙令微黄。陈皮蒲黄隔纸炒。右等分,各自为末,贴着,如经日不产,各抄一钱新井水,调下,便产。若两三日艰难者,只一服即分娩,子母全安。

<u>陈自明</u><u>妇人大全良方</u>卷十六坐月门入月预备药物第十:保气散

佛手散　枳壳散　神寝元　榆白皮散　保生元　催生丹　黑神散
大圣散　花药石散　黑龙丹　理中元　催生符　生地黄　羌活　葵子
黄莲　竹茹　乌梅　雌雄石燕　甘草　海马　马衔铁　枣子　陈皮
姜钱　黑豆　白蜜　无灰酒　童子小便　好醋　白米　煎药炉　铫
子　煮粥沙瓶　滤药帛　醋炭盆　小石一二十颗　汤瓶　软硬炭
干柴茅　暖水釜　洗儿肥皂头发

断脐线及剪刀　干蓐草　卧交椅　软厚褥　灯笼　火把　缴巾
油烛　发烛　灯心

<u>朱端章</u><u>卫生家宝产科备要</u>催生治产难灵符:每遇产妇将欲上草时,灯焰口烧灰,不得飞扬了,急投盏中,用净水温调服,须臾即产。

<u>郭稽中</u><u>产育宝庆集</u>卷上李师圣:催生丹治胎死腹中,或产母气乏委顿、产道干涩。　苍术　米泔浸二两　桔梗一两　陈皮六钱　白藏
桂心　甘草炙各三钱　当归　鹏头炮去皮尖　干姜炮　厚朴制　南星炮
附子炮去皮脐　半夏汤洗七次　茯苓　芍药各二两　杏仁炒去皮尖　阿胶麸炒各二钱五分　川芎钱半　枳壳麸炒四钱　南木香一钱

<u>洪遵</u><u>洪氏集验方</u>卷第五催生如圣散:黄蜀葵花　右一味,焙干为细末,每服二钱,熟汤,放温调下神妙。或有漏血胎,脏干涩,难产痛剧者,并进三服,良久,腹中气宽胎滑,实时产下,如无花,只用黄蜀葵子,烂研小半,合以酒调,滤去滓,温饮尤佳。予家常合以济人,其验。

催生药　香白芷　百草霜　右等分为末，用童子小便，却入酒醋少许，沸汤调下，甚有神验。

[文案]宋催生药颇夥，其习亦传之久远。<u>明宛署杂记第十七卷民风</u>述北京地区女人将临蓐，妇家先期以果羹馈其女，亦曰"催生"。

〔四〕**落脐**

无名氏<u>小儿卫生总微论方卷一断脐论</u>：儿生下，须当以时断脐。若不以时断脐者，则令脐汁不干而生寒，为脐风之由。断脐之法，当隔单衣，以牙咬断之，将暖气呵七遍，若用刀断之，须用剪刀先纳怀中暖透，然后方用。不得便用冷刀，多致伤脐生病，宜切戒之。其断脐带，当令长至足跌，或云当长六寸，若太短则伤脏，令儿腹中不调；若太长则伤肌，令儿皮枯鳞起。才断脐讫，须用烙脐饼子，安脐带上，烧三壮炷如麦大，若儿未啼，灸至五七壮，灸了，上用封脐散封裹之法，须挞治帛子，令柔软，用方四寸许，上置新绵，厚半寸，及上置药末，适紧慢以封之。如不备其药，即用极细熟艾一块，置于上封之，但不令封帛紧急，急则令儿吐哯，又须常切照顾，勿令湿着及襁绷中，亦不可令儿尿湿，恐生疮肿及引风也。

烙脐饼子　豆豉　黄蜡各一分　射香少许　右以豆豉为细末，入射，研均，镕蜡和剂，看大小捻作饼用。

封脐散　雄鼠粪七枚，两头尖者是　干姜枣大　甑带鸡子许三味同烧灰　绵灰半两别烧称　绯绵灰别烧称半分　胡粉三钱炒黄　射香少许　右同研极细末，每用半钱至一钱，傅脐上封之，永不患脐疮肿，如已，因风湿患疮肿者，看脐带落与未落，依此用药便差。

<u>吴宏独醒杂志</u>：枢密<u>孙公抃</u>，生数日患脐风，已不救，家人乃盛以盘合，半弃诸江。道遇老媪曰："儿可活。"即与俱归，以艾火主灸脐下，遂活。

〔五〕**灸囟**

无名氏<u>颅囟经原序</u>：夫颅囟者，谓天地阴阳化感颅囟，故受名也。尝览<u>黄帝内传王母金文</u>，始演四序二仪阴阳之术，三才一元之道，采御灵机，黄帝得之升天秘藏金匮，名曰内经，百姓莫可见之。后穆王贤士师巫于崆峒山得而释之，叙天地大德阴阳化功，父母交和，中成胎质，爰自精凝血室，儿感阳兴，血入精宫，女随阴住，故以清气降而阳谷生，浊气升而阴井盛也。甚者二仪互换，五气相参，目睹元机，非贤莫达，谓真阴错杂，使精血聚而成狭，阳发异端，感荣卫合而有疾，遂使婴儿才养惊候，多生庸愚，不测始末，乱施攻疗，便致枉损婴儿。吁哉吁哉！遂究古言，寻察端由，叙成疾目，曰囟经焉。

何大任太医局诸科程文格卷九假令法第一道：对肾气不足则骨髓无滋养之荣，颅囟开解则头缝失闭合之道，且产母临于九月，胎气资于少阴，始于胚胎而肾气不成，后为童稚而骨髓不足。骨者肾之合，肾弱而骨无所充；脑者髓之海，髓虚而脑无所养。故初生而颅不合，渐大而囟自开者，必然之理也。目即春令，正值发陈之时；脉见微弦，乃为平和之诊。经曰：春胃微弦曰平今反诊，得微弱之脉，乃应解颅之候。经曰：微则为虚。又曰：弱则为虚。本因在胎之时少阴失于荣养，既生之后骨气乖于滋充，囟门渐大而渐开，头缝当合而不合者是也。巢氏曰解颅者其状小儿年大，囟应合而不合，头缝开解是也，由肾气不成故也。详此之病，其势尚轻，可用奇方治之。

治假令解颅候正一辅二奇方龟甲圆：龟甲为正味，甘、平、有毒，主小儿囟不合，生南海池泽，恶沙参蜚廉，用一两醋，灸黄锉。　干地黄为辅味，甘苦寒无毒，填骨髓补五脏，内伤不足，生咸阳川泽黄土地者佳。恶贝母畏芜荑，用半两锉焙干。　山蓣为辅，味甘、温、平、无毒，充五脏，生嵩高山谷，紫芝为之使，恶甘遂，用半两，锉。右三味为细末，用狗脑和丸，如麻子大，每服三十丸，白汤送下，乳食前服。

〔六〕满月

无名氏瑞鹧鸪贺宗室子满月：璇源一派接天流。秀毓君家公共侯。满月佳时近重九，生朝令节踵千秋。　且评指日腾佳誉，蟾苑他年快壮游。气宇如今复何似，相应十倍虎窥牛。

无名氏西江月贺人女中秋日满月：八月秋中玉律，十分月满瑶台。芳姿谪下佛宫来。疑是东方世界。　黛绿旋闻季发，桃江新晕芳腮。春风满面笑容开。长似观音自在。

宋话本花灯轿莲女成佛记：张待诏见是个女儿，却和那没眼婆婆一般相似。当下，张待诏甚是喜欢。当日过了，第三做了三朝。看看满月，不在话下。

陈士元俚言解卷之一三朝满月：生子三日谓之三朝。是日祭祖先、洗儿、灸脐，俗称洗三。东坡词：维熊佳梦，释氏老君亲抱送。壮气横秋，未满三朝已食牛。又朱文公生，其父韦斋先生洗儿诗"客子三朝寿一壶"是也。又生子一月，谓之满月。此风唐宋时最盛，亲友富豪者投赠犀钱玉果。翰墨大全贺生子满月启，有"新添窦桂，又换尧蓂"之句。

罗振玉俗说满月：北齐书韩凤传，男宝仁尚公主，在晋阳赐第一区，其公主生男昌满月，驾幸凤宅，宴会尽日。按儿生满月庆宴，始此。通俗编云：满月字见北史节义传，满月庆宴则始于唐，误。

〔七〕**洗儿会**

苏轼调谑编洗儿戏作："人家养子望聪明，我被聪明误一生。惟愿孩儿愚且鲁，无灾无难到公卿。"

王以宁浣溪沙又张金志洗儿：招福宫中第几真。餐花辟谷小夫人。天翁新与玉麒麟。　我识外家西府相，玉壶冰雪照青春。小郎风骨已凌云。

〔八〕**钱、葱**

叶寘爱日斋丛钞卷一：东坡又记闽人生子，三朝浴儿时，家人及宾客皆戴葱、钱，曰葱使儿聪明，钱使儿富。

〔九〕**撒钱于水中**

洪迈容斋随笔四笔卷第六洗儿金钱：车驾都钱塘以来，皇子在邸生男及女，则戚里、三衙、浙漕、京尹，皆有饷献，随即致答，自金币之外,洗儿钱果,动以十数合,极其珍巧。若总而言之,殆不可胜算。莫知其事例之所起。<u>刘原甫</u>在<u>嘉祐</u>中,因论无故疏决云:在外群情皆云圣意以皇女生,故施此庆,恐非王者之令典也。又闻多作金银、犀象、玉石、琥珀、玳瑁、檀香等钱,及铸金银为花果,赐予臣下。自宰相台谏,皆受此赐。无益之费,无名之赏,殆无甚于此,若欲夸示奢丽,为世俗之观则可矣。非所以轨物训俭也。宰相台谏以道德辅主,奈何空受此赐,曾无一言,遂事不谏,臣愿深执恭俭,以答上天之贶,不宜行姑息之恩。以损政体。伟哉<u>刘公</u>之论,其劲切如此。<u>欧阳公</u>铭墓,略而不书。予为国史,亦不知载于本传,比方读其奏章,故敬纪之。<u>韩偓</u><u>金銮</u>密记云:<u>天复</u>二年,大驾在<u>岐</u>,皇女生三日,赐洗儿果子、金银钱、银叶坐子、金银铤子。予谓<u>唐昭宗</u>于是时尚复讲此,而在庭无一言,盖宫掖相承,欲罢不能也。

〔一〇〕浴儿

<u>许国桢</u><u>御药院方</u>卷之十一凡新降诞儿浴法:用猪胆一枚,投汤中,令不生疮疥,汤中勿添生水,浴讫断脐。降诞三日浴法:桃根　李根　梅根各二两,锉　右三味,以水八斤煎二十沸,去滓浴之。去不祥,令身无疮痍。一方,煎成去滓,入麝香末少许。

无名氏<u>小儿卫生总微论方</u>卷一洗浴论:儿才生下,须先洗浴,以荡涤污秽,然后乃可断脐也。若先断脐,则浴水入脐而为脐疮等病。及浴水,须入药,预先煎下,以瓶贮顿,临时旋暖用之,不犯生水即佳。并已后浴之,亦用药煎汤,拣所宜时日则大良矣。凡浴宜用寅卯酉日,若初生不值,但于日中选此三时,如时亦不值,唯忌壬午丁巳癸巳日,时大凶而与避之,余皆可也,今具煎汤用药下项:

用猪胆汁汤浴儿,则不患疮癣,皮肤滑泽。用金银虎骨丹砂煎汤,则癣邪恶去惊。单用虎骨亦得。用李叶切半升煎汤,则解肌热去温壮。用白芷二两、苦参三两挫碎煎汤,则去诸风。用蒴藋、葱白、葫麻叶、白芷、藁本、蛇床子煎汤,退热。用苦参、黄莲、猪胆、白芨、杉叶、柏叶、枫叶煎汤,去风。用大麻仁、苓陵香、丁香、桑葚、藁本煎汤,治诸疮。用金银桃奴、雄黄、丹砂煎汤,则辟邪除惊。用益母草煎汤,治疥癣诸疮。

凡煎汤,每用水一斗入药,煎至七升去滓,适寒温用之。冬不可太热,夏不可令冷,须调停得宜,乃可用之。儿自生之后,须依时洗浴,以去垢污,又不可数数,若都不洗浴,则皮皱毛落,多生疮疥,凡洗浴时于背上则微微少用水,余处任意即不可极淋其背,亦不可久坐水中,则引惊作病,切须慎之。如常能依法用之,令儿体滑舒畅血脉通流,及长少病,无不验也。

无名氏颅囟经卷下澡浴方:苦参　茯苓皮　苍术　桑白皮　白矾各半两　葱白少许　右药锉细,每浴时取一两,沸水二升浸药后通温,与儿浴之,避风于温处妙。

郭应祥鹊桥仙又五月四日仲远浴儿:去年夕,今年五日,两见浴儿高会。乃翁种德已多年,看衮衮、公侯未艾。　封胡羯末,综维缜绎,堪羡金鱼垂袋。丹砂白蜜不须涂,把续命、彩丝与带。

〔一一〕针线

无名氏撷青杂说盐商厚德:项邻里有一金官人,受得醴州安乡尉。新丧妻,闻此女善能针线,遂亲见项求顾,项执前言不肯,金尉求之不已。

龚颐正芥隐笔记社日停针线:周美成社日停针线,盖用张文昌吴楚词"今朝社日停针线",有自来矣。

宇文懋昭大金国志卷之三十一齐国刘豫录:皇后钱氏,宣和间为御侍,出宫后,为贼所掠,卖身与豫,为针线婢,故宫廷事,豫皆取法于钱。

高文虎蓼花洲闲录:定州织刻丝,不用大机,以熟色经于木桿上,随所欲作花草禽兽状,以小梭布纬时,先留其处,以杂色线缀于经纬之上,合以成文,不相连,承空视之如雕镂之象,故名"刻丝",如妇人一衣终岁方就，虽作百花，使不相类，亦可。盖纬线非通梭所织也。

张应文清秘藏卷上论宋绣刻丝：宋人之绣，针线细密，用绒止一二丝，用针如发细者，为之设色精妙，光彩射目，山水分远近之趣，楼阁得深邃之体，人物具瞻眺生动之情，花鸟极绰约嚬唉之态，佳者较画更胜，望之生趣悉备。十指春风，盖至此乎。余家蓄一幅，作渊明潦倒于东篱，山水树石，景物粲然也，傍作蝇头小楷十余字，亦遒劲不凡，用以裹子昂归田赋真迹，亦似得所。元人则用绒稍粗，落针不密，间有用墨描眉目，不复宋人之精工矣。

幽兰居士东京梦华录　卷之六

正　月

正月〔一〕一日年节，开封府放关扑三日。士庶自早互相庆贺，坊巷以食物、动使、果实、柴炭之类，歌叫关扑。如马行、潘楼街、州东宋门外、州西梁门外踊路、州北封丘门外及州南一带，皆结彩棚，铺陈冠梳、珠翠、头面、衣着、花朵、领抹①、靴鞋、玩好之类，间列舞场歌馆，车马交驰。向晚，贵家妇女〔二〕，纵赏关赌，入场观看，入市店饮宴，惯习成风，不相笑讶②。至寒食冬至三日亦如此。小民虽贫者，亦须新洁衣服，把酒相酬尔。

393

[校]

①“抹”，据明刻本、抄本应为“抹”。

②“讶”，据明刻本、抄本应为“讶”。

[注]

〔一〕正月

孔平仲谈苑卷二：仁宗朝，王珪上言：请以正月为端月，为与上名音相近也。

陆游老学庵续笔记一卷：王羲之之先讳"正"，故法帖中谓"正月"为"一月"，或为"初月"，其他"正"字率以"政"代之。

〔二〕贵家妇女

廉宣清尊录狄氏：狄氏者，家故贵，以色名动京师，所嫁亦贵家，明艳绝世。每灯夕及西池春游，都城士女欢集，自诸王邸第及公侯戚里、中贵人家，帝幕车马相属，虽歌姝舞姬，皆饰珰翠、佩珠犀，览镜顾影，人人自谓倾国。及狄氏至，靓妆却扇，亭亭独出，虽平时妒悍自炫者，皆羞服，至相忿诋，辄曰："若美如狄夫人邪？乃敢凌我！"其名动一时如此。

方回虚谷闲抄：章子厚惇，初来京师赴省试，年少美丰姿。当日晚独步御街，见雕舆数乘，从卫甚都，最后一舆有一妇人美而艳，揭帘以目挑章，章因信步随之，不觉至夕。妇人以手招与同舆，载至一甲第，甚雄壮。妇人者蔽章，杂众人以入一院，甚深邃若无人居者。少选，前妇人始至，备酒馔甚珍，章因问其所，妇人笑而不答。□□人引侪辈叠相往来甚众，俱亦姝丽，询之□□□而言他，每去则以巨锁扃之。如是累日夕，章为之体敝，意甚徬徨，一姬年差长，忽发问曰："此岂郎所游之地，何为至此邪？我主翁行迹多不循道理，宠婢多而无嗣息，每钩致年少之徒，与群婢合，久则毙之此地数人矣。"章惶骇曰："果尔，为之奈何？"姬曰："观子之容，盖非碌碌者，似必能脱。主人翊日入朝甚早，今夕解我之衣，以衣子，我且不复锁门，俟至五鼓，吾来呼子，亟随我登厅事，我当以厮役之服被子，随前驺以出，可以无患矣。尔后慎勿以语人，亦勿复由此街，不然吾与若皆祸不旋踵矣。"诘旦果来扣户，章用其术遂免于难，及既贵，始以语族中所厚善者，云后得其主翁之姓名，但不欲晓于人耳。少年辈不可不知戒也。

元旦朝会

正旦大朝会,车驾坐大庆殿,有介胄长大人四人立于殿角,谓之"镇殿将军"〔一〕。诸国使人入贺殿庭,列法驾仪仗,百官皆冠冕朝服,诸路举人解首亦士服立班,其服二量①冠白袍青缘。诸州进奏吏,各执方物入献〔二〕。诸国使人,大辽〔三〕大使顶金冠,后檐尖长如大莲叶,服紫窄袍,金蹀躞〔四〕;副使展裹金带如汉服。大使拜则立左足,跪右足,以两手着右肩为一拜。副使拜如汉仪。夏国〔五〕使、副皆金冠短小样制,服绯窄袍,金蹀躞,吊敦〔六〕,背②叉手〔七〕展拜。高丽〔八〕与南番交州〔九〕使人并如汉仪。回纥〔一〇〕皆长髯高鼻,以匹帛缠头〔一一〕,散披其服。于阗〔一二〕皆小金花毡笠,金丝战袍束带,并妻男同来,乘骆驼毡毡铜铎入贡。三佛齐〔一三〕皆瘦脊缠头,绯衣上织成佛面。又有南蛮五姓番〔一四〕,皆椎髻乌毡,并如僧人礼拜,入见旋赐汉装锦袄之类。更有真腊〔一五〕、大理〔一六〕、大石③〔一七〕等国,有时来朝贡。其大辽使人在都亭驿〔一八〕,夏国在都亭西驿,高丽在梁门外安州巷同文馆,回纥、于阗在礼宾院,诸番国在瞻云馆或怀远驿。唯大辽、高丽,就馆赐宴。大辽使人朝见讫,翌日诣大相国寺烧香〔一九〕。次日诣南御苑射弓,朝廷旋选能射武臣伴射,就彼赐宴,三节人皆与焉。先列招箭班十余于垛子前,使人多用弩子射,一裹无脚小幞头子、锦袄子〔二〇〕辽人,踏开弩子,舞旋搭箭,过与使人,彼④窥得端正,止令使人发牙。例本朝伴射用弓箭中的,则赐闹装[二一]银鞍马,衣着、金银器物有差。伴射得捷[二二],京师市井儿遮路争献口号,观者如堵。翌日,人使朝辞。朝退,内前灯山已上彩,其速如神。

[校]

①"量",徐梦莘三朝北盟会编卷第七十四靖康中帙四十九作"梁"。

②"背",陈元靓岁时广记卷七来朝贺作"皆"。

③陈元靓岁时广记卷七来朝贺"臈"作"腊","石"作"食","大理"、"真腊"互乙。

④"彼",元本即此。中华邓注本校对误为"被"。

[注]

〔一〕镇殿将军

朴通事谚解卷下:大明殿前月台上,四角头立地的四个将军。四个将军募选身躯长大壮伟异于人者,红盔银甲,立于殿前月台上四隅,名镇殿将军,亦曰红盔将军,亦曰大汉将军,其请给衣粮,曰"大汉衣粮",年过五十,方许出官。咳,那身材长六尺,腰阔三围抱不匝,头戴四缝盔,身披黄金锁子甲、曜日连环,脚穿着朝云靴,各自腰带七宝环刀,手持画干方天戟的,将钺斧的,拿剑的,手柱枪的,三尺宽肩膀,灯盏也似两只眼,直挺挺的立地,山也似不动弹。咳,正是一条好汉,这的擎天白玉柱,驾海紫金梁,天子百灵咸助,将军八面威风。

陶宗仪南村辍耕录卷一大汉:国朝镇殿将军,募选身躯长大异常者充。凡有所请给,名曰"大汉衣粮"。年过五十,方许出官。

钱大昭迩言卷四将军:春秋时,晋使卿为军将,谓之将中军,将上军。左氏昭二十八传云:岂将军食之而有不足?将军二字,始见于此,后世遂以为官名矣。

〔二〕**方物入献**

王应麟玉海卷一百五十四朝贡太平兴国勃泥入贡：勃泥在西海中以十二月七日为岁节，前代未尝朝贡。兴国三年九月丁未，其王尚打遣使奉表，贡龙脑、玳瑁，对其使崇政殿赐鞍马器币，馆于礼宾院。元丰五年二月二十四日入贡。

祥符诸国奇兽：祥符五年四月丁未诏，以诸国所贡师子、驯象奇兽，列于外苑，谕群臣就苑中游宴。

淳化五年二月癸卯，南海商人献吉贝布画，海外蛮图及猩猩图、玉带，上于北苑召近臣观之。

庆历涂渤入贡：庆历八年十月二日，南蕃涂渤国遣使奉表，贡佛金骨、真珠、犀牛头、象齿。

元丰日本贡方物：太平兴国九年三月，日本古倭奴国也。奝然来献铜铃、磬、飘壶，并本国职员全年代纪。又言其国多中国典籍，因出孝经一卷，越王孝经新义一卷，孝经即郑氏注，越王，唐越王正也。元丰元年闰正月二十五日，日本僧仲迴贡方物，乾道九年五月二十五日贡方物。

元丰拂菻贡方物：元丰四年十月六日贡方物，鞑马刀剑珠。元祐六年四月十九日赐金衣带、银瓶。其国南至灭力沙，北至大海。

〔三〕**大辽**

叶隆礼契丹国志卷之二十三国土风俗：契丹国在库莫奚东，唐所谓黑水靺鞨者，今其地也。有七十二部落，不相统制，好为寇盗。父母死而悲哭者，以为不壮，但以其尸置于山树上，经三年后，乃收其骨而焚之。因酹酒而祝曰："冬月时，向阳食；夏月时，向阴食；我若射猎时，使我多得猪鹿。"其无礼顽嚚，于诸夷最甚。其风俗与奚、靺鞨颇同。至阿保机，稍并服诸小国，而多用汉人。汉人教之以隶书之半增损之，作文字数千，以代刻木之约。又制婚嫁，置官号，称皇帝。汉时为匈奴所破，保鲜卑山。魏青龙中，部酋为王雄所杀，众遂逃潢水之南，黄龙之北。至元魏，自号曰契丹。在唐开元、天宝间，使朝献者无虑二十。

胡环卓歇图

故事：以<u>范阳</u>节度为押奚、<u>契丹</u>使，至<u>唐</u>末，<u>契丹</u>始盛。

〔四〕**金蹀躞**

<u>李逸友</u>辽代带式考实一<u>陈国公</u>主驸马合葬墓出土的腰带：一、金蹀躞带（即发掘简报中之金銙银蹀躞带）一条，束在驸马<u>萧绍矩</u>腰部。带身用银片代替革鞓制成，带长一百五十六厘米、宽三厘米。带身中部缀方形金带銙十一件，前端缀方形金带扣并附有金带箍，后端缀桃形金带銙五件和圭形金铊尾一件。方形銙和铊尾上都有凸起的锤鍱兽面纹。方形銙下部有"古眼"，内穿仿小革带的窄银片，上缀小金銙和铊尾，以备悬佩物件。其中左、右两侧的第二条小带上各系一件金花银囊，中空无物，应是为仿金鱼袋而作；其内侧相邻的小带下端各有一件倒置葫芦形金饰。各条小带上的小金銙和铊尾上都有锤鍱兽面纹。带身悬佩多种物件：右下腹垂有带银鞘的银刀子和带鎏金银鞘的玉柄

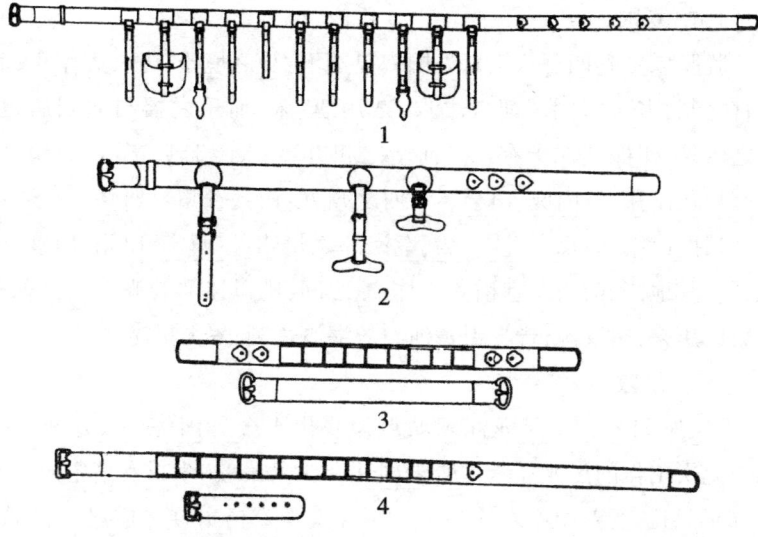

1. 金蹀躞带——契丹服Ⅰ式蹀躞带　2. 银蹀躞带——契丹服Ⅱ式蹀躞带

3. 双带扣双铊尾铜銙革带——汉服Ⅰ式腰带

4. 双带扣单铊尾玉带——汉服Ⅱ式腰带

银锥各一件,左下腹垂有带银鞘的银刀子、琥珀小瓶、琥珀双鱼形佩、琥珀鸳鸯各一件。这条用银片做成的长带,带身为单带扣单铊尾式。

　　二、金蹀躞带(即发掘简报中之金銙丝带)一条,束在陈国公主腰部。带身丝质,已腐朽,仅存残迹。带上原在后身及腰部两侧钉缀圭形龙纹金带銙八件,带銙大而厚重,锤鍱技艺精巧,銙上无"古眼"。带上悬佩银鞘琥珀柄铁刀子、镂雕金荷包、八曲花式金盒、錾花金针筒、琥珀双鱼形盒各一件和工具形玉佩、动物形玉佩等。

　　该文二节契丹服的蹀躞带:蹀躞带,辽史又作鞢韄带。蹀躞是指在带鞓上系佩物品,凡有系佩物品的腰带都称作蹀躞带。我国古代北方各族习惯在腰带上系佩刀子、解锥等游牧生活所必需的生产工具和生活用品,蹀躞带是他们的传统服饰,与汉代以来中原地区汉族官员所束附垂环以佩弓箭刀剑的那种带不同。

〔五〕**夏国**

脱脱宋史卷四百八十六外国二夏国下：夏之境土，方二万余里，其设官之制，多与宋同。朝贺之仪，杂用唐、宋，而乐之器与曲则唐也。河之内外，州郡凡二十有二。河南之州九：曰灵、曰洪、曰宥、曰银、曰夏、曰石、曰盐、曰南威、曰会。河西之州九：曰兴、曰定、曰怀、曰永、曰凉、曰甘、曰肃、曰瓜、曰沙。熙、秦河外之州四：曰西宁、曰乐、曰廓、曰积石。其地饶五谷，尤宜稻麦。甘、凉之间，则以诸河为溉，兴、灵则有古渠曰唐来，曰汉源，皆支引黄河。故灌溉之利，岁无旱涝之虞。

〔六〕**吊敦**

[文案]1988年，黑龙江阿城巨源乡出土金齐国完颜晏木棺。据参与此次工作的黑龙江考古所朱国忱介绍："吊敦"为男女墓主人之着装，即足与腿所着相连之袜裤也。用考古学家杨永琴之描述，"吊敦"者：裤不连袜，只在裤筒下口踝骨处，缝有一条横套带，穿时将套带蹬于足心，以便双腿穿套外衣或双足插入靴勒。吊敦上有一对绢制系带，穿用时左右只分别套于腿部，系带将其吊系于内服大口裤下腹横系带上。"吊敦"外形极象现代流行之"脚蹬裤"。孔宪易所谓"吊敦"乃"皮靴"之考证不能成立。

〔七〕**叉手**

普济五灯会元卷第六亡名古宿：昔有一僧，在经堂内不看经，每日打坐。藏主曰："何不看经？"僧曰："某甲不识字。"主曰："何不问人？"僧近前，叉手鞠躬曰："这个是甚么字？"主无对。

文惟简虏廷事实哑揖：汉儿、士大夫、上位者，年时及久阔交友相见，则进退周旋，三出头五折腰，相揖而不作声，名曰"哑揖"。不如是者，为山野之人，不知礼法，众可嗤笑。契丹人交手于胸前，亦不作声，是谓"相揖"。

盐店庄疆氏墓
出土宋俑叉手像

陆法言陈彭年覆宋本重修广韵上平声卷第一十三：叉两支也。说文曰："手指相错也。"

蕴闻大慧普觉禅师住径山能仁禅院语录卷第一：上堂。僧问："沩仰当时相见处插锹叉手，意如何？"师云："两眼对两眼。"进云："没弦琴上知音少，父子弹来格调高。"师云："尔且道，在插锹处在叉手处？"

宋话本崔衙内白鹞招妖：衙内自思量道："先自肚里又饥，却教吃茶！"正恁沉吟间，则见女娘教安排酒来。道不了，青衣掇过果桌，顷刻之间，咄嗟而办。幕天席地，灯烛荧煌。筵排异皿奇杯，席屏金觥玉斝。珠垒妆成异果，玉盘簇就珍羞。珊瑚筵上，青衣美丽捧霞觞；玳瑁杯中，粉面丫鬟斟玉液。衙内叉手向前："多蒙赐酒，不敢祗受。"

宋话本郑节使立功神臂弓：员外仔细看时吃一惊，这人正是亭子上梦中见的，却恁地模样！便问那汉："你是那里人？姓甚名谁？见在那里住？"那人叉着手："告员外，小人是郑州泰宁军大户财主人家孩儿。父母早丧，流落此间，见在宅后王婆店中安歇。姓郑名信。"

无名氏刘知远诸宫调君臣弟兄子母夫妇团圆第十二：[黄钟宫][快活年]"金冠共霞帔，让了十余起。其时小衙内，叉手还告启。"

许政扬宋元小说戏曲语释二叉手抄手：叉手一词，小说戏曲中俯拾即得，举例自可从省。这是古代的一种敬礼，汉唐已有，通行于宋元明间。宋人言"叉手"常和"揖"连在一起。如孔平仲谈苑卷四"真宗召种放至阙，韦布长揖宰执。"杨大年嘲曰："不把一言裨万乘，只叉双手揖三公。"这表明作揖时是必须叉手的。

宋代乐器中又有"叉手笛"，一名"拱辰管"。释文莹玉壶清话卷五："乐府中有古玉管，素号叉手笛。"而叉手笛的得名，是由于吹奏时的姿势有些像"叉手"的缘故。宋史卷四三八和岘传："乐器中有叉手笛者，上意欲增入雅乐，岘即令乐工调品以偕律吕。其执持之状，如拱揖然，请目曰'拱辰管'。"这又表明叉手的方式，与"拱揖"近似。从而可以推知，宋代的叉手，决不能是"两手交叉"着行礼。

大体说来，叉手便是拱手。所以古人只要两手拢在一起，即非行礼，也叫叉手。

在古代，拜跪是最隆重的敬礼；其次则揖；至于叉手，那仅仅是极其一般的礼貌了。

陈元靓 事林广记叉手图

〔八〕**高丽**

方凤夷俗考东：高丽国，知文字，庶民子孙夜诵书画习射。宋时遣使进别叙孝经一卷，越王孝经一卷，新义八卷，皇灵孝经一卷，孝经雌图一卷。又表求板本九经，诏与之。三岁一试举人，有进士诸科等学。每试百余人，登第者不过一二十人。地产龙须席、白硾纸、狼尾笔，士女服尚素。

叶梦得石林诗话卷中：高丽自太宗后，久不入贡，至元丰初，始遣使来朝。神宗以张诚一馆伴，令问其复朝之意。云：其国与契丹为邻，每因契丹诛求，藉不能堪，国主王徽常诵华严经，祈生中国。一夕忽梦至京师，备见城邑宫阙之盛，觉而慕之，乃为诗以记曰："恶业因缘近契丹，一年朝贡几多般。移身忽到京华地，可惜中宵漏滴残。"余大观间，馆伴高丽人，尝见诚一语录，备载此故事。

徐兢宣和奉使高丽图经卷第一始封：高丽之先，盖周武王封箕子胥馀于朝鲜，实子姓也。历周秦至汉，高祖十二年，燕人卫满亡命，聚党椎结，服役蛮夷，浸有朝鲜之地而王之。自子姓有国八百余年而为卫氏，卫氏有国八十余年，先是夫馀王得河神之女，为日所照，感孕而卵生。既长善射，俗称善射为朱蒙，因以名之，夫馀人以其生异，谓之不祥，请除之。朱蒙惧，逃焉。遇大水无梁，势不能渡，因持弓击水而咒之。鱼鳖并浮，因乘以济，至纥升骨城而居，自号曰高句骊。因以高为氏，而以高骊为国。

第三封境：高丽南距卫海，西距辽水，北接契丹旧地，东距大金，又与日本、琉球、聤罗、黑水、毛人等国，犬牙相制。惟新罗百济不能自固其围，为丽人所并。今罗州广州道是也。其国在京师之东北，自燕山道陆走渡辽而东之，其境凡三千七百九十里。若海道则河北、京东、淮南、两浙、广南、福建皆可往。今所建国，正与登莱滨棣相望。自元丰以后，每朝廷遣使，皆由明州、定海放洋绝海而北，舟行皆乘夏至后南风，风便不过五日，即抵岸焉。

〔九〕**交州**

赵汝适诸蕃志卷上志国交趾国：交趾，古交州。东南薄海，接占城，西通白衣蛮，北抵钦州。历代置守不绝，赋入至薄，守御甚劳。皇朝重武爱人，不欲宿兵瘴疠之区，以守无用之土。因其献款，从而羁縻之。王系唐姓。服色饮食略与中国同，但男女皆跣足差异耳。每岁正月四日,椎牛飨其属。以七月十五日为大节,家相问遗,官寮以生口献其酋。十六日开宴酬之。岁时供佛,不祭先。病不服药。夜不燃灯。乐以蚺蛇皮为前列。不能造纸笔,求之省地。土产沉香、蓬莱香、生金、银、铁、朱砂、珠、贝、犀、象、翠羽、车渠、盐、漆、木绵、吉贝之属。岁有进贡。其国不通商。以此首题,言自近者始也。舟行约十余程抵占城国。

〔一〇〕**回纥**

刘祁归潜志卷第十三:其回纥国,地广袤,际西不见疆畛。四五月百草枯如冬。其山,暑伏有蓄雪。日出有燠,日入而寒。至六月,衾犹绵。夏不雨,迨秋而雨,百花始萌。及冬,川野如春,卉木再华。其人种类甚众,其须髯拳如毛,而缁黄浅深不一。面惟见眼、鼻。其嗜好亦异。有没速鲁蛮回纥者,性残忍,肉必手杀而啖,虽斋亦酒脯自若。有遗里诸回纥者,颇柔懦,不喜杀,遇斋则不肉食。有印都回纥者,色黑而性愿,其余不可殚记。

程大昌北边备对回纥九姓:唐史:回纥者,其先匈奴也。后呼铁勒、薛延陀者,回纥之部落也。贞观初,突厥已亡,惟回纥与薛延陀为最雄强。已而回纥攻薛延陀,并有其地,遣使献功。太宗为幸灵州,次泾阳,受其功,乃以回纥部为瀚海部督,多质葛部为燕然部督,凡六部督。天宝初,回纥之臣裴罗袭破拔密,自称骨咄禄毗伽款可汗,天子以为奉义王,居突厥故地,徙牙乌德鞬山南,去高阙无二千里,则去塞甚不远,而又尽九姓之地。九姓者曰乐葛罗,曰胡咄葛,为族凡九也。其后裴罗又杀白眉可汗,得地愈广,尽得古匈奴地。肃宗初,遣兵助广平王收长安,帝以幼女妻之。此在唐之中世,北房最强者也。

〔一一〕**缠头**

程大昌演繁露卷七锦缠头:唐书代宗诏许大臣燕郭子仪于其第,鱼朝恩出锦三十匹,为缠头之费。旧俗赏歌舞人,以锦彩置之头上,谓之"缠头",宴飨加惠,藉以为词。

〔一二〕于阗

脱脱宋史卷四百九十列传第二百四十九外国六：于阗国，自汉至唐，皆入贡中国，安、史之乱，绝不复至。晋天福中，其王李圣天自称唐之宗属，遣使来贡。高祖命供奉官张匡邺持节册圣天为大宝于阗国王。

建隆二年十二月，圣天遣使贡圭一，以玉为柙；玉枕一。本国摩尼师贡琉璃瓶二、胡锦一段。其使言：本国去京师九千九百里，西南抵葱岭与婆罗门接，相去三千余里，南接吐蕃，西北至疏勒二千余里。国城东有白玉河，西有绿玉河，次西有乌玉河，源出昆冈山，去国城西千三百里。每岁秋，国人取玉于河，谓之捞玉。土宜蒲萄，人多酝以为酒，甚美。俗事妖神。

〔一三〕三佛齐

赵汝适诸蕃志卷上志国三佛齐国：三佛齐，间于真腊、阇婆之间，管州十有五。在泉之正南，冬月顺风月余方至凌牙门。经商三分之一，始入其国。国人多姓蒲。累甓为城，周数十里，国王出入乘船，身缠缦布，盖以绢伞，卫以金镖。其人民散居城外，或作牌水居，铺板覆茅。不输租赋。习水陆战，有所征伐，随时调发，立酋长率领，皆自备兵器糗粮，临敌敢死，伯于诸国。无缗钱，止凿白金贸易。四时之气，多热少寒。豢畜颇类中国。有花酒、椰子酒、槟榔蜜酒，皆非曲蘖所酝，饮之亦醉。国中文字用番书。以其王指环为印，亦有中国文字，上章表则用焉。

其国自唐天祐始通中国。皇朝建隆间凡三遣贡。淳化三年告为阇婆所侵，乞降诏谕本国，从之。咸平六年上言，本国建佛寺以祝圣寿，愿赐名及钟，上嘉其意，诏以“承天万寿”为额，并以钟赐焉。至景德、祥符、天禧、元祐、元丰贡使络绎，辄优诏奖慰之。其国东接戎牙路或作重迦卢。

〔一四〕**南蛮五姓番**

周去非岭外代答卷三外国门下西南夷：西南五姓蕃部，曰：龙、罗、方、石、张，自昔许上京入贡。龙、罗、方、石自宜州入境，张蕃自邕州入境。或三年，或四五年，计五姓人徒凡九百六十人。所贡毡、马、丹砂。朝廷支赐锦衫银带，与其他费，凡二万四千四百余缗，回答之物不与焉。

朱辅溪蛮丛笑：五溪之蛮，皆盘瓠种也。聚落区分，各亦随异，沅其故壤，环四封而居者，今有五，曰猫、曰猺、曰獠、曰㺃、曰犵狫。风声气习大略相似，不巾不履，言语服食，率异乎人。由中州官于此，其始见也，皆仿之，既乃笑之，久则恬不知怪。

〔一五〕**真腊**

赵汝适诸蕃志卷上志国真腊国：真腊接占城之南，东至海，西至蒲甘，南至加罗希。自泉州舟行顺风月余日可到，其地约方七千余里，国都号禄兀。天气无寒。

有神曰婆多利，祠祭甚谨。以右手为净，左手为秽。取杂肉羹与饭相和，用右手掬而食之。厥土沃壤，田无畛域，视力所及而耕种之。米谷廉平，每两乌铅可博米二斗。土产象牙、暂速细香、粗熟香、黄蜡、翠毛此国最多、笃耨脑、笃耨瓢、番油、姜皮、金颜香、苏木、生丝、绵布等物。番商兴贩，用金银、瓷器、假锦、凉伞、皮鼓、酒、糖、醯醢之属博易。

〔一六〕**大理**

于慎行谷山笔麈卷之十八夷考：宋政和七年，大理入贡，封其酋段氏为王，此大理入中国之始也。

〔一七〕**大石**

马端临文献通考卷三百三十九四裔十六大食：大食，其国男夫鼻大而长，瘦黑多须鬓，似婆罗门。妇女多端丽，亦有文字，与波斯不同。出驼、马、驴、骡、羖羊等，土多砂石，不堪耕种，无五谷，唯食驼、马等肉。破波斯、拂菻，始有米面。敬事天神。

〔一八〕**都亭驿**

李濂汴京遗迹志卷之十三杂志二宋四馆驿：都亭驿。待辽使之阶。

都亭西驿。_{待西蕃、阿黎、于阗、新罗、渤海使之所。}

[文案]孔宪易读东京梦华录注小议,据卷二宣德楼前省府宫宇,"自州桥投西大街,乃果子行,街北都亭驿。"批邓之诚注"都亭驿"方位错,然1982年中华邓注本卷六元旦朝会条都亭驿下无此注,未知孔据何本。

〔一九〕诣大相国寺烧香

王明清投辖录百宝念珠:慈圣曹后,嘉祐中幸相国寺烧香。后有百宝念珠,价直千万,挂领间,登殿之次,忽不见。仁宗大怒,命尽系从卫之人,大索都下。

元话本简帖僧巧骗皇甫妻:"每年正月初一日,夫妻两人,双双地上本州大相国寺里烧香。我今年却独自一个,不知我浑家哪里去了?"蓦地两行泪下,闷闷不已。只得勉强着一领紫罗衫,手里把着银香盒,来大相国寺里烧香。

〔二〇〕锦袄子

马缟中华古今注卷中宫人披袄子:盖袍之遗象也。汉文帝以立冬日赐宫侍承恩者及百官披袄子,多以五色绣罗为之,或以锦为之,始有其名。炀帝宫中有云鹤金银泥披袄子,则天以赭黄罗上银泥袄子以燕居。

丁谓丁晋公谈录:五代晋朝时,襄阳帅高怀德下亲随私通其爱姬,窃锦袄子与其皂,皂转令人鬻于市。高已知之,或有人告于高曰:"大王锦袄子,有人将在市中卖。"高曰:"锦袄子是人家宣赐得,岂只是我家有?莫乱执他人。"

〔二一〕闹装

[文案]京都译注本考闹装乃骑马用带。然日下旧闻考卷一百四十七据余氏辨林谓:"今京师凡孟春之月,儿女剪采为花,或草虫之类插首,曰闹嚷嚷,即古所谓闹装也。"嚷与装音相近,故讹也。唐白乐天诗:"贵主冠浮动,亲王辔闹装。"是也。

〔二二〕**伴射得捷**

赵昇朝野类要卷一故事伴射:殿前、马、步三司轮差,借观察、承宣之官,环卫、四厢之职,以伴藩使射。射于玉津御园,胜则有金带升转官资之赏。

朱彧萍洲可谈卷三:王德用为使相,黑色,俗号"黑相"。尝与北使伴射,使已中的,黑相取箭焊头,一发破前矢,俗号"劈筈箭"。姚麟亦善射,为殿帅十年,伴射常蒙奖赐。崇宁初,王思以遭遇处位殿帅,不习弓矢,岁岁以伴射为窘。

立　春

立春前一日①,开封府进春牛〔一〕,入禁中鞭春〔二〕。开封、祥符〔三〕两县,置春牛于府前。至日绝早,府僚打春〔四〕,如方州仪②〔五〕。府前左右百姓卖小春牛,往往花装栏坐,上列百戏人物,春幡〔六〕雪柳,各相献遗。春日,宰执、亲王、百官,皆赐金银幡胜。入贺讫,戴归私第。

[校]

①谢维新古今合璧事类备要前集卷十五立春出土牛所载东京梦华录立春条,与元本不同,于"立春前一日"为:"立春前五日,并造土牛、耕夫、犁具于大门之外。是日黎明,有司为坛,以祭先农。官吏各具彩仗,环击牛者三,所以示劝耕之意。"

②陈元靓岁时广记卷八进春牛、赐春幡所记东京梦华录立春与元本自"如方州仪"后大部不同:"官属大合乐,宴饮讫,辨色即入朝门谢春幡胜。立春之日,凡在外州郡公库造小春牛,分送诸厅。立春之节,开封府前左右百姓卖小春牛,大者如猫许,清涂

板而立牛其上，又或加以泥，为乐工、雪柳等物，其市在府南门外，近西至御街，贵家多驾安车就看，买去相赠送。立春日，自郎官御史寺监长贰以上，皆赐春幡胜，以罗为之。"

[注]

〔一〕进春牛

邱光庭兼明书卷之一土牛仪：礼记月令曰：出土牛以示农耕之早晚。不云其牛别加彩色。今州县所造春牛，或赤或青，或黄或黑，又以杖扣之而便弃者。明曰："古人尚质，任土所宜。后代重文，更加彩色。而州县不知本意，率意而为。"今按开元礼新制篇云：其土牛各随其方，则是王城四门，各出土牛，悉用五行之色。天下州县，即如分土之议。分土者天子太社之坛，用五色之土。封东方诸侯则割坛东之青土，以白毛包而赐之，令至其国，先立社坛，全用青土。封南方诸侯则割赤土，西方则割白土，北方则割黑土。今土牛之色，亦宜效彼社坛。或问曰："今地主率官吏以杖打之，曰打春牛，何也？"答曰："按月令只言示农耕之早晚，不言以杖打之，此谓人之妄作耳。"又曰："何谓示农耕之早晚？"答曰："以立春为候也。立春在十二月望，即策牛人近前，示其农早也。立春在十二月晦，及正月朔，即策牛人当中，示其农事也。立春正月望，即策牛人近后，示其农晚也。"又问曰："按月令，出土牛在十二月，今立春方出，何也？"答曰："季冬之月，二阳已动，土脉已兴，故用土作牛，以彰农事。今立春方出，农已自知，何用策牛之人在前在后也？斯自汉朝之失，积习为常。按汉书立春之日，京都百官青衣立青幡，施土牛耕人于门外。又按营缮令立春前二日，京城及诸州县门外，各立土牛耕人，斯皆失其先书示农之义也。"又问曰："几日而除之？"答曰："七日而除，盖欲农人之遍见也。今人打后便除，又乖其理焉。"

宋礼书土牛图

　　<u>向孟</u>土牛经释春牛颜色第一:立春日干色为角耳尾,支色为胫脡,纳音色为蹄。假令甲子岁立春,甲为子,其色青,用青为牛头;子为支,其色黑,黑为身;纳音金,其色白,白为腹。丙寅日至春,丙为子,其色赤,用赤为角耳尾;寅为支,其色青,用青胫脡;纳音是火,其色赤,用赤为蹄。

　　<u>文彦博</u>土牛赋:国家以上遵古典,下示烝民,出土牛而应候,俾农事以知春。块然不群,自取授时之制;卓尔可象,殊无引重之因。原夫欲示农时,爰陈春祀。命圬人以备物,俾司存而谋始。遂合土以为牛,非任重而服轨。有典有则,成形而既取坤为;不歆不倾,尚象而爰因脉起。徒观夫寂然不动,莫与之俦。虽显逸风之状,实非喘月之流。在泥蟠而著美,岂肉视以包羞。俯以观之,异<u>伯阳</u>之刍狗;逼而察也,殊<u>葛亮</u>之木牛。于是当解冻之嘉辰,乃立春之令节。睹其仪之攸序,见

斯牛之遂设。礼无违者,俾三务之罔愆;人必知之,得四时之有别。美
哉！土者五行之本,牛者六畜之宗,何莹蹄之成象,假聚壤以为容。爰
殊木偶,匪类泥龙。用还非于荐庙,义实本于劝农。庖刃如投,破块之
虞是切;宁歌或叩,击壤之名可从。五色爰资,一毛靡落。其用也待时
而动,其制也因人而作。规模乍设,想覆篑以无亏;丹腹俄施,谅衣缯
而有若。是何观形象以虽著,考动静而则无。耕耘自我以无爽,先后
因兹而不逾。候日土圭,信方斯而异类;翔风石燕,实并此以殊途。盛
矣哉！标祀典而聿修,稽旧章而罔忒。观其形,虽类于角立;赜其本,
爰符于土德。所以示诸薄率之民,俾常勤于力穑者也。

〔二〕**入禁中鞭春**

[文案]旧题黄冀之南烬纪闻曾谓:靖康元年正月初六日立春节,
先是太史局造土牛,陈于迎春殿。至期太常寺备乐迎和鞭牛,此常仪
也。可见土牛入禁中"鞭春"为宫廷规制之一。

〔三〕**祥符**

古今图书集成方舆汇编职方典第三百七十卷开封部祥符县:东至
陈留县界三十五里,西至中牟县界三十五里,南至尉氏县界六十五里,
北至封丘县四十里,东西广七十里,南北一百五十里,东北九十里为兰
阳县。

〔四〕**府僚打春**

陈元靓岁时广记卷第八缠春杖:岁时杂记:春杖子用五彩丝缠之,
官吏人各二条,以鞭春牛。东坡词云:"春牛春杖,无限春风来海上。"

田况儒林公议:太平兴国戊寅岁,程羽守益都,时立春在近,县吏
纳土牛偶人于府门外,观者颇众,主人恐其为人所损,遂致厅事之左。
适程出视事,怪问之,主者以对,程叹曰:"农夫牧竖非升厅之人,兆见
于此,不祥莫大焉。"当时闻之以为过论,至甲午岁果有村氓叛窃,入据
城邑焉,人亦服其理识。

无名氏新编分门古今类事第十三卷谶兆门上兴国芒儿:太平兴国

二年冬，县司以春牛呈知府，就午门外安排，荐以香灯酒果。其芒儿壕之颇精，同判王洗马晦明虑触损关事，移置厅上。知府程给事晚忽见厅角有一土偶，问左右，对曰："春牛与芒儿。"遽令移出，仍问何人置此，欲罪之。对云："乃同判指挥。"遂召同判过厅相见，谓曰："上自开封府，中至刺史，下及县令，皆有衙厅，是行德教政令之所，其余则公厅而已。某虽不才，忝为刺史，且芒儿者耕垦之人，不合将上厅，乃不佳之兆，将来恐村夫辈或有不轨耳。"至甲午年果有顺贼之乱，乃其应焉。

张师正括异志卷二陈少卿：太常少卿陈公希亮，曩岁刺宿州。厅事后门常扃钥，相传云：开则有怪物见。陈刚方明决，不之信，遽命启之。果有群妖昼夜隐现于房闼间，陈亦不甚惧。一日，偶至土地堂，见土偶数十，疑其为妖，命碎之，投诸汴水。妖遂绝。盖每岁立春，出土牛；牛既为所分裂，衙卒乃取策牛人置于土地之祠也。

相国道云庄四六余语：东坡手泽云：元丰六年十一月二十七日，天欲明，数吏持纸一幅，其上题云：请祭春牛文。予取笔疾书云："三阳既至，庶草将兴。爰出土牛，以戒农事。衣被丹青之好，本出泥涂；成毁须臾之间，谁为喜愠？"吏笑曰："此两句，复当有怒者。"傍有一吏云："不妨不妨，此是唤醒他。"盘州祭勾芒神文曰："天子命我，尽牧南海之民；农人告予，将有西畴之事。金铜虎谨班春之职，出土牛示嗣岁之期。"此当是帅广时所作，意虽与东坡不同，而词语瑰妙则似之。

〔五〕**如方州仪**

〔文案〕京都译注本谓不明"方州仪"。司马光资治通鉴卷一百三十四宋纪十六顺帝昇明元年记魏徐州刺史李訢"以其私用人为方州"。胡三省注曰："古者八州八伯，谓之方伯，后世遂以州刺史为方州。"胡三省注释"方州仪"意明。

〔六〕**春幡**

陈元靓岁时广记卷第八簪春幡：提要录：春日刻青缯为小幡样，重累十余,相连缀而簪之,亦汉之遗事也。

宋庠赐贺正旦人使春幡胜盘等:端方布和,上春启祚。饵辛盘而惟旧,戴宝胜以增华。并示宠颁,且均嘉贶。宋元宪集卷三

韩琦谢春盘幡胜状:缇律回春,青阳戒节,镂胜俯遵于俗尚,雕盘荣锡于时珍。上荷恩私,至深铭刻。

元 宵

正月十五日〔一〕元宵,大内前自岁前冬至后,开封府绞缚山棚,立木正对宣德楼,游人〔二〕已集御街,两廊下奇术异能〔三〕,歌舞百戏,鳞鳞相切,乐声嘈杂十余里,击丸〔四〕、蹴踘〔五〕、踏索〔六〕、上竿〔七〕、赵野人倒吃冷淘〔八〕、张九哥〔九〕吞铁剑、李外宁药法傀儡、小健儿吐五色水〔一〇〕、旋烧泥丸子〔一一〕、大特落灰药榾柮儿杂剧、温大头、小曹嵇琴〔一二〕、党千箫管〔一三〕、孙四烧炼药方〔一四〕、王十二作剧术〔一五〕、邹遇、田地广杂扮〔一六〕、苏十、孟宣筑球〔一七〕、尹常卖〔一八〕五代史、刘百禽虫蚁〔一九〕、杨文秀鼓笛〔二〇〕。更有猴呈百戏〔二一〕、鱼跳刀门〔二二〕、使唤蜂蝶〔二三〕、追呼蝼蚁〔二四〕。其余卖药、卖卦〔二五〕、沙书地谜〔二六〕,奇巧百端,日新耳目。至正月七日,人使①朝辞出门,灯山〔二七〕上彩,金碧相射,锦绣交辉。面北悉以彩结山沓②,上皆画神仙故事。或坊市卖药卖卦之人。横列三门,各有彩结、金书大牌,中曰"都门道",左右曰"左右禁卫之门",上有大牌曰"宣和与民同乐"〔二八〕。彩山〔二九〕左右以彩结文殊、普贤,跨狮子、白象〔三〇〕,各于手指出水五道,其手摇动。用辘

轳〔三一〕绞水上灯山尖高处,用木柜贮之,逐时放下,如瀑布状〔三二〕。又于左右门上,各以草把缚成戏龙之状,用青幕遮笼,草上密置灯烛数万盏,望之蜿蜒如双龙飞走〔三三〕。自灯山至宣德门楼〔三四〕横大街,约百余丈,用棘刺围绕,谓之"棘盆",内设两长竿,高数十丈,以缯彩结束,纸糊百戏人物,悬于竿上,风动宛若飞仙。内设乐棚,差衙前乐人作乐杂戏,并左右军百戏在其中,驾坐一时呈拽。宣德楼上皆垂黄缘帘,中一位乃御座〔三五〕。用黄罗设一彩棚,御龙直执黄盖掌扇,列于帘外。两朵楼各挂灯球〔三六〕一枚,约方圆丈余,内燃椽烛,帘内亦作乐。宫嫔嬉笑之声,下闻于外。楼下用枋木垒成露台一所,彩结栏槛,两边皆禁卫排立,锦袍幞头簪赐花,执骨朵子。面此乐棚、教坊、钧容直、露台弟子,更互杂剧。近门亦有内等子班直排立。万姓皆在露台下观看,乐人时引万姓山呼。

[校]

①陈元靓岁时广记卷十缚山棚于"人使"前补"外国"二字。

②"杳",陈元靓岁时广记卷十缚山棚作"沓"。

[注]

〔一〕正月十五日

司马光涑水记闻卷第十四:元丰元年正月十五日夜,张灯。太皇太后以齿疾不能食,不出观。故上于闰月十五日夜,于禁中张灯,露台妓乐俱入,太皇太后疾尚未平,酒数行而起。李僃臣云。

无名氏宣和遗事前集:皇都最贵,帝里偏雄。皇都最贵,三年一度拜南郊;帝里偏雄,一年正月十五日夜。州里底唤做山棚,内前的唤做鳌山。从腊月初一日,直点灯到宣和六年正月十五日夜。为甚从腊月放灯? 盖恐正月十五日阴雨,有妨行乐,故谓之"预赏元宵"。

〔二〕**游人**

吕居仁轩渠录:司马温公在洛阳闲居,时上元节,夫人欲出看灯,公曰:"家中点灯,何必出看?"夫人曰:"兼欲看游人。"公曰:"某是鬼耶?"

无名氏宣和遗事前集:是时底王孙公子,才子佳人,男子汉都是子顶背带头巾,窣地长背子,宽口袴,侧面丝鞋,吴绫袜,绡金裹肚,妆着神仙;佳人却是戴婵肩冠儿,插禁苑瑶花,星眸与秋水争光,素脸共春桃斗艳,对伴的似临溪双洛浦,自行的月殿独嫦娥。那游赏之际,肩儿厮挨,手儿厮把,少也是有五千来对儿。诗曰:

太平时节喜无穷,万斛金莲照碧空。最好游人归去后,满头花弄晓风来。

〔三〕**奇术异能**

上官融友会谈丛卷中:都官员外郎中师言:至道初,在京师上元夜,与朋立端门下,俟车驾以观。俄倾,太宗乘步辇自南来,"棘闹"中宜僚都卢曼延之戏,溢目不可纪。其间一人负巨盏膏焰,其人迎立于驾前,乃扬言曰:"大家看臣藏火之戏。"圣君亦为之属目,负益者遂褫去余服,止披一绵袍,向火盏而掩之,拉绵袍在两手团之,如无物。移时,掷于地,即举而披之,襟袖间尚气焰四口,仍灼其鬓眉焉。逡巡豁开绵袍火,而披之盏,盏如故,而火猛烈之势愈甚。太宗骇视久之,赐与加等。又说应举时,于天街见弄盏者,其盏百只,置于左右手,更互掷之,常一半在空,递相拽击,声皆中节,虽睹者如堵,但心目眩转,莫测其所学焉。夫技艺骇众,世自有之,不经见者,以为妄谈。而列子所说,周穆王时西极之国,有化人来,入水火贯金石,千变万化,不可穷极,则藏火之人近之。又宋简子弄七剑,迭而跃之,五剑常在空,则掷盏者方之彼,何足异乎?

卷之六 元宵

吴淑江淮异人录潘扆：潘扆者，大理评事潘鹏之子也。少居于和州，樵采鸡笼山以供养其亲。尝过江至金陵，泊舟秦淮口，有一老父求同载过江。扆敬其老，许之。时大雪，扆市酒与同饮。及江中流，酒已尽，扆甚恨其少，不得醉。老父曰："吾亦有酒。"乃解巾，于髻中取一小葫芦子，倾之，极饮不竭。扆惊，益敬之。及至岸，谓扆曰："子事亲孝，复有道气，可教也。"乃授以道术。扆自是所为诡异，世号之为"潘仙人"。能掬水银于手中，按之即成银。尝入人家，见池沼中落叶甚多，谓主人曰："此可以为戏。"令以物漉，取之置之于地，随叶大小，皆为鱼矣。更弃于水，叶复如故。有觌亮者，尝至所亲家，同坐者数人，见扆过于门，主人召之，乃至。因谓扆曰："请先生出一术以娱宾。"扆曰："可。"顾见门前有铁砧，谓主人曰："得此铁砧，可以为戏。"因就假之，既至，扆乃出一小刀子，细细切之至尽。坐客惊愕。既而曰："假人物不可坏之也。"乃合聚之，砧复如故。又于袖中出一幅旧方巾，谓人曰："勿轻此，非一人有急，不可从余假之，他人固不能得也。"乃举以蔽面，退行数步，则不复见。能背本诵所未尝见书，或卷而封之，置之于前，首举一字，则诵之终卷。其间点窜涂乙，悉能知之。所为多此类，亦不复尽纪。后亦以疾卒。

蔡絛铁围山丛谈卷第四：百戏诸伎甚精者，皆挟法术。元丰中有艺人，善藏舟，用数十人举而置之，当场万众不见也。尝经御楼前，上下莫不骇异。

景焕野人闲话旌节花：王侍中处回，尝于私第延接布素之士，盖欲寻药术神仙之道，从蜀主之所好也。一旦，有道士庞眉大鼻，布衣褴缕，山童从后，造谒王公。于竹叶上大书：道士王桃枝奉谒。王公从容置酒，观其谈论，清风飒然，甚仰之。因曰："弟子有志清闲，思于青城山下，致小道院居住。"道士曰："未也。"因之山童处取剑，细点陛前土广尺余，囊中取花子种之，令以盆覆于上，逡巡，去盆，花已生矣。渐随日长大，形长五尺以来，层层有花，烂然可爱者两苗。道士曰："聊以寓目适性,此仙家旌节花也。"

无名氏鸳渚志余雪窗谈异帙上鬻柑老人录:端平间,有一老人,寓居嘉兴旅店,杖策荷篠,以卖柑为事。及暮必醺醉,醉必浩歌甚乐,丰度情怀,悠然与常人不伍。如是者月余,主人疑其非市易者流,且彼之柑,不贩不益,而鲜红美洁者,日满于器,又何所携少而所鬻多也。因窃窥之,见老人夜用香炉盛土,植柑种于内,老人轻手拂拭,口若诵咒状,随即屈膝偃卧。炉中之种,俄而叶,俄而花,又俄而实,迟明则垂熟累累矣。主人奇异其术,因与结欢,密邀饮,愿受教。

〔四〕击丸

魏泰东轩笔录卷之十二:余为儿童时,尝闻祖母集庆郡太守陈夫人言:江南有国日,有县令钟离君,与邻县令许君结姻。钟离女将出适,买一婢以从嫁。一日,其婢执箕帚治地,至堂前,熟视地之窊处,恻然泣下。钟离君适见,怪问之,婢泣曰:"幼时我父于此穴地为球窝,道我戏剧,岁久矣,而窊处未改也。"

陈元靓岁时广记卷十六寒食下击球戏:岁时杂记:寒食节,京师少年,多以花球棒为击踘之戏。又为儿弄者,或以木或以泥,皆以华丽为贵。

元好问续夷坚志卷一京娘墓:都转运使王宗元老之父础,任平山令,元老年二十许,初就举选,肆业县廨之后园。一日晚,步花石间,与一女子遇,问其姓名,云:"我前任杨令女。"元老悦其稚秀,微言挑之,女不怒而笑,因与之合。他日寒食,元老为友招,击丸于园西隙地。仆有指京娘墓窝场者。

朴通事谚解上:开春打球儿。["球儿",质问云:作成木圆球。"球儿",质问所释,疑即本国优人所弄杓铃之戏,与此节小儿之戏,恐或不同。详见下卷集览。]

[下卷]"咱们今日打球儿,如何?"[今按质问,画成球儿,即如本国댱방을。注云:以木刷圆。]

"咱赌什么？""咱赌钱儿。""那个新来的崔舍,你也打的么？""我怎么打不的？""你是新来的庄家,那里会打？""不济事。""你休问他。我学打这一会。"

"将我那提揽和皮袋来。["提揽",质问云:如筐子,上有圆圈,用手提携,方言谓之"提揽"。又云:或竹或荆为之,有本等长圆提系。今以质问之释考之,则"揽"字作"篮"为是。然此两释,似皆不合本意,未详是否。]拿出球棒来。["球棒",质问云:如人耍木球,耍木棒,一上一下,用有柄木杓接球,相连不绝,方言谓之球棒。又云:此戏之一端也,有球门,有窝儿,中者为胜,以下四者俱打球之用。]借与崔舍打,飞棒杓儿。["飞棒杓儿",质问:画成球棒,即本国武试球杖之形。而下云暖木厢柄,其杓用水牛皮为之,以木为胎。今按,暖木,黄蘗木也。厢柄者,以黄蘗皮裹其柄也。胎者,以木为骨,而以皮为外裹也。]滚子、鹰嘴,击起球儿,["鹰嘴",质问云:球棒上所用之物。"击起球儿",质问云:如人将木圆球儿打起老高,便落于窝内,方言谓之击起球儿。]都借与你。"

"咱打那一个窝儿？"["窝儿",质问云:如人打球儿,先掘一窝儿,后将球儿打入窝内,方言谓之"窝儿"。又一本质问:画球门架子,如本国抛球乐架子,而云木架子,其高一丈,用五色绢结成彩门,中有圆眼,击起球儿入眼过落窝者胜。]

"咱且打球门窝了。"["球门窝儿",质问云:如打球儿,先竖一球门,上系球窝,然后将球打上,方言谓之"球门窝儿"。又云:平地窟成圆窝,击起球儿落入窝者胜。]

"打花台窝儿"。["花台",质问云:以砖砌台,其上栽花藏窝,将球打入窝内为胜。]

"打花房窝儿"。["花房",质问云:如打球,先立球窝于花房之上,然后用棒打入,方言谓之"花房窝儿"。凡数样球名,用各不同如此。又云:在马上舞球棒,一木有一尺五寸长,上下俱窝儿。今按,上

418

文自打球儿以下，<u>质问</u>各说，似不稳合。先说尤不合于本节所云事意，而又无义理；后说似有可取，而又有一疑，球棒杓儿之制，一如本国武试球杖之设，即<u>元</u>时击丸之事。球门及三窝儿之设，一如本国抛球乐之制，<u>质问</u>所画亦同此制，详见<u>事林广记</u>。但今汉俗，未见两球，而惟见踢气球者，即古之蹴鞠也。此节打球儿，又如上卷打球儿，名同事异。但本国<u>龙飞御天歌</u>云：击球之法，或数人，或十余人，分左右以较胜负。棒形如匙，大如掌，用水牛皮为之，以厚竹合以为柄棒。皮薄则球高起，厚则球不高起。又有滚棒，所击之球轮而不起。随其厚薄大小，厥名各异。球用木为之，或用玛瑙，大如鸡卵，掘地如碗，名"窝儿"。或隔殿阁而作窝，于于阶上作窝，或于平地作窝。球行，或腾起，或斜起，或轮转，各随窝所在之宜。一击入窝则得算二，一击不入，随球所止。再三击之而入，则得算一。一击而入，则他球不得再击而死。再击而入，则他球不得三击而死。此后同。一击之球，虽与他球相触而不死，再击之球，与他球相触则死，此后亦同。或立而击，或跪而击，节目甚多。又云击鞠，骑而以杖击也，<u>黄帝</u>习兵之势。或曰起于<u>战国</u>，所以练武士，因嬉戏而讲习之，犹打球，非蹴鞠之戏也。]

"咱打不上的。看那一个球儿老时，着先打。"一霎儿，人闹起来，新来的<u>崔舍</u>，三回连打上了。别人道："梦着了也。"又打一会，<u>崔舍</u>又打上。众人喝彩道："我不想这新来的庄家快打，这的唤做'人不可貌相，海不可斗量'，怎么小看人！"<u>崔舍</u>道："哥，你们再也敢和我打球么？你十分休小看人，常言道：'寸铁入木，九牛之力。'"

<u>王和卿</u>[南吕]一枝花为打球子作：夭桃绽锦囊，嫩柳垂金线。梨花喷白雪，芳草绿铺茵，春日郊园。出凤城闲游玩，选高原胜地面，就华屋芳妍，将步踘家风习演。

[梁州]列俊逸五陵少年，簇豪家一代英贤。把人间得失踏遍。输赢胜败，则要敬爱相怜。忘机乘兴，花径斜穿。高场上觚处盘旋，要高名天下人传。头棒急钻彻云烟，二六紧巧妙两全，高场中扶辊能眠。

非是过口身不到,三斗声名显。论出远更休选,折抹待占。事画团栾莫施展,占镇中原。

[三煞]四周浓绿围屏甸,一簇深红罩短垣,习行打远乐霞川。据那义让廉和,有仁德高低无怨,要知左右识体面。担捧笼叫须奴趁圈,尽日连年。

[二]轻轮月杖惊花片,慢辊星丸荡柳线,一行步从紧相连。诸传戏都难,唯摇丸元无酬献,自古与流传。想常胜寻思意非浅,但犯着死处休言。

[一]旧作杖结束得都虬健,绒约手扎拴的彩色鲜。锦衣抛胜各争先,得胜的欣然,画方基荷茵庭院。安员王将袖梢先卷,觑上下,观高低,望远近,料得周正无偏。

[尾]唱道引臂员扇,棒过处飞星如箭。茂林中法头不善。指觑窝落在花柳场边,不吊上也无一步远。

〔五〕**蹴踘**

宋话本钱塘梦:有三十六条花柳巷,七十二座管弦楼。更有一答闲田地,不是栽花蹴气球。

李颀诗话四二六蹴踘:颜师古解霍去病穿城蹴鞠云:"以皮为之,实以毛,蹴蹹为戏也。"颜时鞠乃如此。至后唐已不同。归氏子弟嘲皮日休曰:"八片尖斜砌作球,火灰捐了水中揉。一包闲气如常在,惹踢招拳卒未休。"

司马光温公续诗话九:丁相谓善为诗,在珠崖犹有诗近百篇,号知命集,其警句有"草解忘忧忧底事,花能含笑笑何人"。少时好蹴踘,长韵其二联云:"鹰鹘腾双眼,龙蛇绕四肢。蹴来行数步,跷后立多时。"

李錞诗话一六机辨:苏州李璋举进士有声,才气过绝于人。放诞浮薄,竟止于小官。王荆公尝拜之。为举子日,因与人踢球,误坠良家妇头上,碎其冠梳,其家讼于官,因至庭下。太守曰:"若真举子乎?吾

将试之。"璋乞赋题。太守曰:
"可赋汝踢球误辟良家妇冠梳
事。"璋应声曰:"偶与朋游,闲筑
气球。起自卑人之足,忽升娘子
之头。方一丈八尺之时(球别无
故事,其高止于一丈八尺),不妨
好看;吃八棒十三之后,着甚来
由!"太守大笑,遣之。

陈元靓新编纂图增类群书
类要事林广记戊集卷之二文艺
类圆社摸场:四海齐云社,当场
蹴气球。作家偏著所,圆社最风
流。况是青春年少,同辈朋侪。
向柳巷花街玩赏,在红尘紫陌追
游。脱履捯来凭眼活,认真为有
准,扠儿扶住惟口鸣,识踢乃无
忧。右搭右花跟,似乌龙儿摆
尾,左侧左虚拽,似丹凤子摇头。
下住处全在低美,打着人惟仗推
收。使力藏力,以柔取柔。集闲
中名为一绝,决胜负分作三筹。
(俺也)丝鞋罗裤,短帽轻裘。襟
沾香汗湿,袜污软尘浮。佩剑仙

陈元靓事林广记蹴鞠图

421

人时侧目,撺梭玉女巧凝眸。粉钳儿前后仰身,身移不浪,金剪刀往来
移步,步过频偷。况乎奢华治世,豪富皇州。春风喧鼓吹,化日沸歌
讴。欢笑对吴姬越女,繁华胜桑瓦潘楼。湖山风物,花月春秋。四圣
观柳边行乐,三天竺松下优游。乐事赏心,难并四美;胜友良朋,无非

五侯。心向闲中著,人于倬里求。凡来踢圆者,必不是方头。

齐云社规

以鼻为界分左右,是在左使左,在右使右。侧边依拐,在肩使肩,在膝使膝,是搭使搭,当欨即欨,并要步活眼亲,两手如提重物,方为圆社。

不许入步拐,不许退步搭,不许入步肩,不许退步背,不许入步蹑,不许入步膝,要四厢不背,用远近着人,狂风起不踢,酒后不可踢。

才下场,他人打论来,复接住气球,为同踢人曰:厮带挟。与在场人一揖,还欨丝与下手。

先小踢,次官场,次高而不,或打二,或落花流水,或打花心,或皮破,或白打放踢并不许小踢。

踢罢与众云:重承带挟。各一揖。并要依此规矩,故云"天下圆"。

下脚文:几回运动戏,要欢生昂头,取巧额尖入,鬓更朝天直,下便宜鞋又脱靴,并八字频跷搕膝,气要崧匀使,偷头十字拐,缠脚面,凤番身,肩孤微稳,番成转头燕归窠,白捺才停。变化背妆花肶膝,最好是搕罗儿巧,无过是鲍老,价肩犹胜花脚根,争似剪刀股,岂如双绣带,于中风范,须臾绕项,粉钳儿喝采,工来撚指番成,急料拐,锁腰拐,行家拍踢累,孛图浪子难施。论来得高,使花肩和肩偷比肩;论来得低,使虚蹬蹑蹬;论来得浅,使魃搭么搭招头搭;论来得深,使正骑背骑斜飞骑;论踢时,四厢不背;论打后,远近着人。膝高三丈二,欨打十三间,脚头教万踢,解数百千般。

肩、背、拍、拽、捺、控、膝、拐、搭、欨总诀:肩如手中持重物,用背慢下快回头。拐要控膝蹲腰取,搭用伸腰不起头。控时须用双睛顾,捺用肩尖微拍高。拽时且用身先倒,右膝左手略微高。胸拍使了低头觑,何必频频问绿杨。

周密齐东野语卷二十隐语:蹴鞠云:"瞻之在前,忽焉在后。乐然后笑，人不厌其笑。"

江少虞宋朝事实类苑卷第五十二书画伎艺蹴踘：蹴踘以皮为之，中实以物，蹴蹋为戏乐也，亦谓为球焉。今所作牛彘胞，纳气而张之，则喜跳跃，然或俚俗数少年簇围而蹴之，终无堕地，以失蹴为耻，久不堕为乐，亦谓为筑球鞠也。蹴，陈力之事，故习蹴鞠，乃习射之道。后变鞠为木角者，见其圆转自若，似辩其间不无法度形势，故有著蹴鞠二十五篇书也，枚皋著赋咏焉。又霍去病穿域蹋<small>音踏</small>鞠，穿地作鞠室也。士之言，谓之论，今有步打、徒打，不徒则马打，大有规制礼格，用意奇巧，取其精练者为上。今圣精敏此艺，置供御打球供奉，亦犹唐有后园小打球官也，然时习之，不为常好也矣。

刘攽中山诗话二五：鞠，皮为之，实以毛，蹙蹋而戏。见霍去病传注："穿城蹋鞠。"晚唐已不同矣。归氏子弟嘲皮日休云："八片尖皮砌作球，火中燀了水中揉。一包闲气如常在，惹踢招拳卒未休。"今柳三复能之，述曰："背装花屈膝，<small>屈，口勿反。</small>白打大廉斯。进前行两步，骁后立多时。"柳欲见晋公无由，会公蹴球后园，偶进出，柳挟取之，因怀所业，戴球以见公。出书再拜者三，每拜，球起复于背膂幞头间，公乃笑而奇之，遂延于门下。然弟子拜师，常礼也，独球多贱人能之，每见劳于富贵子弟，莫不拜谢而去，此师拜弟子也。术不可不慎，此亦可喻大云。

黄朝英靖康缃素杂记卷九格五：今人又以蹙鞠为击鞠，盖蹴、击一也。沈存中乃以击鞠为击木球子，故谓与蹴鞠异，反以为传写之误，非也。故唐书所载，但云击球，不谓之鞠，其义甚明。

沈括梦溪笔谈卷二十五杂志二：潘阆，字逍遥，咸平间有诗名，与钱易、许洞为友，狂放不羁。尝为诗曰："散拽禅师来蹴踘，乱拖游女上秋千。"此其自序之实也。

施耐庵罗贯中水浒传第二回王教头私走延安府 九纹龙大闹史家村：高俅看时，见端王头戴软纱唐巾，身穿紫绣龙袍，腰系文武双穗绦，把绣龙袍前襟拽扎起，揣在绦儿边，足穿一双嵌金钱飞凤靴。三五个小黄门，相伴看蹴气球。高俅不敢过去冲撞，立在从人背后伺候。也是高俅合当发迹，时运到来，那个气球腾地起来，端王接个不着，向人丛里直滚到高俅身边。那高俅见气球来，也是一时的胆量，使上鸳鸯拐，踢还端王。

那端王且不理玉玩器下落，却先问高俅道："你原来会踢气球。你唤做甚么？"高俅叉手跪复道："小的叫做高俅。胡踢得几脚。"端王道："好！你便下场来踢一回耍。"高俅拜道："小的是何等样人，敢与恩王下脚。"端王道："这是齐云社，名为天下圆，但踢何伤。"高俅再拜道："怎敢。"三四五次告辞。端王定要他踢，高俅只得叩头谢罪，解膝下场。才踢几脚，端王喝采。高俅只得把平生本事都使出来，奉承端王。那身分模样，这气球一似鳔胶粘在身上的。

九山书会张协状元第二出：(生白)[望江南]多忆戏，本事实风骚。使拍超烘非乐事，筑球打弹谩徒劳，设意品笙箫。

第二十八出：(净)把三文来，我要赶脚头。(末)踢得好气球。

第四十八出：(丑)那一年踢气球，尊官记得？(净)相公踢得流星随步转，明月逐人来。记得耆卿踢个左帘，相公踢个右帘。耆卿踢个左拐。(丑)当职踢个右拐。

范公偁过庭录：王斋叟彦龄，霖弟也。有绝才，九流无所不能。宣和间，上爱琵琶，博选工妙处乐府，彦龄往视工者弹拨，因默问一二，工失措，再拜就学焉。能袒裼舞长曲，左右周旋如神，睹者失色。又以蹴鞠驰天下。

四水潜夫武林旧事卷第四筑球三十二人：左军一十六人：球头张俊 跷球王怜 正挟朱选 头挟施泽 左竿网丁诠 右竿网张林 散立胡椿等 右军一十六人：球头李正 跷球朱珍 正挟朱选 副挟张宁 左竿网徐宾 右竿网王用 散立陈俊等 卷第六诸色伎艺人蹴球：黄如意 范老儿 小孙 张明 蔡润。

西湖老人繁胜录：宽阔处踢球，放胡哮，斗鹌鹑。

吴自牧梦粱录卷三宰执亲王南班百官入内上寿赐宴：第六盏再坐，斟御酒，笙起慢曲子。宰臣酒，龙笛起慢曲子。百官酒，舞三台，蹴球人争胜负。且谓："乐送流星度彩门，东西胜负各分番。胜赐银碗并彩缎，负出麻鞭又抹枪。"下酒，供假鼋鱼、蜜浮酥捺花。**卷十九社会**：更有蹴踘、打球、射水弩社，则非仕宦者为之，盖一等富室郎君，风流子弟，与闲人所习也。

周彦质宫词：名园蹴踘称春游，近密宣呈技最优。当殿不教身背向，侧中飞出足跟球。

〔文案〕湖南省博物馆所藏宋蹴踘纹铜镜，使蹴踘景象毕现：一戴幞头，着长服，服饰式样与湖南岳阳宋墓出土陶俑相似之男子，蹲步，稍向前倾，认真作防御姿势。一高髻笄发，发式服装与宋蕉荫击球图中伏案妇女相似之女子，动态，作踢球状。小球介于起落之间，富有活动感。球上隐约可见桔瓣状缝合痕。右侧有一手执一铃状物青年，凝神探视双方。左侧是一腰束百折裙女郎，认真注意着球赛情况。据周世荣足球纹铜镜和宋代的足球游戏研究：铜镜图中侧旁青年手执一物，类似摇铃，又似筹码，说明蹴踘输赢用筹码来算。

湖南省博物馆藏
宋蹴踘纹铜镜摹图

〔六〕**踏索**

刘筠大酺赋：望仙盘于云际，视高縆于坦涂。俊轶鹰隼，巧过猿狙。炫多能于悬绝，校微命于锱铢。左回右转，即亟只且！嘈囋沸溃，鼓噪歇歈。实倒投而将坠，旋敛态而自如。亦有伈僮赤子，提携叫呼。脱去褓褓，负集危躯。效山夔之踯躅，恃一足而有余。歘对舞于索山，跳丸剑而争趋。偃仰拜起,如礼之拘,杂以拔距投石,冲狭戏车。蛇矛交击,猿骑分躯。韩嫣之金丸叠中,孟光之石臼凌虚。习五案者,于斯尽矣;透三峡者,何以加诸?

司马光走索:伎儿欲夸众,喜占衢路交。系组不厌长,缚竿不厌高。空中纷往来,巧捷轻如猱。却行欠肤寸,倒结连秋毫。参差有万一,䪥粉安可逃。钱刀不盈掬,身世轻鸿毛。徒资旁观好,曹偶相称褒。岂知从事者,处之危且劳。

王铚默记卷下:晏元献罢相守颍州。一日,有歧路人献杂手艺者,作踏索之伎。已而掷索向空,索植立,遂缘索而上,快若风雨。

〔七〕上竿

晏殊咏上竿伎:百尺竿头褭褭身,足腾跟挂骇傍人。汉阴有叟君知否?抱瓮区区亦未贫。

宋代敦煌壁画顶竿图(摹本)

无名氏鬼董卷一:章仇兼琼镇蜀日,佛寺大会百戏,在庭有十岁童儿,舞于竿杪。

叶梦得避暑录话卷下:仁庙初即位,秋宴,百戏有缘橦竿者,忽坠地,碎其首死。上恻然怜之,命以金帛厚赐其家,且诏自是橦竿减去三之一。晏元献作诗纪之曰:"君王特轸推沟念,诏截危竿横赐钱。"余往在从班侍燕时,见百戏橦竿才二丈余,与

426

外间绝不同。一老中贵人为余言，后阅元献诗果见之，庙号称"仁"，信哉。

宋祁都街见橦伎感而成咏二阕：回望场中百尺竿，趫材飞捷过跳丸。垂堂亦有千金子，不敢中衢徒倚看。　孑孑危撞突倒投，负材骄压汉场优。如何日到危身地，只丐旁人一笑休。

无名氏浣溪沙题赠飞竿簇：谁识飞竿巧艺全。儿童群戏艳阳天。十分险处都安然。　海燕舞空萦弱絮，岭猿连臂下层巅。算来真个肉飞仙。

[文案]卷七驾幸临水殿观争标锡宴、驾登宝津楼诸军呈百戏、卷八六月六日崔府君生日二十四日神保观神生日、卷九宰执亲王宗室百官入内上寿亦有"上竿"。

〔八〕赵野人倒吃冷淘

梅尧臣依韵和不疑寄杜挺之以病雨止冷淘会：邵杜二良守，相逢欲沾醉。促膝一开颜，衮衮言有味。或叹季路宜，或语伯夷是。各怀忠义心，要终岂同异。我实疏贱躯，政治未使试。预兹高古谈，懦志生勇气。明当馈汤饼，疾雨晦天地。一日不见君，何止如三岁。口腹尚乖期，荣华可推类。嗟嗟勿复问，安恬固无愧。

苏轼二月十九日携白酒鲈鱼过詹使君食槐叶冷淘：枇杷已熟粲金珠，桑落初尝滟玉蛆。暂借垂莲十分盏，一浇空腹五车书。青浮卵碗槐芽饼，红点冰盘藿叶鱼。醉饱高眠真事业，此生有味在三余。

李之仪问傅子渊求冷淘醋：君不见东林木鱼催万指，巾钵纷纷似流水。银丝百遍连夜具，大解行藿如酒醴。又不见亲贤宅中午睡足，花簇春羔炫红绿。一窝随首发犹粗，妖冶均调笑相续。他日何人参智海，研乳磨姜捣椒蒜。便觉庐山落眼中，谁为穷边辄相会。往还断绝惟缄默，暂远荤膻味蕡卜。亲贤胜事不可寻，且向个中求一则。

吴坰五总志：司马温公昔在西都，每复被独乐园，动辄经月，诸老时过之。间亦投壶，负者必为冷淘，然亦未尝置庖，特呼于市耳。

赵令畤侯鲭录卷八：黄鲁直云：烂蒸同州羊羔，沃以杏酪，食之以匕不以箸，抹南京面，作槐叶冷淘，糁以襄邑熟猪肉，炊共城香稻，用吴人鲙松江之鲈。既饱，以康山谷帘泉，烹曾坑斗品。少焉，卧北窗下，使人诵东坡赤壁前后赋，亦足少快。

高似孙纬略卷十一渼生面：太平记曰："大夫蚤来，已食一碗渼生面矣。"太平记，唐人所作，窦平曰："渼生面，疑是今之略生面也，如冷淘。"

吕本中紫微诗话二九：东莱公尝与群从出城，至村寺中，寺僧设冷淘，止具酢，无它物。令众对"入寺冷淘惟有酢"，叔异应声对云："出门蒸饼便无盐。"众服其敏。

陈元靓重编群书类要事林广记卷之五殽蔌搜奇翠缕冷淘：槐蕊采新嫩者，研取自然汁，依常法搜面，倍加揉搦，然后薄捏缕切，以急火瀹汤煮之。候熟，投冷水搤过，随意合汁浇供，味既甘美，色亦鲜翠。又且食之益人，此即坡仙法也。凡治面须硬作熟搜，瀹汤久煮。

无名氏居家必用事类全集庚集肉下酒水晶冷淘脍：獖猪夹脊皮三斤净，及膘刷净。入锅，添水，令高于皮三指。急火煮滚，却以慢火养。伺耗大半，即以杓撇清汁浇大漆单盘内，如作煎饼，乘热摇荡，令遍满盘底。候凝，揭下，切如冷淘。簇生菜、韭、笋、萝卜等丝，五辣醋浇之。

湿面食品翠缕面：采槐叶嫩者，研自然汁，依常法搜和。擀切极细，滚汤下。候熟，过水供。汁荤素任意。加蘑菇尤妙。味甘色翠。

王铚默记：欧阳公为西京留守推官，富郑公犹为举子。每与公往来，是时胥夫人乳媪年老不睡，善为冷淘，郑公喜嗜之，每晨起戒中厨具冷淘，则郑公必来。

倪瓒云林堂饮食制度集冷淘面法：生姜去皮，擂自然汁，花椒末用醋调，酱滤清，作汁。不入别汁水。以冻鳜鱼、鲈鱼、江鱼皆可。旋挑入减汁内。虾肉亦可，虾不须冻。汁内细切胡荽或香菜或韭芽生者。

搜冷淘面在内。用冷肉汁入少盐和剂。冻鳜鱼、江鱼等用鱼去骨、皮，批片排盆中，或小定盘中，用鱼汁及江鱼胶熬汁，调和清汁浇冻。

沈涛交翠轩笔记卷四：猗觉寮杂记：子美槐叶冷淘云："君王纳凉晚，此味亦时须。"事见太官令夏供槐叶冷淘，出唐六典。案今本六典载太官供膳夏月加冷淘粉粥，新仲所引，恐误。盖冷淘无物不可为之，特子美用槐叶耳。宋王禹偁有甘菊冷淘诗，见小畜集。

潘荣陛帝京岁时纪胜五月夏至：夏至大祀方泽，乃国之大典。京师于是日家家俱食冷淘面，即俗说"过水面"是也。乃都门之美品。向曾询及各省游历友人，咸以京师之冷淘面爽口适宜，天下无比。

傅起凤傅腾龙中国杂技史第六章都会杂技的繁荣：东京梦华录元宵条罗列众艺人作艺时，提到过"赵野人倒吃冷淘"的节目，冷淘即是凉粉，倒吃是向后弯腰成反弓状衔起凉粉。这个节目一直保留到近代，杂技舞台上的倒喝水和当代转碟中的垂腰采莲，就是由这个节目演变而来。"悬倒进餐"也是由此而生，它是在地上立起一只短竿，约五尺高，竿顶有一只五寸大小圆盘，表演者将头部倒立在竿顶，手足悬空，单凭脖颈的调整来保持人体平衡（俗称头鼎子或小顶），然后伸开双手从助演手中接过食物咽下，以此来表现在倒立状态下保持平衡的本领。

孔宪易梦华札记试说冷淘：孟元老用这个"倒"字可能有两种意义。一、热天的食物在数九寒天来吃，这是季节的倒换。二、赵野人或者有可能用"拿大顶"（倒立）的姿势来倒食细如发丝的冷淘，其困难的幅度更大。为此，它才成为一代的绝艺。

"冷淘"这一食品，是用细面、新面与槐叶水（或槐芽水）、甘菊水、或其它水和成。和成之后，切成饼状、条状、丝状投入锅内，煮熟之后，再"投入寒泉盆"汀过之后，捞出泼上酱、醋、盐、蒜、瓜、笋……诸调和，就可以食用了。我们还必须明白这是夏季"去火清热"的素食。

记得笔者幼小时（民初），每逢夏至前后，家中用新大麦面，或绿豆面,掺上水打成面浆,熬成后,用圆眼蒸笼罩于木桶上,桶中为新打来的井水,将热面糊一杓一杓的漏下,之后,捞出盛在碗中,加上调和,然后食用,该食品像蝌蚪一样,吃到口中冷于冰雪,开封人叫"吃虼蚪",恐怕这就是东京冷淘之遗吧!

〔文案〕中华邓注本冷淘即今之凉粉一说,与冷淘凉面相去不远,并非错断,水晶冷淘脍亦可佐证。赵野人倒吃冷淘,虽为伎艺,亦可证食冷淘不拘时节,非独夏日。制冷淘"无物不可为之",各类形状均具,为大众流行之湿面食品。李之仪诗言冷淘醋,又为调味食品。

〔九〕**张九哥**

李濂汴京勼异记卷一:张九哥,不知何许人。庆历间在京师,昼则行乞于市,得钱有余,则复与人。夜宿空闲屋宇,或醉卧粪壤中,虽盛冬单衣,流汗浃面,人皆信其有道者。一日,有亲王登楼,见群儿辈随九哥行于道,王召之至,问曰:"汝有道乎?"曰:"有。"曰:"有何技艺?"曰:"惟学得快活术。"王笑曰:"与之卮酒。"

〔一○〕**吐五色水**

成寻参天台五台山记第一(延久四年四月):会乐众多不可思议。或作种种形象,以水令舞,令打鼓,令出水。二人如咒师回转,二人从口吐水高四五尺,二人从肘出水高五尺。

〔一一〕**泥丸子**

洪迈夷坚乙志卷第十五上犹道人:乡人董璞,宣和四年为南安军上犹丞。有道人从岭外来,长六尺余,云将自此朝南岳,且言有戏术。董为置酒召客,而使至前陈其伎。独携无底竹畚一枚,泥满其中,庭下观者数百,道人令自取泥如豆纳口内,人人询之,欲得作何物,或果实,或殽馔,或饴蜜,不以时节土地所应有,皆以其意言。道人仰空吸气,呵入人口中,各随所须而变。戒令勿嚼勿咽,可再易他物,于是方为肉者能成果,为果者能成肉,千变万化,无有穷极,而一丸泥自若也。

洪迈夷坚支庚卷第八景灵宫道士:绍兴中,临安有老道人,年八十余岁,言旧为京城景灵宫道士。尝以冬日在三省门外空地聚众,用湿纸裹黄泥,向日少时即干,已成坚瓦。因白众曰:"小术呈献诸君子为戏,却觅几文钱沽酒。"乃随地方所画金木水火土五字,各撚一丸泥,包以湿纸,置其上,就日色晒之,告观者请勿遮阳光。少顷去纸,东方者色青如靛,南者则赤如丹,西则白如珠,北则黑如墨,中央如黄蜡然。往来人以千百计,相顾叹异,各与之钱,而无取其泥者。天正寒,其人发黄面鼇,只着单衣,必有道者也。

傅起凤傅腾龙中国杂技史第六章都会杂技的繁荣:中国著名的典型手彩幻术"仙人栽豆"就产生于宋代,那时称之为"泥丸"。东京梦华录曾记载了正月十五元宵时节,北宋开封府著名艺人小健儿专演"吐五色水"和"旋烧泥丸子",西湖老人繁胜录中也提到"撮弄泥丸"的节目。其基本表演形式是:桌上反扣着两只小瓷碗和五个红豆或泥丸,在艺人巧妙的翻碗和扣碗之间,红豆随心所欲地变来或遁走;高明的艺人招数极多,从"一粒下种"、"双凤贯耳"、"三星归洞"直至五粒、十粒的"珠还合浦",到变来满碗红豆的"秋收万颗子"千变万化,全凭十指和手掌肌肉的控制,演者往往要下几年功夫才能掌握它的全部技巧,有的艺人以毕生精力研习,表演此类节目。如武林旧事中列举的王小仙、施半仙、章小仙、袁承局等,都是表演此术的高手。这个节目不仅体现出中国幻术手法技巧之精妙,也反映出创作节目的深度和设计程度的巧妙。它是根据道家无中生有,一生二,二生三,三生万物的哲理创作的,表演层次丰富,使人百猜不解,百看不厌。

〔一二〕嵇琴

431

沈括补笔谈卷一:熙宁中,宫宴教坊伶人徐衍奏嵇琴,方进酒而一弦绝,衍更不易琴,只用一弦终其曲。自此始为"一弦嵇琴格"。

四水潜夫武林旧事卷第一圣节天基圣节排当乐次正月五日:初坐乐奏夷则宫,觱篥起上林春引子,王荣显。第三盏,唱延寿长歌曲子,李文庆。嵇琴起花梢月慢,李松。再坐第一盏,觱篥起庆芳春慢,杨茂。

第二盏,筝起月中仙慢,侯端。嵇琴起寿炉香慢,李松。祇应人:嵇琴色:李松　侯端　孙民显。

[文案]嵇琴亦称奚琴,因常为隋唐间北方奚族使用而得名。陈旸乐书一百二十八卷胡部八音载:"奚琴本胡乐也,出于弦鼗而形亦类焉,奚部所好之乐也。盖其制两弦,间以竹片轧之,至今民间用焉。"中国音乐词典云:奚琴颇与后世胡琴相近,或可云为胡琴前身也。

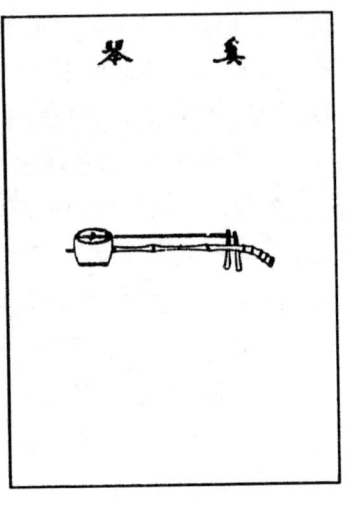

宋礼书奚琴图

〔一三〕**箫管**

傅芸子正仓院考古记四三仓之

概观:"雕石尺八",形如今之单管箫而五孔,长日本尺一尺一寸九分。按"尺八"一物,乃唐吕才所创,今中国久已不传,而日本则为通行乐器之一种。日本学者颇有以此物原非中国固有之乐器者,"尺八"一称乃汉语中之外来语,即如田边尚雄氏则谓此物始自埃及之纵笛(Sebi),近年佐伯好郎氏则以"尺八"乃罗马时代之胫骨笛(Tibia),经小亚细亚、西域传至中国,在江南以酷似胫骨形之竹材制作而成者。一为埃及之 Sebi,一为拉丁语之 Tibia,均近汉音之"尺八",颇可注意。院藏此物,管细而长,不似今日本所用"尺八"之粗重,盖犹具唐代之原型。

[文案]"尺八"即宋之箫管,亦称"竖笛"、"中管"。陈旸乐书一百二十八卷胡部八音记:"箫管之制六孔,旁一孔,加竹膜焉。足黄钟一均声。或谓之尺八管,或谓之竖篴,或谓之中管。"日本奈良正仓院所藏唐之"尺八",即箫管之雏型。今福建南曲中洞箫,亦称尺八,与一般常用箫近似,然管身略短而粗,为宋箫管之遗制。

432

〔一四〕**烧炼药方**

［文案］烧炼为炼丹术之异类，与炼丹不同，为艺术，为表演。然宋之烧炼尚未多见，仅如邢居实拊掌录所言"黄棠酷嗜烧炼"语，亦不见如何烧炼之描述。药方则更难寻。南唐尉迟偓中朝故事卷下一则似可与"烧炼药方"互证：咸通初，有布衣爨，忘记其名，到京辇云：黔巫间来王公之第，以羊挺炭三十斤，自出小锯并小刀斧剪截其炭，叠成二楼，数刻乃成，散药末于上，下用火烧之，药引火势，斯须即通彻二楼，光明赫然，望其檐宇窗户雕楹刻桷并阑槛，罔不周备。又有飞桥连接二楼，有人物男女若来往其上。移时后，炭渐飞扬成灰，方无所睹。懿皇闻之，召入宫禁。久而不知所之。

〔一五〕**剧术**

耐得翁都城纪胜瓦舍众伎：小则剧术：射穿弩子、打弹、攒壶瓶即古之投壶、手影戏、弄头钱、变线儿、写沙书、改字。

〔一六〕**杂扮**

四水潜夫武林旧事卷第六诸色伎艺人杂扮：铁刷汤　江鱼头　兔儿头　菖蒲头　眼里乔　胡蜀葵　迎春茧　单郎妇　笑靥儿　科头粉　韵梅头　小菖蒲　金鱼儿　银鱼儿　胡小俏　周乔　郑小俏　鱼得水旦　王道泰　王寿香旦　厉太　顾小乔　陈橘皮　小橘皮　菜市乔　自来俏旦

［文案］此与卷五"京瓦伎艺""杂班"相同。

〔一七〕**孟宣筑球**

耐得翁都城纪胜瓦舍众伎：教坊大使，在京师时，有孟角球，曾撰杂剧本子。

〔一八〕**尹常卖**

张知甫张氏可书：梦说又言：当时搢绅之士，竞于取媚权豪。易古器，鬻图画，得一真玩，减价求售，争妍乞怜。服儒者衣冠，为侯门常卖。

龚明之中吴纪闻卷第六朱氏盛衰：朱冲微时，以常卖为业，后其家稍温，易为药肆，生理日益进。

周密志雅堂杂钞卷上：嘉兴华亭市中有小常卖铺，适有一物如桶而无底，非木非竹，非铁非石，既不知其名，亦不知何用。如此者凡数年，过者无一睨之。一日，忽有海船老商见之，骇愕，有喜色，抚弄不已。扣其所值，其人亦黠驵，意谓老商必有所用，漫索其价三百缗。商喜，偿以三之二，遂取钱付之。

赵彦卫云麓漫钞卷七：朱勔之父朱冲者，吴中常卖人。方言以微细物博易于乡市中自唱曰常卖。

徐梦莘三朝北盟会编卷二百八炎兴下帙一百八起绍兴十一年十二月二十九日癸巳，尽十二月八月：良史，字少董，蔡州人，略知书传，喜字学，粗得晋人笔法。少游京师，以买卖古器书画之属，出入贵人之门，当时谓之毕偿卖。

宋话本闹樊楼多情周胜仙：原来开封府有一个常卖董贵，当日绾着一个篮儿，出城门外去，只见一个婆子在门前叫常卖，把着一件物事递与董贵。是甚的？是一朵珠子结成的栀子花。那一夜朱真归家，失下这朵珠花。婆子私下捡得在手，不理会得直几钱，要卖一两贯钱作私房。董贵道："要几钱？"婆子道："胡乱。"董贵道："还你两贯。"婆子道："好。"董贵还了钱，径将来使臣房里，见了观察说道恁地。

惠洪冷斋夜话卷二古乐府前辈多用其句：予尝馆州南客邸，见所谓尝卖者，破箧中有诗编写本，字多漫灭，皆晋简文帝时名公卿，而诗语工甚。

刘昌诗芦浦笔记卷六六合大同印：嘉泰壬戌，予道经姑苏，于常卖得故纸一幅。

〔一九〕虫蚁

朱彧萍洲可谈卷二：余在广州，购得白鹦鹉，译者盛称其能言。试听之，能蓄语耳，嘲哳正似鸟声，可惜枉费教习，一笑而还之。

何薳春渚纪闻卷第三杂记孙道人尸解：孙道人不知何许人，寄居严州天庆观，为人和易，初不挟术及言人祸福。但袖中尝畜十数白鼠子，每与人共饮，酒酣出鼠为戏，人欲捕取，即走投袖中，了无见也。

孔平仲谈苑卷二：人畜鹭鸶，虽驯熟，然至饮秋水，则飞去，京师夏间竞养铜嘴。

周密齐东野语卷十五曲壮闵本末：魏公尝按视端军，端执挝以军礼见，阒无一人。公异之，谓欲点视，端以所部五军籍进。公命点其一部，于廷间开笼纵一鸽以往，而所点之军随至，张为愕然。既而欲尽观，于是悉纵五鸽，则五军顷刻而集。

文莹玉壶清话卷第六：一巨商姓段者，蓄一鹦鹉甚慧，能诵陇客诗及李白宫词、心经。每客至，则呼茶，问客人安否寒暄。主人惜之，加意笼豢。一旦段生以事系狱，半年方得释，到家，就笼与语曰："鹦哥，我自狱中半年不能出，日夕惟只忆汝，汝还安否？家人喂饮，无失时否？"鹦哥语曰："汝在禁数月不堪，不异鹦哥笼闭岁久。"其商大感泣，遂许之曰："吾当亲送汝归。"乃特具车马携至秦陇，揭笼泣放，祝之曰："汝却还旧巢，好自随意。"其鹦哥整羽徘徊，似不忍去。后闻常止巢于官道陇树之末，凡吴商驱车入秦者，鸣于巢外问曰："客还见我段二郎安否？"悲鸣祝曰："若见时，为道鹦哥甚忆二郎。"余得其事于高虞晋叔，事在熙宁六、七年间。

赵令畤侯鲭录卷二：蔡持正谪新州，侍儿从焉，名琵琶，尝养一鹦鹉，甚慧，丞相呼琵琶，即扣一响板，鹦鹉传呼之。琵琶逝后，误扣响板，鹦鹉犹传言，丞相大恸，感疾不起。尝为诗云："鹦鹉言犹在，琵琶事已非。伤心瘴江水，同渡不同归。"

沈括梦溪笔谈卷十人事二：林逋隐居杭州孤山，常畜两鹤，纵之则飞入云霄，盘旋久之，复入笼中。逋常泛小艇，游西湖诸寺，有客至逋所居，则一童子出应门，延客坐，为开笼纵鹤，良久，逋必棹小船而归，盖尝以鹤飞为验也。

惠洪冷斋夜话卷之二昭州崇宁寺观音竹永州澹山狐：过永州澹山岩，岩有驯狐，凡贵客至则鸣。志完将至，而狐辄鸣。寺僧出迎，志完怪之，僧以狐鸣为对。志完作诗曰："我入幽岩亦偶然，初无消息与人传。驯狐戏学仙伽客，一夜飞鸣报老禅。"

惠洪冷斋夜话卷之八道士畜三物：万安军南并海石崖中，有道士，年八九十岁，自言本交趾人，渡海，船坏于此崖，因庵焉。养一鸡，大如倒挂，日置枕中，啼即梦觉。又畜王孙，小于虾蟆，风度清癯，以线系几案间，道士唤，则跳踯登几唇危坐，分残颗而食之。又有龟，状如钱，置合中，时揭其盖，使出戏衣袖间。

邵伯温邵氏闻见录卷第十七：泸南之长宁军有畜秦吉了者，亦能人言。有夷酉欲以钱伍拾万买之，其人告以："若贫将卖尔。"秦吉了曰："我汉禽，不愿入夷中。"遂劲而死。

王明清玉照新志卷五：嘉祐末，有人携一巨鱼入京师，而能人言，号曰"海哥"，炫耀于市井间。豪右左戚争先快睹，亦尝召至禁中。由是缠头赏赍，所获盈积。常自声一辞云："海哥风措，被渔人下网打住。将在帝城中，每日教言语。甚时节，放我归去？龙王传语，这里思量你，千回万度。螃蟹最恓惶，鲇鱼尤忧虑。"

宋祁舞熊说：晋有兰子者，获二孺熊于太行山，而饮食之，能得其欲。教为蹲舞之技，以丐市中。先开迥场，震之严鼓，市人项背山立。俄以巨梃鞭熊，应手皆舞。躨跜腾蹋，悉中音节。伎殚曲阕，兰子放梃四顾，踌躇满志，人争投钱与之。既而自负其能，数与优角。时真圣幸汾阴，祠后土，曼延奇怪，并参侑乐。兰子以熊见行在，上奇驯服，赐以镠器束帛遣之。自是兰子挈赐物娉鬟郡县，颐指褐袒，扰熊益甚，远近闻者亦争玩之，于是除地会要，趣节亟引，心冀技之速售也。每舞一终，辄哀金数千。是日，曲数千终，售金数万。兰子被酒沾醉，益有骄色。会日暮，二熊不时得豢，瞪目跋扈，不复肯舞。兰子鞭之弥急，市人有窃笑者。兰子耻熊之反己，因假利兵欲刺之，二熊惊躩，批兰子而杀之，复旁伤数人，突出谯门。大谯卒并力杀之于道周。噫！兽与人，嗜欲不相远，畜之以理，犹可屈伏，而兰子见利忘义，求之不已，力穷变生，反受其咎，宜哉。昔东野驭马，颜阖曰："稷之马必败，马力殚矣，而犹求焉。"宁斯人之徒欤。宋景文集卷四八

　　许政扬文存宋元小说戏曲语释三虫蚁：今开封地区方言，谓禽鸟为"虫蚁"。此词亦见于宋元戏曲、话本中。

　　"虫蚁"一词，近时注家大抵即释作"飞禽"。间尝探讨：古今方言，变异者多。以飞禽为"虫蚁"，亦不必虫蚁即飞禽。以此，我贸然提出过如下的意见：古人所谓"虫蚁"，应该是动物的一种泛称。

　　虫，按其通常意义，是指昆虫。蚁子蚍蜉乃昆虫之尤小者。故"虫蚁"一词，当然也应包括一般虫豸在内。

　　但"虫"之一称，其实也还不限于昆虫和鸟雀，即兽类，古人又何尝不目为"虫"？试举其例。淮南子："狡虫死，颛民生。"注云："虫，兽也。"沈括梦溪笔谈卷三："庄子云：'程生马。'尝观文子注：'秦人谓豹曰程。'予至延州，至今谓虎豹为'程'，盖言'虫'也。方言如此，抑亦旧俗也。"按："青宁生程，程生马。"见庄子至乐篇。王氏集解："成云：程，赤虫名。"故谓虎豹为"程"，实即目之为"虫"。"程"、"虫"一声之转，沈氏所释至确。

　　难道水族也算作"虫"么？曰：然。对于古人，举凡鱼、虾、蚌、蛤、蛤蟆、鼋鳖，皆莫非"虫"。孙绰游天台山赋："灵虬吐注，阴虫承泻。"注："阴虫，虾蟆也。"洪驹父诗"人言怀土虫，弃我俄复在"。注"虫"曰："虾蟆也。"此谓虾蟆为"虫"。江休复嘉祐杂志："范希文戍边，行水边，甚乐之。从者前云：此水不好，里面有虫（声如陈，秦声）。"谓之"虫"，乃是鱼也。

　　所有一切古昔目为"虫"的，不论飞禽走兽，昆虫鳞介，无不可称"虫蚁"，具如上述。"虫"字古义，本可作为动物的总称。大戴礼卷十三："有羽之虫三百六十，而凤凰为之长；有毛之虫三百六十，而麒麟为

之长;有甲之虫三百六十,而神龟为之长;有鳞之虫三百六十,而蛟龙
为之长;倮之虫三百六十,而圣人为之长。"月令疏:"鳞、羽、蠃、毛、介,
谓之五虫。"故"虫蚁"以称一切动物,实在是有远古遗意的。

〔二〇〕**鼓笛**

吴曾能改斋漫录卷一事始禁蕃曲毡笠:崇宁、大观以来,内外街市
鼓、笛、拍板,名曰"打断"。至政和初,有旨立赏钱五百千;若用鼓板改
作北曲子,并着北服之类。并禁止支赏。其后民间不废鼓板之戏,第
改名"太平鼓"。

元至治三国志平话刻本关公单刀会中鼓笛图

吴自牧梦粱录卷二十妓乐:街市有乐人三五为队,擎一二女童舞
旋,唱小词,专沿街赶趁。元夕放灯,三春园馆赏玩,及游湖看潮之时,
或于酒楼,或花衢柳巷妓馆家祗应,但犒钱亦不多,谓之"荒鼓板"。若
论动清音,比马后乐加方响、笙与龙笛,用小提鼓,其声音亦清细轻雅,
殊可人听。

四水潜夫武林旧事卷第四乾淳教坊乐部:鼓板:衙前一火:鼓儿尹
师聪 拍张顺 笛杨胜、张师孟 和顾二火:笛张成老僧 阎俊望伯
张喜 鼓儿张昇 笛王和小四 鼓儿孙成换僧 拍张荣狗儿

卷第六诸色伎艺人:鼓板:段防御 张眼光 张开 张驴儿谓之

"三张" 陈宜娘笛 陈喜生拍 周双顶 潘小双 莫及笛 陈喜拍 来

七笛 董大有 金四札子皮 朱关生

邵伯温邵氏闻见录卷第三：伯温侍长老言曰："本朝唯真宗咸平、

景德间为盛，时北虏通和，兵革不用，家给人足。以洛中言之，民以车

载酒食声乐，游于通衢，谓之棚车鼓笛。"

〔二一〕**猴呈百戏**

上官融友会谈丛卷上：京师货药者，多假弄狮子、猢孙为戏，聚集

市人。供奉者形质么么，颐颊尖薄，克肖猢狲，复委质于戏场焉。韦绳

贯颈，跳踯不已。

景焕野人闲话灵砂饵胡孙：优伶杨干度者，善弄胡孙，于阛阓中尝

饲养胡孙十余头，会人言语，亦可取笑于一时。一日，内厩胡孙维绝，

走上殿阁，蜀主令人射之不中。三日，内竖奏干度善弄胡孙，试令捉

之，遂诏干度，谢恩讫，胡孙十余头，亦朝殿上拜，又手作行立，内厩胡

孙亦在舍上窥之。干度高声唱言："奉敕，把下舍上胡孙来。"手下胡孙

一时上舍，齐手把捉内厩胡孙立在殿前。蜀主大悦，赐干度优绯衫、钱

帛，收系教坊。有内臣因问胡孙何以教之会人言语？对曰："胡孙乃

兽，实不会人言语。干度尝饵之灵砂，变其兽心，然后可教之。"内臣深

讶所说，其事有好事者知之，多以灵砂饲胡孙、鹦鹉、犬、鼠等，以教之。

〔二二〕**鱼跳刀门**

〔文案〕于字观之，似为利器尖刃竖起之门，鱼跃而过。然如何跳？

余遍查宋代典籍而未得其解。偶阅明陈继儒珍珠船，见卷四教舞鳖者

载之："烧地置鳖其上，忽抵掌使其跳梁，既惯习，虽冷地，闻拊掌亦跳

梁。教龟、鹤舞，亦用此术。"倘以此条映照"鱼跳刀门"，亦觉可通。

〔二三〕**使唤蜂蝶**

委心子新编分门古今类事第五卷异兆门下燕王遇张：张九哥，不

知何地人，庆历间游京师，人皆言有道者。燕王尝以酒与之，一日诣门

见王，取匹帛重叠剪为蜂蝶，随剪飞去，或集王衣，或聚美人钗髻，王甚

悦。少选九哥曰："恐失王帛。"乃呼之，一一皆来，复为罗一端。

〔二四〕**追呼蝼蚁**

金盈之新编醉翁谈录卷之五琐闼异闻雕木为技剧术：志和遂于怀中出一桐木合，方数寸，中有物名蝇虎子，不啻一二百焉。其形皆赤云，丹砂唼之，乃令为五队，令舞梁州。上令召乐工，举其曲，而虎子盘回宛转，无不中节。每遇致词处，则隐隐如蝇声，及曲终，累累而退，若有尊卑等级。

朱翔清埋忧集卷四：又一截竹为二管，畜蚁两种，一红一白，将戏，则取红白小纸旗两面，东西插几上。取管去其塞，分置两边，各向管口弹指数下，蚁随出，其行自成行列，分趋止于旗下，排列如阵。其人复出一小黄旗，作指挥状，群蚁即纷纷齐进，两阵既接，举足相扑，两两互角，盘旋进退，悉中节度。久之，即有一群返走，扰乱若奔溃者，其一群争进，其行如飞，居然战胜追奔也。其人复举黄旗麾之，其胜者即返，以次入管。其一群亦络绎奔至，争相入，无复成列者焉。夫蛙之为物，微而且蠢，而蚁则尤微乎微者也，而皆可以扰而教之，奈何腼然为人，而有如穷奇、梼杌之不可教训耶。

按东京梦华录京瓦杂戏，有刘百禽弄蛇[文案]蛇应为蝼。蚁，元宵大内杂戏，又有李卧[文案]卧应为外。宁猴呈百戏，鱼跳禹门，使唤蜂蝶蛇蚁等剧，盖凡物有知即可教。如蝇虎舞凉州之类，其师传匪自今始也。

成善卿天桥史话第四章奇特的驯蛙驯蚁艺人：从十九世纪初至三十年代中期，先后出现在天桥的驯蚁艺人不过两三位。所驯之两种蚂蚁，皆为"工蚁"（无翅，生殖器官不发达，野生时只担任筑巢、采集食物、抚养幼虫等工作），呈红褐或黑色，分贮于两个小瓦罐儿里。同时启盖儿，两罐儿中蚂蚁纷纷爬出，混杂一起，主人喃喃自语一番，忽喊一声"排队"，同时喂一小撮儿米粒儿，两群蚂蚁立刻截然分成两队，毫厘不爽，观者无不以为奇妙。

［文案］蝼蚁为微小生物之泛称,若周密齐东野语卷十四姚干父杂文喻白蚁文:蝼蚁至微,微而有知。又蝼蚁即蚂蚁也,若元李治敬斋古今黈卷二经类三十四条:蚁为蝼蚁。追呼蝼蚁,无非驱使蝼蚁作表演者。然余未从宋籍见此类记述,清人指蚂蚁交斗,可视为"追呼蝼蚁"之复现。

〔二五〕**卖卦**

宋话本三现身包龙图断案:今日且说个卖卦先生,姓李名杰,是东京开封府人。去兖州府奉符县前,开个卜肆,用金纸糊着一把太阿宝剑,底下一个招儿,写道:"斩天下无学同声。"这个先生,果是阴阳有准。

精通周易,善辨六壬。瞻乾象遍识天文,观地理明知风水。五星深晓,决吉凶祸福如神;三命秘谈,断成败兴衰似见。

众人道:"若信卜,卖了屋;卖卦口,没量斗。"众人和烧孙押司去了;转来埋怨那先生道:"李先生,你触了这个有名的押司,想也在此卖卦不成了。从来贫好断,贱好断,只有寿数难断。你又不是阎王的老子,判官的哥哥,那里便断生断死,刻时刻日,这般有准?说话也该放宽缓些。"先生道:"若要奉承人,卦就不准了;若说实话,又惹人怪。此处不留人,自有留人处!"叹口气,收了卦铺,搬在别处去了。

宋话本福禄寿三星度世:"你道我如何有这卦盘?我幼年曾在爹行学三件事:第一,写字读书;第二,书符咒水;第三,算命起课。我今日却用着这卦盘。可同顾一郎出去寻个浮铺,算命起课,尽可度日。"本道谢道:"全仗我妻贤达。"当下把些钱,同顾一郎去南瓦子内,寻得卦铺,买些纸墨笔砚,挂了牌儿,拣个吉日,去开卦肆,取名为白衣女士。

宋话本魏征梦斩泾河龙:张稍与李定道:"长安西门里,有个卦铺,唤神言山人。我每日与那先生鲤鱼一尾,他便指教下网方位,依随着百下百着。"李定曰:"我来日也问先生则个。"

入城中，见一道布额，写道："神相袁守成于斯讲命。"老龙见之，就对先生坐了。乃作百端磨问，难道先生，问："何日下雨？"先生曰："来日辰时布云，午时升雷，未时下雨，申时雨足。"老龙问："下多少？"先生曰："来日不下雨，锉了时，甘罚五十两银。"

〔二六〕沙书地谜

<u>洪迈</u><u>夷坚三志壬</u>卷第三<u>沈承务紫姑</u>：紫姑仙之名，古所未有，至<u>唐</u>乃稍见之。近世但以箕插笔，使两人扶之，或书字于沙中，不过如是。

[<u>文案</u>]宋时"沙书地谜"罕见，<u>清</u><u>同治</u><u>光绪</u>年间<u>北京</u><u>天桥</u>却有其踪，表演者为相声艺人"穷不怕"。据<u>成善卿</u><u>天桥史话</u>述："穷不怕"于露天设场，以白沙撒成字形，有单字、对联、诗词。边撒边唱，沙字间架匀称漂亮，神韵与字帖无异，沙书之字小则三四寸，大则二三尺，"穷不怕"拆其笔划，释其音义，由此而引出古人轶事。若"穷不怕"沙书<u>东晋</u><u>前秦</u>女子<u>苏蕙</u>所创<u>璇玑图</u>杂体回文诗，引经据典，滔滔不绝，随手用沙，依<u>璇玑图</u>各种顺序，写出回言、五言或七言诗，发人兴味，寓教于乐，可谓沙书一绝。与"穷不怕"同时者尚有"沙字颜"，善用白沙书<u>清</u><u>康熙</u>御制嬗递、返复、拗口令类联语，寓庄于谐，亦为沙书地谜另一绝响。

〔二七〕灯山

<u>四水潜夫</u><u>武林旧事</u>卷第二<u>元夕</u>：禁中尝令作琉璃灯山，其高五丈，人物皆用机关活动，结大彩楼贮之。又于殿堂梁栋窗户间为涌壁，作诸色故事，龙凤噀水，蜿蜒如生，遂为诸灯之冠。前后设玉栅帘，宝光花影，不可正视。仙韶内人，叠奏新曲，声闻人间。殿上铺连五色琉璃阁，皆球文戏龙百花。小窗间垂小水晶帘，流苏宝带，交映璀璨。中设御座，恍然如在广寒清虚府中也。

〔二八〕宣和与民同乐

<u>蔡絛</u><u>铁围山丛谈</u>卷一：<u>大观</u>元年，<u>宋乔年</u>尹<u>开封</u>，乃于彩山中间高揭大榜，金字书曰："<u>大观</u>与民同乐。"万寿彩山自是为故事，随年号而

揭之,盖自宋尹始。

〔二九〕**彩山**

梁克家淳熙三山志卷第四十土俗类上元彩山:州向谯门,设立巍峨,突兀中架棚台,集俳优娼妓,大合乐其上。

〔三〇〕**文殊普贤跨狮子白象**

蕴闻大慧普觉禅师住径山能仁禅院语录卷第三:新鞔法鼓,岁旦上堂,新岁击新鼓,普施新法雨,万物尽从新。——就规矩,普贤大士欣欢,乘时打开门户,放出白象王。

成寻参天台五台山记第四(延久四年十月):中尊释迦等身像,烧香了。西楼上有文殊宝殿,师子眷属皆具;东楼上有普贤像,白象眷属皆具足。

成寻参天台五台山记第八(延久五年五月):立王将军安石大碑,新堂之内有等身释迦,文殊立像右云上,师子背上有莲华,普贤左云上象立,背有经筥。

〔三一〕**辘轳**

韩国老乞大集览上辘轳:亦作橍栌,井上机转汲水器。其制于井上植两长柱,并穿其头为孔,用短木横纳于两长柱之孔,以长绳悬一箍桶于横木,腹上之钉施橛三四枝于横木两头,如船上碇猫之车,汲水则下其桶于井中,汲毕转其横木,则绳自缠绕于横木之腹,桶亦随之而上,人取其桶,倾水于石槽及大桶之中,以饮驴马,以受其直。箍音孤,以篾束物,皆曰箍,如本国以竹为带而束桶也。

〔三二〕**瀑布状**

张淏云谷杂记补编卷一:山阴置木柜,绝顶开深池,车驾临幸,则驱水工登其顶,开闸注水而为瀑布,曰"紫石壁",又名"瀑布嶂"。

〔文案〕宋之"人工瀑"之形象,可见于李嵩水殿纳凉图。

〔三三〕**双龙飞走**

无名氏宣和遗事前集:自冬至日,下手架造鳌山,高一十六丈,阔三百六十五步;中间有两条鳌柱,长二十四丈;两下用金龙缠柱,每一个龙口里点一盏灯,谓之"双龙衔照"。

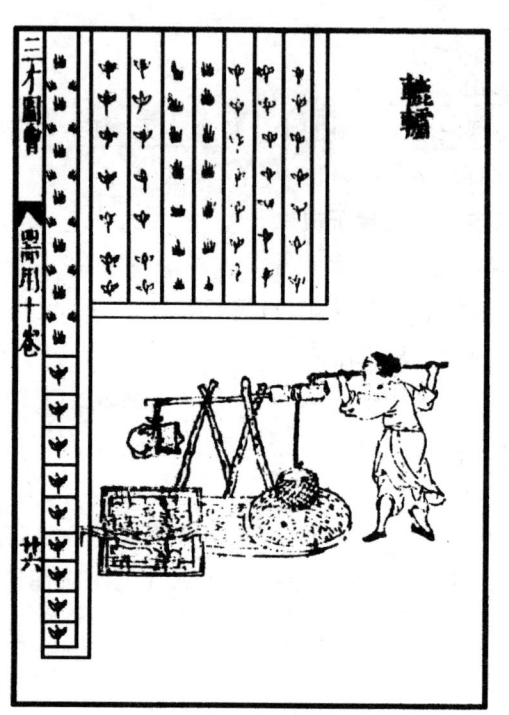

三才图会辘轳图

〔三四〕**宣德门楼**

龚鼎臣东原录:艺祖时,新丹凤门,梁周翰献丹凤门赋。帝问左右:"何也?"对曰:"周翰儒臣,在文字职。国家有所兴建,即为颂。"帝曰:"人家盖一个门楼,措大家又献言语。"即掷于地。即今宣德门也。

谢伋四六谈麈:王初寮作宣德门成赏功制云:"阁道穹隆,两观骞翔于霄汉;阙庭神丽,十扉阖辟于阴阳。"时谓工则工矣,但唤下句不来。

陆游家世旧闻下先君言蔡京建天子五门:先君言:宣德门本汴州鼓角门,至梁建都,谓之建国门。历五代,制度极庳陋,至祖宗时,始增大之,然亦不过三门而已。蔡京本无学术,辄曰:"天子五门,今三门,非古也。"天子五门,谓皋、库、雉、应、路,盖以重数,非横列五门。京徐亦知其误,而役已大兴,未知所出。其客或谓之曰:"李华赋云:'复道双回,凤门五开。'是唐亦为五门。"京大喜,因得以借口,穷极土木之工,改门名曰太极楼。或谓太极非美名,乃复曰宣德门,而改宣德郎为宣教郎。门成,王履道草诏,曰:"阁道穹窿,两观骞翔于霄汉;阙庭神丽,十扉开辟于阴阳。"十扉,谓五门也。昔三门,惟乘舆自中门出入,若赐臣下旌节,则亦启中门而出,盖异礼也。至是,中门之左右二门,亦常扃鐍。赐文臣旌节,则启左而出;赐武臣旌节,则启右而出。门虽极精丽,然气象乃更不及昔之宏壮也。

〔三五〕**御座**

无名氏宣和遗事前集:宫人珠笼巾,玉束带,秉扇、拂、壶、巾、剑、钺,持香球,拥御座以次立,亦无敢离先行失次者。

林子中野史:福宁殿御座下地微陷,治之复然,掘之深丈余,得一石,石上有八字不可辨,御书院祗应有晓仙家篆者,令密解之,云:"岁在申酉,汴都不守。"神宗以丁未即位,在位再涉申酉年无他,不知其何祥也。

〔三六〕**灯球**

吴自牧梦粱录卷一元宵:诸酒库亦点灯球。喧天鼓吹,设法大赏,妓女群坐喧哗,勾引风流子弟买笑追欢。诸营班院于法不得与夜游,各以竹竿出灯球于半空,远睹若飞星。

崇岳、了悟密庵和尚语录:上元上堂。今朝上元节,是处挂灯球,一灯燃百千灯,灯灯相续,重重无尽,如宝丝网。

十四日车驾幸五岳观

正月十四日〔一〕,车驾幸五岳观〔二〕迎祥池,有对御,谓赐

445

群臣宴也。至晚还内。围子亲从官,皆顶球头大帽,簪花,红锦团答戏狮子衫,金镀天王腰带,数重骨朵〔三〕。天武官皆顶双卷脚幞头,紫上大搭天鹅结带、宽衫。殿前班顶两脚屈曲向后花装幞头,着绯青紫三色檠金线结带,望仙花袍,跨弓剑乘马,一扎鞍辔,缨绋前导。御龙直一脚指天,一脚圈曲幞头,着红方胜锦袄子,看带、束带,执御从物:如金交椅〔四〕、唾盂〔五〕、水罐、果垒、掌扇、缨绋之类。御椅子皆黄罗珠蹙,背座则亲从官执之。诸班直皆幞头、锦袄、束带,每常驾出,有红纱帖金烛笼二百对,元宵加以琉璃玉柱掌扇灯。快行家各执红纱珠络灯笼。驾将至,则围子数重外,有一人捧月样兀子,锦覆于马上。天武官十余人,簇拥扶策,喝曰:"看驾头。"次有吏部小使臣百余①,皆公裳,执

南宋灯戏图

珠络球杖,乘马听唤。近侍余官皆服紫绯绿公服,三衙太尉知阁御带〔六〕罗列前导。两边皆内等子,选诸军膂力者,着锦袄顶帽,握拳顾望,有高声者,捶之流血。教坊、钧容直乐部前引,驾后诸班直马队作乐,驾后围子外,左则宰执侍从〔七〕,右则亲王、宗室、南班官。驾近则列横门,十余人击鞭,驾后有曲柄小红绣伞,亦殿侍执之于马上。驾入灯山,御辇院人员辇前喝"随竿媚来"〔八〕,御辇团转一遭,倒行观灯山,谓之"鹁鸽旋"〔九〕,又谓之"踏五花儿"〔一〇〕,则辇官有喝赐矣。驾登宣德楼,游人奔赴露台〔一一〕下。

[校]

①"小使臣百余",陈元靓岁时广记卷十观灯山后有"人"字。

[注]

〔一〕正月十四日

欧阳修辨韩虫儿事:嘉祐八年上元,京师张灯如常岁。岁常以十四日,上晨出,游幸诸宫寺,赐从臣饮酒,留连至暮而归。遂御宣德门,与从臣看灯,酒五行而罢。是岁自正初,上觉体中不佳。十四日,遂不晨出。至晚,略幸慈孝、相国两寺。御端门,赐从臣酒,三行止。

阮阅诗话总龟卷之十七纪实门上七七三:仁宗正月十四日御楼,遣中使传宣从官曰:"朕非好游观,盖与民同乐。"翌日,蔡君谟献诗云:"高列千峰宝炬森,端门方喜翠华临。宸游不为三元夕,乐事还同万众心。天上清光留此夜,人间和气阁春阴。要知尽庆华封祝,四十余年惠爱深。"

无名氏宣和遗事前集:宣和六年正月十四日夜,去大内门直上一条红绵绳上,飞下一个仙鹤儿来。口内衔一道诏书。有一员中使接得展开,奉圣旨:"宣万姓。"有那快行家手中把着金字牌喝道:"宣万姓!"少刻,京师民有似云浪,尽头上戴着玉梅、雪柳、闹蛾儿,直到鳌山下看灯。

〔二〕**五岳观**

刘敞同**韩持国**游**五岳观**时原甫暨诸公先在因寄江邻幾**梅圣俞**:简服车马轻,出郭尘埃远。况兹偶同好,惝惘重推挽。寿宫如屯云,重门谨关键。五城十二楼,瑶池芙蓉苑。境深日迟永,天近春纤婉。异花秀烨烨,弱柳垂宛宛。初从钧天游,列帝皆龙衮。俗骨已屡惊,凌虚翻自忖。却逢桃源客,笑语何缱绻。尚留樵叟棋,竞劝胡麻饭。金醴泛余杯,芝英饵丰本。平生此游胜,余恨相知晚。重来恐已迷,尽兴仍忘返。群公谪神仙,吏隐亦肥遁。尚平凤昔志,读易明益损。宁知五岳期,不待越崖巘。何当谢羁束,相与同息偃。

〔三〕**数重骨朵**

丁度集韵卷之二平声二肫:胍肫,大腹儿,一曰椎之大者,故俗谓仗头大为胍肫。**关中**语讹为胍橢。

吴处厚青箱杂记卷七:昔**徐温**子**知训**在**广陵**,作红漆柄骨朵,选牙队百余人,执以前导,谓之朱蒜。

施耐庵罗贯中水浒传第十三回急先锋东郭争功 青面兽北京斗武:两个领了言语,向这**演武厅**后去了枪尖,都用毡片包了,缚成骨朵。

周祈名义考卷十二物部骨朵 朵本作檠,音髻:**演繁露**云:**宋景文**谓俗以挝为骨朵,古无稽。据字书:橢,竹瓜反,通作簻,徒果反。转为骨朵,亦非说文橢棰也。本作檠,是檠与橢簻一也。曰骨朵者,始制以木,从木曰橢;以竹,从竹曰簻、曰檠;后以骨饰之,曰骨檠。犹骰子,以竹,从竹曰籈;以牙,曰牙籈;以车渠,曰车渠。籈今又范铜为之,宿卫人所执者是也。檠,又待可切。后人去竹,直曰骨朵,遂难晓也。今人称花含胎者曰骨朵,上劈下枝与橢类也。橢簻俱音髻,籈音色,劈音敷。

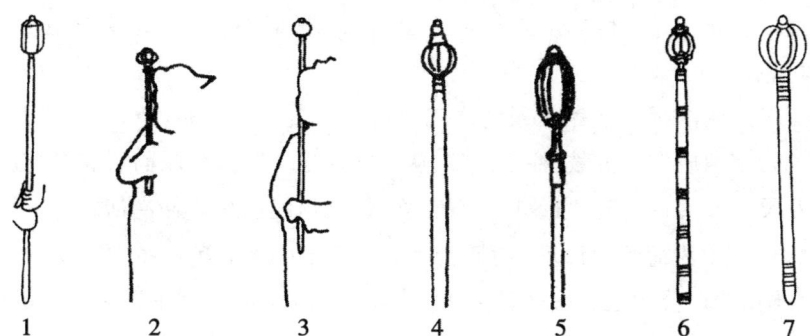

1. 白沙宋墓第一号墓前室南壁壁画中的骨朵　2. 河南安阳王用墓壁画中的骨朵　3. 日本大阪山中商会所藏宋墓壁画中的骨朵　4. 内蒙古林东辽庆陵东陵壁画中的骨朵　5. 宋人却坐图中的骨朵　6. 武经总要器图中的蒜头骨朵　7. 燕北录骨朵附图

夏仁虎旧京琐记卷二语言：谓物之圆头者曰"骨朵"，其字应作"胍肫"。宋景文笔记云："关中人以腹大为胍肫。胍音孤，肫音都，俗因谓杖头大者为胍肫，后讹为骨朵。"宋时御殿仪仗列之，今京师犹有此称。

［文案］骨朵亦名古朵，其顶端为圆形，杖头成瓜形，亦唤作金瓜，为仪卫之器也，以示庄重威严。白沙宋墓南壁壁画亦有双手持骨朵侍者，可知骨朵已为一般贵族所用矣。

〔四〕**交椅**

岳珂桯史卷第七优伶诙语：秦桧以绍兴十五年四月丙子朔，赐第望仙桥。丁丑，赐银绢万匹两，钱千万，彩千缣，有诏就第赐燕，假以教坊优伶，宰执咸与。中席，优长诵致语，退，有参军者前，褒桧功德。一伶以荷叶交倚从之，恢语杂至，宾欢既洽，参军方拱揖谢，将就倚，忽堕其幞头，乃总发为髻，如行伍之巾，后有大巾镮，为双叠胜。伶指而问曰："此何环？"曰："二胜环。"

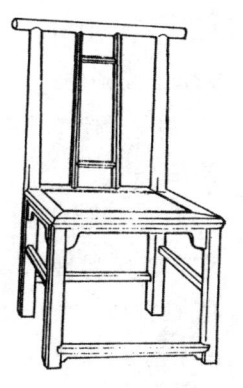

宁波宋椅复原图

449

遽以朴击其首曰:"尔但坐太师交倚,请取银绢例物,此镊掉脑后可也。"

王明清挥麈录第三录卷之三靠背交椅自梁仲谟始:绍兴初,梁仲谟汝嘉尹临安。五鼓,往待漏院,从官皆在焉。有据胡床而假寐者,旁观笑之。又一人云:"近见一交椅,样甚佳,颇便于此。"仲谟请之,其说云:"用木为荷叶,且以一柄插于靠背之后,可以仰首而寝。"仲谟云:"当试为诸公制之。"又明日入朝,则凡在坐客,各一张易其旧者矣。其上所合施之物,悉备焉。莫不叹伏而谢之。今达宦者皆用之,盖始于此。

陈增弼太师椅考:从出土文物和传世绘画上看,宋代交椅有四种类型。

(一)直形搭脑、横向靠背式:宋人张择端清明上河图画卷末尾,医生兼药铺主人的赵太丞家,柜台前有一把交椅就是直形搭脑、横向靠背式,图形很清晰、完整,而且形象比较准确。

(二)直形搭脑、竖向靠背式:宋人萧照中兴祯应图第五段、第六段中都有一把这种式样的交椅,图形也十分清楚。这种打槽装板的竖向靠背,做法当比横向靠背要进步一些,使用起来也比较舒适。这种做法,经元代而沿用于明、清。

(三)圆形搭脑、竖向靠背式:圆形搭脑又称"栲栳圈",是我国古代木工匠师的一大创造。宋人蕉荫击球图中主妇使用的交椅就属于这一类。圆形的椅圈,绳编的软坐屉,可开可合的折叠结构,都画得很清楚。

(四)圆形搭脑、竖向靠背、附加荷叶形托首的交椅:宋代人称这种形式为"太师样",这就是本文所要讨论的太师椅的早期式样。从发展看,这种功能完备、构造复杂的太师椅是四种交椅中较晚的一种;它出现于南宋,曾经作为一种家具新式样流行一时,宋人笔记中多有记录。

竖向靠背交椅

竖向靠背交椅

中有直形搭脑

　　安有荷叶托首的宋代太师椅的形象,在宋人春游晚归图中描绘得很清晰。春游晚归图画的是宋代一个高级官宦春游骑马而归,马前马后有十数侍从簇拥,马后一个侍从肩扛的正是一件这样的太师椅。其特征:一是具有圆形的椅圈;二是有一木质荷叶形托首借一长柄插于靠背之后,可供仰首寝息;三是具有可以开合的折叠结构。这三点正是宋代太师椅的特征。

〔五〕唾盂

　　[文案]文物 1988 年 11 月号浙江省文物考古研究所杭州北大桥

451

宋墓谓:杭州市1982年7月北郊北大桥联片供热工程发现墓葬,有一带托座漆唾盂,保存尚好。唾盂及盏托相同,胎骨亦以屈木制成,圈足,颈部较宽而薄,盘口和托座的盘沿则较窄而厚,每层一般宽零点三、厚零点二厘米。内外涂零点零五厘米厚漆灰,在器物转角处可厚达零点三厘米。内外髹黑漆,色泽光洁。唾盂底部有朱书文字一行,笔迹草难以辨认;托座托圈内亦有朱书文字一行,内容为"丁卯温州□□成十二□上牢"。唾盂口径二十一点二、底径七点六厘米,高十二厘米。托座口径十点九,盘径十八点二,底径八点八,高六点二厘米。白沙宋墓之唾壶则与之相似,或一物二名也。

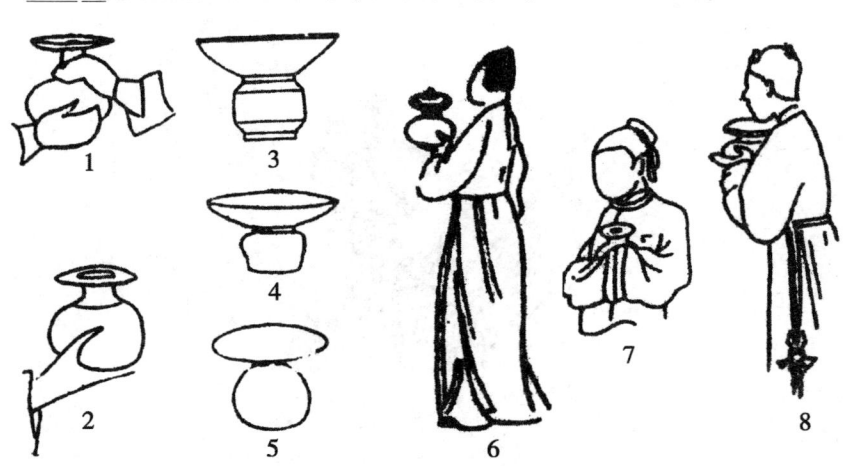

1. 白沙宋墓第一号墓前室西壁壁画中男人所捧的唾壶　2. 唐人纨扇仕女图中的唾壶　3. 辽宁义县清河门第一号辽墓所出白瓷唾壶　4. 朝鲜高丽时代(北宋—元)青瓷唾壶　5. 日本治安元年(北宋天禧五年)施入奈良正仓院的绀琉璃唾壶　6. 新刊全相秦并六国平话始皇令王翦伐赵图中捧唾壶的侍童　7. 山西大同卧虎沟第二号元墓壁画中捧唾壶的男人　8. 山西永济永乐宫元至正十八年纯阳帝君神游显化之图壁画中捧唾壶的侍女

〔六〕**御带**

[文案]京都译注本注"御带"虽明，然不如龚延明宋代官制辞典详尽："御带"系宋初置，咸平元年四月十六日改名为"带御器械"，或可称"属鞬之职"。其品位选三班使臣以上武艺精强亲信，或为内侍担任，属心腹之寄。官品视本官阶。叙位在起居舍人、侍御史之下。职掌在京带御器械有宿卫职责，不统兵。为外任军中差遣所带"职名"。景祐二年，定员六人，绍兴二十九年四月十六日增置四员。

〔七〕**侍从**

吕希哲吕氏杂说卷下：范、富、韩三公，自为侍从时，天下皆称为公。

程大昌雍录卷八职官侍从一：汉世之谓侍从者，以其职掌近君也。行幸则随从，在宫则陪侍，故总撮凡最，而以侍从名之也。武帝之诏严助曰："君厌直承明之庐，劳侍从之事。"助时为中大夫，是之谓中朝臣，中朝臣者，唐以来名内诸司也，谓其职任得在内朝，故皆冠以中字也。郭舍人诉东方朔曰："朔诋天子从官。"武帝谓窦太主曰："但恐群臣从官，多为主费。"司马迁曰："文史星历，近乎卜祝之间，固主上之所戏弄也。"此在汉世，虽皆以侍从名之。特以常在左右，如前所云耳，皆非今世之谓侍从者也。今世侍从，汉之九卿也，张安世持橐簪笔，事孝武皇帝十数年者，此即今世侍从之事也。盖安世尝为光禄勋，后又有大司马、车骑将军也。若摘汉语以称今世侍从，则笔橐正其事矣。今时侍从，又名两制，两制者，分掌内外两制也。内制为翰林学士，外制为中书舍人，在元祐未置权侍郎以前，自中书舍人已上方为侍从也。故率内外制而名其官，所以别乎汉世之侍从而未为九卿者也。

〔八〕**随竿媚来**

[文案]亲近皇帝御辇院官喝"随竿媚来"，则如"山呼"类惯用之样式。竿为执竹竿调度演出者，其用详见卷九宰执亲王宗室百官入内

上寿参军色执竹竿案。伎艺表演者随竹竿子指挥献艺谓之"媚来",或即如蒋捷齐天乐所云:"道随竿媚"。

〔九〕**鹁鸽旋**

孔平仲谈苑卷三:永叔云:开封为皇帝所扰。送一卒云:"为鹁鸽飞而不下。"

叶绍翁四朝闻见录丙集鹁鸽诗:东南之俗,以养鹁鸽为乐,群数十百,望之如锦。灰褐色为下,纯黑者为贵。内侍畜之尤甚。粟之既,则寓金铃于尾,飞而扬空,风力振铃,铿如云间之佩,或起从凤山。

施耐庵罗贯中水浒传第七十四回燕青智扑擎天柱 李逵寿张乔坐衙:燕青抢将入去,用右手扭住任原,探左手插入任原交裆,用肩胛顶住他胸脯,把任原直托将起来,头重脚轻,借力便旋,五旋旋到献台边,叫一声:"下去!"把任原头在下,脚在上,直撺下献台来。这一扑,名唤做"鹁鸽旋"。

〔一〇〕**踏五花儿**

周密癸辛杂识后集舞谱:予尝得故都德寿宫舞蹈二大帙,其中皆新制曲。多妃嫔阁分所进者,所谓谱者,其间有所谓:五花儿 踢 搚 刺 擷 系 搠 捽

〔一一〕**露台**

周辉清波杂志卷第四汴都旧事:祖母太夫人,慈圣之后,暇日与子孙谭京都旧事:政、宣间,以戚里数,值诞皇子,入内称贺。盛饰群立于露台,人各许携一从婢。

王明清挥麈录第三录卷之二赵叔近守秀州:先是,王渊在京为小官,时狎露台娼周者,稔甚,乱后为叔近所得,携归家。

[文案]程大昌雍录卷第九露台谓露台起于汉,文帝为祭祀用,若长安志言:露台神庙在万年县东北四里。"露台舞娼"则始于宋张唐英蜀梼杌,入宋露台渐多,本书卷六元宵记"露台所",为临时搭建遮风蔽日会演之场所。亦有永久酬神献艺之"露台",如梦粱录卷二十角抵:

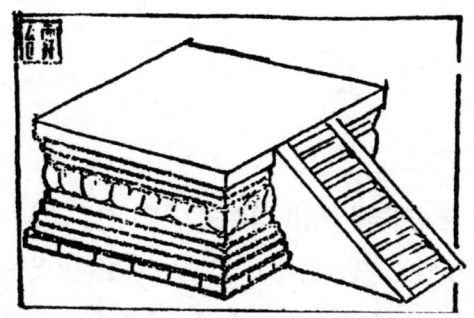

山西万荣县庙前村后土庙宋代露台

护国寺南高峰之"露台争交",此二类露台出演均于圣节、御宴、时序、庙会等。故群妓毕集,上举二条可窥露台侧影。

十五日驾诣上清宫

十五日,诣①上清宫。亦有对御〔一〕,至晚回内。

[校]

①陈元靓岁时广记卷十观灯山于"诣"前有"驾"字。

[注]

〔一〕对御

蔡絛铁围山丛谈卷第一:上元节游春,或幸金明池琼花,从臣皆扈跸而随车驾,有小燕谓之对御。凡对御则用滴粉缕金花,极其珍藿矣。

陈希夷对御歌:臣爱睡,臣爱睡。不卧毡,不盖被。片石枕头,蓑衣铺地。震雷掣电鬼神惊,臣当真时正鼾睡。闲思张良,闷想范蠡。说甚孟德,休言刘备。三四君子,只是争此闲气。争如臣向青山顶头,白云堆里,展开眉头,解放肚皮,且一觉睡。管甚玉兔东生,红轮

455

西坠。

十六日

十六日〔一〕，车驾不出，自进早膳讫，登门，乐作卷帘，御座临轩宣万姓。先到门下者，犹得瞻见天表，小帽红袍独卓子。左右近侍，帘外伞扇执事之人，须臾下帘则乐作，纵万姓游赏。两朵楼相对：左楼相对郓王〔二〕，以次彩棚幕次；右楼相对蔡太师，以次执政戚里幕次。时复自楼上有金凤飞下诸幕次，宣赐不辍〔三〕。诸幕次中家妓〔四〕，竞奏新声，与山棚露台上下，乐声鼎沸。西朵楼下，开封尹〔五〕弹压，幕次罗列，罪人满前，时复决遣，以警愚民。楼上时传口敕，特令放罪。于是华灯宝炬，月色花光，霏雾融融，动烛远近。至三鼓，楼上以小红纱灯球，缘索而至半空，都人皆知车驾还内矣。须臾闻楼外击鞭之声，则山楼上下灯烛数十万盏，一时灭矣。于是贵家车马，自内前鳞切，悉南去游相国寺，寺之大殿前设乐棚，诸军作乐，两廊有诗牌〔六〕灯云："天碧银河欲下来，月华如水照楼台①。"并"火树银花合，星桥铁锁开"之诗，其灯以木牌为之，雕镂成字，以纱绢幂之，于内密燃其灯，相次排定，亦可爱赏。资圣阁〔七〕前安顿佛牙，设以水灯〔八〕，皆系宰执戚里贵近占设看位〔九〕。最要闹九子母殿及东西塔院，惠林、智海、宝梵，竞陈灯烛〔一〇〕，光彩争华，直至达旦。其余宫观寺院，皆放万姓烧香。如开宝、景德、大佛寺等处，皆有乐棚，作乐燃灯。惟禁宫观寺院，不设灯烛矣。次则葆真宫，有玉柱玉帘窗隔灯，诸坊巷、马行诸香药铺席、茶坊、酒肆灯烛，各出新奇。就中莲华王家香铺灯火出群，而又命僧道场打花钹、弄椎鼓，游人无不驻足。诸门皆有官中乐棚。万街千巷，尽皆繁盛浩闹。每一坊巷口，无乐棚去处，多设小影戏棚子，以防本坊游人小儿相失〔一一〕，以引聚之。殿前班在禁中右掖门里，则相对右掖门设一乐棚，放本班家口登皇城观看。官中②有宣赐茶酒、妆粉钱之类。诸营班院，于法不得夜游，各以竹竿出灯球于半空，远近高低，若飞星然。阡陌纵横，城闉不禁。别有深坊小巷，绣额珠帘，巧制新妆，竞夸华丽，春情荡扬，酒兴融怡，雅会幽欢，寸阴可惜，景色浩闹，不觉更阑。宝骑骎骎，香轮辘辘，五陵年少，满路行歌，万户千门，笙簧未彻③。市人卖玉梅、夜蛾〔一二〕、蜂儿、雪柳、菩提叶、科头圆子〔一三〕、拍头焦䭔④。唯焦䭔以竹架子出青伞上，装缀梅红缕金小灯笼子，架子前后亦设灯笼，敲鼓应拍，团团转走，谓之"打旋罗"，街巷处处有之。至十九日收灯，五夜城闉不禁，尝有旨展日。宣和年间，自十二月于酸枣门二名景龙门上，如宣德门，元夜〔一四〕点照，门下亦置露台，南至宝箓宫，两边关扑买卖，晨晖门外设看位一所⑤，前以荆棘围绕，周回约五七十步，都下卖鹌鹑骨饳儿〔一五〕、圆子䭔〔一六〕、拍白肠、水晶脍、科头细粉〔一七〕、旋炒栗子、银杏、盐豉汤〔一八〕、鸡段、金橘、橄榄、龙眼、荔枝诸般市合，团团密摆，准备御前索唤。以至尊有时在看位内，门司、御药、知省、太尉,悉在帘前,用三五人弟子祗应。粔盆照耀,有同白日。仕女观者,中贵邀住,劝酒一金杯[一九]令退。直至上元,谓之"预赏"[二〇]。惟周待诏[二一]瓠羹贡余者,一百二十文足一个,其精细果别如市店十文者。

[校]

①"月华如水照楼台",陈元靓岁时广记卷十寺院灯为"月华如水浸楼台"。

②"官中",陈元靓岁时广记卷十瞻御表为"宫中"。

③陈元靓岁时广记卷十瞻御表于"笙簧未彻"之后补"自古太平之盛,未有斯也"。

④京都译注本亦注意岁时杂记所谓"柏头焦𬊿",然"柏头"于"𬊿"不合,拍则为充满之意,如魏了翁满江红李提刑生日云:"水拍池塘鸿雁聚,露浓庭畹芝兰馥。"应仍以元本"拍"为确。

⑤"晨晖门外设看位一所",陈元靓岁时广记卷十备御唤作"晨晖门外设主上看位一所"。

[注]

〔一〕十六日

章渊稿简赘笔耗磨日:正月十六日,古谓之"耗磨日"。张说耗日饮诗云:"耗磨传兹日,纵横道未宜。但令不忌醉,翻是药无为。"又云:"上月今朝减,流传耗磨辰。还将不事事,同醉俗中人。"赵冬必饮酒,如今之"社日",此日但谓之"耗日"。官司不开仓库而已。

〔二〕郓王

邓椿画继卷二侯王贵戚:郓王,徽宗皇帝第二子也。禀资秀拔,为学精到。政和八年,射策于庭,名标第一,多士推服。性极嗜画,颇多储积,凡得珍图,即日上进,而御府所赐,亦不为少,复皆绝品,故王府画目,至数千计。又复时作小笔花鸟便面,克肖圣艺,乃知父尧子舜,趣尚一同也。

〔三〕**宣赐不辍**

无名氏宣和遗事前集:这四个得了圣旨,交撒下金钱银钱,与万姓抢金钱。那教坊大使袁陶曾作一词,名做撒金钱:"频瞻礼,喜升平,又逢元宵佳致。鳌山高耸翠,对端门珠玑交制。似嫦娥降仙宫,乍临凡世。　恩露匀施,凭御阑、圣颜垂视。撒金钱,乱抛坠,万姓推抢没理会。告官里,这失仪,且与免罪。"是夜撒金钱后,万姓各各遍游市井,可谓是:灯火荧煌天不夜,笙歌嘈杂地长春。

〔四〕**家妓**

陈鹄耆旧续闻卷一:太傅公尝守会稽,上元夕放灯特盛,士女骈阗,有一士人,从贵宦幕外过,见其女乐甚,都注目久之,观者狎至,触坠其幕,贵宦者执其士,以闻于府。

郭祥正郑州太守王龙图贽之出家妓弹琵琶即席有赠:偶骑匹马游仙关,瑶池夜宴欢未阑。邀予末坐闻清弹,琵琶十槽声正繁。初疑饥鸾啄玉应天响,忽似霹雳数声春气还。曲遍将终檀板急,舞袖裂霞随拍入。踏躇琼筵鸾步娇,汗透香绡露桃湿。解绹罢舞整花钿,宛转仙容雁行立。主人使令持酒卮,香随罗袜成尘飞。铜龙无声夜无极,煌煌烛焰回朝晖。桃源花落长洁净,人着秦衣樽俎馨。岂如此会绝风流,主人殷勤宾客敬。我作短歌公听取,人世百年能几许。乐极哀来古所悲,不如立功当此时。

刘斧青琐高议后集卷之四龚球记龚球夺金疾病死:时元夜灯火,车骑腾沸,球闲随一青毡车走。车中有一女人,自车后下,手把青囊,其去甚速,球逐之暗所。女人告曰:"我李太保家青衣也,售身之年,已过其期,彼不舍吾,又加苦焉。今夕吾伺其便走耳。若能容吾于室,愿为侍妾。"球喜,许之。与妇人携手,妇人以青囊付球,即与同行。球心思计以欺之，球乃妄指一巷："此乃市者，其中吾所居也，汝且从巷口，吾先报家人，然后呼汝入家。"女人不知其诈。

江少虞宋朝事实类苑卷第七十四诈妄谬误刘承勋：承勋专掌宫事，盗用之无算，家畜妓乐数十百人，朱门甲第，穷极富贵。尝指妓乐中一青衣云："此女妓教其优剧，止学师巫持刀敕水一艺，凡费二千缗，他可知也。"

〔五〕开封尹

洪迈夷坚志乙志卷第九李孝寿：政和二年，李孝寿为开封尹，以严猛居官，辇毂之下，无敢议其政者。

江邻幾醴泉笔记下：开封府尹大厅，自周起侍郎奏真宗云："陛下昔居此，臣不敢坐。"自尔遂空不复居。

范镇东斋记事卷三：仁宗初，薛简肃知开封府。上新即大位，庄献临朝，一切以严治，人谓之"薛出油"。

郑克折狱龟鉴卷六吕公绰疑仇：吕公绰侍读知开封府。有营妇，夫戍未还。夜盗入舍，断腕而去。主名不立，都人喧言骇异。公绰谓："非其夫仇，不宜快意戕害至此。"亟遣驰诘其夫，果获同营韩元者，具奸状，伏诛。见王珪丞相所撰墓志

田况儒林公议卷下：范仲淹以天章阁待制权尹京府，自以言事被用，以谏诤为己责。吕夷简作相，气势重炎，无敢忤者，仲淹屡犯其锋。

章如愚群书考索后集卷第十三官制门京尹：宋朝牧尹不常置，太宗、真宗皆尝尹京，后亲王无继者，权知府一人，以待制以上充掌尹正，畿甸之事，中都之狱讼皆受而听焉。小事则专决，大事则禀奏，若承旨已断者，刑部、御史台无辄纠察。典司毂下，建隆以来为要剧之任。崇宁三年，蔡京乞罢权知府，置牧、尹各一员，专总府事，牧以皇子领，尹以文臣充。尹以亲王为之，号"判南衙"。凡命知府必带权字，以翰林为之，翰林学士及杂学士，若待制则权发遣而已，所选皆人望，盖四方

460

取则之地也。

韩淲涧泉日记卷中：<u>王钦臣仲至</u>，<u>洙</u>之子，赐进士第。<u>钱穆甫</u>荐于<u>哲宗</u>，以为学士。上曰："<u>章惇</u>不喜。"乃以<u>仲至</u>为<u>开封尹</u>。

张铉仕学规范卷七行己：<u>包孝肃</u>在言路，极言时事，复为京尹，令行禁止，至今天下皆呼"<u>包待制</u>"。

文莹玉壶清话卷第四：<u>真宗</u>为<u>开封尹</u>，呼通<u>衢</u>中铁盘市卜一瞽者，令<u>张耆</u>、<u>夏守赟</u>、<u>杨崇勋</u>左右数辈，揣听声骨，因以为娱，或中或否。

吕本中紫微诗话：<u>范正平子夷</u>，丞相<u>忠宣公</u>长子，少有高节，专务静退。<u>绍圣</u>中，<u>钦圣向后</u>为其家作功德寺，为屋数百间。百姓诉其地民间地也，朝廷下其事<u>开封府</u>，府尹<u>王震</u>、户部尚书<u>蔡京</u>皆定以为官地。民诉不已，再委<u>开封尉</u>核实。时<u>子夷</u>适为<u>开封尉</u>，验治实民间地。

司马光温公琐语：<u>章惇</u>者，<u>郇公</u>之疏族，举进士，在京师，馆于<u>郇公</u>之第。报族父之妻，为人所掩，逾垣而出，误践街中一妪，为妪所讼。时<u>包希仁知开封府</u>，不复深探其狱，赎铜而已。

康与之昨梦录李伦：<u>开封尹李伦</u>，号"<u>李铁面</u>"。命官有犯法当追究者，巧结形势，竟不肯出。<u>李愤</u>之，以术罗致之，至，又不逊。<u>李</u>大怒，真决之。

梅尧臣碧云騢：参知政事<u>张观</u>，尝知<u>开封府</u>。府有犯夜巡者，捕致之，<u>观</u>据案讯之曰："有证见乎？"巡者曰："若有证见，亦是犯夜。"左右无不大笑，于是京师知其谬。时赴上才五日，朝廷知之，亟罢<u>观</u>。

王子容满庭芳_{寿京尹}：台衮筹边，京师蒙福，<u>两淮</u>谈笑尘清。正鲇筒无讼，桴鼓亦稀鸣。阅武分弓角射，催春事、亲劝农耕。何须待，寻花问柳，小队出郊坰。　功名。今已就，九重近天，好去辞荣。算人间极贵，何似长生。刺占<u>梅山</u>日月，观二妙，玉纹枰。休辞醉，<u>洛阳</u>花信，香到露华亭。

傅自得蓦山溪_{早春寿京尹}：洪钧转处，都在薰陶内。瑞世得奇才，赞

461

化工,协调和气。雄词健笔,谈笑斡千钧,余闲手,尹王畿,治行称尤异。　　雍容儒雅,早合登高位。天路踏骅骝,看峨冠,羽仪班缀。东风骀荡,王罍酒鳞红,春不老,寿难穷,莫惜今朝醉。

富大用古今事文类聚遗集卷十三诸提举部遗三世尹京:梁子美权开封府尹,入谢,言曾祖颢、祖适皆常领府事,今臣复摄尹,惧弗克荷。徽宗曰:"卿三世尹京,缙绅盛事也。"四朝国史

苏颂苏魏公文集附录一魏公谭训卷第五前言政事:祖父尹开封,颇严鞭扑。以为京师浩穰,须弹压,当以柱后惠文治之,非亳、颍卧治之比。方试进士,有博于肆楼者,巡捕擒以来。祖父问:"掷彩何为?"曰:"选官尔。""何许?"曰:"房中。"祖父曰:"举人房中赌彩选,市巡何预?"痛杖之。内外欢悚。

祖父尝说:张去华侍郎及第,文章学问为一时之贤,而孝养之行远追古人。独不达政事,自翰苑尹开封,事多留滞倒错,遂罢。尝有一人犯夜,逻者执之以来。公问:"何为夜行?"对以母病求医。问颇有见证否?人皆笑之。

无名氏如梦录官署纪第五:东有包孝肃公祠,祠内有宋开封府题名碑,起建隆元年督[昝]居润,讫崇宁四年李孝寿,共一百八十三名。又有开封尹题名碑并记,起崇宁四年李孝寿,讫上官悟,共四十八名,末附金韩仲适一名。碑在今府署东南隅包公祠内。

〔六〕诗牌

楼钥诗话一○九:余顷岁游云岩,有诗牌挂壁上,拂尘读之,云:"朝见云从岩上飞,暮见云归岩下宿。朝朝暮暮云来去,屋老僧移几翻覆。夕阳流水空乱山,岩前芳草年年绿。"爱其清甚,视其名,则僧举也。

〔七〕资圣阁

张师正括异志卷五韩宗绪:韩宗绪,龙图赞之子,以父任补将作监主簿。皇祐秋,镇厅预荐,偶于相国寺资圣阁前,见其家旧使老仆。

钱世昭钱氏私志:蔡鲁公帅成都,一日,于药市中遇一妇人,多发如画者,毛女语蔡云:"三十年后相见。"言讫,不知所在。蔡后以太师鲁国公致仕,居京师。一日,在相国寺资圣阁下纳凉,一村人自外入,直至蔡前云:"毛女有书。"

〔八〕**水灯**

白居易白孔六帖卷四岁除点水盆灯:金门岁节日:洛阳人家除夜则钢刀刻门,埋小儿砚,点水盆灯。

潘永因宋稗类钞十六豪旷:建炎四年正月十五日,上在章安镇,忽有二航为风所飘,直犯御舟。问之,乃贩柑客也。上闻,尽令买之,分散禁卫,令食瓢取皮为碗。是日元夕放灯,乃命贮油于柑皮,置灯其中,随潮放之。时风息波平,如数万点红星浮漾海面。居人皆登金鳌峰望之。

〔九〕**看位**

吴自牧梦粱录卷四观潮:临安风俗,四时奢侈,赏玩殆无虚日。西有湖光可爱,东有江潮堪观,皆绝景也。每岁八月内,潮怒胜于常时,都人自十一日起,便有观者,至十六、十八日倾城而出,车马纷纷,十八日最为繁盛,二十日则稍稀矣。十八日盖因帅座出郊,教习节制水军,自庙子头直至六和塔,家家楼屋,尽为贵戚内侍等雇赁作看位观潮。

〔一〇〕**惠林、智海、宝梵,竞陈灯烛**

妙源虚堂和尚语录卷第九:元宵上堂,朝家元日郊礼,天地开泰,圣天子感而放灯一月,以享上帝。辇毂之下,青红碧绿,巷陌如画。禅门中,亦有五灯,有传灯、广灯、普灯、续灯、联灯,灯灯相续,循环无尽。

〔一一〕**小儿相失**

袁采世范卷下:富人有爱其小儿者,以金银珠宝之属饰其身。小人有贪者,于僻静处坏其性命而取其物。虽闻于官而置于法,何益。市邑小儿,非有壮夫携负,不可令游街坊,虑有诱略之人也。

岳珂桯史卷第一南陔脱帽:神宗朝,王襄敏韶在京师,会元夕张灯,金吾弛夜,家人皆步出将帷观焉。幼子寀第十三,方能言,珠帽褕

463

卷之六　十六日

服,冯肩以从。至宣德门,上方御楼,芗云彩鳌,箫吹雷动,士女仰视,喧拥阗咽,转盼已失所在,驺驭皆怔扰不知所为。家人不复至帷次,狼狈归,未敢白请捕。襄敏讶其反之亟,问知其为南陔也,曰:"他子当遂访,若吾十三,必能自归。"怡然不复求。咸叵测。居旬日,内出犊车至第,有中大人下宣旨,抱南陔以出诸车,家人惊喜,迎拜天语。既定,问南陔以所之。乃知是夕也,奸人利其服装,自襄敏第中已窃迹其后。既负而趋,南陔觉负己者之异也,亟纳珠帽于怀。适内家车数乘将入东华,南陔过之,攀辕呼焉。中大人悦其韶秀,抱置之膝。翌早,拥至上阁,以为宜男之祥。上问以谁氏,竦然对曰:"儿乃韶之幼子也。"具道所以,上顾以占对不凡,且叹其早惠,曰:"是有子矣。"令暂留,钦圣鞠视,密诏开封捕贼以闻,既获,尽戮之。乃命载以归,且以具狱示襄敏,赐压惊金犀钱果,直巨万。

〔一二〕夜蛾

王庭珪夜蛾儿:碧眼银须粉扑衣,又随雪柳趁灯辉。怕寒还恋南华梦,凝伫钗头未肯飞。

陈元靓岁时广记卷十一上元中纸飞蛾:岁时杂记:都人上元以白纸为飞蛾,长竹梗标之,命从卒插头上,昼日视之殊非佳物,至夜,稠人列火炬中,纸轻竹弱,纷纷若飞焉。又作宜男蝉,状如纸蛾,而稍加文饰。又有菩提叶蜂儿之类。

[文案]夜蛾之别样式则有"闹蛾"。以剪好之蛾形绫绮,簪戴于发髻或冠子上。若康与之瑞鹤仙上元应制:"闹蛾儿满路,成团打块,簇着冠儿斗转。"

〔一三〕圆子

史浩人月圆又咏圆子:骄云不向天边聚,密雪自飞空。佳人纤手,霎时造化,珠走盘中。 六街灯市,争圆斗小,玉碗频供。香浮兰麝,寒消齿颊,粉脸生红。

史浩粉蝶儿又咏圆子:玉屑轻盈,鲛绡霎时铺遍。看仙娥、骋些神

变。咄嗟间,如撒下、真珠一串。火方然、汤初滚、尽浮锅面。 歌楼
酒垆,今宵任伊索唤。那佳人,怎生得见。更添糖,拚折本、供他几碗。
浪儿门,得我这些方便。

王千秋鹧鸪天:翠杓银锅飨夜游。万灯初上月当楼。溶溶琥珀流
匙滑,璨璨批珠着面浮。 香入手,暖生瓯。依然京国旧风流。翠娥
且放杯行缓,甘味虽浓欲少留。

汪曰桢湖雅卷八饼饵粥饭附圆子:按俗以粉圆无馅者曰圆子,有汤
圆,一名顺风圆,为元旦节物,又名灯圆,为元宵节物。又有茧圆,为蚕
时祀神及腊月祀灶之用。双林费圆著名,别有丸糖为馅,用水沾湿,外
以米粉裹满,形如"顺风圆",亦呼汤圆。又东乡元旦有"接天圆子",
大而有馅,此则有馅而呼为圆子者也。

〔一四〕元夜

彭乘续墨客挥犀卷六上元夜张燕:狄青为枢密副使,宣抚广西。
时侬智高守昆仑关。青至宾州,值上元节,令大张灯烛,首夜燕将佐,
次夜燕从军官,三夜飨军校。首夜乐饮彻晓,次夜二鼓时,青称疾,暂
起如内。久之,使人谕孙元规令暂主席行酒,少服药乃出,数使人劝劳
座客,至晓,各未敢退。忽有驰报者云:是夜五鼓,青已夺昆仑矣。

洪迈夷坚支庚卷第八王上舍:建康王枢密德言纶云:"乡人王上
舍,以政和六年元夕,与友同出府治观灯。三友登山棚玩优戏,王独在
棚下,不肯前。邀之弗听,盖意有所属。见一姬缓步,一女仆随之,衣
不华,妆不艳,而淡靓可喜。顾王微羞,整饰冠,若欲偷避。王逼而窥
之,始撒幕首巾,回面而笑。王将与之语,为友所牵,莫能遂。于是偕
入委巷,行人绝希,姬复在焉,而友无所睹。王托如厕,抽身相蹑,情思
飞扬,因就与姬语。姬曰:"我知君雅意,但以寡居一第,无男无女,只
小姿同居。萧索之情,不言可知。君果有心,异日愿垂顾。"王曰:"吾
方寸已乱,何暇迁延!"携手将与绸缪,四顾巷陌,灯烛车马,略无可驻
之地。念市桥下甃石处差可偷期,乃野合而别。

朱弁续骫骳说元宵词:都下元宵观游之盛,前人或于歌词中道之,而故族大家宗藩戚里,宴赏往来,车马骈阗五昼夜不止,每出必穷日尽夜漏乃始还家,往往不及小憩,虽含醒溢疲思亦不暇寐,皆相呼理残妆,而速客者已在门矣。

〔一五〕鹌鹑骨饳儿

宋话本简帖和尚:只见一个男女托个盘儿,口中叫:"卖鹌鹑馉饳儿。"官人把手打招,叫:"买馉饳儿。"僧儿见叫,托盘儿入茶坊内,放在桌上,将条篾篁穿那馉饳儿,捏些盐,放在官人面前道:"官人吃馉饳儿。"

〔一六〕圆子餤

李昉太平广记卷第二百三十四食尚食令:冯给食人中书祗候宰相,见一老官人衣绯,在中书门立,候通报。时夏谯公为相,留坐论事多时,及出,日势已晚,其官人犹尚在。乃遣人问是何官?官人近前相见曰:"某新除尚食局令,有事相见相公。"因令省官通之,官人入,给事偶未去。官人见宰相了,出谢云:"若非给事恩遇,某无因得见相公。某是尚食局造餤子手,不知给事宅在何处?"曰:"在亲仁坊。"曰:"欲说薄艺。但不知给事何日在宅?"曰:"来日当奉候。""然欲相访,要何物?"曰:"要大台盘一只,木楔子三五十枚,及油铛炭火,好麻油一二斗,南枣烂面少许。"给事素精于饮馔,归宅便令排比,仍垂帘,家口同观之。至日初出,果秉简而入,坐饮茶一瓯,便起出厅,脱衫靴带,小帽子,青半肩,三幅裤,花襜袜肚,锦臂鞴。遂四面看台盘,有不平处,以一楔填之,后其平正,然后取油铛烂面等调停,袜肚中取出银盒一枚,银篦子、银笊篱各一,候油煎熟,于盒中取餤子豏,以手于烂面中团之,五指间各有面透出,以篦子刮却,便置餤子于铛中,候熟,以笊篱漉出,以新汲水中良久,却投油铛中,三五沸取出,抛台盘上,旋转不定,以太圆故也。其味脆美,不可名状。_{出卢氏杂说}

〔一七〕科头细粉

李光庭乡言解颐卷四物部上食物十事蝌蚪子:麦、菽二屑各半,和面,用木床铁漏按入沸汤中,熟而取出,拌卤食之,较之活络、瓢儿漏,柔软细腻。蝌蚪子者,象形也。此山右人食法,又曰格豆子,则音之讹也。 岂无蒙憧人,菽麦不能辨。和屑作羹汤,食之亦称善。称善问嘉名,告从古书选。唐风昔俭勤,迄今尚流衍。诗篇蟋蟀吟,食单蝌蚪撰。乃知精约厨,所费不在腆。寻文指画肤,思味口尝脔。夜入黑甜乡,将无梦吞篆。

[文案]科头即为蝌蚪。见王千秋浣溪沙科斗词。山西太原农村至今尚遗"科斗细粉"制法:在一似"擦子"之捆床上,擦出条状之"蝌蚪",其长约三公分,沸水煮熟,光滑柔软,犹如细粉。今河南地区则称粉条为细粉。

〔一八〕盐豉汤

陈元靓岁时广记卷第十一卖节食:盐豉捻头杂肉煮汤,谓之盐豉汤。

〔一九〕劝酒一金杯

无名氏宣和遗事前集:至十五夜,去内门直下赐酒,两壁有八厢,有二十四个内等子守着,喝道:"一人只得饮一杯酒。"有光禄司人把着金卮劝酒,真个是金杯内酒凝琥珀,玉瓯里香胜龙涎。一似蟠桃宴罢流琼液,敕赐流霞赏万民。

那看灯底百姓,休问富贵贫贱老少尊卑,尽到端门下赐御酒一杯。有教坊大使曹元宠口号一词,唤做脱银袍:济楚风光,升平时世,端门支散,碗遂逐旋温来,吃得过,那堪更使金器?分明是,与穷汉、消灾灭罪。 又没支分,犹然递滞,打笃磨槎来根底。换头巾,便上弄交番厮替。告官里,驰逐高阳饿鬼。

是夜,鳌山脚下人丛闹里,忽见一个妇人吃了御赐酒,将金杯藏在怀袖里,吃光禄司人喝住:"这金盏是御前宝玩,休得偷去!"当下被内前等子拿住这妇人,到端门下。有阁门舍人具将偷金盏的事,奏知徽宗皇帝。圣旨问取因依。妇人奏道:"贱妾与夫婿同到鳌山下看灯,人闹里与夫相失。蒙皇帝赐酒,妾面带酒容,又不与夫同归,为恐公婆怪责,欲假皇帝金杯归家与公婆为照。臣妾有一词上奏天颜。"这词名鹧鸪天:月满蓬壶灿烂灯,与郎携手至端门。贪观鹤降笙箫举,不觉鸳鸯失却群。　天渐晓,感皇恩,传宣赐罢脸生春。归家切恐公婆责,乞赐金杯作照凭。

　　徽宗览毕,就赐金盏与之。当有教坊大使曹元宠奏道:"适来妇人之词,恐是伊夫宿构此词,来骗陛下金盏。只当押妇人当面命题,令他撰词。做得之时,赐与金盏;做不得之时,明正典刑。"帝准奏,再令妇人做一词。妇人请命题。准圣旨,令将金盏为题,念奴娇为调。女子领了圣旨,口占一词道:桂魄澄辉,禁城内、万盏华灯罗列。无限佳人穿绣径,几多娇艳奇绝。凤烛交光,银灯相射,奏箫韶初歇。鸣鞘响处,万民瞻仰宫阙。　妾自闺门给假,与夫携手,共赏元宵节。误到玉皇金殿砌,赐酒金杯满设。量窄从来,红凝粉面,尊见无凭说。假王金盏,免公婆责罚臣妾。

　　徽宗见了此词,大悦,不许后人攀例,赐盏与之。

　　万俟咏凤皇枝令:妇女游者,珠帘下邀往,饮以金瓯酒。有妇人饮酒毕,辄怀金瓯。左右呼之,妇人曰:妾之夫性严,今带酒容,何以自明。怀此金瓯为证耳。隔帘闻,笑声曰:"与之。"其词曰:人间天上。端楼龙凤灯先赏。倾城粉黛月明中,春思荡。醉金瓯仙酿。　一从鸾辂北向。旧时宝座应蛛网。游人此际客江乡,空怅望。梦连昌清唱。

　　〔二〇〕**预赏**

　　凌准牒牍日疏预借元宵:宣和五年,令都城自腊月初一日放鳌山灯,至次年正月十五日夜,谓之"预赏元宵"。

　　〔二一〕**待诏**

　　宋话本碾玉观音:去府库里寻出一块透明的羊脂玉来,即时叫将门下碾玉待诏道:"这块玉堪做甚么?"内中一个道:"好做一副劝杯。"

　　数中一个后生,年纪二十五岁,姓崔名宁,趋事郡王数年,是昇州建康府人，当时叉手向前，对着郡王道："告恩王：这块玉上尖下圆，甚是不好，只好碾一个南海观音。"郡王道："好！正合我意！"就叫崔宁下手，不过两个月，碾成了这个玉观音。

不则一日，到了潭州，却是走得远了。就潭州市里，讨间房屋，出面招牌，写着"行在崔待诏碾玉生活"。崔宁便对秀秀道："这里离行在有二千余里了，料得无事。你我安心，好做长久夫妻。"潭州也有几个寄居官员，见崔宁是行在待诏，日逐也有生活得做。

四水潜夫武林旧事卷第六诸色伎艺人棋待诏：郑日新越童　吴俊臣安吉吴　施茂施獬狲　朱镇　童先　杜黄象　徐彬象　林茂象　礼重象　尚端象　沈姑姑象，女流　金四官人象　上官大夫象　王安哥象　李黑子象。

［文案］：宋有翰林待诏，为诏制抄写官。后民间遂称各种技术官及工匠为待诏。

收灯都人出城探①春

收灯毕，都人争先出城探春〔一〕，州南则玉津园外学，方池亭榭。玉仙观〔二〕转龙湾西去，一丈佛〔三〕园子、王太尉园，奉圣寺〔四〕前孟景初园，四里桥望牛冈〔五〕，剑客庙〔六〕。自转龙湾东去，陈州门外，园馆尤多②。州东宋门外，快活林〔七〕、勃脐陂〔八〕、独乐冈、砚台〔九〕、蜘蛛楼、麦家园、虹桥、王家园、曹、宋门之间东御苑，乾明、崇夏尼寺。州北李驸马园〔一〇〕，州西新郑门大路，直过金明池西道者院〔一一〕，院前皆妓馆。以西宴宾楼，有亭榭，曲折池塘，秋千〔一二〕、画舫〔一三〕，酒客税小舟，帐设游赏〔一四〕。相对祥祺观，直至板桥〔一五〕，有集贤楼、莲花楼，乃之官河东〔一六〕、陕西五路〔一七〕之别馆，寻常饯送置酒于此。过板桥有下松园、王太宰园〔一八〕、杏花冈〔一九〕。金明池角，南去③水虎翼巷，水磨下蔡太师园〔二〇〕。南洗马桥西巷内，华严尼寺、王小姑酒店。北金水河两浙尼寺、巴娄寺、养种园〔二一〕，四时花木，繁盛可观。南去药梁园、童太师园。南去铁佛寺、鸿福寺〔二二〕、东西柏榆村。州北模天坡〔二三〕、角桥，至仓王庙、十八寿圣尼寺〔二四〕、孟四翁酒店。州西北元有庶人园〔二五〕，有创台、流杯亭榭数处，放人春赏。大抵都城左近〔二六〕，皆是园圃〔二七〕，百里之内，并无闲④地。次第春容满野，暖律暄晴。万花争出粉墙，细柳斜笼绮陌。香轮暖⑤辗，芳草如茵，骏骑骄嘶，杏花如绣，莺啼芳树，燕舞晴空。红妆按乐于宝榭层楼，白面行歌近画桥流水，举目则秋千巧笑，触处则蹴鞠疏狂。寻芳选胜，花絮时坠金樽；折翠簪红，蜂蝶暗随归骑。于是相继清明节矣。

［校］

①"探"，原作"採"，中华邓注本案应作"探"，确，下句可纠其误。宋小说亦可一证。

②百岁寓翁枫窗小牍卷下，于"园馆尤多"后补"著称者：奉灵园、灵嬉园"。

③刘益安对新版东京梦华录注本质疑按：金明池在新郑门大路街北，琼林苑在南，苑池隔街相对。此处谓"过金明池西"之池角，当是金明池的西南角，同时也是琼林苑的西北角。如果从这里南去，就走到了琼林苑的西侧。金明池本为训练水军而凿，军营就在池侧，并以此作巷名，事理昭然，记载确凿。如以金明池

西南角作为起点,只有北去才能进入水虎翼巷。此条"南去"显
为"北去"之误。此虽一字之差,但若据以绘制北宋开封城市示
意图,则将谬以千里。

④中华邓注本谓"閛"应作"閒"。易疏谓"閛"为"閴"之俗字,作
"空"解。亦确。

⑤"暖"应作"缓"。

[注]

〔一〕**探春**

孔平仲谈苑卷四:都人士女,正月十五后,乘马跨马,郊野中为探
春之宴。

宋话本洛阳三怪记:尽日寻春不见春,杖梨𣛮破岭头云。归来点
检梅梢看,春在枝头已十分。

这四句探春诗是张元所作。东坡先生有一首探春词,名柳梢青,
却又好。词曰:昨日出东城,试探春。墙头红杏暗如倾。槛内群芳芽
未吐,草已回春。绮陌敛香尘,点云霭前村。东君着意不辞辛。料想
风光到处,吹绽梅英。

这一年四季,无过是春天,最好景致:日谓之"丽日",风谓之"和
风",吹柳眼,绽花心,拂香尘。天色暖谓之"暄",天色冷谓之"料峭";
骑的马谓之"宝马",坐的轿谓之"香车",行的路谓之"香径",地下飞
起土来,谓之"香尘"。应干草正发叶,花生芽蕊,谓之"春信"。春忒
煞好。有首词曰:韶光淡荡,淑景融和。小桃深妆脸妖娆,嫩柳袅宫腰
细腻。百转黄鹂,惊回午梦;数声紫燕,说尽春愁。日舒迟暖澡鹅黄,
水渺苏敕香鸭绿。隔水不知谁院落,秋千高挂绿杨阴。

春景果然是好。到春来,则那府州、县道、村乡、镇市,都有游玩去处。

〔二〕**玉仙观**

[文案]玉仙观在宋城东南陈州门。仁宗时陈道士修葺一新,内有

471

"万年松花石"三块，"龙牙石"二段，据<u>复斋漫录</u>云：花木亭台，四时游客不绝。

〔三〕**一丈佛**

<u>陆游老学庵笔记</u>卷九：<u>东坡</u>在<u>黄州</u>时，作<u>西捷</u>诗曰："汉家将军一丈佛，诏赐天闲八尺龙。露布朝驰<u>玉关</u>塞，捷烽夜到<u>甘泉宫</u>。似闻指麾<u>筑上郡</u>，已觉谈笑无<u>西戎</u>。放臣不见天颜喜，但觉草木皆春容。""一丈佛"者，<u>王中正</u>也。

〔四〕**奉圣寺**

［文案］据<u>东京风土</u>著作：<u>奉圣寺</u>传为<u>孔圣人</u>庙，因在土冈上，故得名"奉圣寺"。今名"丰收冈"。

〔五〕**望牛冈**

<u>李濂汴京遗迹志</u>卷九冈<u>望牛冈</u>：在城西南十里许，<u>汴京</u>城形势如卧牛状，登是冈以望之，则居然可见，故名。

〔六〕**剑客庙**

［文案］据<u>东京风土</u>著作：<u>剑客庙</u>为战国<u>大梁</u>屠宰业者<u>朱亥</u>祠庙墓园，其墓在都城南，过"四里桥"之道，左旁为祠宇，亦呼为"屠儿墓园"。

〔七〕**快活林**

<u>施耐庵罗贯中水浒传</u>第二十九回<u>施恩</u>重霸<u>孟州</u>道 <u>武松</u>醉打蒋门神："小弟此间东门外有一座市井，地名唤做<u>快活林</u>。但是<u>山东</u>、<u>河北</u>客商们，都来那里做买卖，有百十处大客店，三二十处赌坊、兑坊。往常时，小弟一者倚仗随身本事，二者捉着营里有八九十个弃命囚徒，去那里开着一个酒肉店，都分与众店家和赌坊、兑坊里。但有过路妓女之人，到那里来时，先要来参见小弟，然后许他去趁食。那许多去处每朝每日都有闲钱，月终也有三二百两银子寻觅。如此赚钱。"

［文案］<u>水浒传快活林</u>在<u>孟州</u>（<u>河南孟县</u>），非<u>汴京快活林</u>，然"快活"本宋时口语，故以此命名。

〔八〕**勃脐陂**

陆佃尔雅新义卷第十释地:陂者曰阪。

毛晃、毛居正增修互注礼部韵略卷二十下平声八戈:陂尔雅陂者阪,又陂陀陵迟不平貌,又支置二韵。增入。

[文案]在宋门外,因水中多生荸荠而得名,亦呼荸荠陂。

〔九〕**砚台**

[文案]据孙注本:砚台为战国张仪、汉张耳墓。南为张耳墓,形似砚。遗址在今开封东南前台村附近,俗称前台;张仪墓在安乐乡,形亦似砚,谓之北砚台,遗址在今开封东北砚台村内,俗称后台。

〔一○〕**李驸马园**

刘攽游李氏园池二首:从人问乔木,系马得名园。柳带晴先绿,禽声暖更喧。临池照清水,拂石置芳樽。不畏归侵夜,严城未掩门。

树密浑成坞,花深更有蹊。来游春尚浅,重到客应迷。已近无人境,深怜快马蹄。风光不负约,樽酒会长携。

孔武仲游城北李氏园池:池塘春色旧,波水已极目。凫雁稍下来,垂杨舞新绿。登临不惮远,枉径入重复。已见数种花,参差隔修竹,非特野兴长,彩翠动华屋。沁园天下名,鲁馆当年筑。百年犹盛丽,风景冠辇毂。当时手种植,仰视皆乔木。主人况仁贤,客至初不速。跻攀脚力尽,更酌以醽渌。左右列图书,南北置肴蔌。夕阳整归骖,尚谓夜可卜。明日忆胜游,长歌寄金谷。

晁冲之和人游李文和园:北李园池推甲第,西冈人物要诸生。乘鸾此地回缑岭,走马何人出大明。六月火云无复暑,百年水木有余清。敢陪宾客追前辈,知子能诗近得声。

李复李氏园:城近斜临南郭路,地宽分得奉诚园。垂竿引水穿回径,种竹成阴补坏垣。晓露不收荷已败,新霜将落柿初繁。天晴野旷秋风厉,借榻虚堂负午暄。

李复过李氏园:伊川北首始知春,问路停骖仆候门。垂柳万蟹梅一笑,苍松四出石双蹲。高人旧隐家风远,祥兆开先国邑尊。自注:地名大宋川。昔岁往来曾驻跸,从臣遗刻在云根。

朱彧萍洲可谈卷二:元祐间,有携海鱼至京师者,谓之"海哥"。都人竞观,其人以槛置鱼,得金钱则呼鱼,应声而出,日获无算。贵人传召不少暇。一日,至州北李驸马园,放入池中,呼之不复出,设网罟百计,竟失之。李园池沼雄胜,或云三殿幸其第爱赏,以为披香、太液所不及。

〔一一〕**道者院**

[文案]道者院为普安禅院俗称。本为五代寺院,宋太祖为报答该寺僧赠食物、银钱之恩,命在其地建寺,赐名"普安"。亦元德皇后殡宫旧地也。

〔一二〕**秋千**

吴开诗话一一〇绿杨楼外出秋千:晁无咎评乐章欧阳永叔浣溪纱云:"堤上游人逐画船,拍堤春水四垂天,绿杨楼外出秋千。"要皆绝妙,然只出一"出"字,自是后人道不到处。予按唐王摩诘寒食城东即事诗云:"蹴踘屡过飞鸟上,秋千竞出绿杨里。"欧公用"出"字盖本此。

严有翼诗话六九秋千作千秋:荆楚岁时记:"春节悬长绳于高木,士女袨服坐立其上,推引之,名秋千。楚俗谓之拖钩,涅盘经谓之胸索。"古今艺术图曰:"秋千,北方山戎之戏,以习轻趫者。或云:齐威公北伐山戎,此戏始传中国。然考之字书,则曰:秋千,绳戏也。今其字从革,实未尝用革。"按王延寿作千秋赋,正言此戏,则古人谓之千秋。或谓出自汉宫祝寿词也。后人妄易其字为秋千,而语复颠倒耳。山谷诗"未到清明先禁火,还依桑下系千秋",又云:"穿花蹴踏千秋索,挑菜嬉游二月晴。"皆用千秋字,盖得其实也。

〔一三〕**画舫**

吴自牧梦粱录卷十二湖船:杭州左江右湖,最为奇特,湖中大小船只,不下数百舫。有一千料者,约长二十余丈,可容百人。五百料者,约长十余丈,亦可容三五十人。亦有二三百料者,亦长数丈,可容三二十人。皆精巧创造,雕栏画栱,行如平地。

宋话本李元吴江救龙蛇:李元见朱秀才坚意叩请,乃随秀才出垂虹亭,至长桥尽处。柳阴之中,泊一画舫,上有数人,容貌魁梧,衣装鲜丽。邀元下船,见船内五彩装画,裀褥铺设,皆极富贵。元早惊异。朱秀才交开船者荡桨,舟去如飞,两边搅起浪花,如雪飞舞。

胡宗伋诗说隽永二○夏均父诗:夏均父尝言诗之比类,直要相停。常与客泛舟,载肥妓而饮浊酒。其诗曰:"蚁浮金碗浊,妓压画船低。"

〔一四〕**游赏**

俞文豹清夜录:温公一日过独乐冈,见创一厕屋,问守园者何从得钱?对曰:"积游赏者所得。"公曰:"何不留以自用?"对曰:"只相公不要钱。"

宋话本钱舍人题诗燕子楼:盼盼既死,不二十年间,而建封子孙,亦散荡消索。盼盼所属燕子楼遂为官司所占。其地近郡圃,因其形势改作花园,为郡将游赏之地。

〔一五〕**板桥**

[文案]据渔洋诗话卷上谓:汴梁西三十里有板桥,是白乐天题诗处。位于东京郑门外,自唐即为汴州驿站。秦蜀驿程后记有录。

〔一六〕**河东**

[文案]学人姜汉椿考河东路为北宋至道二年所设十五路之一,治并州。辖境在今山西芦芽山、管涔山和内长城以南,龙门山、稷王山、中条山东北,陕西吴堡、佳县以北地区。

〔一七〕**陕西五路**

[文案]京都译注本据张家驹宋代分路考,日比野丈夫元丰九域志纂修考注:陕西五路为鄜延、环庆、泾原、秦凤、熙河经略安抚使五路。南京大学李昌宪教授考证与之稍异:为鄜延、环庆、泾原、秦凤,加永兴军路,为五路。熙宁开边,又增熙河路,秦凤为近里,一般称陕西

五路,当指除永兴军路以外五路。有文献称五路为鄜延、环庆、泾原、秦凤路与河东路,亦不错。

〔一八〕**王太宰园**

［文案］据三朝北盟会编卷三一:王黼赐第于城西竹竿巷,为王太宰园。

〔一九〕**杏花冈**

［文案］据李濂汴京遗迹志:杏花冈在城西南十五里,一名青龙冈。

〔二○〕**蔡太师园**

庞元英谈薮:京城士人出游迫暮,过人家缺墙,似可越,被酒试逾以入,则一大园,花木繁茂,径路交互,不觉深入。天渐暝,望红笼烛而来,惊惶寻归路,迷不能识,亟入道左小亭毡下,有一穴,惊奔而去,士人就隐焉。已而烛渐近,乃妇人十余,靓妆丽服,俄趋亭上,竞举毡,见生惊曰:"又不是那一个。"又一妇熟视曰:"也得,也得。"执其手以行,生不敢问,引入洞房曲室,群饮交戏,五鼓乃散。士人惫倦不能行,妇贮以巨篚舁而缒之墙外。天将晓,惧为人所见,强起扶将而归,他日迹其所遇,乃蔡太师花园也。

〔二一〕**养种园**

周应合景定建康志卷一:养种园一所在城东一里余,中为正堂北向,正堂东南为杏堂,东北为百花堂,东为砌台,西为梅堂,西北为竹间亭,乾道三年建。并系匙钥司,兼掌启闭。景定三年留守臣姚希得奉。

景定五年,留守马光祖任内,重修养种园。行宫养种园在东门外一里而近,旧以内臣掌宫务,园废不治。景定甲子冬,始诏留守司兼任其事,节冗约浮,抉奸剔蠹,居亡何,课八倍昔,乃斥其羡,经营此园,薙草锄荆,宣湮达壅,规模固在也。爰即旧宇撤而新之,矢棘翚飞,丹腹炫耀,凡为堂四,为亭三,为台一,门闾神宇暨守视庖湢之所莫不备具,缭以修垣四百七十余丈,仅再期巨竹如云,梅杏松桂脱斧斤而就培植,清阴周匝,始有禁御气象。董是役者江东安抚司参议官潘大临,凡糜

476

钱一万一千三百贯有奇,米一百八十八石有奇。 正堂名熙春,计一十一间,梅堂名玉雪,计八间,四面堂名面面云山,计二十八间,杏堂名清华,计九间,牡丹亭名怀洛,计九间,百花亭名芳润,计八间。

〔二二〕**鸿福寺**

[文案]鸿福寺为宋仁宗生母李宸妃葬所。内有佛经、寺钟,奉安宋真宗御容。据李濂汴京遗迹志载:鸿福寺有二,一在城西金水河北;一在城东北沙窝岗,宋崇宁元年建。

〔二三〕**模天坡**

[文案]李纲战胜围汴金兵处,今开封东北焦街村,尚遗残丘。又据京都译注本:"模"同"摩"。

〔二四〕**十八寿圣尼寺**

[文案]据李濂汴京遗迹志:十八寿圣尼寺在封丘门外之东,因有白塔,亦称白塔寺。位金水河侧,始建未详,金季兵毁。据载:初僧尼受戒同台,太祖恶之,开宝五年二月诏曰:僧尼无间,实紊教法,尼有合度者只许于本寺起台受戒。自此分设尼姑受戒台。

〔二五〕**庶人园**

[文案]王荆文公诗卷二三记宜春苑诗李壁注:"宜春苑本秦悼王园,欲称庶人园,荒废殆不复治。所谓庶人者,秦悼王也。"庶人指太祖弟秦王廷美,因谋反,废为庶人,卒谥悼。

〔二六〕**左近**

[文案]京都译注本谓"左近"为近处、附近之意也,为宋之俗语。

〔二七〕**园圃**

宋话本宿香亭张浩遇莺莺:浩性喜厚自奉养,所居连檐重阁,洞户相通,华丽雄壮,与王侯之家相等,浩犹以为隘窄,又于所居之北,创置一园。中有:

风亭月榭,杏坞桃溪。云楼上倚晴空,水阁下临清泚。横塘曲岸,露偃月虹桥;朱槛雕栏,叠生云怪石。烂漫奇花艳蕊,深沉竹洞花房。

飞异域佳禽,植上林珍果。绿荷密锁寻芳路,翠柳低笼斗草场。

浩暇日,多与亲朋宴息其间。西都风俗,每至春时,园圃无大小,皆修莳花木,洒扫亭轩,纵游人玩赏,以此递相夸逞,士庶为常。

吕祖谦卧游录:道京师而东,水浮浊流,陆走黄尘,陂田苍莽,行者倦厌,凡八百里始得灵壁张氏之园,于汴之阳。其外,修竹森然以高,乔木蓊然以深。其中,因汴之余浸,以为陂池,取山之怪石,以为岩阜。蒲苇莲芡,有江湖之思;揞桐桧柏,有山林之气;奇花美草,有京洛之态;华堂厦屋,有吴蜀之巧。其深可以隐其富,可以养果蔬,可以饱邻里,鱼鳖笋茹,可以馈四方之宾客。张氏自其伯父殿中君,始家灵壁而为此园,日增治之,于今五十余年矣。其木皆十围,岸谷隐然,凡园之百物,无一不可人意者。

朱弁风月堂诗话卷之下:贾伋为予言:文潞公出镇长安日,吾祖文元公知许昌,游公曲水园。留诗云:"夭桃秾李艳芳辰,丞相园林溪水滨。虎符麟符抛不得,却将佳景付游人。"公得诗甚喜,乃作书并封园券与文元,曰:"可便作园中主人也。"伋字仲思,文元五世孙也。

沈遘依韵和韩子华游赵氏园亭:春色先从禁苑来,侯家次第竞池台。清明已近秋千动,上巳相寻曲水开。绣幕风微花自舞,金炉日永麝销灰。病夫欢意那能强,漫作山公倒载回。

苏辙次韵毛君游陈氏园:增筑园亭草木新,损花风雨怨频频。筜筜似欲迎初暑,芍药犹堪送晚春。薄暮出城仍有伴,携壶藉草更无巡。归轩有喜知谁见,道上纵横满醉人。

李复和游赵韩王园:剥剥啄啄初叩扃,主人立门双眼青。篮舆遽下屏徒御,脱帽解带风泠泠。倦思经时一日纵,乍离涸辙游沧溟。靓深曲折任吾向,度桥绕径足不停。芍药晚花犹泫露,樱桃满树垂繁星。万竹森严拥幢盖,苍松夭矫呼风霆。空叹春时不得到,枯香落蒂今飘零。徙倚历览意稍满,自具野饭追渌醽。却呼主人坐对酌,脯醢间错鱼虾腥。共欢羁缰鲜休暇,一饷聊尔消沉冥。病余量隘不禁醉,骑马归舍犹未醒。能衣拂榻欲假寐，传呼有客来造庭。

李光成氏园并序：八月晦，游城西成氏园，呈李子丛并幕中诸彦。泰和坊外成家园，花木幽茂泉涓涓。竹篱茅舍称野逸，平坡细径遥相连。青松翠竹晚色净，红蕉素槿秋争鲜。幽禽颉颃树蒙密，古木夭矫藤交缠。嗟予与子成二老，登山临水追少年。幕中群彦尽豪俊，小儿亦许依红莲。焚香隐几如逃禅，一枰胜负聊欣然。谁云岭南瘴疠地，城西一壑吾欲专。

[文案]本条以园名者即有十四处之多，以池、苑、观、冈、桥、楼、台、陂、林、寺、庙冠名者，亦有园圃。如周维权中国古典园林史谓宋城寺观园林是也。除本书卷二朱雀门外街巷、卷七驾幸琼林苑、卷八四月八日所举园圃外，散见于枫窗小牍、玉海、东都事略诸书者则更多，据刘益安北宋开封园苑考察计有：奉灵园、灵禧园、芳林园、同乐园、马季良园、迎春苑、宜春苑、凝碧池、园池、百花台、迎秋台、吹台、瑞圣园、含芳园、景华苑、后苑、万岁山艮岳、金凤园、奉真园、潜龙园、撷芳园、撷景园、会圣园、集庆园、西御苑、南园、西林园、北园、北李园、开封尹北园、晋王北园、范公园、景仁东园、国夫人园、外苑、慈孝寺园、景德寺园、宴宾楼园、兴国寺园、太一宫园、集禧园、画桥小园圃、封邱门外园、秘书省园、群牧司园、开封府后园、赵普园、丁谓园、晏殊园、吕文穆园、晋王花园、李谦园、王黼园、李文和园、百岁老人园、礼贤宅园、资福寺园、延福宫，等等。证之以百岁寓翁枫窗小牍所言东京园圃"不以名著约百十"，可知本条所言不虚。

幽兰居士东京梦华录　卷之七

清明节

　　清明节,寻常京师以冬至后一百五日为大寒食。前一日谓之"炊熟",用面造枣锢、飞燕,柳条〔一〕串之,插于门楣,谓之"子推燕",子女及笄者〔二〕,多以是日上头。寒食第三节①,即清明日矣②。凡新坟皆用此日拜扫〔三〕。都城人出郊③。禁中前半月〔四〕,发宫人〔五〕、车马朝陵,宗室、南班、近亲,亦分遣诣诸陵坟享祀,从人皆紫衫,白绢三角子、青行缠〔六〕,皆系官给。亦禁中出车马,诣奉先寺〔七〕、道者院,祀诸宫人坟,莫非金装绀幰〔八〕,锦额珠帘,绣扇双遮,纱笼前导。士庶阗塞诸门,纸马铺〔九〕皆于当街,用纸衮叠成楼阁之状〔一〇〕。四野如市,往往就芳树之下,或园囿之间,罗列杯盘,互相劝酬。都城之歌儿舞女,遍满园亭,抵暮而归。各携枣锢、炊饼〔一一〕、黄胖、掉刀、名花、异果、山亭〔一二〕、戏具、鸭卵〔一三〕、鸡雏,谓之"门外土仪〔一四〕"。轿子〔一五〕,即以杨柳、杂花装簇〔一六〕顶上,四垂遮映。自此三日,皆出城上坟,但一百五日最盛。节日,坊市卖稠饧、麦糕〔一七〕、乳酪、乳饼〔一八〕之类。缓入都门,斜阳御柳,醉归院落,明月梨花,诸军禁卫,各成队伍,跨马〔一九〕作乐四出,谓之"摔脚"〔二〇〕。其旗旐鲜明,军容雄壮,人马精锐,又别为一景也。

[校]

①"寒食第三节",陈元靓岁时广记卷十七"节"作"日"。

②"即清明日矣",陈元靓岁时广记卷十七无"日"字。

③"都城人出郊",陈元靓岁时广记卷十七作"都人倾城出郊"。

[注]

〔一〕**柳条**

范成大吴郡志卷三十土物下:柳,以垂者为贵。吴下士大夫家,有得凤州种者,其半拂地,复堆如尺。

吕原明岁时杂记插柳:江淮间,寒食日家家折柳插门。

苏轼格物粗谈卷上天时:清明柳条上酱醋潮溢。

王铚补侍儿小名录:柳条,女奴也。成都米市桥,伪蜀时有柳条家酒肆,盖当时皆以当垆者为名。

〔二〕**子女及笄者**

司马光司马氏书仪卷二冠仪笄:女子许嫁,笄。年十五,虽未许嫁亦笄。主妇女宾执其礼,主妇,谓笄者之祖母、母、及诸母、嫂。凡妇女之为家长者,皆可也。女宾,亦择亲戚之贤而有礼者。赞,亦宾自择妇女为之。行之于中堂,执事者亦用家之妇女婢妾,戒宾宿宾之辞,改"吾子"为"某亲或邑封"。妇人于妇党之尊长当称儿,卑幼当称姑姊之类。于夫党之尊长当称新妇,卑幼当称老妇。陈服止用背子,无篦幞头,有诸首饰。谓钗梳之类。席一,背设于楄,栉总首饰,置卓子上。冠笄盛以盘,蒙以帕。笄,如今朵子之类,所以缀冠者。执事者一人执之。陪位者及摈,亦止于妇女内择之。摈立于中门内,将笄者双紒襦。襦,今之褛子。主妇迎宾于中门内,布席于房外,南面。如庶子之冠席。宾祝而加冠及笄,赞者为之施首饰,宾揖。笄者适房,改服背子。既笄,所拜见者,惟父及诸母诸姑兄姊而已。笄祝,用冠者始加巾祝字辞,云髦士攸宜一句。余皆如男子冠礼。

朱熹家礼冠礼:女子许嫁,笄。年十五,虽未许嫁,亦笄。

宋话本花灯轿莲女成佛记:这莲女渐渐生长得堪描堪画。从来道"女大十八变",这女娘子方年一十七岁,十八大有颜色,张待诏点一铺茶请街坊吃,与女儿上头。上头之后,越觉生得好。怎见得:

精神潇洒,容颜方二八之期;体态妖娆,娇艳有十分之美。凤鞋稳步,行苔径,衬双足金莲;玉腕轻抬,分花阴,露十枝春笋。胜如仙子下凡间,不若嫦娥离月殿。

魏了翁仪礼要义卷六士昏礼三女子许嫁未许嫁皆有笄及醴醮异:女虽未许嫁,年二十而笄,礼之。妇人执其礼。郑注云:言妇人执其礼,明非嫁之笄。彼以非许嫁笄轻,故无主妇女宾,使妇人而已。明许嫁笄,当使主妇对女宾执其礼,其礼如冠男也。

陈祥道礼书卷五妇人笄:曲礼曰:女子许嫁,笄而字。以许嫁为成人。檀弓:南官绦之妻之姑之丧,夫子诲之髽,盖榛以为笄,长尺。内则:妇事舅姑,栉纚笄总。男女未冠笄者,栉纚拂髦。女子十有五而笄,二十而嫁。其未许嫁,二十则笄。

郑居中政和五礼新仪冠礼卷十冠仪:唐开元礼义鉴云:礼云:虽未许嫁,年二十而笄,其仪如冠男子,但用酒醮之为异耳。礼云:女子着笄,明有系属,故笄,在许嫁二十而笄者。礼云:女子许嫁为成人,故着笄焉,明在系属于外也。若未许嫁,年二十而笄,以其成人,非谓系嫁也。故记云,对女宾得妇人执其礼,是二十未许嫁有笄之义也。

陶宗仪南村辍耕录卷十四上头入月:今世女子之笄曰上头,而倡家处女初得荐寝于人亦曰上头。

〔三〕**拜扫**

佚名东南纪闻卷三:柳耆卿风流俊迈,闻于一时。既死,葬枣阳县之花山,远近之人每遇清明日,多载酒肴,饮于耆卿墓侧,谓之"吊柳会"。

宋话本合同文字记:一日,正值清明节日,张学究夫妻两口儿,打点祭物,同安住去坟上祭扫。到坟前将祭物供养,张学究与婆婆道:"我有话和你说。想安住今已长成人了。今年是大通之年,我有心待交他将着刘二两口儿骨殖还乡,认他伯父,你意下如何?"婆婆道:"丈夫,你说得是。这的是阴骘勾当。"夫妻商议已定,教安住:"拜了祖坟,孩儿然后去兀那坟前,也拜几拜。"

〔四〕**前半月**

陈元靓岁时广记末卷总载:用前半月琐碎录:京师贵家,用事多在上旬,门户吉庆、和合兴旺,逐月初五日,月生魄,干事随天地之气,请宾客和合,多在月半之前,若月望后,气候渐弱,全不中用,朝廷拜相,亦用上旬。

〔五〕**宫人**

夏竦放宫人赋以宫阙幽闲,晓然情愧为韵:隋失民望,唐开帝功。降凤诏于丹陛,出娥眉于六宫。夜雨未回,俨鬓云于帘户;秋风渐老,失钗燕于房栊。当其凤历频移,重门久闭。蚁聚蟓首,帷连彩袂。步金莲而共叹无偶,对鸳瓦而徒伤失俪。花冠不整,笼虿发以全疏;柳带低垂,映蜂腰而更细。太宗于是矜绝态,轸深情。旧苑而何伤幽闭,新恩而尽放轻盈。莫不喜极如梦,心摇若惊。踟蹰而玉趾无力,盼睐而横波渐倾。鸾鉴重开,已有归鸿之势;凤笙将罢,皆为别鹤之声。于时银箭初残,琼宫乍晓。星眸争别于天仗,莲脸竞辞于庭沼。行分而披路深沉,步缓而回廊缭绕。嫦娥偷药,几年而不出蟾宫;辽鹤辞家,一旦而却归华表。苟非帝德从俭,皇情烛幽,又焉得离永巷,别长秋? 指燕赵之归路,望荆吴之故州。算回程而靥带新喜,思往事而眉含旧愁。罗衣而飑滟,轻云竞归巫峡;宝髻而居盘,娇风争下秦楼。或绣辇香车,兰舟桂楫。指故里以思动,涉长途而意惬。飞腾自适,既疑齐女之蝉;梦幻堪惊,且悟庄周之蝶。已而别馆凄尔,离宫寂然。动兰烛于残照,蔼薰笼于夕烟。萧条而竹换筠粉,零落而苔侵翠钿。天上和风,送神仙之二八;人间丽日,迎桃李之三千。美夫人昏主入宫,出明君之阙。千门而绮焕裳锦,九禁而云销鬓发。故宜其贝齿朱唇,歌太平之日月。

山西晋祠宋宫女塑像图

洪迈夷坚甲志卷第十二宣和宫人:宣和中,有宫人得病,谵语,持刃纵横,不可制。诏宝箓宫法师治之,不效。尽访京城道术者,皆莫能搭手,于是闭之空室,不给食,如是数年。

485

〔六〕**行缠**

宋话本碾玉观音:正行间,只见一个汉子,头上带个竹丝笠儿,穿着一领白缎子两上领布衫,青白行缠扎着裤子口,着一双多耳麻鞋。

宋话本宣和遗事前集:二人闻言,急点手下巡兵二百余人,人人勇健,个个威风,腿系着粗布行缠,身穿着鸦青衲袄,轻弓短箭。

[文案]用布从膝下缠至踝部,谓之"行缠",俗称裹腿、绑腿带。若水浒传第六十一回卢俊义则是"青白行缠抓住袜口"。以便于远行攀高,若析津志云:妇人束足穿麻鞋,"仍系行缠,欲便于登山故也"。

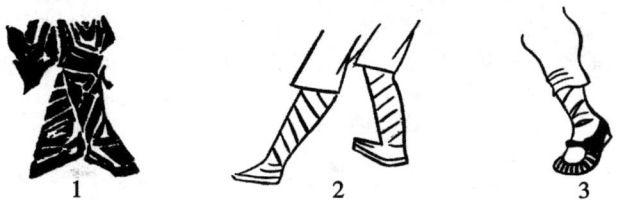

周锡保中国古代服饰史宋画、砖、雕临摹之三"行缠"图

〔七〕**奉先寺**

王巩闻见近录:仁宗初撤帘听政,一日遽出,诣奉先寺。发李太后棺视之,其颜如生。上恸,而后改卜,由是群疑悉亡。

张文潜题奉先寺诗:荒凉城南奉先寺,后宫美人官葬此。角楼相望高起坟,草间柏下多石人。秩卑焚骨不作冢,青石浮屠当丘陇。家家坟上作享亭,朱门相向无人声。树头土枭作人语,月黑风悲鬼摇树。宫中养女作子孙,年年犊车来作主。废后陵园官道侧,家破无人扫陵域。官家岁结半千钱,街头买饼作寒食。

马纯陶朱新录:内宫人有物故者,皆殡奉先寺,四时遣中使致祭,岁久,立冢累累相望。

486

〔八〕**绀幰**

高承事物纪原卷三旗旒采章部第十三幰弩音显:古今注云:汉京兆、河南尹、执金吾、司隶校尉,皆使马前导引传呼,使行者止,坐者起,四人持角弓箭走及乘高窥瞰者皆射之。魏设而不用。今卤簿又以幰弩而不以弓,亦弛而不用,行则居前,由魏始也。幰者车上张缯也。

柳永木兰花慢其二:拆桐花烂漫,乍疏雨、洗清明。正艳杏烧林,细桃绣野，芳景如屏。倾城。尽寻胜去，骤雕鞍、绀幰出郊坰。

〔九〕**纸马铺**

<u>赵翼</u><u>陔余丛考</u>卷三十纸马：<u>天香楼偶得</u>云：俗于纸上画神像，涂以彩色，祭赛既毕则焚化，谓之"甲马"。以此纸为神所凭依，似乎马也。然<u>蚓庵琐语</u>云：世俗祭祀，必焚纸钱甲马，有<u>穹窿山</u><u>施</u>炼师<u>名亮生</u>摄召温师下降，临去索马，连烧数纸不退。师云："献马已多。"帅判云："马足有疾，不足乘骑。"因取未化者视之。模板折坏，马足断而不连，乃以笔续之，帅遂退。然则昔时画神像于纸，皆有马以为乘骑之用，故曰纸马也。

[<u>文案</u>]清明上河图于郊外进市区之地，有一临街铺门前竖牌上书"王前纸马"四字，又据<u>京都</u>译注本所揭<u>国家图书馆</u>藏<u>南宋</u>刊本<u>文选</u>五臣注刊记"<u>杭州</u><u>猫儿桥</u>河东开笺纸马铺<u>锺</u>家印行"，均证纸马铺为<u>宋</u>城常见。

〔一〇〕**用纸衮叠成楼阁之状**

<u>王安石</u><u>纸暖阁</u>：联屏盖障一寻方，南设钩帘北置床。侧座对敷红絮暖，仰窗分启碧纱凉。毡庐易以梅烝坏，锦幄终于草野妨。<u>楚</u><u>谷</u><u>越</u>藤真自称，每糊因得减书囊。

<u>刘攽</u>和长历赋纸阁用王介甫韵：顶还平直得中方，肯作僧庵半夜床。脱帽不忧风栗烈，炽炉仍助日苍凉。赏音正自鸣琴便，宴坐何辞问疾妨。我有陟厘三百幅，御冬直欲倒归囊。

[<u>文案</u>]<u>宋</u>史学家颇难理解纸于<u>宋</u>之应用之广，余亦常怀疑虑，<u>宋</u>纸何以可为纸被、纸甲耶？转求于<u>中国科学技术</u>研究，豁然开朗。<u>陈维稷</u>主编<u>中国纺织科学技术史</u>（古代部分）第三编手工机器纺织发展时期第七章丰富多彩的织品第九节<u>丝絮片</u>称：<u>丝絮片</u>是用<u>丝</u>纤维不经纺织加工而制成的薄片。<u>清代</u><u>段玉裁</u>在注说文时指出："按造纸昉于漂絮，其初丝絮为主，以箔荐而成之。"就是说造纸是开始于漂絮，在丝织业中缫丝下脚、茧衣、薄皮、双宫茧的乱丝等煮后漂洗，然后进行打击，置于竹帘上晒干。这样在竹帘上残留丝絮渣片，就是漂絮时的副

产品,类似后世的丝棉纸,但又非真纸,且平滑如砥。这类丝絮片其实自古即有之,到了汉代才正式命名为纸,可以说丝絮片是纸的前身。唐代絮片已开始应用于服饰,据太平广记载:唐大历(766—779)年间,长安城里有个禅师"常衣纸衣"。1973年,新疆吐鲁番阿斯塔那出土了唐代纸冠。唐代还用絮片做成箭不能穿透的铠甲。唐宣宗大中时(847—859),河中(今山西永济)节度使徐商,装纸为铠,劲矢不能洞。到了宋代,有用絮片做成"纸被"、"纸帐"、"纸铠"、"纸甲"等,以挺括、结实、价廉而见长。据此可知,所谓"用纸衮叠"纸制品非纸制而成。王安石纸暖阁诗中"红絮暖"亦已说明纸乃絮也。

〔一一〕**炊饼**

朱子二程遗书卷十九杨遵道录:尝观仁宗时宫嫔,谓正月为始月,蒸饼为炊饼。

曹勋北狩见闻录:金骑约拦百姓不得看,惟卖食物。数近前,臣以银二两博换饮食,卖人知是徽庙,即尽以炊饼、藕菜之类上进,反银而去。

〔一二〕**山亭**

宋话本万秀娘仇报山亭儿:一个公公,七十余岁,养得一个儿子,小名叫做合哥。大伯道:"合哥,你只管躲懒,没个长进,今日也好去上行些个'山亭儿'来卖。"合哥挑着两个土袋,撅着二三百钱,来焦吉庄里,问焦吉上行些个"山亭儿",捡几个物事。唤做:

山亭儿,庵儿,宝塔儿,石桥儿,屏风儿,人物儿。

买了几件了。合哥道:"更把几件好样式底'山亭儿'卖与我。"

罗贯中冯梦龙平妖传第七回杨巡检迎经逢圣姑 慈长老汲水得异蛋:两下里正在你推我辞,忽有个惯卖山亭儿的寿哥,挑着担子,打从门前经过。侧首门房里,跑个四五岁的小厮出来,扯住张公叫道:"老爹爹,我要个山亭儿玩耍。"张公见这婆子不肯收受,便唤住寿哥担子,在石狮子头上取下这文钱来买了一个山亭儿,把与小厮道:"好好玩耍,不要弄坏了,再不买与你。"那小厮笑哈哈的跑向门房里去。<u>寿哥</u>挑着担也自去了。

〔一三〕**鸭卵**

[<u>文案</u>]余疑"鸭卵"之"鸭"误,应作"画卵"。阙名<u>玉烛宝典</u>曾云:"寒食,城市多斗鸡卵之戏,出古之豪家,食称画卵。今代犹染蓝茜,加雕镂,递相饷遗。""画卵"为馈赠工艺佳品也。

〔一四〕**土仪**

<u>叶绍翁</u>四朝闻见录戊集黄胖诗:<u>韩</u>以春日宴族人于<u>西湖</u>,用土为偶,名曰"黄胖"。以线系其首,累至数十人。游人以为土宜。

<u>四水潜夫</u>武林旧事卷第三<u>西湖游幸</u>都人游赏:时承平日久,乐与民同,凡游观买卖,皆无所禁。画楫轻舫,旁午如织。至于果蔬、羹酒、关扑、宜男、戏具、闹竿、花篮、画扇、彩旗、糖鱼、粉饵、时花、泥婴等,谓之"湖中土宜"。

<u>范正敏</u>遁斋闲览风志土宜:<u>陕西凤州</u>妓女虽不尽妖丽,然手皆纤白,州境内所栽柳,翠色尤可爱,与他处不同。又公库多美酝,故世言<u>凤州</u>有三出,谓手、柳、酒也。<u>宣城</u>士人<u>李愈</u>云:"吾乡有四出。"问何物,答曰:"漆、栗、笔、墨。"

[<u>文案</u>]龙潜庵宋元语言词典释"土仪"为以土产作馈送之礼。其实"土仪"与"土宜"相同,若吴自牧梦粱录卷五明禋年预教习车象有云:"市井扑卖土木粉捏妆彩小象儿,并纸画者,外郡人市去,为土宜遗送。"此"土宜"亦作"土仪"解。又若上引武林旧事"湖中土宜"称谓,则与此"门外土仪"相照,为同义也。

〔一五〕**轿子**

<u>成寻参天台五台山记</u>第一(<u>延久</u>四年四月):大师出大门送之,诸僧列送,取手乘轿子后还了。申时还着宿所,使者与钱百文,轿子担二人各五十文。

(<u>延久</u>四年五月):十一日<u>庚寅</u>。天晴。示家主<u>张九郎</u>,雇夫九人、

轿子担二人,与三贯三百文钱了。十一人人别三百文。至<u>国清寺</u>三日功食,又与二百廿文。家主志百文。房赁五十文。轿子功七十文。<u>赖缘</u>供奉私以六百七十文钱雇二人,乘轿,余人徒行。过卅五里,至<u>新昌县</u>,以钱九十八文与夫十三人酒料了。过十五里,至<u>王婆亭</u><u>陈公店</u>宿。七时行法,于轿诵加经六卷,与家主坊功五十文钱了。

<u>宋话本</u>朱元吴江救朱蛇:沙草滩头,摆列紫衫银带约二十余人,两乘紫藤兜轿。<u>李元</u>问曰:"此公吏何府第之使民?"<u>朱秀才</u>曰:"此家尊之所使也。请上轿,咫尺便是。"<u>李元</u>惊感之甚,不得已上轿,左右呵喝入松林。

<u>林洪</u><u>山家清供</u>山轿:<u>夏禹</u>山行乘轿,<u>汉</u><u>南粤王</u>舆桥过岭,<u>颜师古</u>北人,固不知南人乘轿渡岭。而<u>洪景卢</u>亦谓山行之车,车只宜平地,孰若今轿为便,桥即轿固无疑矣。若山轿,则无如今<u>庐山</u><u>建昌</u>,高下轮转之制,或施以青罩,用肩板棕绳低舆之,犹今贵介郊行者,良便游赏。有如<u>谢屐</u>上山则去前齿,下山则去后齿,非不为雅,孰若今钉履为便云。

<u>宋话本</u>错认尸:<u>乔俊</u>也行了五七日,早到<u>北新关</u>,歇舡上岸,叫一乘轿子抬了<u>春香</u>,自随着,径入<u>武林门</u>里,末到自家门首,下了轿,打发了轿子去了。

<u>释子晓莹</u><u>罗湖野录</u>卷三:比者山僧至深村狭路,一婆子亦乘轿来,不免各下轿而过。

[文案]"轿子"与卷四皇后出乘舆之"舆",卷五娶妇之"檐子",其称虽别,实为一物。轿子亦可谓桥,亦可谓辇,亦可谓茵,亦可谓辎,亦可谓异车,亦可谓檐舆、板舆,亦可谓竹舆、肩舆、腰舆,亦可谓兜子……轿子至<u>宋</u>渐为以上各称统一之俗名,首开其称者见<u>王铚</u><u>默记</u>卷上:"<u>艺祖</u>初自<u>陈桥</u>推戴入城,<u>周恭帝</u>即衣白襕,乘轿子,出居<u>天清寺</u>。"此即"舆"与"轿"之稍异处,"舆"多用于贵族,而"轿"已为平民大众代步工具也,<u>清明上河图</u>所绘二人肩抬而行之轿子亦可印证。

〔一六〕**杂花装簇**

彭乘续墨客挥犀卷七接百花：百花皆可接，有人能于茄根上接牡丹，则夏花而色紫；接桃枝于梅上，则色类桃而冬花；又于李上接梅，则香似梅而春花；投莲的于靛瓮中，经年植之则花碧，用栀子水渍之则花黄。元祐中，畿县民家池中生碧莲数朵，盖用此术。

范仲淹和葛闳寺丞接花歌：江城有卒老且贫，憔悴抱关良苦辛。众中忽闻语声好，知是北来京洛人。我试问云何至是，欲语汍澜堕双泪。斯须收泪始能言，生自东都富贵地。家有城南锦绣园，少年止以花为事。黄金用尽无他能，却作琼林苑中吏。年年中使先春来，晓宣口敕修花台。奇花异卉百余品，求新换旧争栽培。犹恐君王厌颜色，群芳只似寻常开。幸有神仙接花术，更向都城求绝匹。梁王苑里索妍姿，石氏园中搜淑质。金刀玉尺裁量妙，香膏腻壤弥缝密。回得东皇造化工，五色敷华异平日。一朝宠爱归牡丹，千花相笑妖娆难。窃药常娥新换骨，婵娟不似人间看。太平天子春游好，金明柳色笼黄道。道南楼殿五云高，钧天捧上蓬莱岛。四边桃李不胜春，何况花王对玉宸。国色精明动韶景，天香旖旎飘芳尘。特奏霓裳羽衣曲，千官献寿罗星辰。兑悦临轩逾数刻，花吏此时方得色。白银红锦满牙床，拜赐仗前生羽翼。惟观风景不忧身，一心岁岁供春职。中途得罪情多故，刻木在前何敢诉。窜来江外知几年，骨肉无音雁空度。北人情况异南人，潇洒溪山苦无趣。子规啼处血为花，黄梅熟时雨如雾。多愁多恨信伤人，今年不及去年身。目昏耳重精力减，复有乡心难具陈。我闻此语聊悒悒，近曾侍从班中立。朝违日下暮天涯，不学尔曹向隅泣。人生荣辱如浮云，悠悠天地胡能执。贾谊文才动汉家，当时不免来长沙。幽求功业开元盛，亦作流人过梅岭。我无一事逮古人，谪官却得神仙境。自可优优乐名教，曾不栖栖吊形影。接花之技尔则奇，江乡卑湿何能施。吾皇又诏还淳朴，组绣文章皆弃遗。上林将议赐民畋，似昔繁华徒尔为。西都尚有名园处，我欲抽身希白傅。一日天恩放尔归，相逐栽花洛阳去。

陈思海棠谱:海棠虽盛称于蜀,而蜀人不甚重。今京师江淮尤竞植之,每一本价不下数十金,胜地名园,目为佳致。而出江南者,复称之曰南海棠,大抵相类,而花差小,色尤深耳。棠性多类梨,核生者长迟,逮十数年,方有花。都下接花工,多以嫩枝附梨而贽之,则易茂矣。

林洪山家清供插花法:插梅,每旦当刺以汤,插芙蓉当以沸汤,闭以叶少顷,插莲当先花而后水,插栀子当削枝而捶破,插牡丹、芍药及蜀葵、萱草之类,皆当烧枝,则尽开。能依此法,则造化之不及者全矣。

刘敞新种杂花树:天地大逆旅,浮生远行客。大无万里异,远不百年役。乘流惟其遇,得性从所适。何必思旧乡,而复名一宅。此邦非吾土,此庐非我迹。彼我苟已齐,宾主不足择。种树宿所好,及闲易为力。芳草十余品,往往手自植。春风二月交,重叠庭下碧。欣欣生意好,一一见颜色。对之默终日,淡若无情极。四时背人驰,壮士每叹息。忧来忽无方,外物不可释。中和一相伐,头发先为白。萱乎尔能亡,于我独有德。

刘攽退朝观御沟上杂花赠陆四:沟水去无穷,宫花映日红。惜阴犹宿露,照影独衰翁。燕语晴明外,风香锦绣中。为非温室问,心赏幸君同。

[文案]杂花之盛,源于嫁接之术。欧阳修洛阳牡丹花记:姚黄一头,直钱五千;花卉嫁接,新品叠现。洛阳桃、李、梅、杏、莲、菊已逾数十,牡丹、芍药多至百余。据周肇基中国植物生理学史研究:宋际花木嫁接组合,已有正反嫁接及嫁接成功之例,果实呈相异性状。以至繁花如海,灿漫似锦。

〔一七〕麦糕

高承事物纪原卷九农业陶鱼部第四十五麦糕:邺中记云:"并州之俗,冬至一百五日,为介子推冷食,作干粥食之,故谓之寒食。"干粥,即今日之麦糕是也。世俗每至清明，以麦成秋，以杏酪煮为姜粥，俟其凝冷，裁作薄叶，沃以饧若蜜而食之，谓之麦糕，此即其起也。玉烛宝典曰："今人研杏仁为酪，以煮麦粥，以饧沃之。"即此也。

〔一八〕**乳饼**

忽思慧饮膳正要卷第一聚珍异馔：牛奶子烧饼　白面五斤　牛奶子二斤　酥油一斤　茴香一两，微炒　右件，用盐、碱少许，同和面作烧饼。

邝璠便民图纂第十五制造类上造乳饼：取牛乳一斗，绢滤入锅，煎三五沸。先将好醋，以水解淡，俟乳沸点入，则渐结成。漉出，用绢布之类包盛，以石压之。

收藏乳饼：取乳饼安盐瓮底，则不坏。用时取出，蒸软则如新。

杭世骏订讹类编续编卷下服食讹乳饼：今斋食者以佛经许食乳石，故啖乳饼、石首鱼。不知石乃药石之石，或云石耳。乳乃乳田所种，非吴中牛酪所成。嘉定间，黄子中在广中，见韶阳属邑民争乳田，问之，曰村民掘地为窖，以粳米粉遍铺之，杂草罨其上，用粪壤拥之，候雨过气出发之。米粉皆化成白蛹，蛴螬状，取蛹捣汁，和粳米粉蒸成乳饼，味甚甘美。佛经所食，此乳也。

［文案］乳饼即乳腐之别名，已为学界认同。然忽思慧所述之牛奶烧饼，似亦可备乳饼之一说。

〔一九〕**跨马**

陈叔方颍川语小卷下：有马者借人乘之，孟之反策其马，皆谓车也。古者乘车不跨马，服牛乘马，引重致远是也。跨马乃北俗。后人便之，遂备鞯镫之用，朝士大夫皆跨马矣。

〔二〇〕**捵脚**

［文案］捵为疾行之意。元曾瑞醉花阴怀离套曲："飕、飕、飕，捵风过长亭，出、出、出，方行过短站。"元无名氏销魔镜第四折："好探子也，两足轻挪似捵风，一声报探语如钟。"脚则为传递、运输之人或牲

口。段成式酉阳杂俎怪术:"元和末,盐城脚力张俨,送牒入京。"宋话本拗相公:"相公陆行,必用脚力,还是拿钧帖到县驿取讨,还是自家用钱雇赁?"又若司马光涑水记闻卷十二:"臣寻急令保德、灿、苛岚军人户各备脚乘于府州,请搬上件随军。"合而释之,"捽脚"为骑快马疾行俗语也。

三月一日开金明池琼林苑

三月一日〔一〕,州西顺天门外,开金明池、琼林苑,每日教习车驾上池〔二〕仪范。虽禁从士庶许纵赏,御史台有榜不得弹劾。池在顺天门外街北,周围约九里三十步〔三〕,池西①直径七里许。入池门内南岸西去百余步,有面北临水殿,车驾临幸观争标,锡宴〔四〕于此。往日旋以彩幄,政和间用土木工〔五〕造成矣。又西去数百步乃仙桥〔六〕,南北约数百步,桥面三虹,朱漆阑楯,下排雁柱,中央隆起,谓之"骆驼虹",若飞虹之状。桥尽处,五殿正在池之中心,四岸石甃向背②,大殿中坐,各设御幄,朱漆明金龙床,河间云水戏龙屏风〔七〕,不禁游人。殿上下回廊,皆关扑钱物〔八〕、饮食、伎艺人作场〔九〕,勾肆罗列左右。桥上两边,用瓦盆内掷头钱〔一〇〕,关扑钱物、衣服、动使、游人还往,荷盖相望。桥之南立棂星门〔一一〕,门里对立彩楼。每争标作乐,列妓女于其上。门相对街南有砖石甃砌高台〔一二〕,上有楼观,广百丈许,曰宝津楼。前至池门,阔百余丈,下阚仙桥、水殿〔一三〕,车驾临幸观骑射、百戏于此。池之东岸,临水近墙皆垂杨,两边皆彩棚幕次,临水假赁〔一四〕,观看争标。街东皆酒食店舍，博易场户，艺人勾肆质库[一五]，不以几日解下[一六]，只至闭池，便典没出卖。北去直至池后门，乃汴河西水门也。其池之西岸，亦无屋宇，但垂杨蘸水，烟草铺堤，游人稀少，多垂钓之士[一七]，必于池苑所买牌子，方许捕鱼。游人得鱼，倍其价买之。临水斫脍，以荐芳樽，乃一时佳味也。习水教罢，系小龙船于此，池岸正北对五殿起大屋，盛大龙船，谓之"奥屋"[一八]，车驾临幸，往往取二十日。诸禁卫班直，簪花，披锦绣，撚金线衫袍，金带勒帛[一九]之类，结束竞呈鲜新。出内府金枪，宝装弓剑，龙凤绣旗，红缨锦辔，万骑争驰，铎声震地。

[校]

①京都译注本谓"池西"七里许与物理不合，其据岁时杂记所言"池面直径七里"，据此可定"池西"为"池面"之误。

②京都译注本谓"背"应为"北"。

[注]

〔一〕三月一日

周煇清波别志卷中：自元宵后，都人即办上池、遨游之盛，唯恐负于春色。当二月末，宜秋门下揭黄榜云："三月一日，三省同奉圣旨开金明池，许士庶游行，御史台不得弹奏。"

陈元靓岁时广记卷十八上巳上游金明：岁时杂记：京师有金明池，自三月一日开，人间多不知。故月初游人甚少，御史台预出榜申明：祖宗故事，许士庶游金明一月。其在京官司，不妨公事，任便宴游。阁门御史不得弹劾。

张择端金明池夺标图

〔二〕上池

王珪宫词：三月金明柳絮飞，岸花堤草上春时。楼船百戏催宣赐，御辇今年不上池。

〔文案〕据阮璞张择端清明上河图二三考据性问题所言：金明池以其地在皇州，为宸游及教习水战之处，因得名为"上池"。汴河非但漕运繁剧，居穿城四河之首，为公私之所仰给；更兼其贯通内城州桥处，其上即为御街，正对大内宣德门，街中心为御道，又夹以御沟。准以"上池"得名之例，则当日俗称汴河为"上河"，自属于理宜然。况金明池北界本与汴河相接，池北后门即汴河之西水门，当日都人牵连而并呼之曰"上"，又据李焘续资治通鉴长编卷三〇二：调防河兵到汴河上，"上"为动词解，与"上"同意也。

〔三〕九里三十步

谢察微算经：里三百六十三步，计一百八十丈，约人行一千步，方五尺也。

〔四〕锡宴

释文莹玉壶清话卷五：赵参政昌言，汾人。太宗廷试，爱其词气明俊，擢置甲士科。未几，拜中丞。上幸金明池，旧例台臣无从游之制，太宗喜之，特召预宴，自公始也。

王士禛分甘余话上：今新进士赐宴，谓之琼林宴。琼林，宋京城四御苑之一。石林燕语琼林苑、金明池，每二月命士庶纵观，谓之开池，岁赐二府从官宴于此，进士闻宴亦在焉。自明代相沿至今，犹唐之题名雁塔也。

〔五〕政和间用土木工

洪迈容斋三笔卷第十三政和宫室：自汉以来，宫室土木之盛，如汉武之甘泉建章，陈后主之临春结绮，隋炀帝之洛阳江都，唐明皇之华清连昌，已载史策。国朝祥符中，奸臣导谀，为玉清、昭应、会灵、祥源诸宫，议者固以崇侈劳费为戒，然未有若政和蔡京所为也。京既固位窃国政，招大珰童贯、杨戬、贾详、蓝从熙、何䜣五人，分任其事。于是始作延福宫，有穆清、成平、会宁、睿谟、凝和、昆玉、群玉七殿，东边有蕙馥、极琼、蟠桃、春锦、叠琼、芬芳、丽玉、寒香、拂云、偃盖、翠葆、鈜英、云锦、兰薰、摘金十五阁；西边有繁英、雪香、披芳、铅华、琼华、文绮、绛萼、秾华、绿绮、瑶碧、清音、秋香、丛玉、扶玉、绛云，亦十五阁。又叠石为山，建明春阁，其高一十丈，宴春阁广十二丈，凿圆池为海，横四百尺，纵二百六十七步，鹤庄、鹿寨、孔翠诸栅，蹄尾以数千计。五人者，各自为制度，不相沿袭，争以华靡相夸胜，故名延福五位。其后复营万岁山、艮岳山，周十余里，最高一峰九十尺，亭堂楼馆，不可殚记。

〔六〕**仙桥**

<u>洪迈</u>夷坚丁志卷第五<u>西池</u>游:<u>宣和</u>中,京师<u>西池</u>春游,内酒库吏<u>周钦</u>倚仙桥栏槛,投饼饵以饲鱼,鱼去来游泳,观者杂遝,良久皆散。

〔文案〕<u>陈元靓</u>岁时广记卷第二十六乞巧棚谓:仙桥于其中为牛女仙。于此知仙桥为<u>牛郎织女</u>相会而设之桥,遂为桥之一样式。

〔七〕**河间云水戏龙屏风**

<u>郭若虚</u>图画见闻志卷四纪艺下:<u>任从一</u>,京师人。<u>仁宗</u>朝为翰林待诏。工画龙水、海鱼,为时推赏。旧有<u>金明池</u>水心殿御座屏扆,画出水金龙,势力遒怪。

无名氏宣和画谱卷九龙鱼门:僧<u>传古</u>,<u>四明</u>人。天资颖悟,画龙独进乎妙,<u>建隆</u>间名重一时。垂老笔力益壮,简易高古,非世俗之画所能到也。然龙非世目所及,若易为工者,而有三停九似,蜿蜒升降之状,至于湖海风涛之势,故得名于此者,罕有其人。<u>传古</u>独专是习,宜为名流也。<u>皇建院</u>有所画屏风,当时号为绝笔。今御府所藏三十有一:

衮雾戏波龙图二　穿石戏浪龙图二　吟雾戏水龙图二　踊雾出波龙图二　吟雾跃波龙图一　爬山跃雾龙图二　踊雾戏水龙图一　穿石出波龙图二　穿山弄涛龙图二　穿水戏珠龙图一　戏云双龙图一　戏水龙图四　出洞龙图一　玩珠龙图二　出水龙图一　祥龙图一　吟龙图一　戏龙图一　戏水龙图一　坐龙图一

〔八〕**关扑钱物**

<u>鲁应龙</u>闲窗括异志:又有<u>张湘</u>亦以乙卯魁亚荐,揭晓两夕前梦人持巨蟹扑卖,<u>湘</u>一扑五钱,皆黑,一钱旋转不已,竟作字。一人曰:"几乎浑纯。"及榜,乃为小荐第一。

宋话本史弘肇龙虎君臣会:这<u>郭大郎</u>因在<u>东京</u>不如意,曾扑了<u>潘八娘子</u>钗子。<u>潘八娘子</u>看见他异相,认做兄弟,不教解去官司,倒养在家中。

在客店前闲坐。只见一个扑鱼的在门前叫扑鱼,<u>郭大郎</u>遂叫住扑，只一扑，扑过了鱼。扑鱼的告那贵人道："昨夜迫划得几文钱，买这鱼来扑，指望赢几个钱去养老娘。今日出来，不曾扑得一文，被官人一扑扑过了，如今没这钱归去养老娘。官人可以借这鱼去，前面扑赢得几个钱时，便把来还官人。"贵人见他说得孝顺，便借与他鱼去扑。分付他道："如有人扑过，却来说与我知。"扑鱼的借得那鱼去扑，行到酒店门前，只见一个人叫："扑鱼的在那里？"因是这个人在酒店里叫扑鱼，有分<u>郭大郎</u>拳手相交，就酒店门前变做一个小小战场。这叫扑鱼的是甚么人？　从前积恶欺天，今日上苍报应。　酒店里叫住扑鱼的，是<u>西京河南府</u>部署<u>李霸遇</u>，在酒店里吃酒，见扑鱼的，遂叫入酒店里去，扑不过，输了几文钱，径硬拿了鱼。扑鱼的不敢和他争，走回来，说向<u>郭大郎</u>道："前面酒店里，被人拿了鱼，却赢得他几文钱，男女纳钱还官人。"贵人听得说，道："是甚么人？好不谙事！既扑不过，如何拿了鱼？鱼是我的，我自去问他讨。"

<u>元好问续夷坚志卷四盗谢王君和</u>：<u>冯翊</u>士人<u>王献可</u>，字<u>君和</u>。<u>元丰</u>中，试京师，待榜次，一日晨起，市人携新鱼至，掷骰钱赌之。<u>君和</u>祝骰钱以卜前程，一掷得鱼，市人拊膺曰："我家数口，绝食已二日，就一熟分人赊此鱼，望获数钱，以为举家之食，子乃一掷胜之，我家食禄尽矣。"<u>君和</u>恻然哀之，不取鱼，又以数钱遗之，市人谢而去。

<u>吴自牧梦梁录卷十三夜市</u>：大街关扑，如糖蜜糕、灌藕、时新果子、像生花果、鱼鲜猪羊蹄肉，及细画绢扇、细色纸扇、漏尘扇柄、异色影花扇、销金裙、段背心、段小儿、销金帽儿、逍遥巾、四时玩具、沙戏儿。春冬扑卖玉栅小球灯、奇巧玉栅屏风、捧灯球、快行胡女儿沙戏、走马灯、闹蛾儿、玉梅花、元子槌拍、金橘数珠、糖水、鱼龙船儿、梭球、香鼓儿等物。夏秋多扑青纱、黄草帐子、挑金纱、异巧香袋儿、木犀香数珠、梧桐数珠、藏香、细扇、茉莉盛盆儿、带朵茉莉花朵、挑纱荷花、满池娇、背心儿、细巧笼杖、促织笼儿、金桃、陈公梨、炒栗子、诸般果子及四时景物，预行扑卖，以为赏心乐事之需耳。

西湖老人繁胜录:中瓦南北茶坊内挂诸般琉璃子灯、诸般巧作灯、福州灯、平江玉棚灯、珠子灯、罗帛万眼灯,沙河塘里最胜。街市扑卖,尤多纸灯,不计数目。清河坊至众安桥,沙戏灯、马骑灯、火铁灯、进镟架儿灯、象生鱼灯、一把蓬灯、海鲜灯、人物满堂红灯,灯火盈市,扑卖到元宵。

周密癸辛杂识续集上纯色骰钱:闻理宗朝春时,内苑效市井关扑之戏,皆小珰互为之。至御前,则于第二、三扑内供纯镘骰钱,以供一笑。

〔九〕作场

古杭才人宦门子弟错立身第四出:(白)老身幼习伶伦,生居散乐。曲按宫商知格调,词通大道入禅机。老身赵茜梅,如今年纪老大,只靠一女王金榜,作场为活。本是东平府人氏,如今将孩儿到河南府作场多日。今早挂了招子,不免叫出孩儿来,商量明日杂剧。孩儿过来。

[紫苏丸]奴家年少正青春,占州城煞有声名。把梨园格范尽番腾,当场敷演人钦敬。

(白)娘万福!(虔)孩儿,叫你去来,别无甚事,只为衣饭,明日做甚杂剧?(旦)奴家今日身已不快,懒去勾阑里去。(虔)你爹爹去收拾去了。(旦)我身已不快,去不得。[虔唱][桂枝香]孩儿听启,疾忙收拾。侵早已挂了招子,你却百般推抵。又不知你每生着何意?生着何意?教娘呕气。靠着你,这的是求衣饭,不成误了看的。

〔一〇〕头钱

[文案]周亮工书影第五卷谓:什一征胜者,曰打头。其说来自国史补,此与京都译注本云"头钱"之称起于唐相合。陆游老学庵笔记卷十则谓:"头钱",犹言"一钱"也。故都俗语云"千钱精神头钱卖",亦此意。"头钱"即关扑定胜负一掷之钱也,若燕青博鱼二折所云:"将头钱来,我和你博这尾鱼咱。""头钱"染色以与他钱区分,若李斗扬州画舫录卷十六蜀冈录引油葫芦曲云:"则这新染来的头钱不甚昏。"

500

〔一一〕**棂星门**

施耐庵罗贯中水浒传第四十二回还道村受三卷天书 宋公明遇九天玄女：看前面时，一座青石桥，两边都是朱栏杆。岸上栽种奇花异草，苍松茂竹，翠柳夭桃；桥下翻银滚雪般的水，流从石洞里去。过的桥基看时，两行奇树，中间一座大朱红棂星门。

胡承谱只尘谭卷上棂星门：学宫红门，世传为"棂星门"，未知所出。张列夫曰："旧留京国子监圣殿红门，每扇最上雕空窗棂九条，下匀列圆点三层，每层其数九，远望若攒星，棂星名义或取此亦未确。"据毛苌诗序，丝衣绎宾尸也。高子曰：灵星之诗也。杜佑通典注：灵星龙左角北为天田，甘氏星簿录，右角南为天门，则灵星之象为天门，因谓之"棂星门"，古灵与棂通，以棂名门，故加木也。马贵与通考，宋绍兴中，郊祀前一日，皇帝入斋宫乘黄，令进玉辂于太庙棂星门外。棂星门始见此。圣殿之有棂星门，盖尊圣门如天门也。

〔一二〕**砌高台**

阮阅诗话卷之十五留题门上六九〇：砌台即今拨擦台也。王侯家作以为临观之戏。唐张素诗云："写望临香阁，登高下砌台。林间踏青去，席上意钱来。"即知唐来有之。太祖朝大王都尉家其子承裕幼时，其父戏补"砌台使"。

〔一三〕**水殿**

虞裕谈撰：宋召宣用臣，卓有干才。元丰间，掖廷水殿落成，嘉致既备，偶失种莲。宋即购于都城，得器缸所植者百余本，连缸沉水底，再夕视之，则莲已开盈沼矣。其干办可谓精敏。

王明清玉照新志卷第二：宣和末，禁中讹言崇出，深邃之所有水殿一，游幸之所不到。一日，忽报池面莲花盛开，非常年比。祐陵携嫔御阉宦凡数十人往观之。

轴线　　　　　　　　　　　　　　轴线

宋金明池夺标图中的圆形水殿

〔一四〕**临水假赁**

四水潜夫武林旧事卷第三观潮:江干上下十余里间,珠翠罗绮溢目,车马塞途,饮食百物皆倍穹常时,而僦赁看幕,虽席地不容间也。

宋话本乐小舍拼生觅偶:豪家贵戚,沿江搭缚彩幕,绵亘三十余里,照江如铺锦相似。

乐和到"团围头"寻了一转,不见顺娘,复身又寻转来。那时人山人海,围护着席棚彩幕。乐和身材即溜,在人丛中挨挤进去,一步一看,行走多时,看见一个妇人,走进一个席棚里面去了。乐和认得这妇人,是喜家的奶娘,紧步随后,果然喜将仕一家男女,都成团聚块的坐下饮酒玩赏。

那潮头比往年更大,直打到岸上高处,掀翻锦幕,冲倒席棚,众人发声喊,都退后走。

[文案]钱塘江席棚幕次乃临安市民观潮临水所假赁,源于金明池彩棚观水戏。张择端金明池争标图绘池之东岸彩幕席棚,游人密集,临水假赁盛况空前。

〔一五〕**质库**

吴曾能改斋漫录卷二事始以物质钱为解库:江北人谓以物质钱为质库,江南人谓为质库,然自南朝已如此。按,齐阳玠谈薮云:"有甄彬者,有行业,以一束苎,就<u>荆州</u><u>长沙寺</u>库质钱。后赎苎,于苎束中,得金五两"云云。

无名氏<u>鬼董</u>卷第四:都民质库<u>樊生</u>,与其徒<u>李</u>游湖上某寺阁,得女子履,绝弓小,中有片纸曰:"妾择对者也,有姻议者可访<u>王老娘</u>问之。"<u>樊生</u>少年,心方荡,得之若狂。

<u>宋</u>话本<u>郑节使立功神臂弓</u>:话说<u>东京</u><u>汴梁城</u><u>开封</u>,有个万万贯的财主员外,姓<u>张</u>,排行第一,双名<u>俊卿</u>。这个员外,冬眠红锦帐,夏卧碧纱厨,两行珠翠引,一对美人扶。家中有赤金白银,斑点玳瑁,鹘轮珍珠,犀牛头上角,大象口中牙。门首一壁开个金银铺,一壁开所质库。

〔一六〕**解下**

[文案]<u>孙</u>注本谓"解下"系典当专用语,意为接受典当物品时间仅数天矣。

〔一七〕**垂钓之士**

<u>宋</u>话本<u>计押番金鳗产祸</u>:话说大<u>宋</u><u>徽宗</u>朝有个官人,姓<u>计</u>名<u>安</u>,在北司官厅下做个押番。止只夫妻两口儿,偶一日,下番在家,天色却热,无可消遣,却安排了钓竿,迤逦取路来到<u>金明池</u>上钓鱼。钓了一日,不曾发市。

〔一八〕**奥屋**

<u>李如圭</u><u>仪礼释宫</u>:室中西南隅谓之奥。<u>邢昺</u>曰:室户不当中而近来西南隅最为深隐,故谓之"奥",而祭祀及尊者常处焉。

<u>沈括</u><u>梦溪笔谈</u>补笔谈卷二权智:国初,<u>两浙</u>献龙船,长二十余丈,上为宫室层楼,设御榻以备游幸。岁久,腹败欲修治,而水中不可施工。<u>熙宁</u>中,宦官<u>黄怀信</u>献计于<u>金明池</u>北凿大澳,可容龙船,其下置柱,以大木梁其上,乃决水入澳,引船当梁上,即车出澳中水,船乃笐于空中,完补讫,复以水浮船,撤去梁柱,以大屋蒙之,遂为藏船之室,永无暴露之患。

[附录]<u>沈括</u>记录是目前所能查到的有关在船坞中修船的较早史

料,尽管宋以前有许多造船史料,然未发现船坞史料。遍查宋代其他典籍,亦未发现较这条关于在船坞中修船更详之记载。李焘续资治通鉴长编卷二四八神宗熙宁六年稍提及为:"入内西头供奉官黄怀仁(文案:仁应为信)昨修金明池御座龙船,乞赐度僧牒酬赏,诏三司赐钱十万。"这仅反映黄怀信是在发明疏通黄河"浚川杷"同一年里,监修大龙船并受到赐钱十万之厚赏,并被记入北宋编年史册,使人窥见到朝廷对这次修大龙船之重视。至于"奥屋"为何等规模,大龙船入"奥"后怎样隔断"奥"外之水等等,无处可寻。笔者就此作一简略考索。

首要弄清"奥"(即船坞)之位置、形状,以及大小。从宋人张择端描绘金明池争标图看:在金明池北岸堤正中部位,有一带屋顶大厦式之"澳屋"(此大"奥屋"两侧各有一小厦式之"奥屋",这与史载相悖。可能为疏水之沟门。笔者以为主要还应以修大龙船大"奥屋"为基准)。其支柱、框架突现于岸堤,后半部未画出,但可以想见整个船坞呈卩形之状。这就是蔡絛铁围山丛谈卷四所说:"池北创大屋深沟以贮龙舟,俗号'龙澳'者。"

"澳"究竟有多大?据清光绪丹徒县志记:宋代在该处建造水澳长二百步,水面宽狭不等,广至五十余丈,狭亦不下十余丈,深约一丈五尺。这样的"澳"虽为蓄水澳,但可以作为厘定金明池北"澳"的一个重要参数。再看看金明池的周长面积,池内经常演习"水战","船舫回旋"(百岁寓翁枫窗小牍卷下),"阵形星罗,万棹如风而倏去"(杨侃皇畿赋)。据此,可略知金明池北"奥屋"之规模。

504 　沈括所说黄怀信监修的大龙船长二十多丈。孟元老说的大龙船则是哲宗朝木工杨某监造(蔡絛铁围山丛谈卷四为"杨谈";陆游老学庵笔记卷六为"杨琪")。其华大胜于以前黄怀信监修的龙船。以宋代一丈约合今三点零七米之制计算,黄怀信监修之大龙船长六十多米,杨某监造的大龙船长达百米,宽十余米,可谓庞然大物。它们都是由虎头船等小船以绳牵引出,入于"奥屋"的。以它们之长、宽、高、深之度,便可推算出"澳屋"之长、宽、高、深之大略。

关于"奥屋"立体面貌,我们只能从金明池争标图见一侧影,找不到直接史料印证。旁证资料有,北宋天圣初年在真州(今扬州市南)建通江澳闸,胡宿写下了一篇脍炙人口的真州水闸记,其记述"澳闸"的结构是:"砻美石以甃其下,筑疆堤以御其冲,横木周旋,双柱特起。深如睡骊之滨,壮若登龙之津。"(胡宿文恭集卷三十五)真州"澳闸"建造在黄怀信监修大龙船之先,这对他建设船坞恐不会无有启发。以宋代建筑技术成就而言,皇帝之船坞更加完美并超过真州"澳闸"水平是没有问题的。

如何将"澳"中之水车干,以在"澳屋"中修理龙船这一问题,一九七九年,上海交通大学与上海市造船工业局合著之造船史话认为:大龙船引入金明池北一大坑后,"再用土墙将坑与金明池隔开,抽掉坑中的水,船就被架了起来,修补非常方便。修缮完工后,将土墙挖去,龙舟又浮了起来。以后,就将木梁木墩拆除。"(造船史话,第一二八页)

此解释与史实不合,因为沈括没有用土墙将坑与金明池相隔之记录。当然,我们不能因为沈括没有述及,就认为不能用土墙相隔来解决船坞的问题。问题是若用土墙相隔,如何挖掉土墙以进水?船在水中浮起,在水中又怎样能将承架庞大龙船的大木梁、大木墩拆除?如果不将大木梁,大木墩拆除,大龙船怎么能再次进入这船坞?要知道,大龙船出船坞俯瞰"争标",一般当日便返回船坞。

对此,笔者从当时机械起重情况出发,认为关键在于"澳屋"有个"门"(或者称之为"闸"),这样较与能隔水、引水的事理相符。依据有二:

一是北宋雍熙元年(984)"(乔)维岳乃命创二斗门,一西河(今淮安至淮阴间人工运河)第三堰,二门相逾五十步,覆以厦屋,设悬门蓄水,俟故沙湖平,乃泄之。建横桥,于岸筑土石层以固基趾。自是,尽革其弊,而运舟往来无滞矣。"(李焘续资治通鉴长编卷二十五太宗雍熙元年)"覆以厦屋,设悬门蓄水",这与金明池北的"龙澳"成型情况非常接近。按乔维岳设"悬门"的时间计算,它在修龙船之先,足资后来"龙澳"之借鉴。

二是在黄怀信监修大龙船的熙宁六年,汴河就有"水闸""启闭有时"之记录。(王应麟玉海卷二十二)史实证明,设立较大之"悬门"装置完全可能,如汴京出入船只之最大城门之一之东水门,每夜晚似闸垂下水面的"铁裹窗户"。这种整体升降的"悬门",又唤作"兼板"、"插板"。它"与城门为重门。其制用榆槐木,广狭准城门,漫以生牛皮,裹以铁叶,两旁施铁环,贯铁索。凡大城门去门阖五尺,立两颊木,木开池槽,亦用铁叶裹之。若寇至,即以绞车自城楼上抽所贯铁索,下插于槽中。"(曾公亮武经总要前集卷一二)看来,启闭"悬门"之工具应为安装有摇柄和轴的起重装置——绞车,即如曾公亮云:"绞车,合大木为床,前建二又手柱。上为绞车,下施四单轮,皆极壮大,力可挽二千斤。"(同上)用牲畜或多人,同时用多部绞车之力是能绞起能容纳大龙船那样宽大的"龙澳"之门的。

而张择端所绘金明池争标图中"龙澳"上之所以仅有"厦屋",而无类似从城墙上往下放的"悬门"物象,可能是黄怀信采用了浚通黄河时的"滑车绞之"的方式。即"以巨木长八尺,齿长二尺,列于木下如把状,以石压之;两旁系大绳,两端碇大船,相距八十步,各用滑车绞之,去来挠荡泥沙,已又移船而浚。"(宋史卷九十二河渠二)黄怀信发明的这种利用滑车来绞重物,使之自如地挠荡泥沙之法是很奏效的。它似与已故机械史专家刘仙洲发见总结的"复式滑车法"相一致(刘仙洲中国在简单机械方面的发明,见中国机械工程发明史第二章)。

联系考证,其法可以作这样表述:在杆上所装的同一个轴上,装上直径大小不同的两个滑车,使原动力一边(人搬绞车的一边)转动较大的滑车,再由同轴上的一个较小的滑车转动以牵动升降重物的绳索,这样就可以用较小的力量吊动较大的重物,使"悬门"容易被升降起来,并移动他处。宋人所作捕鱼图再现了这种操作方式的情景。它或许对我们正确认识金明池"澳屋"的设施如何能有所帮助。

〔一九〕**勒帛**

陆游老学庵笔记卷二:予童子时,见前辈犹系头巾带于前,作胡桃结。背子背及腋下皆垂带。长老言,背子率以紫勒帛系之,散腰则谓之不敬。至蔡太师为相,始去勒帛。

[文案]据周锡保中国古代服饰史研究:勒帛为帛、绢做成之带子,有红、紫二色。用于约束绣袍肚与背子。亦作未着冠服家常装系束外用带。如江少虞宋朝事实类苑卷四十二记石曼卿见一豪富,其人即"头巾系勒帛,都不具衣冠"。

驾幸临水殿观争标锡宴

驾先幸池之临水殿,锡宴群臣。殿前出水棚〔一〕,排立仪卫,近殿水中横列四彩舟,上有诸军百戏〔二〕,如大旗狮豹,棹刀①蛮牌,神鬼杂剧之类。又列两船皆乐部,又有一小船,上结小彩楼,下有三小门,如傀儡棚〔三〕,正对水中乐船〔四〕,上参军色进致语,乐作,彩棚中门开,出小木偶人〔五〕,小船子上,有一白衣人垂钓,后有小童举棹划船,辽绕数回,作语乐作,钓出活小鱼一枚〔六〕,又作乐,小船入棚。继有木偶筑球、舞旋之类,亦各念致语唱和乐作而已,谓之"水傀儡"〔七〕。又有两画船,上立秋千,船尾百戏人上竿,左右军院虞候〔八〕监教,鼓笛相和。又一人上蹴秋千,将平架,筋斗掷身入水,谓之"水秋千"〔九〕,水戏〔一〇〕呈毕,百戏乐船并各鸣锣鼓,动乐舞旗,与水傀儡船分两壁退去。

有小龙船二十只，上有绯衣军士各五十余人，各设旗鼓铜锣。船头有一军校，舞旗招引，乃虎翼指挥兵级也。又有虎头船〔一一〕十只，上有一锦衣人，执小旗立船头上，余皆着青短衣、长顶头巾，齐舞棹，乃百姓卸在行人〔一二〕也。又有飞鱼船二只，彩画间金，最为精巧，上有杂彩戏衫五十余人，间列杂色小旗绯伞，左右招舞，鸣小锣鼓铙铎之类。又有鳅鱼船二只，止容一人撑划，乃独木为之也。皆进花石〔一三〕朱缅所进。诸小船竞诣"奥屋"，牵拽大龙船出诣水殿，其小龙船争先团转翔舞，迎导于前。其虎头船以绳牵引龙舟。大龙船〔一四〕约长三四十丈，阔三四丈，头尾鳞鬣，皆雕镂金饰，樯版皆退光，两边列十阁子，充阁分歇泊。中设御座。龙水屏风。樯板到底深数尺，底上密排铁铸大银样如卓面大者，压重庶不欹侧也。上有层楼台观槛曲，安设御座，龙头上人舞旗，左右水棚排列六桨，宛若飞腾。至水殿舣之一边。水殿前至仙桥，预以红旗插于水中，标识地分远近。所谓小龙船，列于水殿前，东西相向，虎头、飞鱼等船，布在其后，如两阵之势。须臾，水殿前水棚上一军校，以红旗招之，龙船各鸣锣鼓出阵，划棹旋转，共为圆阵，谓之"旋罗"。水殿前又以旗招之，其船分而为二，各圆阵，谓之"海眼"〔一五〕。又以旗招之，两队船相交互，谓之"交头"。又以旗招之，则诸船皆列五殿之东面，对水殿排成行列，则有小舟一军校，执一竿，上挂以锦彩银碗之类，谓之"标竿"，插在近殿水中。又见旗招之，则两行舟鸣鼓并进，捷者得标，则山呼拜舞。并虎头船之类，各三次"争标"而止。其小船复引大龙船入"奥屋"内矣。

[校]

①中华邓注本谓"棹"应作"掉"。三才图会器用卷六可证:"掉刀,刃首上阔长柄施镎。"

[注]

〔一〕水棚

[文案]"水棚"疑为水面上搭设之棚或水畔所设之棚。然"水棚"所设为何?殊不得解。明宋起凤稗说卷四,专记明宫琐事,其籍田述明帝行籍田礼,于先农坛搭盖"棚厂",其棚广阔逾里,可容数千人。户、工二部责京兆,训练教坊优人扮雷、电、风、雨、云、龙、土、谷诸神,匿于棚之虚处,下施异香诸烟药巨鼓火线。待帝入棚,"京兆生报雨作,于是虚处烟雾四塞,鼓声彭彭震,起火线勃发,先掣数丈,霹雳之声交加。上藏水楗,倒倾如沫,凡棚内逾里无不沾润。"此可谓"水棚"也。移此注于宋之"水棚",未必相同,然却相似。"水棚"之设,或供祭礼或为娱乐,或二者兼而有之。

〔二〕诸军百戏

陈旸乐书卷一百八十五俗部:女乐上　女乐中　女乐下　菩萨蛮感化　抛球　剪牡丹　拂霓裳　采莲　凤迎　献花　采云仙　打球宫伶　击鞠　偶人戏

卷一百八十六俗部:散乐上　散乐下　百戏上　百戏下　剑戏燕戏　地川戏　龟岳戏　扛鼎戏　卷衣戏　白雪戏　山车戏　巨象戏　吞刀戏　吐火戏　杀马戏　剥驴戏　种瓜戏　拔井戏　莓苔戏角抵戏　蚩尤戏　鱼龙戏　漫衍戏　排阔戏　角力戏　瞋面戏　代面戏　冲狭戏　透剑门戏　蹴鞠戏　蹹球戏　踏球戏　緪戏　剧戏　五凤戏

509

卷一百八十七俗部:俳倡上　俳倡下　烂漫乐　猨骑戏　凤凰戏　参军戏　假妇戏　苏葩戏　橦末伎　舞盘伎　长蹻伎　跳铃伎　掷倒伎　跳剑伎　吞剑伎　舞轮伎　透峡伎　高絙伎　狝猴幢伎　缘竿伎　椀珠伎　丹珠伎　都卢伎　车轮折腘伎　辟邪伎　青紫鹿伎　白虎伎　掷蹻伎　掷倒案伎　透须弥伎　透黄山伎　透三峡伎　受猾伎　麒麟伎　长蛇伎　凤书伎　檐橦胡伎　藏挟伎　杂旋伎　弄枪伎　蹴瓶伎　擎戴伎　拗腰伎　飞弹伎

绍隆等圆悟佛果禅师语录卷第十七拈古中举:玄沙和尚到莆田县,众以百戏迎之。次日玄沙遂问小塘长老:"昨日许多喧闹,向什么处去?"小塘提起架裟角示之。

苏辙龙川别志卷下:李允则守雄州,以知术显,世多能道之者。予从事北都,父老谓予曰:允则自雄入奏过魏,魏守,寇莱公也,谓允则曰:"闻君在雄,筵会特盛,能为老夫作小会否?"允则曰:"方入奏,不敢留,还日当奉教。"及还,莱公宴之,幄帟、器皿、饮食、妓乐,百物华侈,意将压之。既罢,谓允则曰:"君许我作会,来日可乎?"允则唯唯。公顾谓左右:"妓乐如今日,毋设百戏,幄帟、床榻留以假之。"允则曰:"妓乐、百戏皆如今日,其他随行,略可具也。"明日,视其幄帟皆蜀锦绣,床榻皆吴、越漆作,百物称是,公已愕然矣。及百戏入,允则曰:"恐外尚有杂伎。"使召之,则京师精伎,至者百数十人。公视之大惊,使人伺之,则床榻脱卸,毡裹驰载,杂伎变服为商贾以入。明日荐之于朝,极称其才。

确庵、耐庵靖康稗史之一宣和乙巳奉使金国行程录:次日,诣虏庭赴花宴,并如仪。酒三行则乐作,鸣钲击鼓,百戏出场,有大旗、狮豹、刀牌、砑鼓、踏索、上竿、斗跳、弄丸、挝簸旗、筑球、角抵、斗鸡、杂剧等,服色鲜明,颇类中朝。

〔三〕傀儡棚

戴侗六书故卷八人一:傀儡古坏切,周礼:凡日月食,四镇五岳崩,大傀异

灾,去乐。旧音怪,刘氏九靡切。康成曰:犹怪也。说文曰伟也。或作坏。按瑰伟之瑰
当作瑰,又苦贿切,今为木偶戏者谓之傀儡。

三才图会傀儡图

才良法演禅师语录卷上:上堂云:山僧昨日入城,见一棚傀儡,不
免近前看,或见端严奇特,或见丑陋不堪,动转行坐,青黄赤白,一一见
了。仔细看时,元来青布幔里有人,山僧忍俊不禁。乃问长史高姓,他
道:"老和尚看便休,问什么姓。"

重显颂古、克勤评唱佛果圜悟禅师碧岩录卷第四:济云:"但看棚
头弄傀儡,抽牵全藉里头人。"

吴潜秋夜雨依韵戏赋傀儡:腰棚傀儡曾悬索。粗瞒凭一层幕。施呈

精妙处,解幻出、蛟龙头角。 谁知鲍老从旁笑,更郭郎、摇手消薄。歧路难准托。田稻熟、只宜村落。

刘仁父踏莎行<u>赠傀儡人刘师父</u>:不假牵丝,何劳刻木。天然容貌施妆束。把头全仗姓刘人,就中学写秦城筑。 伎俩优长,恢谐软熟。当场喝采醒群目。赠行无以表殷勤,特将谢意标芳轴。

吴开优古堂诗话八傀儡:<u>唐梁锽</u>咏木老人诗:"刻木牵丝作老翁,鸡皮鹤发与真同。须臾弄罢寂无事,却似人生一梦中。"开元传信记称"<u>明皇</u>还蜀,尝以为诵,而非<u>明皇</u>作也。观山谷诗:世间尽被鬼神误,看取人间傀儡棚。烦恼自无安脚处,从他鼓笛弄浮生。盖用锽意也。"

〔四〕**乐船**

钱功澹山杂识庞安时:<u>庞安时</u>,<u>蕲州</u><u>蕲水</u>人也。隐于医,四方之请者日满其门,安时亦饶治田产,不汲汲于利,故其声益高。余见其还自<u>金陵</u>,过<u>池阳</u>,先君命余往谒之,随行四五大官舟,行李之盛侔部使者,一舟所载声乐也,一舟锱重也,一舟厨传也,一舟诸色技艺人,无不有也。

〔五〕**小木偶人**

张耒张太史明道杂志:有奉议郎丁绖者,某同年进士也。尝言其祖好道,多延方士,尝任<u>荆南</u>监兵。有一道人礼之颇厚。<u>丁</u>罢官,道人相送。临行出一小木偶人,如手指大。谓<u>丁</u>曰:"或酒尽时,以此投瓶中。"<u>丁</u>离<u>荆南</u>数程,野次逢故旧。相与饮酒,俄而壶竭,<u>丁</u>试取木偶投瓶中,以纸盖瓶口。顷之,闻木人触瓶,纸有声,亟开视之,芳酎溢瓶矣。不知后如何。

黄庭坚涪翁杂说:傀儡戏,木偶人也。或曰当书魁礨,盖象古之魁磊之士,仿佛其言行也。

〔六〕**钓出活小鱼一枚**

干宝搜神记:<u>左慈</u>,字符放,<u>庐江</u>人也。少有神通,尝在<u>曹公</u>座,公笑顾众宾曰："今日高会,珍羞略备,所少者吴松江鲈鱼为脍。"放云此易得耳。因求铜盘贮水,以竹竿饵钓于盘中。须臾引一鲈鱼出,公大拊掌,会者皆惊,公曰："一鱼不同座席,得两为佳。"放乃复饵钓之,须臾引出,皆三尺余,生鲜可爱。

章叔虎搜神秘览卷上刘晞:一日在进奏院前见一道人,以钩钓盆中一木鱼,每下钩不移时,而木鱼已复在钩矣。引之以示人,因此以货药。

〔文案〕"钓鱼"起于汉,盛于宋,为魔术表演,至今仍见。

〔七〕**水傀儡**

刘若愚酌中志卷之十六内府衙门职掌:又木傀儡戏,其制用轻木雕成海外四夷蛮王及仙圣、将军、士卒之像,男女不一,约高二尺余,止有臀以上,无腿足,五色油漆彩画如生。每人之下,平底安一榫卯,用三寸长竹板承之。用长丈余、阔数尺、深二尺余方木池一个,锡镶不漏,添水七分满,下用凳支起,又用纱围屏隔之,经手动机之人,皆在围屏之内,自屏下游移动转。水内用活鱼、虾、蟹、螺、蛙、鳅、鳝、萍、藻之类浮水上。圣驾升殿,座向南,则钟鼓司官在围屏之南,将节次人物各以竹片托浮水上,游斗顽要,鼓乐喧哄。另有一人执锣在旁宣白题目,赞傀儡登答,道扬喝采。或英国公三败黎王故事,或孔明七擒七纵,或三宝太监下西洋、八仙过海,孙行者大闹龙宫之类,惟暑天白昼作之,如要把戏耳。

李斗扬州画舫录卷十三桥西录:后为韩奕别墅,继又改名名园,筑小山亭。联云:"茂竹临幽淑,李益晴云出翠微。权德舆"闲时开设酒肆,常演窟傀子,高二尺,有臀无足,底平,下安卯枸,用竹板承之;设方木池,贮水令满,取鱼虾萍藻实其中,隔以纱障,运机之人在障内游移转动。金鳌退食笔记载水嬉,此其类也。

高士奇金鳌退食笔记卷下玉熙宫:"水嬉"之制,用轻木雕成海外诸国及先贤文武男女之像,约高二尺,彩画如生,有臀无足而底平,下安卯榫,用竹板承之。设方木池,贮水令满,取鱼虾萍藻实其中,隔以纱障,运机之人,皆在障内游移转动。一人鸣金宣白题目,代为问答。惟暑天白昼作之,以销长夏。明愍帝每宴玉熙宫,作过锦、水嬉之戏。一日,宴次报至,汴梁失守,亲藩被害。遂大恸而罢,自是不复幸玉熙宫矣。吴伟业琵琶行有云:"先皇驾幸玉熙宫,凤纸金名唤乐工。苑内水嬉金傀儡,殿头过锦玉玲珑。一日中原盛豹虎,暖阁才人罢歌舞。插柳停搊素手筝,烧灯罢击花奴鼓。"盖指此也。迨入我朝,遂废不治。

梁章钜称谓录卷三十捏脚抠提线抠:西河词话,宫戏本水傀儡,其制用偶人立板上,浮大池面,用屏障其下,而以机运之。

［文案］宋"水傀儡"如何表演鲜有记述。幸赖明清"水傀儡",可明其详。今越南河内中央木偶剧团亦为宋"水傀儡"之遗。据路透社记者报道:越南"水傀儡"诞生于1221年,时值宋宣和三年,起因亦是国王在河内湖上泛舟,农民表演水上木偶戏,为之祝寿。样式与本书所记相仿:一小丑木偶在一小池放烟花,表演滑稽,亦有英雄传奇故事穿插其间,人物皆着龙袍凤冠,中国风貌,竭尽古朴。表演者立于齐腰深水,一块背景挡住身体,表演者用隐没水中之杖杆操纵木偶。使人不由忆起金明池中钱塘江上"水傀儡"。

〔八〕虞候

洪迈夷坚乙志卷第十四刘蓑衣:何子应麒为江东提刑,隆兴二年十月,行部至建康,入茅山,谒张达道先生。闻刘蓑衣者亦隐山中,常时不与士大夫接,望导从且至,则急上山椒避之。子应尽屏吏卒,但以虞候一人自随,杖策访焉。

施耐庵罗贯中水浒传第七回花和尚倒拔垂杨柳 豹子头误入白虎堂:富安道:"门下知心腹的陆虞候陆谦,他和林冲最好。明日衙内躲在陆虞候楼上深阁,摆下些酒食,却叫陆谦去请林冲出来吃酒。"

宋话本碾玉观音:当时郡王在轿里看见,叫帮窗虞候道:"我从前要寻这个人,今日却在这里!只在你身上,明日要这个人入府中来!"

当时虞候声诺，来寻这个看郡王的人，是甚色目人？

程穆衡水浒传注略：虞候，都虞候，唐时军中队长之名，见于史者多矣，未闻以为衙役也，宋直以呼吏人而已矣。

[文案]京都译注本谓"院虞候"，余疑"院"为"都"误。因宋有都虞候、将虞候而无院虞候。都虞候为军职名，为军一级编制单位副长官。将虞候亦为军职名，为禁军骑军都一级员僚。两候均为禁卫之职，后多指官僚雇用随从人员也。

〔九〕**水秋千**

王珪宫词：内人稀见水秋千，争擘珠帘帐殿前。第一锦标谁夺得，右军输却小龙船。

元王振鹏水秋千图

〔一〇〕**水戏**

四水潜夫武林旧事卷第七：太上、太后并乘步辇，官里乘马，遍游园中，再至瑶津西轩入御筵。至第三盏，都管使臣刘景长供进新制泛兰舟曲破，吴兴祐舞，各赐银绢。上新捧玉酒船上寿酒，酒满玉船，船中人物，多能举动如活，太上喜见颜色。

官家进水晶提壶边系儿，可盛白酒二斗，白玉双莲杯盘，碾玉香脱儿一套，六个大金盆，一面盛七宝水戏，并宣押赵喜等教舞水族。

宋话本乐小舍拼生觅偶：市井弄水者，共有数百人，蹈浪争雄，出没游戏。有蹈滚木，水傀儡，诸般伎艺。

周密志雅堂杂钞卷上：余儿时，游中都市井间，有呈水嬉戏者。一大木斛满贮水，以小铜锣为节，凡龟鳖鲐鲫各以名呼之，即浮于水面，掷以小面具，如斋郎、耍和尚之类，即戴之而舞。舞竟则沉去，又别呼其一以呈技。是虽教习使然，然龟鱼非禽兽比，不可以威警动，殊为难能，其后绝响，无继之者。

〔一一〕**虎头船**

李焘续资治通鉴长编卷二百英宗治平元年：令西京左藏库副使、缘界河巡检都监赵用再任。从高阳关及河北缘边安抚司之请也。用才武果敢而熟边事，敌人以盐船犯边禁者，用割肠而沉之。敌人畏用，以其出常乘虎头船，谓之"赵虎头"。

〔一二〕**百姓卸在行人**

［文案］余以"在行"为"行在"之误，遂以趋朝事类诸书注之，然细思则觉未通，如孙注本所释："在行"乃为善于、专业之俗语，"卸在行人"乃为脱离原专业之人。金盈之新编醉翁谈录卷之三京城风俗记云：相传里谚云："三月十八，村里老婆风发。"盖是日村姑老幼皆入城。争标已为百姓参与之盛会，其中不乏流入民间伎艺表演者，此为"百姓卸在行人"也。

〔一三〕**花石**

黄休复益州名画录卷中黄居寀：居寀字辞玉，筌之少子也。画性最高，风姿俊爽，前辈画太湖石，皆以浅深墨淡嵌空而已。居寀以笔端挼擦，文理纵横，夹杂砂石，棱角峭硬，如虬虎将踊，厥状非一也。其有画松竹花雀，变态旧规，皆如湖石之类。

邓椿画继卷六山水林石：高洵，京师人。工山水，师高克明，尤长于湖石。

朱弁风月堂诗话：政和以后，花石纲浸盛，晁伯宇有诗云："森森月里栽丹桂，历历天边种白榆。虽未乘槎上霄汉，令须沉纲取珊瑚。"人多传诵。

张淏艮岳记:徽宗登极之初,皇嗣未广,有方士言:"京城东北隅,地协堪舆,但形势稍下,傥少增高之,则皇嗣繁衍矣。"上遂命土培其冈阜,使稍加于旧矣,而果有多男之应。自后海内乂安,朝廷无事。上颇留意苑囿,政和间,遂即其地,大兴工役筑山,号"寿山艮岳",命宦者梁师成专董其事。时有朱勔者,取浙中珍异花木竹石以进,号曰"花石纲",专置应奉局于平江,所费动以亿万计,调民搜岩剔薮,幽隐不置,一花一木,曾经黄封,护视稍不谨,则加之以罪,斫山辇石,虽江湖不测之渊,力不可致者,百计以出之至,名曰"神运"。舟楫相继,日夜不绝,广济四指挥,尽以充挽士犹不给。时东南监司郡守,二广市舶,率有应奉,又有不待旨,但进物至都计会宦者以献者,大率灵壁太湖诸石,二浙奇竹异花,登莱文石,湖湘文竹,四川佳果异木之属,皆越海度江,凿城郭而至;后上亦知其扰,稍加禁戢,独许朱勔及蔡攸入贡,竭府库之积聚,萃天下之伎艺,凡六载而始成,亦呼为"万岁山"。奇花美术,珍禽异兽,莫不毕集,飞楼杰观,雄伟瑰丽,极于此矣。

祖秀华阳宫记:又为胜游六七,曰跃龙涧、漾春陂、桃花闸、雁池、迷真洞,其余胜迹,不可殚纪。工已落成,上名之曰华阳宫。然华阳大抵众山环列于其中,得平芜数十顷,以治园囿,以辟宫门,于西入径,广于驰道,左右大石皆林立,仅百余株,以神运昭功,敷庆万寿峰,而名之独神运峰。广百围,高六仞,锡爵盘固侯居道之中,束石为亭,以庇之,高五十尺,御制记文亲书,建三丈碑,附于石之东南陬。其余石,或若群臣入侍帷幄,正容凛若不可犯,或战栗若敬天威,或奋然而趋,又若伛偻趋进,其怪状余态,娱人者多矣。

龚明之中吴纪闻卷第六朱氏盛衰:其子勔,因赂中贵人以花石得幸,时时进奉不绝,谓之"花纲"。凡林园亭馆,以至坟墓间所有一花一木奇怪者,悉用黄纸封识,不问其家,径取之。有在仕途者,稍拂其意,则以违上命文致其罪。浙人畏之如虎。"花纲"经从之地,巡尉护送,遇桥梁则撤以过舟,虽以数千缗为之者,亦毁之不恤。初,江淮发运司于真、扬、楚、泗有转般仓,纲运兵各据地分,不相交越。勔既进花石,遂拨新装运船,充御前纲以载之,而以余旧者载粮运,直达京师。

邓肃花石诗:蔽江载石巧玲珑,雨过嶙峋万玉峰。舫尾相衔贡天子,坐移蓬岛到深宫。浮花浪蕊自朱白,月窟鬼方更奇绝。缤纷万里来如云,上林玉砌酣春色。

郑景望蒙斋笔谈卷下:余绍圣间,春试下第,归道灵壁县,世以为出奇石,余时病卧舟中,行囊萧然,闻茶肆多有求售,公私未乏,贵人亦不甚重,亟得其一,长四尺许,价当八百,取之以归,探所有,仅得七百钱,假之同舍而足,不觉病顿愈,夜抱之以眠。

张知甫可书:徽宗幸迎祥寺,见栏槛间丑石,顾问内侍杨戬曰:"何处得之?"戬云:"价钱三百万,是戬买来。"

杜绾云林石谱卷上平江府太湖石:产洞庭水中,石性坚而润,有嵌空穿眼宛转崄怪势一种,色白一种,色青而黑一种,微黑青其质,文理纵横,笼络起隐于石面,遍多坳坎,盖因风浪中冲激而成,谓之"弹子窝"。扣之微有声,采人携锤凿入深水中,颇艰辛。度奇巧取凿,贯以巨索,浮大舟,设木架,绞而出之。其间稍有巉岩特势,则就加镌砻取巧,复沉水中,经久为风水冲刷,石理如生。此石岩最高有三五丈,低不逾十数尺,间有尺余,惟宜植立轩槛,装治假山,或罗列园林广榭中,颇多伟观,鲜有小巧,可置几案间者。

赵希鹄洞天清录怪石辨太湖石:出平江太湖,土人取大材或高一二丈者,先雕刻置急水中舂撞之,久如天成,或用烟薰,或染之,色亦能黑,微有声,宜做假山用。

刘攽作假山:幽意难具陈,静境可因就。远求涧侧石,置彼窗中岫。前为嵩华高,侧构衡霍秀。岩崿倏天成,风烟若神授。他时看图画,应接颇意究。气色形似间,人人轻宇宙。尝闻山林士,既往又不复。此语我知之,衡茅非所陋。

陈辅之诗话好石:张祜性酷好太湖石,三吴太守,多遗以赠之。故陆鲁望以诗哭之曰:"一林石笋散豪家。"

宇文懋昭大金国志卷之十九章宗皇帝上:会是冬赏菊于东明园,主登其阁,见屏间画宣和艮岳,问内侍余琬曰:"此底甚处?"琬曰:"赵家宣和帝运东南花石筑艮岳,致亡国败家,先帝命图之以为戒。"

厉鹗东城杂记卷下玉玲珑阁:玉玲珑,宋宣和花纲石也。上有字纪岁月,苍润山嵌空,叩之声如杂佩。

钱大昕十驾斋养新录卷七花石纲:程俱吴江回申讲求遗利状云:顷年以来,纲运自浙而西以过县境者,有曰明金生活,有曰佛道帐殿,有曰花石者,挽舟之卒,所支口券米无虑若干千石,计工无虑若干万夫。家粮借请之数不与焉。俱此状在徽宗即位之初,其时即有花石纲运,是花石纲不始于朱勔也。

〔文案〕花石仍有其遗,据徐国枢燕都续咏艮岳石:北海内之艮岳石,乃宋徽宗河南宫中所建也。2002年三期收藏杜恩龙花石纲遗石今安在又谓:现苏州留园瑞云峰、冠云峰,济南趵突泉公园龟石,上海豫园玉玲珑,开封洛阳宾馆"宣和六十五石",开封大相国寺大殿前"艮岳遗石",苏州五峰园五块太湖石,南京瞻园仙人峰、倚云峰、友松峰,南京玄武湖"童子拜观音"太湖石,扬州瘦西湖公园花石,均为花石纲遗石。

〔一四〕**大龙船**

蔡絛铁围山丛谈卷第四:金明池,始太宗以存武备,且为国朝一盛观也。其龙舟甚大,上级一殿曰时乘。既岁久,绍圣末诏名匠杨谈者新作焉。久之落成,华大于旧矣。独铁费十八万斤,他物略称是。盖楼阁殿既高巨,舰得重物乃始可运。

〔一五〕**海眼**

陆游老学庵笔记卷五:成都石笋,其状与笋不类,乃累叠数石成之,所谓海眼,亦非妄。

宋李嵩天中戏水图中大龙船

周密癸辛杂识后集舞谱:予尝得故都德寿宫舞蹈二大帙,其中皆新制曲。多妃嫔阁分所进者,所谓谱者,其间有所谓:打鸳鸯场,分颈,回头,海眼,收尾,豁头,舒手,布过。

[文案]按江湖通用切口日用常语所释:大曰海,多亦曰海。"眼"为人眼之圆状,又为"演"之音转。"海眼"者,既大又多之演也。

驾幸琼林苑

驾方幸琼林苑,在顺天门大街面北,与金明池相对。大门牙道皆古松怪柏。两傍有石榴园,樱桃[一]园之类,各有亭榭[二],多是酒家所占[三]。苑之东南隅,政和间,创筑华觜[四]冈,高数十丈,上有横观层楼,金碧相射,下有锦石缠道,宝砌池塘,柳锁虹桥,花萦凤舸,其花皆素馨[五]、末莉、山丹[六]、瑞香[七]、含笑[八]、射香等,闽、广、二浙所进南花[九],有月池、梅亭、牡丹①之类,诸亭[一〇]不可悉数。

[校]

①刘益安对新版东京梦华录注本质疑一文以为，"有月池梅亭牡丹"之后应阙一"亭"字，确。

[注]

〔一〕**樱桃**

张淏云谷杂记补编卷一樱桃：樱桃，亦云莺桃。吕不韦春秋：羞以故言含桃。樱桃二字，颇为雅驯，而前辈罕曾引用。

唐慎微重修政和经史证类备用本草卷二十三果部中品樱桃：樱桃，味甘，主调中，益脾气，令人好颜色，美志。　图经曰：樱桃旧不著所出，州土今处处有之，而洛中南部者最胜，其实熟时深红色者，谓之朱樱。正黄明者，谓之蜡樱。极大者，有若弹丸，核细而肉厚尤难得也，食之调中益气，美颜色，虽多无损，但发虚热耳。惟有暗风人不可啖，啖之立发。其叶可捣传蛇毒，亦绞汁服。东行根亦杀寸白、蛔虫。其木多阴，最先百果而熟，故古多贵之。谨按书传引吴普本草曰：樱桃

重修政和经史证类
备用本草樱桃图

一名朱茱，一名麦甘酚。今本草无此名，乃知有脱漏多矣。又尔雅云：楔，吉黠切荆桃。郭璞云：今之樱桃。而孟诜以为樱非桃类，未知何据？食疗云：温，多食有所损，令人好颜色，美志。此名樱桃，俗名李桃，亦名奈桃者是也。甚补中益气，主水谷痢止泄精，东引根治蛔虫。

陆佃埤雅卷十四释木樱桃：樱桃为木多阴，其果先孰，一名荆桃，一名含桃。许慎曰：莺之所含食，故曰含桃也。谓之莺桃，则亦以莺之所含食，故谓之莺桃也。月令仲夏之月，天子羞以含桃，言荐新也。其

颗大者,或如弹丸,小者如珠玑。南人语其小者,谓之樱珠。字说云:樱主实么稚,柔泽如婴者。栲主材成就,坚久如考者。

〔二〕榭

陆佃尔雅新义卷第六释训:有木者谓之榭。此有植木尔,然犹如此。所谓林下一宿知是矣。

陆佃尔雅新义卷第七释训:无室曰榭。庙有代焉,榭有谢而已。

任广书叙指南卷第九楼台池园:亭榭楼阁　台榭曰层台累榭楚辞宋玉。

〔三〕酒家所占

宋话本金明池吴清逢爱爱:次日,放心不下,换了一身整齐衣服,又约了二赵,在金明池上寻昨日小娘子踪迹。赵二哥道:"街北第五家,小小一个酒肆倒也精雅。内中有个量酒的女儿,大有姿色,年纪也只好二八,只是不常出来。"小员外欣然道:"烦相引一看。"三人移步街北,果见一个小酒店,外边花竹扶疏,里面杯盘罗列。

〔四〕觜

丁度集韵卷之一平声一支第一:觜星名,一曰鸱,旧头上角觜也。

〔五〕素馨

赵与泌黄岩孙仙溪志卷一花:素馨岭表录异云:耶悉茗花始自番船载至,香闻百步。广中种之曰素馨,转而入闽。蔡端明诗云:"素馨出南海,万里来商船。"

陈大震大德南海志卷第七物产花素馨花:南方草木状云:一名耶悉茗,有胡人自西国移植于南海。又龟山志谓:昔刘王有侍女名素馨,其冢生此花,因名。今城西九里地名花田,弥望皆种此花。其香他处莫及。古龙涎香饼及串珠之类,治以此花,则韵味逾远,贩女或以蕉丝为穗鬻于市。

谢维新古今合璧事类备要别集卷三十六花卉门素馨花:格物丛话素馨旧名耶悉茗,与茉莉花皆胡人从西国移入南海,自此中国所在有其花。细四瓣,有黄色、白色者,藤身枝袅,娜叶小殊,甚无刻缺,而香不及于茉莉。

范成大桂海虞衡志志花:素馨花,比番禺所出为少,当由风土差寒故也。

〔六〕山丹

陈耆卿嘉定赤城志卷三十六风土门花之属：山丹一岁著一花。

吴其濬植物名实图考卷三蔬类山丹：山丹，叶狭而长，枝茎微柔，花红四垂，根如百合而小，少瓣，洛阳花木记有红百合，即此。或曰渥丹花，殷红有焰。陈傅良诗："山丹吹出青藜火。"摹其四照也。朱子诗："昔游岭海间，几见蛮卉折。素英溥夕露，朱花烂晴日。归来今几年，晤对只寒碧。因君赋山丹，悦复见颜色。"岭南花多朱殷，他处如此炫晃者盖少，前贤悼咏无妄语如此。群芳谱：根大者供食，味与百合无异。

〔七〕瑞香

侯延庆退斋雅闻录瑞香花：瑞香花种出江州庐山，今长沙竞成俗，一株有至百千花者。最忌麝，或佩麝触之，花辄萎死，惟频瀹茶，灌其根不为虫所蚀。

陈耆卿嘉定赤城志卷之三十六风土门花之属：瑞香，张祠部以瑞为睡，故其诗有"曾向庐山睡里闻"之句，而苏文忠咏此花词乃云：领巾飘下瑞香。风俗但称瑞香。

赵与泌黄岩孙仙溪志卷一花：瑞香冬月开，有簇头者，有缠枝者，紫色者香浓。

谢维新古今合璧事类备要别集卷三十一花卉门瑞香花：格物总论瑞香花树，高者三四尺许，枝干婆娑，叶厚深绿，色数种，有杨梅叶者，有枇杷叶者，有柯叶者，有球子者，有栾枝者，花紫色如丁香，惟栾枝者香烈，枇杷叶者能结子，性喜温润。本朝始著名，它有黄、白二色，特野瑞香无取也。

〔八〕含笑

史能之咸淳毗陵志卷第十三土产花之属：含笑有紫、白二色。丁晋公诗云："花名含笑笑何人。"

陈大震大德南海志卷第七物产花：含笑花，其色微紫，香亦旖旎，蒲涧山多有之。东坡诗云："如今独有花含笑，笑道秦皇欲学仙。"

〔九〕闽、广、二浙所进南花

梁克家淳熙三山志卷四十一土俗类物产花:末丽此花独闽中有之,夏开白色,妙丽而香,方言谓之末利,佛经曰末丽,花香。又有红末丽,藤生亦香。**素馨**蔓生白色,露裛愈香,蔡公襄诗:"素馨万里来商舶,团圆末丽丛,緜香。"**牡丹**州旧无之,庆历间,罗源林迥隐居南华洞,有出山遇慈恩长老献牡丹诗云:"春晚花王在处稀,山中还信正芳菲。"盖有之矣。熙宁间,程大卿师孟咏福州诗云:芍药牡丹难种处,谓城中也。今古田、长溪、罗源、连江多有之。**芍药**所产与牡丹同。**紫玫瑰**亦名徘徊花,郡人翁承赞诗:"三株红芍药,一架紫玫瑰。"**四时山丹**花红色。蓓英丛起,如绛罗囊,林迥诗:"叶剪青油蕊渥丹,春风随众出栏干。碧桃黄菊凋零后,谁伴长松到岁寒。"**长春花**亦四时有之,林迥诗:洞门深不放春期,客到寻芳莫问时。迟日暖风冰与雪,照临红艳一枝枝。**真珠**有单叶亦有百叶,许公将诗:薮薮圆英淡粉妆,肯随桃杏媚韶光。金刀不到春风外,草密林深只自香。**酴醾**花白而香,春时极盛,叶公梦得诗:"东风吹麝入铅华,未肯随春到谢家。夜半粉香和露泣,定应和月怨梨花。"又有檀心而紫者尤香。**梅花**又有红梅、腊梅、百叶梅。**瑞香**紫色芬香,旧记无,近州多有之。**千叶石榴**花红艳,不结实。**蔷薇**枝干有刺。花红紫色,盛开如锦,亦有黄蔷薇,如棠棣金色,有淡黄蔷薇,鹅黄色。**越橘**花如瑞香,叶干如黄杨,实如朱樱。**金林檎**花繁生如郁李,花状差大,实如来禽而差小。**十丈红**花如御带而差大,一名棠棣。**衮绣球**色白,圆如球。**海棠**色红,以木瓜头接之则色白。**斗雪红**闽中近有之,花如玫瑰而香色过之,四时常芳,不随群卉凋茂,亦名胜春。**阇提**南海种,商人传之,花皙白而香胜如素馨,盖岩桂之流品也;仙书曰阇提。**玉簪**实素而香,形如五簪,亦名白鹤。**金沙**玫瑰之流也,香不及之。**剪金红**圆无香,叶分数歧,如剪刀之状。**度年红**干高而花难凋,自冬末涉春不少变。**含笑**白花,有二种,小者香犹酷烈,开尽则香微,故以含笑名。**百合**茎特生而直上,亦名倒仙,花白,一种班红,谓之川百合。**凌霄**藤蔓,附大木而生,其花黄赤,夏盛。**紫荆**木似林檎花,深紫可爱。**罂粟**花有红白二种,九月布子,春深乃生实,如小罂,子如细粟。**葵**有数种,蜀葵出戎蜀,尔雅所谓菺菜葵花,白者主痎疟,黄者叶尖狭,夏开花,浅黄色,主疮痏,小花者名锦葵,俗呼为胡胭脂。**菊**紫茎而香,叶厚嫩可食者,花微小味甘为真菊,又或茎青、根细、花白、蕊黄,其叶似同蒿,花蕊并黄者,俗传为广菊,状似婴儿者,俗呼为孩儿菊。**遁斋闲览**:南方花发较北地常先一月,独菊花开最迟,菊性宜冷也。惟一种深黄色，名为滴滴金，六月开。玉蝴蝶色白如琼花，中丛蕊傍有八蝶绕之，谓之聚八仙，垂枝条而双对者谓玉蝴蝶。朱槿一名佛桑，一名佛日，色深红，叶如桑，高者丈余，一种色白，一种色紫，淡黄者俗谓之金木兰，纯白而英间无紫点者，名舜英。鸡冠秋生，紫色，如绣画鸡冠之状。山茶花深红色，冬盛开。御仙似罂粟而小。金凤状如飞凤，有红、白、紫、粉红数种。金钱深红色，叶长细。拒霜一名木芙蓉，秋开，色淡红，一种百叶，朝开纯白，午后则渐红如醉，谓之醉芙蓉。岩桂其叶两两相向，粟结其间，及开，清馥断续而远闻，俗呼为九里香。木纹如犀，可以为器，亦号木犀。数种，有四时开者，紫者、鞓红者深红者曰丹桂，凡色胜则香薄。鹰爪藤生，夏开，末锐似鹰爪，薄暮方开，香如烂。凤尾有两种，大者花白蕊黄，穗生长仅尺，若凤尾然，一种差小，花疏而香胜，亦名七里香，可以辟蠹。玉屑藤生，花白色，如碎玉之状。玉笼松藤生，花微红而圆，一种醉杨妃，花相类，叶尖。宝相藤生，花类长春。

〔一〇〕诸亭

宋话本风月瑞仙亭：园中有花亭一所，名曰"瑞仙"，四面芳菲，锦绣烂熳，真可游览休息，京洛名园，皆不能过此。所以游宦公子，江湖士夫，无不相访。

［文案］宋话本所言花亭多以名花名之，若梅亭、牡丹亭者。亦别用它名名之者，若"瑞仙亭"，亦属花亭之类也。

驾幸宝津楼宴殿

宝津楼〔一〕之南有宴殿，驾临幸，嫔御车马在此。寻常亦禁人出入，有官监之。殿之西有射殿，殿之南有横街，牙道柳径，乃都人击球之所〔二〕。西去苑西门、水虎翼巷，横道之南，有古桐牙道，两傍亦有小园圃台榭。南过画桥，水心有大撮焦亭子〔三〕，方池〔四〕柳步围绕，谓之"虾蟆亭"〔五〕，亦是酒家占。寻常驾未幸，习旱教〔六〕于苑大门。

御马^{〔七〕}立于门上。门之两壁^{〔八〕}，皆高设彩棚，许士庶观赏，呈引百戏。御马上池，则张黄盖，击鞭如仪。每遇大龙船出，及御马上池，则游人增倍矣。

[注]

〔一〕**宝津楼**

王应麟玉海卷一六四宫室楼熙宁宝津楼：熙宁三年四月三日，幸金明池，观水嬉，移幸琼林苑，登宝津楼，宴从臣，教坊作乐。

周城宋东京考卷之十一楼：宝津楼在新郑门外金明池内。车驾登幸，则诸军呈演百戏于楼下。

〔二〕**牙道柳径，乃都人击球之所**

[文案]宋徽宗、金章宗时宁志斋老人所作丸经，有因地章："地形有平者，有凸者，有凹者，有峻者，有仰者，有阻者，有妨者，有迎者，有里者，有外者。"足见宋击球场所样式颇多，"牙道"可为击球之所一种。又审时章作有时："天朗气清，惠风和畅，饮饱之余，心无所碍，取择良友三三五五，于园林清胜之处，依法捶击，风雨阴晦，大寒大暑不与也。"元张可久观九副使小打[中吕·金字经]：静院春三月，锦衣来众官。试我花张董四揎。搬，柳边田地宽。湖山畔，翠窝藏玉丸。 步款莎烟细，袖悭猿臂扇。一点神光落九天。穿，万丝杨柳烟。人争羡，福星临庆元。此小令可证击球"柳径"之氛围。

〔三〕**水心有大撮焦亭子**

钱功淡山杂识蝇子水心亭：张文潜喜饮酒，能及斗余。每过先君，未尝不醉。吾家酒器惟银葵花最大，几容一升。一日，先君以盘盏饮之。潜意不快，谓先君曰："愿借水心亭饮之。"先君即命换盏，且问文潜所以名？文潜曰："饮必有余沥，蝇子正飞在残蕊上，岂非人之水心亭乎？"坐客皆大笑。

[文案]京都译注本据楼钥北行日录、元杂剧争报恩、蝴蝶梦中

"撮椒井亭"、"撮角亭子",称椒、角之俗音与"焦"同,甚确。日龙谷大学木田知生则据"撮"所含堆起、堆上之意(东洋史研究第四十三卷第一号),释"撮"应为每一个角部都向上高翘。

〔四〕**方池**

成寻参天台五台山记第七(延久五年三月):池方二町,池样方也。龙头船等有数十,水鸟、凫雁有数,池边有大鹤六、白鸽三,随人语答之,其形如大乌,一切皆白。人与食,以足取之食之。鹅三四处有其数,异类不记尽。

〔五〕**虾蟆亭**

庄绰鸡肋编卷上:又有京师开书铺人陈询,字嘉言,皆以貌像呼为"虾蟆"。而琼林苑西南一亭,地界近水,俗号"虾蟆亭"。天清寺前多积潦,亦名虾蟆窝。都中轻薄子戏咏虾蟆诗曰:"佳名标上苑,窝窟近天清。道士行为气,梢公打作更。嘉言呼舍弟,东美是家兄。莫向南方去,将君煮作羹。"

〔六〕**旱教**

叶梦得石林燕语卷一:金明,水战不复习,而诸军犹为鬼神戏,谓之"旱教"。

〔七〕**御马**

周辉诗话七:碧云騠者,廊马也,庄宪太后临朝初,以赐荆公,王恶其旋毛。太后知之,曰:"旋毛能害人耶? 吾不信!"留以备上闲,为御马第一。

成寻参天台五台山记第六(延久五年一月):次御马十匹置鞍牵来,皆以锦覆鞍,镫不具体,鞦以黄金、白银、琉璃作之,宛如锦覆带。

〔八〕**两壁**

宋话本万秀娘仇报山亭儿:这个员外,排行第三,人叫做万三官司人。在襄阳府市心里住,一壁开着个茶铺,一壁开着茶坊。

佚名五代周史平话卷下:张无徽排阵在巴公原投东一壁,杨衮契丹兵马排阵于巴公原投西壁，众军行伍，极是严整。

驾登宝津楼诸军呈百戏

驾登宝津楼，诸军百戏呈于楼下。先列鼓子十数辈，一人摇双鼓子〔一〕，近前进致语，多唱"青春三月蓦山溪"〔二〕也。唱讫，鼓笛举，一红巾者弄大旗，次狮豹入场，坐作进退，奋迅举止毕。次一红巾者手执两白旗子，跳跃旋风而舞，谓之"扑旗子"〔三〕。及上竿、打筋斗〔四〕之类讫，乐部举动琴家弄令〔五〕，有花妆轻健军士〔六〕百余，前列旗帜，各执雉尾、蛮牌、木刀，初成行列拜舞，互变开门夺桥等阵，然后列成偃月阵〔七〕，乐部复动蛮牌令，数内两人，出阵对舞，如击刺之状，一人作奋击之势，一人作僵仆出场，凡五七对。或以枪对牌、剑对牌之类，忽作一声如霹雳，谓之"爆仗"，则蛮牌者引退。烟火〔八〕大起，有假面披发，口吐狼牙烟火，如鬼神状者上场。着青帖金花短后之衣，帖金皂裤，跣足，携大铜锣随身，步舞而进退，谓之"抱锣"〔九〕。绕场数遭，或就地放烟火之类。又一声爆仗，乐部动拜新月慢曲，有面涂青碌①，戴面具金睛，饰以豹皮锦绣看带之类，谓之"硬鬼"〔一〇〕。或执刀斧，或执杵棒之类，作脚步蘸立，为驱捉视听之状。又爆仗一声，有假面长髯展裹绿袍靴简如锺馗像者〔一一〕，傍一人以小锣相招和舞步，谓之"舞判"〔一二〕。继有二三瘦瘠，以粉涂身，金睛白面，如髑髅状，系锦绣围肚看带，手执软杖，各作魁②谐，趋跄〔一三〕举止若排戏，谓之"哑杂剧"〔一四〕。

又爆仗响，有烟火就涌出，人面不相睹，烟中有七人，皆披发文身〔一五〕，着青纱短后之衣〔一六〕，锦绣围肚看带〔一七〕，内一人金花小帽，执白旗，余皆头巾，执真刀，互相格斗击刺，作破面剖心之势，谓之"七圣刀"〔一八〕。忽有爆仗响，又复烟火出，散处以青幕围绕，列数十辈，皆假面异服，如祠庙中神鬼塑像，谓之"歇帐"〔一九〕。又爆仗响卷退。次有一击小铜锣，引百余人，或巾裹，或双髻，各着杂色半臂〔二〇〕，围肚看带，以黄白粉涂其面，谓之"抹跄"〔二一〕。各执木棹刀一口，成行列，击锣者指呼各拜舞起居毕，喝喊变阵子〔二二〕数次，成"一字阵"〔二三〕，两两出阵格斗，作夺刀击刺之态百端讫，一人弃刀在地，就地掷身，背着地有声，谓之"扳落"〔二四〕。如是数十对讫。复有一装田舍儿者入场，念诵言语讫，有一装村妇者入场，与村夫相值，各持棒杖〔二五〕，互相击触，如相殴态。其村夫者以杖背村妇出场毕。后部乐作，诸军缴队杂剧一段，继而露台弟子杂剧一段，是时弟子萧住儿、丁都赛〔二六〕、薛子大、薛子小、杨总惜、崔上寿之辈，后来者不足数。合曲舞旋讫，诸班直常入祗候子弟所呈马骑，先一人空手出马，谓之"引马"。次一人磨旗〔二七〕出马，谓之"开道旗"。次有马上抱红绣之球，系以红绵索掷下于地上，数骑追逐射之〔二八〕，左曰"仰手射"，右曰"合手射"，谓之"拖绣球"〔二九〕。又以柳枝插于地，数骑以划子箭，或弓或弩射之，谓之"褶柳枝"。又有以十余小旗，遍装轮上而背之出马，谓之"旋风旗"。又有执旗挺立鞍上，谓之"立马"。

或以身下马,以手攀鞍而复上,谓之"骗马"。或用手握定镫裤,以身从后鞦来往,谓之"跳马"。忽以身离鞍,屈右脚挂马鬃,左脚在镫,左手把鬃,谓之"献鞍",又曰"弃鬃"。背坐或以两手握镫裤,以肩着鞍桥,双脚直上,谓之"倒立"。忽掷脚着地,倒拖顺马而走,复跳上马,谓之"拖马"。或留左脚着镫,右脚出镫,离鞍横身,在鞍一边,右手捉鞍,左手把鬃存身,直一脚顺马而走,谓之"飞仙膊马"。又存身拳曲在鞍一边,谓之"镫里藏身"〔三〇〕。或右臂挟鞍,足着地顺马而走,谓之"赶马"。或出一镫,坠身着鞦,以手向下绰地,谓之"绰尘"。或放令马先走,以身追及握马尾而上,谓之"豹子马"〔三一〕。或横身鞍上,或轮弄利刃,或重物、大刀、双刀百端讫。有黄衣老兵〔三二〕,谓之"黄院子",数辈执小锈龙旗前导,宫监马骑百余,谓之"妙法院女童"〔三三〕。皆妙龄翘楚,结束如男子,短顶头巾〔三四〕,各着杂色锦绣,撚金丝番段窄袍,红绿吊敦束带,莫非玉羁金勒,宝镫花鞯,艳色耀日,香风袭人,驰骤至楼前,团转数遭,轻帘鼓声,马上亦有呈骁艺者〔三五〕。中贵人许畋押队招呼成列,鼓声一齐掷身下马,一手执弓箭,揽缰子就地,如男子仪〔三六〕。拜舞山呼讫,复听鼓声,骗马而上。大抵禁庭如男子装者,便随男子礼起居。复驰骤团旋,分合阵子讫,分两阵,两两出阵,左右使马,直背射弓,使番枪或草棒交马野战,呈骁骑讫,引退。又作乐,先设彩结小球门于殿前,有花装男子〔三七〕百余人,皆裹角子向后拳曲花幞头,半着红半着青锦袄子,义襕束带丝鞋,各跨雕鞍花韉驴子〔三八〕,分为两队,各有朋头一名,各执彩画球杖,谓之"小打"〔三九〕。一朋头用杖击弄球子,如缀球子方坠地,两朋争占,供与朋头,左朋击球子过门〔四〇〕入盂〔四一〕为胜,右朋向前争占,不令入盂,互相追逐,得筹谢恩而退。续有黄院子引出宫监百余,亦如小打者,但加之珠翠装饰,玉带红靴,各跨小马,谓之"大打"。人人乘骑精熟,驰骤如神,雅态轻盈,妍姿绰约,人间但见其图画矣。呈讫。

[校]

　①中华邓注本谓"碌"应作"绿",错。青碌或可称之为碌青,据陈彭年钜宋广韵入声卷第五乏第三十四谓:碌,多石貌。可知青碌为一混合颜料,然众多专家袭邓注为"绿",误也。

　②中华邓注本疑"魁"当作"诙"。误。王明清挥麈后录谓乐官孟子书"为平昔佻滥渠魁",而作"魁谐"当为效仿伎艺者首领之谐。

[注]

〔一〕**双鼓子**

　陈旸乐书卷一百二十七乐图论胡部八音鼗牢上:牢,龟兹部乐也。形如路鼗,而一柄叠二枚焉。古人尝谓左手播鼗牢,右手击鸡娄鼓是也。

　[文案]京都译注本以"鼗牢下"出注,然未如"鼗牢上"图示贴切,况"播"与"摇"同,余以为"鼗牢上"(而非"鼗牢下")与"摇双鼓子"较合。

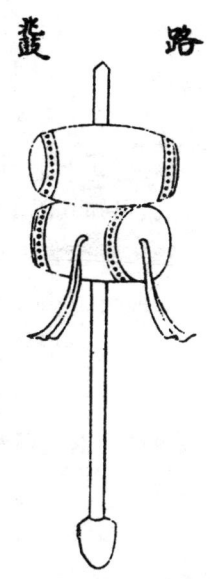

乐书路鼗图

〔二〕蓦山溪

[文案]"蓦山溪"为常见宋词牌名,为欧阳修、黄庭坚、贺铸诸大家常作,京都译注本考其别名为"上阳春","青春三月"乃为其歌唱第一句也。

〔三〕扑旗子

古杭才人宦门子弟错立身第五出:[六幺序]一意随它去,情愿为路歧。管甚么抹土搽灰,折莫擂鼓吹笛,点拗收拾。更温习几本杂剧,问甚么孤扮末诸般会,更那堪会跳索扑旗。

[文案]顾起元客座赘语卷九记金陵公侯缙绅凡有宴会,若大席则用教坊院本,中间亦错以"百丈旗",即扑旗子。"扑旗子"已成戏剧出演之程式。

〔四〕打筋斗

于慎行谷山笔麈卷十四杂考:翻金斗,字义起于赵简子之杀中山王,后之工人以头委地而翻身跳过,谓之金斗,想其形类为名耳。

〔五〕琴家弄令

[文案]陶宗仪南村辍耕录卷二十五院本名目赌扑名记"琴家弄"一名,可知其源于宋之关扑买卖时,奏乐以招徕顾客。若梦粱录卷十三夜市所述婆婆点茶,亦敲响盏,掇头儿拍板。而所谓"令"者乃为短小之曲也,弄则为弹奏也。

〔六〕轻健军士

江少虞宋朝事实类苑卷第一祖宗圣训:左右内侍数十人,皆善武艺,伉健,人敌数夫,骑上下山如飞,其慰抚养育,无所不至,然未尝假其威权。

尝因御五凤楼,有风禽冒东南角楼鸱尾上,上顾左右曰:"有能取之否?"一内侍,失其姓名,摄衣攀屋桷以登缘,历危险,取之以献,观者胆落,盖试其矫捷也。

卷第二祖宗圣训:太宗将讨太原,选军中骁勇趫捷者数百人,教以舞剑,皆能掷剑高丈余,祖裼跳跃,以身左右承之,妙绝无比,见者莫不震惧。会<u>北戎</u>使至,宴便殿,因令剑舞者数百人,科头露股,挥剑而入,跳掷承接,霜锋雪刃,飞舞满空,戎使惧形于色,<u>淮海</u>国王<u>钱俶</u>等惊惧不敢仰视,<u>俶</u>言于上曰:"此<u>尚书</u>所谓'如熊如罴,如虎如貔'者也。"上甚悦,及亲征,每巡城督战,必令前导逞技,贼乘城望之,破胆。

〔七〕**偃月阵**

[<u>文案</u>]偃月,顾名思义乃为横卧半弦月形也。偃月阵系因象形而得名,自<u>唐</u>即为著名战阵,<u>新唐书突厥传</u>上记偃月阵"三军万夫,环旋翔佯",可知其雄壮。<u>许洞虎钤经卷八偃月营</u>可参。分外、中、内,士卒被甲胄,张弓矢,佩刀剑,持矛盾,左右上下而守之。<u>续资治通鉴宋高宗绍兴三十二年</u>亦证:右翼军继步军北引而东,作偃月阵,步军居中,骑军据其两端,使贼不见首尾。偃月阵之威于此可见。

〔八〕**烟火**

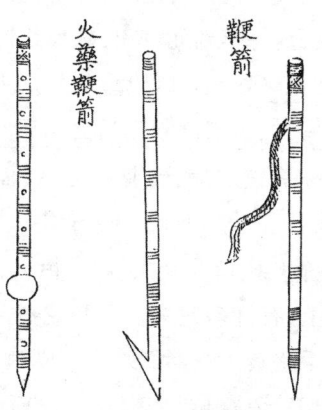

火藥鞭箭　　鞭箭

武经总要中的烟火器

<u>洪迈夷坚志补卷第二十神霄宫醮</u>:<u>林灵素</u>于<u>神霄宫</u>夜醮,垂廉殿上,设<u>神霄五青华帝君</u>及<u>九华安妃韩君丈人</u>位,至三鼓,命幕士撤烛立廉外,初闻风雷绕,若有巡索,继见火光中数轮离地丈许翔走,空中仙灵跨蹑龙,环佩之声铿然可听,俄闻云间传呼内侍姓名者,全类至尊玉

音,掷下所书符篆,墨色犹湿,已而寂然如初,如复张烛,先列酒满大银杯,至是罄无余沥,果盘壳核满地,是时都人相传<u>灵素</u>神异,虽至尊亦敬叹,不知所以然。<u>葛楚辅</u>丞相云:"<u>绍兴</u>末年,<u>湖州</u> <u>旌林曹</u>巡检,京师人,故录名宿卫,能谈<u>宣和</u>旧事,尝言<u>郑太师</u>家命道士章醮,别有道人来,哂其无术,请<u>郑</u>扫洁廷宇,先期斋戒,盛具陈列,明日初夜,家人肃立廷下,内外警亥不闻,忽仙乐玲玲,从空而来,乘彩云下至祀所,伶官执笙箫合乐于前,女童七、八人,履虚而行,歌舞自若,而神仙众逍遥于后。顷之,云烟蔽覆,对面不相见,一大声如净鞭鸣踌,随即寂然,道人不复见,供器皆用金银,并无一存。<u>郑氏</u>知堕术士计中,又畏禁中传说,谓其夜祭神,不敢诵言,盖此夕为奸诈者,尽散乐也。烟云五色者,以焰硝硫黄所为,如戏场弄狮象口中所吐气,女童皆踏索踢弄小倡,行系索于屋角兽头上,践之以行,故望见者以为履空。其他神仙,悉老伶为之,巡检亦个中人也。然则<u>神霄</u>之事,疑若此云。"

<u>宋话本志诚张主管</u>:每年到元宵夜,歇浪线铺,添许多烟火。

<u>黎靖德朱子语类辑略</u>卷八:如装鬼戏,放烟火相似,只遮人眼。

<u>王明清挥麈后录</u>卷二<u>徽宗御制艮岳命李质、曹组为古赋并百咏诗及诏王安中赋诗</u>:及陈清夜之醮,奏梵呗之音,而烟云起于岩窦,火炬焕于半空。

<u>詹无咎鹊桥仙题烟火簇</u>:龟儿吐火,鹤儿衔火,药线上、轮儿走火,十胜一斗七星球,一架上、有许多包裹。 梨花数朵,杏花数朵,又开放、牡丹数朵,便当场好手路歧人,也须教,点头咽唾。

<u>耐得翁都城纪胜瓦舍众伎</u>:烧烟火、放爆仗、火戏儿、水戏儿、圣花、撮约、藏厴、药法傀儡。

<u>西湖老人繁胜录</u>:多有后生于<u>霍山</u>之侧,放五色烟火、放爆竹。

<u>吴自牧梦粱录</u>卷六<u>十二月</u>:又有市爆杖、成架烟火之类。

<u>除夜</u>:是夜,禁中爆竹嵩呼,闻于街巷。□□□□□□烟火屏风诸般事件爆竹,及送在□□□□□□爆竹声震如雷。

东京梦华录笺注

<u>四水潜夫武林旧事卷第二元正</u>：午后，修内司排办晚筵于<u>庆瑞殿</u>，用烟火，进市食，赏灯，并如元夕。

元夕：宫漏既深，始宣放烟火百余架，于是乐声四起，烛影纵横，而驾始还矣。

邸第好事者，如<u>清河张府</u>、蒋御药家间设雅戏烟火，花边水际，灯烛灿然，游人士女纵观，则迎门酌酒而去。

舞队：大小全棚傀儡、火药。

卷第三<u>西湖游幸</u>都人游赏：至于吹弹、舞拍、杂剧、杂扮、撮弄、胜花、泥丸、鼓板、投壶、花弹、蹴踘、分茶、弄水、踏混木、拨盆、杂艺、散耍、讴唱、息器、教水簇飞禽、水傀儡、鬻水道术、烟火、起轮、走线、流星、水爆、风筝，不可指数，总谓之"赶趁人"。

桥上少年郎，竞纵纸鸢，以相勾引，相牵剪截，以线绝者为负，此虽小技，亦有专门。爆仗起轮走线之戏，多设于此，至花影暗而月华生始渐散去。

岁除：至于爆仗，有为果子人物等类不一。而殿司所进屏风，外画<u>锺馗</u>捕鬼之类。而内藏药线，一爇连百余不绝。

观潮：每岁京尹出<u>浙江亭</u>教阅水军，艨艟数百，分列两岸，既而尽奔腾分合五阵之势，并有乘骑弄旗标枪舞刀于水面者，如履平地。倏尔黄烟四起，人物略不相睹，水爆轰震，声如崩山。烟消波静，则一舸无迹，仅有敌船为火所焚，随波而逝。

卷第六<u>小经纪</u>他处所无者：药线、卖烟火。

诸色伎艺人烟火：陈太保、夏岛子。

<u>周密齐东野语卷十一御宴烟火</u>：穆陵初年，尝于上元日清燕殿排当，恭请恭圣太后。既而烧烟火于庭，有所谓地老鼠者，径至大母圣座下，大母为之惊惶，拂衣径起，意颇疑怒，为之罢宴。

<u>宋话本乐小舍拼生觅偶</u>：都统司领着水军，乘战舰，于水面往来，施放五色烟火炮。

535

〔九〕**抱锣**

[文案]一九七三年河南洛宁县小界乡上村两座砖墓出土三组宋、金人物砖雕。其一砖雕:二人作相同装束,皆着短衣、长裤,各自抱持一面大锣,左手持锤敲击,二人相向而舞。两人脑后有长物垂出。据廖奔宋元戏曲文物与民俗疑两人脑后所垂长物为"披发",为装鬼之形也。而京都译注本蹈沿王国维古剧脚色考说:抱锣乃鲍老之讹转,实为误。山西新绛县南范庄金墓出土社火砖雕,亦有儿童抱锣而舞者,武林旧事卷二舞队记大小全棚傀儡中亦有"抱锣装鬼",亦可证"抱锣"虽与歌舞滑稽之鲍老同类,却独抱锣而舞,别出一枝。

〔一〇〕**硬鬼**

[文案]河南洛宁县小界乡上村出土宋、金人物砖雕,左雕有一人与抱锣者装束相似,脑后亦披物,双手握一刀(或似棒槌),此与下文相合,据廖奔宋元戏曲文物与民俗考证,为与手持刀斧杵棒装鬼表演同类者。

〔一一〕**锺馗像者**

沈括补笔谈卷三杂志:禁中有吴道子画锺馗,其卷首有唐人题记曰:"明皇开元讲武骊山,岁翠华还宫。上不怿,因疟作,将逾月,巫医殚伎,不能致良。忽一夕,梦二鬼,一大一小。其小者衣绛犊鼻,屦一足,跣一足。悬一屦,搢一大筊纸扇,窃太真紫香囊及上玉笛,绕殿而奔。其大者戴帽,衣蓝裳,袒一臂,鞟双足。乃捉其小者,刳其目,然后擘而啖之。上问大者曰:"尔何人也?"奏云:"臣锺馗氏,乃武举不捷之进士也。誓与陛下除天下之妖孽。"梦觉,疟若顿瘳,而体益壮。乃诏画工吴道子,告以之梦,曰:"试为朕如梦图之。"道子奉旨,恍若有睹,立笔图讫以进,上瞠视久之,抚几曰:"是卿与朕同梦耳,何肖若此哉!"道子进曰:"陛下忧劳宵旰,以衡石妨膳,而疟得犯之。果有蠲邪之物,以卫圣德。"因舞蹈,上千万岁寿。上大悦,劳之百金,批曰:"灵祇应梦,厥疾全瘳,烈士除妖,实须称奖。因图异状,颁显有司。岁暮驱除,可宜遍识,以祛邪魅,兼静妖氛。仍告天下,悉令知委。"

无名氏宣和画谱卷四杨棐:杨棐,京师人也。客游江浙,后居淮楚,善画释典,学吴生能作大像,尝于泗滨普照佛刹为二神,率逾三丈,质干伟然,凛凛可畏。又作钟馗亦工。按钟馗近时画者虽多,考其初,或云明皇病疟,梦钟馗舞于前,以遣瘴疠,其后传写形似于世,世始有钟馗,然临时更革,态度大同而小异,唯丹青家缘饰之如何耳。又说尝得六朝古碣于墟墓间,上有"钟馗"字,似非始于开元也,卒无考据。今御府所藏二:立像观音一 钟馗氏图一。

〔一二〕**舞判**

无名氏朱砂担滴水浮沤记第三折:(正末扮太尉引判官、小鬼上)(正末云)吾神乃东岳太尉,掌管善恶生死文簿,到森罗殿上对案,走一遭去来。(唱)[正宫,端正好]我将这带韝来搊,我把这唐巾按,舞蹁跹,两袖风翻。我只见霜林飒飒秋天晚,觉一阵冷气侵霄汉。

[文案]据徐扶明元代杂剧艺术研究:朱砂担中太尉与判官、小鬼,作一整套动作,若搊韝、按巾、舞袖、摩弄、拂绰,身段复杂,舞蹈性强。从中可见"舞判"之形象。

〔一三〕**趋跄**

[文案]"趋跄"起于诗经猗嗟,为步趋中节之意,又称"趋翔",见墨子非儒下、吕氏春秋士容、王充论衡,作疾行解。"趋跄"又作"趋抢"、"趋枪",若宦门子弟错立身第十二出云"趋抢嘴脸天生会",张协状元第二出有"趋枪出没人皆喜"语。宋之趋枪已演化为副净、净角滑稽表演之称。

〔一四〕**哑杂剧**

[文案]胡忌宋金杂剧考第一章名称引宋史王继先传所谓:"令妓女舞而不歌,谓之哑乐。"即无说唱,其行动若排戏者,唤作"哑杂剧"。

〔一五〕**文身**

宋话本万秀娘仇报山亭儿:看这个人,兜腮卷口,面上刺着六个大字。这汉不知怎地,人都叫他做大字焦吉。

大官人乘着酒兴,就身上指出一件物事来道:"是。我是襄阳府上一个好汉,不认得时,我说与你道,教你顶门上走了三魂,脚板下荡散七魄!"掀起两只腿上间朱刺着的文字,道:"这个便是我姓名,我便唤做十条龙苗忠,我却说与你。"

宋话本郑节使立功神臂弓:郑信脱膊下来,众人看了喝采。先自人材出众,那堪满体雕青:左臂上三仙仗剑,右臂五鬼擒龙;胸前一搭御屏风,脊背上巴山龙出水。夏扯驴也脱膊下来,众人打一看时,那厮身上刺着的是木拐梯子,黄胖儿忍字。当下两个在花园中厮打,赌个输赢。

范成大桂海虞衡志志蛮:蛮皆椎髻跣足,插银铜锡钗,妇人加铜环,耳坠垂肩,女及笄即黥颊为细花纹,谓之"绣面"。女既黥,集亲客相庆贺。

周去非岭外代答卷十蛮俗门绣面:海南黎女以绣面为饰,盖黎女多美,昔尝为外人所窃。黎女有节者,涅面以砺俗,至今慕而效之。其绣面也,犹中州之笄也。女年及笄,置酒会亲旧女伴,自施针笔,为极细花卉飞蛾之形,绚之以遍地淡粟纹。有晳白而绣文翠青,花纹晓了,工致极佳者。唯其婢使不绣。邕州溪峒使女,惧其逃亡,则黥其面,与黎女异矣。

洪迈夷坚丁志卷三谢花六:吉州太和民谢六以盗成家,举体雕青,故人目为花六,自称曰"青师子"。

洪迈夷坚支景卷第四五双旗:忠翊郎王超者,太原人。壮勇有力,善骑射,面刺双旗,因以得名。

洪迈夷坚甲志卷第十七永康倡女:永康军有倡女谒灵显王庙,见门外马卒顾然而长,容状伟硕,两股文绣飞动,谛观慕之,眷恋不能去。

洪迈夷坚支癸卷第八阁山排军:饶民朱三者,市井恶少辈也,能庖治素脏,亦仅自给。臂股胸背皆刺文绣,每岁郡人迎诸神,必攘袂于七圣袄队中为上首。

张齐贤洛阳搢绅旧闻记卷三田太尉候神仙夜降:有拣停军人张花项,衣道士服,俗以其项多雕篆,故目之为"花项"。

无名氏宣和遗事前集:当时李邦彦以次相阿附,每燕饮,则自为倡优之事,杂以市井诙谐,以为笑乐。人呼李邦彦做浪子宰相。一日侍宴,先将生绡画成龙文贴体,将呈伎艺,则裸其衣,宣示文身,时出狎语。

高承事物纪原卷八岁时风俗部文身:今世俗皆文身,作鱼龙飞仙鬼神等像,或为花卉文字。

宋话本宋四公大闹禁魂张:只见一个汉,浑身赤膊,一身锦片也似文字,下面熟白绢裈拽扎着,手把着个笊篱,觑着张员外家里,唱个大喏了教化。

李焘续资治通鉴长编卷三十三太宗淳化三年:乙卯,马步军都头、保州刺史呼延赞出为冀州兵马总管。赞,太原人,鸷悍轻率,自言受国恩,誓不与契丹同生,文其体为"赤心杀契丹"字,至于妻子、仆使、同爨皆然。

吴自牧梦粱录卷三士人赴殿唱名:士人入东华门,各行搜检身内有无绣体私文,方行放入。

佚名五代汉史平话卷上:刘知远出去将钱雇倩针笔文身,左手刺

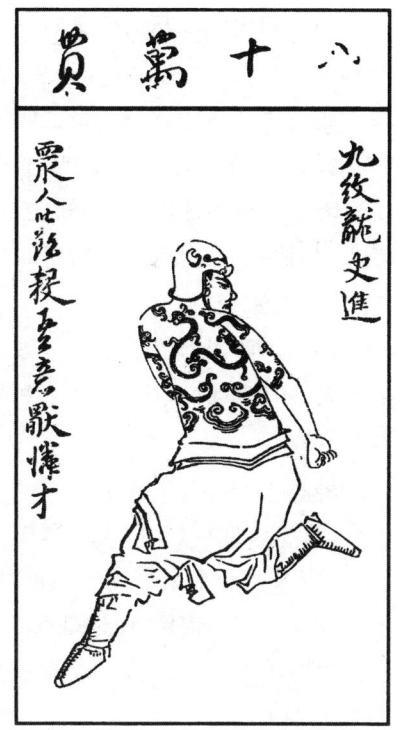

水浒叶子史进文身图

个仙女,右手刺一条抢宝青龙,背脊上刺一笑天夜叉,归家去激恼义父。

佚名五代周史平话卷上:呈奉刺史台判,准拟照断,免配外州,将颊上刺个雀儿,教记取所犯事头也。司吏读示案卷,杖直等人将郭威依条断决。决讫,唤针笔匠就面颊左边刺个雀儿。刺讫,当厅疏放。郭威被刺污了脸儿,思量白净面皮今被刺得青了,只得索性做个粗汉,学取使枪使棒,弯弓走马。

王明清挥麈后录卷二徽宗御制艮岳命李质曹组为古赋并百咏诗及诏王安中赋诗:时宠臣皆内侍梁师成所引,遂得爱幸。质少不检,文其身,赐号"锦体谪仙"。

胡仔苕溪渔隐丛话后集刘梦得:盖断发文身之俗,习水而好战,古有其风。

施耐庵罗贯中水浒传第二回王教头私走延安府 九纹龙大闹史家村:老汉的儿子从小不务农业,只爱刺枪使棒,母亲说他不得,呕气死了。老汉只得随他性子,不知使了多少钱财,投师父教他。又请高手匠人,与他刺了这身花绣,肩臂胸膛总有九条龙,满县人口顺,都叫他做"九纹龙史进"。

第四十四回锦豹子小径逢戴宗 病关索长街遇石秀:那人生得好表人物,露出蓝靛般一身花绣,两眉入鬓,凤眼朝天,淡黄面皮,细细有几根髭髯。

第六十一回吴用智赚玉麒麟 张顺夜闹金沙渡:这人是北京土居人氏,自小父母双亡,卢员外家中养的他大。为见他一身雪练也似白肉,卢俊义叫一个高手匠人与他刺了这一身遍体花绣,却似玉亭柱上铺着软翠。若赛锦体,由你是谁,都输与他。

无名氏湖海新闻夷坚续志后集卷二怪异门鬼助伐木:木匠李监,尝为人入山造木料架屋。一日午,见一人身长而貌丑,遍体雕青,突如其前。李方伐木,彼亦用斤,问其姓名,则自称曰"花博士"。

尤玘万柳溪边旧话十二卷：兵部侍郎五湖公讳棐初生时，全体刺百花鸟雀，十岁时隐隐尚存。

王观国学林卷三文身断发：泰伯、虞仲知古公之欲立季历以传昌也，乃奔荆蛮，文身断发，盖自同于蛮夷之习，以示无争立之心，乃得以全其生也。使二人不奔荆蛮，则见忌于父子兄弟之间，其能全其生乎？唐太宗初为秦王时，功既高矣，建成、元吉不知机，卒以取毙，古今一理也。若谓常在水中，故断其发，文其身，以象龙子，而不见伤害，则其说疏矣。前汉地理志曰："粤地，牵牛、婺女之分野也。其君禹后，帝少康之子云，封于会稽，文身断发，以避蛟龙之害。"盖文身断发者，粤俗之所好也，非避蛟龙之害也，班固误训其文，故应劭注史记有象龙子之语耳。

〔一六〕**短后之衣**

张读宣室志卷之五：生以马系门外，将入屋中，忽然心动，即匿身东庑下。闻庙西空舍中窣窣然，生疑其为鬼，因引弓震弦以伺之。俄见一丈夫，身长，衣短后皂衣，负囊仗剑，自空舍中出。

沈括补笔谈卷一故事：唐以来士人文章好用古人，而不考其意。凡说武人，多云"衣短后衣"。不知短后衣作何形制。短后衣出庄子说剑篇。盖古之士人，衣皆曳后，故时有衣短后之衣者。近世士庶人，衣皆短后，岂复更有短后之衣。

周锡保中国古代服饰史第七章隋唐服饰：唐短后衣均与武士或甲衣相连在一起，不像战甲战袄，又不像战袍，是一种介乎甲与衣之间的一种形制。在大量出土的唐武士俑中，有一种既无甲片的短衣，但又不像是棉甲。这样的服式或即唐时的短后衣。宋人谓狗之秃尾为厥尾，衣之短后亦曰厥。如果以此相参照，则厥后之衣类乎甲之厥后也可说得通，因甲大多为缺后短后的形式。

〔一七〕**围肚看带**

陈元靓新编群书类要事林广记卷第九庚集绮语门服饰：围肚

直系。

朱彧萍洲可谈卷三：沈起待制诸子，有见荆公者，颇喜之，许以荐擢。一日，沈盛饰出游，过相府，公闻其在门，呼入与共匕箸。先令褫带，沈辞，不得已，公以手褰沈所衣真珠绣直系，连称"好，好"。

［文案］围肚即直系，以长幅布帛制作，男女通用。看带则为织带，上织有花纹装饰者，即后世鸾带也。其装饰性较明显。

〔一八〕**七圣刀**

洪迈夷坚丁志卷第三韶州东驿：王行中与兄克中自抚州金溪携仆卒十余人往广州省其父，过韶州东境，将入驿，驿卒曰："此有所谓七圣者，多为往来之害，不若诣旅邸安静无事。"行中以谓卒惮于供承，故妄言恐我，且吾一行不为少，正有物怪，岂不能御，竟宿焉。众仆处外，三仆在堂。夜且半，内外诸门忽同时洞开，灯烛陈列。行中又疑为盗，仗剑膝上，须其入而杀之。克中但蒙被坐，诵楞严咒。良久，闻堂上兵刃戛击，其呼噪应和之声全与世间恶少年所习技等。行中窥于门，见七男子，被发袒裼，各持两刀，跳掷作戏，始大惧，径登床，伏于兄后。众鬼入室，尽挈箱箧出，并帐亦掣去，取行庖食物啖嚼。又窃窥之，已断三仆首，并手足肝肺分挂四壁，益骇怖，不敢复开目，渐亦昏睡。

西湖老人繁胜录：十三军大教场、教奕军教场、后军教场、南仓内、前杈子里、贡院前、佑圣观前宽阔所在，扑赏并路歧人在内作场，行七圣法，切人头下，卖符，少间依元接上。

四水潜夫武林旧事卷六诸色伎艺人：七圣法：杜七圣。

罗贯中三遂平妖传第十一回弹子和尚摄善王钱 杜七圣法术剁孩儿：元来这个人在京有名，叫做杜七圣。那杜七圣拱着手道："我是东京人氏，这里是诸路军州官员客旅往来去处，有认得杜七圣的，有不认得杜七圣的，不识也闻名。年年上朝东岳，与人赌赛，只是奋头筹。有人问道：杜七圣！你会甚本事？我道：两轮日月，一合乾坤。天之上，地之下,除了我师父,不曾撞见个对手与我斗这家法术!"回头叫声:"寿寿我儿,你出来!"看那小厮脱剥了上截衣服,玉碾也似白肉。那伙人喝声采道:"好个孩儿!"杜七圣道:"我在东京上上下下,有几个一年也有曾见的,也有不曾见的。我这家法术,是祖师留下,焰火炖油,热锅煅碗,唤做续头法。把我孩儿卧在凳上,用刀割下头来,把这布袱来盖了,依先接上这孩儿的头。众位看官在此,先交我卖了这一伯道符,然后施逞自家法术。我这符只要卖五个铜钱一道!"打起锣儿来,那看的人时刻间挨挤不开,约有二三百人。

〔一九〕**歇帐**

[文案]周怡白中国戏曲发展史纲要释"歇帐"为青幕,可做连续表演时间歇、中转之处。"其所谓'歇',或亦剧终之谓"。余忆及日本歌舞伎忠臣藏,启幕之时,所有人物均如木偶低首闭目,待"木偶"灵魂附体,个个顺次昂头变为活人。此戏一开场,演员又似木偶垂头沉默,宛如雕塑。此景与"歇帐"样式相仿,"歇帐"意味一表演单元结束,一剧重始。联系十一幕连台本戏忠臣藏,每幕可独立,歇后复始,从而变换演出手法,似脱胎于"歇帐"也。

〔二〇〕**半臂**

马缟中华古今注卷中半臂:尚书右仆射马周上疏云:士庶服章有所未通者,臣请中单上加半臂,以为得礼。其武官等诸服长衫,亦请之判余,以别文武。诏从之。

佚名东南纪闻卷三:今之衣半臂者,或者谓非古之礼服也。魏明帝尝着帽被缥绫半袖,杨阜问曰:"此于礼何法服也?"帝默然不答,自是不法服不见阜。光武纪:更始诸将服妇人衣,诸于绣镼,字书无镼字,续汉书作袖,并甚切切。三辅吏士莫不笑之。或有畏而走者。注前书音义云:诸于,大掖衣也,如妇人之袿衣。扬雄方言:襜褕,其短者,自关而西谓袛袖。郭璞注云:"俗名袛裯。"据此则诸于上加绣袖,如今之半臂也。

刘孝孙事原半臂：实录曰隋大业中，内官多服半除，即今之长袖也。唐高祖减其袖，谓之半臂。

周祈名义考卷十一物部半臂背子：古者有半臂背子。事物纪原：隋大业中，内官多服半臂，除即长袖也。又曰秦二世诏衫子上朝服加背子，其制袖短于衫，身与衫齐而大袖。按方言，襜褕，其短者，自关之西谓之裋褕。郭璞云：俗名袖掖。一曰襤褛，即是诸于上加绣袖，如今半臂。汉书音义云：诸于，大掖衣也。此可见大掖衣外加半臂，在手臂之间，如今搭护相似，脱去半臂即大掖衣，故曰除即长袖也。又衫子外加背子，在脊背之间，如今披风相似，所谓其制袖短于衫，身与衫齐而大袖也。

〔二一〕**抹跄**

[文案]张协状元第一出[水调歌头]"何吝搽灰抹土"，第二出[烛影摇红]"一个若抹土搽灰"。宦门子弟错立身第五出[六幺序]"管甚么抹土搽灰"，第十二出[调笑令]"偏宜抹土搽灰"。钱南扬释灰指白色，满脸白粉，称搽；更加几条黑线，称抹；跄则为动舞貌。书益稷孔传、陆德明释文、扬雄法言问明均以鸟兽跄跄释之。若陈彭年钜宋广韵卷第二阳第十所释：跄，说文曰动也。诗曰巧趋跄兮。验之三朝北盟会编炎兴下帙三十五记邵青破周虎于芜湖，青令其部附墨而行，遇战，又用墨"抢于眼下，如伶人杂剧之戏者"。此所谓"抢"乃于眼部涂抹，使其表情飞扬。若廖奔宋元戏曲文物与民俗所言：温县墓左第四人副净色面部可见：一条墨迹直贯右眼眉上下，右颊处一团墨迹，眼圈亦以墨染黑。荥阳石刻右侧净扮女子，亦刻两线直贯双眼上下，此类形象或可使墨点破其面，或可使其凶煞可笑。如梦粱录卷三宰执亲王南班百官入内上寿赐宴，记蹴球人争胜负，"胜赐银碗并彩缎，负击麻鞭又抹跄"。总之，"跄"为动也，以涂抹求其貌呈腾舞之象也。

〔二二〕**变阵子**

王应麟玉海卷一百四十三兵制阵法咸平崇政殿教三阵：咸平六年

十一月己亥，御崇政殿，阅捧日军，教三阵，一曰"连珠必胜"，二曰"应机摧敌"，三曰"应捷五虎节"，以金鼓戎容甚整，事讫。复命强弓劲弩及斗槊，以角胜技，其趫勇者，第迁之，仍赐缗钱卮酒。

沈作宾施宿嘉泰会稽志卷第一教场：所谓阵法者，其别有六，一曰方阵，四鼓举白旗则为之。二曰圜阵，五鼓举黄旗则为之。三曰曲阵，一鼓举黑旗则为之。四曰直阵，三鼓举青旗则为之。五曰锐阵，一鼓举赤旗则为之。六曰五阵，互变视大将黄旗周麾则为之。此教阅之大略也。

施耐庵罗贯中水浒传第八十七回宋公明大战幽州 呼延灼力擒番将：兀颜小将军再入阵中，下马，上将台，将号旗招展，左右盘旋，变成个阵势，四边都无门路，内藏八八六十四队兵马。朱武再上云梯看了，对吴用说道："此乃是武侯八阵图，藏了首尾，人皆不晓。"便着人请宋公明到阵中，上将台看这阵法："休欺负他辽兵，这等阵图皆得传授。此四阵皆从一派传流下来，并无走移。先是太乙三才，生出河洛四象，四象生出回圈八卦，八卦生出八八六十四卦，已变为八阵图。此是回圈无比，绝高的阵法。"

〔二三〕**一字阵**

[文案]徐扶明元代杂剧艺术谓柳毅传书钱塘君与泾河小龙作战，亦有"水卒一字儿摆开者"。后世京剧芦花荡，张飞云："将阵势与我一字儿摆开。"此时，兵士（龙套）中单数往左翻，双数往右翻，在后归成"后正一字"形，显示力量，准备交战。明传奇双珠记第三十三出剿虏同功："小外"，军士们传令下去，把人马扎住，一字儿摆定，勿得擅动，待他来时，然后交锋。"一字阵"确为准备交战所列阵式。

〔二四〕**扮落**

[文案]元气英布四折：正末扮探子执旗"打抢背"上，即急急忙忙赶来报告战情，收脚不住，猛跌一跤，跳身而起，以背着地。类如后世戏剧武功斛斗之类，为急遽跌扑之动作。

〔二五〕**棒杖**

苏轼问答录的对:坡见戏场有以棒呈戏者云:棒长八尺,随身四尺,离身四尺。

杨万里诚斋诗话四一:东坡尝宴客,俳优者作伎万方,坡终不笑。一优突出,用棒痛打作伎者曰:"内翰不笑,汝犹称良优乎?"

沈作喆寓简:伪齐刘豫既僭位,大宴群臣,教坊进杂剧。有处士问星翁曰:"自古帝王之兴,必有受命之符。今新主有天下,抑有嘉祥美瑞,以应之乎?"星翁曰:"固有之,新主即位之前一日,有一星聚东井,真所谓符命也。"处士以杖击之曰:"五星非一也,乃云聚耳;一星又何聚焉?"

[文案]据沈括梦溪笔谈卷二故事可知,杖乃行刑之具。棒则亦为刑罚之具,如宋金杂剧雕砖砌末之棒槌也。合而言之,棒杖为戏剧表演中击打以逗笑之具也,其状如眼药酸图诨角所持者。

〔二六〕**丁都赛**

刘念兹宋杂剧丁都赛雕砖考:丁都赛雕砖,长二十八厘米、宽八厘米、厚三厘米,四周边缘尚存斧凿刀削痕迹,砖面上绣裹结,斑剥古朴,色呈青灰,砖质坚实,系一种特为烧制以供雕刻的土砖,烧成砖形之后,经表面磨光,才由雕工精雕细琢而成。此砖传世多年,但从砖质形状、刻工式样来看,显无伪托之可能,确为宋代文物。砖上平面浮雕人物全身图像,右上角浮雕正楷书写"丁都赛"三字,作长方印章式样。人像体态绰约多姿,服饰衣褶清晰,面部细线勾勒,眼眉点染传神,显系出自名师画样精雕巧刻而成,从绘画与雕刻的艺术水平来说,亦堪称精品。

丁都赛雕砖摹图

二、丁都赛是北宋末年的杂剧艺术活动的后起之秀,比薛子大、薛子小和杨总惜的年龄要小的青年演员。丁都赛的艺术活动最盛之时,当在政和(1111)至宣和(1125)之间。

三、宋杂剧艺人丁都赛头戴浑裹,上插花枝的打扮,乃有其民族习俗相沿的根据。辽史记载契丹民族之习俗,与此相类似。此其一义也。其二,宋时又有帽上簪花的礼仪。

丁都赛雕砖上关于丁都赛穿着的服饰,是内着抹领,外罩紧袖窄衫,开叉及腰,系带,紧裤及袜,足穿靴子。这种奇特的装扮,乃是宋代杂剧艺人所穿的一种"时装"。

从服装样式上来看,丁都赛是穿着当时流行的妇女时装,上身汉式,下身契丹式的"钧墩服",腰系巾帕,背插团扇,似有耳环,当是个杂剧女演员的装束。

四、丁都赛雕砖的存在,说明了宋杂剧具备了中国戏曲艺术的基本特征,即艺术形象的定型化。并为后世戏曲艺术表演动作的程式化和化装艺术的脸谱化打下了基础。

〔二七〕**磨旗**

[文案]顾学颉、王学奇元曲释词释磨旗谓挥动旗帜,以表某种号令,如赵与褱辛巳泣蕲录"称有急脚于东门磨旗为号"是也。又如水浒传第十二回"将台上把一面引军红旗磨动"。磨旗或作麾旗,若前引会稽志注"变阵子"所谓:"视大将黄旗周麾旗则为之。"

〔二八〕**数骑追逐射之**

吴师道吴礼部集卷五李龙眠飞骑习射图:龙眠手帖云:"元丰初,点简南宫,试卷毕,乃预集英殿门,应奉殿试,因得至卫士班,见飞骑习射抱球杨枝戏,时乘舆将幸宝津。今追图大概云。"　东都全盛称元丰,天子慷慨思奇功。搜兵阅马振百度,坐欲折垂笞羌戎。羽林卫士天下选,内厩汗血皆飞龙。射球穿柳虽戏剧,移置行阵宁非雄。从臣绝艺龙眠翁,曾候唤仗明光宫。斫髯飞锟亲眼见,十年落笔逾精工。

柳贯柳待制文集卷三题赵敬叔所藏龙眠飞骑习射图:元丰盛际臻

重熙,驾幸宝津方戎期。材官骑射选精锐,人伟马骏由天姿。雕弓引发赤羽箭,绛绡系在青杨枝。班中欢言斫鬃射,好手莫是六州儿。拖裘飞硙最鲜中,十中三四才称奇。人如明星马如电,日色眩转交龙旗。

吴莱渊颖集卷二题李伯时宝津骑士校马射图:东都天子幸宝津,左右实骑多近臣。少年据鞍即齐足,青柳绛绡不遗镞。

王琚射经马射总法:势如追风,目如流电,满开弓,紧放箭,目勿瞬视,身物踞坐,不失其驰,舍矢如破。

〔二九〕**拖绣球**

宋濂宋文宪公全集卷二十二题李伯时飞骑习射图:濂屡见李伯时飞骑习射图,其描写位置如一,所画锦袍乘马者四人,前一人楗而驰、反首左顾,右手拽绣球于马后,箭中球上。次一人弯弧斫鬃,作放箭势,手犹高举未下。楼大防诗所谓"前骑长缨拖绣球,后骑射中如星流"者是也。次一人左执耳,右持三矢,其马如飞,似欲追射球者。最后植青杨枝于平沙,系以绛绡,一人跃马向前,斜睨而射之,章良能诗所谓"红绡低系柳枝碧,满满关弓斫鬃射"是也。盖伯时应奉廷试时所见卫士班中飞骑习射、拖球杨枝之戏,故追图若此。

楼钥攻媿集卷一题龙眠画骑射抱球戏:绿杨几枝插平沙,柔梢袅袅随风斜。红绡去地不及尺,锦袍壮士斫鬃射。横磨箭锋满分靶,一箭正截红绡下。前骑长缨抱绣球,后骑射中如星流。绣球飞硙最难射,十中三四称为优。元丰策士集英殿,金门应奉人方倦。日长因过卫士班,飞骑如云人马健。驾幸宝津知有日,穷景驰驱欣纵观。

548　　杨万里诚斋集卷三十题汪季路所藏李伯时飞骑斫鬃射杨枝及绣球图:虎失驰射殿西偏,一箭穿球不再弯。飞骑新图天上本,龙眠偷得到人间。

〔三〇〕**镫里藏身**

施耐庵罗贯中水浒传第十三回急先锋东郭争功　青面兽北京斗武:杨志听得背后弓弦响,霍地一闪,去镫里藏身,那枝箭早射个空。

周谨见一箭射不着，却早慌了。再去壶中急取第二枝箭来，搭上弓弦，觑的杨志较亲，望后心再射一箭。杨志听得第二枝箭来，却不去镫里藏身。

施耐庵罗贯中水浒传第六十四回呼延灼夜月赚吴胜　宋公明雪天擒索超：花荣见一箭不中，再取第二枝箭，看的较近，望宣赞胸膛上射来，宣赞镫里藏身，又躲过了。

〔三一〕**豹子马**

［文案］宋史太祖一记太祖追恶马而腾上，一无所伤。类同于"豹子马"，又据杂技史料：二十世纪五十年代山东聊城杂技会演时，山东一老艺人曾表演"豹子马"：乃纵快马于前疾驰，马之鬃毛、尾巴迎风展平，老骑者则健步飞奔，追上快马，用手握住马尾飞身而上，动作勇猛敏捷，不亚于徒手搏豹也。

〔三二〕**老兵**

邢居实拊掌录：东坡在玉堂，一日，读杜牧之阿房宫赋，凡数遍，每读彻一遍，即再三咨嗟叹息，至夜分犹不寐。有二老兵皆陕人，给事左右，坐久，甚苦之。一人长叹，操西音曰："知他有甚好处，夜久寒甚不肯睡，连作冤苦声。"某一曰："也有两句好。"西人皆作吼音其人大怒曰："你又理会得甚底？"对曰："我爱他道：'天下人不敢言而敢怒。'"叔党卧而闻之，明日以告。东坡大笑曰："这汉子也有鉴识。"

孙宗鉴东皋杂录：贡父为中书舍人，一日朝会，幕次与三衙相邻时，诸帅两人出军伍，有一水晶茶盂，传玩良久。一帅曰："不知何物所成？莹洁如此。"贡父隔幕谓之："诸公岂不识此？乃多年老兵耳。"

〔三三〕**女童**

周辉清波杂志卷八宣和骑射：政和五年四月，燕辅臣于宣和殿。先御崇政殿，阅子弟五百余人驰射，挽强精锐，毕事赐坐，出宫人列于殿下，鸣鼓击柝，跃马飞射，剪柳枝，射绣球，击丸，据鞍开神臂弓，妙绝无伦。卫士皆有愧色。上曰："虽非妇事，然女子能之，则天下岂无可教!"臣京等进曰:"士能挽强,女能骑射。安不忘危,天下幸甚!"见从游宣和殿记。

〔三四〕**头巾**

孔平仲谈苑卷之一:太祖朝都知押班,皆以供奉官为之,内中祗应,裹头巾衣褐衫而已。

米芾画史唐画_{五代、国朝附}:唐人软裹,盖礼乐阙则士习贱服,以不违俗为美。余初惑之,当俟君子留意。耆旧言,士子国初皆顶鹿皮冠,弁遗制也,更无头巾,掠子必带篦,所以裹帽则必用篦子约发,客至即言容梳裹,乃专皮冠,梳发角,加后以入幞头巾子中,篦约发乃出,客去复如是。其后方有丝绢作掠子,掠起发顶帽,出入不敢使尊者见。既归,于门皆取下掠子,篦约发后讫乃敢入,恐尊者令免帽,见之为大不谨也。又其后方见用紫罗为无顶头巾,谓之额子,犹不敢习庶人头巾,其后举人始以紫纱罗为长顶头巾,垂至背,以别庶人黔首。今则士人皆戴庶人花顶头巾,稍作幅巾、逍遥巾,额子则为不敬。

〔三五〕**马上亦有呈骁艺者**

彭时彭文宪公笔记卷上:五月五日,赐文武官走骠骑于后苑,其制一人骑马执旗引于前,二人驰马继出,呈艺于马上,或上或下,或左或右,腾踯蹻捷,人马相得。如此者数百骑,后乃为胡服臂鹰走犬围猎状,终场,俗名曰"走解",于介切而不知所自始,岂金元遗俗欤。

俞樾茶香室续钞卷二十一走解:按今于马上鬻技者,有跑马卖解之名,犹其遗俗也。

沈涛瑟榭丛谈卷下:马上卖解之徒,明时谓之走解,见彭时笔记。朝野金载即有所谓一手捉鞍桥,双足直上掠蜻蜓者。彭以为金元遗俗,非是。西河诗话载,淮妓卖解,有舜子投井、秦王立碑、道旁拾芥、镫里藏身诸名。

[文案]明清马技,颇具宋风,皇帝校阅,女辈走解,均为宝津楼马骑之流变。刘侗、于奕正帝京景物略卷之五高梁桥记之最详:"马之解,

宋代瓷枕上的马戏图案

人马并而驰,方驰,忽跃而上,立焉,倒卓焉,鬣悬,跃而左右焉,掷鞭忽下,拾而登焉,镫而腹藏焉,鞦而尾赘焉,观者岌岌,愁将落而践也。"以此观前述立马、跳马、献鞍、拖马、飞仙膊马、赶马等,皆可印证。

〔三六〕如男子仪

王楙野客丛书卷第二十三古者拜礼:古者男女皆跪,男跪尚左手,女跪尚右手,以此为别。

周煇清波杂志卷第二妇女夹拜:男子施敬于妇女,男一拜,妇答两拜,名曰"夹拜",古礼也,今则不然。古之男女皆跪,诗曰:"长跪问故夫。"或问妇跪如何,尝闻海上之国,僧尼妇人皆作男子拜,拜尚不以为异,则跪宜有之。

赵与峕宾退录卷八:礼,妇人与丈夫为礼则侠拜。侠者,夹。谓男子一拜,妇人两拜,夹男子拜。今妇人之拜不跪,则异于古所谓侠拜。江浙衣冠之家,尚通行之,闾巷则否。江邻幾嘉祐杂志载司马温公之语,乃谓陕府村野妇人皆夹拜,城郭则不然。南北之俗不同如此。

罗大经诗话一五六:朱文公云:"古者男子拜,两膝齐屈,如今之道拜。"杜子春注周礼奇拜,以为先屈一膝,如今之雅拜,即今拜也。古者妇女以肃拜为正,谓两膝齐跪。手至地而头不下也,拜手亦然。南北朝有乐府诗说妇人曰:"伸腰再拜跪,问客今安否。"伸腰亦是头不下也。周宣帝令命妇相见,皆跪如男子之仪。不知妇人膝不跪地,而变为而今之拜者,起于何时。程泰之以为始于武后,不知是否。余观王建宫词云:"射生宫女尽红妆,请得新弓各自张。临上马时齐赐酒,男儿跪拜谢君王。"则唐时妇女拜不跪可证矣。

〔三七〕**花装男子**

徽宗宣和御制宫词卷第三:女儿妆束效男儿,峭窄罗衫称玉肌。尽是真珠匀络缝,唐巾簇带万花枝。

〔三八〕**各跨雕鞍花韂驴子**

李攸宋朝事实仪注三:又有步击及跨驴骤击者,时令供奉分朋戏于御前以为乐,后以打球驴骤务名不经,改为击鞠院,军中之戏也。

脱脱宋史卷二百五十二列传第十一郭从义:从义善击球,尝侍太祖于便殿,命击之。从义易衣跨驴,驰骤殿庭,周施击拂,曲尽其妙。既罢,上赐坐,谓之曰:"卿技固精矣,然非将相所为。"从义大惭。

司马光温公续诗话一三:韩退处士,绛州人,放诞不拘,浪迹秦晋间,以诗自名。尝跨一白驴,自有诗云:"山人跨雪精,上便不论程。嗅地打不动,笑天休始行。"为人所称。

552　　　宋话本夔关姚卜吊诸葛:李承局道:"此间若从水路搭川船上去,路途急切难得到,不若买匹驴儿,拴束一副鞍辔。"姚秀才携鞍上驴背,李承局挑着行李,往剑阁路上来。姚秀才一程程青山耸翠,绿水拖蓝,又值暮春,夹路野花,穿林啼鸟,天气不暖不寒,甚是清人诗兴。正是:

路上有花并有酒,一程分作两程行。　　行了数日,前至一关,关前一个台镇,姚秀才下驴背,与李承局道:"连日行路驱驰,不如早歇,来朝登程。"李承局挑着行李入店,寻间干净房歇定。安排晚饭,塞驴牵入后槽,小二哥就备草料,不在话下。

吕希哲诗话一七:魏野之门人潘阆欲往京师,其师止之,不听。既至,而后悔之。作诗曰:"不信先生语,刚来帝里游。清宵无好梦,白日有闲愁。"真宗闻之不悦。他日自华山东来,倒骑驴以行,曰:"我爱看华山,其实不喜去京也。"故当时有"潘阆倒骑驴"之语。

程颐家世旧事:族父文简公应举来京师,馆于厅旁书室,唯乘一驴,更无余资,至则卖驴得钱数千,伯祖殿直轻财好义,待族人甚厚,日责文简公具酒肴,欲观其器度,文简公诉曰:"驴儿已吃至尾矣。"

郑景璧蒙斋笔谈:杨朴、魏野皆咸平、景德间隐士,朴居郑州,野居陕,皆号能诗,朴性癖,常骑驴往来郑圃。

宋祁傲驴赋并序:予见京都俚人,多傲驴自给。驴之为物,体幺而足驶。虽穷阎隘路,无不容焉。当其捷径疾驱,虽坚车良马或不能逮。斯亦物之一能,顾致远必败耳。聊为赋云:

伊驴之为畜兮,本野人之所服。乏魁然之远志,常踸卑以蹢局。皁靡薪于层庌,秣不烦乎丰粟。匪任重以取材,姑邀时而竞逐。其资易给,其习易宜。鞯小取适,缨华弗施。彼傲者之希直,投人乏以献奇。候其铧饮之节,劫以鞭棰之威。舍大道之平荡,抵邪径之穷巇。纷如鸟散,驰若风驰。顾蹑躯之云陋,谓高足之莫追。历委巷而矜伎,免宵人以奋姿。苟跬步之速至,趣要津以为期。昧绵力之将竭,不数年而后衰。睨华骥与大车,皆锵銮而肃轸。挟善驭以为范,按中途而徐进。伊良士之揽辔,实志遐而遗近。彼汲汲于所求,谓不悟而效敏。忘百里之必蹶,尚长鸣以取隽。昔汉灵之作驾,贻史氏之深讥。由稟生之幺么,非骖靷之常仪,况夫锥刀课得,晷刻争机。谅隘途之坎窖,方见闵于颠隮。

〔三九〕小打

[文案]宋元间于地步行击球者,称之为"小打",张可久观九副使

小打可证。

〔四〇〕**击球子过门**

曹勋北狩见闻录：徽庙看打球，自二太子以下皆入球场。徽庙与肃皇后在厅上看打球罢，行酒。少顷，侍中刘彦宗具传太子之意，跪奏云："闻上皇圣贤甚高，欲觅一打球诗。"其请颇恭。徽庙云："自破城以来，无复好怀。"遂作一诗，写付彦宗曰："锦袍骏马晓棚分，一点星驰百骑奔。夺得头筹须正过，无令绰拨入邪门。"绰拨邪门皆打球家语。

〔四一〕**入孟**

吴处厚青箱杂记卷三：韩魏公应举时，梦打球一棒孟入，时魏公年仅弱冠，一上登科，则一棒孟入之应也。

朱胜非秀水闲居录：元祐末，哲宗方择后。京师里巷作打球戏，以一击入窠者为胜，谓之"孟入"。于是孟女在应选。至绍圣间，禁掖造缬，有匠姓孟，献样，两大蝴蝶相对，掩以缬带，曰"孟家蝉"。民间竞服之。未几后废。议者以为蝉者禅也，出家之兆也。建炎三年后复垂帘。孟入者，两复入也。蝉者禅也，两御帘帷之应也。

张唐英蜀梼杌卷三：蜀人击拂，以初入为孟入。又王氏宫殿皆题匠人孟德名姓。及知祥至，人以为先兆。时魏王尚驻于府舍，知祥乃馆于徐延璬之第，延璬即衍之舅，衍尝幸其第，悦其华丽，于壁上书孟字以戏之，盖蜀中以"孟"为不佳故也。

秦再思洛中记异录孟入：同光乙酉岁王师平蜀，庄宗诏太原节度使孟知祥入川镇成都。先是蜀人打球，或一棒便入湖子者为猛入，音讹为孟入，得荫一筹。其后孟尽得两蜀之地，乃僭大号。泊子昶降，乃知荫一筹者果一子也。

[文案]孔宪易东京梦华录译注纠误指出 1983 年版京都译注本"入孟"之"孟"所释有误，然 1999 年第 3 版京都译注本仍持旧注。余同孔解，故特再注以证。

驾幸射殿射弓

驾诣射殿射弓[一]，垛子前列招箭班[二]二十余人，皆长脚幞头，紫绣抹额[三]，紫宽衫，黄义襕[四]，雁翅排立，御箭[五]去则齐声招舞，合而复开，箭中的矣。又一人口衔一银碗，两肩两手共五只，箭来皆能承之。射毕，驾归宴殿。

[注]

　〔一〕射弓

　江少虞宋朝事实类苑卷第二祖宗圣训：至道初，李继迁遣其大校张浦入贡。上御便殿，召卫士数百辈，习射御前，所挽弓皆一石五斗以上。先是，赐继迁一弓，皆一石六斗，继迁但以朝廷威示戎虏，谓非人力所能挽，至是，卫士皆引满平射，有余力。

　沈括梦溪笔谈卷十九器用：熙宁中，李定献偏架弩似弓，而施干镫，以蹬距地而张之，射三百步，能洞重扎，谓之"神臂弓"，最为利器。

　强至韩忠献公遗事：太原士风习射，故民间有弓箭社，某在太原时不禁亦不驱，故人情自得，亦可寓武备于其间。后宋相继歧颇着心处之，下令籍为部伍，仍须用角弓，太原人素贫，只用木弓，自此有卖牛置弓者，人始骚然矣，此盖出于有胜心也。

　洪迈容斋三笔卷十六神臂弓：神臂弓出于弩遗法，古未有也。熙宁元年，民李弘治献之入内，副都知张若水方受旨料简弓弩取以进，其法以桑大为身，檀为弰，铁为蹬子枪头，铜为马面牙发，麻绳扎丝为弦，弓之身三尺有二寸，弦长二尺有五寸，箭木羽长数寸，射二百四十余步，入榆木半笴。神宗阅试，甚善之，于是行用，而他弓矢弗能及。绍兴五年，韩世忠又侈其制，更名"克敌弓"，以与金虏战，大获胜捷，十二年词科试日,主司出克敌弓铭为题云。

宋话本郑节使立功神臂弓:郑信走到辕门投军,献上神臂弓。种相公大喜,分付工人如法制造数千张,遂补郑信为帐前管军指挥。后来收番累立战功,都亏赖"神臂弓"之力。

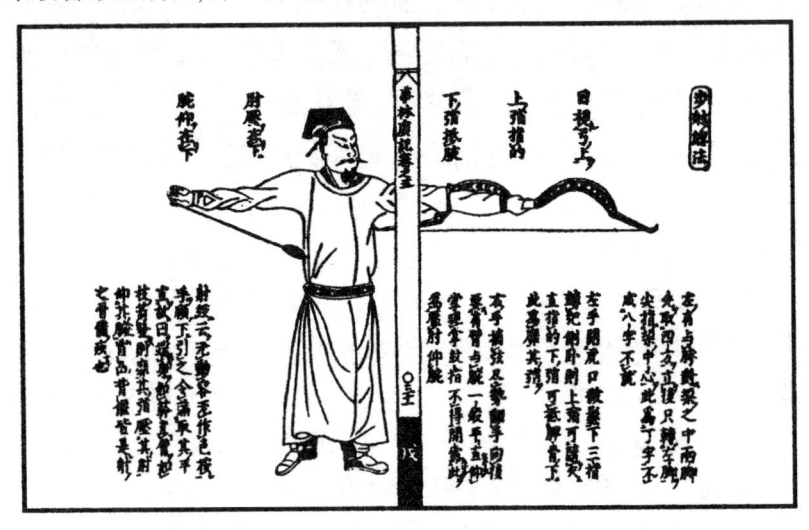

事林广记射弓图

马永卿嬾真子卷三:艺祖既平江南,诏以兵器尽纳扬州,不得支动,号曰"禁库"。方腊作乱,童贯出征,许于逐州选练兵仗。既开禁库,两方将士,望见所贮弓挺直,大喜曰:"此良弓也。"因出试之,宛然如新。是日,弓数千张立尽。噫,自开宝之乙亥至宣和之辛丑,一百四十七年,而胶漆不脱,可谓异矣。女直犯阙,东南起勤王之师,仆时为江都丞,帅臣翁彦国令扬州作院造神臂弓,限一月成,皆不可用。当时识者以为国初之弓,限一年成。而今成于旬日之间,宜乎美恶之相绝也。仆考考工记,然后知弓非一年不可用也。弓人为弓,取六材必以其时,凡为弓,冬折簳,春液角,夏治筋,秋合二材,寒奠体,冰折灂。春被弦,则一年之事。郑氏注云:期年乃可用。且三代之时,百工传氏,孙袭祖业,子受父训,故其利害如此详尽。我艺祖奋起于五代之后,而制作之妙,远合三代,不亦圣谟之宏远乎。

徐梦莘三朝北盟会编卷第四政宣上帙四起宣和元年三月十八日甲子,尽宣和三年正月:翌早,阿骨打设一虎皮,坐雪上,授仆弓矢各一,其弓以皮为弦,指一雪碛,使某射之,再中其端,阿骨打笑曰:"射得煞好,南朝射者尽若是乎?"仆答以措大弓箭软弱不堪,如在京,则有子弟所,长入祗。

〔二〕**招箭班**

刘攽彭城集四十卷殿前东西班弓箭手刘密可三班借职制:敕某以挽强射逐,勇力出众试之集教,亦能无过。宜可(原缺)使以责来效。

[文案]据宋史兵志一、续资治通鉴长编卷一一九:招箭班为殿前诸班之一,隶殿前司。北宋景祐三年八月十三日隶属东西班,为皇宫之近卫。

〔三〕**抹额**

[文案]抹额,乃将颜色各异布帛,剪成条状系于额间,以作标志。若俞琰席上腐谈所言:"以绡缚其头,即今之抹额也。"宋话本中常见,西山一窟鬼神将"黄罗抹额,锦带缠腰",西湖三塔记神将"红抹额肖金蚩虎"是也。紫绣抹额乃使红紫等色纱绢裹于额头者。

〔四〕**黄义襕**

王得臣麈史卷上礼仪:衣冠之制,上下混一。尝闻杜歧公欲令人吏、技术等官少为差别;后韩康公又议改制,如人吏公袍俾加襕,俗所谓"黄义襕"者是也,幞头合戴牛耳也。

〔五〕**御箭**

曹组点绛唇咏御射:秋劲风高,暗知斗力添弓面。靶分筼干,月到天心满。 白羽流星,飞上黄金碗。胡沙雁,云边惊散,压尽天山箭。

四水潜夫武林旧事卷第二燕射:上服头巾窄衣,束带丝鞯,临轩。内侍御带进弓箭,看箭人喝"看御箭"。教坊乐作,射垛。前排立招箭班应喏。皇帝第二箭射中，皇太子已下各再拜称贺，进御酒，并宣劝讫。皇太子及臣僚射弓，第四箭射中。上再射第五箭，又中的，传旨不贺。舍人先引皇太子当殿赐窄衣，金束带；次引射中，臣僚受赐如前。

池苑内纵人关扑游戏

池苑内，除酒家、艺人占外，多以彩幕缴络，铺设珍玉、奇玩、匹帛、动使、茶酒器物关扑。有以一筹扑三十筹者。以至车马、地宅、歌姬、舞女，皆约以价而扑之。出九和合〔一〕，有名者任大头、快活三〔二〕之类，余亦不数。池苑所进奉鱼、藕、果实，宣赐有差。后苑作进小龙船〔三〕，雕牙镂翠，极尽精巧。随驾艺人，池上作场者，宣政间〔四〕，张艺多、浑身眼、宋寿香、尹士安小乐器、李外宁水傀儡，其余莫知其数。池上饮食：水饭、凉水菉豆、螺蛳〔五〕、肉饶梅花酒〔六〕、查片、杏片、梅子、香药、脆梅〔七〕、旋切鱼脍〔八〕、青鱼〔九〕、盐鸭卵〔一〇〕、杂和辣菜〔一一〕之类。池上水教罢，贵家以双缆黑漆平船，紫帷帐，设列家乐〔一二〕游池。宣政间，亦有假赁大小船子，许士庶游赏，其价有差。

[注]

〔一〕**出九和合**

唐律疏议杂律十四博戏赌财物："停止主人"，谓停止博戏赌物者主人，"及出九"之人，亦举九为例，不限取利多少。若和合人令戏者，不得财，杖一百。

［文案］京都译注本据能改斋漫录卷七、唐律疏议卷二、重详定刑统卷二六谓"出九和合"为提供赌具，聚众赌博，系关扑术语。姜注本亦同。

〔二〕**快活三**

张知甫可书：邓知刚任待制，守军器监，形貌魁伟，每以横金炫众，未尝衣衫。京师谚曰："不着凉衫，好个金棱快活三。"盖一时目肥人为快活三也。

罗大经诗话五五：魏鹤山天宝遗事诗云："红锦绷盛河北贼，紫金盏酌寿王妃。弄成晚岁郎当曲，正是三郎快活时。"俗所谓"快活三郎"者，即明皇也。

四水潜夫武林旧事卷第二舞队：大小全棚傀儡：快活三郎：快活三娘。

王明清投辖录刘快活：刘快活者，名信，本兵也。滕章敏知池州，因捕逃卒，得于九华山。自言有公据放停，章敏取视之，乃周显德间所给，章敏惊异之，已而叩之，果有道者，虚堂以舍焉。时章敏坐妖言被谴，不敢久留。又以属之曾文肃，文肃馆于家者凡十余年，每醉饮，必大呼连唱"快活"二字，故人以此目焉。

王揆六快活诗：湖外风物奇，长沙信难续。衡峰排古青，湘水湛寒绿。舟楫通大江，车轮会平陆。昔贤官是邦，仁泽流丰沃。今贤官是邦，刲啖人脂肉。怀昔甘棠化，伤今猛虎毒。然此一邦内，所乐人才六。漕与二宪僚，守连两通属。高堂日成会，深夜继以烛。帏幕皆绮纨，器皿尽金玉。歌喉若珠累，舞腰如素束。千态与万状，六官欢不足。因成快活诗，荐之尧舜目。

陶毂清异录卷下酒浆快活汤：当涂一种酒曲，皆发散药，见风即消，既不久醉，又无腹滞之患，人号曰"快活汤"。士大夫呼"君子觞"。

宋话本单符郎全州佳偶：司户心中已知其为春娘了，且不说破，只安慰道:"汝今日鲜衣美食,花朝月夕,勾你受用。官府都另眼看觑,谁人轻贱你?况宗族远离,夫家存亡未卜,随级快活,亦足了一生矣。何乃自生悲泣耶?"

徐梦莘三朝北盟会编卷第三十一靖康中帙六起靖康元年正月二十四日庚寅,尽其日:先是黼既相,再赐大第于城西,开便门与师成宅对街以相来往。及燕山告功,黼益得意,乃妄托事,言家之屏风生玉芝,上为临幸,睹黼之堂阁,张设宝玩石山,侔拟宫禁,喟然叹曰:"此不快活邪!"

佚名道山清话:绍圣改元九月,禁中为宣仁作小祥道场。宣隆报长老升座,上设御幄于旁,以听其僧祝曰:"伏愿皇帝陛下,爱国如身,视民如子,每念太皇之保佑,常如先帝之忧勤,庶尹百僚谨守汉家之法度,四方万民永为赵氏之封疆。"既而,有僧问话云:"太皇今居何处?"答云:"身居佛法龙天上,心在儿孙社稷中。"当时传播,人莫不称叹,於戏,太皇之圣,中外称为女尧舜,方其垂帘,每有号令,天下人谓之"快活条贯"。

无名氏刘豫事迹:金国行台尚书省,散出文榜:买卖不许关闭。以铁骑数千围宫门,仍遣小番扬言:"齐王虐民,故废之。自今不金汝为军,不取五厘免行钱,为汝敲杀貌事人,教你百姓快活,你旧主人少帝官家在此。"民心于是稍安。

宋人编撰五代汉史平话卷上:天福六年,晋王怕安重荣跋扈,宣授刘知远为北京留守。那时知远的孩儿承义,年至十二岁,因出外走马,被军卒戏笑曰:"宝赞跨马趣球快活,怎知恁的娘娘在那孟石村,日夕在河头担水,多少苦辛么?"

吕本中东莱吕紫微师友杂志:田元邈当辞必辞,当去必去,未尝迟疑。赵才仲以为元邈去就之际,最快活人。

福申俚俗集卷四十七俗言考不快活快活:五代史,桑维翰曰:"居宰相,如着新鞋袜,外面好看,其中不快活。"又,刘昫、李愚罢百官相贺曰:"自此我曹快活。"北齐书,和士开劝武成帝曰:"一日快活胜千年。"则快活二字,六朝已有之矣。

翟灏通俗编卷七:五代史刘昫传:"诸吏闻昫罢相,皆欢呼曰:自此我曹快活矣。"翰林志梅询见老卒卧日,叹曰"畅哉"。徐问:"识字乎?"曰:"不识",梅曰:"更快活也。"白居易诗:"快活不知如我者,人间能有几多人。"杜荀鹤诗:"田翁真快活,姻嫁不离村。"则快活二字,唐人已经入诗。

〔三〕**小龙船**

金盈之新编醉翁谈录卷之三京城风俗三月:上巳,上开金明池、金水河、琼林苑。三事见教坊记详载。是日开金明池,细民作小儿戏弄之具,而炫卖者甚众,而龙船为最多,大率仿御座龙船,及竞渡龙虎头船,其巨细工拙不一制也。

[文案]卷七三月一日开金明池琼林苑、驾幸临水殿观争标锡宴亦有小龙船,为争标游戏者,而非此玩具小龙船者。

〔四〕**宣政间**

马纯陶朱新录:内侍吴子云言:宣政间,禁中有木犀一株,雕栏漆槛,封殖甚谨。有中官典领之,每有花落,辄收取之进呈,虽一枝一叶,莫有敢攀折者。

沈作喆寓简卷七:幼时故老为予言,汴京宣政间极隆盛时,公卿舆服华焕,骑从传呼,甚宠观听,莫不歆艳也。有富人居通衢,第宅园池,花竹幽深。其人不愿为官,后房声色侈丽,自奉养至厚。

胡仔苕溪渔隐丛话后集卷第三十六本朝杂记下:苕溪渔隐曰:"宣政间,京师置四辅郡,拱州东辅也。先君时为宗学官,从兄孝著游学拱辅,因有书来,先君寄之以诗曰:'东辅书初至,西宫夜正寒。感时嗟阻阔,喜汝报平安。学穋知兼力,辞淳发巨澜。三冬文史足,轩翥未应难。'"

陈岩肖庚溪诗话卷下:宣政间,修西京洛阳大内,掘地得一碑,隶书小词一阕,名后庭宴,其词曰:"千里故乡,十年华屋,乱魂飞过屏山簇。眼重眉褪不胜春,菱花知我销香玉。　双双燕子归来,应解笑人幽独。断歌零舞,遗恨清江曲。万树绿低迷,一庭红扑簌。"余见此碑墨本于李丙仲南家,仲南云得之张魏公侄椿处也。

康与之昨梦录:宣政间,杨可诚、可弼、可辅兄弟读书精通易数,明风角、云祲、鸟占、孤虚之术,于兵书尤邃。三人皆名将也。

张浚中兴备览第一议宣政人才:臣尝谓宣政之间,内外用事之臣,固有得罪于天下者,或专事应奉,或兴造土木,或留意花石,或搜求玩好,此类甚多,天下之人愤怨久矣。今若复用之于内,彼虽循理自成,天下犹疑之,疑之则谤生,谤生则祸起,曷若禄之于外,以养身乎。惟陛下图之。其在当时而能奉法守公者,此固宇崇而激励之也。

潘永因宋稗类钞卷之八搜遗:宣政间,凡危亡乱守,皆禁不得用。

[文案]京都译注本亦注"宣政间",谓政和与宣和省略并称时,有年序逆数之称式,亦有前数顺称之式,若朱子语类所称"政宣",此两种称法于南宋文献并用并见。又,政和(1111—1117)、重和(1118—1119)、宣和(1119—1126)为宋徽宗在位最后十余年,南宋人回忆北宋最后繁华,往往以近溯远,多称为宣政,而称政宣者较少。

〔五〕**螺蛳**

洪迈夷坚支丁卷第三虞一杀螺:奉化海上渔人虞一,以取研螺为生。每得时,率用生丝线作圈套其上,候吐肉出,则尽力系缚之,急一拔,了无余蕴。张四海蛳:临安荐桥门外太平桥北细民张四者,世以鬻海蛳为业。每浙东舟到,必买而置于家,计逐日所售,入盐烹炒。杭人嗜食之。积戕物命百千万亿矣。

仁勇等杨歧方会和尚语录勘辨:师在慈明会里,一日提螺蛳一篮绕院云卖螺蛳,令众下语,皆不契。有一老宿揭帘见,以目顾视师,放身便卧,师放篮子便行。

罗濬宝庆四明志卷四郡志四:螺多种。掩白而香者曰香螺,有刺曰刺螺,味辛曰辣螺、有曰拳螺、剑螺,又有丁螺、班螺,又有生深海中可为酒杯者曰鹦鹉螺。郭璞江赋曰:鹦螺蜾蜗。注云:异物志曰:鹦鹉螺状如覆杯,头如鸟头,向其腹视如鹦鹉,故以名也。旧说曰旋螺小螺也,一种曰海蛳。

谈钥嘉泰吴兴志八食用故事螺:今添本草一有田螺,生水面及湖滨,大如桃李,今有之。又有细者曰螺蛳,田时皆有之。又有白而圆者,名海螺,黑而锐者名海蛳,种于田泽,春月取卖。

梁同书直语补证螺蛳羹饭:猥鄙之食也。俗以人瑣屑觅取财物,曰"寻螺蛳羹饭吃"。按癸辛杂识:番阳马相国廷鸾家素贫,少年应南宫试,止草履幞被。一日道间馁甚,就村居买螺蛳羹,泡蒲囊中冷饭食之,即此四字所本。

[文案]今螺蛳以鱼肉泥为基托,用猪肉丝手工缠绕如螺纹,以香菇作螺盖,形神兼备,经油滑炒而成。

〔六〕**肉饶梅花酒**

吴自牧梦粱录卷十六茶肆:暑天添雪泡梅花酒,或缩脾饮署药之恤。向绍兴年间,卖梅花酒之肆,以鼓乐吹梅花引曲破卖之,用银盂杓盏子,亦如酒肆论一角二角。

[文案]梅花酒为暑日清凉饮料之一种,详见四水潜夫武林旧事卷第六凉水。肉饶则商家为多卖肉而白送梅花酒。

〔七〕**脆梅**

韩奕易牙遗意卷下果实类糖脆梅:官成梅一斤。此梅肉多核小圆者佳。飞盐一两,白矾半两,量水调匀,下缸,浸梅子没至背,五六日后梅黄,量数漉出,以水淋盐矾去气味尽。每个切去核,再下白水浸一宿,令味淡。若尝得味酸,再换水浸至淡。滚汤焯过,沥干。滚糖浆,候温,浸一宿漉出。再将糖浆滚热,焯过,沥干,待梅并糖浆温并浸梅在糖浆内。如浆浓,则可久留,温则梅不皱。煮须如此,再漉再浸,三五次则佳矣。

[文案]范成大梅谱记消梅"其实圆小松脆",即脆梅也。若川沙厅志述青草园雪梅,因其脆,至地则粉碎矣。唐段公路北户录卷三记

红梅,取棹汁渍之甚甘脆,亦脆梅为饮馔佳品久长之例也。

〔八〕**旋切鱼脍**

谈钥嘉泰吴兴志卷十八食用故事鲙:吴兴记云:唐昭德操刀运砧,翼从风随,红综素缕,纷纷霏霏。好事者嘲之曰:"鲙若值吴,缕细花铺;若非遇吴,费醋及葫。"江东呼蒜曰葫,苏东坡曰:吴兴庖人斫松江鲈鲙,亦足一笑。乡土以鲙为盛馔,每遇上客,新姻庆贺,燕集必设此,盘饤罗列,更无别味,鲙匠十数为曹,凌晨立鱼肆,视所买多寡而往裁红缕白,铺成花草鸾凤或诗句词章,殊得其妙,造齑亦甚得法,所谓"金齑玉鲙"。又有"骨淡羹",每斫鲙悉以骨熬羹,味极淡薄,自有真味。食鲙已,各一杯。本草谓:凡物脑能消肉,正以食之,必多用此羹也。长兴所造尤薄,仅如蝉翼,他处所不及。

〔九〕**青鱼**

卢多逊、李昉开宝本草虫鱼部卷十六青鱼:味甘平,无毒。肉,主脚气湿痹,作鲊,与服石人相反。眼睛,主能夜视。头中枕,蒸取干,代琥珀用之,磨服,主心腹痛。胆,主目暗,滴汁目中,并涂恶疮。生于江湖之间。

叶绍翁四朝闻见录乙集秦夫人淮青鱼:宪圣召桧夫人入禁中赐宴,进淮青鱼。宪圣顾问夫人:"曾食此否?"夫人对以:"食此已久。又鱼视此更大且多,容臣妾翌日供进。"夫人归,亟以语桧,桧恚之曰:"夫人不晓事。"翌日,遂易槽鲤鱼大者数十枚以进。宪圣笑曰:"我便道是无许多青鱼,夫人误耳。"

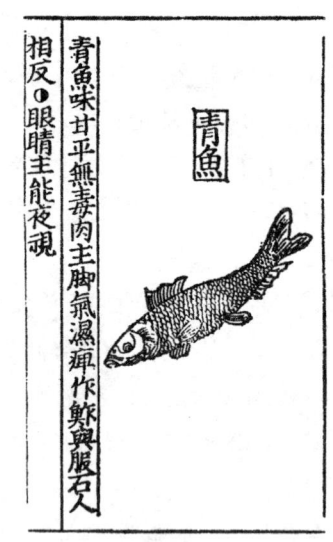

重修政和经史证类
备用本草青鱼图

〔一〇〕**盐鸭卵**

颜愍楚俗书证误讹习诸字:盐今塩。

赵希鹄调燮类编卷二荤馔:鸡鸭卵不可多食,俗谓鹅卵能补,大不然,宜少食。

鸭卵不可合蒜及李子、鳖肉食。

鸭蛋以硇砂画花及写字候干,以头发灰汁浇之,则黄直透内。做灰盐鸭子,月半日做,则黄居中,不然则偏,一云日中做。

沈括梦溪笔谈卷二十一异事:予昔年在海州,曾夜煮盐鸭卵,其间一卵烂然通明,如玉荧荧然,屋中尽明。置之器中,十余日,臭腐几尽,愈明不已。

陶宗仪南村辍耕录卷七咸杬子:今人以米汤和入盐草灰以团鸭卵,谓曰"咸杬子"。按齐民要术,用杬木皮淹渍,故名之。若作圆字写,则误矣。

〔一一〕**辣菜**

丁宜曾农圃便览九月辣菜:用芥根切细条,晒干;用滚水一淘即取出,酌量加盐略揉,再加椒苗末、熟青豆、芝麻,少入香油拌匀,贮罐内。又将萝卜切细条,少盐揉汁浇入,即以萝卜丝填罐口,盖以萝卜片,碗封口,三日可用。或切粗条煮熟,闭之罐中,上盖萝卜片,三日后可用。蘸以醋油。

〔一二〕**家乐**

丁特起靖康纪闻:二十五日,大雪,气候风寒仿佛类城陷时。金人索内夫人、优倡及童贯、蔡京、梁师成、王用家声乐,虽已出宫、已从良者,亦要之。

驾回仪卫

驾回则御裹小帽,簪花〔一〕乘马,前后从驾臣寮,百司仪卫,悉赐花。大观初①,乘骢马至太和宫前,忽宣②小乌,其马至御前,拒而不进,左右③曰:"此愿封官。"敕赐龙骧将军④〔二〕,然后⑤就辔。盖小乌平日御爱之马也。莫非锦绣盈都,花光满目,御香拂路,广乐喧空,宝骑交驰,彩棚夹路,绮罗珠翠,户户神仙,画阁红楼,家家洞府,游人士庶,车马万数。妓女旧日多乘驴〔三〕,宣政间惟乘马,披凉衫,将盖头背系冠子上。少年狎客,往往随后,亦跨马,轻衫小帽,有三五文身恶少年〔四〕控马,谓之"花褪马"〔五〕。用短缰促马头,刺地而行,谓之"鞅缰"。呵喝驰骤,竞逞骏逸。游人往往以竹竿挑挂终日关扑所得之物而归。仍有贵家士女,小轿插花〔六〕,不垂帘幕。自三月一日,至四月八日闭池,虽风雨亦有游人,略无虚日矣。

是月季春〔七〕,万花烂漫,牡丹、芍药〔八〕、棣棠〔九〕、木香〔一〇〕,种种上市。卖花者〔一一〕以马头竹篮铺排,歌叫之声〔一二〕,清奇可听,晴帘静院,晓幕高楼,宿酒未醒,好梦初觉,闻之莫不新愁易感,幽恨悬生,最一时之佳况。诸军出郊〔一三〕,合教阵队。

[校]

①百岁寓翁枫窗小牍卷上"大观初"后有"徽庙尝"三字。

②百岁寓翁枫窗小牍卷上"忽宣"后有"平日所爱"四字。

③百岁寓翁枫窗小牍卷上"左右"后有"鞭之,益鸣跳,不如调训时,圉人进"十三字。

④百岁寓翁枫窗小牍卷上"敕赐龙骧将军"前有"上曰:猴子且官供奉,况使小乌白身邪"十五字。

⑤百岁寓翁枫窗小牍卷上"然后"后有"帖然"二字。

[注]

〔一〕**簪花**

马永卿元城语录解卷中：一日，上于别殿赏牡丹，妃嫔毕集，贵妃最后至，乃以前日珍珠为首饰，以夸同辈，欲至上前，上望见，以袖掩面曰："满头白纷纷的，都没些忌讳。"贵妃惭赧起，易之，乃大悦，使人各簪牡丹一枝，自是禁中更不戴珍珠。价大减。

王巩闻见近录：太祖一日幸后苑，观牡丹，召宫嫔，将置酒，得幸者以疾辞，再召，复不至。上乃亲折一枝过其舍，而簪于髻上。上还辄取花掷于地上，顾之曰："我艰勤得天下，乃欲以一妇人败之耶？"即引佩刀，截其腕而去。

吴曾能改斋漫录卷十三记事 御亲赐带花：真宗东封，命枢密使陈公尧叟为东京留守，马公知节为大内都巡检使。驾未行，宣入后苑亭中赐宴，出宫人为侍。真宗与二公，皆戴牡丹而行。续有旨，令陈尽去所戴者。召近御座，真宗亲取头上一朵为陈簪之，陈跪受拜舞谢。宴罢，二公出。风吹陈花一叶堕地，陈急呼从者拾来，此乃官家所赐，不可弃。置怀袖中。马乃戏陈云："今日之宴，本为大内都巡检使。"陈云："若为大内都巡检使，则上何不亲为太尉戴花也？"二公各大笑。寇莱公为参政，侍宴，上赐异花。上曰："寇准年少，正是戴花吃酒时。"众皆荣之。

周城宋东京考卷之七官治：盛事美谈：后曲晏宜春殿，出牡丹百余盘，千叶者十余朵，所赐止亲王宰臣。真宗顾文元及文僖，各赐一朵。又尝侍晏，赐禁中名花。故事，惟亲王宰臣，即中使为插花，余皆自戴。上忽顾公，令内侍为戴花。观者荣之。

〔二〕**敕赐龙骧将军**

张知甫可书：宣和天驷中有一马名乌护兰，艰于衔勒，徽宗每乘以幸金明池,赐名"龙骧将军"。

〔三〕**妓女旧日多乘驴**

江邻幾醴泉笔录上:又说妇人不服宽袴与襜,制旋裙必前后开胯,以便乘驴,其风闻于都下妓女。

〔四〕**恶少年**

吴淑江淮异人录洪州书生:成幼文为洪州录事参军,所居临通衢而有窗。一日坐窗下,时雨霁泥泞而微有路,见一小儿卖鞋,状甚贫窭。有一恶少年与儿相遇,絓鞋坠泥中,小儿哭求其价。少年叱之不与,儿曰:"吾家旦未有食,待卖鞋营食,而悉为所污。"有书生过,悯之,为偿其值。少年怒曰:"儿就我求钱,汝何预焉?"因辱骂之。生甚有愠色。

郑克折狱龟鉴卷七迹盗桑怿得衣:桑怿崇班,尝居汝、颍间。诸县多盗,自请补耆长,往来察奸匪,因召里中恶少年戒之曰:"盗不可为,吾不汝容也。"有顷,里老父子死未敛,盗夜脱其衣去,父不敢告官。怿疑少年王生者为之,夜入其室,得其衣,而王生未之知也。明日,见而问之曰:"尔许我不为盗,今盗里老父子尸,非尔耶?"少年色动,即推仆地,缚之,诘共盗者姓名,尽送县,皆按以法。

王林燕翼诒谋录卷二:世有恶少无赖之人,肆凶不逞,小则赌博,大则屠牛马,销铜钱,公行不忌。其输钱无以偿,则为穿窬,若党类颇多,则为劫盗纵火,行奸杀人,不防其微,必为大患。淳化二年闰二月己丑,诏:"相聚蒲博,开柜坊屠牛马驴狗以食,私销铜钱为器用,并令开封府严戒坊市捕之,犯者定行处斩,引匿不以闻与同罪。"所以塞祸乱之源,驱斯民纳之善也。其后刑名浸轻,而法不足以惩奸,犯之者众。

李焘续资治通鉴长编卷十二太祖开宝四年:开封府捕获京城诸坊无赖恶少,及亡命军人为盗并尝停止三百六十七人。诏以其尤恶二十一人弃市,余决杖配流。

洪迈夷坚丁志卷第十秦楚材：秦楚材梓，政和间自建康贡入京师，宿汴河上客邸。既寝，闻外人喧呼甚厉，尽锁诸房，起穴壁窥之。壮夫十数辈皆锦衣花帽，拜跪于神像前，称秦姓名，投杯珓以请。前设大镬，煎膏油正沸。秦悸栗不知所为，屡告其仆李福，欲为自尽计。夜将四鼓，壮夫者连祷不获，遂覆油于地而去。明旦，主人启门谢秦曰："秀才前程未可量，不然吾辈当悉坐狱。"乃为言："京畿恶少子数十成群，或三年或五年辄捕人渍诸油中，烹以祭鬼。"

洪迈夷坚志再补对簿哦诗：张任国，福州人，自太学谒告，馆于无锡冯氏家。时省试下第，道出平江，入市楼买酒，就呼一妓佐樽。偶与恶少年数人邻席，顾一秀才独坐，夺妓同饮。张有膂力，不胜愤，起殴之，为厢卒录送府，诣曹供对。

洪迈夷坚志补卷第十四郭伦观灯：京师人郭伦，元夕携家观灯，归差晚，过委巷，值恶少年十辈，行歌而前，联袂喧笑，睢盱窥伺，将遮侮之。

洪迈夷坚支癸卷第九吴六竞渡：庆元三年四月，鄱阳小民循故例竞渡于鄱江，率皆亡赖恶子。又无衣装结束，唯袒裼布裈。终日鸣金，喧噪不止。又有持酒赏犒，或以六七拨棹者，往往酣醉，才东西值遇，各叫呼相高。稍近，则抛石互击。甚者至射弩放弹，虽遭伤疾，亦不告官。

洪迈夷坚甲志卷第十六二兔索命：予妇叔张宗正，家方城之麦陂，性好弋猎。其父祖茔侧，长林巨麓，禽兽成聚，日与其徒从事，罘网弥山，号曰"漫天网"。一网所获，亡虑数百计，不暇拾取。唯恶少年数辈，驰逐其上压死之，各分挈以去，虽风雪不止也。

〔五〕花褪马

庄绰鸡肋编卷下：车驾渡江，韩、刘诸军皆征戍在外，独张俊一军常从行在。择卒之少壮长大者，自臀而下文刺至足，谓之"花腿"。京师旧日浮浪辈以此为夸，今既效之，又不使之逃于他军，用为验也。然既苦楚,又有费用,人皆怨之。加之营第宅房廊,作酒肆名太平楼,搬运花石,皆役军兵。众卒谣曰:"张家寨里没来由,使他花腿抬石头。二圣犹自救不得,行在盖起太平楼。"

[文案]京都译注本谓"褪"为"腿"之误字,确。

〔六〕**小轿插花**

宋话本花灯轿莲女成佛记:这张待诏有一般做花的相识,都来与女儿添房,大家做些异样罗帛花朵,插在轿上左右前后:"也见得我花里行肆!"不在话下。

至当日,李押录使人将轿子来,众相识把异样花朵,插得轿子满红。——因此,至今留传"花灯轿儿"。今人家做亲皆因此起。

〔七〕**季春**

张处月令解卷三季春之月:季春者,斗建辰之辰也。汉志云:振美于辰则辰振也。夏正为三月。

四水潜夫武林旧事卷第十张约斋赏心乐事三月季春:生朝家宴　曲水修禊　花院观月季　花院观桃柳　寒食祭先扫松　清明踏青郊行　苍寒堂西赏绯碧桃　满霜亭北观棣棠　碧宇观笋　斗春堂赏牡丹芍药　芳草亭观草　宜雨亭赏千叶海棠　花苑蹴秋千　宜雨亭北观黄蔷薇　花院赏紫牡丹　艳香馆观林檎花　现乐堂观大花　花院尝煮酒　瀛峦胜处赏山茶　经寮斗新茶　群仙绘幅楼下赏芍药

〔八〕**芍药**

夏竦奉直园双头芍药:奉帝名园丽,翻阶淑艳鲜。一丛芳花绽。四朵绛跗联。朱李应双结,兰红忽并燃。异瓜缃蒂合,嘉木翠枝骈。映叶交

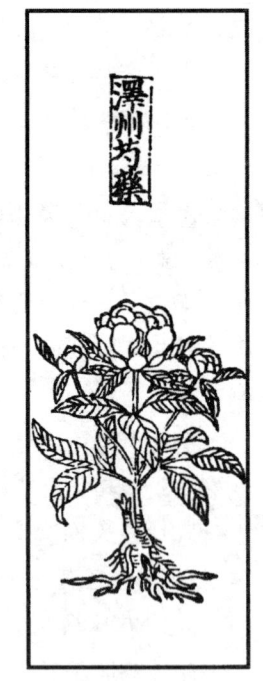

重修政和经史证类
备用本草芍药图

570

霞袂，迎风叠绮钱。流祥在图素，千载冠嘉莲。

宇文懋昭大金国志卷之一太祖武元皇帝上：是年，生红芍药花，北方以为瑞。女真多白芍药花，皆野生，绝无红者。好事之家采其芽为菜，以面煎之，凡待宾、斋素则用之。其味脆美，可以久留。金人珍甚，不肯妄设，遇大宾至，缕切数丝置楪中，以为异品。

曹勋花心动芍药：密幄阴阴，正嘉花嘉木，尽成新翠。蕙圃过雨，牡丹初歇，怎见浅深相倚。好称花王侍。秀层台、重楼明丽。九重晓，狂香浩态，暖风轻细。　堪想诗人赠意。嘉芳艳卿云，嫩苞金蕊。要看秀色，收拾韶华，自做殿春天气。与持青梅酒，趁凝伫、晚妆相对。且频醉，芳菲向阑可惜。

王观扬州芍药谱：杂花根窠多不能致远，惟芍药及时取根，尽取本土，贮以竹席之器，虽数千里之远，一人可负数百本而不劳。至于他州，则壅以沙粪。虽不及维扬之盛，而颜色亦非他州所有者比也。亦有逾年即变而不成者，此亦系夫土地之宜不宜，而人力之至不至也。花品旧传龙兴寺山子、罗汉、观音、弥陀之四院，冠于此州。其后民间稍稍厚赂以丐其本，壅培治事，遂过于龙兴之四院。今则有朱氏之园最为冠绝，南北二圃所种，几于五六万株，意其自古种花之盛，未之有也。朱氏当其花之盛开，饰亭宇以待来游者，逾月不绝，而朱氏未尝厌也。扬之人与西洛不异，无贵贱皆喜戴花，故开明桥之间，方春之月，拂旦有花市焉。州宅旧有芍药厅，在都厅之后，聚一州绝品于其中，不下龙兴、朱氏之盛。往岁州将召移，新守未至，监护不密，悉为人盗去，易以凡品，自是芍药厅徒有其名尔。今芍药有三十四品，旧谱只取三十一种，如绯单叶、白单叶、红单叶不入名品之内，其花皆六出，维扬之人甚贱之。余自熙宁八年季冬守官江都，所见与夫所闻，莫不详熟。又得八品焉，非平日三十一品之比，皆世之所难得，今悉列于左，旧谱三十一品，分上中下七等，此前人所定，今更不易。

庄绰鸡肋编卷下：宗人赵舜辅希元，自负诗文，每以东坡为标准，居处斋室皆取其言以为名。尝种芍药于亭下，以苏诗有"亭下殿余春"之句，遂榜曰殿春亭，作横牌书之。

洪迈夷坚三志己卷第八胡园荔枝壳：吴人胡百能，为李平叔言，其族居姑苏有名园，当春时，纵人游赏。至三月将暮，芍药盛开，天气清和，士女群集。

黄朝英靖康缃素杂记卷六芍药：先儒说诗溱洧，刺乱也。其诗卒章言"赠之以芍药"，以为男淫女，盖芍药破血，令人无子。"赠之以芍药"者，所以为男淫女也。又东门之枌，疾乱也。其诗卒章言"贻我握椒"，以为女淫男，盖椒气下达，用以养阳，"贻我握椒"者，所以为女淫男也。其说虽近于鄙俚，然颇得诗人之深意，故志之。

苏轼格物粗谈卷上种植：牡丹、芍药、栀子，并刮去皮，火烧，以盐擦，插花瓶中加水养之。

沈作喆寓简卷第十：予官维扬，春暮纵观芍药，真一时胜赏，蕃釐祠殿之侧有老圃，业花数世矣。一日，以花来献，予售以斗酒，因问之曰："人知赏花耳，吾欲知芍药之根所以赤白，有异种耶。"曰："非也。花过之后，每旦迟明而起，劚土取根，洗濯而后暴之，时也。遇天晴，日色猛烈，抵暮中边皆燥断，而视之雪如也。傥遇阴云，表里滋润，信宿然后干，色正赤，无疑矣。盖得至阳之气，则色白而善补，医家用之以生血而止痛。其受阳气不全者，则色赤而善泻，功用不侔，自然之理也。医家未有能知此者。"又云："洗花如洗竹，非用水也，芟取病根，蝼蚁蚯蚓荐食之余耳。"其言甚有理。又云："吾自高曾世传种花，但栽培及时，无他奇巧，盖以不伤其性，自得天真，故根壧耐久。近世厌常而返古，专尚奇丽，吾为衣食所迫，不能免俗。乃用工力智巧，翦剔移徙，杂以肥沃药物注灌，花始变而趣时态，十有七八异于常品矣。然不能久远，经数岁辄瘦悴，纵未朽腐而花尽力矣。盖先世之所能者，天也；吾之所能者，人也。人竟能胜天者耶？故吾视花有惭色也。"此言又似知道者。

范成大菊谱棣棠第十：棣棠出西京，开以九月末。深黄双纹多叶，自中至外，长短相次，如千叶棣棠状。凡黄菊类多小花，如都胜御爱，虽稍大，而色皆浅黄，其最大者，若大金铃菊，则又单叶浅薄，无甚佳处，唯此花深黄多叶，大于诸菊，而又枝叶甚青，一枝聚生至十余朵，花叶相映，颜色鲜好，甚可爱也。

〔一○〕木香

黄裳宴琼林木香：红紫趁春阑，独万簇琼英，尤未开罢。问谁共、绿幄宴群真，皓雪肌肤相亚。华堂路，小桥边，向晴阴一架。为香清、把作寒梅看，喜风来偏惹。　莫笑因缘，见景跨春空，荣称亭榭。助巧笑、晓妆如画，有花钿堪借。新醅泛、寒冰几点，拼今日、醉尤飞斝。翠罗帏中，臣蟾光碎，何须待还舍。

朱弁曲洧旧闻卷三：木香有二种，俗说檀心香者号酴醾。不知何所据也？京师初无此花，始禁中有数架，花时，民间或得之相赠遗，号"禁花"，今则盛矣。

朱晖绝倒录养脾丸：李生者，居余杭门外，善货殖，日卖养脾丸于市。尝揭巨榜于前曰："不使丁香、木香合，则天诛地灭。"家畜二婢，以事炮制。李一夜饮醉而溺死于河，其家勿知也，但怪连日勿归，遣亲信四方寻求，略无踪迹。泊官验视，或有报其家者，亟前诣之，已腐败，仅能辨认，欲求免洗涤，已不及矣。遂藁葬于丛冢间，立木牌于坟云："发药李郎中之墓。"或有题于牌后曰："卖药李郎中，昂藏辨不穷。一朝天赐报，溺死运河东。"未几，家计萧然，其妻遣去二婢，寻去所居，携二子以事人。或有问于妻曰："尔夫修合不苟，天当佑之，何反报之酷耶？"他日后夫醉之以酒，叩之，妻云："问所遣去二婢，先夫专委之修合，一名木香，一名丁香，其实不用二药也，故受斯报云。"

苏颂本草图经草部上品之上卷第四木香：木香，生永昌山谷，今惟广州舶上有来者，他无所出。陶隐居云：即青木香也。根窠大类茄子，叶似羊蹄而长大,花如菊,实草黑。亦有叶如山芋,而开紫花者。不拘时月,采根芽为药。以其形如枯骨者良。江淮间亦有此种,名土青木香,不堪入药用。伪蜀王昶苑中亦尝种之,云苗高三、四尺,叶长八、九寸,皱软而有毛,开黄花,恐亦是土木香种也。

陈敬陈氏香谱卷一香品木香:本草云:一名密香,从外国舶上来,叶似薯蓣而根大,花紫色,功效极多,味辛温,无毒,主辟瘟疫,疗气劣气不足,消毒杀虫毒。今以如鸡骨坚实,啮之粘牙者为上。又有马兜铃根,名曰"青木香",非此之谓也。或云有二种,亦恐非耳,一谓之云南根。

〔一一〕**卖花者**

蒋捷昭君怨卖花人:担子挑春虽小。白白红红都好。卖过巷东家,巷西家。 帘外一声声叫。帘里鸦鬟入报。问道买梅花,买桃花。

宋话本花灯轿莲女成佛记:这女娘子的父亲,姓张字之善,母王氏。夫妻二人,无一男半女。原是襄阳人氏,家传做花为生,流寓在湖南潭州,开个花铺。

街坊有个人家,姓李,在潭州府里做提控,人都称他做押录。却有个儿子,且是聪明俊俏,人都叫他做李小官人。见这莲女在门前卖花,每日看在眼里,心虽动,只没理会处。年方一十八岁,未曾婚娶,每日只在莲女门前走来走去。有时与他买花,买花不论价,一买一成。

〔一二〕**歌叫之声**

燕南芝庵唱论:大凡声音,各应于律吕,分于六宫十一调,共计十七宫调。

仙吕调唱,清新绵邈。 南吕宫唱,感叹伤悲。 中吕宫唱,高下闪赚。 黄钟宫唱,富贵缠绵。 正宫唱,惆怅雄壮。 道宫唱,飘逸清幽。 大石唱,风流酝籍。 小石唱,旖旎妩媚。 高平唱,条物滉漾。 般涉唱,拾掇坑堑。 歇指唱,急并虚歇。 商角唱,悲伤宛转。 双调唱,健捷激袅。 商调唱,凄怆怨慕。 角调唱,呜咽悠扬。　宫调唱,典雅沉重。　越调唱,陶写冷笑。

魏良辅曲律一:曲须要唱出各样曲名理趣,宋元人自有体式。如:玉芙蓉、玉交枝、玉山供、不是路,要驰骤。针线箱、黄莺儿、江头金桂,要规矩。二郎神、集贤宾、月云高、金奴娇序、刷子序,要抑扬。扑灯蛾、红绣鞋、麻婆子,虽疾而无腔,然而板眼自在,妙在下得匀净。

〔一三〕**出郊**

郑樵尔雅注卷中释地第九五方:邑外谓之郊,郊外谓之牧,牧外谓之野,野外谓之林,林外谓之坰。

[文案]出郊于东京已成迎迓游览之胜事。若梅尧臣和司马学士上辛祀事出郊寄冯学士,柳永木兰花慢其二"骤雕鞍绀幰出郊坰",等等。

幽兰居士东京梦华录　卷之八

四月八日

四月八日〔一〕，佛生日〔二〕。十大禅院①〔三〕，各有浴佛斋会，煎香药糖水相遗，名曰"浴佛水"。迤逦时光昼永，气序清和。榴花院落，时闻求友之莺；细柳亭轩，乍见引雏之燕。在京七十二户诸正店，初卖煮酒，市井一新。唯州南清风楼，最宜夏饮，初尝青杏，乍荐樱桃，时得佳宾，觥酬交作。是月茄瓠初出上市，东华门争先供进，一对可直三五十千者。时果则御桃〔四〕、李子、金杏〔五〕、林檎之类。

[校]

①"十大禅院"前，陈元靓岁时广记卷二十设斋会有"京师"二字。

[注]

〔一〕四月八日

史浩南浦四月八日：天气正清和，庆西乾、释迦如来出世。毓质向

577

金盆,祥云布、层霄九龙喷水。东传震旦,正令此日人人记。露盘百卉拥金容,香汤争来拂洗。 谁知这个因缘,化众生令求,尘埃脱离。一点本昭昭,当须向、兹时便知瞥地。何须费手,自然作个惺惺底。若犹未晓,且管令师僧,八丈十二。

梁克家淳熙三山志卷第四十土俗类四月八:庆佛生日。是日,州民所在与僧寺共为庆赞道场。蔡密学襄为州日,有四月八日西湖观民放生诗,此风盖久矣。元丰五年住东禅僧冲真始合为庆赞大会,于城东报国寺斋僧尼等,至一万余人,探阄分施衣巾扇药之属。

崇岳、了悟密庵和尚语录:四月八日上堂,今朝乃是黄面老子,肋诞令辰,诸方浓煎香汤,谓之浴佛。径山有条攀条大家涅循佛佛,或时出或时没,从来不守旧窠窟,既不守旧窠窟,且作么生浴?下座佛殿里烧香。

〔二〕**佛生日**

陈元靓岁时广记卷二十佛日:国朝孤山沙门释智圆注四十二章经云:随翻经学士费长房,以瑞应及普曜本行等经,校雠鲁史,定知佛以姬周第十六主、庄王十年,即春秋鲁庄公七年四月八日生也。按龙宫海藏诸经,及景德传灯录、吴虎臣、佛运统纪皆言:我佛世尊,以周昭王二十四年四月八日降生,未知孰是。然姬周之历,以十一月为正,言四月八日者,即今之二月八日也。故荆楚岁时记云二月八日释氏下生,良有自也。近代以今之四月八日为佛之生日者,始徇俗云耳。

宋话本白娘子永镇雷峰塔:不觉光阴似箭,又是四月初八日,释迦佛生辰。只见街市上人抬着柏亭浴佛,家家布施。许宣对王主人道:"此间与杭州一般。"只见邻舍边一个小的,叫做铁头,道:"小乙官人,今日承天寺里做佛会,你去看一看。"

〔三〕**十大禅院**

成寻参天台五台山记第四(延久四年十月):渐渐向东行,经数里,次到福圣禅院,先入奥,著僧室,傍造岩掘,诸僧人坐吃茶。次入食坐,侍中、三藏、成寻三人同坐食当寺主人私房了，飧膳尽善穷美，皇帝敕赐斋也。去座时，侍中问饱否，少僧答饱满，侍中感。次大佛殿礼丈六金铜释迦像，形貌优美也。肋仕二菩萨十大弟子四天王，皆以甚妙也，太宗文皇帝建立也。内天井皆宝殿也，庄严不可记尽。次礼东堂泗州大师像，中坐四面有一切经，庄严不可思议。次南礼弥勒堂丈六像，次西方礼经藏，中心宝殿有银泥一切经，先见成实论，宝殿转轮合见之。四面厨子上有四重小阁，四面壁边有墨字一切经二部，上皆造四重宝。一间有三小阁，不可记尽。次礼卢舍那堂，四面有三千金银佛像，长一尺，座光皆金银也。大宋文皇帝建立。次罗汉殿，中有一间小殿，内纳舍利，本造三百一十尺塔纳舍利，为天火被烧，今造寝殿宿置也。前有等身释迦、东弥勒、西泗州大师立像，着衫裙袈裟，后人所供养也。西别坐罗汉，十六罗汉、五百罗汉三尺像。次登阁上五丈许，见西京，内悬大绢天盖幡，无佛像，七间五重大阁也。次出院，向开宝寺。

苏颂苏魏公文集丞相魏公谭训卷第十九杂事：祖父初拜尚书左丞，请于朝，以润之因胜院为坟寺，且乞以"因胜报亲禅院"为额。既得请，仍以旧住持人道澄主之。适黄山谷见访，延之书院，语论甚款。仍俾作请疏，黄坐上立成，曰："因胜得名旧矣，报亲自天锡之。山月林扉，或改众人之观；粥鱼斋鼓，岂异向时之声。旧住长老澄公，透黄龙之三关，用林济之一喝。独以道为伴侣，不随世而陈新。瓶水炉香，终借松楸之润；晓猿夜鹤，将从杖屦之游。"今集中无此文，故见于是。

[文案]周宝珠宋代东京研究第十六章宗教信仰，据宋会要道释计，冠以院者甚多：妙觉院、英惠院、南法齐院、龙华院、香积院、智度院、万寿院、禅慧院、永宁院、广济院、净福院、寿宁院、普济院、东普济院、惠圣院、惠济院、积庆院、延禅院、灵芝院、惠安院、兴教院、崇福院、受厘院、仁和院、崇因院、广惠院、妙法院、惠民院、开圣院、净慧院、旌孝院、崇国院、报国院、承天院。直呼禅院者有：宝相禅院、洪福禅院、奉先资福禅院、多庆禅院、崇真资圣禅院、永安禅院、普净禅院、护国禅

院。所谓十大禅院，应指汴京十大寺院，并非仅指名为禅院者。按汴京大寺内往往有诸多禅院，如相国寺至熙宁间合并时尚有八禅院。仅宋会要辑稿道释一载汴京禅院就有数十所，因知此处所指，盖汴京最著名之寺院。据高承事物纪原卷七，周显德五年赐京城四大寺额，此即入宋后之天德、显静（一名显净）、显宁、显圣寺。而同书所载汴京尚有相国寺、景德寺、太平兴国寺、慈孝寺、开宝寺、崇夏寺等寺，与宋会要辑稿道释一之二五所载相参，此处之十大禅院，应不出以上范围。因宋人对此鲜有记载，不知以上所考确否。

〔四〕**御桃**

袁文瓮牖闲评卷七：今之小金桃，名曰御桃。汉献帝自洛迁许，许州有小李，色黄，大如樱桃，帝爱而植之，亦曰御桃。

〔五〕**金杏**

段成式酉阳杂俎木篇：济南郡之东南有分流山，山上多杏，大如梨，黄如桔，士人谓之汉帝杏，亦曰金杏。

端　午

端午节物①〔一〕：百索、艾花、银样鼓儿、花花巧画扇、香糖果子〔二〕、粽子、白团、紫苏、菖蒲〔三〕、木瓜，并皆茸切，以香药相和，用梅红匣子盛裹②。自五月一日及端午前一日③，卖桃、柳、葵花〔四〕、蒲叶、佛道艾〔五〕。次日，家家铺陈于门首，与粽子、五色水团〔六〕、茶酒供养，又钉艾人于门上，士庶递相宴赏。

[校]

①"端午节物"，陈元靓岁时广记卷二十一备节物作"都人争造"。

②"盛裹"后,<u>陈元靓</u><u>岁时广记</u>卷二十一备节物有"谓之端午节
物"六字。

③"前一日"后,<u>陈元靓</u><u>岁时广记</u>卷二十买桃艾有"城内外争买"
五字。

[注]

〔一〕节物

<u>庞元英</u><u>文昌杂录</u>卷第三:<u>唐</u>岁时节物,元日则有屠苏酒、五辛盘、
咬牙饧,人日则有煎饼,上元则有丝笼,二月二日则有迎富贵果子,三
月三日则有镂人,寒食则有假花鸡球、镂鸡子、子推蒸饼、饧粥,四月八
日则有糕糜,五月五日则有百索、粽子,夏至则有结杏子,七月七日则
有金针织女台、乞巧果子,八月一日则有点炙杖子,九月九日则有茱
萸、菊花酒糕,腊日则有口脂、面药、澡豆,立春则有彩胜、鸡燕、生菜。
今岁时遗问略同,但糕糜、结杏子、点炙杖子今不行尔。

<u>陈骙</u><u>南宋馆阁录</u>卷六故实节物:本省元宵,每位莲花灯五盏,球灯
三盏;重午,<u>洪州</u>扇二,草出扇二;岁除,桃符、门神各二副。

<u>王君玉</u><u>国老谈苑</u>卷第二:<u>赵世长</u>以宗正卿北使,时九月,既宴荐
瓜。主客举,谓<u>世长</u>曰:"此方气候诚早,彼想未也。"<u>世长</u>对曰:"本朝
来岁季夏,此味方盛。"故知其节物晚也。

无名氏<u>豹隐纪谈</u>:<u>吴门</u>风俗,多重至节,谓曰"肥冬瘦年",互送节
物。寓官<u>颜侍郎度</u>有诗云:"至节家家讲物仪,迎来送去费心机。脚钱
□□浑闲事,元物登时却再归。"

581

〔二〕香糖果子

[文案]香糖果子各时均有,然此处所指香糖果子则为端午所专有
之果子。<u>陈元靓</u><u>岁时广记</u>卷第二十一干草头可证:岁时杂记:都人以
菖蒲、生姜、杏、梅、李、紫苏皆切如丝,入盐螺干,谓之"百草头"。或以
糖蜜渍之,纳梅皮中以为酿梅,皆端午果子也。

〔三〕菖蒲

陈元靓岁时广记卷二十一端五上菖华酒:岁时杂记:端五,以菖蒲或缕或屑泛酒。又坡词注云:近世五月五日,以菖蒲渍酒而饮。左传云:享有菖歜。注云:菖蒲也。古词云:"旋酌菖蒲酒,灵气满芳樽。"章简公端五帖子云:"菖华泛酒尧樽绿,菰叶萦绕楚棫香。"王沂公端五帖子云:"愿上菖花酒,年年圣子心。"菖华,菖蒲别名也。

苏轼格物粗谈卷上花草:菖蒲喜水。

梁克家淳熙三山志第四十土俗类端午:饮昌蒲。李彤四序总要云:五日妇礼上续寿菖蒲酒,以本草云:菖蒲可以延年。今州人是日饮之,名曰"饮续"。

黄庭坚宜州乙酉家乘:十日己酉,雨,不甚寒,得元明丙午柳城书,报周通叟作象州教授,要来苏州为邹至虚乞正书两纸。唐次公自柳州来,送菖蒲酒四器,是日午后雨止。

二十八日丙申,晴,发永州书。思立寨孙彦昇子渐崇,送石菖蒲二桶,小菜桶四枚。

许国桢御药院方卷第十一治妇人诸疾门洗浴菖蒲汤:散风截瘤菖蒲三两一寸九节者　防风　荆芥穗各二两　石膏　梅根各一两　右件捣罗为粗末,每用五匙,头水三碗,煎三五沸,适寒温浴儿,先洗头面,次浴身体为佳。

〔四〕葵花

苏颂本草图经菜部卷第十七冬葵子:花有五色,白者主痎疟及邪热,阴干,末服之。午日取花,挼手亦去疟。黄者主疮痈,干末水调涂之,立愈。小花者名锦葵,功用更强。黄葵子主淋涩,又令妇人易产。又有终葵,大茎小叶,紫黄色,吴人呼为繁露,即下品落葵。尔雅所谓终葵,繁露者是也。一名承露,俗呼曰胡燕脂,子可作妇人涂面及作口脂。

〔五〕佛道艾

梁克家淳熙三山志第四十土俗类端午:插艾:五月天未明,采艾插户上,以禳毒气。亦有结艾为人者,与荆楚同。乡村或采练木叶插之,父老相传,可以禁蚊。

陈元靓岁时广记卷二十一端五上插艾花:岁时杂记:端五,京都士女簪戴,皆剪缯楮之类为艾,或以真艾其上,装以蜈蚣、蚰蜒、蛇蝎、草虫之类,乃天师形象。并造石榴萱草,踯躅假花,或以香药为花。古词云:"御符争带,斜插交枝艾。"

[文案]据学人姜汉椿曰:佛道艾即伏道艾,宋时以为艾中之佳品,因产于汤阴伏道,故称。

〔六〕**水团**

陈达叟本心斋疏食谱水团:秫粉包糖,香汤浴之。团团秫粉,点点蔗霜。浴以沉水,清甘且香。

祝穆诗话六〇:端午作水团,又名白团,或杂五色人兽花果之状。其精者名滴粉团,或加麝香,又有干团,不入水者。张文潜端午词云:"水团冰浸砂糖裹,透明角黍松儿和。"

成寻参天台五台山记第二(延久四年七月):卅日丙午。天晴,文晧库主斋,有水团、炙夫二种,果子多多也。

[文案]水团亦为白团。

六月六日崔府君生日二十四日神保观神生日

六月六日[一],州北崔府君生日。多有献送,无盛如此①。二十四日,州西灌口二郎生日,最为繁盛。庙在万胜门外一里许,敕赐神保观[二]。二十三日,御前献送后苑作与书艺局等处制造戏玩,如球杖、弹弓[三]、弋射之具,鞍辔、衔勒、樊笼之类,悉皆精巧。作乐迎引至庙,于殿前露台上设乐棚,教坊、钧容直作乐,更互杂剧舞旋。太官局供食,连夜二十四盏,各有节次。至二十四日,夜五更争烧头炉香,有在庙止宿,夜半起以争先者。天晓,诸司及诸行百姓献送甚多。其社火呈于露台之上,所献之物,动以万数。自早呈拽百戏,如上竿、趯弄、跳索、相扑、鼓板、小唱、斗鸡〔四〕、说诨话、杂扮、商谜、合笙、乔筋骨、乔相扑〔五〕、浪子〔六〕杂剧、叫果子、学像生〔七〕、倬刀②、装鬼、砑鼓〔八〕、牌棒、道术〔九〕之类,色色有之,至暮呈拽不尽。殿前两幡竿〔一○〕,高数十丈,左则京城所,右则修内司,搭材分占,上竿呈艺解,或竿尖立横木,列于其上,装神鬼,吐烟火,甚危险骇人,至夕而罢。

[校]

①"多有献送,无盛如此",陈元靓岁时广记卷二十四献香椿所述则为"崔府君庙在京城北十五里,世传府君以六月六日生,倾城具香椿往献之。本庙在磁州,是日尤盛,事具碑记"。

②中华邓注本谓"倬刀"应为"掉刀",余已引证之,或为棹刀未尝不可。

[注]

〔一〕六月六日

陈元靓岁时广记卷二十四朝节宜襄会:道藏经:六月六日,为清暑之日。崇宁真君降诞之辰,正一朝修图日。六月六日,真武灵应真君下降日,护国显应公诞生之日,大宜襄襘。

宋真宗六月六日赐休假诏大中祥符二年六月己丑:去岁将封岱岳,荐降元符。当展礼之有期,荷储祥于是日。况薰风溥畅,朱夏清和,宜推休朝之恩,用庆庞鸿之贶。在京百司及诸路,并赐休假一日,自今六月六日。准此。

〔二〕**神保观**

宋话本勘皮靴单证二郎神：明早又起身，到**二郎神庙**中，却惹出一段蹊跷作怪的事来。正是：情知语是钩和线，从前钓出是非来。

话休烦絮。当下一行人到得庙中，庙官接见，宣疏拈香礼毕。却好太尉夫人走过一壁厢，**韩夫人**向前，轻轻将指头挑起销金黄罗帐幔来定睛一看，不看时万事全休，看了时，吃那一惊不小！但见：

头裹金花幞头，身穿赭衣绣袍，腰系蓝田玉带，足登飞凤乌靴。虽然土木形骸，却也丰神俊雅，明眸皓齿。但少一口气儿，说出话来。

当下**韩夫人**一见，目眩心摇，不觉口里悠悠扬扬，漏出一句俏话低声的话来："若是氏儿前程远大，只愿将来嫁得一个丈夫，恰似尊神模样一般，也足称生平之愿。"

〔三〕**弹弓**

宋话本小天湾天狐诒书：**王臣**道："这孽畜作怪！不知看的是什么书？且教他吃我一弹。"按住丝缰，绰起那水磨角靶弹弓，挥手向袋中，摸出弹子放上，觑得较亲，弓开如满月，弹去似飞星，叫声"着！"那二狐正在得意之时，不知林外有人窥看，听得弓弦响，方才抬头观看，那弹早已飞到，不偏不斜，正中执书这狐左目。

黄休复茅亭客话卷九弹鸳鸯：**章子朋**者，善书勒大字，妙放小弩弹丸，发无不中。

宋话本勘皮靴单证二郎神：只听得万花深处，一声响亮，见一尊神道，立在夫人面前。但见：

龙眉凤目，皓齿鲜唇，飘飘有出尘之貌：若非阆苑瀛洲客，便是餐霞吸露人。

仔细看时，正比庙中所**塑二郎神**模样，不差分毫来去。手执一张弹弓，又象**张仙**送子一般。

看看至晚，**二郎神**却早来了。但是他来时，那弹弓紧紧不离左右。

法官披衣仗剑，昂然而入，直至韩夫人房前，大踏步进去，大喝一声："你是何妖邪！却敢淫污天眷！不要走，吃吾一剑！"二郎神不慌不忙，便道："不得无礼！"但见：

左手如托泰山，右手如抱婴孩，弓开如满月，弹发似流星。

当下一弹弓，中王法官额角上，流出鲜血来，霍地望后便倒，宝剑丢在一边。

〔四〕斗鸡

高承事物纪原卷九博弈嬉戏部斗鸡：列子有纪渻子为周宣王养斗鸡之事。左传述季郈之鸡斗，季氏芥其羽，郈氏为之金距，推此则兹戏之始，当出于周也。

周去非岭外代答卷九禽兽门斗鸡：芥肩金距之技，见于传而未之睹也。余还自西广，道番禺乃得见之，番禺人酷好斗鸡，诸番人尤甚。鸡之产番禺者特鸷劲善斗，其人饲养亦甚有法。斗打之际各有术数，注以黄金，观如堵墙也。凡鸡，毛欲疏而短，头欲紧而小，足欲直而大，身欲竦而长，目欲深而皮厚，徐步耽视，毅不妄动，望之如木鸡，如此者每斗必胜。人之养鸡也，结草为墩，使立其上，则足尝定而不倾；置米高于其头，使耸膺高啄，则头常竖而嘴利；割截冠緌，使敌鸡无所施其嘴；剪刷尾羽，使临斗易以盘旋。常以翎毛搅入鸡喉，以去其涎，而掬米饲之。或以水噀两腋。调饲一一有法。至其斗也，必令死斗，胜负一分，死生即异。盖斗负则丧气，终身不复能斗，即为鼎实矣。然常胜之鸡，亦必早衰，以其每斗屡滨死也。斗鸡之法，约为三间。始斗少顷，此鸡失利，其主抱鸡少休，去涎饮水以养其气，是为一间。再斗而彼鸡失利，彼主亦抱鸡少休，如前养气而复斗，又为一间。最后一间，两主皆不得与，二鸡之胜负生死决矣。鸡始斗，奋击用距，少倦则盘旋相啄，一啄得所，嘴牢不舍，副之以距，能多如是者，必胜。其主喜见于色。蕃人之斗鸡，乃又甚焉，所谓芥肩金距真用之。其芥肩也，末芥子

586

三才图会斗鸡图

掺于鸡之肩腋,两鸡半斗而倦,盘旋伺便,互刺头腋下,翻身相啄,以有芥子能眯敌鸡之目,故用以取胜。其金距也,薄刃如爪,凿柄于鸡距,奋击之始,一挥距或至断头。盖金距取胜于其始,芥肩取胜于其终。季孙于此,能无怒耶？小人好胜,为此凶毒,使微物不得生,自三代已然。

　　宋白宫词:花萼楼高望柳堤,春桥横水短虹猊。王陵游侠翩翩过,半脱朱袍斗锦鸡。

　　宋庠斗鸡:对垒毸毸地,双惊灭玉尘。长鸣非后郭,利嘴欲专秦。鸥领聊延敌,鹰扬愿杀身。君恩定多少,引距即随人。

　　梅尧臣晚泊观斗鸡:舟子抱鸡来,雄雄跱高岸。侧行初取势,俯啄示无惮。先鸣气益振，奋击心非懦。勇颈毛逆张，怒目眦裂肝。血流何所争，死斗欲充玩。应当激猛毅，岂独专晨旦。胜酒人自私，粒食谁尔唤。缅怀彼兴魏，傍睨当衰汉。徒然驱国众，曾靡救时难。群雄自苦战，九锡邀平乱。宝玉归大奸，干戈托奇算。从来小资大，聊用一长叹。

黄庭坚养斗鸡：峥嵘已介季氏甲，更以黄金饰两戈。虽有英心甘斗死，其如纪省木鸡何。

洪迈夷坚支癸卷第一穆次裴斗鸡：穆度，字次裴，青州人。政和四年，为颍州沈邱主簿，赴同官宴集。及鸡臛至，不下箸。揖之再三，但拱手而已。问其故，曰："度平生好斗鸡，一鸡既胜矣，复使再与他鸡斗而败，度甚怒，尽拔其腹背毛羽。鸡哀鸣宛转，一夕死。未几，梦为二皂衣追去。行无人之境，遇冠金冠七道人，皂衣黑带，拱立于侧，执礼绝恭。度意其神也，趋揖致祷。其一人曰：'汝生于酉，鸡为相属，何得残暴如是？今诉于阴司，决不可免。'度惧甚，乞放还人世，当设醮六十分位以谢过。仍资荐鸡托生，道人敕二吏释之，遂寤。因循惮费，经岁未偿。复梦二童来摄，迫趣急行。到官府，七金冠者列位，责亦如前所言。度俯伏请命，乞至本家，增修百二十分。蒙见许，且戒以宣科之际，勿烧降真香，盖吾辈私营救汝耳。俄顷得回。度不寐待旦，亟延道流，诚悫还赛。自是之后，不复敢食鸡，举家亦因断此味，今十余年矣。"诸客为之悚然。穆作异梦记，具述所睹。七道人者，实北斗七星灵化。穆氏素所严事，故委曲救护至此。

杨彦龄杨公笔录：世人以斗鸡为雄。

无名氏宣和画谱卷十五花鸟一五代梅行思：梅行思，不知何许人也。能画人物、牛马，最工于鸡，以此知名，世号曰"梅家鸡"，为斗鸡尤精，其赴敌之状，昂然而来，竦然而待，磔毛怒瘿，莫不如生，至于饮啄闲暇，雌雄相将，众雏散漫，呼食助叫，态度有余，曲尽赤帻之妙，宜其得誉焉。鸡者，庖厨之物，初不足贵，昔人谓画犬马为难工，以其日夕近人,唯鸡亦如此。故作斗鸡,不无意也。<u>行思</u>,<u>唐</u>末人,接<u>五代</u>,家居<u>江南</u>,为<u>南唐李氏</u>翰林待诏,品目甚高,今御府所藏四十有一:牡丹鸡图一 蜀葵子母鸡图三 萱草鸡图二 鸡图十三 引雏鸡图五 子母鸡图三 野鸡图一 笼鸡图六 负雏鸡图一 斗鸡图六

<u>陈元靓</u>重编群书类要事林广记卷之七兽医集验斗鸡病方:斗鸡,以雄黄末搜饭饲之,可去其胃虫,此药性热,又可使健,善斗,常以狸脂涂其爪、体,能使它鸡畏。

[<u>文案</u>]据开封斗鸡研究者<u>高秀峰</u>文:开封斗鸡,承袭<u>宋</u>之古俗,仍以一百市两(十六两旧制)为准。斗鸡须坚胸拔脯、羽毛紧凑、身架利落。体重分大、中、小,大者八斤,中者七斤,小者六斤。毛色则以青、红、紫、皂为上品。头小皮紧,面近无毛为好,以利打斗。嘴以短粗略弯曲,尖而锐利为佳。眼宜色泽分明,有神,眼窝洼陷。冠宜小而平。腿宜匀称、健壮、敏快、有力。爪指宜长,趾间宜宽大,站跳稳健,呈十字形。骨骼宜胸骨、头骨开阔厚实。以上足以反观<u>宋</u>时斗鸡之情形。

〔五〕乔相扑

<u>傅起凤、傅腾龙</u>中国杂技史第六章都会杂技的繁荣三技艺的提高和新节目的涌现:<u>宋</u>以后,杂技和相扑虽分道扬镳,但某些动作和套子仍保留在杂技舞台上,如滑稽节目中的"抢椅子"、"打死人"等,都用了许多摔跤的技巧。而"乔相扑"则是用巧妙的乔装形式,把"相扑"这个古老的游艺项目十分幽默风趣地保留在杂技舞台上,其法是用稻草、棉花扎成两个偶人上身,加以彩绘衣着,俨然是两个扭抱在一起相扑的斗士;演员一人弯腰四肢着地,背负着这对偶人,在偶人衣袍的掩盖下,乔装成一对斗士,互扭、互抱,展示了摔跤场上的种种解数,在经过种种激烈拼搏的场面后,演员起身亮相,观者为之捧腹。这个节目一直流传下来,在<u>清代</u>称为"假人摔跤"或"鞑子摔跤",俗称"跤人子"。这个节目的诞生和演变,说明<u>宋代</u>力技之盛,且与杂技关系密切。因为,若不深知摔跤就里,便创作不出如此逼真的假人摔跤形象;

山西晋城宋墓墓顶相扑图

而从巧妙操纵假人的设计来看,它与杖头傀儡、肉傀儡,也有一脉相承的关系。

　　四水潜夫武林旧事卷第六诸色伎艺人乔相扑:元鱼头　一条白夜明珠　鹤儿头　斗门乔　鸳鸯头　白玉贵　一条黑　何白鱼。

〔六〕**浪子**

　　杨彦龄杨公笔录:方言曰冢,谓之埌,音浪,俗谓林野为浪,当用此字。

　　脱脱宋史卷三百五十二列传第一百一十一李邦彦:邦彦俊爽,美风姿,为文敏而工。然生长闾阎,习猥鄙事,应对便捷;善讴谑,能蹴鞠,每缀街市俚语为词曲,人争传之,自号"李浪子"。

　　吴淑谑名录:浪子宰相李邦彦也。

　　施耐庵罗贯中水浒传第六十一回吴用智赚玉麒麟　张顺夜闹金沙渡:那人更兼吹的、弹的、唱的、舞的,拆白道字,顶真续麻,无有不能,无有不会。亦是说的诸路乡谈,省的诸行百艺的市语。更且一身本事,无人比的。拿着一张川弩,只用三枝短箭,郊外落生,并不放空,箭到物落,晚间入城,少杀也有百十个虫蚁。若赛锦标社,那里利物管取都是他的。亦且此人百伶百俐,道头知尾。本身姓燕,排行第一,官名单讳个青字。北京城里人口顺,都叫他做浪子燕青。

　　九山书会张协状元第四十八出:(净)耆卿也吟得诗,做得词,超得

590

烘儿,品得乐器,射得弩,踢得气球。(末)那些个浪子班头。

古杭书会小孙屠第二出:〔锦衣香〕见浪子,闲游戏。并艳质,闲游戏。

〔七〕**学像生**

耐得翁都城纪胜社会:小女童像生叫声社。

西湖老人繁胜录:国忌日分,有无乐社会。初八日、十二日、十三日。恃田乐、乔谢神、乔做亲、乔迎酒、乔教学、乔捉蛇、乔焦䭔、乔卖药、乔像生、乔教象、习待诏、青果社、乔宅眷、穿心国进奉、波斯国进奉。

〔文案〕像生则如真无异,梦粱录卷十九四司六局筵会假赁载果子局、蜜煎局、菜疏局制作之"像生花果"、"蜜煎像生果窠儿"、"糟藏像生件段",均为此意,学则为摹拟意。若元杂剧风雨像生货郎旦李彦和"谢那老的教我唱货郎儿度日,把我乡谈都改了",即"学像生"之典型也。

〔八〕**研鼓**

洪迈夷坚丁志卷第八胡道士:胡五者,宜黄细民,每乡社聚戏作研鼓时则为道士,故目为胡道士。

彭乘续墨客挥犀卷七:王子醇初平熙河,边陲宁静,讲武之暇,因教军士为傀儡讶鼓戏,数年间,遂盛行于世。

〔九〕**道术**

章叔虎搜神秘览卷上道术:许懋侍禁素好黄白术,凡以此而欲见者,未尝不接之。一日,有道人造谒,懋甚顾遇,终不言姓字,与之饮至晚,懋问曰:"子有何术耶?愿一见教。"道人遂于怀中出一子,悬于壁间,唯画一药炉童子执一扇而立,道人为懋曰:"有水银略求少许,作一戏术。"懋因与之。道人遂倾于所画药炉中,及出一墨药掺之,则铿然有声,须臾,顾执扇者曰:"向西立。"即西向;"向东立",即东向。又云:"下来,下来。"俄然,执扇者已离簸子,立于道人之傍,戒之曰:"吾为少药,慎不可以惊动,汝频扇之可矣。"复上簸子,跪于炉前,纸扇频动,而炉中之火连焰相烛,懋惊异之曰:"先生一何神耶? 今日得遇于先生,愿无惜以相传。"道人笑而言曰:"夫黄白之术,促天地阴阳之数,非积功累行不可苟求,设或得之,其速汝祸,非吾敢传。后五十年当相寻于茅山之下,子得之矣。"道人又呼执扇者曰:"住扇。"取炉中之药,已成丹矣,有五色光异,道人曰:"此丹点化无穷,服之则羽化。"遂自吞之,收簇于怀中,翩然而去。又一相识云:向在嘉州王秀才者,亦好此术。忽有一人欲假馆,王遂留之,亦恐其有异也。薄具殽酒以延之,其人曰:"王秀才,闻说好道术,还曾见否?"遂取胶泥,裁成铤银,以绯纸衬于庭中,用小盆合之,须臾,火焰四出,酒又数行,火气渐息,以沃之,曰:"速成速起。"而视之已成白金矣。王遂恳求其法。其人曰:"至道不难,有分者得之。吾虽欲强与人,亦不可得。子须修心,常积阴行,不求而至。"坚不传,翌日乃去。又有一道人,在越州邸中,身衣芜叶,日于酒肆中贷酒,及月余,日市酒人督所逋金。道人曰:"来日可矣。"遂归邸中,扃户,人有乘间而窥者,见取出水银置一铫中,糁少青白药,以火煅之,少顷,倾注。翌日于市中质钱数十千,市人疑而试之,举手糜碎。道人曰:"尚少一火。"遂再挈归,至晚复来煅炼,愈光润矣。以钱酬市酒人,所遇贫者辄施之,及一二十千。乃售小舟,泛江而去。

[文案]道人有术,屡见不鲜。然就其"道术"而言,则主要为黄白之术,以上三事可见黄白之术即炼丹术也。然宋之道术已向不为钱财亦不为服食而演进,专心追求于"道"之奥妙,是为道术也。

〔一〇〕幡竿

宋话本勘皮靴单证二郎神:韩夫人点头应允。侍儿们即取香案过来。只是不能起身,就在枕上,以手加额,祷告道:"氏儿韩氏,早年入宫,未蒙圣眷,惹下业缘病症,寄居杨府。若得神灵庇护,保佑氏儿身体康健,情愿绣下长幡二首,外加礼物,亲诣朝廷顶礼酬谢。"当下太尉夫人,也拈香在手,替韩夫人祷告一回,作别不提。

可霎作怪,自从许下愿心,韩夫人渐渐平安无事。将息至一月之后,端然好了。太尉夫人不胜之喜,又设酒起病。太尉夫人对韩夫人说道:"果然是神道有灵,胜如服药万倍。却是不可昧心,负了所许之物。"韩夫人道:"氏儿怎敢负心!目下绣了长幡,还要屈夫人同去了还愿心,未知夫人意下如何?"太尉夫人答道:"当得奉陪。"当日席散,韩夫人取出若干物事,制办赛神礼物,绣下四首长幡。自古道好:火到猪头烂,钱到公事办。

凭你世间稀奇作怪的东西,有了钱,那一件做不出来。不消几日,绣就长幡,用根竹竿叉起,果然是光彩夺目。

佚名元代画塑记杂器用:皇庆元年十二月十六日,敕崇祥使野纳,普庆寺依大崇恩□元寺例,铸挂幡铜竿,下令省部铸造幡竿二,各带日月环鸟花等于其末,长一百尺、上围一尺一寸、下围三尺三寸。用物:赤金二百三十七两,水银八十二斤,鍮石二万五千六百七十二斤,赤铜七十八斤,坠铜十六斤,定铁一百斤,白铁一百六十斤,黄蜡八十斤,沥青四百八斤,蛤粉四百斤,矾一百二十斤,铁线十斤,柴三千,木炭八万七千三百斤,水和炭二万八千六百三十五斤,简铁八千六百九十五斤,石材五十八。 二年十一月十二日留守伯帖木儿等奏:万寿山幡竿,二十余年皆已打腐,宜依皇城五门幡竿制,以铜铸之,制可。铸造铜幡竿一,长一百尺,大头径九寸、小头径五寸。带铁索。用物:赤铜一万九千斤,生铁八百四十斤,白铁二千五百斤,磁铜四千六百二十五斤,东简铁七千三百四十斤,赤金二十三两九分,白银七两,水银八两三钱,盐五十斤,白矾二十五斤,油五十斤,面一百斤,燋五千斤,条砖三千,水和炭二万二千二十斤,白木炭八万六千一百三十五斤,夹椿石二,各长一丈四尺、阔二尺、厚一尺五寸,拽铁索石十,各长八尺、厚二尺、阔二尺,石础一,长三尺八寸、阔三尺、厚一尺二寸,漫石二十,各长三尺、厚五寸。

是月巷陌杂卖

是月时物,巷陌路口,桥门市井,皆卖大小米水饭[一]、炙肉、干脯、莴苣笋、芥辣瓜儿[二]、义塘甜瓜[三]、卫州白桃、南京金桃[四]、水鹅梨、金杏、小瑶李子[五]、红菱沙角儿[六]、药木瓜、水木瓜、冰雪凉水、荔枝膏,皆用青布伞[七],当街列床[八]、凳[九]堆垛。冰雪惟旧宋门外两家最盛[一○],悉用银器。沙糖绿豆、水晶皂儿、黄冷团子、鸡头穰冰雪、细料馉饳儿、麻饮鸡皮、细索凉粉、素签成串[一一]、熟林檎、脂麻团子、江豆碢儿、羊肉小馒头、龟儿沙馅[一二]之类。都人最重二伏①[一三],盖六月中别无时节[一四],往往风亭水榭,峻宇高楼,雪槛冰盘[一五],浮瓜沉李[一六],流杯曲沼,苞鲊新荷,远迩笙歌,通夕而罢。

[校]

①“二伏”,陈元靓岁时广记卷二十五浮瓜李作“三伏”。

[注]

〔一〕大小米水饭

范致明岳阳风土记:湖湘间,宾客燕集供鱼清羹,则众皆退,如中州之水饭也。

曹组点绛唇水饭:霜落吴江,万畦香稻来场圃。夜村春黍,草屋塞灯雨。 玉粒长腰,沉水温温注。相留住。共抄云子,更听歌声度。

黄休复茅亭客话卷五李老:袁氏,不记名,人皆目为袁野人,尝居广都县庄。时盛暑，有一老人衣白，诣袁庄，求见袁，及席，谓袁曰："某李氏，家于此县之南，特来有托于君子，愿君悯宥，当有厚酬。"袁亦不甚诺之，但宽勉而已，且留水饭、咸豉而退。复三日，因暴雨溪涨，庄民举网，获一鲤鱼，可三尺许，鳞鬣如金，拨剌不已。袁呼童就机割之，腹有饭及咸豉少许。袁因悟李老者，鱼也。

梁同书直语补证清水白米饭：今语吃了清水白米饭，在江边救人。全语虽无所出，然五灯会元：开宝年间玄沙师备禅师云："浙中清水白米，从汝吃，佛法未会在。"乃知四字正杭语也。

［文案］水饭为水浇之饭，或可称之为泡饭、白饭，而非粥也，粥为专门之名，武林旧事卷六粥条可证。水饭起源较早，贾思勰齐民要术专作飧饭一篇，飧饭即水浇饭也，可择二则以窥其做法："投�时，先调浆令甜酢适口。下热饭于浆中，尖出便止。宜少时住，勿使挠搅，待其自解散，然后捞盛，飧便滑美。若下饭即挠，令饭涩。投饭调浆，一如上法。粒似青玉，滑而且美。又甚坚实，竟日不饥。弱炊作酪粥者，美于粳米。"此为北魏黄河流域水饭制作之况，当可比照于东京水饭。明清则仍见其踪，明西周生醒世姻缘传二十三回进呈杨宫保尚书食物亦有"一大罐绿豆小米水饭"。清薛宝辰素食说略卷四饭："都人以水煮米至熟，漉置竹筛中，覆以湿布，名曰澄饭，殊不如法。"此亦为东京水饭之遗。

〔二〕芥辣瓜儿

［文案］芥辣为芥菜、陈芥或淹或调而成之调味品，详注见卷二。"芥辣瓜儿"，乃用"芥辣"拌和酿作，非一种瓜儿也。

〔三〕义塘甜瓜

张邦基墨庄漫录卷之二：襄邑义塘村，出一种瓜，大者如拳。破之，色如黛，味甘如蜜，余瓜莫及。顷岁贡之。

宋话本张古老种瓜娶文女：众人坐定，只见大伯子去到篱园根中，去那雪里面，用手取出一个甜瓜来。看这瓜时，真个是：绿叶和根嫩，黄花向顶开。香从辛里得，甜向苦中来。

那甜瓜藤蔓枝叶都在上面。众人心中道:"莫是大伯子收下的?"看那瓜颜色又新鲜。大伯取一把刀儿,削了瓜皮,打开瓜顶,一阵异气喷人。

寇宗奭本草衍义甜瓜:暑月服之,永不中暑气,多食未有不下利者,贫下多食,至深秋作痢为难治,为其消损阳气故也,亦可以如白冬瓜煎渍收。

凌万顷边实淳祐玉峰志卷之下食物:杨庄瓜出县西三里外,有仙人以瓜遗,村民种之,花尖俱小,而味极甘。

〔四〕**金桃**

黄休复茅亭客话卷八滕处士:有金桃,深黄,剖之至核,红翠如金,味美,为桃之最也。

文同金桃:雨染烟蒸万实垂,丹朱为骨菊为衣。客疑丽水新淘得,人向瑶池旧带归。只恐压枝星欲落,最怜和叶露初晞。银瓜玉李君休并,此品仙家亦自稀。

[文案]叶廷珪海录碎事卷二十二下记:唐贞观间,康国献来一种黄桃,大如鹅卵,因其色如金,呼为金桃。验之清广群芳谱果谱一所言金桃"色黄如金",方知金桃为舶来之品。

〔五〕**小瑶李子**

丁用晦芝田录:魏武帝迁献帝于许昌,有小李色黄,大如含桃。帝尝食,至今号为"小御李"。

杨奕口述杨文公谈苑一卷小窑李:许州小窑出好李,太常少卿刘蒙正有园在焉,多植之。每遗贵要,窃得尝之,绝大而味佳,所未曾知也。

〔六〕**红菱沙角儿**

施宿嘉泰会稽志卷十七草部:菱一名芰,屈到嗜芰即此是也,亦名薢茩,说文云:楚谓之芰,秦谓之薢茩,越人谓小者为刺菱,大者为腰菱。今俗但言菱芰,诸草木书亦不分别。惟武陵记云:四角、三角曰芰,两角曰菱,其花紫色,昼合宵放,随月转移,犹葵之随日也。越中所产,近罗文菱最大,即所谓腰菱也。

吴仁杰离骚草木疏卷第一芰:制芰荷以为衣,王逸注:芰,菱也,秦人曰薢茩。仁杰按:尔雅:菱,一名蕨攗。字林:楚人名菱曰芰,可食。国语屈到所嗜,俗云菱角是也。本草有芰实。蜀本图经云:"生水中,叶浮水上,其花黄白色。"嘉祐图经云:"花落而实生,渐向水中,乃熟。一种四角,一种两角,两角中又有嫩皮而紫色者,谓之浮菱。"王安贫武陵记:"两角曰菱。三角四角曰芰,通谓之水栗。"杜牧之晚晴赋云:"复引舟于深湾,忽八九之红芰,姹然如妇,敛然如女。"今菱花色黄白而叶绿,故反离骚云:"衿芰茄之绿衣。"又三都赋云:"绿芰泛涛而浸淫。"牧之所云,似误以芰为芙蓉华也。周官:"聚敛疏材。"郑康成云:"疏材,百草根实可食者。"贾公彦曰:"百草或取根,谓若菱芡之属,取实,谓若榛栗之属。"按芡实可食,根亦可作蔬茹,吴中谓之鸡头菜。至菱,则可食者实耳,非根也。

谈钥嘉泰吴兴志卷十八食用故事菱:本草谓之菱,一名芰,即屈到所嗜者。陶隐居云:庐江间取火燔,以为米充粮。蜀本经云:实有二种,一四角,一两角,今乡土种此成荡不止二种,两角者有果菱,差小有湖跌菱,色红。又有青菱,色青角而曲利,四角者有野菱,最小者极钻钻,有太州菱,实丰而美,土人所重。近又有无角者,谓之馄饨菱,以其形似也。秋晚采实,竹箔曝干,去壳为米亦为果,有收至十数斛者,地名有菱湖。皎然诗曰:"路入菱湖深。"

范成大吴郡志卷三十土物下:芰,即菱也,今人但言菱。诸家草木书亦不分别,唯武陵记云:四角、三角曰芰,两角曰菱。今苏州折腰菱多两角。折腰菱,唐甚贵之。今名腰菱,有野菱、家菱二种。近世复出馄饨菱,最甘香。腰菱废矣。

[文案]据孙注本:红菱沙角儿可称之为红绿嫩菱角。菱角煮过,矾汤焯之,红绿如生。初生菱嫩名为"沙角儿"。比照上引数则,聊备一说。

〔七〕**青布伞**

叶绍翁四朝闻见录甲集太学诸生置绫纸：郑昭先为台臣，倏当言事月，谓之月课。昭先纯谨人也，不敢妄有指议，奏疏请京辇下勿用青盖，惟大臣用以引车，旨从之。太学诸生以为既不许用青盖，则用皂绢为短簷伞，如都下卖冰水担上所用，人已共嗤笑。

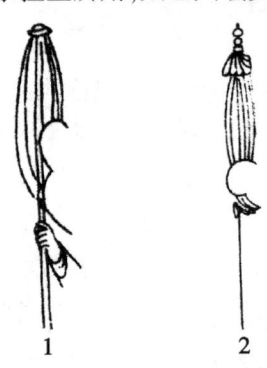

1. 白沙宋墓第二号墓甬道西壁壁画中的伞盖
2. 传唐胡环绘卓歇图中的伞盖

〔八〕**床**

陆游老学庵笔记卷五：承平时，鄜州田氏作泥孩儿名天下，态度无穷，虽京师工效之，莫能及。一对至直十缣，一床至三十千，一床者或五或七也。

宋话本西山一窟鬼：婆子道："这个'不是冤家不聚会'。好教官人得知，却有一头好亲在这里：一千贯钱房卧，带一个从嫁，又好人材，却有一床乐器都会。"小娘子道："我只要嫁个读书官人。"更兼又没有爹娘，只有一个从嫁，名唤锦儿。因他一床乐器都会，一府里人都叫做李乐娘。

文震亨长物志卷六交床：即古胡床之式，两都有籑银银铰钉圆木者，携以山游，或舟中用之最便，金漆、折叠者俗不堪用。床：以宋元断纹小漆床为第一。次则内府所制独眠床，又次则小木出高手匠作者，亦自可用。<u>永嘉</u>、<u>粤东</u>有折叠者，舟中携置亦便，若竹床及飘檐、拔步、彩漆、卍字、回绞等式，俱俗。近有以柏木啄细如竹者，甚精，宜闺阁及小斋中。

1. <u>白沙</u>宋墓第一号墓前室西壁壁画中砖砌脚床子侧面
2. 传<u>五代</u>顾闳中绘韩熙载夜宴图中的脚床子
3. 传宋李公麟绘高会习琴图中的脚床子

〔文案〕一床泛指一定数目配套之器物，以载物之用具为最。<u>隋</u><u>唐</u>以来宫廷民间广泛使用之交床，<u>资治通鉴</u>胡三省注谓"敛之可挟，放之可坐"，类似今之"马扎儿"。此处所言"床"即为交床也，此床置物，最便。

〔九〕凳

〔文案〕凳面为平面，下有腿足，供人坐息，亦可摆放物品。<u>安小丽</u>椅凳类家具曾谓：南方嫁女常用春凳，一般将陪嫁衣物箱奁放春凳凳面之上，再抬进新房。<u>清明上河图</u>茶肆正店内外比比皆是之长、方之凳，侧脚、收分、马蹄之样式均有，类如<u>宋</u>画<u>小庭婴戏图</u>中方凳；凳面不用镶板，而用席心，四足削出马蹄。

〔一〇〕**冰雪惟旧宋门外两家最盛**

<u>白锡</u>鬻冰咏：赫日生炎晖，鬻冰方及时。邀利有得色，冰消俄若遗。两失俱无猜，虽悔安可追。仁惠当务远，勿使失其宜。

<u>刘敞</u>戏作卖雪人歌：北风冱寒红日短，火炉燃薪不知暖。南山阑干雪塞满，连玉叠琼何足算。时移事异不可言，眼看星火垂南天。道傍暍死常比肩，市儿相与赢金钱。彻功有时难久全，物生岂有金石坚。煎汤沸腾在眼前，可得意气长矜权。

〔一一〕**素签成串**

〔文案〕"签"，卷二已注。"素签成串"显然非羹，乃与元油煎羊肠曰

"鼓儿签字"者相近,为一段一段穿之于纤条成串,可谓若"豆黄签"之类素食之过油食品,若梦粱录卷十六分茶酒店"荤素签"、"抹肉笋签"。

〔一二〕**龟儿沙馅**

[文案]龟儿为宋城流行市食点心。若梦粱录卷十六荤素从食店:寿带龟仙桃、子母龟。居家必用事类全集庚集羊肚馅:寿带龟(熟馅,寿筵供)。龟莲馒头(同上)。所谓沙馅者,乃豆沙馅、澄沙糖馅也,若菜馅、七宝馅、酸馅、辣馅、打拌馅、猪肉馅、熟细馅,皆可称之。

〔一三〕**二伏**

[文案]如校记所言,此处"二伏"当作"三伏"。

王旦谢三伏早出表二:温风扇候,伏火御时。使自上方,思覃近列。荷眷怜之甚厚,揣绵薄以非宜。中谢。共惟皇帝陛下,圣德无名,神功不伐。每自勤于政治,犹知下之勤劳;悯徂暑之蕴隆,俾未旰而夙退。虽天地生成之惠,不过于兹;顾草茅微贱之资,未知为报。

四水潜夫武林旧事卷第七:因闲说宣和间,公公每遇三伏,多在碧玉堂及风泉馆、方荷庄等处纳凉,此处凉甚,每次侍宴,虽极暑中,亦着纳袄儿也。

〔一四〕**时节**

项安世项氏家说卷八节序说:俗言端午为屈原,七夕为女、生,皆附会之说也。大率人情每两月必一聚会,而月必用阳,日必重之,此古人因人情而立教,示尊阳也。是故正月则用一日,三月则用重三,五月则用重五,七月则用重七,九月则用重九,皆取阳月阳日,独十一月用冬至,盖阳生之日亦重阳也,书之正月上日,与月正元日,皆正月一日之名也,诗之溱洧、秉兰,论语之暮春浴沂,皆重三祓禊之俗也,然则序之立古矣。

〔一五〕**雪槛冰盘**

[文案]据邓云乡增补燕京乡土记:近代北京夏日,卖冰镇食品小摊,先是将果子干之类,冷开水浸开,再加藕片,堆在一五彩大瓷盘中,上置一晶亮大冰,此之为"冰盘"。盘中碎冰围之瓜果,围则槛也,称之

为"雪槛"。

〔一六〕**浮瓜沉李**

无名氏五色线浮瓜沉李:魏文帝与吴质书曰:浮甘瓜于清泉,沉朱李于寒水。李安度荔子诗云:浮瓜沉李谩垂名。

宋话本崔衙内白鹞招妖:时光似箭,日月如梭,撚指间过了三个月,当时是夏间天气:

夏,夏!雨余,亭厦,纨扇轻,蕙风乍。散发披襟,弹棋打马。古鼎焚龙涎,照壁名人画。 当头竹径风生,两行青松暗瓦。最好沉李与浮瓜,对青樽旋开新鲊。

七 夕

七月〔一〕七夕,潘楼街①东宋门外瓦子、州西梁门外瓦子、北门外、南朱雀门外街及马行街内,皆卖磨喝乐〔二〕,乃小塑土偶〔三〕耳。悉以雕木彩装栏座,或用红纱碧笼②,或饰以金珠牙翠,有一对直数千者③。禁中及贵家与士庶为时物追陪。又以黄蜡④〔四〕铸为⑤凫雁、鸳鸯、鸂鶒〔五〕、龟鱼⑥之类,彩画金缕,谓之"水上浮"〔六〕,又以小板上傅土旋种粟令生苗,置小茅屋花木,作田舍家小人物,皆村落之态,谓之"谷板"〔七〕。又以瓜雕刻成花样,谓之"花瓜"〔八〕。又以油面糖蜜造为笑靥儿,谓之"果食",花样奇巧百端,如捺香方胜〔九〕之类。若买一斤,数内有一对被介胄者如门神〔一〇〕之像,盖自来风流⑦,不知其从,谓之"果食将军"〔一一〕。又以绿豆、小豆、小麦于磁器内,以水浸之,生芽数寸,以红蓝彩缕束之,谓之"种生"〔一二〕。皆于街心彩幕帐设〔一三〕，出络货卖。七夕前三五日，车马盈市，罗绮满街，旋折未开荷花〔一四〕，都人善假做双头莲〔一五〕，取玩一时，提携而归，路人往往嗟爱。又小儿须买新荷叶执之〔一六〕，盖效颦磨喝乐。儿童辈特地新妆，竞夸鲜丽。至初六日七日晚，贵家多结彩楼于庭，谓之"乞巧楼"〔一七〕。铺陈磨喝乐、花瓜、酒炙、笔砚、针线，或儿童裁诗〔一八〕，女郎呈巧，焚香列拜，谓之乞巧。妇女望月穿针〔一九〕，或以小蜘蛛安合子内，次日看之，若网圆正，谓之"得巧"。里巷与妓馆，往往列之门首，争以侈靡相尚。磨喝乐本佛经摩睺罗，今通俗而书之。

[校]

① 陈元靓岁时广记卷二十六磨喝乐于"潘楼街"前有"京师"二字。

② "红纱碧笼"，陈元靓岁时广记卷二十六磨喝乐作"碧纱笼"。

③ "数千者"后，陈元靓岁时广记卷二十六磨喝乐有"本佛经云摩睺罗，俗讹呼为磨喝乐。南人目为巧儿"二十字。

④ "黄蝎"，陈元靓岁时广记卷二十六水上浮作"黄蜡"。

⑤ 陈元靓岁时广记卷二十六水上浮于"铸为"后有"牛女人物及"五字。

⑥ 陈元靓岁时广记卷二十六水上浮"龟鱼"互乙，补"莲荷"二字。

⑦ "风流"，谢维新古今合璧事类备要前集卷十七节序门七夕京师旧俗作"风俗"。

[注]

〔一〕七月

欧阳修渔家傲又：七月新秋风露早，渚莲尚拆庭梧老。是处瓜华

时节好。金尊倒,人间彩楼争新巧。万叶敲声凉乍
到,百虫啼晚烟如扫。箭漏初长天杳杳。人语悄,那堪
夜雨催清晓。

〔二〕**磨喝乐**

宋话本<u>碾玉观音</u>:去府库里寻出一块透明的羊脂
美玉来,即时叫将门下碾玉待诏道:"这块玉堪做甚
么?"内中一个道:"好做一副劝杯。"郡王道:"可惜,恁
般一块玉,如何将来只做得一副劝杯!"又一个道:"这
块玉上尖下圆,好做一个摩侯罗儿。"郡王道:"摩侯罗
儿只是七月七日乞巧使得,寻常间又无用处。"

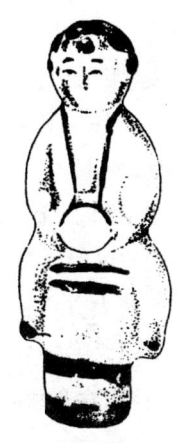

宋代白胎彩绘
童子玩具像

厉鹗<u>南宋杂事诗</u>卷五:此日轻儇嗟士风,谐谈盆
盎浴堂中。摩侯罗样黝雕戏,灯禁自应先蜡红。<u>三
朝政要</u>:贾相患举人猥众,御史请置士籍,复试之日,
露索怀挟。辛未榜李钫孙者,少时戏雕摩睺罗于股间,
搜者视之,骇曰:'此文身者。'事
闻被黜。

<u>孟汉卿张孔目智勘魔合罗</u>第二折:(<u>高山</u>云)你休打孩儿,我与他
一个魔合罗儿。你牢牢收着,不要坏了,底下有我的名字,道是<u>高山</u>
塑。第四折:〔醉春风〕不强似你教幼女演裁缝,劝佳人学绣刺。要分
别那不明白的重刑名,魔合罗全在你。你若出脱了这妇衔冤,我教人
将你享祭,煞强如小儿博戏。〔滚绣球〕我与你曲湾湾画翠眉,宽绰绰
穿绛衣,明晃晃凤冠霞帔,妆严的你这样何为? 你若是到七月七,那其
间乞巧的,将你做一家儿燕喜,你可便显神通百事依随。比及你露十
指玉笋穿针线,你怎不起一点朱唇说是非,教万代人知?

〔<u>文案</u>〕<u>京都</u>译注本释磨喝乐源于梵语 mahoraga,为人身蛇头蟒
神,而在<u>中国</u>则变为眉清目秀之男儿,<u>日本</u><u>奈良</u><u>兴福寺</u><u>金堂</u>所藏干漆
<u>摩睺罗</u>即如是。现发见磨喝乐实物以男性居多,<u>河南</u><u>禹县</u><u>扒村</u>窑址出
土<u>宋</u>白釉加彩男童子手持荷叶,骑坐鼓形绣墩上,上身着背心,敞怀坦

腹,腰间扎带,带垂至两腿间,其高二十一厘米,红黑彩釉勾画眉目、头鬟、服饰。据王连海中国民间玩具简史考证,此男童像为最接近磨喝乐之作。磨喝乐亦有女性之形象,前举孟汉卿魔合罗杂剧正末所唱即是,所谓"有一对直数千者"亦指一男一女两性也。然梦粱录谓临安儿童手执荷叶,效摩睺罗之状,此东都流传至当时,"不知出何文记也"。中华邓注本则以阿弥陀经疏罗睺罗注摩睺罗,对音讹传,未尝不可。又若大方广佛华严经卷一所述十位摩睺罗迦王,傅芸子宋元时代的磨喝乐之一考察之释解较确:自华严经所说诸"摩睺罗迦王"看来,则"摩睺罗"含义极广,为数无量,内中清净威音的和众妙庄严音的两个当表"音乐之神",所以现在日本所传胎藏曼荼罗图中有执笛击鼓作乐的"摩睺罗迦"像。武林旧事也有"手中所执戏具皆七宝为之"的话,虽未说明何物,或许就含有乐器在内,而宫中广陈"摩睺罗",或者就是依华严经所说的"其数无量"所以广为陈设罢?至于一般人的陈供"摩睺罗",也许因其含义无量,慧力无边,所以民间都膜拜它?

〔三〕**小塑土偶**

陆游渭南文集卷二九:莫言无妙丽,土稚动金门。盖鄜州善作土偶儿,精巧虽都下莫及,宫禁及贵戚家争以高价取之。

无名氏湖海新闻夷坚续志后集卷二怪异门泥孩儿怪:临安风俗,嬉游湖上者,相尚多买平江泥孩儿,仍与邻家,谓之土宜像。院西有一民家女,因得压被孩儿,归置于床屏彩桥之上,玩弄爱惜无厌。

祝穆宋本方舆胜览卷之二平江府:土人工于泥塑,所造摩睺罗尤为精巧。

王安中七夕日送泥儿与彭少逸代简:此儿眉宇太儇好,中但泥沙相合和。造化作人日无数,凭君熟看几争多。

[文案]二十世纪八十年代,宋之"小塑土偶"于江苏镇江出土。据刘兴镇江市区出土的宋代苏州陶捏像介绍:出土塑像,高约十余厘米,此与陆游老学庵笔记所述鄜州泥孩儿"小者二三寸"相合。其为泥

宋代儿童嬉戏泥塑

抟埴捏成，经过烧制，不施釉，间或有加之彩绘点画者，其形可分神像、人物类。其中五个小儿角抵泥塑最为传神，一儿倒地，右臂支撑地上，神闲气定，一儿匍匐地下，右臂环曲，左臂撑前，矫首昂视，三儿旁观，表情各异。五位少儿，大襟长裤，嬉戏如生，泥土本色，当为宋之"小塑土偶"玩具代表作也。

〔四〕**黄蜡**

苏颂本草图经虫鱼部上卷第十四蜜：蜡，蜜脾底也，初时香嫩，重煮治，乃成药家应用。白蜡，更须煎炼，水中烊十数过即白。古人荒岁多食蜡，以度饥。欲啖当合大枣咀嚼，即易烂也。

〔五〕**鸂鶒**

陈耆卿赤城志卷三十六风土门鱼之属：鸂鶒临海志云毛五色，善敕水取鱼。

陆法言、陈彭年覆宋本重修广韵上平声卷第一十二：鸂鸂鶒，水鸟。

杨伯嵒六帖补卷十五服用器皿枕席簟褥衾：鸂鶒卮李存勖，克用长子，年十一，从克用破王行瑜，遣献捷于京师，昭宗异其状貌，赐以鸂鶒卮翡翠盘，而抚其背曰："儿有奇表，后当富贵。"唐本纪。

史能之咸淳毗陵志卷第十三土产禽之属：鸂鶒尾五色，如船柂，小于凫，能食短狐。杜台卿赋云"鸂鶒寻邪而逐害"是也。

朱敦儒双鸂鶒:拂破秋江烟碧。一对双飞鸂鶒。应是远来无力。捎下相偎沙碛。 小艇谁吹横笛。惊起不知消息。悔不当时描得。如今何处寻觅。

文震亨长物志卷四禽鱼鸂鶒:鸂鶒能漱水,故水族不能害,蓄之者宜于广池巨浸,十数为群,翠毛朱喙,灿然水中。他如乌喙白鸭,亦可蓄一二,以代鹅群,曲栏垂柳之下,游泳可玩。

〔六〕**水上浮**

[文案]京都译注本据唐岁时纪事述:七夕以蜡作婴儿浮在水上游戏,含有妇人宜子之祥意。即唐薛能"芙蓉殿上中元日,水拍银盘弄化生。"所谓"化生"者,即瑜珈论"无而化有"之说,妇女于七夕借浮于水中之蜡制婴儿祈求生育是也。

〔七〕**穀板**

[文案]此谓农圃艺术之品也。旧时燕都,其制亦是:以一木板铺棉撒麦,麦出碧芽,新绿可爱。阡陌之亩,置耕农于其间。呼为"穀板",则以穀寓丰收之意。

〔八〕**花瓜**

嵇含南方草木状卷下:枸缘子,形如瓜,皮似橙而金色。胡人重之,极芬香,肉甚厚,白如芦菔。女工竞雕镂花鸟,渍以蜂蜜,点燕檀,巧丽妙绝,无以为比。

刘恂岭表录异卷中:枸橼子,形如瓜,皮似橙而金色,故人重之,爱其香气。京辇豪贵家钉盘筵,怜其远方异果,肉甚厚,白如萝卜。南中女工竞取其肉雕镂花鸟,浸之蜂蜜,点以胭脂,擅其妙巧,亦不让湘中人镂木瓜也。

林洪山家清供卷上香圆杯:谢盘斋(奕礼)不嗜酒,常有"不饮但能着醉"之句。一日,书余琴罢,命左右剖香圆作二杯,刻以花,温上所赐酒以劝客,清芬霭然,使人觉金尊玉斝皆埃溘之矣。

香圆,似瓜而黄,闽南一果耳。而得备京华鼎贵之清供,可谓得矣。

〔九〕**捺香方胜**

1

2

1. <u>白沙宋墓第一号墓甬道顶叠胜彩画</u>
2. <u>营造法式中的罗纹叠胜</u>

［<u>文案</u>］<u>京都</u>译注本谓"方胜"为菱形交互组合连接模样,确。然对"捺香"不明。<u>孙注</u>本释之详:捺,为下按、扣压。香为调味香料。捺香即模具扣成方胜☒形状之食品。

〔一〇〕**门神**

<u>苏轼</u>调谑编争闲气:<u>东坡</u>示参寥云:"桃符仰视艾人而骂曰:'汝何等草芥,辄居我上?'艾人俯而应曰:'汝已半截入土,犹争高下乎?'桃符怒,往复纷纷不已。门神解之曰:'吾辈不肖,傍人门户,何暇争闲气耶?'请妙总大士看此一转语。"

<u>百岁寓翁</u>枫窗小牍卷下:靖康已前,<u>汴</u>中家户门神多番样,戴虎头盔。而王公之门,至以浑金饰之,识者谓虎头男子,是虏字金饰,更是金人在门也。不三数年,而家户被虏,王公被其酷尤甚。

<u>四水潜夫</u>武林旧事卷第三岁晚节物:都下自十月以来,<u>朝天门</u>内外竞售锦装、新历、诸般大小门神、桃符、<u>钟馗</u>、狻猊、虎头,乃金彩缕花、春帖<u>旛</u>胜之类,为市甚盛。

<u>西湖老人</u>繁胜录:宽阔处踢球,放胡哮,斗鹌鹑,卖等身门神、金漆

桃符板、锺馗、财门。

吴自牧梦粱录卷六十二月:岁旦在迩,席铺百货,画门神桃符,迎春牌儿,纸马铺印锺馗、财马、回头马等,馈与主顾。

[文案]宋之门神尚有图象存世,如南宋画家李嵩岁朝吉庆图。所画为春节官宦之家共饮屠苏酒,宾主拜贺,门楼贴武门神像,院内屋门贴文官神像,为宋代门神传神之代表。

〔一一〕**果食将军**

陈元靓岁时广记卷二十六为果食:岁时广记:京师人以糖面为果食,如僧食。但至七夕,有为人物之形者,以相饷遗。

〔一二〕**种生**

林洪山家清供卷下鹅黄豆生:温陵人,前中元数日,以水浸黑豆,曝之。及芽,以糠粃置盆中。铺沙植豆,用板压,及长,则覆以桶,晓则晒之。欲其齐而不为风日损也。中元,则陈于祖宗之前。越三日出之,洗焯,以油、盐、苦酒、香料可为茹。卷以麻饼,尤佳。色浅黄,名"鹅黄豆生"。

仆游江淮二十秋,每因以起松楸之念,将赋归,以偿此一大愿也。

[文案]中华邓注本、京都译注本,均以陈元靓岁时广记二十六注此条,余以为加注山家清供更为确切。

〔一三〕**彩幕帐设**

张仲文白獭髓:宁庙朝,高文虎知贡举日,以"天子大采朝目"为赋题试贡士,而举人困厄于此,学舍皆叹怨。后文虎因作西湖放生池碑,误引故事,及上殿堕笏失仪,两学斋舍裒金作彩帐,赠教禽兽伎人赵十一郎,寓意以讥之。

〔一四〕**荷花**

施宿嘉泰会稽志卷十七草部:荷,总名也。华叶等名具众义,故以不知为问,谓之荷也。昔人正名百物,有是哉!故曰万物有成理而不说,郭璞以为芙蕖一名芙蓉,按说文:未发为菡萏,已发为芙蓉。芙蓉,华之号也，盖亦通曰芙蕖，<u>毛诗传云</u>：荷，芙蕖也，其华菡萏。<u>说文以为</u>其华曰芙蓉，其秀曰菡萏，其实曰莲，莲之茂者曰华，今其的中有青为薏，皆倒生两芽，一成芰荷，一潚荷也，又生一芽为华。潚荷，帖水生潚者也。芰荷无潚，卷荷也，与华偶生，出乎水上，亭亭如伞，是亦谓之伎荷。_{薏音意，伎，立也。}<u>山阴荷最盛</u>，其别曰大红荷、小红荷、绯荷、白莲、青莲、黄莲、千叶红莲、千叶白莲，大红荷多藕，小红荷多实，白莲藕最甘脆多液，千叶莲皆不实，但以为玩耳。出<u>偏门</u>至<u>三山</u>，多白莲；出<u>三江门至梅山</u>，多红莲。夏夜香风率一二十里不绝，非尘境也，而游者多以昼，故不尽知。

〔一五〕双头莲

<u>谈钥</u>嘉泰<u>吴兴志</u>卷二十物产莲藕：<u>尔雅</u>：荷，芙蕖，其实莲，其根藕。今乡土多水泊，绕郭三二十里多种之。夏月弥望如锦绣。芙蕖有红、白二种，红者莲腴而甜，藕硬而淡，白者莲嫩而淡，藕莹而甜，故乡人以红荷莲、白荷藕为贵。秋晚实黑取红，谓之"石莲子"。又嫩茎初出曰藕条，为蔬甚美。又有千叶莲，花极可爱而无实。<u>梁陈故事云</u>：<u>章氏</u>宅边水中出重台千叶莲花，<u>苏夫人</u>感而有孕，<u>生宣皇后</u>。又有章蒲多生重台莲花。识者云：主生美人。自后果生<u>章后</u>，因名。今有此种，莲蓬内生实处皆出花瓣为重台。又间生双头莲。旧编载郡学内斋馆后池有红蕖，<u>贾安宅</u>预贡时，池生双头莲，明年廷试中第一。其后莆阳<u>黄公度</u>来游学，寓池上，又生双莲，次年<u>公度</u>亦为状元。

〔一六〕小儿须买新荷叶执之

<u>四水潜夫</u>武林旧事卷第三乞巧：小儿女多衣荷叶半臂，手持荷叶，效颦摩睺罗。大抵皆中原旧俗也。

<u>张广文</u>玉器史话第六章生活气息的渗入—玉雕的世俗化及玉雕童子：四川广汉宋代窖藏玉器中有两件玉雕执荷童子。一件高四厘米，宽三点二厘米，雕成站立双童子，一大荷叶似伞，在二人头顶之上，左侧童子右手扶衣领，左手扪腹，窄袖，穿大马甲，裤腿饰"＊"形纹；右

侧童子头向内转,似与另一人低语,左手执荷叶柄,肥裤腿,饰"◈"形方格锦纹。另一件高五厘米,宽四点五厘米,雕一盆荷花,荷叶下一童子跪蹲,双手前伸,似捉甲虫。

持荷童子题材的流行,同敦煌壁画所载佛教鹿母莲花生子的故事有关。杂宝藏经记载:很久以前,在波罗奈国有一座大山,名叫仙山,梵志居住在山上,他经常往山石上大小便。有一只雌鹿舐食了他的便溺而怀胎,生下一女,梵志将女孩养大成人,梵豫国王知道后,娶了这个女子,立为第一夫人。后来,这个女子怀了孩子,月份满时生下了千叶莲花,大夫人蒙住了她的眼,不让她看,把莲花放在篮子里,扔到河里任其漂流。这时乌耆延王正带领徒弟众人在下游活动,看见篮子后便捞上来,打开一看,千叶莲花的每一片叶子上都有一个小儿。他把小儿养育起来,这些小儿长大后都成了大力士。

莲花生子的故事传到中国不晚于唐代,这一故事对宋代社会生活可能有影响。玉雕持荷童子也是宋代社会生活的反映。

〔一七〕乞巧楼

陈元靓岁时广记卷二十六七夕制彩舫:提要录:世俗七夕,取五彩结为小楼、小舫,以乞巧。东坡七夕词云:"人生何处不儿嬉,乞与朱楼彩舫。"山谷词云:"朱楼彩舫,浮瓜沉李,报答风光有庆。"

〔一八〕儿童裁诗

王应麟三字经:莹八岁,能咏诗;泌七岁,能赋棋。彼颖悟,人称奇。尔幼学,当效之。

司马光居家杂仪:十岁男子出就外傅,居宿于外,读诗、礼、传,为之讲解,使知仁义礼智信。

阮阅诗话总龟第二卷幼敏门七二:杨文公,年十一岁,建州送入阙下,章圣亲试一赋二诗,顷刻而成。令送中书再试。参政李至状:"臣等言,押送建州十一岁习进士杨亿到中书,其人来自江湖,对天陛殊无震慑,盖圣祚承平,神童间出。臣等令赋喜朝京阙诗五言六韵,顷刻则成。"诗曰:"七闽波渺漠,双阙势岩峣。晓登云外岭,夜渡夜中潮。"断句:"愿秉清忠节,终身立圣朝。"

李颀诗话七〇杨文公登楼诗:杨文公数岁不能言,一日家人抱登楼,忽触其首,便能语。家人曰:"既能言,可为诗乎?"曰:"可。"遂吟登楼诗云:"危楼高百尺,手可摘星辰。不敢高声语,恐惊天上人。"

七一神童林桀诗:林桀,字智用,五岁与父同游王仙君坛。父曰:"能诗乎?"桀曰:"羽客已登云路去,丹砂草本尽雕残。不知千岁归何日?空使时人扫旧坛。"又谒唐中丞七夕诗曰:"七夕今朝看碧霄,牵牛织女渡河桥。家家乞巧望秋月,穿尽红丝几万条。"唐公曰:"真神童也。"

七三王元之五岁作诗:王元之内翰,五岁已能诗。因太守赏白莲,卒言元之能,与语于太守。因召而吟一绝云:"昨夜三更后,姮娥堕玉簪。冯夷不敢受,捧出碧波心。"又云:"佳人方素面,对镜理新妆。"守曰:"天授也。"

七四丘璿十岁作诗:丘璿十岁谒陈州太守曰:"前日寺中闻射,因成诗云:'殿宇时闻燕雀喧,虚庭尽日少人行。孤吟独坐情何限,时喜风传中鹄声。'守喜,令对'弱柳丝丝搓绿线',曰'春云片片揭新绵'。"

七五蒋堂六岁作诗:蒋堂侍郎方六岁,父令作栀子花诗,曰:"庭前栀子树,四畔有丫杈。未结黄金子,先开白玉花。"

〔一九〕穿针

宋话本裴秀娘夜游西湖记:时值七月七夕,太尉与夫人、小姐在后花园中穿针乞巧。

朱胜非绀珠集卷一九孔针:七夕,宫人向月,以九孔针穿五色线。

611

中元节

七月十五日,中元节[一]。先数日市井卖冥器[二]:靴鞋、幞头、帽子、金犀假带、五彩衣服〔三〕,以纸糊架子盘游出卖。潘楼并州东西瓦子,亦如七夕。要闹处亦卖果食、种生、花果之类,及印卖尊胜〔四〕、目连经①。又以竹竿斫成三脚,高三五尺,上织灯窝之状,谓之"盂兰盆"。挂搭衣服、冥钱,在上焚之②。构肆乐人自过七夕,便般目连救母杂剧〔五〕,直至十五日止,观者增倍。中元前一日,即卖练③叶〔六〕,享祀时铺衬卓面。又卖麻谷〔七〕窠儿,亦是系在桌子〔八〕脚上,乃告祖先秋成之意。又卖鸡冠花,谓之"洗手花"。十五日供养祖先素食〔九〕,才明即卖穄米饭④〔一〇〕,巡门叫卖,亦告成意也。又卖转明菜花、花油饼、馂䭤、沙䭤之类。城外有新坟⑤者,即往拜扫。禁中亦出车马诣道者院谒坟。本院官给祠部十道〔一一〕,设大会,焚钱山,祭军阵亡殁,设孤魂之道场〔一二〕。

[校]

①"尊胜目连经",陈元靓岁时广记卷第三十献先祖作"尊胜经"。

②陈元靓岁时广记卷第三十献先祖互乙"衣服、冥钱","焚之"后为"以献先祖"四字。

③"练",陈元靓岁时广记卷第三十告秋成作"楝"。

④陈元靓岁时广记卷第三十拜新坟于"穄米饭"后有"穄米乃黄稷米也,或谓之黄鸟儿饭,以供佛祭亲"十九字。

⑤陈元靓岁时广记卷第三十拜新坟于"城外有新坟"前补"京师"。"新坟",京都译注本据群书通要甲集卷七、书言故事大全卷一〇引本条均作"祖坟"。

东京梦华录笺注

[注]

〔一〕**中元节**

陈元靓岁时广记卷二十九中元作大献：道经：七月十五日，中元日，地宫校阅，搜选人间，分别善恶。诸天圣众，普诣宫中，简定劫数人鬼，簿录饿鬼囚徒，一时俱集，以其日作元都大斋献。于玉京山采诸花果异物、幡幢宝盖、精膳饮食，献诸圣众。道士于其日夜讲诵老子经。十方大圣，高咏灵篇，囚徒饿鬼，一切饱满，免于众苦，悉还人中，若非如斯，难可拔赎。

〔二〕**冥器**

司马光司马氏书仪卷七丧仪三明器下帐苞筲祠版：明器，刻木为车马仆从侍女，各执奉养之物，象平生而小，多少之数依官品。既夕礼，有明器，用器，燕器。孔子曰：之死而致死之，不仁而不可为也。之死而致生之，不智而不可为也。注：之，往也。死之、生之，谓无知与有知也。又曰：是故竹不成用，瓦不成沫，木不成斫。注：成，善也。沫，靧也。又曰：其曰明器，神明之也。又曰：涂车刍灵，自古有之。丧葬令，五品六品，明器许用三十事，非升朝官者，许用十五事，并用器碗楪瓶盂之类通数之。沫音末，靧音悔。

〔三〕**五彩衣服**

王栐燕翼诒谋录卷五：仁宗时，有染工自南方来，以山矾叶烧灰，染紫以为黝，献之宦者泊诸王，无不爱之，乃用为朝袍。乍见者皆骇观，士大夫虽慕之，不敢为也。而妇女有以为衫襦者，言者亟论之，以为奇邪之服，浸不可长。至和七年十月己丑，诏严为之禁，犯者罪之。中兴以后，驻跸南方，贵贱皆衣黝紫，反以赤紫为御爱紫，亦无敢以为衫袍者，独妇人以为衫襦尔。

周密癸辛杂识别集上胡服间色：茶褐、黑绿诸品间色，本皆胡服，自开燕山始有至东都者。

苏耆闲谈录：许王尹京日，因假奏太宗，求缯帛千匹，以为服玩之资。

〔四〕**尊胜**

[文案]京都译注本谓"尊胜"全名为"佛顶尊胜陀罗尼经"。

〔五〕**目连救母杂剧**

大目乾连冥间救母变文:夫为七月十五者,天堂启户,地狱门开,三涂业消,十善增长。为众僧咨下,此日会福,之(诸)神八部龙天,尽来教福。承供养者,现世福资,为亡者转生于胜处。于是盂兰百味,饰贡于三尊。仰大众之恩光,救倒悬之窘急。昔佛在世时,弟子厥号目连,在俗未出家时,名曰罗卜,深信三宝,敬重大乘。于一时间欲往他国兴易。遂即支分财宝,令母在后设斋供养诸佛法僧及诸乞来者。及其罗卜去后,母生悭吝之心,所嘱咐资财,并私隐匿。儿子不经旬月,事了还家。母语子言,依汝付嘱营斋作福。因兹欺诳凡圣,命终遂堕阿鼻地狱中,受诸剧苦。罗卜三周礼毕,遂即投佛出家,承宿习因闻法证得阿罗汉果。即以道眼访觅慈亲,六道生死,都不见母。目连从定起含悲,咨白世尊:"慈母何方受于快乐?"尔时世尊报目连曰:"汝母已落阿鼻,见受诸苦。汝虽位登圣果,知欲何为。若非十方僧众解下脱之日,已(以)众力乃可救之。"故佛慈悲,开此方便,用建盂兰盆者,即是其事也。

陈元靓岁时广记卷二十中元行禅定:盂兰盆经:目连见亡母在饿鬼中,以钵盛饭,往饷其母,食未入化成火炭,遂不得食。目连大叫,驰还白佛,佛言:"汝母罪重,非汝一人奈何。当须十方众僧威神之力,至七月十五日,当为七代父母。见在父母厄难中者,具百味五果以着盆中供养。十方大德佛敕众僧,皆为施主咒。愿脱一切饿鬼之苦。"目连白佛:"凡弟子孝顺者,亦应奉盂兰盆可否?"佛言:"大善。"故后代人因此广为华饰,以至刻木割竹,饴蜡剪彩镂缯,模花果之形,极工巧之妙。窦氏音训云:天竺所谓盂兰盆者,乃解倒悬之器。言目连救母饥厄,如解倒悬,故谓之盂兰盆。今人遂饰食味于盆中,亦误矣。

[文案]宋之目连救母至今尚存。据刘祯中国民间目连文化叙:由

苏尚志口述,杨健民、韩德英记录之河南南县民间演出本目连救母即是。剧情略谓:刘氏吃斋行善,其弟刘长基吃喝嫖赌不务正业。刘长基借钱为姐所拒,怀恨在心。当刘氏探弟时,刘长基茶里下酒,饭里放肉,破姐斋戒,并写告姐阴状。阎王将刘氏拿到阴间审问,方知冤枉,捉刘长基对证。刘长基挣脱逃走,鬼卒复将其拉入地府,施以酷刑。刘氏子目连,被南海大士超渡上山,教习兵法武艺,并赐阴阳扇、九连环两件宝物,下山救母。目连用九连环打开丰都城,救出母亲。南海封刘氏下转皇姑,目连下转黄巢再世,以收放出鬼魂。其剧三场,即五鬼拿刘氏、捉拿刘长基和目连僧救母,其剧产于河南,却未专宣佛法,纯在悦情娱乐,杂耍武艺,打诨插科,阴曹鬼神,务为滑稽,与宋杂剧之源渊风格相近。

〔六〕**练叶**

苏颂本草图经木部下品卷第十二楝实:楝实,即金铃子也。生荆山山谷,今处处有之,以蜀川者为佳。木高丈余,叶密如槐而长;三、四月开花,红紫色,芬香满庭间;实如弹丸,生青熟黄,十二月采实。其根采无时。此种有雌雄:雄者根赤,无子,有大毒;雌者根白,有子,微毒。当用雌者。俗间谓之"苦楝子"。

陈元靓岁时广记卷第二十六铺楝叶:岁时杂记:京师人祭牛女时,其案上先铺楝叶,乃设果馔等物。街市唱卖铺陈楝叶。楝音练,苦楝叶也。

〔七〕**麻榖**

于敏中日下旧闻考卷一百四十八风俗:七月十五日,燕城乡民,蜀黍苗、麻粟苗连根及土缚竖门之左右,别束三丛立之门外,供以面果,呼为祭麻榖。

〔八〕**桌子**

[文案]宿白白沙宋墓三十七页六幅木桌图可参。

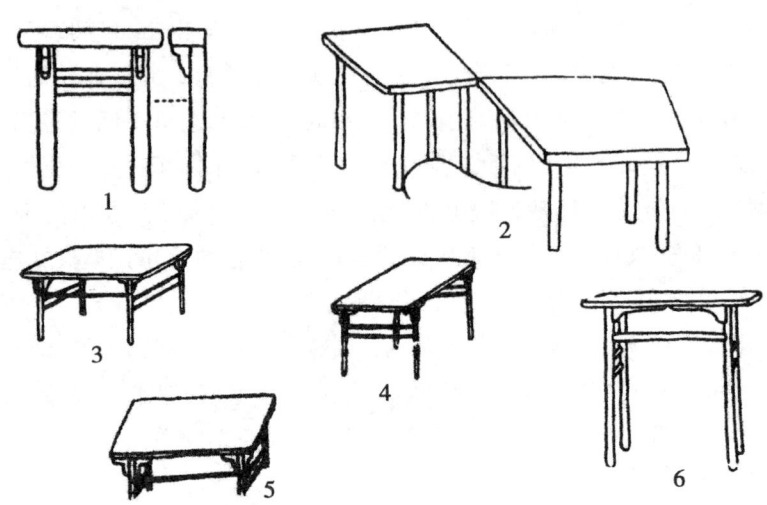

1. 白沙宋墓第一号墓前室西壁壁画中砖砌桌及其侧面　2. 甘肃敦煌莫高窟 85 窟(晚唐)壁画中的木桌　3. 4. 传五代顾闳中绘韩熙载夜宴图中的木桌　5. 宋人消夏图的木桌　6. 河北巨鹿所出北宋木桌

〔九〕素食

颜师古匡谬正俗卷三:素食,丧服传记云:既虞,饭疏食,水饮;既练,食菜果,饭素食。郑康成注云:素,犹故也,谓复平生时食也。按素食谓但食菜果糗饵之属,无酒肉也。礼家变节,渐为降杀。始丧,三日不食,卒哭之内,朝夕各一溢米为粥而已。既虞,疏食水饮,疏食谓粗疏之饭,单率之菜,食不复粥,又非止一溢。既练,遍食菜果酸咸,但无酒肉之属。既除丧,始食干肉饮酒,然后乃复平生时食耳。此是礼经明文,安得始练便复平生故食乎? 又班书霍光传载光奏昌邑王过失云:典丧服斩衰,无悲哀之心,废礼谊,居道上,不素食。王莽传云:每有水旱,莽辄素食。左右以白,太后遣使诏莽曰:闻公菜食,忧民深矣,今秋幸熟,公勤于职,幸以时食肉。据此益知素食是无肉之食,非平生食也。今俗谓桑门斋食为素食,盖古之遗语焉。

司马光司马氏书仪卷六丧仪二饮食:凡初丧,诸子三日不食。期、九月之丧,三不食。五月、三月之丧,再不食,或一不食,亲戚邻里必为糜粥以饮食之,尊长勉之强之,亦可少食,足以充虚续气而已。既敛,诸子食粥,妻妾及期九月之丧,疏食水饮,不食菜果。五月三月之丧,既葬,食肉饮酒,不与人乐之。父母之丧,既虞、卒哭,疏食水饮,不食菜果。小祥,食菜果,大祥,食肉饮酒。期九月之丧,既葬,食肉饮酒,不与人乐之。若有疾,虽父母之丧,食肉饮酒,疾止复初。五十不极毁瘠,六十不毁瘠,七十唯衰麻在身,饮酒食肉,处于内。丧服传,斩衰,歠粥,朝一溢米,夕一溢米,既虞,疏食水饮,既练,始食菜果,饭素食。注:二十两曰溢,为米一升二十四分升之一。疏,犹粗也。素,犹故也,谓复平生时食也。凡居父母之丧者,大祥之前,皆未可食肉饮酒。若有疾,暂须食饮,疾止,亦当复初。必若素食不能下咽,久而赢惫,恐成疾者,可以肉汁及脯醢,或肉少许,助其滋味,不可恣食珍羞盛馔,及与人宴乐,是则虽被衰麻,其实不行丧也。唯五十以上,气血既衰,必资酒肉扶养者,则不必然耳。则居丧听乐及嫁娶者,国有正法,此不复论。

罗濬宝庆四明志卷第九叙人中孝行:张超,昌国县状元桥东人家,鬻素食为业。

梁克家淳熙三山志卷第四十土俗类荤食:以岁首率食素一日。绍兴辛亥程待制迈,以寇盗未平,榜谕郡民,先是日禁屠。

〔一○〕**稌米饭**

寇宗奭本草衍义卷之二十稷米:今谓之稌米,先诸米熟,又其香可爱,故取以供祭祀。然发故疾,只堪为饭,不粘着,其味淡。

丁度附释文互注礼部韵略卷四去声十三祭:稌糜也。释云:吕氏春秋:饭之美者有山阳之稌。又云似黍而不黏。

陆法言、陈彭年覆宋本重修广韵上平声卷第四十三:稌黍稌。吕氏春秋曰:饭之美者有山阳之稌。说文曰:糜也。糜音糜。

〔一一〕**祠部十道**

[文案]京都译注本亦谓"十道"为十位僧侣之度牒。度牒者,乃由祠部司发行之国家公认僧侣资格凭证。若水浒传第三十一回:孙二娘将她"放翻"的头陀衣物赠与武松化装为僧侣,其中"一本度牒做护

身符","就与他缝个锦袋盛了,教武松挂在贴肉胸前"。足见度牒之贵重。

〔一二〕道场

苏颂苏魏公文集卷二十七内制青词中太一宫真室殿开启祈雨道场青词:维元祐五年岁次庚午,二月丙申朔,二日丁酉,嗣天子臣名谨遣入内内侍省东头供奉官、勾当龙图天章宝文阁臣王绶,请道士三七人,于中太一宫真室殿开启祈雨道场。谨上启元始天尊、太上道君、太一老君、混元上德皇帝:伏以春为阳中,万物待资生之泽;雨弗时若,庶民怀焦亢之忧。敢致洁于清场,用祈灵于真室。伏冀穹旻降鉴,甘澍普沾。获五稼之丰登,俾群生之茂遂。仰繄神贶,克底时康。

俞文豹吹剑录外集:温公曰:"世俗信浮屠,以初死七日至七七日,百日,小祥大祥,必作道场功德,则灭罪生天,否则入地狱,受锉烧舂磨之苦。夫死则形朽腐而神飘散,虽锉烧舂磨,又安得施。"李舟曰:"天堂无则已,有则贤人生;地狱无则已,有则小人入。今以父母死而祷佛,是以其亲为小人为罪人也。"伊川曰:"吾家治丧,不用浮屠,盖道场罗钹,胡人乐也。天竺人见僧必饭之,因作此乐。今用之丧家,可乎?"

文豹谓外方道场,惟启散时用铙钹,终夕讽呗讲说,犹有恳切忏悔之意。今京城用瑜珈法事,惟只从事鼓钹,震动惊撼。生人尚为头痛脑裂,况亡灵乎?至其诵念,则时复数语,仍以梵语演为歌调,如降黄龙等曲,至出殡之夕,则美少年长指爪之僧,出弄花钹花鼓锤,专为悦妇人、掠财物之计。见者常恨不能挥碎其首,此东山所以决意不用。而室人交谪,群议沸腾。虽屹立不动,而负谤不少。余尝举示诸明达,是者十八九。

无名氏靖康朝野佥言:王宗浼自军前传诏云:元帅留上打球,未得晴,俟打球毕即还内,士庶闻之,各请僧道作道场祈晴。

成寻参天台五台山记第七(延久五年三月):八日辛亥。天晴,后苑瑶津亭奉圣旨于今月初五日开启谢雨粉坛道场七昼夜,逐日依法四时礼佛行道,所集胜因并用答谢龙天。三月五日道场所,日僧录文鉴大师以黄纸大文字书押门西外面也。祭文二通写之:

维熙宁六年,岁次癸丑,三月甲辰朔,二日乙巳,皇帝遣入内内侍省内东头供奉官勾当御药院兼后苑陈承礼等,请僧三七人于后苑瑶津亭开启祈道场,伏以夏春之交,百物茂长,雨旸或失,岁望以愆。钦惟觉慈,等观群品,尚冀充泽,遍此十方,谨言。

维熙宁六年,岁次癸丑,三月甲辰朔,五日戊申,皇帝遣入内内侍省内东头供奉官勾当御药院兼后苑陈承礼等,请僧二十五人于后苑瑶津亭,开启谢雨粉坛道场七昼夜。伏以甘泽不时,大田将槁,侧躬思咎,精意乞灵,冀成岁功,以慰民望,沛然嘉应,曾不崇朝,被除清坛,祗谢神贶,尚系垂佑,终获有秋。谨言。

立 秋

立秋日,满街卖楸叶〔一〕,妇女儿童辈,皆剪成花样戴之①。是月,瓜果梨枣方盛,京师枣有数品〔二〕:灵枣、牙枣、青州枣〔三〕、亳州枣。鸡头上市,则梁门里李和家〔四〕最盛。中贵戚里,取索供卖。内中泛索,金合络绎。士庶买之,一裹十文,用小新荷叶包,糁以麝香,红小索儿系之。卖者虽多,不及李和一色拣银皮子嫩者货之。

619

[校]

①陈元靓岁时广记卷二十五戴楸叶于本句下有"形制不一"四字。

〔一〕**楸叶**

李时珍本草纲目木部第三十五卷楸：拾遗〔释名〕〔时珍曰〕楸叶大而早脱，故谓之楸；槚叶小而早秀，故谓之槚。**唐**时立秋日，京师卖楸叶，妇女、儿童剪花戴之，取秋意也。尔雅云：叶小而皵，槚。叶大而皵，楸。皵音鹊，皮粗也。

崔寔四民月令戴楸叶：京师立秋，满街卖楸叶，妇女儿童皆剪成花样戴之，形制不一。

〔文案〕崔寔记与本条开首相差甚微，疑**孟元老**因袭崔寔之记也。

〔二〕**枣有数品**

罗愿尔雅翼卷十释木二枣：枣者，朿木。枣，朿相重。棘，朿相连。**东方朔**以来为从来者，盖戏辞也。大而锐上曰壶，细腰曰边，白熟曰榶，树小实酢曰樲，实小而员紫黑色曰遵，大如鸡卵曰洗，苦味曰蹶泄，不着子曰晢，味短苦曰还味。枣有十一名，郭氏得九焉。后世有紫枣、元枣、西王母枣、**东海蒸枣**、**洛阳**夏白，与夫鸡心、牛头、羊矢、狝猴、细腰，其名不可胜载。古者八月剥枣，大戴礼曰：剥者，取也。其修治则曰新之，曰寘之，以为馈食之笾，又以为妇贽，其事父母舅姑者、枣栗饴蜜以甘之，凶岁亦仰焉。

陈耆卿嘉定赤城志卷三十六果之属：枣有马头枣、钟枣、盐官枣数种，又一种名棘子，实小而圆。

吴淑枣赋：或生于**石虎**园中，或植于**景阳**山侧。羊角、崎廉，细腰、榶白。或阴郑街，或饶冀州。名擅鸡心，用比狐裘。夏令钻之而取火，春祀笮之而用油。亦有韩茂国，盛高唐。美陶硕之守节，善**程**莫之居丧。植玉门于上苑，茂岐峰于北荒。杜畿之直可尚，孙程之谋亦臧。复有无实之称，太白之名。或啖马而为脯，或斫树而同盟。

〔三〕**青州枣**

〔文案〕柳贯打枣谱有青州枣,即指素产好枣而著称之山东益都。

〔四〕**李和家**

〔文案〕中华邓注本、京都译注本均引陆游老学庵笔记李和炒栗,以证李和为专业炒栗者。赵翼陔余丛考则谓:北京炒栗最佳,四方皆不及。盖因金破汴,李和流转于燕,仍以炒栗世其业耳。此识虽确,然未知栗如何炒,如何美味。郝懿行晒书堂笔录卷四可释:炒锅前,一人向火,一人坐高凳,操长柄铁勺频搅之令匀遍,和以濡糖、粗沙炒。栗殊小而壳薄,中实充满,炒用糖膏则壳极柔脆,手微剥之,壳肉分而皮膜不黏。炒栗魅力经久不衰,于此可见矣。

秋 社

八月秋社,各以社糕、社酒〔一〕相赍送。贵戚宫院以猪、羊肉、腰子、奶房、肚肺、鸭饼〔二〕、瓜姜之属,切作棋子片样,滋味调和,铺于饭上,谓之"社饭"〔三〕。请客供养〔四〕。人家妇女皆归外家,晚归即外公、姨、舅,皆以新葫芦儿〔五〕、枣儿为遗,俗云"宜良外甥"①〔六〕。市学先生〔七〕预敛诸生钱作社会〔八〕,以致雇倩、祗应、白席、歌唱之人。归时各携花篮、果实、食物、社糕而散。春社、重午〔九〕、重九,亦是如此。

〔校〕

①"宜良外甥",陈元靓岁时广记卷十四宜外甥作"是日归宁宜外甥"。

[注]

〔一〕**社酒**

陈元靓岁时广记卷第十四喷社酒:本草云社酒喷屋四壁去蚊虫,纳小儿口中令连语,此祭记余酒者也。

〔二〕**鸭饼**

贾思勰齐民要术卷九饼法第八十二鸡鸭子饼:破写瓯中,少与盐,锅铛中膏油煎之,令成团饼,厚二分,全奠一。

童岳荐调鼎集卷四羽族部野鸭春饼:生鸭饼切丝,拌黄芽葱丝,拌作料闷好,卷春饼油煎。又,切丁,拌切碎豌豆头、酱油、酒烧,卷春饼油炸。

〔三〕**社饭**

陈元靓岁时广记卷第十四赐社饭:岁时杂记:社日有漫泼饭,加之鸡饼、青蒿、芫荽、韭以蔽之,亦尝出自中禁,以赐近辅。

〔四〕**供养**

宋话本菩萨蛮:郡王道:"先前他许供养你一家,有甚表记为证?"新荷告:"恩王,钱原许妾供养,妾亦怕他翻悔,已拿了他上直朱红牌一面为信。"

施耐庵罗贯中水浒传第一回张天师祈禳瘟疫 洪太尉误走妖魔:当下上至住持真人,下及道童侍从,前迎后引,接至三清上,请诏书,居中供养着。

大唐三藏取经诗话上过狮子林及树人国第五:早起,七人的行十里,猴行者启:"我师前去即是狮子林。"说由未了,便到狮子林。只见麒麟迅速,狮子峥嵘,摆尾摇头,出林迎接,口衔香花,皆来供养。

[文案]法华经法师品曰:"华香、璎珞、末香、涂香、烧香、缯盖、幢幡、衣服、般馔,作诸伎乐,人中上供而供养之。"据此可知以饮食实物供佛僧为"财供养";以讲经说法称"法供养"。

〔五〕**新葫芦儿**

［文案］褚人获坚瓠集癸集卷之二大葫芦种曾记：宋相国寺有人悬一大葫芦卖其种，一粒数百钱，而人竞买，至春种秋结仍是瓠尔。可见葫芦有子甚贵，似女腹中有胎儿也。以新葫芦儿为佩饰，为馈遗，寓意藤蔓绵延，结子繁盛，祈求归娘家出嫁女添新儿。

〔六〕**宜良外甥**

金盈之新编醉翁谈录卷之三京城风俗记二月：社日，是日有三宜三不宜。人家男女并用早起，旧俗相传苟为晏起，则社翁、社婆遗粪其面上，其后面黄者则是其验，一不宜也。女子忌食齑，则嫁时拜公姑腰响，二不宜也。学生皆给假，幼女辍工夫，若是日不休息令人蒙董，三不宜也。小学生以葱系竹竿上，就窗内钻出窗外，谓之"开聪明"，一宜也。不论男女，以彩线系蒜悬于心胸之间，令人能计算，二宜也。父母取已嫁女归家，名曰"归宁"，旧俗相传是日归宁，则多外甥，三宜也。

〔七〕**市学先生**

宋话本西山一窟鬼：却说绍兴十年间，有个秀才是福州威武军人，姓吴名洪。离了乡里，来行在临安府求取功名，指望：一举首登龙虎榜，十年身到凤凰池。

争知道时运未至，一举不中。吴秀才闷闷不已，又没什么盘缠，也自羞归故里，且只得胡乱在今时州桥下开一个小小学堂度日，等待后三年春榜动，选场开，再去求取功名。逐月却与几个小男女打交。捻指开学堂后也有一年之上，也罢过，那街上人家，都把孩儿自来与他教训，颇自有些趱足。

〔八〕**社会**

朱彧萍洲可谈卷一：太学生每路有茶会，轮日于讲堂集茶，无不毕至者，因以询问乡里消息。

王君玉国老谈苑卷第一：李遵勖、杨亿、刘筠，常聚高僧论宗性，遵勖命画工各绘其像成图，目曰"禅会"。

魏泰东轩笔录卷之四：京师百司库务，每年春秋赛神，各以本司余物贸易，以具酒馔，至时，吏史列坐，合乐终日。庆历中，苏舜钦提举进奏院，至秋赛，承例货拆封纸以充。舜钦欲因其举乐，而召馆阁同舍，遂自以十金助席，预会之客，亦醵金有差。酒酣，令去优伶，却吏史，而更召两军女伎。

脱脱宋史卷三百三十三列传第九十二荣諲：太康民事浮屠法，相聚祈禳，号"白衣会"，县捕数十人送府。

李昌龄乐善录上：王景亮与邻里仕族浮薄子数人，结为一社，纯事嘲诮。士大夫无问贤否，一经诸人之目，无有不被不雅之名者。尝号其里为"猪嘴关"。

宋话本郑节使立功神臂弓：只听得街上锣响，一个小节级同个茶酒保，把着团书来请张员外团社。原来大张员外在日，起这个社会，朋友十人，近来死了一两人，不成社会。如今这几位小员外，学前辈做作，约十个朋友起社。却是二月半，便来团社。员外道："我去不得，要与爹爹还愿时，又不见了香罗木，如何去是了？"那人道："若少了员外一个，便折散了社会。"

又过几时，但见时光如箭，日月如梭，不觉又是二月半间，那众员外便商量来请张员外同去出郊。一则团社，二则赏春。

宋话本杨温拦路虎传：员外道："你会使棒，你且共我使一合棒，试探你手段则个。你赢得我，便举保你入社，与你使棒。"

众弟子正奔来要打那杨温，却见数中杨员外道："不可打他，这四山五岳人看见，不好看！只道我这里欺他，后番难赛这社。"

谢伋四六谈麈：赵祖颖奇与伋同在太学，中秋趣人作会。启云：庾亮楼边，渐睹挂檐之月；扬雄宅畔，几无载酒之人。方孤坐以无聊，欲就眠而未可。伏惟某人，轻财有朱家之度量，好客继郑庄之风流。酒满尊中，屡极诙谐之饮；钱流地上，曾无鄙吝之心。东阁之宴欲开，南楼之兴不浅。虽一石灭烛，在淳于髡岂敢望；而五斗解酲，如刘伯伦不无觊也。愿挈青州之从事，亟濡东海之波臣。心若摇旌，侧听黄金之诺；言犹在耳，盍追长夜之欢。过此以还，未知所措。

吕祖谦诗律武库卷四庆寿门——六同甲会：文潞公保洛日，年七十八，同时有中散大夫程珦、朝议大夫司马旦、司封郎中致仕席汝言，皆年七十八，尝为同甲会，各赋诗一首。潞公诗曰："四人三百十二岁，况是同生甲午年。招得梁园为赋客，合成商岭采芝仙。清谈亹亹风盈席，素发飘飘雪满肩。此会从来诚未有，洛中应作画图传。"

叶梦得石林燕语卷五：京师百司胥吏，每至秋，必敛钱为赛神会，往往因醵饮终日。

魏泰临汉隐居诗话六一：苏子美监进奏纸，因秋赛会同舍，各醵金以饮。时洪州人李定欲预此会，祷尧臣以干，舜钦不从。

吴可藏海诗话九三：元佑间，荣天和先生客金陵，僦居清化市，为学馆，质库王四十郎、酒肆王念四郎、货角梳陈二叔皆在席下，余人不复能记。诸公多为平仄之学，似乎北方诗社。王念四郎名庄，字子温，尝有送客一绝云："杨花捧乱绕烟村，感触离人更断魂。江上归来无好思，满庭风雨易黄昏。"王四十郎名松，字不凋。仆寓京师，从事禁中，不凋寄示长篇，仅能记一联，云："旧菊篱边又开了，故人天际未归来。"陈二叔忘其名，金陵人，号为陈角梳，有石榴诗云："金刀劈破紫穰瓢，撒下丹砂数百粒。"诸公篇章富有，皆曾编集。仆以携家南奔避寇，往返万余里，所藏书画厄于兵火。今屈指当时诗社集六十余载，诸公佳句，可惜不传。今仅能记其一二，以遗宁川好事者，欲为诗社，可以效此，不亦善乎？

司马光洛中耆英会会约：序齿不序官，为具务简素，朝夕食各不过五味，菜果脯醢之类各不过三十器。酒巡无算，深浅自斟，主人不劝，客亦不辞。逐巡无下酒时，作菜羹不禁。召客共享一简，客注可否于字下，不别作简，或因事分简者，听。会日早赴，不待促。违约者每事罚一巨觥。

［文案］社,为土地神崇拜而设祭祀;会则为聚合之意,聚集之地亦可称之为会。社、会可归于一,所谓春祈秋报,迎神赛会。宋之社会,与先秦以来不同,多有蜂起之行业,民间自发组织,志趣相投即可结社成会,日益超越春秋"社会"而不拘一格,赋以新意,甚而有"重囚枷锁社"、善女人之"斗宝会"。前举数例略见一斑。

〔九〕重午

宋话本菩萨蛮:却说可常在草舍中,将息好了。又是五月五日到,可常取纸墨笔来,写下一首辞世颂:生时重午,为僧重午,得罪重午,死时重午。为前生欠他债负,若不当时承认,又恐他人受苦。今日事已分明,不若抽身回去。

五月五日午时书,赤口白舌尽消除。

五月五日天中节,赤口白舌尽消灭。

朱辅溪蛮丛笑:蛮乡最重重午,不论生熟界出观竞渡,三日而归。既望复出,谓之"大十五"。

中　秋

中秋节前,诸店皆卖新酒〔一〕,重新结络门面彩楼,花头画竿,醉仙锦旆,市人争饮,至午未间,家家无酒,拽下望子〔二〕。是时螯〔三〕蟹新出,石榴、榅勃、梨、枣、栗、孛萄、弄色〔四〕梂橘,皆新上市。中秋夜,贵家①结饰台榭,民间争占酒楼玩月〔五〕。丝篁鼎沸,近内庭居民,夜深遥闻笙竽之声,宛若云外。闾里儿童,连宵嬉戏,夜市骈阗,至于通晓。

［校］

①陈元靓岁时广记卷第三十一于"贵家"前有"市肆"二字。

〔一〕**新酒**

庞元英文昌杂录卷第一：九月一日，法酒库内酒坊诣内东门进新酒，遂以颁近臣有差。前数日，膳部、光禄寺皆尝酒，举旧例也。

陈元靓新编群书类要事林广记卷第九绮语门玉帛饮食：新酒酸醅　新刍

〔二〕**望子**

江少虞宋朝事实类苑卷第三十八诗歌赋咏酒帘：王逵以祠部员外郎知福州，尚气自矜。福唐有当垆老媪，常酿美酒，士人多饮其家，有举子谓曰："吾能与媪致十数千，媪信乎？"媪曰："傥能之，敢不奉教。"因俾媪市布为一酒帘，题其上曰："下临广陌三条阔，斜倚危楼百尺高。"又曰："太守若出，呵道者必令媪卸酒帘，但佯若不闻。俟太守行马至帘下，即出卸之，如见责稽缓，即推以事故，谢罪而已。必问酒帘上诗句何人题写，但云：'某尝闻饮酒者好诵此二句，言是酒望子诗。'"媪遂托善书者题于酒旗上，自此酒售数倍。王果大喜，呼媪至府，与钱五千，酒一斛，曰："赐汝作酒本。"诗乃王咏酒旗诗也，平生最为得意者。

洪迈容斋续笔卷第十六酒肆旗望：今都城与郡县酒务，及凡鬻酒之肆，皆揭大帘于外，以青白布数幅为之，微者随其高卑大小，村店或挂瓶瓢，标帚杆。

侯君素旌异记：崔公度，字伯阳，自少施食，常以尊胜黄幡，遍插食上，率食半为节，虽寒暑不废。为馆职日，饮于亲故家，中夕方归，道沿蔡河，马触酒家帘，惊而逸，崔坠地。

〔三〕**鳌**

罗濬宝庆四明志卷四郡志四：车螯欧阳公诗曰："璀璨壳如玉，斑斓点生花。"美此物也。一名昌娥，一名魁蛤，奉化鲒崎间有之。

〔四〕**弄色**

[文案]据孙注本：宋人可为果子做色：其一为用铜绿色水浸泡染

色,以长时间保持色泽鲜艳。其二于果子将熟之际,剪纸粘上,夜露烘之,渐变红色,其纹如生。

〔五〕玩月

陈元靓岁时广记卷第三十一中秋上:方是闲居士中秋玩月记云:中秋玩月,古今所同者也。虽古今所同,然故实所始,骚人雅士不多见于载籍,后世未尝无遗恨焉。惟唐四门助教欧阳公,贞元十二年与邵楚苌、林蕴、陈诩客长安邸中修厥玩事,赋诗叙景,曲尽其妙。且谓月之为玩,冬则繁霜太寒,夏则蒸云蔽月,云蔽月,霜侵人,蔽与侵俱害乎玩。秋之于时,后夏先冬,八月于秋,季始孟终,十五于夜,又月之中。稽诸天道,则寒暑均,取于月数,则蟾兔圆。埃壒不流,太空悠悠,芳菲徘徊,搏华上浮,升东林,入西楼,肌骨与之疏凉,神魂与之清冷,斯古人所以为玩也夫。

重　阳

九月重阳,都下赏菊有数种[一]:其黄白色蕊若莲房曰"万龄菊";粉红色曰"桃花菊",白而檀心曰"木香菊",黄色而圆者曰"金铃菊",纯白而大者曰"喜容①菊",无处无之。酒家皆以菊花缚成洞户。都人②多出郊外登高,如仓王庙、四里桥、愁台、梁王城、砚台、毛驼冈[二]、独乐冈等处宴聚。前一、二日③,各以粉面蒸糕[三]遗送,上插剪彩小旗,掺钉果实,如石榴子、栗子黄、银杏、松子肉之类。又以粉作狮子[四]蛮王之状,置于糕上,谓之"狮蛮"[五]。诸禅寺各有斋会,惟开宝寺仁王寺⑤有狮子会。诸僧皆坐狮子⑥上[六],作法事讲说[七],游人最盛。下旬⑦即卖冥衣、靴鞋、席帽[八]、衣段,以十月朔日烧献故也。

①<u>陈元靓</u><u>岁时广记</u>卷第三十四赏菊花"容"作"睿"。

②<u>陈元靓</u><u>岁时广记</u>卷第三十五出郊外于"都人"前有"重阳日"三字。

③<u>陈元靓</u><u>岁时广记</u>卷第二十四狮蛮糕于"前一、二日"前有"都人重九"四字。

④<u>陈元靓</u><u>岁时广记</u>卷第三十六作斋会"诸禅寺"后有"九日"二字。

⑤<u>陈元靓</u><u>岁时广记</u>卷第三十六作斋会"寺"作"院"。

⑥<u>京都</u>译注本于"狮子"后补"座"字。

⑦<u>陈元靓</u><u>岁时广记</u>卷第三十七朝陵寝于"下旬"前有"城市内外已于"六字。

[注]

〔一〕**赏菊有数种**

<u>史正志</u><u>史氏菊谱</u>:余在<u>三水</u>植大白菊百余株,次年尽变为黄花。今以色之黄白及杂色品类可见于<u>吴门</u>者,二十有七种,大小颜色殊异而不同。

<u>范成大</u><u>范村菊谱</u>:又其花时,秋暑始退,岁事既登,天气高明,人情舒闲。骚人饮流,亦以菊为时花,移槛列斛,辇致觞咏间,谓之重九节物。此虽非深知菊者,要亦不可谓不爱菊也。爱者既多,种者日广。<u>吴下</u>老圃伺春苗尺许时,掇去其颠,数日则歧出两枝,又掇之,每掇益歧,至秋则一干所出,数百千朵,婆娑团栾,如车盖薰笼矣。人力勤,土又膏沃,花亦为之屡变。顷见<u>东阳</u>人家菊图,多至七十种,<u>淳熙</u>丙午<u>范村</u>所植,所得三十六种,悉为谱之。明年将益访求它品为后谱云。

<u>刘蒙</u><u>刘氏菊谱谱叙</u>:<u>洛阳</u>风俗,大抵好花,菊品之数,比他州为盛。<u>刘元孙伯绍</u>者,隐居<u>伊水</u>之濆,萃诸菊而植之,朝夕啸咏乎其侧,盖有

意谱之而未暇也。崇宁甲申九月,余得为龙门之游,得至君居,坐于舒啸堂上,顾玩而乐之,于是相与订论,访其居之未尝有,因次第焉。夫牡丹、荔枝、香笋、茶、竹、砚、墨之类有名数者,前人皆谱录,今菊品之盛,至于三十余种,可以类聚而记之。故随其名品,论叙于左,以列诸谱之次。

史铸百菊集谱序:万卉蕃庑于大地,惟菊杰立于风霜中,敷华吐芬,出乎其类,所以人皆贵之。至于名公佳士作为谱者,凡数家,可谓讨论多矣。铸晚年亦爱此成癖,且欲多识其名目,未免周询博采。有如元丰中鄞江周公师厚记洛阳之菊二十有六品,即洛阳花木记;崇宁中彭城刘公蒙所谱魏地之菊三十有五品;淳熙乙未省郎史公正志所谱吴门之菊有二十品;淳熙丙午大参范公成大所谱石湖之菊三十有六品;近而嘉定癸酉吴中沈公竞撷取诸州之菊及上至于禁苑所有者总九十余品以著于篇(菊名篇第四),亦一谱也。

于是就吾乡遍涉秋园,搜拾所有,悉市种而植之,俟其花盛开,乃备述诸形色而纪之。有疑而未辨,则问于好事而质之。夫如是,则古称九华者,于斯复见矣。且至于四十品,若滥号假名者,不与其数,是为越谱。至此一记五谱,班班品列,名曰百菊集谱。今去其重复,凡有百六十三名。

卷首诸菊品目

九华菊(名见陶渊明集,今以此品居首者,尊古也) 佛顶菊(亦名佛头菊、黄佛顶、大佛顶、小佛顶、楼子佛顶、夏月佛顶) 御爱黄 御袍黄(深色、浅色) 御衣黄 胜金黄(大金黄、小金黄) 侧金盏 金丝菊 金钱菊(大金钱、小金钱、千叶小金钱、单叶小金钱、赛金钱) 金铃菊(亦名塔子菊、大金铃、小金铃、夏金铃、秋金铃) 金万铃(夏万铃、秋万铃) 金墊菊 金盏银台(亦名水仙菊) 金盏金台 金杯玉盏 金井银栏 金井玉栏 滴滴金(夏菊也) 满堂金 销金菊 销金北紫 销银黄菊 玉盘盂

玉铃菊　玉瓯菊　玉盆菊　银盘菊　轮盘菊　银台菊　银盆菊

珠子菊　水晶菊　玉球菊　绣球菊　珠子黄　锦菊　绣菊　叠
金黄(亦名明州黄)　叠罗黄　白叠罗　垂丝菊(黄色)　垂丝粉红
铺茸菊　毡线菊　荔枝菊(白荔枝)　银杏菊　橙黄菊　柑子菊　枇
杷菊　密友菊　酴醾菊(黄色、白色)　木香菊(黄色、白色)　丁香菊
桃花菊　牡丹菊　素馨菊(黄色、白色)　棣棠菊　茉莉菊　蔷薇菊　莲
花菊(附荷菊)　芙蓉菊　鸡冠菊　蜡梅菊　松菊　柿叶菊　柳条菊
楂子菊　茱萸菊　艾菊　龙脑菊　新罗菊(黄色、白色)　邓州黄　邓州
白　明州黄　泰州黄

淮南菊　襄阳红　大笑菊(大笑亦一花名)　笑靥菊(黄色、白色)
喜容菊(黄色、白色)　添色喜容(喜容千叶)　都胜菊　缠枝菊(黄
色、白色)　徘徊菊　甘菊　野菊(黄色、白色)　藤菊(亦名一丈黄)
寒菊(黄色、白色)　春菊　五月菊　九日菊　十月白　十样菊　黄二
色　红二色　楼子菊　鞍子菊　脑子菊

麝香菊(白麝香)　燕脂菊　粉团菊　凌风菊　朝天菊　月下白
杨妃菊(粉红色)　杨妃裙(黄色)　太真黄　孩儿菊(黄色、白
色、粉红色)　波斯菊　鸳鸯菊　鹭鸶菊　鹅儿菊　鹅毛菊　蜂儿菊
蜂铃菊　碧蝉菊　合蝉菊　五色菊　紫菊　顺圣浅紫　石菊(其色有
三,故附于此)　丹菊(九月开)　红菊(五月开,附乾红菊)　碧菊　青
心菊　单心菊　黄簇菊　铁脚黄铃菊　黑叶儿菊　钹儿菊　钗头菊

张淏宝庆会稽续志卷第四花:菊前志云:昌安门内朱氏庄,有佳菊
数十种。今上原所艺名品亦多,剡中高氏雪馆种菊一二百本,最奇者
紫菊、丹菊。

陈耆卿嘉定赤城志卷三十六风土门花之属:菊有四十余种,今可记者
曰黄曰白曰紫曰御袍、金银、荔枝之类,则取其色;曰甘,则取其味;曰球子曰玉绣球曰金
盏银台,则取其形之类;曰酴醾曰桃花曰茉莉,则取其花之同至是,而独头开者曰佛罗
菊,状似孩儿者曰孩儿菊,高与篱落等者曰东篱菊,自海外得种者曰过海菊,余不可胜
载云。

〔二〕**毛驼冈**

江休复牟驼冈阅马：牧马散近垌，阅视乘高秋。驼冈似沙苑，堆阜带川洲。坡陀故梁城，萦薄西南陬。连棚映林樾，星罗倚层丘。回风吹阵云。奔腾歘来游。野性脱羁马，饮龁遂所求。腹干颇肥张，郁怒何彪休。群驱骤麋鹿，逸势凌蛟虬。军戎选轻捷，和銮御调柔。毛物有千名，众美归骅骝。

宇文懋昭大金国志卷之四太宗文烈皇帝二：癸酉，斡离不围宋京师。先是，药师尝打球于牟驼冈，知天驷监有马二万匹，刍豆山积，至是斡离不使奄而取之。

李濂汴京遗迹志卷九冈牟驼冈：在城西北十五里，宋天驷监牧养御马驼骡之所。靖康时，金将斡离不统铁骑南驰，攻围汴京，屯兵于此。后黄河冲激，坍塌平夷矣。

〔三〕**粉面蒸糕**

陈元靓岁时广记卷三十四重九枣栗糕：皇朝岁时杂记：二社重阳尚食糕，而重阳为盛大，率以枣为之，或加以栗，亦有用肉者，有面糕、黄米糕，或为花糕。

百事糕：岁时杂记：重九日天欲明时，以片糕搭小儿头上，乳保祝祷云：百事皆高。

万象糕：皇朝岁时杂记：国家大礼，常以九月宗祀明堂，故公厨重九作糕，多以小泥象掺列糕上，名曰“万象糕”。

饵䬼糕：玉烛宝典：九日食饵者，其时黍稷并收，以黏米加味，触类尝新，遂成积习。周官笾人职曰：羞笾之实，糗饵粉餈。注云：糗饵者，秬米屑蒸之，加以枣豆之味，即今饵䬼也。方言谓之糕，或谓之餈。

食鹿糕：岁时杂记：民间九日作糕，每糕上置小鹿子数枚，号曰：“食禄糕”。

林洪山家清供卷下蓬糕：采白蓬嫩者，熟煮，细捣，和米粉加以糖，蒸熟，以香为度。世之贵介，但知鹿茸、钟乳为重，而不知食此大有补益。讵不以山食而鄙之哉！

〔四〕**狮子**

苏轼艾子杂说镇宅狮子：艾子使于秦，还，诏宣王："秦昭王有吞噬之心，且其状貌又正虎形也。"宣王曰："何质之？"曰："眉上有肉角耸起，目光烂然，鼻直口哆，丰颐壮臆，每临朝，以两手按膝，望之宛然镇宅狮子也。"

阮阅诗话卷之十三警句门中六〇三：杨文公在馆阁，占城进狮子，例进诗。文公云："渡海鲸波息，登山豹雾消。"

〔五〕**狮蛮**

［文案］水浒传第三十四回、第五十四回、第六十三回、第六十七回、第八十三回、第八十四回、第八十八回，均有"狮蛮带"之记，惟未述此武将之腰带为何等形象。其实颇易知，金盈之新编醉翁谈录卷四释狮蛮："为文殊菩萨骑狮子像，蛮人牵之。"1987 年南京太平门外板仓村一座明墓出土方形带板饰人物牵狮之图案可证。陈元靓岁时广记卷第三十五则如是记："又埴泥为文殊菩萨骑狮子像，蛮人牵之，以置糕上。"此形象甚确也。朴通事谚解卷上亦可作旁证，用煎熬之糖倾入木印内，即所谓象生物之形，"象作像，木印以木刻成物形，为模范者也。"以粉作狮蛮亦如置于糕上狮子蛮王之状。又如同卷所称"狮仙糖"，即以糖印做骑狮仙人之形也。方龄贵元明戏曲中的蒙古语一百零八狮蛮阓狮蛮则考据：狮蛮二字，基源于传入蒙古之波斯语，为 dānishmandī 之对音，本义为伊斯兰教教士，然往往被误指一般回回人。狮蛮带说不定与回回人装束有关。孙机中国古代带具则驳斥其说"实误"。然出土狮蛮带上人物"或跣足蚯髻，或戴虚顶尖帽，多袒露一肩，似表明他们来自远方"。以此推之，以狮蛮为异域传来未尝不可。

〔六〕**狮子上**

［文案］京都译注本据法华经考"狮子上"应为"狮子座上"。验之佛典，甚确。大智度论卷七云："佛为人中狮子，佛所坐处，若床若地，

皆名狮子座。"又若南朝梁简文帝大法颂序:"于是乃披如来之衣,登狮子之座。"座者,高僧说法之座席也。维摩诘经香积佛国品记维摩诘大士曾化出"九万狮子床",供诸菩萨趺坐。

宋苏汉臣绘百子嬉春图中狮子舞

〔七〕讲说

大唐三藏取经诗话卷上:罗汉问曰:"今日谢师入宫。师善讲经否?"玄奘曰:"是经讲得,无经不讲。"罗汉曰:"今讲法华经?"玄奘:"此是小事。"当时五百尊者、大梵王,一千余人,咸集听经。玄奘一气讲说,如瓶注水,大开玄妙。众皆称赞不可思议。

程颐家世旧事:伯叔殿直,喜施而与人周,一日苦寒,有儒生造门,即持绵裤与之。其人大惊曰:"何以知我无裤也?"盖于游从间常察其不足也。晚年家资悬磬而为义不衰。有儒生以讲说醵钱,时家无所有,伯祖母有珠子装抹胸,卖得十三千尽以与之。

宋话本花灯轿莲女成佛记:原来莲女在学堂里听得法鼓,却是能仁寺长老讲经说法,一径走入寺中,一看,果然长老升座说法。莲女分开人众,直到法座下,高声问曰:"龙女八岁献宝珠,得成佛道。奴今七岁,无宝珠,得成佛否?"莲女道罢,长老不答,乃手划一个圆象,言曰:"你还见么?"莲女见了,正欲再问,只见张待诏,"你女儿又去能仁寺问长老。"连忙赶去,抱了便走回家,道:"你如今风了,被人笑耻。"

无名氏道山清话:京师慈云有昙云讲师者,有道行,每为人诵梵网经及讲说因缘,都人甚信重之,病家往往延致。

张齐贤洛阳搢绅旧闻记卷一少师佯狂:时僧云辨,能俗讲,有文章,敏于应对。若祀祝之辞,随其名位高下对之,立就千言,皆如宿构,少师尤重之。云辨于长寿寺五月讲,少师诣讲院,与云辨对坐。

王洙王氏谈录医:公言:昔东都有一医者,姓刘,其术甚异,通黄帝八十一难经,病注者失其旨,乃自为解,献于阙下,仍为人讲说。

佚名宣和书谱卷第六杜衍诗:道士陈景元,字太虚,师号真靖,自称碧虚子,建昌南城县人。师高邮道士韩知止,已而别其师游天台山,遇鸿蒙先生张无梦,授秘术。自幼喜读书,至老不倦,凡道书皆亲手自校写,积日穷年,为之痀偻。每著书,十袭藏之,有佳客至,必发函具铅椠出客前,以求点定,其乐善不已复如此。然不乏交,未尝与俗子将迎,惟相善法云寺释法秀,人比之庐山陆修静交惠远也。初游京师,居醴泉观,众请开讲。

〔八〕**席帽**

魏泰东轩笔录卷之十三:王朴为学士,居近浚仪桥,常便服,顶席帽,步行沿河,以访亲故。

叶梦得石林燕语卷三:今席帽、裁帽分为两等,中丞至御史,与六曹郎中,则于席帽前加全幅皂纱,仅围其半为裁帽,非台官及自郎中而上,与员外而下,则无有为席帽,不知何义,而"裁"与"席"之名,亦不可晓。

吴处厚青箱杂记卷二:巽字仲权,邵武人,以蜃楼、土鼓、周处斩蛟三赋驰名,累举不第,为乡人所侮曰:"李秀才应举,空去空回,知席帽甚时得离身?"巽亦不较。至是乃遗乡人诗曰:"当年踪迹困泥尘,不意乘时亦化鳞。为报乡间亲戚道,如今席帽已离身。"盖国初犹袭唐风,士子皆曳袍重戴,出则以席帽自随。

高承事物纪原卷三旗旗采章部第十三席帽:实录曰:本羌人首服,

以羊毛为之,谓之毡帽,即今毡笠也。秦汉竞服之,后故以席为骨而鞔之,谓之席帽。女人戴者,四缘垂下纲子以之蔽,今世俗或然。吴处厚青箱杂记曰:王衍在蜀,好私行,恐人识之,令民戴大帽,则世俗之戴席帽,始于王衍也。

[文案]京都译注本谓唐帷帽即席帽,革制,缘纱巾自肩垂下而蔽面,亦有藤、藁编织之帽。周锡保中国古代服饰史则谓席帽亦有毡为之者,其例如:元和间裴晋公早朝遇刺,刀刃及帽檐而脱祸未害,则因席帽为有檐之帽。又因裴晋公所戴为厚毡帽,可脱其险。至宋,席帽即大帽,或称大裁帽。以黑毂为之,以隔风尘。若宋画中一般市民村夫所戴者,帽前加一幅黑纱围之或仅围其半,似帷帽之式而稍异。席帽多为未有功名之士所戴,若王继如说"席帽"言:席帽为未中举士人身份标示,俟取功名后即改着官品冠服。

幽兰居士东京梦华录　卷之九

十月一日

十月一日,宰臣已下受衣着锦袄,三日,今五日。士庶皆出城飨坟〔一〕。禁中车马出<u>道者院</u>及<u>西京</u>朝陵。宗室车马,亦如寒食节。有司进暖炉炭〔二〕。民间皆置酒作暖炉会也。

［注］

〔一〕**出城飨坟**

<u>孙思邈</u>千金月令拜坟:十月朔,都城士庶皆出城飨坟,禁中车马朝陵,如寒食节。

<u>钱希白</u>洞微志:<u>汴</u>都之南百余里,有<u>周令公</u>墓,墓前一石人,能为怪,人或过之,多称<u>鲁校书</u>或云<u>石押衙</u>。

<u>王陶</u>谈渊:翰林院侍讲学士<u>杜镐</u>,博学有识,都城外有坟庄。一日若有甘露降布林木,子侄辈惊喜,白于<u>镐</u>,<u>镐</u>味之惨然不怿,子侄启请,<u>镐</u>曰:"此非甘露,乃雀饧,大非佳兆,吾门其衰矣。"逾年,<u>镐</u>薨,有八丧。

637

〔二〕**暖炉炭**

周辉清波杂志卷第六暖炉炭:宣和间,宗室围炉次索炭,既至,诃斥左右云:"炭色红,今黑,非是!"盖常供熟火也。

陈敬陈氏香谱卷一修制诸香煅炭:凡合香,用炭不拘黑白。重煅作火,罨于密器冷定,一则去炭中杂秽之气。熁香宜慢火,如火紧则焦气。

天宁节

初十日,天宁节〔一〕。前一月,教坊集诸妓阅乐。初八日,枢密院率修武郎〔二〕以上;初十日,尚书省宰执率宣教郎〔三〕以上,并诣相国寺罢散祝圣斋筵〔四〕。次赴尚书省都厅〔五〕赐宴。

[注]

〔一〕**天宁节**

陆佃天宁节口号亳州:九天宫阙五云新,共向中间望紫宸。几杖一千年父老,衣冠三万里君臣。濑乡老子如今桧,蒙县庄生上古椿。就祝圣君千万岁,过于天上寿星辰。

杨时天宁节:祥开若木射瑶光,淑气先春景自长。玉陛风间飞彩绶,兽炉烟暖袭珠囊。自注:千秋节,赐彩绶珠囊,民间以此相馈遗。云门羽鹤仪仙仗,天上蟠桃荐寿觞。已见晶辉环帝座,定应长照鼎宫傍。自注:鼎宫傍一星,人主寿星也。

〔二〕**修武郎**

阙名赵朝事类官品令大使臣二阶:修武郎　训武郎。

龚延明宋代官制辞典第十一编阶官类:修武郎,武阶名。属大使臣二阶列。北宋政和二年九月二十五日，由内殿崇班改。绍兴厘定入品武阶五十二阶之第四十四阶，位于训武郎下。正八品。

〔三〕**宣教郎**

阙名趋朝事类官品令京官五阶：承务郎 承奉郎 承事郎 宣议郎 宣教郎。

林駉古今源流至论前集卷六阶官沿革图：宣德郎著作佐郎，大理寺丞，今为宣教郎。

王栐燕翼诒谋录：今之宣教郎，即昔之宣德郎。政和四年九月，诏宣德郎与宣德门名相犯，可改为宣教郎。见任人不别给告，但改称呼。

〔四〕**斋筵**

周辉北辕录：旋供晚食果饤，如南方斋筵先设茶筵，一般若七夕乞巧，其瓦垄、桂皮、鸡肠、银铤、金刚镯、西施舌、取其形似，蜜和面油煎之，虏甚珍此。茶食，谓茶未行酒先设，此品进茶一盏，又谓之茶筵。次供馒头、血羹、毕罗、肚羹、荡羊饼子、解粥、肉齑羹、索面、骨头盘子，自后大同小异。

〔五〕**都厅**

赵与峕宾退录卷一：祖宗时，诸郡皆有都厅。至宣和三年，怀安军奏："今尚书省公相厅改作都厅，内外都厅，并行禁止。欲将本军都厅，以金厅为名。"从之，且命诸路依此。此金厅得名之始也。然今帅府有金厅，又有都厅，莫知所始矣。

宰执亲王宗室百官入内上寿

十二日，宰执、亲王、宗室、百官，入内上寿〔一〕大起居。播笏舞蹈。乐未作，集英殿山楼上教坊乐人，效百禽鸣〔二〕，内外肃然，止闻半空和鸣，若鸾凤翔集。百官以下谢坐讫，宰执、禁从、亲王、宗室、观察使已上，并大辽、高丽、夏国使副,坐于殿上。诸卿少百官,诸国中节使人坐两廊。军校以下排在山楼之后,皆以红面青襖黑漆矮偏钉①,每分列环饼〔三〕,油饼、枣塔为看盘〔四〕,次列果子。惟大辽加之猪羊鸡鹅兔连骨熟肉〔五〕为看盘,皆以小绳束之。又生葱、韭、蒜、醋〔六〕各一碟,三五人共列浆水〔七〕一桶,立杓数枚。教坊色长二人,在殿上栏干边,皆诨裹宽紫袍金带义襕,看盏,斟御酒。看盏者举其袖,唱引曰,绥御酒〔八〕,声绝,拂双袖于栏干而止。宰臣酒,则曰绥酒如前,教坊乐部,列于山楼下彩棚中,皆裹长脚幞头,随逐部服紫绯绿三色宽衫黄义襕,镀金凹面腰带,前列柏②板,十串一行,次一色画面琵琶五十面,次列箜篌两座,箜篌高三尺许,形如半边木梳,黑漆镂花金装画。下有台座,张二十五弦,一人跪而交手擘之。以次高架大鼓二面,彩画花地金龙,击鼓人背结宽袖,别套黄窄袖,垂结带,金裹鼓棒,两手高举互击,宛若流星。后有羯鼓〔九〕两座,如寻常番鼓子,置之小卓子上,两手皆执杖击之,杖鼓应焉。次列铁石方响,明金彩画架子,双垂流苏〔一〇〕。次列箫、笙、埙、篪、觱篥、龙笛之类。两旁对列杖鼓二百面,皆长脚幞头,紫绣抹额、背系紫宽衫、黄窄袖、结带、黄义襕。诸杂剧色皆诨裹〔一一〕,各服本色紫绯绿宽衫义襕镀金带。自殿陛对立,直至乐棚。每遇舞者入场,则排立者叉手,举左右肩,动足应拍,一齐群舞,谓之挼曲子〔一二〕。挼字仍回反。

第一盏御酒〔一三〕,歌板色一名,唱中腔〔一四〕一遍讫,先笙与箫、笛〔一五〕各一管和,又一遍,众乐齐举,独闻歌

东京梦华录笺注

者〔一六〕之声。宰臣酒,乐部起倾杯〔一七〕。百官酒,三台舞旋,多是雷中庆〔一八〕。其余乐人舞者诨裹宽衫,唯中庆有官,故展裹舞曲破擶〔一九〕前一遍。舞者入场,至歇拍〔二〇〕,续一人入场,对舞数拍。前舞者退,独后舞者终其曲,谓之舞末。

第二盏御酒,歌板色唱如前。宰臣酒,慢曲子。百官酒,三台舞如前。

第三盏,左右军〔二一〕百戏入场,一时呈拽。所谓左右军,乃京师坊市两厢〔二二〕也,非诸军之军。百戏乃上竿、跳索、倒立折腰弄碗注〔二三〕、踢瓶〔二四〕、筋斗、擎戴〔二五〕之类,即不用狮豹大旗神鬼也。艺人或男或女,皆红巾彩服。殿前自有石镌柱窠,百戏入场,旋立其戏竿〔二六〕。凡御宴至第三盏,方有下酒肉、咸豉〔二七〕、爆肉〔二八〕、双下驼峰角子〔二九〕。

第四盏,如上仪,舞毕,发谭③子,参军色执竹竿〔三〇〕、拂子,念致语口号,诸杂剧色打和,再作语,勾合大曲舞。下酒槛〔三一〕,禽子骨头〔三二〕、索粉〔三三〕、白肉、胡饼。

第五盏御酒,独弹琵琶。宰臣④酒,独打方响。凡独奏乐,并乐人谢恩讫,上殿奏之。百官酒,乐部起三台舞如前毕。参军色执竹竿子作语,勾小儿队舞。小儿各选年十二三者二百余人,列四行,每行队头一名,四人簇拥,并小隐士帽,着绯绿紫青生色花衫,上领四契义襴,束带,各执花枝排定。先有四人裹卷脚幞头紫衫〔三四〕者,擎一彩殿子内金贴字牌,擂鼓而进,谓之"队名",牌上有一联,谓如"九

641

韶翔彩凤，八佾舞青鸾"之句。乐部举乐，小儿舞步进前，直叩殿陛。参军色作语问，小儿班首近前进口号[三五]，杂剧人皆打和毕，乐作群舞合唱，且舞且唱，又唱破子[三六]毕，小儿班首入进致语，勾杂剧[三七]入场，一场两段，是时教坊杂剧色：**鳖膨**、**刘乔**、**侯伯朝**、**孟景初**、**王彦喜**而下，皆使副也。内殿杂戏[三八]，为有使人预宴，不敢深作谐谑[三九]，惟用群队装其似像市语[四〇]，谓之"拽串"[四一]。杂戏毕，参军色作语，放小儿队。又群舞<u>应天长</u>曲子出场，下酒：群仙炙、天花饼、太平毕罗[四二]、干饭[四三]、缕肉羹、莲花肉饼[四四]。驾兴歇座。百官退出殿门、幕次。须臾追班，起居再坐。

第六盏御酒，笙起慢曲子，宰臣酒，慢曲子，百官酒，三台舞。左右军筑球，殿前旋立球门，约高三丈许，杂彩结络[四五]，留门一尺许。左军球头<u>苏述</u>，长脚幞头红锦袄，余皆卷脚幞头，亦红锦袄十余人。右军球头<u>孟宣</u>，并十余人，皆青锦衣，乐部哨笛杖鼓断送。左军先以球团转众小筑数遭[四六]，有一对次球头小筑数下，待其端正，即供球与球头，打大㫰[四七]过球门。右军承得球，复团转众小筑数遭，次球头亦依前供球与球头，以大㫰打过，或有即便复过者胜。胜者赐以银碗锦彩，拜舞谢恩，以赐锦共披而拜也。不胜者球头吃鞭，仍加抹枪[四八]。下酒：假鼋鱼、密浮酥捺花[四九]。

第七盏御酒，慢曲子，宰臣酒，皆慢曲子，百官酒，三台舞讫，参军色作语，勾女童队入场。女童皆选两军妙龄容艳过人者,四百余人,或戴花冠,或仙人髻,鸦霞之服,或卷曲花脚幞头,四契红黄生色销金锦绣之衣,结束不常,莫不一时新妆,曲尽其妙。杖子头四人,皆裹曲脚向后指天幞头簪花,红黄宽袖衫义襕,执银裹头杖子,皆都城角者[五〇]。当时乃陈奴哥、俎姐哥、李伴奴、双奴[五一],余不足数。亦每名四人簇拥,多作仙童丫髻仙裳,执花舞步,进前成列。或舞采莲[五二],则殿前皆列莲花[五三]。槛曲亦进队名,参军色作语问队,杖子头者进口号,且舞且唱。乐部断送采莲讫,曲终复群舞,唱中腔毕。女童进致语,勾杂戏入场[五四],亦一场两段讫,参军色作语。放女童队,又群唱曲子,舞步出场。比之小儿,节次增多矣。下酒:排炊羊、胡饼、炙金肠。

第八盏御酒,歌板色一名唱踏歌[五五]。宰臣酒,慢曲子,百官酒,三台舞,合曲破舞旋。下酒:假沙鱼、独下馒头、肚羹。

第九盏御酒,慢曲子,宰臣酒,慢曲子,百官酒,三台舞。曲如前。左右军相扑。下酒:水饭、簇饤下饭[五六]。驾兴。

御筵酒盏,皆屈卮如菜碗样,而有手把子。殿上纯金,廊下纯银[五七]。食器:金银镀⑤漆碗楪也。宴退,臣僚皆簪花归私第,呵引从人皆簪花并破官钱。诸女童队出右掖门,少年豪俊争以宝贝供送,饮食酒果迎接[五八],各乘骏骑而归。或花冠,或作男子结束,自御街驰骤,竞逞华丽,观者如堵,省宴亦如此。

[校]

①中华邓注本疑"钉"误,京都译注本则以梦粱录卷三宰执亲王南班百官入内上寿赐宴同文"黑漆矮偏凳坐物"订"钉"之误,不无道理。长物志卷六凳曾记"黑漆者亦可用",考宋漆器以黑色者居多,宋有五开光黑漆木制坐墩,如苏汉臣秋庭婴戏图所见。中华邓注本疑误,非无端也。

②"柏",应为"拍"。据中国音乐词典谓:自唐以来,拍板由九块或六块长方形木板构成,伎艺人以双手合击板块以发声。现通常用三块长方形木板,前两板以细弦捆缚,后为单块木板。前后用布带连结。演奏时,左手持后板,使其下端凸起部分撞击手前两板背面以奏乐。

③中华邓注本谓"谭"应从梦粱录作"诨"。王瑛重印本邓注东京梦华录献疑则按:"谭子"与"诨子"同义,仅方言之不同而已,今蜀语犹然。

④底本"臣"或"官"不清,上海古籍出版社标校本补为"臣"。

⑤京都译注本谓"錂"应作"棱"。

[注]

〔一〕上寿

王明清挥麈录卷上:太祖二月二十六日生,为长春节。太宗十月七日生,为乾明节,后改为寿宁节。真宗十二月二日生,为承天节。仁宗四月十四日生,为乾元节。英宗正月三日生,为寿圣节。神宗四月十四日生,为同天节。哲宗十二月七日生,避僖宗忌辰,以次日为龙头节。徽宗四月十日生,为天宁节。钦宗四月十三日生,为乾龙节。

洪迈容斋四六丛谈五方老人祝圣寿:圣节所用祝颂乐语,外方州县各当筵致语一篇。又有王母队者,若教坊,惟祝圣而已,欧阳公集乃载五方老人祝寿文五首,其东方曰:但某太山老叟,东海真仙,溜穿石而曾究始终，松避雨而备知岁月。羲氏定三百六日，尝守寅兵之官；夷吾纪七十二君，尽睹登封之事。遇安期而遗枣，笑方朔之偷桃。风入律而爽自岩前，斗指春而光临洞口。昔汉武帝尝怀三岛之胜游，有羡门生欲谒巨公于绍代。今则紫庭降圣，华渚开祥。远离朝日之方，来展望云之恳。千八百国，咸归至治之风；亿万斯年，共祷无疆之寿。其颂只四句，西中南北方皆然。集中不云何处所作，今无复用之。

〔二〕效百禽鸣

惠康野叟识余卷三：舌人，东京赋：重舌。注：舌人也，即今译诸夷语者，其名甚佳。今人能为百鸟语者，其音酷相类，亦可谓百舌人也。

宋祁益部方物略：右百舌鸟，出中蜀山谷间，毛采翠碧，蜀人多畜之，一云翠碧鸟，善效他禽语，凡数十种。非东方所谓反舌无声者，往往亦矜斗，至死不解，然捕者告罕，故惜之，不使极其击云。

严有翼诗话二七反舌：月令："仲夏之月，反舌无声。"蔡君谟以反舌为虾蟆，段柯古已讥其非矣。殊不知反舌，百舌鸟也，能反易其声，以效百鸟之鸣，故谓之反舌。张籍集中有徐州试反舌无声诗，破题云"夏木多好鸟，偏知反舌名"，则其为百舌明甚。许慎注淮南子云："五月阳气盛于上，微阴起于下，百舌无阴，故无声也。"朝野佥载云："百舌春啭夏止，唯食蚯蚓。正月后，冻开蚓出而来。十月后，蚓藏而往。"盖物之相感也。古今词章中，多取此以况人之巧言者。故老杜诗云："过时如发口，君侧有谗人。"

岳珂桯史卷第九万岁山瑞禽：艮岳初建，诸巨珰争出新意事土木。既宏丽矣，独念四方所贡珍禽之在圃者，不能尽驯。有市人薛翁，素以豢扰为优场戏，请于童贯，愿役其间，许之。乃日集舆卫，鸣跸张黄屋以游，至则以巨桦贮肉炙粱米，翁效禽鸣，以致其类，既乃饱饫翔泳，听其去来。月余而圃者四集，不假鸣而致，益狎玩，立鞭扇间，不复畏。遂自命局曰"来仪"，所招四方笼畜者，置官司以总之。一日，徽祖幸是山，闻清道声，望而群翔者数万焉。翁辄先以牙牌奏道左，曰："万岁山瑞禽迎驾。"上顾罔测，大喜，命以官，赏予加厚。

[文案]效百禽鸣当脱胎于唐变文百鸟名。然宋百禽鸣史料少见，明清百禽鸣材料则多矣，其源盖出于宋。若顾禄清嘉录卷一之百鸟之声"隔壁戏"，李斗扬州画舫录卷十一虹桥录之扬州专学鸟叫之象声行当，蒋士铨京师乐府词所赞喉中能作百鸟声之画眉杨。昭梿啸亭杂录卷八画眉杨又述：至于午夜寒鸡，孤床蟋蟀，无不酷似。一日作黄鸟声，如睨皖于绿树浓阴中，韩孝廉崧触其思乡之感，因之落涕，亦可知其技。许起珊瑚舌雕谈初笔卷二小画眉记画眉杨之徒，其作鹦鹉呼茶声，宛如娇女窥窗，年少闻之，莫不心宕神移，魂飞魄越。又作鸾凤音，翱翔天际，戛戛和鸣，令人心气和平，至于半夜寒鸡，荒郊喔喔，恍觉旅征早起，无限凄凉，如孤床蟋蟀，篱落秋虫，懒妇惊心，愁人助叹。一日忽作子规声，幽怨难名，回肠欲裂，在座无不俱触乡思，因之堕泪，不能终听，亦可知其伎之神。以此文与记画眉杨文对照，两文如出一辙。清之文坛，辗转抄袭，屡见不鲜，此诚非怪事。然记载相继不绝，为一学鸟叫之师徒作录，足证"百禽鸣"影响之巨，伎艺之绝，传承之远。

偃师出土宋副净、副末学禽鸣像

〔三〕**环饼**

贾思勰齐民要术卷九饼法第八十二：细环饼、截饼<small>环饼一名寒具，截饼一名蝎子</small>。皆须以蜜调水溲面。若无蜜，煮枣取汁。牛羊脂膏亦得；用牛羊乳亦好——令饼美脆。

庄绰鸡肋编卷上：食物中有"馓子"，又名"环饼"，或曰即古之"寒具"也。京师凡卖熟食者，必为诡异标表语言，然后所售益广。尝有货环饼者，不言何物，但长叹曰："亏便亏我也！"谓价廉不称耳。

吴坰五总志：干宝司徒仪曰：祭用粣𥻳，晋制呼为环饼，又曰寒具，今曰馓子。

朱翌猗觉寮杂记卷上：杜云：粔籹作人情。楚词：粔籹蜜饵。郭璞新语：粔籹，膏环也。通俗文：寒具谓之餲，音葛。则粔籹寒具，今之环饼也。东坡云：上有桓元寒具油。则寒具为环饼无疑。

〔四〕**看盘**

钱易南部新书壬：御厨进馔，凡器用有少府监进者，九饤食。以牙盘九枚，装食味其间，置上前，亦谓之"看食"。

程大昌演繁露卷二牙盘：唐少府监御馔器用九饤食，以牙盘九枚，装食味于上，置上前，亦谓之看食。据此即是以牙饰盘矣。问之今世上食，止是粳盘，亦不饰牙。

文彦博牙盘食奏皇祐元年：近臣睹上言以太庙时享牙盘食品，宜尽精美，一如常膳器皿之物，亦取常所进御，于理为便。臣切以清庙昭德，著于前训，牙盘上食，本非旧仪。始因唐天宝五载，实明皇之季年，缘秦汉陵寝之制，有朔望上食之仪，遂诏太庙时享兼供牙盘常食，于牲牢笾俎之间，杂燕私膳羞之品，率情变礼，亵昧渎神。而当时礼官，不能执守典法，遂即因循行之。贞元以来，达礼之士，频议寝罢，然亦惮于改革。伏自国朝以来，奉宗庙之重，修祭祀之礼，率遵典故，备极精虔。牙盘上食，亦循唐制。行之已久，罢之固难。臣近以差摄祠官，祭享太庙，于点膳之日，亲阅牙盘食器，并皆精洁，涂金银镶，朱裹漆器，列于簠簋之次,实得奢俭之中。至于食味品数,皆有旧规,谓宜谨守故常,不可增改。但申敕所司,每遇上食,务尽精洁,其食器稍有损故,随即申请饰换,一切如故仪,更不擅议增改。取进止。

陆凤藻小知录卷十饮食:牙盘　看卓　〔看食、饤坐、香药卓〕通雅:牙盘,看食盘也,一曰看食。

〔五〕猪羊鸡鹅兔连骨熟肉

刘恂岭表录异卷中:交趾之人重不乃羹,羹以羊、鹿、鸡、猪肉和骨同一釜煮之,令极肥浓,漉去肉,进葱、姜,调以五味,贮以盆器,置之盘中。

〔文案〕辽人所食,以肉为主。叶隆礼契丹国志卷二十三渔猎时候记辽主杀鹅击兔以食。不独如此,款待汉使亦如是,若路振乘轺录所记"熊肪羊豚雉兔之肉为濡肉,牛鹿雁鹜熊貉之肉为腊肉,割之令方正,杂置大盘中"。而汉待辽使则必是猪羊鸡鹅兔连骨肉等,不过为享厨爨以屏毛血之"熟肉"耳。然则"连骨"则需"开割",若叶子奇草木子卷之三下杂制篇所谓:"北人茶饭重开割,其所佩小篦刀,用镔铁定铁造之,价贵于金,实为犀利,王公贵人皆佩之。"

〔六〕醋

张镃仕学规范卷九行己:贵姓子弟于饮食玩好之物之类,直是一生将身伏事不懈,如管城之陈醋瓶,洛中之史画匣是也。

九山书会张协状元第二十一出:[斗黑麻]帝德广过尧,喜会太平。我是清朝第一大臣。净所为,直是英俊。论梗直,最怕人。好底酸醋,吃得五瓶。

吕居仁官箴:王沂公常说:"吃得三斗酽醋,方做得宰相。"盖言忍受得来。

〔七〕浆水

无名氏居家必用事类全集己集浆水类桂浆法:夏月饮之,解渴清痰。勿与酒同饮。官桂(三两,为末。)　赤茯苓(去皮,为末。)　细曲末(半斤。) 大麦糵(半两。为末。) 杏仁(百粒,浸,去皮、尖,研细。)蜜(三斤。) 右用熟水一斗,冷定,调匀,入磁罐内搅三五百转,用油纸封口,覆以数重,入窨五日方熟。或腊纸密封,沉井底七日,绵滤去滓,水浸,饮之。 荔枝浆:桂(三两。) 丁香(二分。) 乌梅(半斤。煎汁。) 缩砂仁(三两。锉碎,煎汁一升。) 生姜汁(半盏。)右件澄清,相和。入糖二斤半,银石器熬。候稠浓,滤过用之。 木瓜浆:木瓜一个,切下盖,去穰。盛蜜,却盖了,用签签之。于甑上蒸软。去蜜不用,及削去。中别入熟蜜半盏,入生姜汁同研如泥。以熟水三大碗拌匀,滤滓,盛瓶内。井底沉之。 浆水法:熟炊粟饭,乘热倾在冷水中。以缸浸五七日,酸便好吃。如夏月,逐日看,才酸便用。如过酸,即不中使。 齑水法:菘菜净洗,略汤中焯过。入极清面汤内,以小缸盛。看菜与面汤多少相称。菜不必多。候五七日,酸可吃。如有齑脚一小碗,只一日可用。冬日略近火,尤易熟。诸菜皆可。

[文案]梅原郁译注梦粱录卷三释"浆水"谓"不详"。上举浆水数则可释。又陈元靓事林广记卷一卧浆法、淘米、煎浆记制浆过程甚详,可参。

〔八〕**绥御酒**

叶梦得石林燕语卷五:公燕合乐,每酒行一终,伶人必唱"嗺酒",然后乐作,此唐人送酒之辞。本作"碎"音,今多为平声,文士亦或用之。王仁裕诗"淑景易从风雨去,芳樽须用管弦嗺"。

方以智通雅卷之二十八礼仪:嗺酒,一作嶉酒,即催酒也。元有喝盏之仪。李涪刊误言,嶉酒三十拍,促曲名三台。嶉合作崒,盖送酒也。资暇录言与涪同。程大昌言内燕抗声索乐,但云嶉音催酒。字书:嶉,屈破也。当是崒酒之转。名贤诗话:王仁裕诗"芳尊每命管弦嗺"。又赵璲交趾事迹言"嗺酒逐歌"。可知嗺酒乃唐人熟语,宋相沿不改也。

[文案]中华邓注本谓"嶉"至宋又讹作"绥"。刘永济宋代歌舞剧

曲录要则谓：今考集韵，绥又作唉，促饮也。促饮亦即侑酒。京都译注本亦持同见，以敦煌写本字宝"捘"与"唯"相同而推论：唐以来宴会饮酒之时则已如此矣。即刘永济所言："唯"者，公宴时演奏大曲中间所加仪节也。

〔九〕**羯鼓**

南卓羯鼓录：羯鼓出外夷，以戎羯之鼓，故曰羯鼓。其音主太簇一均，龟兹部、高昌部、疏勒部、天竺部皆用之，次在都昙鼓、答腊鼓之下，鸡娄鼓之上。麑如漆桶，下以小牙床承之。击用两杖，其声焦杀鸣烈，尤宜促曲急破，作战杖连碎之声。又宜高楼晚景，明月清风，破空透远，特异众乐。杖用黄檀、狗骨、花楸等木，须至干紧绝湿气，而复柔腻；干取发越响亮，腻取战裹健举。榾用刚铁，铁当精炼，榾当至匀。若不刚，即应绦高下，擿捩不停；不匀，即鼓面缓急，若琴徽之欹病矣。

〔一〇〕**流苏**

[文案]中华邓注本以庞元英文昌杂录中五彩毛杂而垂之为流苏。余以为尚未透彻，张师正倦游杂录罨画流苏锡销曾言其于东京州西所见流苏，乃四角系有盘线绘绣之球，五色，昔谓之同心而下垂者。流苏帐者，古人系流苏于帐之四隅以为饰耳。以此合文昌杂录所记乃为周全，验之白沙宋墓第一号墓过道两壁壁画流苏则更一目了然。

〔一一〕**诨裹**

[文案]京都译注本谓"诨裹"专指杂剧女优之特别扮装。此释似袭都城纪胜瓦舍众伎之言：杂剧部又戴诨裹，其余只是帽子幞头。以此释"诨裹"尚嫌不足，廖奔宋元戏曲文物与民俗则释之较详：所谓"诨裹"，则是不按普通裹式，而独出心裁，随意加工，将头巾裹成各类滑稽样式，以逗乐取笑。如丁都赛雕砖形象将头巾偏向右侧裹托，露出一角；眼药酸图中"诨"角头巾朝天裹缚，上扎以麻绳，即皆为诨裹。另一幅宋杂剧绢画中左侧一人，与正常裹式相反，将幞头大带反扎于脑前，又不整齐打结，而草草系之了事。另如温县墓副净色亦裹成偏

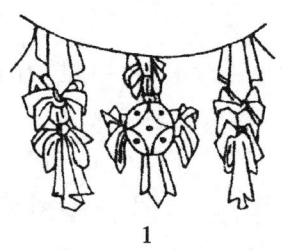

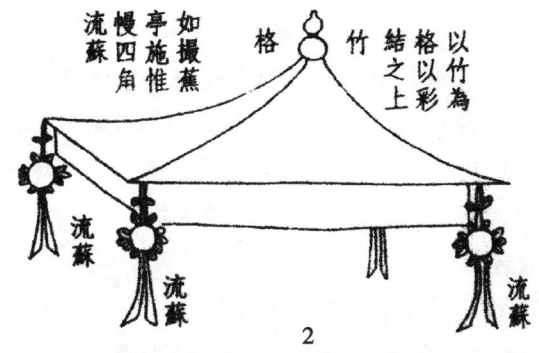

1. 白沙宋墓第一号墓过道两壁壁画中的流苏
2. 纂图增新群书类要事林广记中的帷幔四角的流苏

坠式,荥阳石棺、温县馆藏Ⅱ组雕砖、运城元墓壁画副净色裹成独角斜挑式,稷山马村二号墓左一人、侯马戏俑右一人、潘德冲石棺左一人裹成圆形偏髻式,偃师左第二人头巾向后裹、上扎花果成为脑后开花式等等。又据繁胜录记京都四百十四行亦有专门"做诨裹"一行,可见"诨裹"已为大众爱好。

〔一二〕**捘曲子**

〔文案〕孙注本谓击节打拍、配合曲子由慢到快之演奏速度。

〔一三〕**第一盏御酒**

杨亿正冬御殿上寿乐章八首赐群臣第一盏酒宫悬奏正安之曲:思皇多士,靖恭著位。鸣玉飞缕,锵锵济济。宴有折俎,以示慈惠。罔敢不祗,福禄来暨。

651

〔一四〕**中腔**

[文案]沈括梦溪笔谈卷五谓"中腔"为宋大曲之一种,或如京都译注本所谓编为大曲交响乐章之一种。

〔一五〕**笛**

叶梦得避暑录话卷上:政和间,郎官有朱维者,亦善音律,而尤工吹笛,号教坊亦推之。流传入禁中。蔡鲁公尝同执政奏事,及燕乐将退。上皇曰:"亦闻朱维吹笛乎?"皆曰:"不闻。"乃喻旨召维试之。使教坊善工,在傍按其声。鲁公与执政会尚书省大厅,遣人呼维,甚急。维不知所以,即至,命坐于执政之末,尤皇恐,不敢就位。乃喻上语,维再三辞。郑枢密达夫在坐,正色曰:"公不吹,当违制。"维不得已,以朝服勉为一曲,教坊乐工皆称善,遂除维为典乐。

〔一六〕**歌者**

宋祁宋景文杂说:歌者不曼其声,则少和。

王灼碧鸡漫志卷第一:今人独重女音,不复问能否,而士大夫所作歌词,亦尚婉媚,古意尽矣。政和间,李方叔在阳翟,有携善讴老翁过之者,方叔戏作品令云:"唱歌须是玉人,檀口皓齿冰肤。意传心事,语娇声颤,字如贯珠。老翁虽是解歌,无奈雪鬓霜须。大家且道,是伊模样,怎如念奴?"方叔固是沉于习俗,而语娇声颤,那得字如贯珠? 不思甚矣!

晏殊山亭柳赠歌者:家住西秦。赌博艺随身。花柳上、斗尖新。偶学念奴声调,有时高遏行云。蜀锦缠头无数,不负辛勤。 数年来往咸京道,残杯冷炙谩消魂。衷肠事、托何人。若有知音见采,不辞遍唱阳春。一曲当筵落泪,重掩罗巾。

吴开诗话一二一蒨桃赠歌者诗:翰府名谈载寇莱公妾蒨桃赠歌者诗云:"一曲清歌一束绫,美人犹似意嫌轻。不知织女寒窗下,几度抛梭织得成。"予尝记南唐李询赠织锦诗云:"札札机声晓复晡,眼穿力尽意如何。美人一曲成千赐,心里犹嫌花样疏。"蒨桃诗意本此而不及也。

蔡絛诗话一〇五：王晋卿选都尉既丧蜀国，贬均州，姬侍尽逐。有歌者号啭春莺，色艺两绝。平居属念，不知流落何许。后二年，内徙汝阴，道过许昌，市旁小楼，闻泣声甚怨，晋卿闻之，问，乃啭春莺也。恨不可复得，因赋一联："佳人已属沙吒利，义士今无古押衙。"晋卿每话此事。客有足其章者，晋卿览之，尤怆然。其词云："几年流落在天涯，万里归来两鬓华。翠袖香残空挹泪，青楼云渺定谁家？佳人已属沙吒利，义士今无古押衙。回首音尘两沉绝，春莺休啭沁园花。"

吴曾诗话七二九：善歌者当使声中无字，字中有声。凡曲，止是一声清浊高下，如萦缕耳。字有喉唇齿牙舌不同，当使字字举末皆轻圆，悉融入声中，令转换处无磊魂，此谓"声中无字"。礼曰："夫歌者，上如抗，下如坠，止如槁木。倨中矩，句中巨，累累如贯珠。"今谓之"善过度"。如宫声字而曲合用商声，则能转宫为商歌之，此"字中有声"也。善歌者谓"内里声"。不善歌者声无抑扬，谓之"念曲"，声无含韫，谓之"叫曲"。

〔一七〕倾杯

段安节乐府杂录新倾杯乐：案通典一百四十六，贞观末，有裴婢妇作倾杯乐。明皇杂录，玄宗时马舞曲名倾杯乐。故此宣宗所制，别名新倾杯乐也。旧脱新字。依御览补。宣宗喜吹芦管，案御览喜作善。自制此曲，内有数拍不均，上初捻管，案旧脱"内有"七字，依御览补。令俳儿辛骨嗺拍不中，上瞋目瞠视之，案旧脱"之"字，依御览补。骨嗺忧惧，一夕而殒。案夕字旧讹曰，依御览改。

〔一八〕雷中庆

蔡絛铁围山丛谈卷第六：太上皇在位，时属升平。手艺人之有称者，棋则刘仲甫，号"国手第一"；相继有晋士明，又逸群。琴则僧梵如者，海大师之上足也，然有左手无右手；梵如之亚僧则全根，本领雅不及梵如，但下指能作金石声。教坊琵琶则有刘继安。舞有雷中庆，世皆呼之为"雷大使"。笛有孟水清。此数人者，视前代之伎，一皆过之。

〔一九〕**撷**

王灼碧鸡漫志卷三:凡大曲有散序、靸、排遍、撷、正撷、入破、虚催、实催、衮遍、歇指、杀衮—一本实催下云滚拍、遍歇、杀滚。始成一曲,此谓大遍。

刘永济宋代歌舞剧曲录要总论七撷:撷遍正撷撷者,排遍之末一遍名,此遍之拍前后十八拍又四花拍,如今之赠板。因此遍毕即入破,故于相近一遍,增多拍数,使其音节渐繁,方不见其变太突。然则撷亦形容拍多音繁,声调撷动的意思。

〔二〇〕**歇拍**

刘永济宋代歌舞剧曲录要总论十一歇拍:按歇拍在煞衮之前,曲调至此将歇,故曰歇拍,望文可知。

〔二一〕**左右军**

王巩闻见近录:李和文都尉好士,一日召从官,呼左右军官妓,置会夜舞,台官论之。

〔二二〕**两厢**

任广书叙指南卷第九乐工倡伎:艺人分厢曰东西朋。郝处俊。

黄震黄氏日钞卷四十读本朝诸儒理学书八东莱先生文集杂说:左右厢起于唐,本李靖兵法,自府兵变为彍骑,谓之"禁兵"。诸道变为长镇,谓之"镇兵"。昭宗之亡,禁旅尽矣。朱全忠以镇兵得国,京师始分四厢,诸军分两厢,自周世宗于方镇、寄招禁军,由是州郡始有禁军。太祖专治禁军,而厢浸废为卒矣。

〔二三〕**倒立折腰弄碗注**

654　　[文案]陈旸乐书:拗腰技为翻折其身,手足偕至于地,以口衔器而复立也。明三才图会弄瓯图可参:翻折其身,手足着地,以口弄碗注,类似今之软功。亦与前注"赵野人倒吃冷淘"相同。

〔二四〕**踢瓶**

陈旸乐书卷一百八十七杂乐蹴瓶伎:蹴瓶之伎,盖蹴其瓶,使上于铁锋、杖端或水精丸与瓶相值,回旋而不失也。

〔二五〕**擎戴**

陈旸乐书卷一百八十七杂乐擎戴伎:擎戴之伎,盖两伎以首相抵戴而行也。

〔二六〕**戏竿**

[文案]戏竿亦可称为木竿或木戏,李复和人观木戏可证:"百尺高竿巧捷身,竿头立定斗尖新。更呈失脚翻身样,平地旁观亦损神。"

〔二七〕**咸豉**

无名氏居家必用事类全集庚集素食咸豉:熟面筋、丝碎、笋片、木耳、姜片或加蘑菇、桑莪、蕈,下油锅炒半熟,倾入擂烂酱、椒、沙糖、少许粉牵,焗熟,候汁干供。

三才图会弄瓯图

〔二八〕**爆肉**

宋诩竹屿山房杂部卷三养生部三兽属制:油爆猪:取熟肉细切脍,投热油中爆香,以少酱油、酒浇,加花椒、葱,宜和生竹笋丝、茭白丝同爆之。

油爆鹅:一用熟肉切肏,以盐、酒烦揉,加花椒、葱,投少香油中,爆干香。一烦揉,以赤砂糖、盐、花椒,投油中爆之。

油爆鸡:一用熟肉,细切为脍,同酱瓜、姜丝、栗、茭白、竹笋丝,热油中爆之,加花椒、葱起。一用生肉,细切为脍,盐、酒、醋浥少时,作沸汤焯,同前料入油炒。

655

高濂遵生八笺卷十一饮馔服食笺上炒腰子:将猪腰子切开,剔去白膜斤丝,背面刀界花儿,落滚水微焯,漉起,入油锅一炒,加小料葱花、芫荽、蒜片、椒、姜、酱汁、酒、醋,一烹即起。

〔二九〕**驼峰角子**

无名氏居家必用事类全集庚集从食品驼峰角儿:面二斤半,入溶化酥十两,或猪、羊油各半代之,冷水和盐少许,搜成剂。用骨鲁槌擀作皮,包炒熟馅子,捏成角儿,入炉燺煿熟供。素馅亦可。

〔三〇〕**参军色执竹竿**

柳子光乐学轨范卷八唐乐呈才仪物图说竹竿子:柄以竹为之,朱漆。以片藤缠结下端,蜡染,铁妆。凡仪物柄同雕木头冒于上端。又用细竹丝一百个,插于木头上,并朱漆,以红丝束之。每竹端一寸许,裹以金箔纸,贯水晶珠。

[文案]据徐筱汀释末与净、孙楷第也是园古今杂剧考、周贻白中国戏曲发展史纲要诸家考析:"参军色"源于唐参军戏,亦在戏剧演出之列,然充作赞导语者居多,颇类杂剧中之"引戏"。若冈田玉山唐土名胜图绘卷三所绘"丹陛大乐戏竹":二人执之立于丹陛上,合则作乐,离则止乐。据此可知,"参军色"为指挥音乐作止之职,引领演员上场,说明节目,兼作"致语"。因参军色常执竹竿子上场,竹竿子便为参军色代称,成为乐次出场、入场指挥棒。多人队舞,竹竿子可左右其进退步法。参军色既长其曹偶,伎艺必更突出,故凡念致语、口号、主问答诸事皆属之。手持竹竿子参军色,实是以杂剧色中主要脚色身份而兼司各务。

〔三一〕**下酒槛**

[文案]丁度集韵卷十释"槛"为酒器,证之周密癸辛杂识续集回回沙碛,可知"槛"亦作壶,贮水器。然"下酒"则与"槛"不合,"下酒"为佐酒菜肴,难以"槛"盛。"槛"若借为"磕",可通,"槛"转为象声词,大声之意也。所谓"槛槛啐啐,若从天下,若从地出"。"槛"合以"下酒",作佐酒之大声助兴解。

〔三二〕**禽子骨头**

[文案]禽,烧煮、烧烤之意也,无名氏居家必用事类全集庚集肉下

656

东京梦华录笺注

饭品骨炙或可参证：带皮羊胁，每枝截两段。用脑砂末一稄，沸汤浸，放温，蘸炙，急翻勿令熟。再蘸再炙，如此三次。好酒略浸，上铲一翻，便可食。凡猪羊脊膂，獐兔精肉，用羊脂包炙之。

〔三三〕**索粉**

［文案］参本书卷二"饮食果子"节下"索粉玉棋子"条注。

〔三四〕**紫衫**

李攸宋朝事实卷十六兵刑：仁宗天圣七年十月，诏诸军班典卖官所给军号法物，以违制论，自余以不应为从重科之。先是，枢密院言：御马直于荣鷟自制紫衫，而开封府以军号法物定罪，请下法官议，而审刑院言捧日、天武、拱圣、骁骑、宁朔、龙猛、神勇、飞猛、宣武、虎翼、卫圣服绯袖衫，渤海、神卫、捧节、床子弩雄武、飞山服绯袖衫，吐浑员寮、直龙卫、云骑、武骑、龙卫带甲剩员紫綻衫，又皆有绯小绫卓画带甲背子一，以上为军号。殿前诸班直、马军诸班、殿前左右班、内殿直散员散指挥、金枪东西班、钧容直，皆服锦袄背子，给涂金银束带，银䪖勒，谓之"仪注"。御龙直服锦袄背子、皂罗直珠头巾、涂金银带，以上为法物，犯者亦以军号论。今于荣鷟自制紫衫，难从军号、法物定罪也，故降是诏。

袁文瓮牖闲评卷六：今之紫衫，下吏之服也。自南渡以前，士大夫燕服止是冠带，惟下吏便于趋走，则服紫衫。

〔三五〕**进口号**

王珪集英殿乾元节大燕教坊乐语口号：清跸传音紫集来，逡巡万玉拥钧台。南山镇地符辰算，北斗倾霞入宴杯。镐饮篇中鱼演漾，虞韶声里凤徘徊。年年赤帝乘离月，长见云龙帐殿开。

苏轼坤成节集英殿宴教坊词致语口号元祐二年七月十五日：三朝遗老九门前，又见承平大有年。文母忧勤初化俗，曾孙仁孝已通天。史书元祐三千牍，乐奏坤成第一篇。欲采蟠桃归献寿，蓬莱清浅半桑田。

［文案］卷六元旦朝会、卷十郊毕驾回亦有"口号"。

〔三六〕**破子**

王谠唐语林卷五补遗:天宝中,乐章多以边地为名,若凉州、甘州、伊州之类是焉。其曲启蒙繁声为破。

〔三七〕**小儿班首入进致语,勾杂剧**

苏轼文集卷四十五贴子词乐语集英殿秋宴教坊词小儿致语:臣闻天行有信,正得秋而万宝成;君德无私,日将旦而群阴伏。清风应律,广乐在庭。占岁事于金穰,望天颜之玉粹。沐浴膏泽,咏歌升平,恭惟皇帝陛下,天纵聪明,日跻圣知。无一物之失所,得万国之欢心。虽击壤之民,因何知于帝力;而后天之祝,亦各抒于下情。臣等幸以龆龀之年,得居仁寿之域。咏舞雩于沂水,久乐圣时;唱铜鞮于汉滨,空惭郢曲。愿陈舞缀,少奉宸欢。未敢自专,伏候进止。

勾杂剧:朱弦玉管,屡进清音;华翟文竿,少停逸缀。宜进诙谐之技,少资色笑之欢。上悦天颜,杂剧来欤。

苏颂苏魏公文集卷二十八内制教坊作语勾杂剧:钧天广乐,方终万舞之仪;齐庭滑稽,尚聘六章之辨。瞻彩眉之兑说,当玉殿之风清。少停促节之繁,式伫观优之乐。徐赓雅韵,杂剧来欤。

杨亿勾杂剧:清歌激越,方遏于行云;妙舞婆娑,乍迥于飞雪。祝圣之心既切,观盛之事难忘。上悦天颜,杂剧来耶。

〔三八〕**内殿杂戏**

苏颂苏魏公文集丞相魏公谭训卷第十杂事:祖父尝云:俳优非滑稽捷给,善中事情,亦能讽谏,有足取者。仁宗作赏花钓鱼宴,赐诗,执政诸公洎禁从馆阁皆属和,而徘徊二字无它义,诸公进和篇皆押徘徊。在坐教坊杂戏为数人寻访税第,至一宅,入观之。至前堂之后,问所以,曰:"徘徊也。"又至后堂东西序,亦问之,皆曰:"徘徊也。"一人笑曰:"可则可矣,徘徊太多尔。"

[文案]朱权太和正音谱谓:"杂剧者,杂戏也。"故胡忌宋金杂剧考亦谓:"杂戏"即杂剧同实异名者。上例可证朱、胡所解之确,"杂

戏"亦包括滑稽戏。

〔三九〕**谐谑**

贾似道**悦生随抄**：石中立，性疏旷，少威仪，好谐谑，虽时而戏人，人不以为怒，知其无心为轻重。及忝大政，或谏止之，中立曰："诏书云：余如故，安可改。"人传以为笑。

龚明之**中吴纪闻卷第六谐谑**：鸡冠花未放，狗尾叶先生。嘲叶广文。三间草屋田中舍，两面皮缠马辔丞。田、马自相谑。冬瓜少貌犹施粉，甘蔗无才也着绯。猜谜。妇人富英对丁中散。数行文字，那个汉书；一簇人烟，谁家庄子。筵上枇杷，宛类无声之乐；草头蚱蜢，犹如不系之舟。醉公子酉生年九十，柳青娘卯生年十八。镜上攽钱，铜声相应。马前断事，鞍上治民。鉏麑触槐，死作木边之鬼；豫让吞炭，终为山下之灰。滕达真与郑毅夫对。

苏轼**问答录**与佛印嘲戏：佛印未为僧日，乃儒家流。群书无不遍读，滑稽应对，当时无出其右者。与东坡厚善，会饮必相谐谑。

刘攽**中山诗话**二七：王丞相嗜谐谑。一日，论沙门道，因曰："投老欲依僧。"客遽对曰："急则抱佛脚。"王曰："'投老欲依僧'，是古诗一句。"客亦曰："'急则抱佛脚'，是俗谚全语。上去投，下去脚，岂不的对也？"王大笑。

叶梦得**岩下放言卷上**：苏子瞻好谑，一日与客集，有论林和靖诗偶俪精切，如用古人，不独取以相对，虽有姓名之字，亦欲相对。如"伶伦近日无侯白，奴仆当年有卫青"之类。子瞻曰："吾近得一对，但未有用处。"或问之，曰："韩玉汝正可对李金吾。"闻者皆大笑。

杨万里**诚斋诗话**：东坡谈笑善谑。过润州，太守高会以飨之，饮散，诸妓歌鲁直茶词云："惟有一杯春草，解留连佳客。"坡正色曰："却留我吃草。"诸妓立东坡后，凭东坡胡床者，大笑绝倒，胡床遂折，东坡堕地。宾客一笑而散。见蜀人李珏说。

孙宗鉴**西畲琐录**：东坡喜嘲谑，以吕微仲丰硕，每戏之曰："公真有大臣体,此坤六二,所谓直方大也。"

佚名剡玉小说金彦游春遇会娘:金彦与何俞出城西游春,见一庭院华丽,乃王太尉锦庄。贳酒坐阁子上,彦取二弦轧之,俞取箫管合奏。忽见亭上有一女子出曰:"妾亦好此乐。"令仆子取蜜煎劝酒。俞问姓氏,答曰:"姓李,名会娘。"二人次日复往,其女又出,二人请同坐饮酒,笑语谐谑。

范正敏遁斋闲览谐噱上官弼下官口:陈亚性滑稽,知润州,幕中有上官弼,亚所亲信,任满将去,亚曰:"何以见教?"弼曰:"郎中才行无玷,但调谑过差。"亚笑曰:"君乃上官弼也,如下官口何。"弼笑而去。

邢居实拊掌录:有一故相远派,在姑苏嬉游,书其壁曰:"大丞相再从侄某尝游。"有士人李璋,素好讪谑,题其旁曰:"混元皇帝三十七孙李璋继至。"

范镇东斋记事卷三:石资政中立,好谈谐,乐易人也。杨文公一日置酒,作绝句招之,末云:"好把长鞭便一挥。"石立其仆,即和云:"寻常不召犹相造,况是今朝得指挥。"其谈谐敏捷,类皆如此。又尝于文公家会葬,坐客乃执政、贵游子弟,皆服白襕衫,或罗或绢有差等。中立坐而大恸,人问其故,曰:"忆吾父。"又问之,曰:"父在时,当得罗襕衫也。"盖见执政子弟服罗,而石止服绢。坐中皆大笑。石之父熙载,尝为枢密副使。

罗大经鹤林玉露卷之六丙编尤杨雅谑:尤梁溪延之,博洽工文,与杨诚斋为金石交。淳熙中,诚斋为秘书监,延之为太常卿,又同为青宫寮案,无日不相从。二公皆善谑,延之尝曰:"有一经句,请秘监对。曰:'杨氏为我。'"诚斋应曰:"尤物移人。"众皆叹其敏确。诚斋戏呼延之为"蝤蛑",延之戏呼诚斋为"羊"。一日,食羊白肠。延之曰:"秘监锦心绣肠,亦为人所食乎?"诚斋笑吟曰:"有肠可食何须恨,犹胜无肠可食人。"盖蝤蛑无肠也。一坐大笑。厥后闲居,书问往来,延之则曰:"羔儿无恙?"诚斋则曰:"彭越安佳?"诚斋寄诗曰:"文戈却日玉无价,宝气蟠胸金欲流。"亦以蜻蜓戏之也。延之先卒,诚斋祭文云:"齐歌楚些,万象为挫。瑰伟诡谲,我倡公和。放浪谐谑,尚友方朔。巧发捷出,公嘲我酢。"

刘郛谐谑诗:坐上若有一点红,斗筲之器饮千钟。坐上若无油木梳,烹龙庖凤都成虚。

李献民云斋广录卷五丽情新说上西蜀异遇:生大赏其才,因戏谓媛曰:"还可对属否?"媛曰:"请。"于时栏有芍药,方葩而未坼,然蝴蝶团飞,已集其上矣。生乃曰:"芍药栏边春蝶乱。"媛应声曰:"海棠梢外晓莺啼。"少选,生复曰:"垂杨夹道枭青丝。"媛复应声曰:"嫩竹出栏抽碧玉。"生愈服其敏捷而律切也。于是讴吟谐谑,终日而罢。

无名氏湖海新闻夷坚续志后集卷二文华门东坡判语:苏东坡通判钱塘日,尝权领郡事。新太守将至,营妓陈状,以年老乞出籍从良,公即判云:"五日京兆,判状不难;九尾野狐,从良任便。"又有周生,色艺为一郡之最,闻之亦陈状,欲效例脱籍。公惜其去,判云:"慕周南之化,此意诚可嘉;空冀北之群,所请宜不允。"其敏捷善谑如此。

〔四〇〕**市语**

惠康野叟识余卷一:今都城面店下萝卜为葵子,虽曰市井语,然亦有谓。按尔雅曰:葵,芦菔也。郭璞以菔为菔,俗呼雹葵,盖其性能消食解面毒。

李颀诗话四二一苏梅诗嘲宋中道:宋中道有俊才,而身短小,人多戏之。苏子美与中道年相悬,然甚爱其才调,道亦倾心作诗论交。子美长大魁伟,与中道并立,下视曰"交不著",此京师市井语也。

张世南游宦纪闻卷二:井邑间市语,谓犀下品为"鬼犀",乃死犀角。其纹、色绝不堪也。

聂奉先续本事诗市语:今时市语答人真实事,则称见来,此语盖已久矣。坡赠黄山人诗云:"面颊照人元自白,眉毛覆眼见来乌。"以此。

宋话本杨思温燕山逢故人:一时,只见三儿下楼,以指往下唇,思温晓得京师人市语,恁地乃了事也。

朱彧萍洲可谈卷一:都下市井辈,谓不循理者为"乖角",又谓作事无据者为"没雕当"。入声,丧仪间折叠。以一竿揭之,名"乖角",卫士顺天幞头有一脚下垂者,其侪呼为"雕当"。不知名义所起,记之以俟识者。

魏泰东轩笔录卷之九:杨安国,胶东经生也,累官至天章阁侍讲,其为人讦激矫伪,言行鄙朴,动有可笑,每进讲,则杂以俚下鄽市之语。

刘攽中山诗话四五:今人呼秃尾狗为厥尾,衣之短后者亦曰厥,故欧公记陶尚书诗语末厥兵,则此兵正谓末贼尔。世语虚伪为"何楼",盖国初京师有何家楼,其下卖物皆行滥者,非沽滥称也。世语优人为"何市乐",说者谓南都石驸马家乐甚盛,诋诮南市中乐人,非也。盖唐元和时燕吴行役记,其中已有"河市"字,大抵不隶名军籍而在河市者,散乐名也。世谓事之陈久为"攒",盖五代时有马攒,为府幕,其人鲁戆,有所闻见,他人已厌熟,而乃甫为新奇道之,故今多称"攒"为厌熟。

周紫芝竹坡诗话:东坡在黄州时,尝赴何秀才会,食油果甚酥。因问主人此名为何,主人对以无名。东坡又问为甚酥,坐客皆曰:"是可以为名矣。"又潘长官以东坡不能饮,每为设醴,坡笑曰:"此必错着水也。"他日忽思油果,作小诗求之云:"野饮花前百事无,腰间惟系一葫芦。已倾潘子错着水,更觅君家为甚酥。"李端叔尝为余言,东坡云:"街谈市语,皆可入诗,但要人熔化耳。"此诗虽一时戏言,观此亦可知其熔化之功也。

宋话本张古老种瓜娶文女:公公道:"好甘草! 性平无毒,能随诸药之性,解金石草木之毒,市语叫做'国老',要买几文?"

周密志雅堂杂钞卷上医药:俞老医云,医家怕四子:痦子虐、顿子嗽、攧子痫、市子疥,或作世子,此皆医行市语也。

陈元靓新编纂图增类群书类要事林广记戊集卷之七文艺类圆社

市语紫苏丸：相逢闲暇时，有闲底打唤，瞒儿呵唱啰，声嗽道欣厮，俺喋欢喜。

才下脚，须和美，试问伊家，有甚夹气？又管甚官场侧背，算人间落花流水。

缕缕金：把金银锭打旋起，花星临照我，怎弹避近日闲游戏，因到花市帘下，瞥见一个表儿圆，咱每便着意。

<u>宋话本万秀娘仇报山亭儿</u>：当日茶市罢，<u>万员外</u>在布帘底下，张见<u>陶铁僧</u>这厮，挈四十五见钱在手里。<u>万员外</u>道："且看如何？"元来茶博士市语，唤做"走州府"，且如道市语说"今日走到<u>余杭县</u>"，这钱一日只稍得四十五钱，<u>余杭</u>是四十五里；若说一声"走到<u>平江府</u>"，早一日稍三百六十足。若还信脚走到"<u>西川成都府</u>"，一日却是多少里田地！

<u>田汝成西湖游览志余卷二十五委巷丛谈</u>：杭人有以二字反切一字以成声者，如以秀为鲫溜，以团为突栾，以精为鲫令，以俏为鲫跳，以孔为窟隆，以盘为勃兰，以铎为突落，以棒为窟陀，以圈为窟栾，以蒲为鹘卢。有以双声而包一字，易为隐语以欺人者，如以好为现萨，以丑为怀五，以马为杂嗽，以笑为喜黎，以肉为直线，以鱼为河戏，以茶为汕老，以酒为海老，以没有为埋梦，以莫言为稀调。又有讳本语而巧为俏语者，如垢人嘲我曰淄牙，有谋未成曰扫兴，冷淡曰秋意，无言默坐曰出神，言涉败兴曰杀风景，言胡说曰扯淡，或转曰牵冷，则出自<u>宋</u>时梨园市语之遗，未之改也。

[<u>文案</u>]市语乃市井之口头语，亦作同行业语解。无名氏墨娥小录卷之十四市语声嗽中原市语则可视为<u>宋</u>以<u>东京</u>地区为中心市语之总汇，可参。

〔四一〕**拽串**

<u>胡忌宋金杂剧考第四章内容与体制四分类研究诸杂院爨</u>："拽串"的"串"和"爨"同音，而且如后所释，"惟用群队，装其似象"面貌的确和"爨"的演出相似。也就是说，在"不敢深作谐谑"的情况下，就来

"拽串";"拽串"上加"市语",足见它也是流行于民间的表演方式,非"爨"而何?

　　<u>黄天骥</u>"<u>爨弄</u>"辨析:在<u>宋代</u>,市井口语把伎艺联合演出,也称为"串"。

　　所谓"拽串",是指演员们化了装以群队的样式演出,就像把整串人拉出来一样。而群体化装诨闹的表演,不就是爨弄么?串与爨,其音相近,市井口语,选择易于书写的串字,不是也很容易理解么?<u>清代</u>崔灏在通俗篇爨戏指出:"今学搬演者,流俗谓之串戏,当是爨字。"显然,他也注意到串与爨的一致性。

宋苏汉臣五瑞图

　　串在一块,联手表演,就是让不同的伎艺环绕着某一情节或某一旨趣结合起来。<u>宋代苏汉臣</u>绘有五瑞图。……图中五人,居中的嘴脸滑稽,当是副净。他举双手跷一足作舞态,脸朝图右,作诨闹状。在他左边的一人，戴官帽，拿笏，当是装孤。此人目视副净，回身作躲避状，似不欲与之纠缠。右上角一人，腰挂葫芦，背插小幡，举手追打副净，此人当是副末。以上三人，彼追此逐，简直像螳螂捕蝉黄雀在后的态势。图左一人，俊俏无须，分明是末泥色，他躬身向前，眼看副净，又一手拦住副末对副净的追打，似乎是在劝架。左上角有一人，双手拿着铃铛跳舞，面有得色，注视着前四人，似在旁边看热闹。此人当为引戏。

请注意，图中人物，神情动作，是相关互应的。我认为，这一幅<u>五瑞图</u>可贵之处，是它生动地表明五个演员的举动，环绕着一个中心事件；表明五花爨弄乃是不同行当的演员串合起来，共同完成、表现一个题旨。

[文案]<u>胡忌</u>、<u>黄天骥</u>"拽串"之研究，可综括为：拽串有五人所领众多舞伎乐工，其表演手段为歌为舞为百戏为诨闹，其表演内容或朝贡或祝寿乃至完整故事，引戏、副净不同之行当，贯串一起，联合主演，正与本条所述<u>鳌膨</u>、<u>刘乔</u>、<u>侯伯朝</u>、<u>孟景初</u>、<u>王颜喜</u>五人引领群队表演各色伎艺相合。

〔四二〕**毕罗**

<u>李济翁资暇集</u>卷下<u>毕罗</u>：毕罗者，番中<u>毕氏</u>、<u>罗氏</u>好食此味，今字从食，非也。

<u>段成式</u><u>酉阳杂俎前集</u>卷之七<u>酒食</u>：今衣冠家名食，有<u>萧</u>家馄饨，漉去汤肥，可以瀹茗。<u>庾</u>家粽子，白莹如玉。<u>韩约</u>能作樱桃饆饠，其色不变。

<u>续集</u>卷之一<u>支诺皋上</u>：<u>明经</u>因访邻房乡曲五六人，或言得者。<u>明经</u>遂邀入<u>长兴里</u>饆饠店常所过处。店外有犬竞，惊曰："差矣。"遽呼邻房数人语其梦。忽见<u>长兴</u>店子入门曰："郎君与客食饆饠计二斤，何不计值而去也？"<u>明经</u>大骇，褫衣质之，且随验所梦，相其榻器，皆如梦中。乃谓店主曰："我与客俱梦中至是，客岂食乎？"店主惊曰："初怪客前饆

饆悉完,疑其嫌置蒜也。"

孙光宪北梦琐言卷三:唐刘仆射崇龟,以清俭自居,甚招物论。尝召同列餐苦荬饆饠。

杨慎升庵外集饮食掌故毕罗:朱文公刘麦诗:"霞鲊幸自夸真一,垂钵何须问毕罗。"集韵:"毕罗,修食也。"按小说唐宰相有樱笋厨食之精者,有樱桃毕罗。今北人呼为波波,南人讹为磨磨。

吴晓铃释毕饠:原来"毕饠"是伊斯兰教的主食,即将稻米拌以酥油,和以牛羊肉或鱼虾、干鲜水果如葡萄干、菠萝、芒果之类,调以丁香、肉桂、胡椒、咖喱和小茴香等香料,蒸熟后食用。在近东、东南亚、南亚诸国和我国新疆、青海、宁夏的民族多用右手拇指、食指和中指撚而食之。

"毕饠"一词原自伊朗语,作 Pǐ au',或作 Pi·law。土耳其语作 Polak。印度语作 Polab,或作 Palab。土耳其语的 -k 和印度语的 -b(-v 读重唇,故音变为 -b),都属词尾,习惯上并不读出。我国维吾尔族语读作 P'olo,哈萨克族语作 P'alu,柯尔克孜族语作 P'olu。"毕饠"其词见于南梁顾野王玉篇可证;但是大盛于时则在唐代,有似今天人们对汉堡包和意大利煎饼趋之若鹜。

[文案]毕罗于唐种类繁多,若水果之樱桃毕罗,菌之天花毕罗,海鲜之蟹毕罗,蔬菜之苦荬毕罗等,且有专卖毕罗店,可谓盛矣。近人吴晓铃释毕罗主毕罗为抓饭,非穿凿附会之谈,亦可成立。然鲜能见毕罗为饭之记录。若太平广记引唐卢氏杂说云:"翰林学士每遇赐食,有物若毕罗,形粗大,滋味香美,呼为'诸王修事'。"其"若毕罗,形粗大"显非饭,而当为面食也。又若唐刘恂岭表录异卷下云:"赤蟹,母壳内黄赤膏,如鸡鸭子黄,肉白如豕膏,实其壳中。淋以五味,蒙以细面,为蟹毕罗,珍美可尚。"此蟹毕罗则以细面包裹而成之馅心面点。如此则知唐宋面食毕罗胜于米食毕罗多多。宋之毕罗较之唐之毕罗亦有变化,太平圣惠方卷九十六食治疗方有"治脾胃久冷气痢,劣瘦甚者"之

"猪肝饆饠方",有"治下焦虚损赢废,腰胯疼重,或多小便"之"羊肾饆饠方",有"治脾胃气弱,不能食饮,四肢赢废"之"羊肝饆饠方"。此三例,可知药物饆饠于宋甚盛。又可知宋饆饠已成规制:湿面做皮,包裹各种馅料,经烤或煨熟之扁圆或圆形面点。而"太平毕罗"则纯为祝寿皇上而精心制作之面食,取其吉祥意,而非唐时之各色馅毕罗也。

〔四三〕**干饭**

赵溍养疴漫笔:王黼宅与一寺为邻,有一僧每日于黼宅旁沟中漉取流出雪色饭,洗净晒干,数年积成一囤。靖康城破,黼宅骨肉绝食,此僧即用所积干饭,复用水浸蒸熟送入黼宅,老幼赖之无馁。

苏颂苏魏公文集丞相魏公谭训卷第八恬淡器玩饮:祖父喜食禄粟,以为有五谷真味,卜葬曾祖母,日走山间,或时羹臛未具,先啖干饭。曰所谓"稼穑作甘"也。

〔四四〕**莲花肉饼**

陶穀清异录卷下馔羞门:郭进家能作莲花饼馅。有十五隔者,每隔有一折枝莲花,作十五色。自云:"周世宗有故宫婢流落,因受雇于家。婢言宫中人,号'蕊押班'。"

〔四五〕**杂彩结络**

汪云程蹴鞠图谱球门物色:职事旗　球门彩　红绿绢　插戴花　插戴旗　红缨　铜铃　银盘　银盏　香案　果盒　利物　排旗　引旗　幌索　网上伞

〔四六〕**小筑数遭**

吴聿观林诗话九二:丁晋公筑球诗,世称曲尽形容之妙。如半山观棋诗云:"旁观各技痒,窃议儿女嗫。讳输宁断头,悔悟乃搏颊。"亦曲写人情之妙也。

陈元靓新编纂图增类群书类要事林广记戊集卷之二文艺类球门社规:初起头,用脚头踢起,与骁色挟色至球头,右手立倾下球头膝上,用膝累起,一筑过,不过,撞在网子掫下来,着网人踢住,与骁色,骁色

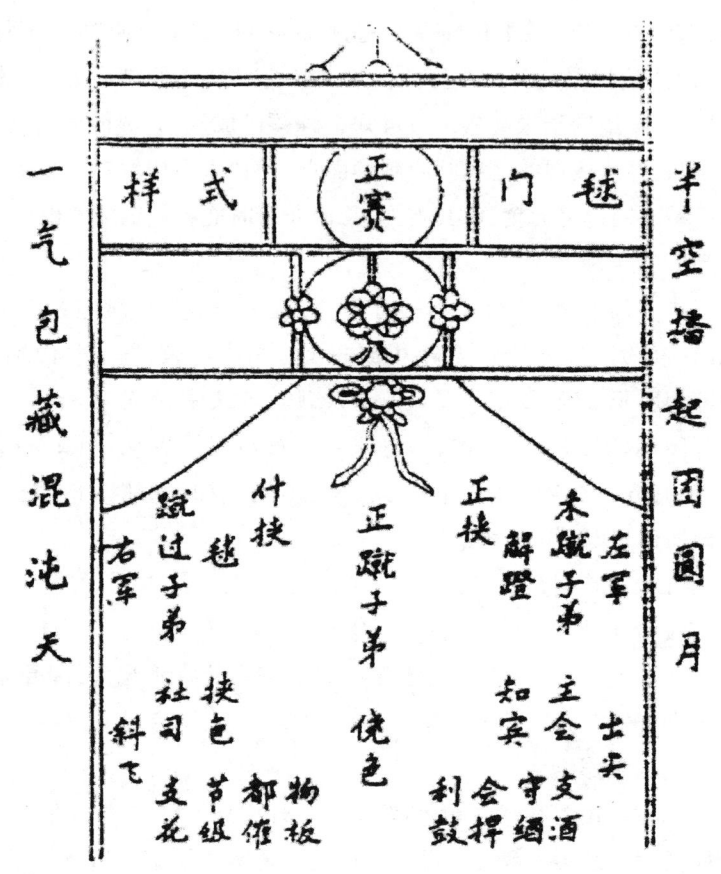

蹴鞠图谱中球门式图

复挟住,仍前去顿在球头膝上,筑过,左右军同。或赛三筹,或赛五筹,先拈卷子分前后,筑过数多者赢。正副七人直候那一边,筑过,从球门里过来,看落何处,踢住,却踢与挟副,挟副踢与正副,正副踢与骁色,骁色挟住过球头,来与球头,如正副踢住,却踢与骁色,骁色挟住去球头令筑,与骁色踢住,便与球头筑过。

〔四七〕**大肷**

无名氏蹴鞠谱官场七踢肷：须要肩尖对脚尖，要宜身倒腿微偏。直腰挺身脚跟出，方可平撞使放肷。

诸踢法肷：左右两肷。脚胫骨里肷、上打与下首，须直着踢出踢法。

骑马肷。球落右拐，却转使肷，从头过出与下首，须喝过。

左右摄拍肷。左右分肷，左右魆肷，入步肷。

〔四八〕**抹枪**

[文案]"枪"意如卷七所案"跄"。

〔四九〕**密浮酥捺花**

[文案]庞元英文昌杂录卷三作"蜜浮斯奈花"，陆游老学庵笔记卷一记集英殿宴金使，第七盏为"奈花、索粉"。京都译注本据此纠"捺"为"奈"，确。查苏颂本草图经果部卷十六，奈乃林檎，多为泡蜜煎一类，若张俊进奉御筵之紫苏奈香、甘蔗奈香。

〔五〇〕**角者**

俞成莹雪丛说四：徽宗政和中，建设画学用太学法补试四方画工。以古人诗句命题，不知抡选几许人也。尝试"竹锁桥边卖酒家"，人皆可以形容，无不向"酒家"上着工夫，惟一善画，但于桥头竹外挂一酒帘，书"酒"字而已，便见得酒家在竹内也。又，试"踏花归去马蹄香"，不可得而形容，何以见得亲切。有一名画，克尽其妙，但扫数蝴蝶飞逐马后而已，便表得"马蹄香"出也，果皆中魁选。夫以画学之取人，取其意思超拔者为上，亦尤科举之取士，取其文才角出者为优，二者之试虽下笔有所不同，而于得失之际，只较智与不智而已。

赵彦卫云麓漫钞卷第七：建炎中兴，张、韩、刘、岳为将，人自为法，当时有"张家军"、"韩家军"之语。四帅之中，韩、岳兵尤精，常时于军中角其勇健者令为之籍。每头、押队阙，于所籍中又角其勇力出众者为之；将、副有阙，则于诸队旗头、押队内取之。别置亲随军，谓之"背箆”,悉于四等人内角其优者补之。

无名氏宣和遗事前集:周秀闻言,上覆官人:“问这佳人,说着后话长。这个佳人,名冠天下,乃是东京角妓,姓李,小名师师。”

[文案]中华邓注本所疑,余已于卷五释之,角者乃为出类拔萃者。上注可证。罗烨醉翁谈录壬集卷二亦可为之说明:王上舍谓崔上舍为“望人”,谓张赛赛“角妓”,“以望人而遇角妓,可谓一时之佳遇”。于此可知“角”之含义也。

〔五一〕**李伴奴、双奴**

钱大昕十驾斋养新录卷第十九妇人称奴:妇人自称奴,盖始于宋时。尝见猗觉寮杂记云:“男曰奴,女曰婢,故耕当问奴,织当问婢。”今则奴为妇人之美称。贵近之家,其女其妇,则又自称曰奴。是宋时妇女,以奴为美称。宋季二王航海,杨太后垂帘,对群臣犹称奴,此其证矣。予按六朝人多自称侬,苏东坡诗:“它年一舸鸱夷去,应记侬家旧姓西。”侬家,犹奴家也。奴即侬之转声,唐诗纪事载昭宗菩萨蛮词:“何处是英雄?迎奴归故宫。”则天子亦以此自称矣。或云:“安得有英雄?迎归大内中。”盖后人嫌其俚,改之。

宋话本金明池吴清逢爱爱:只见那妇人道:“官人认得?奴家即去岁金明池上人也。官人今日到奴家相望,爹妈诈言我死,虚堆个土坟,待瞒过官人们。奴家思想前生有缘,幸得相遇,如今搬在城里一个曲巷小楼,且是潇洒。尚不弃嫌,屈尊一顾。”

梦见那花枝般多情的女儿,妖妖娆娆,走近前来,深深道个万福道:“小员外休得怅恨奴家,奴自身亡之后,感太元夫人空中经过,怜奴无罪早夭,授以太阴炼形之术,以此元形不损,且得游行世上。感员外来年垂念,因而冒耻相从。亦是前缘宿分,合有一百二十日夫妻。今已完满,奴自当去。前夜特来奉别,不意员外起其恶意,将剑砍奴,今日受一夜牢狱之苦,以此相报。阿寿小厮,自在东门外古墓之中,只教官府复验尸首,便得脱罪。奴又与上元夫人求得玉雪丹二粒,员外试服一粒,管取百病消除,元神复旧;又一粒员外谨藏之,他日成就员外一段佳姻,以报一百二十日夫妻之恩。"说罢,出药二粒,如鸡豆般,其色正红,分明是两粒火珠,那女儿将一粒纳于小员外袖内,一粒纳于口中,叫声:"奴去也,还乡之日,千万到奴家荒坟一顾,也表员外不忘故旧之情。"

宋话本白娘子永镇雷峰塔:"奴家是白三班白殿直之妹,嫁了张官人,不幸亡过了,见葬在这雷岭。为因清明节近,今日带了丫鬟,往坟上祭扫了方回。不想值雨,若不是搭得官人便船,实是狼狈。"又闲讲了一回,迤逦船摇近岸。只见那妇人道:"奴家一时心忙,不曾带得盘缠在身边,万望官人处借些船钱还了,并不有负。"

王直方诗话一九四苏黄咏竹夫人诗:东坡寄柳子玉云:"闻道床头惟竹几,夫人应不解卿卿。"又送竹几与谢秀才云:"留我同行木上座,赠君无语竹夫人。"盖俗谓竹几为竹夫人也。山谷云:"竹夫人乃凉寐竹器,憩臂休膝,非夫人之职,而冬夏青青,竹之所长,故为名曰竹奴,尝作诗曰:'秾李四弦风拂席,昭华三弄月侵床。我无红袖堪妖夜,正要青奴一味凉。'"李秾、昭华,贵人家两女奴也。"

罗点闻见录:有一士夫年老,纳二宠,托其友命名,友以忠奴、孝奴名之。其人曰:"忠孝诚美名,然以命婢不称。"友曰:"有出处,孝当竭力,忠则尽命。"

〔五二〕**舞采莲**

陈旸乐书卷一百八十五乐图论俗部采莲:采莲之舞,衣红绘短袖,晕群云鬟髻,乘彩船,持花,唐和凝采莲曲曰"波上人如潘玉儿,掌中花似赵飞燕"是也。今教坊双调有焉。

[文案]史浩鄮峰真隐漫录所述"采莲舞",与唐大曲相比,较接近纯音乐舞蹈表演,为宋"队舞"样式。据王克芬中国舞蹈发展史研究:采莲舞表演自始至终穿插三首曲子:采莲曲破、渔家傲、画春堂。舞蹈为五人群舞、双人舞、独舞,队形及地位调度有横排、直行、方方、交换

舞位等。舞蹈、朗诵、对答、齐唱、独唱、器乐演奏交替进行。无任何情节或特定人物,舞者所扮仙女,仅于唱词中说明。然尚未失却王国维所言"姿制俯仰,变态百出"之精彩。

〔五三〕**莲花**

宋话本五戒禅师私红莲记:至次日,正是六月尽,门外撒骨池内,红白莲花盛开。明悟长老令行者采一朵白莲花,将自己房中,取一枝瓶插了,交道人备杯清茶在房中,交行者去请五戒禅师:"我与他赏莲花,吟诗谈话则个。"不多时,行者请到五戒禅师。两个长老坐下。明悟道:"师兄,我今日见莲花盛开,对此美景,折一朵在瓶中,特请吾兄吟诗清话。"五戒道:"多蒙清爱。"行者捧茶至。茶罢,明悟禅师道:"行者,取文房四宝来。"行者取至面前。五戒道:"将何物为题?"明悟道:"便将莲花为题。"长老捻起笔来,便写四句诗道:

一枝菡萏瓣儿张,相伴蜀葵花正芳。红榴似火复如锦,不如翠盖芰荷香。

长老诗罢,明悟道:"师兄有诗,小僧岂得无言语乎?"落笔便写四句诗曰:

春来桃杏柳舒张,千花万蕊斗芬芳。夏赏芰荷真可爱,红莲争似白莲香。

明悟长老依韵诗罢,呵呵大笑。

〔五四〕**女童进致语勾杂戏入场**

苏轼文集卷四十五贴子词乐语集英殿秋宴教坊词女童致语:妾闻钧天广乐,空传帝所之游;阆阖清风,理绝庶人之共。夫何仙圣,靡隔尘凡。仰瞻八采之威,共庆千龄之运。恭惟皇帝陛下,乾健而粹,离明而文。规摹六圣之心,人将自化;仪刑文母之德,天且不违。乐兹大有之年,申以宗慈之会。虞韶既毕,夏籥将兴。妾等分缀以须,审音而作;愿俟工歌之阕,少同率舞之欢。未敢自专,伏取进止。

勾杂剧:弦匏叠奏,干羽毕陈。洽闻舜乐之和,稍进齐谐之技。金丝徐韵,杂剧来欤?

〔五五〕**唱踏歌**

李昉太平广记卷第二十二神仙二十二蓝采和:蓝采和,不知何许人也。常衣破蓝衫,六銙黑木腰带,阔三寸余。一脚着靴,一脚跣行。夏则衫内加絮,冬则卧于雪中,气出如蒸,每行歌于城市乞索。持大拍板,长三尺余,常醉踏歌,老少皆随看之,机捷谐谑,人问,应声答之,笑皆绝倒。似狂非狂,行则振靴唱踏歌:"踏歌蓝采和,世界能几何。红颜一春树,流年一掷梭。古人混混去不返,今人纷纷来更多。朝骑鸾凤到碧落,暮见苍田生白波。长景明晖在空际,金银宫阙高嵯峨。"歌词极多,率皆仙意。

阙名辇下岁时记出宫女歌舞:先天初,上御安福门观灯,大常作歌乐,出宫女歌舞,朝士能文者为踏歌,声调入云。

朱辅溪蛮丛笑:习俗死亡,群聚歌舞,舞辄连手蹋地为节,丧家椎牛多酿以待,名"踏歌"。

陈葆光诗话三六文妻彩鸾:仙传拾遗:文萧寓洪州许真君宅,游惟观,八月十五上升之辰,士女云集,连袂踏歌,谓之"酬愿"。

朱敦儒踏歌:宴阕。散津亭、鼓吹扁舟发。离魂黯、隐隐阳关彻。更风愁雨细添凄切。 恨结。叹良朋、雅会轻离诀。一年价、把酒风花月。便山遥水远分吴越。 书倩雁,梦借蝶。重相见,且把归期说。只愁到他日,彼此萍踪别。总难如前会时节。

辛弃疾踏歌:攧厥。看精神、压一庞儿劣。更言语、一似春莺滑。一团儿美满香和雪。 去也。把春衫换却同心结。向人道、不怕轻离别。问昨宵,因甚歌声咽。 秋被梦,春闺月。旧家事,却对何人说。告第一莫趁蜂和蝶。有春归花落时节。

〔五六〕**下饭**

范公偁过庭录:王子野待制家,旧养学老子曰水先生,颇能前知祸福,甚敬信之。子野正食,罗列珍品甚盛。水生适至,子野指谓公曰:

"试观之,何物可下饭乎?"生遍视良久,曰:"此皆未可,唯饥可下饭尔。"

施耐庵罗贯中水浒传第三回史大郎夜走华阴县 鲁提辖拳打镇关西:又问道:"官人。吃甚下饭?"鲁达道:"问甚么! 但有只顾卖来,一发算钱还你。这厮只顾来聒噪!"酒保下去随即荡酒上来,但是下口肉食,只顾将来,摆一桌子。

吴自牧梦粱录卷十六面食店:又有下饭,则有炕鸡、生熟烧、对烧、烧肉、煎小鸡、煎鹅事件、煎衬肝肠、肉煎鱼、煠梅鱼、魠鳢杂焐、豉汁鸡、炕鸡、大燠爊鱼等下饭。

又下饭,如五味燠麸、糟酱、烧麸、假炙鸭、干签杂鸠、假羊事件、假驴事件、假煎白肠、葱燠油煠、骨头米脯、大片羊、红燠大件肉、煎假鸟鱼等下饭。

无名氏居家必用事类全集庚集肉下饭品:千里肉 干咸豉 法煮羊肉 法煮羊肺 牛肉瓜齑 骨炙 红燠腊 川炒鸡 燠鹅鸭 鹌雀 兔 鱼 酱 一了百当 马驹儿 盘兔 罯兔 粉骨鱼 酥骨鱼

苏颂苏魏公文集附录一魏公谭训卷第十杂事:曾祖居与相对,兖国太夫人治家,乃排五六十位,但具匕箸,置白饼缕肉饭。下饭,瓜姜咸豉尔。人人至者,自食饱足。

[五七]**殿上纯金廊下纯银**

宋敏求春明退朝录卷下:忠懿钱尚父,自国初至归朝,其贡奉之物,著录行于时,今大宴所施涂金银花凤猰猊、压舞茵蛮人及银装龙凤鼓,皆其所进也。凡献银、绢、绫、锦、乳香、金器、玳瑁、宝器、通天带之外,其银香、龙香、象、狮子、鹤、鹿、孔雀,每只皆千余两,又有香囊、酒瓮诸什器,莫能悉数。

庞元英文昌杂录卷第三:二十二日,迁寓治尚书都省入新省,就令厅赐省官已下御筵。至都省守当官已上,六曹书令史已上,分坐两廊。

遣入内供奉官刘瑗排辨,及勾当翰林御厨仪鸾内臣分总诸司,差教坊第四部一百五十人。酒九行,果肴皆非常比。再坐,赐花。内出金器,遣御乐院近侍各传宣劝酒,至暮方罢。

〔五八〕**酒果迎接**

孔齐至正直记卷四宋迎酒杯:故宋过府官及朝贵,例蒙赐酒,却于官库支给,以鼓吹迎归,谓之"迎酒杯"。杯是夹盏,盖内金外银,或内银外金者。予在四明问史善可,说乃母项氏闻诸其长上先辈言。因袁伯长学士与子敬存家书中有谓迎酒盏者,故及此。

立 冬

是月立冬,前五日,西御园进冬菜〔一〕。京师地寒,冬月无蔬菜〔二〕,上至宫禁,下及民间,一时收藏〔三〕,以充一冬食用。于是车载马驼,充塞道路。时物:姜豉、剞子、红丝、末脏、鹅梨、榅桲、蛤蜊、螃蟹。

[注]

〔一〕**冬菜**

梅尧臣寒菜:畦蔬收莫晚,圃吏已能供。根脆土将冻,叶萎霜渐浓。不应虚匕箸,还得间庖饔。旨蓄诗人咏,从来用御冬。

〔二〕**蔬菜**

675

郭若虚图画见闻志卷四纪艺下花鸟门侯文庆:侯文庆,京师人,今为翰林待诏。工画草虫及写蔬菜,体尚精谨,殊乏生气。

郭若虚图画见闻志卷四纪艺下花鸟门葛守昌:葛守昌,京师人,今为图画院祗候。工画花竹翎毛,兼长草虫蔬菜。

沈括梦溪笔谈卷二十神奇:菜品中芜菁、菘、芥之类,遇旱其标多结成花,如莲花,或作龙蛇之形。此常性,无足怪者。熙宁中,李宾客及之知润州,园中菜花悉成荷花,仍各有一佛坐于花中,形如雕刻,莫知其数。曝干之,其相依然。或云:"李君之家奉佛甚笃,因有此异。"

高怿群居解颐岭南风俗:岭南地暖,草菜经冬不衰。故蔬圃之中,栽种茄子者,宿根二三年者,渐长枝干,乃成大树,每夏秋熟时,梯树摘之,三年后,树老子稀,即伐去,别栽嫩者。

宋话本张孝基陈留认舅:看那园时,甚是广阔,周围编竹为篱。张太公也是做家之人,并不种甚花木,单种的是蔬菜。灌园的非止一人。

周必大二老堂杂记卷四:车驾行在临安,土人谚云:"东门菜,西门水;南门柴,北门米。"盖东门绝无居民,弥望皆菜园。

庄绰鸡肋编卷上:颍昌府城东北门内多蔬圃,俗呼"香菜门"。

洪迈夷坚支甲卷五灌园吴六:临川市民王明,居廛间贸易,资蓄微丰,置城西空地为菜圃,雇健仆吴六种植培灌,又以其余者俾鬻之。

陶穀清异录卷上蔬菜门玉乳萝卜:王爽善营度,子孙不许仕宦。每年止种火田玉乳萝卜、壶城马面菘,可致千缗。

〔三〕收藏

苏轼格物粗谈卷上果品:十二月,洗洁净瓶或小缸盛腊水,遇时果出,用铜青末与果同入腊水内,收贮。颜色不变如鲜,凡青梅、枇杷、林檎、小枣、葡萄、蓬蓬菱角、甜瓜、绿橙、橄榄、荸荠等果,皆可收藏。

浦江吴氏中馈录制蔬蒜瓜:秋间小黄瓜一斤,石灰、白矾汤焯过,控干。盐半两,腌一宿。又盐半两,剥大蒜瓣三两捣为泥,与瓜拌匀,倾入腌下水中,熬好酒、醋浸着,凉处顿放。冬瓜、茄子同法。

糟茄子法:五茄六糟盐十七,更加河水甜如蜜。茄子五斤,糟六斤,盐十七两,河水两三碗,拌糟,其茄味自甜。此藏茄法也,非暴用者。

干闭瓮菜:菜十斤,炒盐四十两,用缸腌菜。一皮菜,一皮盐,腌三日,取起。菜入盆内,揉一次,将另过一缸,盐卤收起听用。又过三日,又将菜取起,又揉一次,将菜另过一缸,留盐汁听用。如此九遍完,入瓮内。一层菜上,洒花椒、小茴香一层,又装菜如此。紧紧实实装好,将前留起菜卤,每坛浇三碗,泥起,过年可吃。

赵希鹄调燮类编卷三蔬供:芥菜子,隔年收者则辣。小满前收盐芥菜可交新。

收冬瓜忌苔帚风。

茄子以炉灰藏之,可至四、五月。

豆豉内用甜瓜头,生者晒干方可入,不然则烂,晒以炉灰掺之,不引蝇子。

染房沥过淡灰晒干,用以包藏生黄瓜茄子,至冬月可食。

笋切片条,淡晒收贮。用时米泔水浸,色白如银。盐汤焯,即腌笋矣。

苏辙藏菜:爨清葵芥充朝膳,岁晚风霜断菜根。百日园枯未易过,一家口众复何言。多排瓮盎先忧尽,旋设盘盂未觉烦。早晚春风到南圃,侵凌雪色有新萱。

梅尧臣和吴冲卿藏菜:霜前收美菜,欲以御冬时。备乏且增品,挑新那复思。菖俎嗜西伯,姜食语宣尼。未免效流俗,竞将罂盆为。

幽兰居士东京梦华录　卷之十

冬　至

十一月冬至。京师最重此节。虽至贫者，一年之间，积累假借，至此日更易新衣，备办饮食，享祀先祖〔一〕，官放关扑，庆贺往来，一如年节。

[注]

〔一〕**享祀先祖**

崔寔四民月令荐黍糕：冬至之日荐黍糕，先荐玄冥以及祖称，其进酒肴及谒贺君师耆老，如正日。

徐度却扫编卷中：近世士大夫家祭祀，多苟且不经。惟杜正献公家，用其远祖叔廉书仪，四时之享，以分至日，不设倚卓，唯用平面席褥，不焚纸币，以子弟执事，不杂以婢仆，先事致斋之类，颇为近古。又韩忠献公，尝集唐御史郑正则等七家祭仪，参酌而用之，名曰：韩氏参用古今家祭式。其法与杜氏大略相似。而参以时宜，如分至之外，元日、端午、重九、七月十五日之祭，皆不废。以为虽出于世俗，然孝子之心不忍违众而忘亲也。其说多近人情，最为可行。

679

赵鼎家训笔录:第五项:岁时享祀,主家者率诸位子弟协力排办,务要如礼。以其享祀酒食,合族破盘。

大礼预教车象

遇大礼[一]年,预于两月前教车象自宣德门[二]至南薰门外,往来一遭。车五乘以代五辂轻重。每车上置旗二口,鼓一面,驾以四马。挟车卫士,皆紫衫帽子。车前数人击鞭。象七头[三]。前列朱旗数十面,铜锣鼗鼓十数面。先击锣二下,鼓急应三下。执旗人紫衫帽子。每一象则一人[四],裹交脚幞头、紫衫,人跨其颈,手执短柄铜钁尖其刃,象有不驯击之。象至宣德楼前,团转行步数遭成列,使之面北而拜,亦能唱喏[五]。诸戚里、宗室、贵族之家,勾呼就私第观看,赠之银彩无虚日,御街游人嬉集,观者如织。卖扑土木粉捏小象儿并纸画[六],看人携归,以为献遗。

[注]

〔一〕大礼

赵昇朝野类要卷一典礼郊祀大礼:京城之外大祭祀,皆谓之郊祀。如三岁南郊圜丘时,北郊祀后土皇地祇明堂中,谓之明堂大礼。

宋敏求春明退朝录卷上:每大礼,两府加恩,功臣、阶勋、食邑、实封,内得三种;学士至待制、大两省,得阶勋而下二种;大卿监至少卿监一种,得加食邑;郎中而下至朝、京官一种,阶勋而已。

〔二〕宣德门

成寻参天台五台山记第四(延久四年十月):过数里,见皇城南门宣德之门,七间门楼门也,左右有二楼,各重重五尺许,高颇下,内面左右楼廊造列,外面有左右会,如日本朱雀门,是南面东第一门也。

〔三〕象七头

成寻参天台五台山记第三(延久四年十月):七日辛巳天晴,卯一点出船,巳时至宋州府。有大桥,河边有宁陵县驿,即曳过一里停船,乘崇班轿过一町半到象厩。一屋有三头象,一屋有四头象。先见三头象,有饲象人教象,有外国僧等来见,可拜。第一象屈后二足,垂头拜踞。次教可称诺由,即出气出声。象高一丈二尺许,长一丈六尺许,鼻长六尺许,牙长七尺,曲向上,以鼻卷取刍食之。象师与钱五十文了。望第二象所,象师又乞钱,五文与了。拜诺同前,高一丈,长一丈三尺,有牙。次至第三象所,高长同第一象,拜诺同前,与钱同前。三象皆男象也。至四头屋,第一象高长同前,第一象拜诺、与钱同前。女象也。有左牙,一尺五寸许,右无牙。第二象无女象牙,拜诺、与钱如前。第三象牧象也,高一丈三尺,长一丈七尺许,屈四足拜诺,声极高,人人大惊,三声出之,与钱同前。第四象牧象也,与钱五文,后象师从牙登顶上,举牙令登人,是希有事也。高一丈四尺许,长一丈八尺许,屈后二足,拜诺同前。皆黑象也。后二足付绳系之,处处积置刍如山,每日食一头十五斤,禾刍长七八尺许。象元广南大王为战于城所养也,破广南之后于此养之云云。象无毛,肤色如日本黑牛,毛落时色钝色也。阴藏付□并形如马,牝象乳如猪。今日过卅八里,酉二刻至府中宿,七时行法了。

〔四〕每一象则一人

[文案]杨亿杨文公谈苑记:"景德中,交州黎桓献驯象四,皆能拜舞山呼中节,养于玉津园。每陈卤簿,必加莲盆严饰,令昆仑奴乘以前导。"可见:一象有一驯者,昆仑奴也。昆仑奴"目深体黑",

重修政和经史证类备用本草象图

681

为马来一带即<u>东南亚</u>及<u>印度洋</u>若干岛屿居民。<u>宋</u>时,<u>三佛齐</u>等国常进贡<u>昆仑奴</u>。<u>慧琳</u><u>一切经音义</u>曾释<u>昆仑奴</u>"能驯服猛兽犀象等",验之史实,确是。<u>昆仑奴</u>主要功用之一即驯象与大朝会,兼为人献技,至<u>明</u>、<u>清</u>亦然,故<u>昆仑奴</u>亦谓象奴也。

〔五〕**唱喏**

<u>宋话本</u><u>西湖三塔记</u>:风过处,一员神将,怎么打扮? 面色深如重枣,眼中光射流星。皂罗袍打嵌团花,红抹额肖金蚩虎。手持七宝镶装剑,腰系蓝天碧玉带。神将唱喏:"告我师父,有何法旨?"真人道:"与吾湖中捉那三个怪物来!"神将唱喏。

<u>宋话本</u><u>西山一窟鬼</u>:吴教授当日一日教不得学,把那小男女早放了,都唱了喏先归去。

却待出来,只见一个人看着吴教授唱个喏。教授还礼不迭。

<u>宋话本</u><u>崔衙内白鹞招妖</u>:只见走一个酒保出来唱喏。看那人时,生得:身长八尺,豹头燕颔,环眼骨髭,有如一个距水断桥<u>张翼德</u>,原水镇上<u>王彦章</u>。

衙内看了酒保,早吃一惊道:"怎么有这般生得恶相貌的人?"酒保唱了喏,站在一边。

<u>宋话本</u><u>郑节使立功神臂弓</u>:只见黄巾力士走至面前,暴雷也似声个喏:"告我师,<u>炳灵公</u>相见。"吓得员外神魂荡漾,口中不语。

<u>宋话本</u><u>皂角林大王假形</u>:时光似箭,不觉三年。新官上任,<u>赵</u>知县带了人从归<u>东京</u>。在路行了几日,离那<u>广州</u><u>新会县</u>有二千余里,来到座馆驿,唤做峰头驿。知县入那馆驿安歇,仆从唱了下宿喏。

<u>宋话本</u><u>闹樊楼多情周胜仙</u>:女孩儿迤逦走到<u>樊楼</u>酒店,见酒博士在门前招呼。女孩儿深深地道个万福。酒博士还了喏道:"小娘子没甚事?"

<u>宋话本</u><u>汪信之一死救全家</u>:即唤缉捕使臣<u>王立</u>到来。<u>王立</u>朝上唱个喏,立于傍边。<u>李公</u>指着道:"此人胆力颇壮,将军同他去时,缓急有

用。"原来郭择与汪革素有交情，此行轻身而往，本要劝谕汪革，周全其事，不期太守差王立同去："他倚着上官差遣，便要夸才卖智，七嘴八张，连我也不好做事了。"欲待推辞不要他去，又怕太守疑心。只得领喏，怏怏而别。

施耐庵罗贯中水浒传第十二回梁山泊林冲落草 汴京城杨志卖刀：梁中书道："叫东京对拨来的军健杨志。"杨志转过厅前，唱个大喏。

第二十四回王婆贪贿说风情 郓哥不忿闹茶肆：那人笑道："倒是小人不是，冲撞娘子，休怪。"那妇人答道："官人不要见责。"那人又笑着，大大地唱个肥喏道："小人不敢。"

第二十九回施恩重霸孟州道 武松醉打蒋门神：老管营道："义士且请坐。"武松道："小人是个囚徒，如何敢对相公坐地。"老管营道："义士休如此说。愚男万幸，得遇足下，何故谦让？"武松听罢，唱个无礼喏，相对便坐了。

[文案]周祈名义考据左传云：贵者将出，唱使避己，故曰喝喏。此为简释。孙楷第唱喏考则综合求证，释唱喏有三义：一说喏即诺字；二说唱喏时确系出声；三说唐宋人习惯喏必有揖，揖则兼喏，合喏与揖二者乃完成唱喏之仪。孙说周详。然检宋话本小说，又知其所遗不少，漫拾数条，附识于后，以补其缺。余以为唱喏于宋，最为普遍，若朱子语类卷一百二十云："只如今人低躬唱喏，自然习惯。"宋唱喏亦最为讲究，不同场合、身份亦有不同之喏，若大喏、肥喏、无礼喏等。余以为孙先生说"二说唱喏时确系出声"，未免武断。陆游老学庵笔记卷二曾云："淳熙末还朝，则迎驾起居，阁门亦喝唱喏，然未尝出声也。"陈士元俚言解卷一释唱喏"不作声也"。具体而言，大礼预教车象所言"面北而拜"而未作声，亦为驯象唱喏之一种样式。

〔六〕**粉捏小象儿并纸画**

[文案]粉捏者，亦称捏粉，或如顾禄桐桥倚棹录所言：俗呼"捏相"，其法创于唐时杨惠之。为面塑之别称，泥塑之支流。原料为精细

面粉、江米粉、蜂蜜等,若卷八七夕谓"以油面糖蜜造为笑靥儿,谓之果食,花样奇巧百端",卷九重阳"又以粉作狮子蛮王之状"是也。陈元靓岁时广记云,东京人七夕以粉捏人物之形者,以相饷遗。大礼车象则必以粉捏相赠为快事也,现存北宋汴京宣德楼前演象图可证。所画为七头白象,披锦挂饰,甲马鲜明,楼阁高耸,可见大礼车象之隆重。东京画家作此类画以飨友好者,在情理之中。若邓椿画继所述刘宗道每画"照盆婴儿图","必画数百本,然后出货,即日流布,实恐他人传模之先"。此亦所谓"小象儿纸画"。

车驾宿大庆殿

冬至前三日,驾宿大庆殿。殿庭广阔,可容数万人。尽列法驾仪仗于庭,不能周遍。有两楼对峙,谓之"钟鼓楼"〔一〕。上有大史局生,测验刻漏。每时刻作鸡唱〔二〕,鸣鼓一下,则一服绿者,执牙牌而奏之,每刻曰"某时几棒鼓",一时则曰"某时正"。宰执百官,皆服法服,其头冠各有品从。宰执亲王加貂蝉笼巾〔三〕九梁,从官七梁,余六梁至二梁有差。台谏增廌角〔四〕也。所谓"梁"者,谓冠前额梁上排金铜叶也。皆绛袍皂缘,方心曲领〔五〕,中单环佩〔六〕,云头履鞋。随官品执笏。余执事人,皆介帻绯袍,亦有等差。惟阁门御史台,加方心曲领尔。入殿祗应人给黄方号,余黄长号、绯方长号,各有所至去处。仪仗车辂,谓信幡、龙旗、相风鸟①、指南车〔七〕、木辂、象辂、革辂、金辂、玉辂之类〔八〕。自有三礼图可见,更不缕缕。排列殿门内外,及御街远近,禁卫全装,铁骑数万,围绕大内。是夜

684

内殿仪卫之外，又有裹锦缘小帽、锦络缝宽衫兵士，各执银裹头黑漆杖子，谓之"喝探兵士"。十余人作一队，聚首而立，凡数十队。各一名喝曰："是与不是？"众曰："是。"又曰："是甚人？"众曰："殿前都指挥使高俅。"〔九〕更互喝叫不停，或如鸡叫。又置警场〔一〇〕于宣德门外，谓之"武严兵士"。画鼓二百面，角称之。其角皆以彩帛如小旗脚装结其上。兵士皆小帽，黄绣抹额，黄绣宽衫，青窄衬衫。日晡时，三更时，各奏严也。每奏先鸣角，角罢，一军校执一长软藤条，上系朱拂子，擂鼓者观拂子〔一一〕，随其高低，以鼓声应其高下也。

[校]

①中华邓注本案："鸟"应作"乌"。确。清明上河图虹桥两端高竿之乌，即为此相风乌也。

[注]

〔一〕**钟鼓楼**

宋敏求春明退朝录卷上：京师街衢置鼓于小楼之上，以警昏晓。太宗时命张公洎制坊名，列牌于楼上。按唐马周始建议置鼜鼜鼓，惟两京有之，后北都亦有鼜鼜鼓，是则京都之制也。二纪以来，不闻街鼓之声，金吾之职废矣。

孔平仲谈苑卷之四：齐李崇为兖州刺史，州劫盗，崇乃村置一楼，楼悬一鼓，盗发之处，槌鼓乱击，诸村始闻者挝鼓一通，次闻者复过以为节，俄顷之间，声布百里，伏其险要，无不擒获，诸村置鼓楼，自此始也。

〔二〕**鸡唱**

苏轼仇池笔记卷下鸡唱：光、黄人二、三月群聚讴歌，不中音律，宛转如鸡鸣耳。与宫人唱漏微相似,但极鄙野。
汉官仪:宫中不畜鸡,汝南出长鸣鸡,卫士候于
朱雀门外,专传鸡唱。又应劭曰:"今鸡鸣歌。"
晋太康地道记曰:"后汉卫士习此曲,于阙下歌
之,今鸡唱是也。"颜师古不考古本,妄破此说。
今余所闻,岂鸡唱之遗音乎? 今土人谓之山
歌云。

貂蝉笼巾图像

〔三〕**貂蝉笼巾**

崔豹古今注卷上舆服第一:貂蝉,胡服也。
貂者,取其有文采而不炳焕,外柔易而内刚劲
也。蝉,取其清虚识变也。在位者有文而不自耀,有武而不示人,清虚
自牧,识时而动也。

陈师道后山诗话八二:周盘龙以武功为散骑常侍,齐武帝戏之曰:
"貂蝉何如兜鍪?"对曰:"貂蝉生于兜鍪。"外大父颍公罢相建节,出帅
太原,其诗曰:"兜鍪却自貂蝉出,敢用前言戏武夫!"李待制师中以相
业自任,尝帅秦,以事去,其诗曰:"兜鍪不胜任,犹可冠貂蝉。"

[文案]据服饰史研究,"貂蝉冠"又叫做"笼巾"。用藤丝织成,
外涂以漆,其形正方,左右有用细藤丝编成,薄如蝉翼般的二薄片,
饰以银,前有银花,上缀以黄金附蝉,渡江后改为玳瑁附蝉,左右各
为三小蝉,并有玉鼻在左旁插以貂尾,所以叫做貂蝉笼巾。官职最
高的如三公、亲王等,于祀祠及大朝会时加于进贤冠上佩戴,为第一
等的冠饰。

〔四〕**廌角**

[文案]廌角又唤獬廌角,相传为难以实证的神兽之角,决讼者不
直,皆解之,故宋执法官以廌角为装饰。

〔五〕**方心曲领**

[文案]据沈从文中国古代服饰研究,方心曲领施之于颈领间,用

以防止衣领隆起，有压贴之用。

〔六〕**中单环佩**

［文案］据中国服装史诸书，中单衬于外衣内，亦名禅衣。其衣领露于外。环佩，锦绶、银环、玉佩之类饰物。

〔七〕**指南车**

郑樵通志略器服略第二指南车：黄帝与蚩尤战于涿鹿之野，蚩尤作大雾，将士皆迷四方，黄帝于是作指南车以示方向，故后常建焉。出崔豹古今注。周致太平，越裳氏重译来献，使者迷其归路，周公为司南之制，使载之南，周年至国，故常为先导，示服远人，而正四方。汉初置俞儿，骑马为先驱之乘。左思曰：俞儿骋路，指南司方。后废其骑，而存其车。后汉张衡始复创造，汉末丧乱，其器不存。魏明帝青龙中，令博士马钧绍作焉。车上有木仙人，举手常指南，车箱回转，所指微差。晋乱复亡，东晋义熙十三年，刘裕平长安，始得此车，复修之，一名司南车。驾驷，其下制如楼，三级四角，金龙衔羽葆，刻木为仙人，衣羽衣，立车上，车虽回运，而手常指南，大驾出行，为先启之乘。此车戎狄所制，机数不精，回曲频骤，犹须人力正之。范阳人祖冲之有巧思，常谓宜更造。宋顺帝升明中，齐高帝为相，命冲之造焉。车成，使抚军将军丹阳尹王僧虔等试之，其制甚精。百屈千回，未尝移变，齐因宋制，而加饰焉。梁复名司南车。大驾出，为先启之乘，后魏太武帝使工人郭善明造之，弥年不就。扶风人马岳又造，垂成，善明鸩杀之。唐修之，备于大驾，行则先导。

燕肃上指南车制度奏：天圣五年十一月六日唐元和中，典作官金公立以其车及记里鼓上之，宪宗阅于麟德殿，以备法驾。历五代至国朝，不

宋女孝经图
方心曲领像

687

闻得其制者,今创意成之。其法:用独辕车,车箱外笼上有重构,立木仙人于上,引臂南指。用大小轮九,合齿一百二十。足轮二,高六尺,围一丈八尺。附足立子轮二,径二尺四寸,围七尺二寸,出齿各二十四,齿间相去三寸。辕端横木下立小轮二,其径三寸,铁轴贯之。左小平轮一,其径一尺二寸,出齿十二;右小平轮一,其径一尺二寸,出齿十二。中心大平轮一,其径四尺八寸,围一丈四尺四寸,出齿四十八,齿间相去三寸。中立贯心轴一,高八尺,径三寸。上刻木为仙人,其车行,木人指南。若折而东,推辕右旋,附右足子轮顺转十二齿,击右小平轮一匝,触中心大平轮左旋四分之一,转十二齿,车东行,木人交而南指。若折而西,推辕左旋,附左足子轮随轮顺转十二齿,击左小平轮一匝,触中心大平轮右轮四分之一,转十二齿,车正西行,木人交而南指。若欲北行,或东,或西,转亦如之。

〔八〕**玉辂之类**

陈祥道礼书卷一百三十五车制:五路:玉路、郑氏曰玉路、金路、象路,以玉、金、象饰诸末,革路挽之,以革而漆之无他饰,木路不鞔,以革漆之而已。金路、象路、革路、木路。路,大也。玉路、金路、象路,以金、玉、象饰之也。革路,鞔而漆之。木路,漆之而不鞔。则有饰者,皆鞔而漆,鞔而漆者无饰也。玉路,锡樊缨,十有再就。金路,钩樊缨九就。象路,朱樊缨七就。革路,龙勒条缨五就。木路,前樊鹄缨者。锡在颅,钩在颔,朱者勒之色,龙者勒之饰。

王行五路先后之仪:缀路、金路也,**孔安国曰**:大路玉,缀路金,先路象,次路革木也。大路、玉路。次路、木路。次路、革路。先路。象路。

〔九〕**高俅**

王明清挥麈后录卷之七高俅本东坡小史:高俅者,本东坡先生小史,笔札颇工。东坡自翰苑出帅中山,留以予曾文肃,文肃以史令已多,辞之。东坡以属王晋卿。元符末,晋卿为枢密都承旨时,祐陵为端王,在潜邸日,已自好文,故与晋卿善。在殿庐待班,邂逅。王云:"今

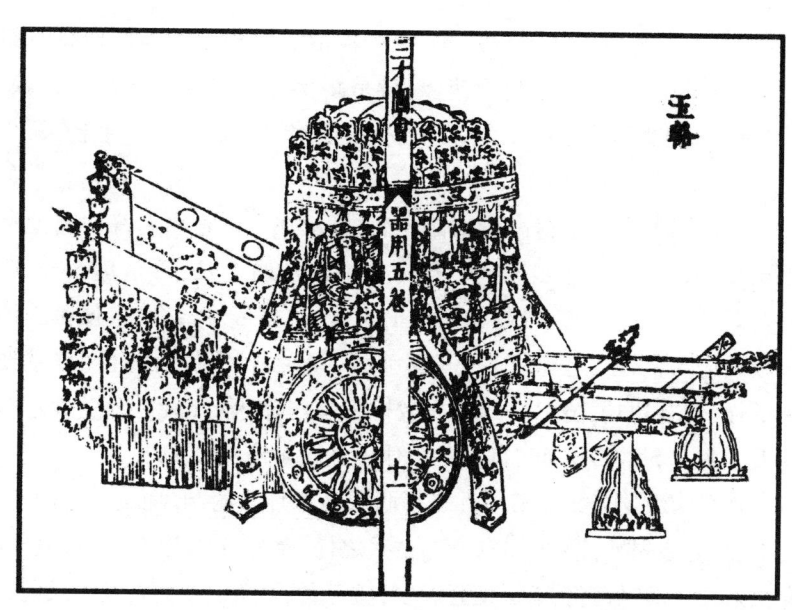

三才图会玉辂图

日偶忘记带篦刀子来,欲假以掠鬓,可乎?"晋卿从腰间取之。王云:
"此样甚新可爱。"晋卿言:"近创造二副,一犹未用,少刻当以驰内。"
至晚,遣俅赍往。值王在园中蹴鞠,俅候报之际,睥睨不已。王呼来
前,询曰:"汝亦解此技邪?"俅曰:"能之。"漫令对蹴,遂惬王之意,大
喜,呼隶辈云:"可往传语都尉,既谢篦刀之况,并所送人皆辍留矣。"由
是日见亲信。逾月,王登宝位。上优宠之,眷渥甚厚,不次迁拜。其侪
类援以祈恩,上云:"汝曹争如彼好脚迹邪?"数年间建节,循至使相,遍
历三衙者二十年,领殿前司职事,自俅始也。父敦复,复为节度使;兄
伸,自言业进士,直赴殿试,后登八坐。子侄皆为郎,潜延阁,恩幸无
比,极其富贵。然不忘苏氏,每其子弟入都,则给养问恤甚勤。靖康
初,祐陵南下,俅从驾至临淮,以疾为解,辞归京师。当时侍行如童贯、
梁师成辈皆坐诛,而俅独死于牖下。胡元功云

　　施耐庵罗贯中水浒传第二回王教头私走延安府　九纹龙大闹史家

村：且说东京开封府汴梁宣武军，一个浮浪破落户子弟，姓高，排行第二，自小不成家业，只好刺枪使棒，最是踢得好脚气球。京师人口顺，不叫高二，却都叫他做高毬。后来发迹，便将气球那字去了毛傍，添作立人，便改作姓高名俅。

且说端王自从索得高俅做伴之后，就留在宫中宿食。高俅自此遭际端王，每日跟着，寸步不离。却在宫中未及两个月，哲宗皇帝晏驾，无有太子。文武百官商议，册立端王为天子，立帝号曰徽宗，便是玉清教微妙道君皇帝。登基之后，一向无事。忽一日，与高俅道："朕欲要抬举你，但有边功，方可升迁。先教枢密院与你入名，只是做随驾迁转的人。"后来没半年之间，直抬举高俅做殿帅府太尉职事。

佚名宋大诏令集卷第一百二军职八高俅拜太尉制政和七年正月十日：门下：朕祗遹先猷，肇新武选，眷乃主兵之任，允为极品之官。肆图其人，允慎兹位。惟时宿将，嘉成绩之居多；扬于大廷，焕褒章而首及。殿前都指挥使、奉国军节度使、渤海郡开国公、食邑二千户、食实封九百户高俅，材周以敏，志大而刚。果断沉雄，夙著爪牙之效；忠勤愻慎，肆推心膂之良。尝事潜藩，永肩诚节，顷临边寄，屡奏战多。暨密侍于殿岩，实入提于禁旅。宽而有制，肃以无哗。载念勋庸，申加位序。惟亚居近辅，时为掌武之臣；而列卫周庐，亦曰总戎之寄。名与实称，非贤莫居，命以时敷，稽众惟允。不改旄麾之旧，有严号令之新。於戏，四方无虞，盖倚干戈之卫；万邦为宪，尚资帷幄之筹。益既乃心，勿忘朕训。可。

佚名宋朝南渡十将传卷一刘锜传：先是高俅尝为端王邸官属，上即位，欲显擢之。旧法，非有边功，不得为三衙。时仲武为边帅，上以俅属之，俅竟以边功至殿帅。

〔一〇〕警场

赵昇朝野类要卷一典礼警场：大礼等办严也，皆用上军及街仗司为之。

欧阳修等太常因革礼卷二十一总例二十一警场：通礼。鼓吹令有奉严之制。国朝会要：凡大礼，车驾斋宿所止，夜设警场，每奏先作金钲四次，大角四次，金钲二十四次，大角鼓百二十次，横吹等作一曲，如是者三叠，谓之一奏，少止，五分其夜而奏之，凡乘舆至帷宫，祀前一日御缯阙门观严警，亦劳赐焉。若巡幸，则夜奏于行宫前，人数减于大礼，用八百八十八人。卤簿记云：大礼用一千二百七十五人。

礼阁新编：建隆四年十一月，南郊卤簿使张昭信，准旧仪，銮驾将出宫入庙，赴南郊斋宿之辰，皆有夜警晨严之制。唐宪宗亲郊，时礼仪使高郢奏："据鼓吹局申，斋宿夜奏严，是夜警恐与捶鼓版奏三严事不同，况其时不作乐县，不鸣鼓吹，务要清净。其鼓吹局所申，致斋夜奏四严请不行者，当使详酌典礼。奏严之设，本缘警备，事理与作乐全殊。况斋宿之夜，千乘万骑，宿于仪仗之中，苟无鼓漏之徼巡，何警众多之耳目？其官庙门南郊夜警晨严之制，望依旧礼施行。"诏可。

〔一一〕拂子

惠泉集黄龙慧南禅师语录：上堂云：法身无相，应物现形。般若无知，随缘即照。遂竖起拂子。拂子竖起，谓之法身，岂不是应物现形。拂子横来，谓之般若，岂不是随缘即照。乃呵呵大笑。

上堂，举云门大师云：平地上死人无数。过得荆棘林者是好手。乃拈起拂子云：大众，若唤作拂子，正是平地上死人。若不唤作拂子，未透得荆棘林在。击禅床，下座。

蕴闻大慧普觉禅师住径山能仁禅院语录卷第一：上堂举教云：应如是知，如

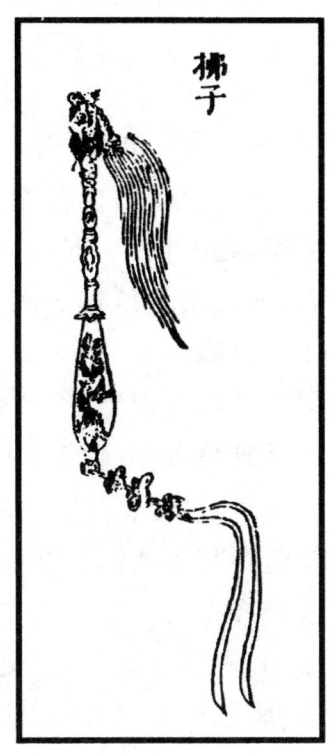

三才图会拂子图

691

是见,如是信解不生法相。师举起拂子云:"这个是<u>径山</u>拂子,唤甚么作法相? 法相既不可得,又知个甚么? 见个甚么? 信个什么? 解个甚么?"复举起云:"这个是法相,却唤甚么作拂子? 拂子既不可得,如是知,如是见,如是信解。又有甚么过? 正当恁么时转身一句作么生道,千重百匝无回互,大家静处萨婆诃。"

[文案]<u>三才图会</u>谓拂子为麈尾之类。宋时宫中导从有执红丝拂子者,然未言其制。<u>三才图会</u>则记红丝拂子甚详:上以素牦牛尾笼之,衔以金龙首,以木为柄,画以金龙纹,柄末垂紫丝结衱鐪。配图可证。

驾行仪卫

次日五更,摄大宗伯执牌奏中严外办〔一〕,铁骑前导番衮〔二〕。自三更时,相续而行,象七头,各以文锦被其身,金莲花座安其背,金辔笼络其脑,锦衣人跨其颈。次第高旗大扇,画戟长矛,五色介胄〔三〕跨马之士,或小帽锦绣抹额者,或黑漆圆顶幞头者,或以皮如兜鍪〔四〕者,或漆皮如戽斗〔五〕而笼巾者,或衣红黄罨画锦绣之服者,或衣纯青纯皂以至鞋袴皆青黑者,或裹交脚幞头者,或以锦为绳如蛇而绕系其身者,或数十人唱引持大旗而过者,或执大斧者,胯剑者,执锐牌者,持镫棒者,或持竿上悬豹尾者〔六〕,或持短杵者。其矛戟皆缀五色结带铜铎,其旗扇皆画以龙或虎或云彩或山河。又有旗高五丈,谓之"次黄龙"。驾诣<u>太庙</u>青城,并先到立斋宫前,叉竿舍索旗坐约百余人,或有交脚幞头,胯剑足靴,如四直使者〔七〕,千百数,不可名状。余诸司祗应人,皆锦袄。诸班直、亲从亲事官,皆帽子结带红锦,或红罗上紫团答^{〔八〕}戏狮子，短后打甲背子，执御从物。御龙直皆真珠结络短顶头巾，紫上杂色小花绣衫，金束带，看带丝鞋^{〔九〕}，天武官皆顶朱漆金装笠子^{〔一〇〕}、红上团花^{〔一一〕}背子，三衙并带御器械官，皆小帽背子，或紫绣战袍，跨马前导。千乘万骑，出宣德门，由景灵宫太庙^{〔一二〕}。

[注]

〔一〕**中严外办**

庞元英文昌杂录卷第五：六月，吏部侍郎苏颂以忧去官，以知桂州熊本为吏部侍郎，以库部员外郎王子韶为考功员外郎，以路昌衡为右司员外郎，以左司员外郎范纯粹为河东转运使，以工部郎中范子奇为左司郎中。礼部上言：“郊庙亲祠仪注：祭日，皇帝并服靴袍至大次，于礼意未协。谨按礼记郊特牲曰：‘祭之日，王皮弁以听祭报。’报，谓小宗伯告时告备，若今请中严奏外办也。”

〔二〕**番衮**

曾敏行独醒杂志卷第五：先君尝言，宣和间客京师，时街巷鄙人多歌蕃曲，名曰异国朝、四国朝、六国朝、蛮牌序、蓬蓬花等，其言至俚，一时士大夫亦皆歌之。又相国寺货杂物处，凡物稍异者皆以“番”名之。有两刀相并而鞘，曰“番刀”，有笛皆寻常差长大，曰“番笛”，及市井间多以绢画番国士马以博塞。先君以为不至京师才三四年，而气习一旦顿觉改变。

[文案]京都译注本译“番衮”为军行之顺序，与邓之诚引梦梁录之护卫铁骑导行作解略同。二解均未晓“番衮”之本意。独醒杂志可证：“番”为汹涌而来之胡族风习，“衮”则如宋史乐志一三一“凡有催衮也，皆胡曲耳”。又如胡适请教王国维时所谓“鄙意亦曾疑此字是滚字之省”，与王国维疑“衮字无意义，或即滚字之省耳”不谋而

合。宋大曲常用之"衮遍"亦如是。综合诸说,"番衮"一语为胡曲,亦为胡风东来之貌,像一遍又一遍翻滚而前之态势。若本卷驾宿太庙奉神主出室:"甲马、仪仗、车辂,番衮出南薰门。""番衮"为宣和市间之俗语。

〔三〕**五色介胄**

[文案]据孙注本:五色介胄为仪卫兵士服装,以黄粗布为面,布为里,绘以五彩甲叶纹,胸前绘人面二目,由后背至前胸用编带缠绕。

〔四〕**兜鍪**

吴棫韵补卷第一九鱼:鍪兜鍪,胄也。急就章:弓弩箭矢铠兜鍪,铁棰檛杖棁秘殳。

杨伯嵒臆乘科头:俗谓不冠谓科头。此二字出史记张仪传注云:谓不着兜鍪入敌。

〔五〕**戽斗**

陈彭年广韵卷三上声十姥:戽,戽斗,舟中渫水器。又音户。

王祯东鲁王氏农书农器图谱集之十三灌溉门戽斗:戽,候古切挹水器也。唐韵云:"戽,抒上与切也。"抒水器挹也。凡水岸稍下,不容置车,当旱之际,乃用戽斗。控以双绠,两手掣之,抒水上岸,以溉田稼。其斗或柳筲,或木罂,从所便也。

〔六〕**豹尾者**

崔豹古今注卷上舆服第一:豹尾车,周制也。所以象君子豹变;尾言谦也。古军正建之,今唯乘舆得建之。

程大昌雍录卷八职官侍从二:服虔曰:"属车八十一乘,作三行。尚书、御史乘之,最后一乘垂豹尾,已前皆为省中。"虔之此言,即蔡邕所载汉制也。扈从在豹尾以前者,得与今侍从比而他官非比。唐世卤簿正用汉制,其行列先后品列,在仪卫志甚详。

施耐庵罗贯中水浒传第三十五回石将军村店寄书 小李广梁山射雁:只见那两个壮士斗到间深里,这两枝戟上,一枝是金钱豹子尾,一枝是金钱五色旛,却搅做一团,上面绒绦结住了,那里分拆得开。花荣在马上看见了,便把马带住,左手去飞鱼袋内取弓,右手向走兽壶中拔箭,搭上箭,拽满弓,觑着豹尾绒绦较亲处,飕的一箭,恰好正把绒绦射断。

〔七〕四直使者

[文案]似指御龙直、御龙骨朵子直、御龙弓箭直、御龙弩直"四直"指挥官。

〔八〕上紫团答

[文案]京都译注本疑"上紫"应为"紫上"。若与下文"紫上杂色小花绣衫"合观,其说可通。"紫上"即紫地,"团答"即"团搭",若政和五礼新仪卷一四所述天武军都使所着袄子"绯罗夹绣小团搭花"是也。

〔九〕丝鞋

马缟中华古今注卷中靸鞋:盖古之履也。秦始皇常靸望仙鞋,衣褷云短褐,以对隐逸,求神仙。至梁天监年中,武帝解脱靸鞋,以丝为之,今天子所履也。

麻鞋:起自伊尹,以草为之。草属,周文王以麻为之,名曰麻鞋。至秦以丝为之,今宫人侍从着之,庶人不可。至东晋,又加其好,公主及宫贵,皆丝为之。凡娶妇之家,先下丝麻鞋一緉,取其和鞋之义。

吴文英瑞鹤仙赠丝鞋庄生:藕心抽莹茧,引翠针行处,冰花成片。金门从回辇。两玉凫飞上,绣绒尘软。丝絇侍宴。曳天香、春风宛转。傍星辰、直上无声,缓蹑索云归晚。　奇践。平康德意,醉踏香泥,润红沾线。良工诧见。吴蚕唾,海沉檀。任真珠装缀,春申客屦,今日风流雾散。待宣供、禹步宸游,退朝燕殿。

陆游老学庵笔记卷二:禁中旧有丝鞋局,专挑供御丝鞋,不知其数。

〔一〇〕笠子

王祯东鲁王氏农书农器图谱集之七蓑笠门笠:戴具也。古以台皮

为笠,诗所谓"台笠缁撮"。今之为
笠,编竹为壳,衷以箬箨,或大或
小,皆顶隆而口圆,可芘雨蔽日,以
为蓑之配也。

农书笠图

〔一一〕红上团花

［文案］"红上"与"紫上"略
同。"团花"于陈世崇随隐漫录卷
三多见:"大团花"、"小团花"罗袍。宋话本则触目皆是,若西湖三塔
记神将"皂罗袍打嵌团花",洛阳三怪记神将"袖绣团花",西山一窟鬼
神将"皂罗袍袖绣团花",以此可证仪卫服饰多用"团花"。

〔一二〕太庙

无名氏亲享太庙一首导引:躬朝太室,列圣大功宣。彩杖耀甘泉。
秘文升辂空歌发,一路覆祥烟。珠旒荐献极精虔。列侍俨貂蝉。穰穰
降福均寰宇,垂拱万斯年。

马端临文献通考卷九十八宗庙八车驾诣太庙:前享一日,皇帝
于景灵宫朝献毕,即还大次。礼部郎中奏解严讫,皇帝入斋殿,文
武侍祠行事,执事助祭之官,非从驾者。宗室先诣太庙祠所。其日,
礼直官、宣赞舍人,引礼部侍郎诣大次前,奏请中严。少顷,又奏外
办。皇帝服履袍,自斋殿诣大次,出行门,禁卫诸班亲从等诸司祗
应人员以下迎驾,奏圣躬万福。次知客省事以下、枢密都承旨以
下、知内侍省以下、带御器械官应奉祗应通侍大夫以下、武功大夫
以下及干办库务文臣一班迎驾,奏圣躬万福。俟皇帝即御座,从驾
宰执使相一班、次管军臣寮,并奏圣躬万福。皇帝乘舆出景灵宫棂
星门,将至太庙。御史台、太常寺、阁门分引文武侍祠行事执事助
祭之官、宗室于太庙棂星门外,立横班再拜,奏迎讫退。皇帝乘舆
入棂星门,至大次,降舆以入,帘降,侍卫如常仪。宣赞舍人承旨敕
群臣及还次。

东京梦华录笺注

驾宿太庙奉神主出室

　　驾乘玉辂,冠服如图画间星官[一]之服,头冠皆北珠[二]装结,顶通天冠[三],又谓之"卷云冠",服绛袍,执元圭[四],其玉辂顶皆缕金大莲叶攒簇,四柱栏槛镂玉盘花龙凤,驾以四马,后出旗①常辂上御座,惟近侍二人,一从官傍立,谓之"执绥",以备顾问[五]。挟辂卫士皆裹黑漆团顶无脚幞头,着黄生色宽衫,青窄衬衫,青袴,系以锦绳。辂后四人,擎行马,前有朝服二人,执筹面辂倒行。是夜,宿太庙,喝探[六]警严如宿殿仪。至三更车驾行事。执事皆宗室。宫架乐作,主上在殿上东南隅西面立,有一朱漆金字牌曰"皇帝位"。然后奉神主出室,亦奏中严外办,逐室行礼毕。甲马[七]、仪仗、车辂,番衮出南薰门。

[校]

　　①中华邓注本谓"旗"应作"旆"。京都译注本考"旗常"为日月之旗,天子专用。

[注]

　　〔一〕**图画间星官**

　　佚名宋大诏令集卷第一百三十六典礼二十一天神下图写九星二十八宿朝元冠服颁行天下诏宣和元年五月二十七日:朕丕承宝绪,抚育黎元,遵道庇民,咸跻寿域。其于严恭肖像,罔有弗虔。比览宫观祠宇,九星二十八宿真形,有服牛乘马、操戈执戟者,有戎衣端坐、露顶跣足者,或裸袒其体,或瓮缶以居,率皆诞怪万状,黩侮靡常。欲祈降格上真,丕冒景贶,莫可得也。朕以谓高辰列曜,参拱玉帝,以辅元化,莫非冠服端肃,俨然之相,隐显虽殊,天人不远。正如世谛君臣之理,曾何若是,万几暇日,稽考琼文玉笈,究其杳然,果得其详。躬御丹青,图写九星二十八宿朝元冠服图,颁行天下,昭示多方,庶使群动倾瞻,咸趋妙道,穰穰之福,以逮邦家,岂不伟欤。

〔二〕北珠

徐梦莘三朝北盟会编卷三政宣上帙三起重和二年正月十日丁巳,尽其日:北珠美者,大如弹子,小者若梧子,皆出辽东海汊中,每八月望,月色如画,则珠必大熟,乃以十月方采取珠蚌。而北方沍寒,九、十月则坚冰厚已盈尺矣,凿冰没水而捕之,人以为病焉。又有天鹅能食蚌,则珠藏其嗉,又有俊鹘号"海东青"者,能击天鹅,人既以俊鹘而得天鹅,则于其嗉得珠焉。

蔡絛铁围山丛谈卷六:北珠在宣和间,围寸者价至三二百万。

曹昭格古要论卷中北珠:出北海,亦论大小分两定价,看身分圆转,身青色,披肩结顶者价高,如骨色粉白油黄浑色者价低。

〔三〕通天冠

聂崇义三礼图集注卷三通天冠:后汉志云:通天冠高九寸,正竖,顶少斜,却乃直下为铁卷,梁前有山,有展筒。

〔四〕元圭

蔡絛铁围山丛谈卷第一:元圭者,古镇圭也。湿润异常,又其色内赤外黑,非世所有,固无足疑。圭上锐而下方,然其末平直,非若后世礼图为圭之太锐也。两旁刻出十二山,正若古山尊制度,亦非若先儒所绘镇圭,乃于圭上刻山者也。凡制作精妙,又非若秦汉器玉所能及。上则皆云雷之文,下平无文,而中一窍,大足容指。其长尺有二寸,正合周尺,仿同晋尺。盖晋得舜庙玉尺,是以知同古尺也。有制古元圭议行于世,诚不诬已。

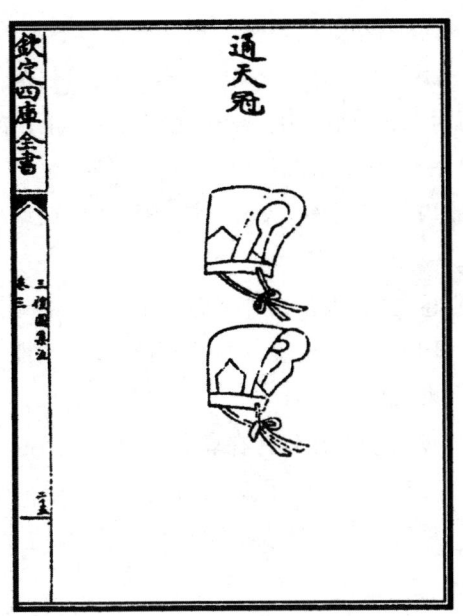

三礼图集注通天冠图

佚名大金集礼卷二十九舆服上冠服:大定十一年,太常寺检讨周
礼考工记:大圭长三尺,杼上终葵首,天子服之。说者曰王所搢大圭
也,或谓之珽。自西魏、隋、唐以来,大圭长尺二寸,与镇圭同,镇圭以
镇天下,盖以四镇山为琢饰,旧有镇圭,已依得古制,外有大圭,依周礼
制度,杼上终葵首,杼杀也,终葵椎也。今御府有白圭,是白玉素圆,圭
无上杀及首,如椎样,按隋书志:天子笏曰球,长尺二寸,以球玉为之,
唐志亦云:天子之珽相承,旧制以白玉为之,长尺二寸,熙丰奏议云:西
魏以来,所制玉笏,皆长尺二寸,方而不折,虽非先王之法,盖以后世难
得,随宜为之也。今御府所藏白玉圭,首如笏样,盖宋曰所制大圭也。
将来行礼拟就用。

〔五〕以备顾问

叶寘坦斋笔衡王过对孝宗:孝宗初临御,万机之余,留心经术,无

699

所不涉,百寮奏对,时有顾问,多致失措。有王过者蜀人,著隽声,犹在选调,宰相荐之上殿,孝宗骤问之曰:"李融字若川,谓何?"过即对曰:"天地之气融而为川,结而为山。李融之字若川,如元结之字次山也。"上大喜,遂诏改舍人,官除密院编修。

程俱麟台故事卷五恩荣:故事,进士唱名日,馆职皆侍立殿上,所以备顾问也。

孔平仲谈苑卷之四:太祖以神武定天下,儒学之士未甚进用,及卜郊乘大辂,翰林学士卢多逊执绥备顾问,占对详敏。他日,上曰:"作宰相当用儒者。"卢果大用。

丁谓丁晋公谈录:卢相多逊在朝行时,将历代帝王年历,功臣事迹,天下州郡图志,理体事务,沿革典故,括成一百二十绝诗,以备应对。由是,太祖、太宗每所顾问,无不知者,以至践清途、登钧席,皆此力耳。

〔六〕**喝探**

陆友仁砚北杂志卷下:故宋官人出入,其前兵士呵喝车马者,盖在京时乘坐车故也。渡江后,用肩舆,此声尚存,何耶。

〔七〕**甲马**

陆友仁砚北杂志卷上:宋乾德二年南郊,陶穀为礼仪使,法物制度,多穀所定。时范质为大礼使,以卤簿清游,队有甲骑,具装莫知其制度,以问于穀。穀曰:"正明丁丑岁,河南尹张全义,献人甲三百副,马具装二百副,穀尝见而记之:其人甲以布为里,黄絁表之,青缘,画为甲文,红锦缘青絁,为下裙,绛韦为络,金铜鍭,长短至膝。前膺为人面,二目,背连膺,缠以红锦。腾马蛇具装盖寻常马甲,但加珂拂于前膺及后鞦尔。装入悉以焚毁。"质即令有司如其说,造以给用。又乘舆大辇,久亡其制,穀立意造之,至今用焉。

郭若虚图画见闻志卷二纪艺上:房从真,成都人。工画人物蕃马,事王蜀先主为翰林待诏,尝于蜀宫板障上画诸葛武侯引兵渡泸水,人马执戴,生动如神。蜀主每行至彼,驻而不进,怡然叹曰:"壮哉甲马!"

1　宋兔胄图中甲马、骑士　　　2　胡笳十八拍图中宋式甲马

驾诣青城斋宫

驾御玉辂,诣青城斋宫。所谓"青城",旧来止以青布幕为之,画砌甃之文,旋结城阙殿宇。宣政间,悉用土木盖造矣。铁骑围斋宫外,诸军有紫巾绯衣素队〔一〕约千余,罗布郊野。每队军乐一火〔二〕。行宫巡检〔三〕部领甲马,来往巡逻,至夜严警,喝探如前。

[注]

〔一〕**素队**

[文案]京都译注本谓"素队"未见于文献。姜注本引续资治通鉴宋高宗绍兴二十三年柳俦"率兵以素队往捕",云"素队"即卫队也。

701

〔二〕**一火**

惠康野叟识余卷三:今人看街坊杂剧场,曰社伙,盖南宋遗风也。宋之百戏皆以社名,如杂剧曰绯绿社,蹴球曰齐云社,唱歓曰遏云社,行院曰翠锦社，撮弄曰云机社。详见武林旧事。伙者，方言，凡物盛而多也。或作社火，言如火然，一烘即过也。宋之鼓板曰：衙门一火和顾二火，又逐贼被伤全火。见宋乾德诏中。社伙

钱大昕恒言录卷二常语类一火：南史孝义传：十人同火。通典：凡立军五人为列，列有头，二列为火，立火子，有死于行阵者，同火收其尸。旧唐书僖宗纪：若诸军全捕得一火草贼，数至三百人以上者超授将军。木兰诗：出门语火伴，火伴皆惊惶。

〔三〕巡检

罗濬宝庆四明志卷二十昌国县志全官僚：三姑都巡检治在三姑山，县西北八十里。岱山巡检治岱山县北海中二百五十里，熙宁以前，昌国监有巡检兼监盐，既置县，则移巡检于岱山驻扎，仍兼岱山盐场，主管烟火公事，巡捉私茶盐香等，后别置监盐巡检，止守本职。

潘自牧记纂渊海卷三十五职官部巡检：本朝巡检司，有沿边溪洞都巡检，或蕃汉都巡检，或数州数县，管界或一州一县。巡检掌训练甲兵，巡逻州邑、擒捕盗贼事。又有刀鱼船战棹巡检，江湖淮海置捉贼巡检，及巡马递铺，巡河巡捉私茶盐等。各视其名分，以修举职业，皆掌巡逻讥察之事。四朝志。郭进为西山巡检，有诬告其阴通刘继元有异者，太祖怒，命付其人于进，进曰："尔能为我取继元一城一寨，不止赎尔死罪，请贵尔一官。"岁余，其人诱其一城来降，进请赏以官，太祖曰："赏不可滥得也。"进曰："使臣失信，则不能用人矣。"遂赏以一官。分记。景德三年，封事者言诸处巡检，务在武勇强明，乞不以闽楚、江浙、川陕人为之，上曰："人之勇怯，岂拘南北？若此区别，非任人之道。"职略。当道之衡，俾逻四封之警。胡文恭行郑从政制。居警逻之司。高尊望制。材著干勤，职司警逻。能发摘于阴伏，多剪除于寇攘。林友制。

朱彧萍洲可谈卷二广州市舶司泊货抽解官市法：广州自小海至溽洲七百里，溽洲有望舶巡检司，谓之一望，稍北又有第二、第三望，过溽州则沧溟矣。商船去时，至溽州少需以诀，然后解去，谓之"放洋"。还

至漵洲，则相庆贺，寨兵有酒肉之馈，并防护赴广州。既至，泊船市舶亭下，五洲巡检司差兵监视，谓之"编栏"。

朱彧萍洲可谈卷三富弼致政出郊：富郑公致政归西都，尝着布直裰，跨驴出郊，逢水南巡检，盖中官也。威仪呵引甚盛，前卒呵"骑者下"，公举鞭促驴，卒声愈厉，又唱言："不肯下驴，则请官位。"公举鞭称名曰："弼。"卒不晓所谓，白其将曰："前有一人，骑驴冲节，请官位不得，口称'弼'。"将方悟曰："乃相公也！"下马执锐，伏谒道左，其候赞曰："水南巡检唱喏！"公举鞭去。

施耐庵罗贯中水浒传第十九回林冲水寨大并火 晁盖梁山小夺泊：府尹道："既是如此说时，再差一员了得事的捕盗巡检，点与五百官兵人马，和你一处去缉捕。"何观察领了台旨，再回机密房来，唤集这众多做公的，整选了五百余人，各各自去准备什物器械。次日，那捕盗巡检领了济州府帖文，与同何观察两个点起五百军兵，同众多做公的一齐奔石碣村来。

卢宪嘉定镇江志卷十兵防都巡检营廨：长编：大观元年十二月，御笔：江浙之民轻扬易摇，盗窃间作，日久兵弱势单，一有警急，无以制御，阻淮带江，不可不防。相度于杭越之钱塘、西兴，杨润之瓜洲、西津，淮口之盱眙、临淮，各置都巡检一员，兵给二百人，刀鱼船五只，各于江淮岸侧置营廨屯守，分部地界，凡沿淮巡检，隶之以时，巡察奸盗。

驾诣郊坛行礼

三更，驾诣郊〔一〕坛行礼，有三重墙墙〔二〕。驾出青城，南行曲尺西去约一里许，乃坛也。入外墙东门，至第二墙里面南设一大幕次，谓之"大次"，更换祭服，平天冠二十四旒[三]，青衮龙服，中单朱舄，纯玉佩。二中贵扶侍，行至坛前。坛下[四]又有一小幕殿，谓之"小次"[五]，内有御座。坛[六]高三层七十二级。坛面方圆三丈许，有四踏道。正南曰午阶，东曰卯阶，西曰酉阶，北曰子阶。坛上设二黄褥位北面，南曰"昊天上帝"；东南面曰"太祖皇帝"。惟两矮案上设礼料。有登歌道士十余人，列钟磬二架，余歌色及琴瑟之类，三五执事人而已。坛前设宫架乐，前列编钟玉磬。其架有如常乐方响，增其高大。编钟形稍褊，上下两层挂之，架两角缀以流苏。玉磬状如曲尺，系其曲尖处，亦架之，上下两层挂之。次列数架，大鼓或三或五，用木穿贯，立于架座上。又有大钟，曰景钟，曰节鼓。有琴而长者，如筝而大者，截竹如箫管，两头存节而横吹[七]者，有土烧成如圆弹而开窍者[八]，如笙而大者，如箫而增其管者。有歌者，其声清亮，非郑卫之比[九]。宫架前立两竽①[一○]，乐工皆裹介帻如笼巾，绯宽衫勒帛。二舞者[一一]，顶紫色冠，上有一横板，皂服，朱裙履，乐作，初则文舞，皆手执一紫囊，盛一笛管结带。武舞，一手执短稍，一手执小牌，比文舞加数人，击铜铙响环，又击如铜灶突者。又两人共携一铜瓮就地击者，舞者如击刺，如乘云，如分手，皆舞容矣。乐作，先击柷[一二]，以木为之，如方壶[一三]画山水之状，每奏乐，击之内外共九下，乐止则击敔[一四]，如伏虎，脊上如锯齿，一曲终以破竹刮之。礼直官奏请驾登坛，前导官皆躬身侧②引至坛止，惟大礼使登之，先正北一位拜跪酒，殿中监东向一拜进爵盏，再拜兴，复诣正东一位，才登坛而宫架声止,则坛上乐作。降坛则宫架乐复作,武舞上复归"小次",亚献终献上亦如前仪。当时燕越王为亚终献也。第二次登坛,乐作如初,跪酒毕,中书舍人读册,左右两人举册而跪读。降坛复归"小次",亚终献如前,再登坛进玉爵盏,皇帝饮福[一五]矣,亚终献毕降坛,驾"小次"前立,则坛上礼料币帛玉册[一六],由西阶而下。南壝门外,去坛百余步,有燎炉[一七]高丈许,诸物上台,一人点唱,入炉焚之。坛三层回^③踏道之间有十二龛,祭十二宫神。内壝外祭百星。执事与陪祠官皆面北立班。宫架乐罢,鼓吹未作,外内数十万众肃然[一八],惟闻轻风环佩之声。一赞者喝曰:"赞一拜!"皆拜,礼毕[一九]。

[校]

①津逮、学津、中华邓注本皆案"竿"应作"竿",均误。

②中华邓注本疑"侧"为"倒",疑据不足。

③中华邓注本疑"回"作"四",据前"四踏道",确。

[注]

〔一〕**诣郊**

王明清挥麈后录卷一徽宗初郊事迹:建中靖国,徽宗初郊,亦见曾文肃奏事录,言之甚详。在于当日,为一时之庆事。十一月戊寅凌晨,导驾官立班大庆殿前,导步辇至宣德门外,升玉辂,登马导至景灵宫,行礼毕,赴太庙。平旦雪意甚暴,既入太庙,即大雪。出巡仗至朱雀门,其势未已,卫士皆沾湿。上顾语云:"雪甚好,但不及时。"及赴太庙,雪益甚,二鼓未已。上遣御药黄经臣至二相所,传宣问:"雪不止,来日若大风雪,何以出郊?"布云:"今二十一日。郊礼尚在后日,无不晴之理。"经臣云："只恐风雪难行。"布云："雪虽大，有司扫除道路，必无妨阻。但稍冲冒，无如之何。兼雪势暴，必不久。况乘舆顺动，理无不晴。若更大雪，亦须出郊。必不可升坛，则须于端诚殿望祭。此不易之理。已降御札颁告天下，何可中辍？"经臣亦称善，乃云："左相韩忠彦欲于大庆殿望祭。"布云："必不可。但以此回奏。"经臣退，遂约执政会左相斋室，仍草一札子以往。左相犹有大庆之仪。左辖陆佃云："右相之言不可易。兼恐无不晴之理。若还就大庆，是日却晴霁，奈何？"布遂手写札子，与二府签书讫进入，议遂定。上闻之，甚喜。有识者亦云："临大事当如此。"中夜，雪果止。五更，上朝享九室，布以礼仪使赞引就罍洗之际，已见月色。上喜云："月色皎然。"布不敢对。再诣罍洗，上云："已见月色。"布云："无不晴之理。"上奠瓒至神宗室，流涕被面。至再入室酌酒，又泣不已。左右皆为之感泣。是日，闻上却常膳蔬食以祷。己卯黎明，自太庙斋殿步出庙门，升玉辂，然景色已开霁，时见日色。巳午间至青城，晚遂晴，见日。五使巡仗至玉津园，夕阳满野，人情莫不欣悦。庚辰四鼓，赴郊坛幕次，少顷，乘舆至"大次"，布跪奏于帘前，请皇帝行礼，景灵、太庙皆然。遂导至"小次"前升坛奠币，再诣罍洗，又升坛酌献。天色晴明，星斗灿然，无复纤云。上屡顾云："星斗灿然。"至"小次"前，又宣谕布云："圣心诚敬，天意感格，固须如此。"又升坛饮福。行过半，蒋之奇屡仆于地。既而当中，妨上行，布以手约之，遂挽布衣不肯舍而力引之。行数级，复僵仆。上问为谁？布云："蒋之奇。"上令礼生掖之登坛，坐于乐架下。至上行礼毕，还至其所，尚未能起。上令人扶掖，出就外舍，先还府，又令遣医者往视之。及亚献升，有司请就"小次"，而终不许。东向端立。至望燎，布跪奏礼毕，导还"大次"。故事，礼仪使立于帘外，俟礼部奏解严乃退。上谕都知阎守懃、阎安中，令照管布出壝门，恐马队至难出，恩非常也，众皆叹息，以为眷厚。五鼓，二府称贺于端诚殿。黎明，升辇还内。先是，礼毕，又遣中使传宣布以车驾还内，一行仪卫，并令攒行，不得壅阏。布

706

遂关卤簿司及告报三帅,令依圣旨。及登辇,一行仪仗,无复阻滞。比未及巳时,已至端门。左相乃大礼使,传宣乃以属布,众皆怪之。少选,登楼肆赦。

〔二〕三重壝墙

孙奭乞南郊坛设三壝奏天圣六年二月:皇地祇等一十八坛,皆有壝及营堑林木,唯南郊坛独无。樵童牧叟,马牛风逸,径至坛所。欲乞依礼设为三壝。如以皇帝亲郊,壝门不便,可就外壝权筑小墙,四面各置棂星小门,遇皇帝亲郊,则撤之。以青蝇柱表识其处,礼毕如旧。

〔三〕平天冠二十四旒

欧阳修等太常因革礼卷二十三总例二十三天子之制:国朝会要:衮冕,广尺二寸,长二尺四寸,前后十二旒。二纩,并贯真珠。又有翠旒十二,碧凤衔之,在珠旒外,冕版以龙鳞锦表,上缀玉为七星,旁施琥珀瓶、犀瓶,各二十四,周缀金丝网。钿以真珠杂宝玉,加紫云白鹤锦里。四柱饰以七宝,红绫里,金饰玉簪导,红丝绦组带,亦谓之"平天冠"。

徐复祚花当阁丛谈卷一冕旒:古冕十有二旒,旒十二玉,前后各用玉百四十四,宋时冕中贵人呼为平天冠,共享北珠一百四十五颗,麻珠四千五百九十颗,调珠八千六百四颗,则冕可谓至重。

〔四〕坛下

范镇东斋记事卷一:故事,郊庙读祝册官,至御名,必起。上至郊宫更衣诣坛下,百官皆回班迎向。英宗皇帝初告庙,诏读册官无起,及诣坛下,诏百官勿回班,所以见事宗庙之精意也。

〔五〕小次

陈祥道礼书大次、小次:幕人,凡朝觐、会同、军旅、田役、祭祀,共其帷幕幄帟。掌次,掌王次之法,以待张事。王大旅上帝,则张毡案,设皇邸。朝日、祀五帝则张大次、小次,设重帟重案,合诸侯亦如之。师田,则张幕,设重帟重案。诸侯朝觐会同,则张大次、小次,师田则张幕设案。孤卿有邦事则张幕设案。盖案所据之案,邸所宿之邸。大次初往则止之,大幄也,小次待事与退俟之,小幄也。朝日、祀五帝,合诸侯张大次、小次,而不设毡案、皇邸,师田,张幕而不设大幄小幄者,次毡与皇羽者皇德之象,德不称此,不足以格上帝也。大幄小幄者,蔽饰之具,师田而张之,非所以与众皆作也。

[文案]此条亦注上"大次"。

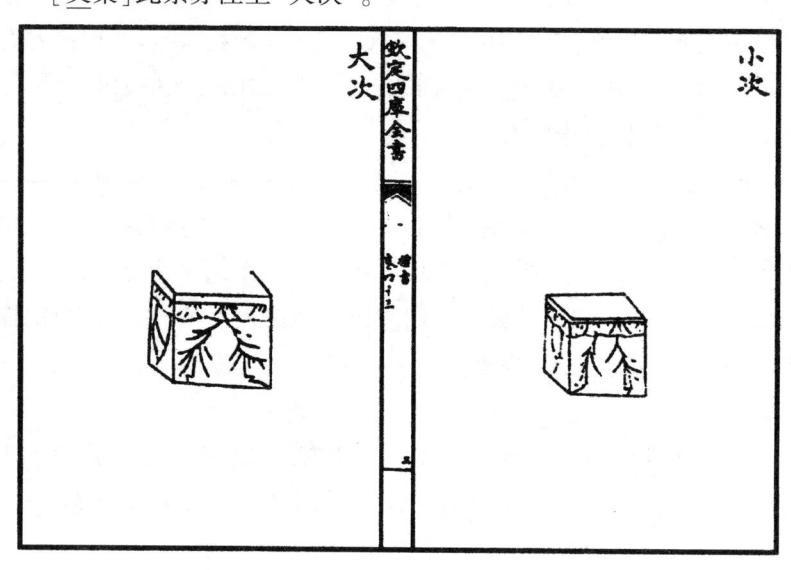

礼书小次、大次图

〔六〕坛

杨伯嵒九经补韵 周礼:坛读为墠。夏官上大司马:暴内陵外则坛之。礼记:坛音善。曲礼下:为坛位。

陈祥道礼书卷六十八坛墠:祭法言:王立七庙一坛一墠,去祧为坛,去坛为墠,坛墠有祷焉祭之,无祷乃止,去墠曰鬼。诸侯五庙一坛一墠,去祖为坛,去坛为墠,坛墠有祷焉祭之,无祷乃止,去坛为鬼。大夫三庙二坛,显考祖考无庙,有祷焉,为坛祭之,去坛为鬼。适士二庙一坛，显考无庙有祷焉，为坛祭之，去坛为鬼。官师一庙，王考无庙而祭之，去王考为鬼。郑氏曰：天子诸侯为坛墠祈祷，谓后迁在祧者也，既事则反其主于祧。鬼亦在祧，顾远之于无事，祫乃祭之尔。唯天子诸侯有主禘祫，大夫有祖考者，亦鬼其百世，不禘祫无主尔。凡鬼者荐而不祭，国语曰坛场之所。

〔七〕横吹

陈旸乐书卷一百三十乐图论胡部八音竹之属大横吹：古者更卤簿作鼓吹之乐，在魏晋则轻，在江左则重，至隋始分为四等：一鼓，二铙，三大横吹，四小横吹。唐又别为五部：一鼓吹，二羽葆，三铙吹，四大横吹，五小横吹。大驾则晨严夜警，施之卤簿，为前后部，皇后、皇太子以下咸有等差。迨于圣朝，总号鼓吹云。

〔八〕有土烧成如圆弹而开窍者

毛晃、毛居正增修互注礼部韵略卷一上平声二十二元：埙乐器。汉律历志：土曰埙。应劭曰：世本暴辛公作埙，烧土为之，其形锐上而平底，六孔，俗作埙，亦作壎。

〔九〕非郑卫之比

王巩闻见近录：仁宗皇帝朝，有献新乐者。其音近郑卫，众谓非古，遂寝。熙宁中刘几等颇采用之。教坊乐工某乙，诣几上书，以为不可。几以书间，付大理问状，工曰："国朝所用王朴乐为近古。今几所奏，纯清而不浊，郑卫音也。又两宫声，大宫微而次宫高，是有两君之象。天无二日，国无二主，乐之所讳。"时以为狂，编管畿县。未几，哲宗出阁，遂即帝位。

〔一〇〕两竽

毛晃毛居正增修互注礼部韵略卷一上平声十虞：竽管三十六簧。

陈旸乐书卷一百二十三乐图论雅部大竽小竽：昔女娲氏，使随裁匏竹以为竽，其形参差，以象鸟翼。火类也，火数二，其成数则七焉。冬至吹黄钟之律而间音以竽，冬则水王而竽以之则水器也，水数一，其

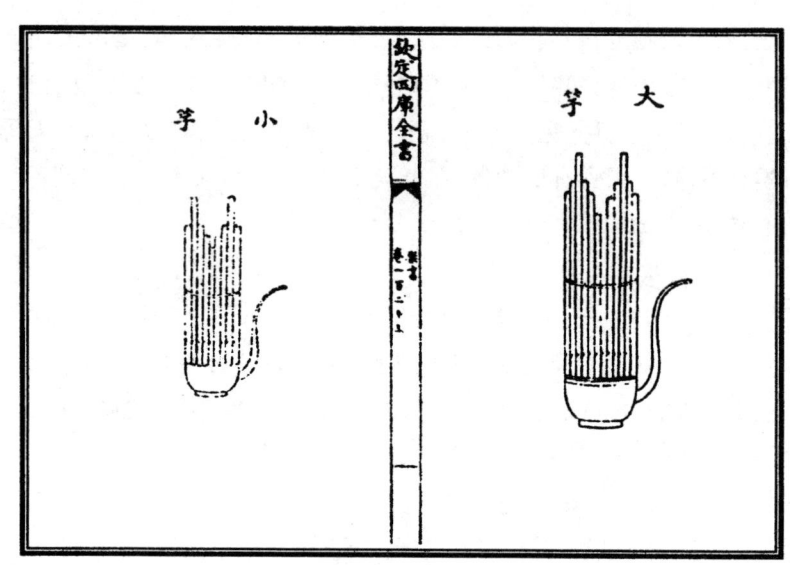

乐书大竽、小竽图

成数则六焉。因六而六之,则三十六者,竽之簧数也;因七而六之,则四十二寸者,竽之长数也。月令仲夏调笙竽,淮南子谓孟夏吹笙竽,盖不知此。周官笙师掌教吹竽笙,则竽亦笙类也。以笙师教之,虽异器同音,皆立春之气也。乐记曰:圣人作为鞉鼓椌楬埙篪,然后为之钟磬竽瑟以和之。是乐之倡始者,在鞉鼓椌楬埙篪,其所谓钟磬竽瑟者,特具其和终者而已。韩非子曰:竽者,五声之长,竽先则钟瑟皆随,竽倡则诸乐皆和,岂圣人制作之意哉。说文曰:竽管三十六簧,象笙以竽,宫管在中故也。后世所存多二十三管,具二均声焉。圣朝宋祁曾于乐府得古竽,有管而无簧,列管参差,及曲颈皆为凤饰。乐工皆以为无用之器,惟叶防欲更造使具清、正、倍三均之声,是不知去二变四清,以合乎声律之正也。通礼义纂曰:汉武帝丘仲作竽笙三十管,岂以丘仲作尺四寸之笛,遂误以为竽耶? 竽声重浊,与巢相和,堂下之乐也。乐法图曰:吹竽有以知法度,竽音调则度数得矣。

710

章如愚群书考索卷五十一乐门乐舞类:宋朝文武二舞。建隆元年有司上言,请改一代乐名享太庙,四室酌献,迎俎迎神乐章,诏窦俨撰进,四月俨上新定二舞十二乐曲,名并乐章。文舞为文德之舞,武舞为武德之舞,至乾德四年,和岘取尚书天下大定之义,改武舞为天下大定之舞。淳化二年,和蒙上言:"兄岘,乾德中约唐志故事,请改殿庭二舞之名,舞有六变之象,每变各有乐章歌咏太祖功业,今睹来岁正会之仪,登歌五瑞之曲,已从改制,则文武二舞亦当有乐名。案周易有化成天下之辞,汉书有威加海内之歌,望改旧玄德升闻之舞,为化成天下之舞,天下大定为威加海内之舞,一变象登台讲武,二变象漳泉奉土,三变象杭越来朝,四变象克珍并汾,五变象肃清银夏,六变象兵还振旅,每变,乐章各一首。"诏可。

吕祖谦诗话辑录卷一二四:万舞,二舞之总名也。干舞者,武舞之别名也。籥舞者,文舞之别名也。文舞又谓之羽舞。郑康成据公羊传以万舞为干舞,盖公羊释经之误也。春秋书万人去籥,言文、武二舞俱入。以仲遂之丧,于二舞之中去其有声者,故去籥焉(文舞舞羽吹籥)。公羊乃以万舞为武舞,与籥舞对言之,失经意矣。若万舞止为武舞,则此诗与商颂何为独言万舞而不及文舞耶?左氏载考仲子之宫,将万焉。妇人之庙亦不应独用武舞也。然则万舞为二舞之总名明矣。

陈旸乐书卷一百二十四乐图论雅部柷控击:柷之为器,方二尺四寸,深一尺八寸,中有椎柄,连底挏之,令左右击也。阴始于二、四,终于八、十,阴数四、八,而以阳一主之,所乐则于众乐先之而已,非能成之也,有兄之道焉。此柷所以居宫县之东,象春物之成始也。

圣朝太乐柷,为方色,以图瑞物,东龙西虎南凤北龟,而底为神螾。

王逵蠡海集事义类:或问乐器以柷敔为起止,以金石为始终,何也?曰柷之形仰而空,以象东震之义,震为雷,主声物皆出于震,故所以起乐也。敔之形为虎而伏,阳气至秋而衰谢,雷声至秋而收敛,虎为西方金兽也,其背龃龉二十七,以当三九阳数,故刷之所以止乐。二器皆用木,木阳物,阳物为声也。金石为始终者,八音之中,金石乃自然之声,不假人为。

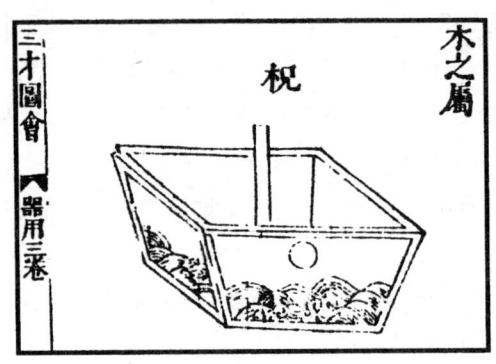

三才图会柷图

〔一三〕**方壶**

聂崇义三礼图集注卷十二方壶:旧图云,方壶受一斛,腹圆,足口皆方。案燕礼云:司官尊于东楹之西,西方壶左玄酒,东上注云尊方壶为卿大夫士也。臣道直方,故设此尊,旧图与下圆壶皆画云气。

陈骙南宋馆阁录卷二省舍:又西有亭一间,曰方壶。牌,范端臣书。中设金漆画屏,两傍有槛。度桥过含章亭。

〔一四〕**敔**

司马光类篇卷九:敔偶举切,说文:禁也。一曰乐器椌楬也,形如木虎。

丁度附释文互注礼部韵略卷三上声八语独用:敔乐器。释云:椌楬也,形如伏兽,背上有二十七刻,所以乐止。

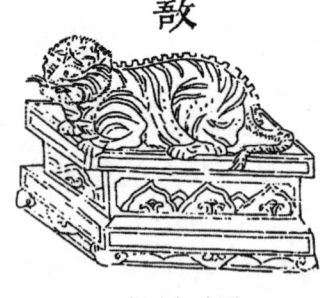

三才图会敔图

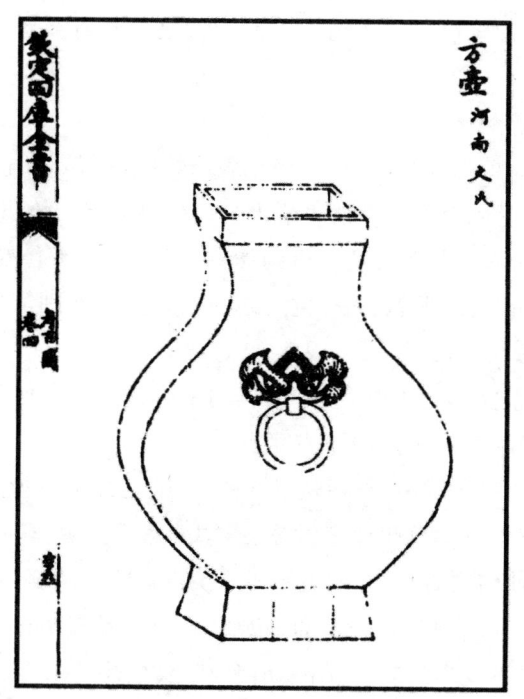

吕大临赵九成考古图方壶图

〔一五〕**饮福**

　　高承事物纪原卷二礼祭郊祀部第九饮福：宋朝会要曰：乾德元年十二月，以南郊礼毕，大宴于广德殿。自后凡大礼毕，皆设宴如此，例曰饮福宴。盖自此其始也。

〔一六〕**玉册**

　　百岁寓翁枫窗小牍卷下：余尝见太子玉册，用珉玉简六十枚，前后四枚刻龙填金，贯以金丝，籍以锦褥，盛以漆匣，装以金华，饰以螭首，今请用珉简七十五枚。

　　赵昇朝野类要卷一典礼册宝：奉上尊号册宝，亦有奉上册宝使。用太常仪仗鼓吹也。凡玉册则金宝，所谓册者，条玉为之。红线相联，可以卷舒,字皆金填之。或谓玉以砑石代之。所谓宝者,印章也。并文思院供造。

〔一七〕**燎炉**

程大昌演繁露卷之二燎炉:谈苑载镣炉曰:镣者,白金也。意谓以白金饰炉也,是固有本矣。然恐语讹耳。尔雅云:烧,燎,㷱,烓也。烘谓烧燎也;㷱,今之三隅灶也。然则烓者无釜之灶,其上燃火,谓之烘。本为此灶,止以燃火照物,若今之生麻粘_{音身}盆也,然则镣炉亦不为镣,当为燎炉耳。

宋祁宋景文笔记上释俗:予昔领门下省,会天子排正仗吏供洞案者,设于前殿两螭首间,案上设燎香炉。

苏辙龙川别志卷下:予后从事齐州,允则之孙昭叙为兵马都监,试问其遗事,昭叙曰:“雄州谍者常告,虏中要官间遣人至京师造茶笼燎炉。允则亦使倍与直作之,纤巧无毫发之异,且先期至,则携至榷场,使茶酒卒多口夸说其巧,令蕃商遍观之。如是者三四日,知蕃官所作已过,乃收之不复出。虏中相传,谓允则赂之,恐有奸变,蕃官无以自明,乃被杀。”

欧阳修等太常因革礼卷十六总例十六燎炉:通礼。时享太庙,禘祫太庙,时享别庙,祼讫,祝史各奉毛血及脾膋之豆,立于东门外,斋郎奉炉炭萧稷黍,各立于脾膋之后,登歌止,祝史奉毛血脾膋,以次入自正门,升自太阶,诸太祝各迎毛血脾膋于阶上,俱入奠于神座前,祝史退立于樽所。斋郎奉炉炭,皆置于室户外之左,其萧稷黍,各置于炉炭下,降自阼以出,诸太祝俱取毛血脾膋,出户,燔于炉炭,还樽所。至司徒奉馔讫,复位,诸太祝各取萧黍稷,擩于脂,燔于炉炭,还樽所。庆历祀仪,诸庙时享禘祫,惟宗正以萧蒿置于炉炭而已。若祼馔讫,斋郎奉炉炭,诸太祝置稷黍等事,皆废不行。

〔一八〕**肃然**

李廌济南先生师友谈记:元祐七年,上祀南郊,公以兵部尚书为卤簿使。上因太庙宿斋行礼毕，将至青城，仪卫甚肃。五使乘车至<u>景灵宫东棂辀门</u>外，忽有赭伞覆犊车并青盖犊车百许两，冲突而来。<u>东坡</u>呼御营巡检使立于车前，曰："西来谁何？敢尔乱行。"曰："皇后并某国太夫人、国婆婆，乃上之乳母。国大长公主也。"<u>东坡</u>曰："可以状来。"比至青城，谕仪仗使、御史中丞<u>李端伯之纯</u>曰："中丞职当肃政，不可不闻。"<u>李</u>以中宫不敢言。<u>坡</u>曰："某自奏之。"即于青城上疏皇帝曰："臣备员五使，窃见二圣寅畏祇慎，昭事天地，敬奉宗祧。而内中犊车，冲突卤簿，公然乱行，恐累二圣所以明祀之意，谨弹劾以闻。"上欣然开纳。旧例，明日法驾回，中宫当迎于<u>朱崔门</u>下。是时因疏，明日中宫亦不复出。

〔一九〕礼毕

<u>杨亿</u>奉和御制南郊礼毕五言六韵诗：燔柴就阳位，烟燎达高穹。扫地铡甄洁，严更鼓角雄。天心俾兑悦，皇泽比春融。帝享惟馨德，民苏解愠风。周郊四祭重，汉畤五祠同。灵贶昭玄感，神光望拜中。

郊毕驾回

驾自"小次"，祭服还"大次"〔一〕。惟近侍椽烛二百余条，列成围子，至"大次"更服衮冕，登大安辇，辇如玉辂而大，无轮，四垂大带。辇官服色，亦如挟路者。才升辇，教坊在外壝东西①排列，钩容直先奏乐，一甲士舞一曲破讫，教坊进口号，乐作，诸军队伍〔二〕鼓吹〔三〕皆动，声震天地。回青城，天色未晓，百官常服入贺。赐茶酒毕，而法驾仪仗、铁骑鼓吹入<u>南薰门</u>。御路数十里之间，起居幕次，贵家看棚，华彩鳞砌，略无空闲去处。

①"西",国家图书馆藏袁克文(寒云)藏元刊东京梦华录为"门",可纠日本静嘉堂文库本之误。

[注]

〔一〕**驾自"小次",祭服还"大次"**

黄庭坚涪翁杂说:凡言设"大次"、"小次"者皆幄也,"大次"在坛之外,"小次"去坛远矣。

〔二〕**诸军队伍**

姚宽西溪丛语卷下:大礼毕,赏给诸军次第。第一曰殿前左右班御龙直、骨朵直、内殿直、散员、散指挥、散都头、散祗候、金枪班、银枪班、东第一至第五。西第一至第二,茶酒新旧班、招箭班、弓箭直、弩直、散直、钩容直、习驭直、随龙忠佐。 第二曰捧日二十指挥,左第一军至第二军,右第一军至第二军。天武二十指挥,同上。拱圣十四指挥,神勇十四指挥,胜捷十指挥,骁骑十四指挥。左右各一至第七。骁胜六指挥,左右各一至第三。宣武十五指挥,殿虎六十指挥,左右各三军,军各十指挥。水军指挥,宣朝第一龙猛六指挥、广勇二十一指挥、骁骑第七第八管节度使。 第三曰龙卫二十指挥,左右各二军,军各五营。神卫二十指挥同上,云骑七指挥,步虎六十指挥,左右各三军,军各十指挥。步虎水军飞山甲指挥第一第二,床子弩指挥第一第二。自捧日已后,计三百二十六指挥。 马世父云:其先公在户部日,尝检宣和间旧例。所闻如此。

〔三〕**鼓吹**

赵昇朝野类要卷一典礼鼓吹:礼寺之太常乐也。

李攸宋朝事实卷十一仪注一:前一日,上服衮冕,备大驾卤簿,宿斋于青城。上御青城,门观奏严,夜设警场,用鼓吹一千二百七十五人,奏严用金钲大角大鼓,乐用大小横吹觱篥笳笛角手,歌六州、十二时,每更三奏之。

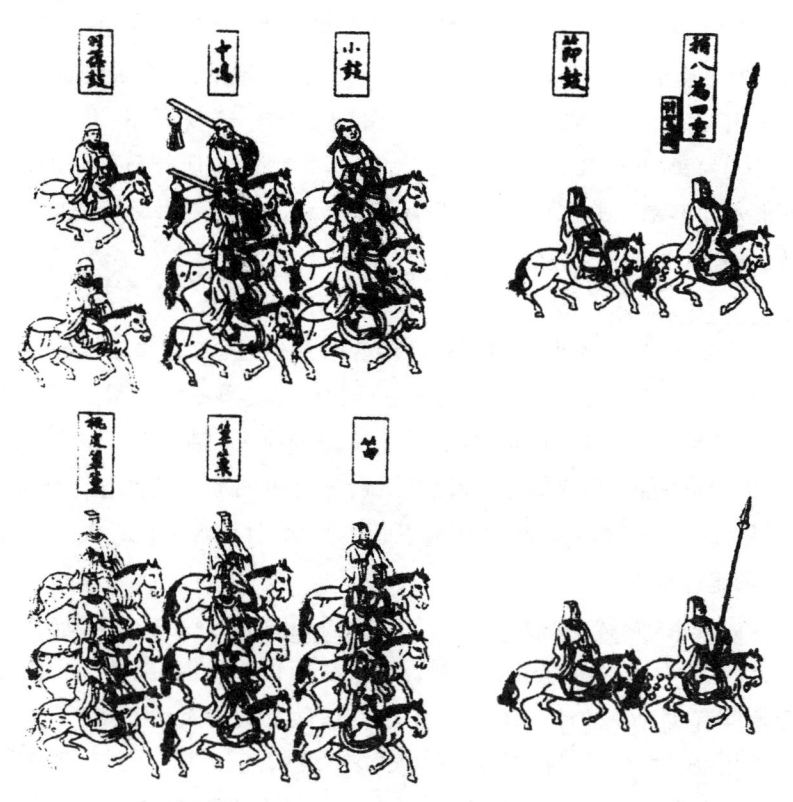

宋大驾卤簿图中鼓吹

导引二首

和调玉烛,睿化著鸿明。缇管一阳生。郊禋盛礼燔柴毕,旋轸凤
凰城。森罗仪卫振华缨。载路溢欢声。皇图大业超前古,垂象泰阶
平。

岁时丰衍,九上乐升平。当环海澄清。道高尧舜垂衣治,日月并
文明。嘉禾甘露登歌荐,云物焕祥经。兢兢夕惕持谦德,未许禅
云亭。

六州

严夜警，铜史漏迟迟。清禁肃，森陛戟，羽卫严皇闱。角声厉，钲鼓攸宜。金管成雅奏，逐次逶迤。荐苍璧，郊祀神祇，属景运纯熙。京坻丰衍，群材乐育，诸侯述职，盛德服蛮夷。和声。　殊祥萃，九苞丹凤来仪。为膏露降，和气洽，三秀焕灵芝。鸿猷播，史册相辉。张四维，卜世永固丕基。敷玄化，荡荡无为。合尧舜文思。混并环宇，休牛归马，咸偃革蹈，咏庆昌期。

十二时

承宝运，驯致隆平。鸿庆被环瀛。时清俗阜，治定功成。遐尔咏由庚。严郊祀，文物声明。　天正星，拱奉严跸，布羽仪簪缨。宸心虔洁，明德播惟馨。动苍冥。神降享精诚。和声。　燔柴半，万乘移天仗，肃銮辂旋衡。千官云拥，群后输诚，玉帛旅明庭。韶濩荐，金奏谐声，集体亨。皇泽浃黎庶，普率洽恩荣。仰钦元后，睿圣贯三灵。万邦宁，景贶愈骈臻。

徐松辑（陈智超整理本）宋会要辑稿补编八七〇页：徽宗政和七年，议礼局奏曰："古者王师克捷，必奏凯，所以耀武事，旌勋伐。昔黄帝涿鹿有功，命岐伯作凯乐，以劝士讽敌，故其曲有灵夔竞雕鹗、争石坠崖壮士怒之名。周官王师大献，则令奏凯乐，乐师凡军大献，则教凯歌。汉有朱鹭等十八曲，魏晋而下莫不沿尚，皆谓铙歌鼓吹曲。各异其名，以纪功烈。今所设鼓吹，唯备警卫已，未有铙歌之曲，非所以彰休德而扬伟绩也。乞诏儒臣讨论撰述，因事命名，审协声律，播之鼓吹，俾工师习之，凡王师大献，则令鼓吹，具奏，以耸群听。"从之。十二日诏六州改名崇明祀，十二时改名称吉礼，导引改名熙事备成。六引内者备而不作，大礼车驾宿斋所止，夜设警场，用一千二百七十五人，奏言用金钲大角大鼓，乐用大小横吹筚篥箫笳笛，歌六州、十二时，每更三奏之。

李颀诗话三二一沈存中鼓吹凯旋曲：鼓吹部中有拱辰管，即古人之叉手管也。太宗赐今名。边军捷回，则连队抗声凯旋，乃古之遗音。

其词往往皆市井鄙俚语。沈存中在鄜延时制十数曲，令士卒歌之云："先取西山十二州，别分子将到衙头。始看秦塞低如马，渐见黄河直北流。""天威卷地过黄河，万里羌人尽汉歌。草堰横山倒流水，从教西去作恩波。""马尾胡琴随汉车，曲声犹自怨单于。彤弓莫射云中雁，归雁如今不寄书。""旗队浑如锦绣堆，银装背傀打球回。先教净扫安西路，待向河源饮马来。""灵武西凉不用围，番家总待纳王师。城中半是山西种，犹有当时干吃儿。"

王应麟小学绀珠卷第九制度类鼓吹五部：鼓吹　羽葆　铙吹　大横吹　小横吹总七十五曲　唐仪卫志

下　赦

车驾登宣德楼，楼前立大旗数口，内一口大者，与宣德楼齐，谓之"盖天旗"。旗立御路中心不动。次一口稍小，随驾立，谓之"次黄龙"。青城、太庙，随逐立之，俗亦呼为"盖天旗"。亦设宫架，乐作[一]，须臾击柝之声，旋立鸡竿[二]，约高十数丈，竿尖有一大木盘，上有金鸡，口衔红幡子[三]，书"皇帝万岁"字。盘底有彩索四条垂下，有四红中①者争先缘索而上，捷得金鸡红幡，则山呼谢恩讫。楼上以红绵②索通门下一彩楼，上有金凤衔赦而下[四]，至彩楼上，而通事舍人得赦[五]宣读。开封府、大理寺排列罪人在楼前，罪人皆绯缝黄布衫，狱吏皆簪花鲜洁，闻鼓声，踈枷放去，各山呼谢恩讫，楼下钧容直乐作，杂剧舞旋，御龙直装神鬼，斫真刀倬刀，楼上百官赐茶酒，诸班直呈拽马队，六军归营，至日晡时，礼毕。

719

[校]

①"中",中华邓注本谓应作"巾",确。

②京都译注本案"绵"应作"锦",确。

[注]

〔一〕乐作

江邻幾醴泉笔录上:肆赦宣德门,登降用乐,悬又排仗,尽如外朝之仪。

〔二〕鸡竿

苏鹗苏氏演义卷下:天子赦天下,必竖以鸡,以其有五德。风雨如晦,鸡鸣不已,取其告令之象。金者,鸡之饰也。又以鸡属西,主金之位。历象云:鸡星动即有赦。

严有翼诗话四五金鸡宣赦:李华含元殿赋云:"揭金鸡于太清,炫晨阳于正色。"李庚西都赋云:"建金鸡于仗内,耸修竿而揭起。"王建宫词云:"楼前立仗看宣赦,万岁声长再拜齐。日照紫盘高百尺,飞仙争上取金鸡。"李太白诗云:"金鸡忽放赦,大辟得宽赊。"又云:"我愁远谪夜郎去,何日金鸡放赦回。"肆赦树金鸡,不知起于何代。唐百官志云:"赦日立金鸡于仗南,有鸡黄金饰首,衔绛幡,承以彩盘,维以绛绳,五坊小儿得鸡者,官以钱赎,或取绛幡而已。"事物纪原载此,谓金鸡起于有唐。按杨文公谈苑云:"杜镐言关东风俗传云:宋孝王问司天膺之后魏北齐树金鸡事,膺之曰:海中星占云,天鸡星动为有赦,盖王者以天鸡为度。隋书刑法志云:北齐赦日,武库设金鸡,及鼓于阙门右,挝鼓千声,宣赦,建金鸡。或云起于西凉吕光,究其旨盖西方主兑,兑为泽,鸡者巽之神,巽为号令,合是二物,制其形,揭为长竿,使众人睹之也。"据谈苑所云,皆十六国时事,而纪原以为起于唐亦误矣。又按秦京杂记云:"大赦设金鸡,口衔胜,宣政衙鼓楼上鸡唱六人,至日,同以索上鸡竿,争口中胜,争得者月给俸三石,谓之鸡粟。"其言与百官志亦自不同。

〔三〕**红幡子**

佚名大金集礼卷十四赦诏:御楼宣赦幡长七尺,卷之。

〔四〕**金凤衔赦而下**

祝穆古今事文类聚别集卷六文章部凤口衔诏:后赵石季龙,置戏马观上,安诏书,衔于木凤之口。

〔五〕**得赦**

岳珂愧郯录卷十五赦宥之数:艺祖在位十九年,大赦一,郊赦四,曲赦三,德音六。

太宗在位二十七年,大赦一,郊及耕籍、星变、册皇太子之赦,凡九,德音十四。

真宗在位二十五年,大赦及封禅、祀汾阴、圣祖降、恭谢上圣号之赦,凡六,郊及罢兵得雨、上圣祖号、册皇太子、御楼泛赦凡十二,常赦九,德音十四。

仁宗在位四十一年,大赦一,郊及恭谢明堂、籍田、祫享、母后不豫、星变之赦凡十七,常赦七,德音十二。

英宗在位四年,大赦一,郊及册皇太子之赦二,德音三。

神宗在位十八年,大赦一,郊及明堂、星变、神御殿成、年谷屡丰、册皇太子之赦,凡十,曲赦二,德音十七。

哲宗在位十五年,大赦一,郊及明堂、祖后不豫、星变之赦凡七,德音十。

徽宗在位二十五年,大赦一,两郊、明堂、受宝圭、定鼎、谒原庙、皇子生、复熙丰制度、收复燕云之赦,凡二十五,常赦十四,德音二十七。

钦宗在位一年,大赦及讲和之赦二,德音一。

高宗在位三十六年,大赦一,郊及明堂、皇太子生、复辟、星变、复河南、母后不豫、梓宫来归之赦十九,常赦四,德音十七。

孝宗在位二十七年,大赦一,郊及明堂、皇太子、庆寿之赦十四,德音二。

光宗在位五年,大赦一,郊及圣父不豫之赦,凡二。

略计建隆庚申以及绍熙甲寅凡二百三十有四年,凡三百有一赦,实肇于赵韩王普,其仁如天之对,其一言兴邦之比欤。

驾还择日诣诸宫行谢

驾还内,择日诣景灵东西宫,行恭谢之礼三日。第三日毕,即游幸别宫观,或大臣私第[一]。是月,卖糍糕[二],鹑兔方盛。

[注]

〔一〕**大臣私第**

徐梦莘三朝北盟会编卷第三十一靖康中帙六起靖康元年正月二十四日庚寅,尽其日:靖康遗录曰:是日籍王黼第,得金宝以亿万计。初黼赐第于阊阖门外,周回数里。其正厅事以青铜瓦盖覆,宏丽壮伟。其后堂起高楼大阁,辉耀相对。又于后园聚花石为山,中列四巷,俱与民间倡家相类。与李邦彦辈游宴其中,朋邪狎昵,无所不至。

秀水闲居录云:王黼作相,初赐第相国寺东,又赐第西竹竿巷,穷极华侈,垒奇石为山,高十余丈。便作二十余处,种种不同,如螺钿阁子,即梁柱门窗什器,皆螺钿也。琴光、漆花、罗木、雕花、碾玉之类悉如此。第之西,号西村,以巧石作山径,诘屈往返,数百步间,以竹篱茅舍为村落之状,都城相第,乃有村名,识者以为不详。黼侍妾甚众,有官封者十八人:八夫人,十宜人。

朱熹诗话三五:蔡京父子,在京城之西两坊,对赐甲第四区,极天下土木之工。一曰太师第,乃京之自居也。二曰枢密第,乃攸之居也。三曰驸马第,又攸之居也。四曰殿监第,乃攸子之居也。攸妻刘,乃明达、明节之族;有宠,而二刘不能容,乃出嫁攸。权宠之盛,亚之京、攸。

四第对开,金碧相照。

　　王称东都事略卷二十五列传八:遵勖,字公武,初授左龙武将军、驸马都尉,赐第永宁里。主既下降,而所居堂砖华有翔凤者,命工琢去,主服有虬龙文,屏藏之,真宗喜,顾待加异常,称其好学。为人酝藉,喜读书,通浮屠性理之说。居第园池聚名华奇果美石于其中,有自千里而至者,其费不赀。有会贤、闲燕二堂,北隅有庄曰静渊,引流水周舍下。

　　[文案]宋继郊东京志略曾记大臣私第,不下八十余处,有:王显第、李沆第、李昉第、石熙载第、吕蒙正第、钱惟演第、寇准第、王将明第、晁补之第、晁文元第、王安石第、韩绛第、寿昌甲第、晏殊第、符彦卿第、王钦若第、李谦溥第、钱俶第、楚昭辅第、孟昶第、李崧第、范质第、王朴第、魏仁浦第、赵彦徽第、张令铎第、吴廷祚第、光美第、杨信第、赵普第、曹彬第、吕端第、范廷召第、种放第宅、李继隆第、石保吉第、邢昺第、陈尧叟第、魏咸信第、王旦第、郭进第、王审琦第,等等。东京内外,可谓府第连片,楼观雄壮;雕栏阁榭,金碧交错;丘壑林塘,宛若画本;乔木修竹,映带城隅……费数百万金而成宅第者,比比皆是,不少大臣私第因其华丽,竟成游赏胜地,如丁谓园、吕文穆园、李文和园、晏殊园等。兹举三例,供窥管豹。

　　〔二〕糍糕

　　[文案]京都译注本以青木正儿意云糍糕为谷粉制成、可蒸可煮之食物。若溯之冯贽云仙散录,以"吴兴米"为"透花糍"之渊源,其说可立。汪曰桢湖雅则云:"按今有糍糕,亦曰凉糍糕团,亦曰麻团,以其冷食,又杂用脂麻屑也。"此为另说,亦可立。余则以为糯米粉制糍糕,或可称之为糍粑。用粳米粉、小米粉、麦面、高粱面、玉米面、山药粉、菱粉、栗粉、绿豆粉、黄豆粉均可。竹屿山房杂部养生部"糍"、陈达叟本心斋疏食谱"粉糍"可参。进食无拘时节,若析津志谓正月"人家以黄米为糍糕,馈遗亲戚,岁如常",酌中志卷之二十则记于三月"糯米面蒸

熟,加糖、碎芝麻,即糍巴也"。故中华邓注本仅以文昌杂录、演繁露、浩然斋雅谈注糍糕稍有不足。糍糕至元仍盛,周文质时新乐:"迓鼓童童笆篷下,数个神翁年高大。糍糕着手拿,磁瓯瓦带浑淬。"脍炙人口。

十二月

十二月,街市尽卖撒佛花[一]、韭黄[二]、生菜、兰芽、勃荷[三]、胡桃、泽州饧。初八日,街巷中,有僧尼三五人作队念佛,以银铜沙罗[四]或好盆器[五],坐一金铜或木佛像,浸以香水,杨枝①洒浴,排门教化。诸大寺作浴佛会,并送七宝五味粥与门徒,谓之"腊八粥"[六]。都人是日各家,亦以果子杂料煮粥而食也。腊日,寺院送面油[七]与门徒,却入疏教化上元灯油钱,闾巷家家互相遗送。是月,景龙门预赏元夕于宝箓宫,一方灯火繁盛。二十四日交年,都人至夜请僧道看经,备酒果送神,烧合家替代钱纸[八],帖灶马[九]于灶上,以酒糟涂抹灶门,谓之"醉司命"[一〇]。夜于床底②点灯,谓之"照虚耗"。此月虽无节序,而豪贵之家,遇雪即开筵[一一],塑雪狮[一二],装雪灯,雪□③以会亲旧,近岁节市井皆印卖门神、锺馗、桃板、桃符,及财门钝驴[一三],回头鹿马[一四],天行帖子[一五]。卖干茄瓠[一六]、马牙菜[一七]、胶牙饧之类,以备除夜[一八]之用。自入此月,即有贫者三数人为一火,装妇人、[一九]神鬼[二〇],敲锣击鼓,巡门乞钱,俗呼为"打夜胡"[二一],亦驱祟之道也。

[校]

①"枝",陈元靓岁时广记卷四送腊粥作"柳"。

②"床底",谢维新古今合璧事类备要前集卷十八节序门除夕醉司命作"灶里"。

③国家图书馆袁克文(寒云)藏元刊东京梦华录为"灯",可补日本静嘉堂文库本之阙文。

[注]

〔一〕撒佛花

顾文荐负暄杂录撒花:近者北兵侵犯城郭,于民间索金银等物,谓之"撒花"。不晓其义。盖夷狄以此为重礼,昔国朝三佛齐、注辇国遣使来朝贡见于延和殿,其使胡跪于地,先撒金莲花,其次真珠、龙脑布于御座前,谓之"撒殿花"。初至阙,先具呈,请诏许之,方施此。亦所以重中国也。"撒花"之名,盖亦有自来矣。

郎瑛七修类稿卷二十四辩证类俗言讹:宋时指贼人曰白日鬼,见诞谩者亦曰白日鬼。出刘跂暇日记。又三佛齐国来朝贡时,跪于殿陛,先撒金钱花,次真珠、龙脑,谓之"撒花",盖胡人至重礼也。后北兵犯阙,索民财与之,谓之"撒花钱"。以重礼媚胡耳。出坦斋草。

〔二〕韭黄

梅尧臣闻买韭黄蓼甲:百物冻未活,初逢卖菜人。乃知粪土暖,能发萌芽春。柔美已先荐,阳和非不均。芹根守天性,憔悴涧之滨。

赵希鹄调燮类编卷一时令:二月宜食韭,大益人心。

卷三蔬供:韭黄滞气动风,共牛肉食成瘕。解诸食毒,捣韭汁饮。百损一益者,蒜。百益一损者,韭。韭一岁可四五剪,凡剪不用日中。谚云:触露不掐葵,日中不剪韭。每一剪一加粪,收子者,只可剪一次。韭宜病人。

725

〔三〕**勃荷**

施彦执北窗炙輠录卷下：俞与才说其所知史保人家，京师有卖勃荷者，京师呼薄荷为勃荷也。其家常买之。一日天大暑，勃荷者至渴甚，乞水于史，史乃以尊酒劳之，其人遂感激而去。后京城被围，史缒城出时，城外悉以煨烬，四顾人马复寂然。史茫茫然行野中，忧恐甚，俄而见茅店两间，史急趋之，则一人家，主人见史大惊曰："官人为何至此？此去咫尺即大兵，不可前，幸当留此所。"以慰藉史者甚厚，史乃问汝为谁。其人曰："官人忘之乎？即卖勃荷者也，异时尝蒙官人尊酒之赐，时不忘。今日官人幸至此，某报尊酒之赐也。"

钱易洞微志勃贺：僧辨聪游五台，将还京师，有老僧托以书，其上题云："东京城北寻勃贺分付。"僧窃启封视之，云："度众生毕，早来。苟更强住，切恐造业。"复封之，至京寻访，不见其人。一日于五丈河侧见一小儿逐一大猪，名勃贺。屠者赵氏云："猪能引群猪令不乱逸。爱食薄荷，故以名。"僧试呼其名，以书投之，猪遽食其书，人立而化。僧径之五台，访其老僧，亦化去矣。

〔四〕**沙罗**

赵彦卫云麓漫钞卷第九：今人呼洗为沙锣，又曰厮锣。国朝赐契丹、西夏使人，皆用此语。究其说，军行不暇持洗，以锣代之。又中原人以击锣为筛锣，今南方亦有言之者。筛、沙音相近；筛之为厮，又小转也。书传目养马者为厮，以所执之锣为洗曰厮锣。军中以锣为洗，正如秦汉用刁斗可以警夜，又可以炊饭，取其便耳。

〔五〕**盆器**

洪迈夷坚支庚卷第九无锡张木匠：无锡张木匠，造盆器出贸于街。日差晚，在茶肆前交易。

〔六〕**腊八粥**

凌万顷边实淳祐玉峰志卷之上风俗：腊月二十四日祭灶，妇女不预。二十五日食赤豆粥，下至婢仆猫犬皆有之，有出外者亦分及，名

726

"口数粥"。

庄绰鸡肋编卷上：宁州腊月八日，人家竞作白粥，于上以柿栗之类，染以众色为花鸟象，更相送遗。

〔文案〕据广益书局古今笔记精华卷二事原、明陈耀文天中记诸书，腊八粥始于宋，为世所公认。

〔七〕**面油**

庞文英文昌杂录卷第一：礼部王员外言：今谓面油为玉龙膏。太宗皇帝始合此药，以白玉碾龙合子贮之，因以名焉。

〔文案〕京都译注本据唐韩鄂四时纂要，云生药、香料入牛羊髓脂制成"面脂"即为"面油"。庞元英则谓"面油"为膏，可贮于合。余以为唐王焘外台秘要方卷三十二面膏方即"面油"。其方：杜蘅、杜若、防风、藁本、细辛、白附子、木兰皮、当归、白术、独活、白茯苓、萎蕤、白芷、天门冬、玉屑各一两，菟丝子、防己、商陆、栀子花、橘仁、冬瓜仁、蘼芜花各三两，藿香、丁香、零陵香、甘松香、青木香各二两，麝香半两，白鹅脂如无半升，白羊脂、牛髓各一升，羊胰三具，右三十二味，先以水浸膏髓等五日，日别再易水。又五日，日别一易水。又五日，二日一易水，凡二十日止。以酒一升，挼羊胰令消尽去脉，乃细切香，于瓷器中浸之，密封一宿，晓以诸脂等合煎，三上三下，以酒水气尽为候，即以绵布绞去滓，研之千遍，待凝乃止，使白如雪。每夜涂面，昼则洗却，更涂新者。十日以后，色等桃花。本方白敛、人各三两，无蘼芜花、冬瓜仁，此皆是面膏药，疑更有此二味。余以为其方要在"每夜涂面"，即为腊日里"寺院送面油与门徒"之来由。

〔八〕**钱纸**

曾三异因话录绝艺：蒋大防母夫人云：少日随亲谒泰山东岳，天下之精艺毕集。人有纸一百番，凿为钱，运凿如飞。既毕，举之其下，未尝有凿痕。其上九十九番，则纸钱也。

宋话本任孝子烈性为神：话休絮烦，过了两月余，每遇黄昏，常时出来显灵。来往行人看见者，回去便患病，备下羹饭、纸钱当街祭献，其病即痊。

无名氏就日录：焚纸钱之说，唐王玙传曰：汉以来葬者皆有瘗钱，后世里俗稍以纸寓钱，起于汉世之瘗钱也。其祷神而用寓钱则自王玙始矣。康节先生春秋祭祀，约古今礼行之，亦焚楮钱。程伊川怪问之，曰："冥器之义也。脱有益，非孝子顺孙之心乎。"徽庙朝，高峰廖用中奏乞禁焚纸钱，有云尝怪世俗凿纸为钱焚之，以徼福于鬼神者，不知何所据依？非无荒唐不经之说，要皆下俚之所传耳。使鬼神而有知，谓之慢神欺鬼可也。李珂松窗百记云：世既是妄人死而为鬼，其妄又可知无身心耳目口鼻之实，而六习常不断颠倒沉迷，岂复觉悟。方其具酒肴，列冥器，凿楮象钱，印绘车马而焚之，以妄塞妄也，盖尝原其本初，恐瘗钱为死者之祸，及世艰得钱，易以纸钱，自后沿袭至唐而焚之，其来久且远。而廖高峰遽欲绝之，以塞妄费，是夫子谓死葬之以礼，又曰敬鬼神而远之，是夫子不欲遽绝，而以有无之中言之，惟邵康节云："脱有益，非孝子顺孙之心。"最为通议。

道谦大慧普觉禅师宗门武库：汾阳无德禅师，一日谓众曰：夜来梦亡父母觅酒肉纸钱，不免徇俗置之以祀之。事办于库堂，设位如俗间礼，酌酒行肉化纸钱讫。令集知事头首散其余盘，知事辈却之，无德独坐筵中饮啖自若。众僧数曰：酒肉僧，岂堪为师法耶？腰包尽去，惟慈明、大愚、泉大道等六七人在耳。无德翌日上堂云：许多闲神野鬼，只消一盘酒肉两陌纸钱断送去了也。法华经云：此众无枝叶，唯有诸贞实。下座。

无名氏失调名咏纸钱谑词：你自平生行短，不公正、欺物瞒心。交年夜，将烧毁，犹自昧神明。若还替得，你可知好里，争奈无凭。　我虽然无口，肚里清醒。除非阎家大伯，一时间，批判昏沉。休痴呵，临时恐怕，各自要安身。

［文案］据陆锡兴南宋周氏墓纸钱及有关问题考：宋纸钱为方孔圆

形,加工时一凿、一剪,凿用圆形方孔模具,一次敲凿,力透数纸,凿钱连为长条成贯。剪则将纸对折后剪去半边,再展开。纸钱讲究颜色,如白纸即表银钱,黄纸即表金钱。纸钱上印"卐"表示通行西天货币。焚烧纸钱则为赠"财",若赵翼陔余丛考卷三十纸钱所言:"纸钱冥间真用之矣,岂人世之所意为者。"

〔九〕**帖灶马**

[文案]灶马仿灶君画像,贴于灶上祭祠,以求吉祥。近代开封,仍有此风。据陈雨门开封春节钩沉云:不论贫富,每家都请一张。灶君像上端,约占全纸五分之二,有画龙围绕,若图案边者,内印全年二十四节气,某月某日立春、雨水等等。并分列几龙治水,几日得辛。下半幅,则以灶爷、灶奶奶为主,其他神像很小。两旁有八仙,有金童玉女,有幼女包饺子等。最下为文武财神,摇钱树,聚宝盆,盆下或其他吉祥画下,均有鸡狗各一。

〔一〇〕**醉司命**

应劭风俗通义祀典第八司命:谨按诗云:"芃芃棫朴,薪之槱之。"周礼:"以槱燎祀司中、司命。"司命,文昌也。司中,文昌下六星也。槱者,积薪燔柴也。今民间触祀司命耳,刻木长尺二寸为人像,行者檐箧中,居者别作小屋。齐地大尊重之,汝南诸郡亦多有,皆祠以猪,率以春秋之月。

阙名辇下岁时记灶灯:都人至年夜,请僧道看经,备酒果,送神帖、灶马于灶上,以酒糟抹于灶门之上,谓之"醉司命"。

吴锡麒有正味斋词沁园春梦华录载都人至除夜以酒糟涂灶门之上,谓之"醉司命"。曝书亭集中有"醉司命辞"。余谱此阕:爆竹喧空,倒佩欹冠,朝天去迟。甚饧箫唤卖,胶牙未已,椒杯告醉,软脚无辞。桦烛花明,粃盆火旺,弦语丁丁送有词。才扶好,要先求利市,来锡茅茨。 灵旗缓荡寒飔,正娇女铜童簇拥时。看迷离云路,神其醉止,蓍腾帝所,臣复中之。炀谢无能,媚思何益,但愿糟丘分一卮。觚边踞,道诗须听我,跨亦恁儿。

朱彝尊曝书亭集卷六十一醉司命辞并序：醉司命者，宋汴京故事
也。以涂月二十四日帖灶神于灶上，用酒醩涂灶门，谓之"醉司命"。
见幽兰居士孟元老梦华录。盖自南渡后废不行矣。家居逼岁除，睹妇子祀
灶，乃作"醉司命辞"，其文曰：腊鼓送寒，明灯射牖，月穷则涂，其日在
丑。巫言是夕，司命上天。指掌翕舌，谴告下人。尔不神媚，眚及厥
身。于是主人整衣，前揖而祝，惴惴兢兢，愧愧肃肃。大夫都尉，砌童
是告。神乃降而言曰：子亦知子之过乎？凡子所为，吾窥其萌。反诉
于帝，何患无名？子如不信，据觚而听：昔者二气，既分节运。推斥上
丽，三辰下立。四极百神缤纷，如影投隙。靡有小大，各司其职。颛顼
之虚，吾攸用宅。帝临在上，下土是彤。曰庖曰灶，往哉汝监。孰为有
罪，告予非谗。吾轶云轮，吾驭风马。下视崇墉，于斗分野。戟门二
八，翔子之舍。子之先世，秩祀孔虔。户门井溜，吾居一焉。牲醴肥
香，有柶有筵。有祝有相，有籥有言。及子之身，流离琐尾。自牧徂
土，不思故巢。栗主数迁，诛茅长水。无恒安息，远近游遨。持取吾
突，未黔而跑。子之比闾，吾得款睇。西家主妇，有媵有娣。裹粉游
红，玉瑱象揥。镜听而分，狄香在袂。维子之室，有姁无嬖。簪蒿于
蓬，卓雅于髻。炊彼烬廖，不可瞻谛。瘠子羸孙，愁苦终岁。东有云
屋，穴金十囊。割蜡而爨，刲腴以尝。左鼎右盉，楚苗吴粳。酿用酘
酒，荐我黄羊。嗟子终窭，脱粟糁羹。并日而食，或绝其粮。劳薪不
继，然之以糠。烟反于宅，鼻嚏目眵。南邻北舍，审音识曲。越调吴
歈，哀丝毫竹。回肠荡气，娱我心目。维子之家，诗书是读。井臼晨
喧，机绞夜续。尺口牙牙，寒号饥哭。搅我夙宵，蒙耳骇嘱。寒向不
塞，热扇不通。哇鸣础下，雪洒于窗。无冬无夏，上雨旁风。嗟此局
促，栖我其中。责子之过，宁有终穷。主人闻言，小大稽首。翁谢于
前，姥拜于后。尔乃炼香以烧，蒉纸而焚。饧糕粉荔，杂遝上陈。注瓶

以酒,盛食于盆。借漕漉滓,涂之灶门。神遂陶然,延霄奋举。前导娇孙,后随六女。帝召司命,询其所主。凡有过愆,尔其悉数。司命入觐,行步偶旅。觊觍两目,醉不能语。

〔一一〕**遇雪即开筵**

<u>江邻幾醴泉笔录上</u>:齐廊公开大卿,曾为三司检法,时<u>李士衡克使</u>、<u>章得象</u>泊<u>黄宗旦</u>为判官,公暇省中,棋饮谈谑。每值雪天,毕命僚属酒炙相乐。<u>李咨</u>为使,置酒设药梅而已。今都无此例。

<u>孔平仲谈苑卷之四</u>:庆历中,西师未解,<u>晏元献</u>为枢密使,大雪置酒西园。<u>欧阳永叔</u>赋诗云:"须怜铁甲冷彻骨,四十余万屯边兵。"<u>晏</u>曰:"昔<u>韩愈</u>亦能作言语,赴<u>裴度</u>会,但云'园林穷胜事,钟鼓乐清时',不曾如此合闹。"

<u>马纯陶朱新录</u>:<u>蔡京</u>作相,<u>大观</u>间,因贺雪,赐宴于<u>京</u>第。

<u>魏泰临汉隐居诗话四四</u>:<u>晏元献</u>殊作枢密使,一日雪中退朝,客次有二客乃<u>永叔</u>与学士<u>陆经</u>。<u>元献</u>喜曰:"雪中诗人见过,不可不饮酒也。"因置酒共赏,即席赋诗。

<u>毛滂武陵春</u>正月二日,天寒欲雪,<u>孙使君</u>置酒作乐,宾客插花剧饮,明日当立春:城上落梅风料峭,寒馥逼清尊。爽兴天教属使君,雪意压歌云。插帽殷罗金缕细,燕燕早随人。留取笙歌直到明。莲漏已催春。

<u>阮阅诗话总龟卷之二十咏物门</u>上九〇五:<u>欧阳文忠</u>守<u>颍</u>日,因小雪,会饮<u>聚星堂</u>,赋诗,约不得用玉月、梨梅、练絮、白舞、鹅鹤等事,<u>欧公</u>篇略云:"脱遗前言笑尘杂,搜索万象窥溟溟。"自后四十余年,莫有继音。

731

〔一二〕**塑雪狮**

<u>赵令畤侯鲭录卷八</u>:<u>张文潜</u>戏作雪狮绝句云:"六出装来百兽王,日头出后便郎当。争眉霍眼人谁怕,想你应无熟肺肠。"

<u>妙源虚堂和尚语录卷第二</u>:除夜小参。僧问:"旧岁送不去,新年迎不来。新旧本无情,去来谁可拟。"师云:"门前石敢当。"僧云:"只

如旧岁已去新岁已来，衲僧家还有不被寒暑所迁底么?"师云:"有。"僧云:"那个是不迁底。"师云:"阶下雪狮子。"僧云:"依旧跳不出。"师云:"苍天苍天。"

〔一三〕**财门钝驴**

[文案]东京市民装铜钱什物口袋，多置放于驴背，清明上河图虹桥部分可见。故坊间印制"财门钝驴"年画，或如繁胜录简称"财门"也。若鲁迅所藏开封一套色车马大吉图，上画车马神，下画四马拉元宝之车，贴之于门，以寓发财之意。

〔一四〕**回头鹿马**

[文案]袁景澜吴郡岁华纪丽引杂志云:"后世多画将军、朝官，复加爵、鹿、蝠、喜、宝马、瓶鞍之状，皆取美名，以迎嘉祉。"以此释"回头鹿马"，可知宋将军年画品种颇多，如武林旧事所云:朝天门内外竞售诸般大小门神，为市甚盛。吕胜中中国民间木刻版画尚可见其遗习:河南朱仙镇加官进禄门画为两大朝官各手托一小朝官与一鹿;陕西凤翔拨马二将门神像则二将各乘一回头马，宋之"回头鹿马"大致如是。

〔一五〕**天行帖子**

陈叔方颍川语小卷上:今省部曰帖，皆公移也。惟帖俗以子称。考证:案沈括梦溪笔谈:唐中书指挥事谓之堂帖子，曾见唐人堂帖宰相签押格，如今之堂帖子也。据此则帖子之名，自唐已然。

[文案]京都译注本谓"天行帖子"为避免疫病流行之护符。余以为类似驱邪乞安之端午帖子词。

732

〔一六〕**干茄瓠**

鲁明善农桑衣食撮要七月 做葫芦茄匏干:茄切片，葫芦、匏子削条，晒干收，依做干菜法。

〔一七〕**马牙菜**

[文案]马牙菜即马齿苋。据姚可成食物本草:马齿苋一名长命草，其叶似马齿，性滑利，故光绪祥符县志卷五风俗志释曰:"唉马齿菜

借齿音为时,新年好时来也。"以此可知汴京售马牙菜甚盛之故。

〔一八〕除夜

陆游老学庵笔记卷八:陈师锡家享仪,谓冬至前一日为"冬住",与岁除夜为对,盖闽音也。予读太平广记三百四十卷有卢顼传云:"是夕,冬至除夜。"乃知唐人冬至前一日,亦谓之"除夜"。

史浩感皇恩除夜:结柳送穷文,驱傩吓鬼。爆火薰天漫儿戏。自家炉鼎,有却冷清清地。腊月三十日,如何避。 且与做些,神仙活计。铅汞收添结灵水。跳丸日月,一任东生西委。玉颜长向此,迎新岁。

妙源虚堂和尚语录卷第一:除夜小参。灰寒大冷,家家爆竹送穷;腊尽春回,处处烧钱引鬼。三百六十日,交头结尾,别展生涯。二千年滞货不行,重新增价,榾柮火,村田乐,露地牛,不劳拈出,金刚圈栗棘蓬,铁酸豏,正好施呈。南来北往,吞透无门。鹘眼鹰睛,怎生哑哒。与圣怎么告报,早是按下云头。何故,江南地暖,塞北天寒。

〔一九〕装妇人

陈旸乐书卷二百八十七俗部假妇戏:唐大中以来,孙干饭、刘璃瓶、郭外春、孙有熊善为此戏。僖宗幸蜀时,戏中有刘真者尤能之,后随车驾入都,籍于教坊矣。

吴自牧梦粱录卷一元宵:宜巷口、苏家巷二十四家傀儡,衣装鲜丽,细旦戴花朵□肩、珠翠冠儿,腰肢纤裛,宛若妇人。

重修政和经史证类备用本草马齿苋图

733

〔二〇〕**神鬼**

李淖秦中岁时记：岁除日进傩，皆作鬼神状，内二老儿，傩公、傩母。

陈淳北溪字义卷下鬼神_{魂魄附}：乐记谓明则有礼乐，幽则有鬼神。鬼神即是礼乐道理，以乐祀神，乐声发扬，属阳。以礼祀鬼，礼是定底物，属阴。故乐记说，乐者敦和，率神而从天；礼者别宜，居鬼而从地。今人谄祀鬼神，不过只是要求福耳。不知何福之有。

[文案]本书卷五京瓦伎艺、卷七驾登宝津楼诸军呈百戏、卷八崔府君生日二十日神保观神生日、卷九宰执亲王宗室百官入内上寿，均记"神鬼"，足见其盛。以至都城竟有市民结"神鬼社"，专事切磋其表演之术。宋之"神鬼"已从傩祭仪式过渡为日常商业性之演出。一言以蔽之，"神鬼"，驱鬼逐疫意味虽尚存，传神薄媚色彩亦见强，武林旧事卷十官本杂剧段数即有"乔乐神"、"二郎神变二郎神"等，可证宋之"神鬼"已完全独立为戏，纯娱人取乐而已。

〔二一〕**打夜胡**

宋话本小天湾天狐诒书：小厮家眼睁，望见那人是个野狐，却叫不出名色，奔向前指住道："老爹！怎么这个大野猫坐在此？还不赶他！"王臣听了，便省悟是打坏眼的野狐，急忙拔剑，照顶门就砍。那狐望后一躲，就地下打个滚，露出本相，往外乱跑。王臣仗剑追赶了十数家门面，向个墙里跳进。王臣因黑夜之间，无门寻觅，只得回转。主人家点个灯火，同着王福一齐来迎着道："饶他性命罢。"

吕希哲侍讲日记：真宗朝，王嗣宗守邠土，旧有狐王庙，相传能与人为祸。福州人虔事之，岁时祭祀祈祷，不敢少怠，至不敢道狐。嗣宗知，即集诸色猎户，得百余人，以甲兵围其庙，薰灌其穴，杀百余狐。或云有大狐从火光中逸去，其妖遂息。后人有复为立庙，则寂无灵矣。嗣宗后帅长安，处士种放者，人主所礼，每帅守至，辄面教之。嗣宗不服，以言拒之。放责数嗣宗，声色甚厉，嗣宗怒以手批其颊。先是真宗有敕书,令种放有章奏即付驿,欲诣阙即乘驿诉于上前,上特为于嵩山之阳置书院以处之,而不加罪。嗣宗去,郡有人送诗曰:"终南处士威风减,渭北妖狐窟穴空。"嗣宗大喜,归告子孙曰:"吾死,更勿为碑志,但刻此于石,置墓旁,甚为荣也。"

邢居实拊掌录:叶涛好弈棋,王介甫作诗切责之,终不肯已。弈者多废事,不以贵贱,嗜之率皆失业,故人目棋枰为"木野狐",言其媚惑人如狐也。

蔡絛诗话六四:王文公见东坡醉白堂记,徐云:"此乃是韩、白优劣论。"东坡闻之,曰:"不若介甫虔州学记乃学校策耳。"二公相诮或如此。然胜处未尝不相倾慕。元祐间,东坡奉祠西太乙,见公旧题:"杨柳鸣蜩绿暗,荷花落日红酣。三十六陂春水,白头想见江南。"注目久之曰:"此老野狐精也。"

梁克家淳熙三山志卷第四十土俗类岁除:驱傩:乡人傩,古有之,今州人以为打夜狐。曾师建云:南史载,曹景宗为人好乐,在扬州日,至腊月,则使人邪呼逐除,遍往人家乞酒食以为戏。迄今闽语乃曰打夜狐。盖唐敬宗夜捕狐狸为乐,谓之打夜狐。闽俗岂以作邪呼逐除之戏,与夜捕狐之戏同,故云。抑亦作邪呼之语,讹而为打夜狐欤?

卷第四十二土俗类兽:野狐似狗而小,尾如长帚,能媚人为妖,皮白可制裘。

[文案]余从"夜胡"为野狐说。"打"则从刘昌诗芦浦笔记卷三所言"舞傩为打驱傩"而来。上举数则已明"打夜狐"为戏闹,为妖祟,为夜驱除。野狐精灵媚人,觅食四方,惹祸多端,亦转成沿门乞讨、逐疫之,且装扮、娱乐之,亦转成傩仪,故各地流行,遂成习俗,或称"打夜胡",或称"打夜狐"。

除　夕

至除日〔一〕,禁中呈大傩仪〔二〕,并用皇城亲事官、诸班直戴假面,绣画色衣,执金枪龙旗。教坊使**孟景初**身品魁伟,贯全副金镀铜甲,装将军。用镇殿将军二人,亦介胄①装门神。教坊**南河炭**〔三〕丑恶魁肥,装判官,又装**锺馗**小妹、土地、灶神〔四〕之类,共千余人,自禁中"驱祟",出**南薰门**外转龙湾,谓之"埋祟"〔五〕而罢。是夜,禁中爆竹〔六〕山呼,声闻于外。士庶之家,围炉〔七〕团坐,达旦不寐,谓之"守岁"②。

凡大礼与禁中节次,但尝见习按,又不知果为如何,不无脱略。或改而正之,则幸甚。

[校]

①"亦介胄",**陈元靓 岁时广记**卷四十埋祟傩作"并介胄"。作"胄"确。

②"守岁"下,**陈元靓 岁时广记**卷四十守岁夜有"又有宵夜果子"六字。

[注]

〔一〕**除日**

陈元靓 岁时广记卷第四十浴残年:岁时杂记:在京寺观,以除日,多燖汤馔食,以召宾客,谓之"浴残年"。

〔二〕**禁中呈大傩仪**

相国道云庄四六余语:政和中,新创禁中傩仪,有旨令翰苑撰文,**翟公巽**当直,其词云:"南正司天,无俾人神。相杂夏后,铸鼎以绝。山林之奸,苟非圣神。孰知情状,顷刻进入。"人服其敏而工。

郑居中 政和五礼新仪卷一百六十三军礼大傩仪:前一日,所司奏闻,侲子选年十二以上、十五以下充,着假面,衣赤布裤褶,二十四人为一队,六人作一行。凡四队,执事者十二人,着赤帻褠衣,执鞭。上人二人,其一着假面,黄金目,蒙熊皮,元衣朱裳,右执戈,左扬楯;其一为唱帅,着假面,皮衣,执棒鼓角,各十为一队。队内有鼓吹令一员,太卜令一员,各监所部。坐巫帅二人,令以下皆服手巾帻袷褶。太祝一员。有司预备每门雄鸡及酒,陈于宫城正门,皇城诸门磔禳祭,执事者开瘗坎,各于皇城中门外之右方,深取足容物。先一日之夕,傩者各赴集所,具器服,依次陈布以俟。其日未明,诸卫依时刻勒所部,屯门列仗,入陈于阶,如常仪,鼓吹令帅傩者案于宫门外,内侍诣皇帝所御殿前,奏侲子备请逐疫。奏讫出,命内侍伯六人分引傩者于宫门,以次入,鼓噪以进。执戈扬楯,唱帅、侲子和曰:甲作食殃,胇胃食虎,雄伯食魅,腾简食不祥,览诸食咎,伯奇食梦,强梁、祖明共食磔死、寄生,委随食观,错断食巨,穷奇、腾根共食虫。凡使一十二神追恶鬼,曰赫汝躯,拉汝干,节解汝肉,抽汝肺肠,汝不急去,后者为粮。周呼讫,前后鼓噪而出,诸队各取门出郭而止,初傩者将出,太祝布神席,当中门南向。出讫,宰人帅执事者副牲匈,磔之神席之西,藉以席地,北首。执事酌酒,太祝受而奠之,祝史持版于座右,跪读祝文。读讫,兴,奠版于席,乃举牲并酒瘗坎讫,退。其内侍伯导引出门外,止。

[文案]此条中华邓注本、京都译注本亦注,然未明此条所指乃"禁中大傩仪",故余又注。孙景琛大傩图名实辨(文物1982年3期),考此图非"大傩",而当为立春节令迎春舞队,此见已获学人认同。故以"大傩图"证"大傩",略有不足。

〔三〕南河炭

[文案]南河炭不见史载,或为教坊一演员之艺名、绰号。以炭命名,其来有自。周必大玉堂杂记曾谓:"除夕,竖炭于砌楚之间。"用以却邪,以警鬼魅。宋后"炭将军"几成俗言,若明隆庆赵州志卷之九风俗:除夕"门旁立将军炭"。清河南尤甚。余以为南河炭虽为一名,然即后世"炭将军"之所由来。

〔四〕**灶神**

应劭风俗通义第八典祀灶神：礼器记曰："臧文仲安知礼？燔柴于灶。灶者，老妇之祭也。故盛于盆，尊于瓶。"

周礼说："颛顼氏有子曰黎，为祝融，祀以为灶神。"

段成式酉阳杂俎前集卷之十四诺皋记上：灶神名隗，状如美女。又姓张名单，字子郭。夫人字卿忌，有六女皆名察洽。常以月晦日上天，白人罪状。大者夺纪，纪三百日；小者夺算，算一百日。故为天帝督使，下为地精。己丑日，日出卯时上天，禺中下行署，此日祭得福。其属神有天帝娇孙、天帝大夫、天帝都尉、天帝长兄、硎上童子、突上紫官君、太和君、玉池夫人等。一曰灶神名壤子也。

［文案〕灶神乃扮作祀神之灶公灶婆。灶神主要为娱神，后世所谓"跳灶王"即是，其渊源可溯于唐，至宋时方盛。

〔五〕**埋祟**

［文案〕光绪祥符县志卷五风俗志云："衣地以芝麻秸，祛邪也。"此为"埋祟"也，亦为后世"踩祟"。若春明采风志言：除夕自后庭至街门，行处，遍撒芝麻秸，踏之有声，谓之"踎岁"。亦如刘叶秋京华琐话云：直至芝麻秸踩碎。芝麻秸又称"麻花子"。武林旧事卷第六小经纪记载，为"儿戏之物"，亦即为娱乐之傩者。

〔六〕**爆竹**

陈元靓岁时广记卷五元旦燃爆竹：神异经：西方深山中，有人长尺余，犯人则病热寒，名曰"山臊"。以竹着火中煏烞有声，而山臊惊惮。玄黄经云：此鬼是也。俗以为爆竹起于庭燎，不应滥于王者。又荆楚岁时记云：元日庭前爆竹，以辟山臊恶鬼也。颍滨除日诗云："楚人重岁时，爆竹鸣磔磔。"又王荆公诗云："爆竹惊邻鬼。"古词云："南楼人未起，爆竹声闻，应在笙歌里。"又云："竹爆当门庭，震门陛也。"

梁克家淳熙三山志卷第四十土俗类岁除：火爆荆楚岁时记云：山臊恶鬼，犯人则病，恶爆竹之声。李肜云："元日爆竹于庭，辟山臊恶鬼。"今州人除夕以竹着火,烧爆于庭中,儿童当街烧爆,相望戏呼达旦,谓之"烧火爆"。<u>张丞相</u>后为帅日,除夕,<u>莆人郑樵</u>客郡中,与观火爆,丞相命赋诗,给竿字为韵,<u>樵</u>口占云:"驹隙光阴岁已残,千门竹爆共团栾。烧成焰焰世砂瑰,碎尽琅琅碧玉竿。唤转韶光新景燠,辟除恶魅旧时寒。主人从此占佳瑞,再入为霖洒旱干。"

〔七〕围炉

无名氏<u>籍川笑林</u> 火烧裳尾:有人性宽缓,冬日共人围炉。见人裳尾为火所烧,乃曰:"有一事,见之已久,欲言之,恐君性急;不言,恐君伤太多。然则言之是耶? 不言之是耶?"人问何事,曰:"火烧君裳。"遂收衣火灭,大怒曰:"见之久,何不早道?"其人曰:"我言君性急,果是。"

<u>释惠洪</u> 禅林僧宝传卷二十八 法昌禅师:除夕,谓门弟子曰:"今夕无可分岁,共烹露地白牛,在家围炉,向榾柮火,唱'林田乐'可也,免更倚他门户旁他墙。"

跋

　　祖宗仁厚之德,涵养生灵,几二百年,至宣政间,太平极矣〔一〕。礼乐刑政,史册具在,不有传记小说,则一时风俗之华,人物之盛,讵可得而传焉。宋敏求京城记,载坊门公府,宫寺第宅为甚详。而不及巷陌店肆,节物时好。幽兰居士记录旧所经历为梦华录,其间事关宫禁典礼,得之传闻者,不无谬误;若市井游观,岁时物货,民风俗尚,则见闻习熟,皆得其真。余顷侍先大父,与诸耆旧亲承謦欬,校之此录,多有合处。今甲子一周,故老沦没,旧闻日远,后余生者,尤不得而知,则西北寓客绝谈矣。因锓木以广之,使观者追念故都之乐,当共起风景不殊之叹。淳熙丁未岁十月朔旦,浚仪赵师侠介之〔二〕书于坦庵。

741

[注]

　　〔一〕**太平极矣**

　　洪迈容斋诗话卷六:国家承平之时,四方之人以趋京邑为喜。盖士大夫则用功名进取系心,商贾贪舟车南北之利,后生嬉戏则以纷华盛丽为悦。

朱长文吴郡图经续记卷上城邑：自乾宁至于太平兴国三年钱俶纳土，凡七十八年。自钱俶纳土至于今元丰七年，百有七年矣。当此百年之间，井邑之富，过于唐世，郛郭填溢，楼阁相望，飞杠如虹，栉比棋布，近郊隘巷，悉甃以甓。

　　龚明之中吴纪闻卷第六苏民三百年不识兵：大观中，枢密章公之子綖，为蔡京诬以盗铸，诏开封尹杨孝寿，即吴中置狱，连逮千余人。遣甲士五百围其家，钲鼓之声，昼夜不绝，俗谓之"聒囚鼓"。州民目所未睹，莫不为之震骇。

〔二〕浚仪赵师侠介之

　　[文案]据京都译注本，浚仪为开封府祥符县。大中祥符二年浚仪改为祥符。赵师侠为燕王赵德昭第七世孙，新淦人。淳熙二年（1175）进士，淳熙十五年，为江华郡丞。有坦庵长短句行世。

东京梦华录笺注征引书籍举要

笔记　小说

晋　干宝　搜神记　二十卷　子书百家本

唐　苏鹗　苏氏演义　二卷　艺海珠尘本

唐　王谠　唐语林　八卷　上海古籍出版社一九七八年新一版

唐　李济翁　资暇集　三卷　续知不足斋丛书本

孙昇　孙公谈圃　三卷　古今说部丛书本

魏了翁　山渠阳经外杂钞　二卷　宝颜堂秘笈本

罗烨　新编醉翁谈录　二十卷　日本影印观澜阁藏宋刊本

无名氏　豹隐纪谈　一卷　说郛涵芬楼一百卷本

苏籀　栾城先生遗言　一卷　百川学海本

董弅　闲燕常谈　一卷　说郛宛委山堂一百二十卷本

张舜民　画墁录　一卷　稗海本

阙名　异闻总录　四卷　稗海本

石茂良　避戎嘉话　一卷　景印元明善本丛书十种本

李上交　近事会元　五卷　畿辅丛书本

743

无名氏　道山清话　一卷　学津讨原本

王巩　闻见近录　一卷　知不足斋丛书本

陈规　守城录　四卷　墨海金壶本

陆佃　埤雅　二十卷　五雅全书本

许洞　虎铃经　二十卷　粤雅堂丛书本

百岁寓翁　枫窗小牍　二卷　稗海本

汪应辰　石林燕语辨　二百零二目　儒学警悟本

江邻幾　醴泉笔录　二卷　学海类编本

张师正　括异志　十卷　四部丛刊续编本

王素　王文正公遗事　一卷　百川学海本

孔平仲　谈苑　五卷　唐宋丛书本

释惠洪　禅林僧宝传　三十二卷　文渊阁四库全书本

王巩　甲申杂记　一卷　笔记小说大观本

车若水　脚气集　二卷　宝颜堂秘笈本

陈郁　话腴　四卷　古今说海本

无名氏　李师师外传　一卷　琳琅秘室丛书本

吕希哲　发明义理　一卷　说郛宛委山堂一百二十卷本

佚名　碧湖杂记　一卷　古今说海本

吕希哲　吕氏杂记　二卷　指海本

刘跂　暇日记　一卷　说郛宛委山堂一百二十卷本

高晦叟　珍席放谈　二卷　函海本

李畋　该闻录　一卷　说郛宛委山堂一百二十卷本

罗愿　尔雅翼　三十二卷　学津讨原本

庞元英　文昌杂录　六卷　雅雨堂丛书本

无名氏　翰苑新书　一百五十六卷　文渊阁四库全书本

何坦　西畴老人常言　一卷　百川学海本

钱希白　洞微志　一卷　说郛涵芬楼一百卷本

马永卿　嬾真子　五卷　儒学警悟本

戴埴　鼠璞　二卷　续知不足斋丛书本

杨和甫　行都纪事　一卷　说郛宛委山堂一百二十卷本

无名氏　南窗纪谈　一卷　珠丛别录本

孔平仲　珩璜新论　一卷　宋人小说本

无名氏　三朝野史　一卷　逊敏堂丛书本

贾善翊　高道传　一卷　说郛宛委山堂一百二十卷本

俞炎　炉火鉴戒录　一卷　台北新兴书局　笔记小说大观本

洪迈　容斋三笔　十六卷　商务印书馆本

程大昌　演繁露　十六卷　学津讨原本

曹彦约　经幄管见　四卷　豫章丛书本

郑元祐　遂昌杂录　一卷　学海类编本

景焕　野人闲话　说郛涵芬楼一百卷本

张邦基　墨庄漫录　十卷　稗海本

晁迥　法藏碎金录　一卷　说郛宛委山堂一百二十卷本

高似孙　纬略　十二卷　墨海金壶本

戴侗　六书故　三十三卷　文渊阁四库全书本

陶毂　清异录　四卷　惜阴轩丛书本

曾纡　南游记旧　一卷　说郛涵芬楼一百卷本

金盈之　新编醉翁谈录　八卷　知不足斋丛书本

吴坰　五总志　一卷　知不足斋丛书本

谢采伯　密斋笔记　五卷　琳琅秘室丛书本

郭彖　睽车志　六卷　稗海本

施彦执　北窗炙輠录　二卷　奇晋斋丛书本

叶寘　坦斋笔衡　一卷　说郛宛委山堂一百卷本

王明清　挥麈前录　四卷　龙山书堂本

俞文豹　吹剑录外集　一卷　读画斋丛书本

吴枋　宜斋野乘　一卷　阳山顾氏文房本

俞文豹　唾玉集　一卷　说郛涵芬楼一百卷本

史绳祖　学斋占毕　四卷　稗海本

徐度　却扫编　三卷　古书丛刻本

释晓莹　罗湖野录　四卷　文渊阁四库全书本

潘自牧　记纂渊海　一百卷　文渊阁四库全书本

马永卿　元城语录解　三卷　惜阴轩丛书本

王巩　随手杂录　一卷　学海类编本

洪皓　松漠纪闻　一卷　历代小史本

陈录　善诱文　一卷　百川学海本

曾慥　类说　六十卷　文渊阁四库全书本

张端义　贵耳集　二卷　宝颜堂秘笈本

无名氏　鬼董　五卷　龙威秘书本

周密　志雅堂杂钞　十卷　古今说部丛书四集

郑震　读书愚见　一卷　说郛涵芬楼一百卷本

阙名　辇下岁时记　一卷　说郛宛委山堂一百二十卷本

陈纂　葆光录　三卷　阳山顾氏文房本

吕本中　东莱吕紫微师友杂志　一卷　十万卷楼丛书本

苏轼　仇池笔记　二卷　㬊园丛书本

赵溍　养疴漫笔　一卷　学海类编本

李邦献　省心杂言　一卷　乾隆函海本

张邦幾　侍儿小名录拾遗　一卷　稗海本

章望之　延漏录　一卷　说郛宛委山堂一百二十卷本

张耒　张太史明道杂志　一卷　唐宋丛书本

黄休复　茅亭客话　十卷　琳琅秘室丛书本

叶梦得　避暑录话　二卷　津逮秘书本

太平老人　袖中锦　一卷　学海类编本

陈长方　步里客谈　二卷　守山阁丛书本

杨伯嵒　臆乘　一卷　丛书集成初编本

吴宏　独醒杂志　一卷　古今说部丛书本

俞文豹　清夜录　一卷　顾氏明朝四十家小说本

吕祖谦　卧游录　一卷　金华丛书本

王铚　补侍儿小名录　一卷　香艳丛书本

韩元吉　桐阴旧话　一卷　历代小史本

赵叔向　肯綮录　一卷　函海本

辛弃疾　南烬纪闻录　一卷　学海类编本

吕希哲　侍讲日记　一卷　说郛涵芬楼一百卷本

上官融　友会谈丛　三卷　十万卷楼丛书本

秦再思　洛中记异录　一卷　五朝小说大观本

李之彦　东谷随笔　一卷　百川学海本

宋祁　宋景文笔记　二卷　唐宋丛书本

张知甫　张氏可书　一卷　墨海金壶本

邵思　雁门野说　一卷　说郛宛委山堂一百二十卷本

洪巽　阳谷漫录　一卷　说郛宛委山堂一百二十卷本

马纯　陶朱新录　一卷　广四十家小说本

滕康　翰墨丛记　一卷　说郛宛委山堂一百二十卷本

孙宗鉴　西畬琐录　一卷　学海类编本

鲁应龙　闲窗括异志　一卷　盐邑志林本

杨彦龄　杨公笔录　一卷　学海类编本

王君玉　国老谈苑　二卷　历代小史本

顾文荐　负暄杂录　一卷　说郛涵芬楼一百卷本

谢维新　古今合璧事类备要　六十六卷　文渊阁四库全书本

项安世　项氏家说　十二卷　武英殿聚珍版丛书本

无名氏　锦绣万花谷　一百五十卷　明嘉靖十五年秦汴刻本

钱世昭　钱氏私志　一卷　说郛宛委山堂一百二十卷本

叶梦得　岩下放言　三卷　石林丛书本

无名氏　爱日斋丛钞　五卷　守山阁丛书本

耿延禧　林灵素传　一卷　古今说海本

陈世崇　随隐漫录　五卷　宋人小说本

无名氏　咸淳遗事　二卷　墨海金壶本

俞成　莹雪丛说　二卷　儒学警悟本

孙奕　示儿编　二十三卷　文渊阁四库全书本

林子中　野史　一卷　说郛宛委山堂一百二十卷本

王曾　王文正公笔录　一卷　历代小史本

范公偁　过庭录　一卷　稗海本

杨伯嵒　六帖补　二十卷　文渊阁四库全书本

丁特起　靖康纪闻　一卷　丛书集成初编本

邹伸之　使燕日录　一卷　文渊阁四库全书本

赵善璙　自警编　一卷　历代小史本

曾慥　高斋漫录　一卷　古今说海本

张畋　九河公语录　一卷　说郛涵芬楼一百卷本

章叔虎　搜神秘览　三卷　续古逸丛书本

高承　事物纪原　十卷　惜阴轩丛书本

王洙　王氏谈录　一卷　唐宋丛书本

侯君素　旌异记　一卷　龙威秘书本

佚名　东南纪闻　三卷　墨海金壶本

袁采　世范　三卷　宝颜堂秘笈本

赵与裦　辛巳泣蕲录　一卷　指海本

赵万年　襄阳守城录　一卷　粤雅堂丛书本

桂万荣　棠阴比事原编　一卷　学海类编本

李元纲　厚德录　四卷　百川学海本

钱惟演　玉堂逢辰录　一卷　五朝小说大观本

沈作喆　寓简　十卷　丛书集成初编本

杨和甫　行都纪事　一卷　说郛宛委山堂一百二十卷本

苏轼　问答录　一卷　丛书集成初编本

无名氏　南窗纪谈　一卷　珠丛别录本

晁说之　晁氏客语　一卷　百川学海本

张齐贤　洛阳搢绅旧闻记　五卷　丛书集成初编本

惠康野叟　识余　四卷　笔记小说大观本

丁谓　丁晋公谈录　一卷　历代小史本

李季可　松窗百说　一卷　宛委别藏本

李心传　建炎以来朝野杂记　四十五卷　武英殿聚珍版

岳珂　愧郯录　十五卷　知不足斋丛书本

李昌龄　乐善录　一卷　续百川学海庚集

蒋颖叔　蒋氏日录　一卷　说郛宛委山堂一百二十卷

李之仪　姑溪题跋　二卷　湖北先正遗书本

永亨　搜采异闻录　五卷　稗海本

孙宗鉴　东皋杂录　一卷　五朝小说大观本

曾三异　因话录　一卷　说郛宛委山堂一百二十卷本

李如篪　东园丛说　三卷　丛书集成初编本

释惠洪　林间录　三卷　文渊阁四库全书本

康与之　昨梦录　一卷　广百川学海本

无名氏　撴青杂说　一卷　龙威秘书本

龚颐正　芥隐笔记　一卷　顾氏文房小说本

高文虎　蓼花洲闲录　一卷　古今说海本

廉宣　清尊录　一卷　香艳丛书本

田况　儒林公议　二卷　稗海本

吴淑　江淮异人录　二卷　函海本

王铚　默记　二卷　宋人小说本

章渊　稿简赘笔　一卷　说郛涵芬楼一百卷本

郑克　折狱龟鉴　八卷　致用丛书本

无名氏　五色线　一卷　龙威秘书本

庞文英　谈薮　一卷　五朝小说大观本

曹勋　北狩见闻录　一卷　学津讨原本

陈昉　颍川语小　二卷　守山阁丛书本

钱功　澹山杂识　一卷　五朝小说本

黄庭坚　涪翁杂说　一卷　古今说部丛书本

郑景望　蒙斋笔谈　一卷　说海本

侯延庆　退斋雅闻录　一卷　说郛宛委山堂一百二十卷本

章如愚　群书考索　二百十二卷　文渊阁四库全书本

韩淲　涧泉日记　二卷　武英殿聚珍版丛书本

梅尧臣　碧云騢　一卷　百川学海本

朱弁　续骫骳说　一卷　说郛涵芬楼一百卷本

黎靖德　朱子语类辑略　一百四十卷　西京清麓丛书正编本

胡仔　苕溪渔隐丛话　一百卷　海山仙馆丛书本

尤玘　万柳溪边旧话　一卷　锡山尤氏丛刊甲集

程颐　家世旧事　一卷　续百川学海本

朱胜非　秀水闲居录　一卷　古今说部丛书本

无名氏　就日录　一卷　广百川学海本

周必大　二老堂杂记　五卷　芝园秘录初刻本

苏耆　闲谈录　一卷　说郛涵芬楼一百卷本

无名氏　靖康朝野金言　一卷　古今说海本

周煇　北辕录　一卷　古今说海本

杨万里　诚斋挥麈录　二卷　学海类编本

洪迈　容斋四六丛谈　一卷　丛书集成初编本

朱翌　猗觉寮杂记　二卷　武英殿聚珍版丛书本

宋祁　宋景文杂说　一卷　学海类编本

黄震　黄氏日钞　九十七卷　知不足斋丛书本

贾似道　悦生随抄　一卷　五朝小说大观本

张仲文　白獭髓　一卷　景印元明善本丛书十种本

王应麟　三字经　一卷　云南丛书初编本

朱晖　绝倒录　一卷　说郛宛委山堂一百二十卷本

司马光　洛中耆英会　一卷　水边林下本

丁用晦　芝田录　一卷　说郛涵芬楼一百卷本

吴淑　谥名录　一卷　说郛宛委山堂一百二十卷本

龚鼎臣　东原录　一卷　艺海珠尘匏集

李昉　太平广记　五百卷　中华书局汪绍楹校勘本

古今笔记精华　北京出版社影印广益书局本

魏泰　东轩笔录　十五卷　中华书局李裕民点校本

周密　癸辛杂识　四集　中华书局吴企明点校本

范镇　东斋记事　五卷　中华书局汝沛点校本

陆游　家世旧闻　二卷　中华书局孔凡礼点校本

叶梦得　石林燕语　十卷　中华书局侯忠义点校本

文莹　玉壶清话　十卷　中华书局杨立扬点校本

吴处厚　青箱杂记　十卷　中华书局李裕民点校本

苏辙　龙川略志　十卷　中华书局俞宗宪点校本

欧阳修　归田录　二卷　中华书局李伟国点校本

周煇　清波杂志　十二卷　中华书局刘永翔校注本

徐铉　稽神录　六卷　中华书局白化文点校本

方勺　泊宅编　十三卷　中华书局许沛藻杨立扬点校本

罗大经　鹤林玉露　十八卷　中华书局王瑞来点校本

周密　齐东野语　二十卷　中华书局张茂鹏点校本

张世南　游宦纪闻　十卷　中华书局张茂鹏点校本

陆游　老学庵笔记　十卷　中华书局李剑雄刘德权点校本

李献民　云斋广录　中华书局程毅中程有庆点校本

王闢之　渑水燕谈录　十卷　中华书局吕友仁点校本

叶绍翁　四朝闻见录　四集　中华书局沈锡麟冯惠民点校本

文莹　湘山野录　三卷　中华书局郑世刚点校本

刘昌诗　芦浦笔记　十卷　中华书局张荣铮秦呈瑞点校本

赵彦卫　云麓漫钞　十五卷　中华书局傅根清点校本

苏辙　龙川别志　二卷　中华书局俞宗宪点校本

邵博　邵氏闻见后录　三十卷　中华书局刘德权李剑雄点校本

岳珂　桯史　十五卷　中华书局吴企明点校本

大唐三藏取经诗话　三卷　中华书局李时人蔡镜浩校注本

何薳　春渚纪闻　十卷　中华书局张明华点校本

陈骙　佚名　南宋馆阁录　续录　十卷　中华书局张富祥点校本

李心传　旧闻证误　四卷　中华书局崔文印点校本

惠洪　冷斋夜话　十卷　中华书局陈新点校本

王栐　燕翼诒谋录　五卷　中华书局诚刚点校本

邵伯温　邵氏闻见录　二十卷　中华书局李剑雄刘德权点校本

王观国　学林　十卷　中华书局田瑞娟点校本

宋敏求　春明退朝录　三卷　中华书局诚刚点校本

姚宽　西溪丛语　二卷　中华书局孔凡礼点校本

庄绰　鸡肋编　二卷　中华书局萧鲁阳点校本

委心子　新编分门古今类事　二十卷　中华书局金心点校本

李廌　师友谈记　一卷　中华书局孔凡礼点校本

朱弁　曲洧旧闻　十卷　中华书局孔凡礼点校本

陈鹄　西塘集耆旧续闻　十卷　中华书局孔凡礼点校本

洪迈　夷坚志　二百七卷　中华书局何卓点校本

靖康稗史　中华书局崔文印笺证本

丁传靖　宋人轶事汇编　中华书局标点本

潘永因　宋稗类钞　书目文献出版社刘卓英点校本

司马光　涑水记闻　十六卷　中华书局邓广铭张希清点校本

程俱　麟台故事　五卷　中华书局张富祥校证本

赵令畤　侯鲭录　八卷　中华书局孔凡礼点校本

彭乘　续墨客挥犀　十卷　中华书局孔凡礼点校本

范成大　揽辔录　一卷　中华书局孔凡礼点校本

范成大　桂海虞衡志　一卷　中华书局孔凡礼点校本

张淏　云谷杂记　六卷　中华书局上海编辑所张宗祥校录本

沈括　梦溪笔谈　二十九卷　上海古籍出版社胡道静校证本

陈师道　后山谈丛　六卷　上海古籍出版社李伟国校点本

江少虞　宋朝事实类苑　七十八卷　上海古籍出版社整理点校本

赵与峕　宾退录　十卷　上海古籍出版社齐治平校点本

袁文　瓮牖闲评　八卷　上海古籍出版社李伟国校点本

刘斧　青琐高议　三集　上海古籍出版社整理本

王明清　玉照新志　五卷　上海古籍出版社汪新森校点本

费衮　梁溪漫志　十卷　上海古籍出版社金圆校点本

张师正　倦游杂录　一卷　上海古籍出版社李裕民辑校本

无名氏　宣和遗事　二集　上海古籍出版社丁锡根点校本

王得臣　麈史　三卷　上海古籍出版社俞宗宪点校本

曾敏行　独醒杂志　十卷　上海古籍出版社朱杰人标校本

叶大庆　考古质疑　六卷　上海古籍出版社李伟国点校本

王灼　碧鸡漫志　五卷　上海古籍出版社一九八八年新一版标点本

杨亿　杨文公谈苑　一卷　上海古籍出版社李裕民辑校本

王明清　投辖录　一卷　上海古籍出版社汪新森　朱菊如校点本

龚明之　中吴纪闻　六卷　上海古籍出版社孙菊园校点本

施耐庵　罗贯中　水浒传百回本　人民文学出版社据明容与堂刻本核勘标点本

冯梦龙　古今小说　四十卷　人民文学出版社许政扬校注本

冯梦龙　醒世恒言　四十卷　人民文学出版社顾学颉校注本

冯梦龙　警世通言　四十卷　人民文学出版社严敦易校注本

程毅中辑注　宋元小说家话本集　齐鲁书社本

程毅中编　古体小说钞宋元卷　中华书局本

缪荃孙辑　京本通俗小说　烟书东堂小品本

宋元平话集　上下册　上海古籍出版社一九九〇年本

清平山堂话本　上海古籍出版社谭正璧校点本

熊龙峰四种小说　上海古籍出版社王古鲁搜录校注本

宋元小说话本集　中州古籍出版社欧阳健肖相恺编订本

金　元好问　续夷坚志　四卷　中华书局常振国点校本

元　罗贯中　三遂平妖传　二十回　北京大学出版社张荣起整理本

元　杨瑀　山居新语　四卷　文渊阁四库全书本

元　白珽　湛渊静语　二卷　知不足斋丛书本

元　虞裕　谈撰　一卷　说郛宛委山堂一百二十卷本

元　方回　虚谷闲抄　一卷　古今说海本

元　陶宗仪　南村辍耕录　三十卷　中华书局整理本

元　陆友仁　砚北杂志　二十三卷　道光二十二年丹徒包氏刻本

元　戚辅之　佩楚轩客谈　一卷　说郛宛委山堂一百二十卷本

元　盛如梓　庶斋老学丛谈　四卷　笔记小说大观本

元　徐大焯　烬余录　二卷　国粹丛书本

元　无名氏　湖海新闻夷坚续志　前后集　中华书局金心点校本

元　李治　敬斋古今黈　八卷　海山仙馆丛书本

明　陆深　春风堂随笔　一卷　俨山外集

明　徐树丕　识小录　四卷　涵芬楼秘笈本

明　陈继儒　太平清话　四卷　丛书集成初编本

明　佚名　墨娥小录　十四卷　明隆庆五年刊本

明　张岱　夜航船　二十卷　浙江古籍出版社刘耀林校注本

明　彭时　彭文宪公笔记　二卷　顾氏明朝四十家小说本

清　沈涛　交翠轩笔记　四卷　上海古籍出版社瓜蒂庵藏明

755

清掌故丛刊影印本

    清　朱翔清　埋忧集　十二卷　清代笔记丛刊本

    清　郑光祖　一斑录　五卷　海王邨古籍丛刊本

    清　王士祯　分甘余话　四卷　说铃本

    清　胡承谱　只麈谭　四卷　泾川丛书本

    清　俞樾　茶香室续钞　二十五卷　春在堂全书本

    清　沈涛　瑟榭丛谈　二卷　聚学轩丛书本

    清　褚人获　坚瓠集　六十六卷　清代笔记丛刊本

伎艺　语言

宋　调露子　角力记　一卷　琳琅秘室丛书本

杜绾　云林石谱　三卷　美术丛书本

王观　扬州芍药谱　一卷　扬州丛刻本

范成大　菊谱　一卷　国学珍本文库本

史正志　史氏菊谱　一卷　古今文艺丛书本

刘蒙　刘氏菊谱　一卷　香艳丛书本

史铸　百集菊谱　六卷　山居杂志本

黄休复　益州名画录　三卷　王氏画苑本

邓椿　画继　十卷　津逮秘书本

刘道醇　圣朝名画评　三卷　文渊阁四库全书本

郭若虚　图画见闻志　六卷　学津讨原本

佚名　宣和画谱　二十卷　津逮秘书本

米芾　画史　一卷　湖北先正遗书本

李廌　德隅斋画品　一卷　天都阁藏书本

王琚　射经　一卷　说郛宛委山堂一百二十卷本

张淏　艮岳记　一卷　历代小史本

释祖秀　华阳宫纪事　一卷　芝园秘录初刻本

相国道　云庄四六余语　一卷　读画斋丛书本

陈旸　乐书　二百卷　文渊阁四库全书本

洪刍　香谱　二卷　学津讨原本

叶廷珪　名香谱　一卷　香艳丛书本

陈敬　陈氏香谱　一卷　适园丛书本

欧阳修　洛阳牡丹记　一卷　山居杂志本

周师厚　洛阳牡丹记　一卷　香艳丛书本

陆游　天彭牡丹谱　一卷　云自在龛丛书第二集

苏易简　文房四谱　五卷　十万卷楼丛书二编

张应文　清秘藏　二卷　述古丛钞第一集

赵明诚　金石录　三十卷　三长物斋丛书本

杨辉　乘除通变算宝　三卷　宜稼堂丛书本

杨辉　详解九章算法　一卷　宜稼堂丛书本

杨辉　史仲荣　法算取用本末　一卷　宜稼堂丛书本

元　费著　笺纸谱　一卷　闾丘辩囿本

元　夏文彦　图绘宝鉴　七卷　津逮秘书本

元　佚名　丸经　二卷　小十三经本

元　燕南芝庵　唱论　一卷　人民音乐出版社傅惜华编本

明　方以智　通雅　五十二卷　文渊阁四库全书本

明　曹昭　格古要论　三卷　文渊阁四库全书本

明　魏良辅　曲律　一卷　人民音乐出版社傅惜华编本

明　汪云程　蹴鞠图谱　一卷　说郛宛委山堂一百二十卷本

明　无名氏　蹴鞠谱　一卷　玄览堂丛书本

明　文震亨　长物志　十二卷　砚云乙编本

清　高士奇　天禄识余　二卷　说铃本

张广文　玉器史话　紫禁城出版社本

傅起凤　傅腾龙　中国杂技史　上海人民出版社本

宋　法云　翻译名义集　七卷　四部丛刊初编本

唐　慧琳　一切经音义　一百卷　续藏经本

无名氏　词林韵释　二卷　粤雅堂丛书本

娄机　李曾伯　班马字类　五卷　涉闻梓旧本

陈彭年等　重修玉篇三十卷　摛藻堂四库全书荟要本

陆法言　陈彭年　覆宋本重修广韵　五卷　泽存堂五种本

吕忱　字林　一卷　青照堂丛书摘本

丁度　附释文互注礼部韵略　五卷　续古逸丛书本

吴棫　韵补　五卷　连筠簃丛书本

吴箕　常谈　一卷　函海本

无名氏　释常谈　三卷　百川学海本

司马光　类篇　四十五卷　文渊阁四库全书本

陈彭年　广韵　六卷　古逸丛书本

杨伯嵒　九经补韵　二卷　汗筠斋丛书本

毛晃　毛居正　增修互注礼部韵略　五卷　文渊阁四库全
书本

颜愍楚　俗书证误　一卷　字学三种本

贾昌朝　群经音辨　七卷　铁华馆丛书本

王应麟　小学绀珠　十卷　津逮秘书本

陈淳　北溪字义　三卷　吉林探源书舫丛书初编本

欧阳德隆　增修校正押韵释疑　五卷　文渊阁四库全书本

丁度　集韵　十卷　四部备要本

王雺　字书误读　一卷　说郛宛委山堂一百二十卷本

明 岳元声 方言据 三卷 丛书集成初编本

明 李实 蜀语 一卷 乾隆函海本

清 罗振玉 俗说 一卷 贞松老人遗稿本

清 梁同书 直语 一卷 频罗庵遗集本

清 胡式钰 语窦 一卷 商务印书馆排印本

清 钱大昕 恒言录 六卷 文选楼丛书本

清 唐训方 里语征实 三卷 岳麓书社风土丛书本

清 平步青 释谚 一卷 商务印书馆排印本

清 钱大昭 迩言 六卷 玉雨堂丛书第一集

韩国 老乞大集览 二卷 奎章阁朴通事谚解本

蒋礼鸿 敦煌变文字义通释 上海古籍出版社增订本

张相 诗词曲语词汇释 中华书局一九九七年本

江蓝生 魏晋南北朝小说词语汇释 语文出版社本

敦煌变文校注 中华书局黄征张涌泉本

历史 地理

晋 释法显 佛国记 一卷 龙溪精舍丛书本

王存 元丰九域志 十卷 中华书局王文楚魏嵩山点校本

祝穆 宋本方舆胜览 七十卷 上海古籍出版社一九九一年
影印本

叶隆礼 契丹国志 二十七卷 上海古籍出版社贾敬颜林荣
贵点校本

司马光 资治通鉴 二百九十四卷 中华书局校点本

王瓘 北道刊误志 一卷 守山阁丛书本

文惟简 虏廷事实 一卷 说郛宛委山堂一百二十卷本

方凤　夷俗考　一卷　宝颜堂秘笈本

程大昌　北边备对　一卷　古今逸史本

朱辅　溪蛮丛笑　一卷　古今说部丛书本

徐兢　宣和奉使高丽图经　四十卷　天禄琳琅丛书本

范成大　桂海虞衡志　一卷　秘书二十一种本

李焘　续资治通鉴长编　五百二十卷　中华书局点校本

徐梦莘　三朝北盟会编　二百五十卷　光绪三十四年许涵度刻本

宇文懋昭　大金国志　四十卷　中华书局崔文印校证本

王称　东都事略　一百三十卷　文渊阁四库全书本

吕中　宋大事记讲义　二十三卷　文渊阁四库全书本

佚名　宋朝南渡十将传　二十卷　碧琳琅馆丛书本

张浚　中兴备览　三卷　涉闻梓旧本

元　脱脱　宋史　四百九十六卷　中华书局一九七七年校点本

元　杨奂　汴故宫记　一卷　说郛宛委山堂一百二十卷本

元　脱脱　辽史　一百十六卷　中华书局校点本

明　李濂　汴京遗迹志　二十四卷　三怡堂丛书本

清　周城　宋东京考　二十卷　中华书局单远慕点校本

清　徐松　宋会要辑稿　八册　北平图书馆影印本

日本　成寻　参天台五台山记　八卷　风间书房平林文雄校本

洛阳伽蓝记　上海古籍出版社范祥雍校注本

大唐西域记　中华书局季羡林等校注本

风俗　典章

朱长文　吴郡图经续记　三卷　乌程蒋汝藻乐地庵影印宋本

范成大　吴郡志　五十卷　民国十五年吴兴张氏择是居丛书景宋刻本

向孟　土牛经　一卷　景印元明善本丛书十种本

张虙　月令解　十二卷　四明丛书本

范致明　岳阳风土记　一卷　古今逸史本

宋祁　益部方物略　一卷　秘册汇函本

陈元靓　岁时广记　四卷　格致丛书本

永乐大典戏文三种　中华书局钱南扬校注本

李石　续博物志　十卷　古今逸史本

郑樵　通志　二百卷　摛藻堂四库全书荟要本

欧阳修　太常因革礼　一百卷　广雅书局本

王仪　明禋仪注　一卷　说郛宛委山堂一百二十卷本

晁以道　儒言　一卷　文渊阁四库全书本

赵鼎　家训笔录　一卷　丛书集成初编本

司马光　居家杂仪　一卷　儒先训要十四种本

司马光　司马光奏议　四十卷　山西人民出版社王根林点校本

司马光　司马氏书仪　十卷　端溪丛书本

张铉　仕学规范　四十卷　文渊阁四库全书本

吕居仁　官箴　一卷　百川学海重辑本

赵昇　朝野类要　五卷　榕园丛书丙集

王应麟　玉海　二百卷　清光绪九年浙江书局刊本

程俱　麟台故事　五卷　文渊阁四库全书本

陈襄　州县提纲　四卷　文渊阁四库全书本

董煟　救荒活民书　四卷　珠丛别录本

朱熹　家礼　六卷　西京清麓丛书外编本

聂崇义　三礼图集注　二十卷　文渊阁四库全书本

曾公亮　武经总要　四十卷　四库全书珍本初集本

吕祖谦　历代制度详说　十二卷　文渊阁四库全书本

祝穆　古今事文类聚　二百三十六卷　文渊阁四库全书本

郑居中　政和五礼新仪　二百二十卷　文渊阁四库全书本

潘自牧　记纂渊海　一百卷　文渊阁四库全书本

李诫　营造法式　三十四卷　丛书集成初编本

吕本中　童蒙训　三卷　当归草堂丛书本

窦仪　宋刑统　三十卷　中华书局吴翊如点校本

谢深甫　庆元条法事类　四百三十七卷　清传钞本

李攸　宋朝事实　二十卷　墨海金壶本

魏了翁　仪礼要义　五十卷　五经要义本

陈祥道　礼书　一百五十卷　文渊阁四库全书本

李如圭　仪礼释宫　一卷　清芬堂丛书本

宋慈　宋提刑洗冤集录　五卷　岱南阁丛书本

阮逸　胡瑗　皇祐新乐图记　三卷　学津讨原本

程迥　三器图议　一卷　说郛宛委山堂一百二十卷本

叶时　礼经会元　四卷　经学五种本

释志磐　佛祖统记　五十四卷　中华大藏经本

释觉岸　释氏稽古略　四卷　文渊阁四库全书本

元　熊梦祥　析津志辑佚　一卷　北京古籍出版社李致忠整理本

元　马端临　文献通考　三百四十八卷　万有文库十通本

明　无名氏　如梦录　十卷　中州古籍出版社孔宪易校注本

明　徐石麒　官爵志　三卷　学海类编本

明　王圻　续文献通考　二百五十四卷　万有文库十通本

明　田汝成　西湖游览志　二十四卷　武林掌故丛编本

明　李濂　汴京勼异记　八卷　砚云乙编本

明　刘若愚　酌中志　二十四卷　北京古籍出版社冯宝琳点校本

清　高士奇　北墅抱瓮录　一卷　昭代丛书本

清　厉鹗　东城杂记　二卷　武林掌故丛编本

清　顾禄　桐桥倚棹录　十二卷　上海古籍出版社王湜华标校本

清　闲园鞠农　燕市货声　一卷　京津风土丛书本

清　燕归来簃主人　燕市负贩琐记　一卷　京津风土丛书本

清　潘荣陛　帝京岁时纪胜　一卷　北平史迹丛书本

清　夏仁虎　旧京琐记　十卷　北京古籍出版社骈宇骞整理本

清　李光庭　乡言解颐　五卷　中华书局石继昌点校本

清　李斗　扬州画舫录　十八卷　江苏广陵古籍刻印社周光培点校本

清　高士奇　金鳌退食笔记　二卷　艺苑捃华本

清　梁章钜　称谓录　三十二卷　中华书局冯惠民李肇翔杨梦东点校本

清　北京民间生活彩图　书目文献出版社本

韩国　朴通事谚解　三卷　奎章阁丛书本

韩国　朴趾源　热河日记　五卷　上海书店朱瑞平校点本

雷梦水辑　北京风俗杂咏续编　北京古籍出版社本

成善卿　天桥史话　三联书店一九九〇年本

周汛　高春明　中国历代妇女妆饰　学林出版社、香港三联书店本

饮食　医药

吴仁杰　离骚草木疏　四卷　榕园丛书本

苏轼　格物粗谈　二卷　学海类编本

苏轼　物类相感志　一卷　奚囊广要本

卢多逊　李昉　开宝本草　二十卷　安徽科学技术出版社尚志钧辑校本

寇宗奭　本草衍义　二十卷　十万卷楼丛书本

郑望之　膳夫录　一卷　古今说部丛书本

陈思　海棠谱　三卷　山居杂志本

林洪　山家清供　二卷　夷门广牍本

陈达叟　本心斋疏食谱　一卷　丛书集成新编本

陈仁玉　菌谱　一卷　珠丛别录本

司膳内人　玉食批　一卷　古今图书集成本

傅肱　蟹谱　上下篇　百川学海本

王灼　糖霜谱　一卷　楝亭藏书十二种本

韩彦直　橘录　三卷　百川学海本

蔡襄　荔枝谱　一卷　艺圃搜奇本

蔡襄　茶录　一卷　百川学海本

赵佶　大观茶论　一卷　说郛涵芬楼一百卷本

浦江吴氏　中馈录　一卷　绿窗女史本

释赞宁　笋谱　一卷　唐宋丛书本

朱肱　北山酒经　二卷　夷门广牍本

赵希鹄　调燮类编　四卷　海山仙馆丛书本

黄庭坚　宜州家乘　一卷　知不足斋丛书本

元　贾铭　饮食须知　八卷　学海类编本

元　忽思慧　饮膳正要　三卷　人民卫生出版社刘玉书点校本

元　倪瓒　云林堂饮食制度集　一卷　碧琳琅馆丛书本

元　王祯　东鲁王氏农书　三十七卷　丙部本　清武英殿聚珍版丛书本

元　无名氏　居家必用事类全集　十集　国家图书馆藏明刻本

元　韩奕　易牙遗意　二卷　夷门广牍本

明　刘基　多能鄙事　十二卷　嘉靖十九年刊本

明　李时珍　本草纲目　五十二卷　文渊阁四库全书本

明　姚可成　食物本草　二十二卷　中国医药科技出版社郑金生等校点本

明　徐光启　农政全书　六十卷　上海古籍出版社石声汉校注本

明　邝璠　便民图纂　十六卷　农业出版社石声汉康成懿校注本

明　宋诩　竹屿山房杂部　三十二卷　文渊阁四库全书本

清　朱彝尊　食宪鸿秘　二卷　日本中国食经丛书本

清　李化楠　醒园录　二卷　清嘉庆李氏万卷楼再刻本

清　袁枚　随园食单　一卷　随园三十种本

清　汪灏　广群芳谱　一百卷　商务印书馆国学基本丛书本

清　丁宜曾　农圃便览　一卷　中华书局王毓瑚校点本

清　章穆　调疾饮食辩　六卷　中医古籍出版社伊广谦点校本

清　吴其濬　植物名实图考　三十八卷　商务印书馆校点本

清　顾仲　养小录　二卷　学海类编本

清　汪曰桢　湖雅　九卷　光绪庚辰冬刊本

清　瀛若氏　三风十愆记　三卷　龙威秘书本

清　童岳荐　调鼎集　十卷　中国商业出版社邢渤涛注释本

佚名　产宝诸方　一卷　上海古籍出版社四库医学丛书影印本

陈自明　妇人大全良方　二十四卷　薛氏医按二十四种本

朱端章　卫生家宝产科备要　八卷　十万卷楼丛书本

郭稽中　产育宝庆集　二卷　光绪函海本

无名氏　小儿卫生总微论方　二十卷　上海古籍出版社四库医学丛书影印本

无名氏　颅囟经　二卷　函海本

何大任　太医局诸科程文格　九卷　上海古籍出版社四库医学丛书影印本

苏轼　沈括　苏沈内翰良方　八卷　艺海珠尘本

唐慎微　重修政和经史证类备用本草　三十卷　张氏原刻晦明轩本

苏颂　本草图经　二十卷　安徽科学技术出版社尚志钧辑校本

太平惠民和剂局编　太平惠民和剂局方　十卷　人民卫生出版社刘景源点校本

许国桢　御药院方　十一卷　人民卫生出版社王淑民关雪点

校本

张杲　医说　十卷　文渊阁四库全书本

王硕　易简方　人民卫生出版社巢因慈点校本

洪遵　洪氏集验方　五卷　铁琴铜剑楼丛书本

吴彦夔　传信适用方　二卷　文渊阁四库全书本

考据　文集

晋　崔豹　古今注　三卷　古今逸史本

五代　邱光庭　兼明书　五卷　真意堂三种本

唐　颜师古　匡谬正俗　八卷　古经解汇函本

后唐　马缟　中华古今注　三卷　增订汉魏丛书本

吕大临　考古图　十卷　清　天都黄氏亦政堂刊

陆佃　尔雅新义　二十一卷　粤雅堂丛书本

郑樵　尔雅注　三卷　学津讨原本

林駉　古今源流至论　四十卷　文渊阁四库全书本

魏了翁　古今考　一卷　宝颜堂秘笈本

方回　续古今考　三十七卷　文渊阁四库全书本

金　无名氏　刘知远诸宫调　齐鲁书社凌景埏谢伯阳校注本

明　胡应麟　少室山房笔丛　四十八卷　中华书局上海编辑
所一九五八年校点本

明　王圻　王思义　三才图会　一百六卷　万历王思义校
正本

明　朱之瑜　朱氏舜水谈绮　二卷　上海文献丛书本

明　王三聘　古今事物考　八卷　关中丛书第六集

明　周祈　名义考　十二卷　湖北先正遗书本

明　高濂　遵生八笺　十九卷　文渊阁四库全书本

清　古今图书集成　一万卷　清活字印本

清　平步青　霞外攟屑　十卷　香雪崦丛书本

清　赵翼　陔余丛考　四十三卷　湛贻堂刊本

清　钱大昕　十驾斋养新录　二十三卷　潜研堂全书本

清　沈自南　艺林汇考　二十四卷　文渊阁四库全书本

清　顾炎武　日知录　三十二卷　文渊阁四库全书本

清　姜宸英　湛园札记　四卷　鸿宝斋石印本

清名家词　上海书店翻印本

清　杭世骏　订讹类编　六卷　中华书局陈抗点校本

清　孙宝瑄　忘山庐日记　上海古籍出版社任琼标点本

清　张英　王士祯　渊鉴类函　五百四十卷　乾隆十三年武英殿袖珍本

清　厉荃　关槐　事物异名录　四十卷　江苏广陵古籍刻印社影印本

清　汪汲　事物原会　四十卷　古愚老人消夏录本

清　朱彝尊　曝书亭集　八十一卷　四部丛刊本

清　俞正燮　癸巳存稿　十五卷　连筠簃丛书本

清　谢堃　金玉琐碎　二卷　扫叶山房丛钞本

日本　入矢义高　梅原郁　东京梦华录　十卷　平凡社东洋文库一九九九年译注本修订本

全宋词　五册　中华书局一九九九年新一版本

全宋文　巴蜀书社本

全宋诗　北京大学出版社本

宋诗话全编　十册　江苏古籍出版社一九九八年版

词话丛编　五册　中华书局唐圭璋编定本

768

宋元方志丛刊　八册　中华书局一九九〇年影印本

全元曲　十二卷　河北教育出版社本

全清散曲　三册　齐鲁书社本

中国传统相声大全　四册　文化艺术出版社本

释名方言广雅尔雅　上海古籍出版社清疏四种合刊本

中国古都研究　一至四辑　浙江人民出版社本

龚延明　宋代官制辞典　中华书局一九九七年本

生活与博物丛书　上海古籍出版社一九九三年本

长泽规矩也辑集　明清俗语辞书集成　上海古籍出版社一九
八九年影印本

禅宗语录辑要　上海古籍出版社一九九二年编定本

邓广铭　岳飞传　人民出版社增订重排本

周宝珠　宋代东京研究　河南大学出版社一九九二年版

宗泽集　浙江古籍出版社两浙作家文丛本

历代笑话集　上海古籍出版社王利器辑录本

钱锺书　管锥编　五册　中华书局增订本

胡士莹　话本小说概论　中华书局本

孙楷第　沧州集　中华书局一九六五年本

许政扬文存　中华书局一九八四年本

周锡保　中国古代服饰史　中国戏剧出版社本

周宝珠　清明上河图与清明上河学　河南大学出版社本

朱熹　晦庵先生朱文公文集　一百二十一卷　洪氏唐石经馆
丛书本

程颐　程颢　二程遗书　二十五卷　文渊阁四库全书本

程颐　程颢　二程外书　十二卷　文渊阁四库全书本

周南　山房集　八卷　涵芬楼秘笈第八集

吴师道　吴礼部集　二十卷　续金华丛书本

柳贯　柳待制文集　二十卷　四部丛刊初编本

吴莱　渊颖集　十二卷　四部丛刊初编本

宋濂　宋文宪公全集　五十三卷　四部备要本

楼钥　攻媿集　一百十二卷　武英殿聚珍版丛书本

杨万里　诚斋集　一百三十二卷　四部丛刊初编本

刘攽　彭城集　四十卷　武英殿聚珍版丛书本

苏轼文集　七十三卷　中华书局孔凡礼点校本

强至　韩忠献公遗事　祠部集　三十五卷　武英殿聚珍版丛书本

陆游　渭南文集　五十卷　摛藻堂四库全书荟要本

黄震　黄氏日抄　九十七卷　知不足斋丛书本

曾巩　元丰类稿　五十一卷　四部备要本

苏颂　苏魏公文集　中华书局王同策管成学颜中其点校本

唐寰澄　中国古代桥梁　文物出版社一九八七年版

茅以昇　中国古桥技术史　北京出版社一九八六年版

罗忼烈　两小山斋论文集　中华书局一九八四年版

孙世增校注　东京梦华录　中国商业出版社一九九三年版

加藤繁　中国经济史考证　商务印书馆吴杰翻译本

长泽规矩也　和刻本类书集成　六册　上海古籍出版社影印本